U0330732

中国房地产经济辞典

DICTIONARY OF CHINA'S REAL ESTATE ECONOMICS

沈正超　杨华凯　主编

中国建筑工业出版社

图书在版编目（CIP）数据

中国房地产经济辞典 = DICTIONARY OF CHINA'S REAL ESTATE ECONOMICS / 沈正超，杨华凯主编. — 北京：中国建筑工业出版社，2023.12

ISBN 978-7-112-29364-3

Ⅰ. ①中… Ⅱ. ①沈… ②杨… Ⅲ. ①房地产经济—中国—词典 Ⅳ. ①F299.233—61

中国国家版本馆 CIP 数据核字(2023)第 225936 号

本辞典共收录房地产经济领域的常用词汇、术语 2000 余条，主要内容涵盖土地经济、房地产经济、国土空间规划和城市发展、建筑与施工、房地产金融与税收、房地产法律法规等方面。辞典充分体现了我国房地产经济在深化土地使用制度改革和住房制度改革等方面的创新和发展，是一本可供房地产从业人员和房地产理论工作者参阅的工具书。

责任编辑：万　李
责任校对：姜小莲

中国房地产经济辞典
DICTIONARY OF CHINA'S REAL ESTATE ECONOMICS
沈正超　杨华凯　主编

*

中国建筑工业出版社出版、发行（北京海淀三里河路 9 号）
各地新华书店、建筑书店经销
北京红光制版公司制版
北京中科印刷有限公司印刷

*

开本：880 毫米×1230 毫米　1/32　印张：20⅞　字数：701 千字
2024 年 1 月第一版　2024 年 1 月第一次印刷
定价：**98.00** 元
ISBN 978-7-112-29364-3
(42012)

序

中华民族是人类文明史上有文字记载的最早萌发土地经济思想的民族之一。考古发现，我国早在商周时期的甲骨文、金文中就出现许多与土地、房屋、租赁、买卖、税赋有关的文字，如“[illegible]”（土）、“[illegible]”（地）、“[illegible]”（田）、“[illegible]”（佃）、“[illegible]”（家）、”[illegible]”（宅）、“[illegible]”（契）等，表明与土地、耕作、房屋建筑、租赁、交易、税赋等有关的经济活动已达到较为发达的程度。随着社会制度的进步，出现了与不同经济发展阶段相适应的土地制度。如春秋战国时期的“井田制”“初税亩”，秦汉时期的“田律”“田令”，晋代的“占田制”，隋唐的“均田制”，明代的“一条鞭法”，直至清太平天国时期的“天朝田亩制度”。新中国的诞生，翻开了我国土地经济制度发展新的一页，中华民族以高超的智慧为人类文明贡献了有中国特色的房地产经济理论和实践的灿烂瑰宝。

辞书是知识的荟萃。作为辞书学的组成部分，我国房地产专科词典的发展大致经历了由综合（词典）到专业（词典）的演进过程。由于汉字集形、音、义于一体的特点，秦统一文字以来相当长一个历史阶段，与房地产经济有关的词语多以“字”的形式被纳入各种字典、词典之中，虽有涉及土地田亩税赋，房屋租赁买卖的内容，但不分专科。如我国最早的词典《尔雅》，东汉许慎的字典《说文解字》，清张玉书等的《康熙字典》，近代陆费逵等的《中华大字典》等，莫不如此。“中国最早的现代百科全书，当推晚清光绪年间维新运动前后出现的《时务通考》（1897）及其《续编》（1901）各 31 卷以及《分类时务通纂》（1902）300 卷等”（《中国百科大辞典·前言》)。《时务通考》汇辑通商以来有关时务之著述、论说而成，分天算、地舆、公法、约章、使臣、税则、钱币等三十一门，其中亦无房地产专科。房地产专科词典在我国的出现应是改革开放以后，房地产业兴起，并逐步成长为国民经济支柱产业的产物。

20 世纪 80 年代至 21 世纪初的 20 年是我国房地产词典编纂出版的一个高峰时期。这一时期较有代表性的房地产词典有匡平等主编的《房地产实用词典》（中国经济出版社，1989 年）、马克伟主编的《土地大辞典》（长春出版社，1991 年）、北京市房地产管理局主编的《房地产业常用词典》（中国建筑工业出版社，1992 年）、陈洪博主编的《土地科学词典》（江苏科学技术出版社，1992 年）、宋春华等主编的《房地产大辞典》（红旗出版社，1993 年）、沈彭主编的《地政地产实用词典》（广东省地图出版社，1996 年）、姚兵主编的《中国住宅小区百科全书》（内蒙古科学技术出版社，2000 年）、沈正超等主编的《住宅与房地产业词典》（学林出版社，2002 年）、范翰章主编的《中国房地产词典》（中国建筑工业出版社，2003 年）。

这一时期我国房地产词典具有以下共同特点：一是时代性。主要体现在词典的选词内容上。20 世纪 80 年代末 90 年代初正是我国经济体制由计划经济向商品经济（后称“市场经济”）转变的重要时期，大多数房地产词典的选词内容前期较多为计划经济时期房屋、土地管理术语，后期增加了许多土地使用制度改革、住房制度改革、旧区改造、房地产开发等内容。二是实用性。大多数词典都从工作实际出发，汇集了当时房地产业发展中的常用词汇和术语。有的甚至将工作文件、表格式样整理入典；有的书名直接冠以“实用词典”。三是传承性。体现在词典的形制体例上。大多数词典在突出专业特点的同时，继承了我国词典以笔划（部首）、拼音索引为主的检索方式，查阅较为方便。不足之处是：收词标准不够统一，有的是词，有的是词组，有的甚至是短句；释文欠规范，有的有定义，有的无定义，且定义的方法不够科学严谨等。这些都是词典发展过程中的问题，正所谓“瑕不掩瑜”。客观地说，正是这一时期房地产词典的大量涌现，为我国房地产词典水平的提高奠定了基础。同时，也为日后大型综合类词典编纂在房地产专科的选词上提供了有益的参考。

进入 21 世纪以后，在中国特色社会主义思想的指引下，我国房地产经济，特别是在深化土地使用制度改革和住房制度改革方面，又有许多创新和发展。及时收集、整理这些创新发展的理论和实践成果，用词典的形式加以表达，使之成为房地产工作的工具，不仅是当前房地产理论研究的需要，更对规范房地产管理、促进房地产业持续健康发展具有重要意义。

《中国房地产经济辞典》是一部供房地产从业人员和房地产理论工作者参阅的工具书。本着兼顾历史，着重当前；精炼、适用的原则，全书共收录涉及房地产经济方面的常用词汇、术语 2000 余条，主要内容包括土地经济、房地产经济、国土空间规划和城市发展、建筑与施工、房地产金融与税收、房地产法律法规等方面。在编纂过程中借鉴了我国以往房地产词典编纂的成功经验，以及当前新媒体、工具书发展的新成果、新形式，以体现社会的发展和科技的进步，并给读者带去新的阅读体验。

词典的编纂是一项严肃而艰苦的工作。18 世纪英国文豪塞缪尔·约翰逊（Samuel Johnson）称词典编纂为 success without applause，diligence without reward（意为“无偿劳作，虽成无荣”）。劳则劳矣！希望《中国房地产经济辞典》的出版，能够为促进我国房地产业的繁荣与发展尽一点绵薄之力。由于知识和精力有限，书中难免有疏漏和不足之处，敬祈读者和专家指正。

沈正超　杨华凯

2023 年 8 月

体例说明

一、辞典以词条为基本单位。全书共收录有关土地与房地产经济等的词汇、术语词条2000余条。

二、辞典卷首设内容导图，列出全书主要内容及相互关系，方便统览全书。

三、辞典设汉语拼音和专业分类两种检索方法。以汉语拼音检索法为主，放在前面；专业分类检索法为辅，放在汉语拼音检索法之后。

四、汉语拼音检索法中词条的先后按拼音字母次序排列，同音字按笔划多少排列，笔划少的排在前面，多的排在后面。笔画数相同的，按起笔笔形横、竖、撇、点、折的次序排列。多字词条第一字相同时，按第二字拼音字母次序排列，同音字按笔划多少排列，笔画数相同的，按起笔笔形横、竖、撇、点、折的次序排列。其余类推。

专业分类检索法中先按词条内容分土地经济、房地产经济、国土空间规划和城市发展、建筑与施工、房地产金融与税收、房地产法律法规等大类。大类之中再按词条的专业分为若干小类。小类中的词条按拼音字母次序排列，方法同汉语拼音检索法。

五、词条名前后加“【 】”，字体加粗。词条释文分定义和释义两部分。定义阐明词条的概念，放在释文的开头；释义对词条的含义作出解释。例如：**【房产】**具有一定价值和使用价值，在法律上有明确权属意义的房屋及其附属设施、设备（定义）。不动产的一种。按性质可分为商品房、非商品房；按用途可分为住宅、商业建筑、办公楼等；按产权属性可分为公有房产、私人房产等（释义）。

简单的词条只阐明概念，不作解释。例如：**【地皮】**俗称。指可供开发利用的建筑地段或场地。

六、词条有别称、简称的，用“也称”，或“简称”表示，以其规范的名称作为正条，并附以详细解释，别称或简称只表明是某词条的别称或简称，注明“（见【 】)”，不再作解释。例如：**【地权】**“土地权利”的简称。(见【土地权利】)。

七、辞典收录部分专用术语，注明“某某专门用语”，如“房改用语”“房地产统计指标”等，以利识别。例如：**【商品房销售面积】**房地产统计指标。一指统计期内达到竣工验收标准、正式交付给购房者的商品房面积……。

八、少数重要词条内容较多，为防释文冗长，对词条主要内容作概要解释，相关内容用“链接”方式附在词条之后。

九、辞典设附录若干，以拓展相关词条内容，相关词条后注明（参见附录）。例如：**【房地产业】**从事房地产开发、经营、物业管理和服务的行业。国民经济行业中的一个门类……（参见附录五国民经济行业分类和代码)。

十、释文中多处引用的法律、法规、文件名称，为减少重复，一律采用简称。附录中设“辞典中引用法律法规文件名全称、简称对照表”。

十一、部分词条释文中引用的法规、文件，因不再适应经济发展需要等原因，已经国务院宣布失效，不再作为行政管理依据，但由于辞典仅作专业性解释，故仍有收录，特作说明。

内容导图*

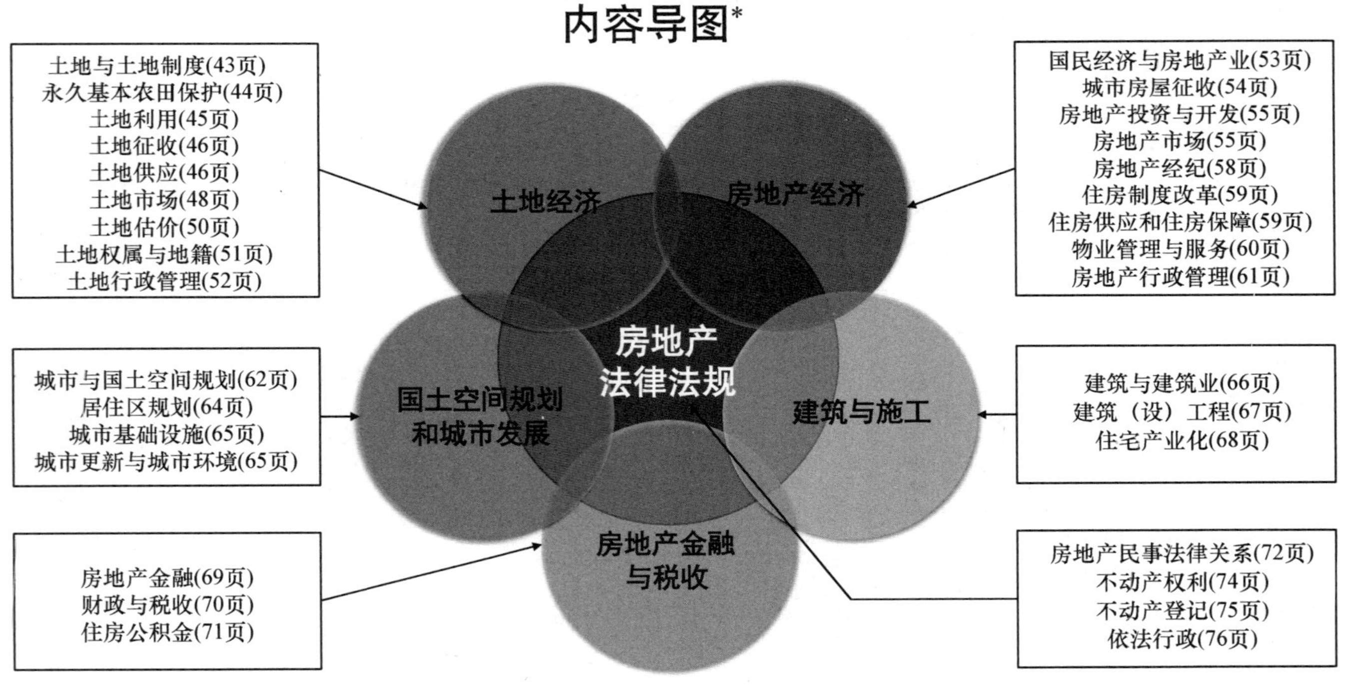
土地与土地制度(43页)
永久基本农田保护(44页)
土地利用(45页)
土地征收(46页)
土地供应(46页)
土地市场(48页)
土地估价(50页)
土地权属与地籍(51页)
土地行政管理(52页)
国民经济与房地产业(53页)
城市房屋征收(54页)
房地产投资与开发(55页)
房地产市场(55页)
房地产经纪(58页)
住房制度改革(59页)
住房供应和住房保障(59页)
物业管理与服务(60页)
房地产行政管理(61页)
土地经济
房地产经济
房地产
法律法规
国土空间规划
和城市发展
建筑与施工
房地产金融
与税收
城市与国土空间规划(62页)
居住区规划(64页)
城市基础设施(65页)
城市更新与城市环境(65页)
建筑与建筑业(66页)
建筑（设）工程(67页)
住宅产业化(68页)
房地产金融(69页)
财政与税收(70页)
住房公积金(71页)
房地产民事法律关系(72页)
不动产权利(74页)
不动产登记(75页)
依法行政(76页)

* 内容导图中页码对应于专业分类索引页码。

目　录

汉语拼音索引

Aa

Bb

Cc

Dd

Ee

Ff

Gg

Hh

Jj

Kk

Ll

Mm

Nn

Pp

Qq

Rr

Ss

Tt

Ww

Xx

Yy

Zz

专业分类索引

一、土地经济

土地与土地制度

永久基本农田保护

土地利用

土地征收

土地供应

土地市场

土地估价

土地权属与地籍

土地行政管理

二、房地产经济

国民经济与房地产业

城市房屋征收

房地产投资与开发

房地产市场

房地产经纪

住房制度改革

住房供应和住房保障

物业管理与服务

房屋行政管理

三、国土空间规划和城市发展

城市与国土空间规划

居住区规划

城市基础设施

城市更新与城市环境

四、建筑与施工

建筑与建筑业

建筑（设）工程

住宅产业化

五、房地产金融与税收

房地产金融

财政与税收

住房公积金

六、房地产法律法规

房地产民事法律关系

不动产权利

不动产登记

依法行政

Aɑ

【安居房】 为实施国家安居工程而建造的住房。是国家为了推动住房制度改革，由国家安排贷款和地方自筹资金建设的面向广大中低收入家庭的非营利性住房。根据《国家安居工程实施方案》，安居房的建设用地由城市人民政府按行政划拨方式供应；市政基础设施建设配套费用，原则上由城市人民政府承担；小区级非营业性配套公建费，一半由城市人民政府承担，一半计入房价。安居房平均每套住宅建筑面积标准一般控制在55平方米以下。住宅的户室类型，以二室户型为主，根据实际情况安排少量的三室户型和一室户型。二室户型的比重应在60%以上。安居房建成后，直接以成本价向中低收入家庭出售，并优先出售给无房户、危房户和住房困难户，在同等条件下优先出售给离退休职工、教师中的住房困难户，不售给高收入家庭。

【安居房价格构成】 安居房价格的各项构成因素。安居房是国家以成本价向中低收入家庭出售的，具有社会保障性质的普通住宅。按照国家有关规定，安居房的成本价由七项因素构成：（一）征地和拆迁补偿费；（二）勘察设计和前期工程费；（三）建安工程费；（四）住宅小区基础设施建设费（小区级非营业性配套公建费，一半由城市人民政府承担，一半计入房价）；（五）1%～3%的管理费；（六）贷款利息；（七）税金。

【安居工程】 国家为推动城镇住房制度改革，加快住宅建设及解危、解困和建立住房新制度而推行的房改示范工程。《国家安居工程实施方案》规定：实施国家安居工程的目的是结合城镇住房制度改革，调动各方面的积极性，加快城镇住房商品化和社会化进程，促进城镇住房建设。国家安居工程从1995年开始实施，在原有住房建设规模基础上，新增安居工程建筑面积1.5亿平方米，用5年左右时间完成。国家安居工程由国务院住房制度改革领导小组负责组织协调和指导，建设部负责具体实施工作。

【安置补助费】 对被征收土地上劳动力安置、就业和不能就业人员的生活补贴费用。征地补偿费的一种。《土地管理法》规定，征收土地应当依法及时足额支付土地补偿费、安置补助费以及农村村民住宅、其他地上附着物和青苗等的补偿费用，并安排被征地农民的社会保障费用。征收农用地的土地补偿费、安置补助费标准由省、自治区、直辖市通过制定公布区片综合地价确定。

【安置房】也称“拆迁安置房”。（见【拆迁安置房】）

【按份共有】也称“分别共有”，指两个或两个以上的民事主体按照既定的份额，对某项不动产或动产共同享有权利并承担义务。共有的一种。按份共有的不动产或动产称为“按份共有物”。《民法典》规定，不动产或者动产可以由两个以上组织、个人共有。按份共有具有以下法律特征：（一）各个共有人对共有物按份额享有不同的权利；（二）各共有人对共有财产享有权利和承担的义务是根据其不同的份额确定的；（三）各个共有人的权利不是局限于共有财产某一具体部分，或就某一具体部分单独享有所有权而是及于财产全部。《民法典》还规定，按份共有人对共有的不动产或者动产按照其份额享有所有权。按份共有人对共有的不动产或者动产享有的份额按约定，没有约定或者约定不明确的，按出资额确定；不能确定出资额的，视为等额享有。因共有的不动产或者动产产生的债权债务，在对外关系上，共有人享有连带债权、承担连带债务；在共有人内部关系上，除共有人另有约定外，按份共有人按照份额享有债权、承担债务。

【按份共有人先买权】依照法律规定，按份共有人出售其财产份额时，其他共有人所享有的在同等条件下优先购买的权利。按份共有财产处置方式的一种。根据《民法典》，按份共有人可以转让其享有的共有的不动产或者动产份额。其他共有人在同等条件下享有优先购买的权利。按份共有人转让其享有的共有的不动产或者动产份额的，应当将转让条件及时通知其他共有人。其他共有人应当在合理期限内行使优先购买权。两个以上其他共有人主张行使优先购买权的，协商确定各自的购买比例；协商不成的，按照转让时各自的共有份额比例行使优先购买权。

【按份共有物】“共同共有物”的对称，指两个或两个以上共有人依事先确定的份额，对共有物享有不同的所有权的物。共有物的一种。按份共有反映出各共有人对共有物的比例份额，并规定了他们的权利限度。按照法律的规定，对按份共有物的占有、使用、收益和处分，由全体共有人协商决定，通常以取得全体共有人一致同意为原则。各国民法大多规定按份共有人有优先购买权。按份共有人分割共有物时，一般对可分共有物采取实物分割方式，对不可分割的共有物则采取变卖分割的方式。

【按揭】香港房地产用语。指以购房合同或房屋产权作抵押获得购房贷款的贷款方式。20 世纪 90 年代初，按揭的概念被引入内地房地产市场，其含义演化为“商品房购房抵押贷款”。

【按揭贷款证券化】也称“住房抵押贷款证券化”。（见【住房抵押贷款证券化】）

【按质计租】房改用语。指根据住房质量、条件的不同制定不同的租金标准。“质”所包含的因素有房屋的结构、层次、朝向、装修标准、设施设备的完善程度，以及房屋所处的环境好坏和交通便利程度等。一般认为，住房质量的好坏是由投入的劳动量多少决定的，即使用价值越大，投入的劳动量越多，按房屋的使用价值大小确定的房屋租金相对就越高。通过按质计租可以逐步改变城镇住房低租金的福利制传统观念，调节供求关系。

【暗贴】房改用语。“明贴”的对称，指我国住房制度改革前，国家在低房租，“以租不能养房”的情况下，为维持住房简单再生产给予的财政补贴。这种补贴不是直接发给住房消费者，而是发给房屋经营者。其补贴额大体上是成本租金与低房租的差额。这一差额理论上应由住房消费者承担。国家给予住房经营者的补贴实际上是对住房消费者的补贴，故称“暗贴”。

Bb

【八不准】根据国家法律法规，禁止农村违法乱占耕地建房的八种行为。根据自然资源部、农业农村部《关于农村乱占耕地建房“八不准”的通知》，八不准包括：（一）不准占用永久基本农田建房；（二）不准强占多占耕地建房；（三）不准买卖、流转耕地违法建房；（四）不准在承包耕地上违法建房；（五）不准巧立名目违法占用耕地建房；（六）不准违反“一户一宅”规定占用耕地建房；（七）不准非法出售占用耕地建的房屋；（八）不准违法审批占用耕地建房。农村未经批准违法乱占耕地建房行为触碰了耕地保护红线，威胁国家粮食安全。国家规定，对通知下发后出现的新增违法违规行为，要以“零容忍”的态度依法严肃处理，该拆除的要拆除，该没收的要没收，该复耕的要限期恢复耕种条件，该追究责任的要追究责任。

【八项因素租金】房改用语。也称“商品租金”或“市场租金”。（见【商品租金】）

【白领】泛指在企事业单位从事脑力劳动的员工，或受雇于人并领取薪水的非体力劳动者。如技术人员、管理人员、办事员、推销员、打字员、速记员、文书、会计、店员及教师、医生、律师、普通职员等。因他们一般工作条件比较清洁，穿着整齐，衣领洁白，故称。

【白领公寓】 也称“青年公寓”“单身公寓”，指适合单身白领阶层居住的住宅建筑。一般面积较小，结构比较简单，通常为一间房间、一套厨卫、没有客厅，或者一室半户、一套厨卫。

【白契】“红契”的对称，指中国旧时民间自立的不动产交易合同。自唐末五代设立印刷制度后，凡民间自立的不动产典当、买卖书面合同，若未经缴纳契税、未加盖官印，即称“白契”。白契不具有证明交易合法性的能力。

【办公楼】 也称“写字楼”，指用于机关、企事业单位、社会团体等办公的建筑物。房屋分类的一种。

【包干制】“物业服务费包干制”的简称。(见【物业服务费包干制】)

【包销】 “商品房包销”的简称。(见【商品房包销】)

【保额】“保险金额”的简称。(见【保险金额】)

【保费】 “保险费”的简称。(见【保险费】)

【保费率】 “保险费率”的简称。(见【保险费率】)

【保理合同】 应收账款债权人将现有的或者将有的应收账款转让给保理人，保理人提供资金融通、应收账款管理或者催收、应收账款债务人付款担保等服务的合同。典型合同的一种。保理合同的内容一般包括业务类型、服务范围、服务期限、基础交易合同情况、应收账款信息、保理融资款或者服务报酬及其支付方式等条款。保理合同应当采用书面形式。

【保留地】 指城市中留待未来开发建设，或禁止开发的规划控制用地。

【保险】 也称“商业保险”，指投保人根据合同约定，向保险人支付保险费，保险人对于合同约定的可能发生事故因其发生所造成的财产损失承担赔偿保险金责任，或者当被保险人死亡、伤残、疾病或者达到合同约定的年龄、期限时承担给付保险金责任的商业行为。保险具有如下特征：（一）保险的经营主体是商业保险公司；（二）保险所反映的保险关系是通过保险合同体现的；（三）保险的对象可以是人和物（包括有形的和无形的），具体标的有人的生命和身体、财产以及与财产有关的利益、责任、信用等；（四）保险的经营以盈利为目的，而且要获取最大限度的利润，以保障被保险人享受最大程度的经济保障。保险分为财产保险和人身保险两大类。财产保险又分为财产损失保险、责任保险、信用保险、保证保险等；人身保险又分为人寿保险、健康保险、意外伤害保险等。在保险业务中，与投保人订立保险合同，并承担赔偿或者给付保险金责任的保险公司称为“保险人”或“承保人”；与保险人订立保险合同，并按照保险合同负有支付保险费义务的人称为“投保人”；其财产或人身受保险合同保障、享有保险金请求权的人称为“被保险人”；人身保险合同中由被保险人或者投保人指定的享有保险金请求权的人，即保险金的最终获取人称为“受益人”。

【保险费】简称“保费”，指投保人为取得保险保障，按保险合同约定向保险人支付的费用。由保险金额、保险费率和保险期限构成。保险费的具体数额同保险金额的大小、保险费率的高低和保险期限的长短成正比，即保险金额越大，保险费率越高，保险期限越长，保险费也就越多。按照国家有关规定，保险合同应载明保险费金额和计算方式。保险合同没有保险费约定的，保险合同无效。同样，交纳保险费是投保人的义务。如投保人未按约定交付保险费，则保险合同效力随之停止。

【保险费率】简称“保费率”，指应缴保险费与保险金额的比率，通常用“‰”或“%”表示。是保险人按单位保险金额向投保人收取保险费的标准。保险费率由纯费率和附加费率两部分构成。纯费率也称“净费率”，是保险费率的主要部分。财产保险纯费率的计算依据是保险金额损失率，即一定时期内的赔款金额与保险金额之比；人身保险的纯费率是根据人的生存率、死亡率、资金收益率等因素计算的。附加费率以保险人的营业费用为基础计算，用于保险人的业务费用支出、手续费支出以及提供部分保险利润等，是保险费率的次要部分。

【保险合同】投保人与保险人约定保险权利义务关系的协议。根据国家有关法律，保险应订立保险合同。保险合同应当包括下列事项：（一）保险人的名称和住所；（二）投保人、被保险人的姓名或者名称、住所，以及人身保险的受益人的姓名或者名称、住所；（三）保险标的；（四）保险责任和责任免除；（五）保险期间和保险责任开始时间；（六）保险金额；（七）保险费以及支付办法；（八）保险金赔偿或者给付办法；（九）违约责任和争议处理；（十）订立合同的年月日。《保险法》规定，投保人提出保险要求，经保险人同意承保，保险合同成立。保险人应当及时向投保人签发保险单或者其他保险凭证。依法成立的保险合同，自成立时生效。投保人和保险人可以对合同的效力约定附条件或者附期限。

【保险金额】简称“保额”，指保险人承担赔偿或者给付保险金责任的最高限额，也是保险公司支付合理赔偿费用的最高限额和计算保险费的主要依据。一般有 3 种计算方法：（一）财产保险中，保额根据保险价值而定，有效的保险金额必须在保险价值限度内；（二）责任、信用保证保险中，由保险双方当事人在签订保险合同时依据投保标的的具体情况商定一个最高的赔偿限额，有些责任保险投保时虽然并不确定保额，但会确定保险总赔偿限额和单次或单人赔偿限额；（三）人身保险中，由于人的生命价值难以用货币衡量，所以不能依据人的生命价值确定保额，而是根据被保险人的经济保障需要与支付保险费的能力由保险双方当事人协商确定保额。

【保障性安居工程】“十二五”期间，我国为适应工业化、城镇化快速发展要求，解决城镇住房困难家庭居住问题而实施的各类保障性安居工程建设的总称。根据《关于保障性安居工程建设和管理的指导意见》，保障性安居工程建设包括：（一）以公共租赁住房为重点的租赁型保障性住房。（二）经济适用住房和限价商品住房建设。（三）棚户区改造。包括城市棚户区、国有工矿棚户区、林区棚户区和煤矿棚户区。（四）农村危房改造工程。

【保障性安居工程信息公开】市、县住房城乡建设（住房保障）主管部门通过政府网站，定期向社会披露保障性安居工程信息，接受社会监督的行为。信息公开内容包括：（一）年度建设计划。要按照廉租住房、公共租赁住房、经济适用住房、限价商品住房、棚户区改造安置住房的类别，公开市、县年度建设计划，包括开工套数和竣工套数。（二）开工项目信息。要逐个公开新开工项目信息。包括：项目名称、建设地址、建设方式（集中新建、配建、改建）、建设总套数、开工时间、年度计划开工套数、年度计划竣工套数，以及建设、设计、施工和监理单位名称。（三）竣工项目信息。要逐个公开竣工项目信息。包括：项目名称、建设地址、建设单位、竣工套数和竣工时间。信息公开时限：年度建设计划信息，应在市、县人民政府最终确定年度建设计划后 20 个工作日内公开。开工项目信息和竣工项目信息，应分别在项目开工和竣工验收后 20 个工作日内按项目逐个公开。年度建设计划和项目实施过程中，基本信息发生变更的，应在调整或变更后 10 个工作日内公开变更的信息。

【保障性租赁住房】简称“保租房”，指为解决城市新市民、青年人等群体住房困难建造的租赁住房。我国住房供应体系中的一类。

根据《国务院办公厅关于加快发展保障性租赁住房的意见》，保障性租赁住房主要解决符合条件的新市民、青年人等群体的住房困难问题，以建筑面积不超过70平方米的小户型为主，租金低于同地段同品质市场租赁住房租金。保障性租赁住房由政府给予土地、财税、金融等政策支持，充分发挥市场机制作用，引导多主体投资、多渠道供给，坚持“谁投资、谁所有”，主要利用集体经营性建设用地、企事业单位自有闲置土地、产业园区配套用地和存量闲置房屋建设，适当利用新供应国有建设用地建设，并合理配套商业服务设施。供应方式包括新建、改建、改造、租赁补贴和将政府的闲置住房用作保障性租赁住房等。城市人民政府要建立健全住房租赁管理服务平台，加强对保障性租赁住房建设、出租和运营管理的全过程监督，强化工程质量安全监管。保障性租赁住房不得上市销售或变相销售，严禁以保障性租赁住房为名违规经营或骗取优惠政策。

链接：保障性租赁住房支持政策

保障性租赁住房支持政策

（一）进一步完善土地支持政策。

1. 人口净流入的大城市和省级人民政府确定的城市，在尊重农民集体意愿的基础上，经城市人民政府同意，可探索利用集体经营性建设用地建设保障性租赁住房；应支持利用城区、靠近产业园区或交通便利区域的集体经营性建设用地建设保障性租赁住房；农村集体经济组织可通过自建或联营、入股等方式建设运营保障性租赁住房；建设保障性租赁住房的集体经营性建设用地使用权可以办理抵押贷款。

2. 人口净流入的大城市和省级人民政府确定的城市，对企事业单位依法取得使用权的土地，经城市人民政府同意，在符合规划、权属不变、满足安全要求、尊重群众意愿的前提下，允许用于建设保障性租赁住房，并变更土地用途，不补缴土地价款，原划拨的土地可继续保留划拨方式；允许土地使用权人自建或与其他市场主体合作建设运营保障性租赁住房。

3. 人口净流入的大城市和省级人民政府确定的城市，经城市人民政府同意，在确保安全的前提下，可将产业园区中工业项目配套建设行政办公及生活服务设施的用地面积占项目总用地面积的比例上限由7%提高到15%，建筑面积占比上限相应提高，提高部分主要用于建设宿舍型保障性租赁住房，严禁建设成套商品住宅；鼓励将产业园区中各工业项目的配套比例对应的用地面积或建筑面积集中起来，统一建设宿舍型保障性租赁住房。

4. 对闲置和低效利用的商业办公、旅馆、厂房、仓储、科研教育等非居住存量房屋，经城市人民政府同意，在符合规划原则、权属不变、满足安全要求、尊重群众意愿的前提下，允许改建为保障性租赁住房；用作保障性租赁住房期间，不变更土地使用性质，不补缴土地价款。

5. 人口净流入的大城市和省级人民政府确定的城市，应按照职住平衡原则，提高住宅用地中保障性租赁住房用地供应比例，在编制年度住宅用地供应计划时，单列租赁住房用地计划、优先安排、应保尽保，主要安排在产业园区及周边、轨道交通站点附近和城市建设重点片区等区域，引导产城人融合、人地房联动；保障性租赁住房用地可采取出让、租赁或划拨等方式供应，其中以出让或租赁方式供应的，可将保障性租赁住房租赁价格及调整方式作为出让或租赁的前置条件，允许出让价款分期收取。新建普通商品住房项目，可配建一定比例的保障性租赁住房，具体配建比例和管理方式由市县人民政府确定。鼓励在地铁上盖物业中建设一定比例的保障性租赁住房。

（二）简化审批流程。各地要精简保障性租赁住房项目审批事项和环节，构建快速审批流程，提高项目审批效率。利用非居住存量土地和非居住存量房屋建设保障性租赁住房，可由市县人民政府组织有关部门联合审查建设方案，出具保障性租赁住房项目认定书后，由相关部门办理立项、用地、规划、施工、消防等手续。不涉及土地权属变化的项目，可用已有用地手续等材料作为土地证明文件，不再办理用地手续。探索将工程建设许可和施工许可合并为一个阶段。实行相关各方联合验收。

（三）给予中央补助资金支持。中央通过现有经费渠道，对符合规定的保障性租赁住房建设任务予以补助。

（四）降低税费负担。综合利用税费手段，加大对发展保障性租赁住房的支持力度。利用非居住存量土地和非居住存量房屋建设保障性租赁住房，取得保障性租赁住房项目认定书后，比照适用住房租赁增值税、房产税等税收优惠政策。对保障性租赁住房项目免收城市基础设施配套费。

（五）执行民用水电气价格。利用非居住存量土地和非居住存量房屋建设保障性租赁住房，取得保障性租赁住房项目认定书后，用水、用电、用气价格按照居民标准执行。

（六）进一步加强金融支持。

1. 加大对保障性租赁住房建设运营的信贷支持力度，支持银行业金融机构以市场化方式向保障性租赁住房自持主体提供长期贷款；按照依法合规、风险可控、商业可持续原则，向改建、改造存量房屋形成非自有产权保障性租赁住房的住房租赁企业提供贷款。完善与保障性租赁住房相适应的贷款统计，在实施房地产信贷管理时予以差别化对待。

2. 支持银行业金融机构发行金融债券，募集资金用于保障性租赁住房贷款投放。支持企业发行企业债券、公司债券、非金融企业债务融资工具等公司信用类债券，用于保障性租赁住房建设运营。企业持有运营的保障性租赁住房具有持续稳定现金流的，可将物业抵押作为信用增进，发行住房租赁担保债券。支持商业保险资金按照市场化原则参与保障性租赁住房建设。

资料来源：《国务院办公厅关于加快发展保障性租赁住房的意见》

【保证】保证人和债权人约定，当债务人不履行债务时，保证人按照约定履行债务或者承担责任的行为。担保方式的一种。保证担保的范围包括主债权及利息、违约金、损害赔偿金和实现债权的费用。根据国家有关法律，保证担保，保证人与债权人应当以书面形式订立保证合同。保证合同一般包括以下内容：（一）被保证的主债权种类、数额；（二）债务人履行债务的期限；（三）保证的方式；（四）保证的范围；（五）保证的期间；（六）双方认为需要约定的其他事项。保证的方式分为：一般保证和连带责任保证。当事人在保证合同中约定，债务人不能履行债务时，由保证人承担保证责任的，为一般保证；当事人在保证合同中约定保证人与债务人对债务承担连带责任的，为连带责任保证。一般保证的保证人在主合同纠纷未经审判或者仲裁，并就债务人财产依法强制执行仍不能履行债务前，对债权人可以拒绝承担保证责任。连带责任保证的债务人在主合同规定的债务履行期届满没有履行债务的，债权人可以要求债务人履行债务，也可以要求保证人在其保证范围内承担保证责任。保证人承担保证责任后，有权向债务人追偿。保证担保中，具有代为清偿债务能力的法人、其他组织或者公民称为“保证人”。

【保证合同】为保障债权的实现，保证人和债权人约定，当债务人不履行到期债务或者发生当事人约定的情形时，保证人履行债务或者承担责任的合同。典型合同的一种。保证合同的内容一般包括被保证的主债权的种类、数额，债务人履行债务的期限，保证的方式、范围和期间等条款。保证合同可以是单独订立的书面合同，也可以是主债权债务合同中的保证条款。保证合同是主债权债务合同的从合同。主债权债务合同无效的，保证合同无效。

【保证金】也称“押金”，指为保证履行某种义务而缴纳的一定数量的现金。担保的一种。在债务不履行时，债权人可直接从中受偿。保证金的数额一般由双方当事人协商约定，也可依照法律法规的规定。

【保租房】“保障性租赁住房”的简称。（见【保障性租赁住房】）

【被征收房屋补偿方式】房屋征收中对被征收房屋财产给予的补助和赔偿形式。分货币补偿和房屋产权调换两种。“货币补偿”指以市场评估价为标准，对被征收房屋的所有权人以货币方式进行的补助和赔偿；“房屋产权调换”指房屋征收部门提供用于产权调换的房屋与被征收房屋进行调换，计算价值后，结清差价的补助和赔偿。国务院《国有土地上房屋征收与补偿条例》规定，被征收人可以选择货币补偿，也可以选择房屋产权调换。

【被征收人】国有土地上被征收房屋的所有权人。按照国家有关法律规定，所有权人以房屋产权证记载的权利人为准。所有权人可以是一人，也可以是数人；可以是单位，也可以是个人。在房屋征收中，被征收人有获得征收补偿和安置的权利；有选择征收补偿方式的权利；如对房屋征收决定和征收补偿决定不服的，有申请行政复议和提起行政诉讼的权利。同时，被征收人有以下义务：（一）房屋征收范围确定后，不得在房屋征收范围内实施新建、扩建、改建房屋和改变房屋用途等不当增加补偿费用的行为；（二）作出房屋征收决定的市、县级人民政府对被征收人给予补偿后，被征收人应当在补偿协议约定或者补偿决定确定的搬迁期限内完成搬迁。

【比较法】“市场比较法”“买卖实例比较法”“交易案例比较法”的简称 。（见【市场比较法】）

【必要通行权】也称“相邻通行权”。（见【相邻通行权】）

【变更登记】“不动产变更登记”的简称。（见【不动产变更登记】）

【标定地价】在城市规划区国有土地范围内，以基准地价为基础，对不同土地级别或均质区域，按照宗地用途、条件等评估确定的标准宗地的土地使用权价格。标定地价是我国地价体系的重要组成部分，它的主要作用：一是作为政府出让土地使用权时确定土地出让金的依据，或是作为划拨土地使用权转让、出租、抵押时，确定补交出让金的标准；二是为企业清产核资和股份制改造中确定土地资产量提供依据；三是确定是否行使土地优先购买权的衡量标准；四是作为国家核定土地增值税和税制改革的依据；五是为土地投资者、使用者确定转让、出租、抵押土地使用权价格提供参考。国家实行标定地价定期确定和公布制度。按有关规定经有批准权的人民政府批准的标定地价，由当地人民政府价格管理部门和自然资源管理部门定期公布。公布时间为确定、调整年度的7月1日。标定地价采用图、表形式公布，内容包括：标准宗地的具体位置、用途、条件及相应的土地使用权价格标准。标定地价一般每两年调整公布一次。因社会经济情况发生变化，造成土地市场价格重大变化时，应适时进行调整，并及时向社会公布。标定地价以“元/平方米”表示。

【标定地价系数修正法】利用政府公示的城镇标定地价，按照替代原则，将待估宗地的区域条件和个别条件等与标定地价的条件相比较，确定相应的修正系数，进而通过修正，求取待估宗地在估价期日价格的方法。宗地价格评估方法的一种。标定地价系数修正法评估土地价格公式如下：

$$P = P_s \times A \times B \times C \times D$$

式中：P——待估宗地价格；

P_s——标定地价；

A——待估宗地交易情况指数；

B——待估宗地估价期日地价指数/标准地价期日地价指数；

C——待估宗地个别因素条件指数/标准宗地个别因素条件指数；

D——待估宗地年期修正指数。

【标准价】房改用语。指在住房制

度改革中，以成本价向中低收入家庭出售公有住房确有困难的市（县），依据该市（县）职工家庭平均承受能力确定的售房价格。《国务院关于深化城镇住房制度改革的决定》规定，标准价按负担价和抵交价之和测定。以标准价购买的公有住房，购房人只获得部分产权。标准价作为过渡性决策价格，要随着中低收入职工家庭经济承受能力的提高而提高，逐步达到按成本价售房。

【标准宗地】土地价格评估中，从城市一定区域沿主要街道的宗地中选定的深度、宽度和形状标准的宗地。设定标准宗地的目的是其具备的条件在一定范围内具有代表性，可以起到示范及比较的作用。标准宗地的选定应把握代表性、显著性、恒久性和均匀性原则。

【标准宗地地价】对选定的具有代表性的标准宗地测定的地价。标准宗地地价具有以下特点：（一）由众多分别代表各邻近地区一般水平的地价点组成；（二）代表一定时期地价水平；（三）是单位面积的地价；（四）是一种参考地价，控制地价。标准宗地地价评估方法有：买卖实例比较法、分配法、土地残余法等。标准宗地地价是推算土地级别地价或分区地价的基础。标准宗地地价以“元/平方米”表示。

【别墅】带有私家花园的低层独立式住宅。住宅建筑类型的一种。

【补充公积金】“补充住房公积金”的简称。（见【补充住房公积金】）

【补充住房公积金】简称“补充公积金”，指在城镇职工基本住房公积金基础上增加的非强制性长期住房储金。住房公积金的一种补充。补充住房公积金与基本公积金的性质、特征相同，都是长期的住房储金，用于职工的住房消费，属于职工个人所有。两者的区别在于：（一）住房公积金是制度规定必须缴存的，具有强制性；补充住房公积金是根据单位的效益情况，由单位确定是否缴存，具有非强制性；（二）住房公积金适用于城镇所有职工；补充住房公积金仅适用于企业和自收自支的事业单位；（三）住房公积金的缴存比例是统一的；补充住房公积金的比例由单位自主决定，但基本住房公积金加补充住房公积金比例最高不得超过12%。

【补地价】国有土地使用者因改变土地用途等向国家补交的地价或土地使用权出让金、土地收益。需要补地价的情形主要有：（一）土地使用者改变土地用途、容积率、建筑高度等城市规划限制条件；（二）土地使用者延长土地使用年限（包括出让土地使用权期满后续期）；

（三）土地使用者转让、出租、抵押划拨土地使用权的房地产。补地价的计算公式为：补地价＝改变（用途等）后的地价－改变（用途等）前的地价。

【不得出租房屋】法律、法规规定不得用于出租的房屋。住房城乡建设部《商品房屋租赁管理办法》规定，有下列情形之一的房屋不得出租：（一）属于违法建筑的；（二）不符合安全、防灾等工程建设强制性标准的；（三）违反规定改变房屋使用性质的；（四）法律、法规规定禁止出租的其他情形。

【不动产】“动产”的对称，指不能移动或移动后会引起性质、形状改变，损失经济价值的物，如土地、房屋、桥梁等。一般认为，不动产具有以下自然和社会特性：（一）不可移动性，又称位置固定性，即地理位置固定，不可改变；（二）异质性：即不同地块区位的独特性；（三）耐久性：土地不会因使用或放置而损耗、毁灭；（四）有限性：土地总量固定有限；（五）价值量大：与一般物品相比，不动产价值量巨大；（六）用途多样：土地、房屋用途多，适用性强；（七）涉及面广：不动产的占有、使用、收益、处置涉及社会方方面面；（八）难以变现：主要由价值高、不可移动、易受限制等原因造成；（九）保值增值：不动产随着追加投入、交通等基础设施不断完善、人口增加等，其价值随时间推移而增加。

【不动产变更登记】简称“变更登记”，指不动产权利人发生改变，或者因权利人姓名或者名称、地址和不动产用途等内容发生变更而进行的登记。不动产登记类型的一种。根据国家有关规定，下列情形之一的，不动产权利人可以向不动产登记机构申请变更登记：（一）权利人的姓名、名称、身份证明类型或者身份证明号码发生变更的；（二）不动产的坐落、界址、用途、面积等状况变更的；（三）不动产权利期限、来源等状况发生变化的；（四）同一权利人分割或者合并不动产的；（五）抵押担保的范围、主债权数额、债务履行期限、抵押权顺位发生变化的；（六）最高额抵押担保的债权范围、最高债权额、债权确定期间等发生变化的；（七）地役权的利用目的、方法等发生变化的；（八）共有性质发生变更的；（九）法律、行政法规规定的其他不涉及不动产权利转移的变更情形。不动产变更登记完成，不动产登记机构应当向权利人核发不动产权属证书。

【不动产查封登记】简称“查封登记”，指根据人民法院提供的查封裁定书和协助执行通知书进行的登记。不动产登记类型的一种。按照国家有关规定，自然资源行政主管部门在协助人民法院执行土地使用权时，不对生效法律文书和协助执行通知书进行实体审查。自然资源行政主管部门认为人民法院的查封、预查封裁定书或者其他生效法律文书错误的，可以向人民法院提出审查建议，但不得停止办理协助执行事项。两个以上人民法院对同一宗土地进行查封的，自然资源行政主管部门应当为先送达协助执行通知书的人民法院办理查封登记手续，对后送达协助执行通知书的人民法院办理轮候查封登记，并书面告知其该土地使用权已被其他人民法院查封的事实及查封的有关情况。查封期限届满或者人民法院解除查封的，查封登记失效，自然资源行政主管部门应当注销查封登记。

【不动产产籍】也称“房屋产籍”，指不动产产权登记过程中产生的各种图表、证件等经过整理、加工、分类而形成的图、档、卡、册等资料的总称。不动产产籍一般包括：（一）图纸资料（包括房屋平面图、地籍图、地形图等），即专为不动产产权登记和管理而测绘的专用图纸。主要反映各类房屋的关系、位置、房屋结构、层数、街道、门牌等，并将每幢房屋编在固定的地号上，用以联系图、档、卡、册等各项产权资料。（二）不动产产权档案资料，指不动产产权登记资料的汇集。主要反映不动产产权人和不动产情况，也反映不动产在历史上产权变更及纠纷处理过程，说明整个产权的来龙去脉全貌。（三）不动产卡片，指对不动产产权登记申请书中产权人情况、房屋状况及产权来源的摘要。其作用是概括不动产的基本情况，及时对各类不动产进行必要的统计汇总。（四）不动产登记簿册（包括登记文件簿、发证记录簿、房屋总册等），指根据不动产产权登记的成果和分类管理的需要而填制的。它是不动产产权状况和不动产状况的缩影。完整的不动产产籍资料是城市不动产管理科学水平高低的标志之一。

【不动产代为登记】简称“代为登记”，指由他人代为申请不动产登记的行为。根据《不动产登记暂行条例实施细则》，下列情形可以代为申请不动产登记：（一）无民事行为能力人、限制民事行为能力人申请不动产登记的，可以由其监护人代为申请；（二）当事人可以委托他人代为申请不动产登记。监护人代为申请登记的，应当提供监护人与被监护人的身份证或者户口簿、有关监护关系等材料。代理申请不动产登记的，代理人应当向不动产登记机构提供被代理人签字或者盖章的授权委托书。

【不动产单元】权属界线封闭且具有独立使用价值的空间。独立使用价值指足以实现相应的用途，并可以独立利用。不动产登记的基本单位。不动产登记单元应当按照《不动产单元设定与代码编制规则》的规定进行设定与编码。不动产单元编码具有唯一性。

【不动产登记】 不动产登记机构依法将不动产权利归属和其他法定事项记载于不动产登记簿的行为。分首次登记、变更登记、转移登记、注销登记、更正登记、异议登记、预告登记、查封登记。国家实行不动产统一登记制度。《民法典》规定，不动产物权的设立、变更、转让和消灭，经依法登记，发生效力。下列不动产权利的设立必须办理登记：（一）集体土地所有权；（二）房屋等建筑物、构筑物所有权；（三）森林、林木所有权；（四）耕地、林地、草地等土地承包经营权；（五）建设用地使用权；（六）宅基地使用权；（七）海域使用权；（八）地役权；（九）抵押权；（十）法律规定需要登记的其他不动产权利。不动产登记必须依照法定程序进行。

【不动产登记簿】 记载不动产权利状况的簿册。不动产登记簿记载以下事项：（一）不动产的坐落、界址、空间界限、面积、用途等自然状况；（二）不动产权利的主体、类型、内容、来源、期限、权利变化等权属状况；（三）涉及不动产权利限制、提示的事项；（四）其他相关事项。根据《不动产登记暂行条例》，不动产登记机构应当按照国务院国土资源主管部门的规定设立统一的不动产登记簿。不动产登记簿应当采用电子介质，不具备条件的，可以采用纸质介质。不动产登记簿采用电子介质的，应当定期进行异地备份，并具有唯一、确定的纸质转化形式。不动产登记簿由不动产登记机构永久保存。不动产登记簿损毁、灭失的，不动产登记机构应当依据原有登记资料予以重建。不动产登记簿具有以下法律效力：（一）推定力。根据《民法典》，不动产登记簿是物权归属和内容的根据，即不动产登记簿上记载某人享有某项物权时，推定该人享有该项权利，其权利内容也以不动产登记簿上的记载为准。（二）公信力。指即便不动产登记簿上记载的物权归属、内容与真实的物权归属、内容不一致，信赖登记簿上之人仍可如同登记簿记载正确时那样，以法律行为取得相应的不动产物权。

【不动产登记程序】 不动产权利设立的法定过程。按照国家有关规定，不动产登记一般程序如下：（一）申请。申请人根据不同的申请登记事项，到不动产登记机构现场向不动产登记机构提交登记申请材料，申请不动产登记。（二）受理。不动产登记机构依法查验申请主体、申请材料、询问登记事项、录入相关信息、出具受理结果。（三）审核。不动产登记机构受理申请后，按照有关法律、行政法规对申请事项及材料作进一步审查，并决定是否予以登记。（四）登簿。经审核符合登记条件的，由不动产登记机构将申请登记事项记载于不动产登记簿。（五）发证。不动产登记机构根据不动产登记簿记载，制作不动产权证书或者不动产登记证明，并发放给申请人。

【不动产登记费】不动产登记机构办理不动产权利登记时，根据不同情形，按标准收取的相关费用。国家发展改革委、财政部《关于不动产登记收费标准等有关问题的通知》明确，县级以上不动产登记机构依法办理不动产权利登记时，根据不同情形，收取不动产登记费。（一）不动产登记收费标准。住宅所有权及其建设用地使用权一体登记，收取一次登记费，收费标准为每件 80 元；非住宅类不动产权利的首次登记、转移登记、变更登记，收取不动产登记费，收费标准为每件 550 元。（二）证书工本费标准。不动产登记机构按通知规定收取不动产登记费，核发一本不动产权属证书的不收取证书工本费。向一个以上不动产权利人核发权属证书的，每增加一本证书加收证书工本费 10 元。（三）不动产登记计费单位。不动产登记费按件收取，不得按照不动产的面积、体积或者价款的比例收取。申请人以一个不动产单元提出一项不动产权利的登记申请，并完成一个登记类型登记的为一件。申请人以同一宗土地上多个抵押物办理一笔贷款，申请办理抵押权登记的，按一件收费；非同宗土地上多个抵押物办理一笔贷款，申请办理抵押权登记的，按多件收费。（四）登记费缴纳。不动产登记费由登记申请人缴纳。按规定需由当事各方共同申请不动产登记的，不动产登记费由登记为不动产权利人的一方缴纳；不动产抵押权登记，登记费由登记为抵押权人的一方缴纳；不动产为多个权利人共有（用）的，不动产登记费由共有（用）人共同缴纳，具体分摊份额由共有（用）人自行协商。

【不动产登记机构】法律法规规定有权受理不动产登记的工作部门。《不动产登记暂行条例》规定，国务院国土资源主管部门负责指导、监督全国不动产登记工作。县级以上地方人民政府应当确定一个部门为本行政区域的不动产登记机构，负责不动产登记工作，并接受上级人民政府不动产登记主管部门的指导、监督。直辖市、设区的市人民政府可以确定本级不动产登记机构统一办理所属各区的不动产登记。

跨县级行政区域的不动产登记，由所跨县级行政区域的不动产登记机构分别办理。不能分别办理的，由所跨县级行政区域的不动产登记机构协商办理；协商不成的，由共同的上一级人民政府不动产登记主管部门指定办理。《民法典》规定，不动产登记机构应当履行下列职责：（一）查验申请人提供的权属证明和其他必要材料；（二）就有关登记事项询问申请人；（三）如实、及时登记有关事项；（四）法律、行政法规规定的其他职责。

【不动产登记类型】按不同分类原则对不动产登记进行的分类。根据不动产登记规则，不动产登记按登记形式可分为：（一）首次登记，指不动产权利第一次登记，如初始登记。（二）变更登记，指不动产权利人发生改变，或者因权利人姓名或者名称、地址和不动产用途等内容发生变更而进行的登记。（三）转移登记，指因不动产权利发生转移而进行的登记。（四）注销登记，指因不动产权利的消灭而进行的登记。（五）更正登记，指不动产权利人、利害关系人认为不动产登记簿记载的事项有错误而申请进行的登记。（六）异议登记，指利害关系人认为不动产登记簿记载的事项错误，权利人不同意更正的，利害关系人申请进行的登记。（七）预告登记，指当事人签订不动产权利转让协议后，按约定持转让协议申请进行的登记。（八）查封登记，指根据人民法院提供的查封裁定书和协助执行通知书进行的登记。按设立不动产权利种类可分为：（一）集体土地所有权登记，指为设立集体土地所有权进行的登记。（二）国有建设用地使用权登记，指依法取得国有建设用地使用权后进行的登记。（三）国有建设用地使用权和房屋所有权登记，指利用国有建设用地建造房屋后进行的国有建设用地使用权及房屋所有权登记。（四）宅基地使用权和房屋所有权登记，指利用宅基地建造住房及其附属设施进行的宅基地使用权及房屋所有权登记。（五）土地承包经营权登记，指承包农民集体所有的耕地、林地、草地、水域、滩涂以及荒山、荒沟、荒丘、荒滩等农用地，或者国家所有依法由农民集体使用的农用地从事种植业、林业、畜牧业、渔业等农业生产进行的登记。（六）海域使用权登记，指依法取得海域使用权申请进行的登记，或者依法使用海域，在海域上建造建筑物、构筑物的，申请进行的海域使用权及建筑物、构筑物所有权登记。（七）地役权登记，指按照约定设定地役权进行的登记。（八）抵押权登记，指以不动产作抵押，申请进行的登记。

【不动产登记“四统一”】按照国家

实行不动产统一登记制度要求，将分散在多个部门的不动产登记机构、登记簿册、登记依据和信息平台整合由一个部门统一承担的简称。

【不动产登记原则】 不动产登记必须遵循的基本工作准则。包括：（一）依法登记原则。不动产登记除法律规定的情形外应当依照当事人的申请进行。（二）一体登记原则。房屋等建筑物、构筑物所有权、林木等定着物所有权登记应当与其所附着的土地、海域一并登记，保持权利主体一致。（三）连续登记原则。未办理不动产首次登记的，不得办理不动产其他类型登记。（四）属地登记原则。不动产登记由不动产所在地的人民政府不动产登记机构办理。

【不动产登记证明】 证明不动产抵押权、地役权权利或者预告登记、异议登记等事项的书面文件。《不动产登记暂行条例》规定，不动产登记机构完成登记，应当向申请人核发不动产权属证书或者登记证明。不动产登记证明记载的事项，应当与不动产登记簿一致。因不动产登记证明对应的不动产登记簿记载内容发生变更的，不动产登记证明的权利人或者申请人应当交回不动产登记证明，登记机构重新核发新的证明。因不动产登记证明对应的不动产登记簿记载的内容注销的，不动产登记证明的权利人或者申请人应当交回该证明，或者由登记机构公告废止。不动产登记证明样式由国家自然资源主管部门统一制定。

【不动产登记制度】 不同国家关于不动产登记法律法规规则的统称。物权公示制度的一种。分为契约登记制、权利登记制和托伦斯登记制三种模式。契约登记制，也称“要件对抗主义登记”，指不动产物权的变动，经当事人订立契约即发生效力，但非经登记，不得对抗第三人。其主要特点是：登记机关对登记申请采取形式审查，登记权利的状态，登记只具有公示力而无公信力，不经过登记，只能在当事人中产生效力，不能对抗第三人。法院可以裁定已登记的契约无效，登记机关对此并不承担责任。因该项制度为法国首创，所以又称为“法国登记制”。权利登记制，又称“实质主义登记”，指不动产物权依法律行为的设立、转移、变更和废止等事项非经登记不得生效的制度。权利登记制度发源于德国。主要特点是登记机关对土地登记申请进行实质性审查，土地登记是土地权利变动生效的要件，土地权利的取得和变更不经登记不发生效力，土地权利一经登记即具有法律效力。托伦斯登记制，又称“权利交付主义登记”，指经实质审查后用登记机关发放的权利证书，确认产权以便利不动产物权转移的登记制度。因澳大利亚人托伦斯提出而得名。主要特点是初次登记不强制，但土地权利一经登记，今后土地权利发生变更都必须经过登记。登记采取实质审查主义。登记后颁发权利凭证，登记机关保留正本，副本作为土地权利人拥有土地权利凭证。登记具有公信力。登记人员负登记错误的损害赔偿责任。

【不动产登记资料查询】不动产权利人、利害关系人依照有关规定，查询、复制不动产登记资料的行为。分为不动产权利人查询和利害关系人查询。根据《不动产登记资料查询暂行办法》，不动产登记簿上记载的权利人可以查询本不动产登记结果和本不动产登记原始资料。因买卖、互换、赠与、租赁、抵押不动产构成利害关系的；因不动产存在民事纠纷且已经提起诉讼、仲裁而构成利害关系的利害关系人可以申请查询有利害关系的不动产登记结果。不动产权利人、利害关系人申请查询不动产登记资料，应当提交查询申请书以及不动产权利人、利害关系人的身份证明材料。查询不动产登记资料，在不动产所在地的市、县人民政府不动产登记机构进行。

【不动产抵押】抵押人以其合法的不动产以不转移占有的方式向抵押权人提供债务履行担保的行为。债务人不履行债务时，债权人有权依法以抵押的不动产拍卖所得的价款优先受偿。法律意义上的不动产指土地、海域以及房屋、林木等地上定着物。根据《民法典》，建筑物和其他土地附着物、建设用地使用权、海域使用权、正在建造的建筑物等财产可以抵押。土地所有权；宅基地、自留地、自留山等集体所有土地的使用权；学校、幼儿园、医疗机构等为公益目的成立的非营利法人的教育设施、医疗卫生设施和其他公益设施；所有权、使用权不明或者有争议的财产；依法被查封、扣押、监管的财产；法律法规规定不得抵押的其他财产等财产不得抵押。设立不动产抵押权，当事人应当采用书面形式订立抵押合同，办理抵押登记。不动产抵押权自登记时设立。不动产抵押，以建筑物抵押的，该建筑物占用范围内的建设用地使用权一并抵押；以建设用地使用权抵押的，该土地上的建筑物一并抵押。不动产抵押中，将合法的不动产提供给抵押权人，作为本人或者第三人履行债务担保的公民、法人或者其他组织称为抵押人；接受不动产抵押作为债务人履行债务担保的法人、其他组织或者公民称为抵押权人。

【不动产抵押登记】也称“房地产抵押登记”，指不动产登记机构依法将不动产抵押权记载于不动产登记簿的行为。不动产登记的一种。分为首次登记、变更登记、转移登记、注销登记。（一）首次登记，指不动产权利人设立不动产抵押权利的登记。根据《不动产登记暂行条例实施细则》，自然人、法人或者其他组织为保障其债权的实现，可以由当事人持不动产权属证书、抵押合同与主债权合同等必要材料办理抵押登记。（二）变更登记，指不动产权利人发生改变，或者因权利人姓名或者名称、地址和不动产用途等内容发生变更而进行的登记。申请不动产变更登记的材料包括不动产权属证书、不动产登记证明、抵押权变更材料等。（三）转移登记，指因主债权转让导致抵押权转移而进行的登记。申请抵押权转移登记材料包括不动产权属证书、不动产登记证明、被担保主债权的转让协议、债权人已经通知债务人的材料等。（四）注销登记，指因不动产权利的消灭而进行的登记。不动产权利消灭包括主债权消灭、抵押权已经实现、抵押权人放弃抵押权等。申请抵押权注销登记的有关材料包括不动产登记证明、抵押权消灭的材料等。不动产抵押登记应按规定程序进行。

【不动产抵押权实现】当债务人不履行债务时，不动产抵押权人行使其抵押权将抵押的不动产变价以满足其债权得到优先受偿的行为。不动产抵押权实现应符合以下条件：（一）不动产抵押权的存在。不动产抵押权的实现首先应以不动产抵押权的存在为前提。不动产抵押权的存在是指当事人曾就特定的债权设定不动产抵押权，并且，此项不动产抵押权尚未因法定的原因而消灭。（二）债权已届清偿期而未受清偿。清偿期为不动产抵押权人得以依法向债务人请求债务履行的时期，一般以不动产抵押登记的日期为准。清偿指抵押权所担保的债权全部得到清偿，若债权仅获部分清偿，抵押权人仍可行使抵押权而使未受偿部分的债权获得清偿。（三）对于债权的未受清偿，抵押权人没有过失。若债权的不能履行，系不动产抵押权人的原因所致，则抵押权人不能以债权已经到期为由，实行不动产抵押权。不动产抵押权实现的方式包括折价、变卖和拍卖三种。根据《民法典》，债务人不履行到期债务或者发生当事人约定的实现抵押权的情形，抵押权人可以与抵押人协议以抵押资产折价或者以拍卖、变卖该抵押财产所得的价款优先受偿。抵押权人与抵押人未就实现方式达成协议的，抵押权人可以请求人民法院拍卖、变卖抵押资产。

【不动产抵押银行】以收受不动产为抵押品，经营长期放款业务的专业银行。不动产抵押银行的主要业务是发行不动产抵押证券以吸收长期资金，以收受土地、房屋等不动产为抵押品办理长期抵押放款。由于土地、房屋等不动产作为抵押常因流动性较差而造成资金占用较大，所以专门的不动产抵押银行较少。

【不动产更正登记】简称“更正登记”，指不动产权利人、利害关系人认为不动产登记簿记载的事项有错误而申请进行的登记。是对既有的登记内容进行修正补充的登记。不动产登记类型的一种。《民法典》规定，不动产权利人、利害关系人认为不动产登记簿记载的事项错误的，可以申请更正登记。不动产登记簿记载的权利人书面同意更正或者有证据证明登记确有错误的，登记机构应当予以更正。更正登记有两种方式，一是经权利人以及利害关系人申请作出的更正登记；另一种是登记机关自己发现错误后作出的更正登记。

【不动产广告】也称“房地产广告”。（见【房地产广告】）

【不动产权利】也称“不动产物权”。（见【不动产物权】）

【不动产权利人】依法享有不动产权利的法人、其他组织和自然人。

【不动产权利种类】依法通过不动产登记设立的各种不动产权利类型。根据《不动产登记暂行条例》，通过不动产登记设立的不动产权利种类包括：（一）集体土地所有权；（二）房屋等建筑物、构筑物所有权；（三）森林、林木所有权；（四）耕地、林地、草地等土地承包经营权；（五）建设用地使用权；（六）宅基地使用权；（七）海域使用权；（八）地役权；（九）抵押权；（十）法律规定需要登记的其他不动产权利。

【不动产权属】不动产权利的归属。

【不动产权属证书】简称“不动产权证书”，指证明不动产权利归属的书面文件，是权利人享有该不动产物权的证明。《不动产登记暂行条例》规定，不动产登记机构完成登记，应当依法向申请人核发不动产权属证书或者登记证明。不动产权属证书记载的事项，应当与不动产登记簿一致。申请共有不动产登记的，不动产登记机构向全体共有人合并发放一本不动产权属证书；共有人申请分别持证的，可以为共有人分别发放不动产权属证书。不动产权属证书污损、破损的，当事人可以向不动产登记机构申请换发。符合换发条件的，不动产登记机构应当予以换发，并收回原不动产权属证书。不动产权属证书遗失、灭失，不动产权利人申请补发的，由不动产登记机构在其门户网站上刊发不动产权利人的遗失、灭失声明15个工作日后，予以补发。不动产权属证书样式由自然资源部统一规定。根据《关于启用不动产登记簿证样式（试行）的通知》，不动产权证书有单一版和集成版两个版本。单一版证书记载一个不动产单元上的一种权利或者互相兼容的一组权利。集成版证书记载同一权利人在同一登记辖区内享有的多个不动产单元上的不动产权利。目前主要采用单一版证书。

【不动产权证书】“不动产权属证书”的简称。（见【不动产权属证书】）

【不动产商标】也称“房地产商标”，指由不动产权人或房地产法人申请注册的不动产产品或房屋建筑、装饰装修服务的标记。包括文字、图形、字母、数字、三维标志、颜色组合，以及上述要素的组合。分为产品商标和服务商标。不动产产品通常指由房地产开发商开发的具有标志性特点的建筑物；房地产服务指房地产企业提供的某种房屋建筑、装饰装修特色服务。根据《商标法》，自然人、法人或者其他组织在生产经营活动中，对其商品或者服务需要取得商标专用权的，应当向商标局申请商标注册。在国际商标分类表中，不动产事务商标归入第三十六类；房屋建筑、装饰装修服务商标归入第三十七类。

【不动产首次登记】不动产权利第一次登记。不动产登记类型的一种。根据国家有关规定，下列情形之一的，不动产权利人可以向不动产登记机构申请不动产首次登记：（一）尚未登记的集体土地所有权；（二）依法取得国有建设用地使用权的；（三）依法利用国有建设用地建造房屋的；（四）依法取得集体建设用地使用权的；（五）依法使用集体建设用地兴办企业、建设公共设施，从事公益事业等的；（六）依法取得宅基地使用权的；（七）依法利用宅基地建造住房及其附属设施的；（八）依法以承包方式在土地上从事种植业或者养殖业生产活动的。未办理首次登记的，不得办理不动产其他类型登记。

【不动产他物权】“不动产自物权”的对称，指在他人不动产上设定或享有的权利。不动产物权的一种。分为用益物权和担保物权。用益物权，指用益物权人对他人所有的不动产，依法享有占有、使用和收益的权利，如土地承包经营权、建设用地使用权、宅基地使用权、地役权等；担保物权，指担保物权人在债务人不履行到期债务或者发生当事人约定的实现担保物权的情形，依法享有就担保不动产优先受偿的权利，如抵押权、质权、留置权等。不动产他物权从不动产所有权派生出来，形成独立的财产权，但不动产他物权的行使，不得损害所有权人的权益。根据我国的法律，不动产他物权的设立、变更、转让和消灭，经依法登记，发生效力；未经登记，不发生效力。

【不动产他项权利】简称“他项权利”，指在他人房屋所有权、土地使用权上设定的权利。分为抵押权、地上权和地役权等。由于他项权利是在房屋所有权和土地使用权上设定的权利，因此，是对房屋所有权和土地使用权的限制，在民法上属于限制物权。按照国家不动产登记的有关规定，设定不动产他项权利，权利人应当向管理机构申请办理不动产他项权利登记，并领取《不动产登记证明》。

【不动产他项权利登记】简称“他项权利登记”，指依法确认由土地使用权和房屋所有权产生的抵押、典当等他项权利的登记。不动产登记的一类。分为：（一）不动产他项权利的设定登记；（二）不动产他项权利的变更登记；（三）不动产他项权利的注销登记。申请不动产他项权利登记，申请人应当提交不动产权证书及有关的申请登记文件。不动产登记机构完成登记，依法向申请人核发《不动产登记证明》。

【不动产物权】不动产权利人依法对不动产享有直接支配和排除他人干涉的权利。分为自物权、用益物权和担保物权。自物权，即所有权，指不动产所有权人对自己的不动产，依法享有占有、使用、收益和处分的权利。用益物权，指用益物权人对他人所有的不动产，依法享有占有、使用和收益的权利，包括土地承包经营权、建设用地使用权、宅基地使用权、居住权、地役权等。担保物权，指担保物权人在债务人不履行到期债务或者发生当事人约定的实现担保物权的情形，依法享有就担保财产优先受偿的权利，包括抵押权、质权、留置权等。《民法典》规定，不动产物权的设立、变更、转让和消灭，经依法登记，发生效力；未经登记，不发生效力，但是法律另有规定的除外。不动产所有权人有权在自己的不动产上设立用益物权和担保物权。用益物权人、担保物权人行使权利，不得损害所有权人的权益。依法设立的不动产物权受法律平等保护，任何组织或者个人不得侵犯。

【不动产限定额抵押权】也称“不动产最高额抵押权”。（见【不动产最高额抵押权】）

【不动产信托】也称“房地产信托”。（见【房地产信托】）

B

【不动产行政复议】也称“房地产行政复议”。（见【房地产行政复议】）

【不动产异议登记】简称“异议登记”，指利害关系人认为不动产登记簿记载的事项错误，权利人不同意更正的，由利害关系人申请进行的登记。不动产登记类型的一种。异议登记的法律效力是，登记簿上所记载的权利失去正确性推定的效力，第三人也不得主张依照登记的公信力而受到保护。异议登记虽然可以对真正的权利人提供保护，但这种保护是临时性的。《民法典》规定，不动产登记簿记载的权利人不同意更正的，利害关系人可以申请异议登记。登记机构予以异议登记，申请人自异议登记之日起十五日内不提起诉讼的，异议登记失效。异议登记不当，造成权利人损害的，权利人可以向申请人请求损害赔偿。

【不动产预告登记】简称“预告登记”，指当事人签订不动产权利转让协议后，为保障将来实现物权，按约定申请进行的登记。不动产登记类型的一种。预告登记与一般不动产登记的区别在于：一般不动产登记都是在不动产物权变动已经完成的状态下进行的登记，而预告登记则是为了保全将来发生的不动产物权变动而进行的登记。预告登记完成后，并不导致不动产物权的设立或者变动，只是使登记申请人取得请求将来发生物权变动的权利。纳入预告登记的请求权，对后来发生与该项请求权内容相同的不动产物权的处分行为具有排他的效力。预告登记适用于有关不动产物权的协议，在我国主要适用于商品房预售。在商品房预售中，预售登记作出以后，使期房买卖得到了公示，这种期待权具有对抗第三人的效力。《民法典》规定，预告登记后，未经预告登记权利人同意，处分该不动产的，不发生物权效力。预告登记后，债权消灭或者自能够进行不动产登记之日起九十日内未申请登记的，预告登记失效。

【不动产注销登记】简称“注销登记”，指因不动产权利的消灭而进行的登记。不动产登记类型的一种。根据国家有关规定，有下列情形之一的，当事人可以申请办理注销登记：（一）不动产灭失的；（二）权利人放弃不动产权利的；（三）不动产被依法没收、征收或者收回的；（四）人民法院、仲裁委员会的生效法律文书导致不动产权利消灭的；（五）法律、行政法规规定的其他情形。

【不动产转移登记】简称“转移登记”，指因不动产权利发生转移而进行的登记。不动产登记类型的一种。根据国家有关规定，因下列情形导致不动产权利转移的，当事人可以向不动产登记机构申请转移登记：（一）买卖、互换、赠与不动产的；（二）以不动产作价出资（入股）的；（三）法人或者其他组织因合并、分立等原因致使不动产权利发生转移的；（四）不动产分割、合并导致权利发生转移的；（五）继承、受遗赠导致权利发生转移的；（六）共有人增加或者减少以及共有不动产份额变化的；（七）因人民法院、仲裁委员会的生效法律文书导致不动产权利发生转移的；（八）因主债权转移引起不动产抵押权转移的；（九）因需役地不动产权利转移引起地役权转移的；（十）法律、行政法规规定的其他不动产权利转移情形。

【不动产自物权】 即“不动产所有权”。“不动产他物权”的对称，指不动产权利人依法对自己所有的不动产享有占有、使用、收益和处分的权利。如土地所有权、房屋所有权。不动产物权的一种。

【不动产最高额抵押权】 也称“不动产限定额抵押权”，简称“最高额抵押权”，指为担保债务的履行，债务人或者第三人对一定期间内将要连续发生的债权提供不动产担保的，债务人不履行到期债务或者发生当事人约定的实现抵押权的情形，抵押权人有在最高债权额限度内就该担保不动产优先受偿的权利。不动产最高额抵押权有以下法律特征：（一）最高额抵押是限定额抵押。设定抵押时，抵押人与抵押权人协议约定抵押财产担保的最高债权限额，无论将来实际发生的债权如何增减变动，抵押权人只能在最高债权额范围内对抵押不动产享有优先受偿权；（二）最高额抵押是为将来发生的债权提供担保。最高额抵押权设定时，不以主债权的存在为前提，是典型的担保将来债权的抵押权；（三）最高额抵押所担保的最高债权额是确定的，但实际发生额不确定；（四）最高额抵押是对一定时间内连续发生的债权作担保。“一定时间”，不仅指债权发生的期间，更是指抵押权担保的期间；“连续发生的债权”，指所发生的债权次数不确定，且连续发生。根据国家有关规定，设立最高额抵押权的，当事人应当持不动产权属证书、最高抵押权合同与一定时间内将要连续发生的债权合同或其他登记原因材料等必要材料，申请不动产最高额抵押权登记。

【不可分物】 “可分物”的对称，指经过实体分割后不符合其经济用途或显著降低其经济价值，或改变其性质的物。如一间房子、一辆车等。把物分成可分物与不可分物是民法上物的一种分类方法。这种分类方法对这两种物在所有权关系中共有人分割财产的方式、在债的关系中多数当事人的权利义务有实际意义。在分割不可分物的财产时，不能进行实体分割，而只能作价分割，有人得物，有人获得金钱补偿，或者出卖该物，而分得其相应的价金。同一项债有多数债权人或债务人参加，债的标的物属不可分物的，债权人或者债务人则享有连带债权或承担连带债务。

【不可抗力】不能预见、不能避免且不能克服的客观情况。包括自然现象，如地震、台风、洪水等，和社会现象，如战争等。民事法律关系中因不可抗力不能履行民事义务的，不承担民事责任。

【不宜出售公房】房改用语。指由于各种原因，不得向职工出售的公有住房。根据国家房改政策，下列公有住房不宜出售：（一）无合法证件的公有住房；（二）有产权争议的公有住房；（三）已经政府批准征收或划拨的建设用地范围内的公有住房；（四）严重损坏房、危险房；（五）具有历史纪念意义的公有住房；（六）政府规定的其他不宜出售的公有住房。不宜出售公房的具体范围由各市（县）人民政府确定。

【不予登记】不动产登记机构对申请登记的不动产进行审核后作出的一种处理。根据国家《不动产登记暂行条例》，登记申请有下列情形之一的，不动产登记机构应当不予登记，并书面告知申请人：（一）违反法律、行政法规规定的；（二）存在尚未解决的权属争议的；（三）申请登记的不动产权利超过规定期限的；（四）法律、行政法规规定不予登记的其他情形。

【不正当竞争】经营者在生产经营活动中，违反国家法律法规规定，扰乱市场竞争秩序，损害其他经营者或者消费者的合法权益的行为。根据《反不正当竞争法》，下列行为属于不正当竞争行为：（一）擅自使用与他人有一定影响的商品名称、包装、装潢等相同或者近似的标识；擅自使用他人有一定影响的企业名称（包括简称、字号等）、社会组织名称（包括简称等）、姓名（包括笔名、艺名、译名等）；擅自使用他人有一定影响的域名主体部分、网站名称、网页等；其他足以引人误认为是他人商品或者与他人存在特定联系的混淆行为。（二）采用财物或者其他手段贿赂交易相对方的工作人员、受交易相对方委托办理相关事务的单位或者个人、利用职权或者影响力影响交易的单位或者个人，以谋取交易机会或者竞争优势。（三）对其商品的性能、功能、质量、销售状况、用户评价、曾获荣誉等作虚假或者引人误解的商业宣传，欺骗、误导消费者；通过组织虚假交易等方式，帮助其他经营者进行虚假或者引人误解的商业宣传。（四）以盗窃、贿赂、欺诈、胁迫或者其他不正当手段获取权利人的商业秘密；披露、使用或者允许他人使用以前项手段获取的权利人的商业秘密；违反约定或者违反权利人有关保守商业秘密的要求，披露、使用或者允许他人使用其所掌握的商业秘密。（五）进行有奖销售所设奖的种类、兑奖条件、奖金金额或者奖品等有奖销售信息不明确，影响兑奖；采用谎称有奖或者故意让内定人员中奖的欺骗方式进行有奖销售；抽奖式的有奖销售，最高奖的金额超过五万元。（六）编造、传播虚假信息或者误导性信息，损害竞争对手的商业信誉、商品声誉。（七）利用技术手段，通过影响用户选择或者其他方式，实施妨碍、破坏其他经营者合法提供的网络产品或者服务正常运行。经营者违反国家法律法规规定，因不正当竞争给他人造成损害的，应当依法承担民事责任。

【部分产权房】房改用语。也称“有限产权房”，指房屋产权人对享受政府或企事业单位补贴购买的，部分权能受限制的公有住房。《关于全面推进城镇住房制度改革的意见》中规定，职工购买公有住房，在国家规定标准面积以内的，实行标准价。购买后拥有部分产权，即占有权和使用权、有限处分权和收益权；可以继承，可以在购房五年以后进入市场出售或出租，原产权单位有优先购买权和租用权。售房收入扣除有关税费后所得收益，按政府、单位、个人的产权比例进行分配。职工拥有部分产权的住房，在自用和自住时受到法律的保护；按标准价购买的住房投放市场时，则受到法律的约束，不得高价出售或出租。

Cc

【财产】房屋、土地、金钱、物资及民事权利、义务的总称。分为有形财产，如房屋、土地、金钱、物资等，和无形财产，如债权、知识产权等。财产具有以下法律特征：（一）财产所有人依法对自己的财产享有占有、使用、收益和处分的权利；（二）任何人不经财产所有人的许可不得占有、使用该财产；（三）财产所有人可以是自然人，也可以是法人。根据国家法律，合法财产受法律保护，禁止任何单位和个人侵占、哄抢、私分、破坏。

【财产关系】人们在物质资料的生产、交换、分配、消费过程中形成的具有经济内容的社会关系。经济关系的一种。分为具有行政隶属性质的纵向财产关系和不具有行政隶属性质的横向财产关系。前者主要指政府对经济的管理、国家和企业

C

之间的关系以及企业内部等纵向经济关系或行政管理关系，它不是平等主体间的财产关系。纵向财产关系由经济法、行政法调整。后者指平等主体之间的财产关系，主要指财产所有、财产流转、财产继承等横向的经济关系。这种平等主体之间的横向经济关系的特点是：尊重财产所有权，财产依当事人的意思而转移。横向财产关系由民法调整。

【财产权】“人身权”的对称，指以财产利益为内容，直接与经济利益相联系的民事权利。包括物权、债权、继承权和知识产权中的财产权利。财产权的基本特征：（一）它是一种可用金钱衡量其价值的权利；（二）除法律有特别规定以外，财产权可以依权利人的自由意志随意转移；（三）对财产权的损害只能要求侵权人承担财产责任，而且这种责任的赔偿范围必须与财产损失的大小相一致。

【财产所有权】所有权人依法对自己的财产享有占有、使用、收益和处分，并排除他人干涉的权利。财产所有权主体为特定的人，义务主体是除所有人以外的第三人。《民法典》规定，法律规定属于国家所有的财产，属于国家所有即全民所有。农民集体所有的不动产和动产，属于本集体成员集体所有。私人对其合法的收入、房屋、生活用品、生产工具、原材料等不动产和动产享有所有权。合法的财产所有权受法律保护。财产所有权具有以下法律特征：（一）绝对性。所有权不需要他人的积极行为，只要他人不加干预，所有人自己便能实现其权利。（二）排他性。所有权人有权排除他人对于其行使权力的干涉，并且同一物上只能存在一个所有权，而不能并存两个以上的所有权。（三）永久性。指所有权的存在不能预定其存续期间。（四）平等性。所有权作为一种物权，受法律平等保护。

【财政补贴】国家出于某种特定需求，将一部分财政资金无偿补助给企业和居民的行为。是国家财政通过对分配的干预，调节国民经济和社会生活的一种手段，其目的是支持生产发展，调节供求关系，稳定市场物价，维护生产经营者或消费者的利益。财政补贴是一种转移性支出。从政府角度看，财政补贴的支付是无偿的；从领取补贴者角度看，财政补贴收入意味着实际收入的增加。我国现行财政补贴主要有价格补贴、企业亏损补贴、房租补贴、职工生活补贴和利息补贴等。补贴的对象为企业、职工和城镇居民。补贴的范围包括工业、农业、商业、交通运输、建筑、外贸等国民经济各部门和生产、流通、消费各环节、居民生活各方面。财政补贴的主体分为中央财政和地方财政。

【财政性住房资金】我国住房制度改革中由各级政府财政预算中安排的用于行政事业单位的住房改革资金和各级政府按照住房制度改革有关规定筹集的住房资金。财政预算安排的住房改革资金是各级财政预算安排用于住房制度改革的专项资金。其主要来源是：各级政府用于住房建设的资金，财政预算安排的住房公积金支出和住房补贴支出。主要用于补助行政事业单位发放职工住房补贴、提租补贴和缴纳住房公积金。年度如有结余，可结转下年使用。各级政府按房改有关规定筹集的住房资金是本级政府住房基金的主要来源，包括各级政府统筹的从直管公有住房出售收入中提取的房管机构转制资金和住房补贴资金；已购公有住房和经济适用住房上市出售上缴财政的相当于土地出让金的价款和所得收益收入；按规定上缴财政的用于公积金中心管理费用支出和廉租住房建设支出的住房公积金增值收益收入；按规定上缴财政的政策性住房金融业务利润收入以及从预算外资金中按一定比例划转的资金等。主要用于：补充行政事业单位发放职工住房补贴的不足；廉租住房建设支出；住房公积金管理中心经费支出；房管机构转制资金和其他住房改革支出。

【财政政策】政府依据客观经济规律制定的指导财政工作和处理财政关系的一系列方针、准则和措施的总称。财政政策主要通过变动财政支出、税收和债务水平来影响国民经济总量，是政府稳定经济最为常用的政策工具之一。财政政策工具包括：国家预算、税收、国债、财政补贴、财政管理体制、转移支付制度等。这些工具可以单独使用，也可以配合协调使用。根据对总产出的影响方面，财政政策可以分为扩张性财政政策和紧缩性财政政策。扩张性财政政策，又称“积极财政政策”，指在经济萧条时，政府通过降低税收、加大政府购买和转移支付的力度，刺激投资和消费，增加社会总需求；紧缩性财政政策指经济过热、通货膨胀率过高时，政府通过提高税收、减少政府购买和转移支付数量，刺激投资和消费，减少社会总需求，将物价水平控制在合理范围内。

【采购经理指数】英语缩写“PMI”，指通过对采购经理的月度调查汇总出来，能够反映经济变化趋势的指数。PMI 是一套月度发布的、综合性的经济监测指标体系，分为制造业 PMI、服务业 PMI，也有一些国家建立了建筑业 PMI。制造业 PMI 最早于 20 世纪 30 年代起源于美国，经过几十年的发展，该体系现包含新订单、产量、雇员、供应商配送、库存、价格、积压订单、新出口订单、进口等商业活动指标。以上各项指标指数基于对样本企业的采购经理的月度问卷调查所得数据合成得出，再对生产、新订单、雇员、供应商配送与库存五项类指标加权计算得到制造业PMI综合指数。PMI每项指标均反映了商业活动的现实情况，综合指数则反映制造业或服务业的整体增长或衰退。制造业及非制造业PMI商业报告分别于每月1日和3日发布，时间上大大超前于政府其他部门的统计报告，所选的指标又具有先导性，所以PMI已成为监测经济运行及时、可靠的先行指标。PMI指数50%为荣枯分水线。如果汇总后的制造业综合指数高于50%，表示整个制造业经济在增长，低于50%表示制造业经济下降，接近40%，则有经济萧条的情绪。PMI略大于50%，说明经济在缓慢前进，PMI略小于50%说明经济在慢慢走向衰退。

【采光权】房屋的所有人或使用人享有从室外取得适度光源的权利。民法中相邻权的一种。《民法典》规定，建造建筑物，不得违反国家有关工程建设标准，不得妨碍相邻建筑物的通风、采光和日照。

【采光系数】一个房间窗口总面积与该房间地面面积的比值。住宅建筑设计指标之一。如起居室一般要求窗户面积为地面面积的1/10～1/8；教室为1/8～1/6。采光系数过小直接影响房间的采光与通风，影响房屋的使用功能。

【菜单式装修】也称“一次性装修”，指房地产开发企业在预售商品住宅时提供多种装修方案供购房人选择，并根据购房人选定的方案代为装修的售后服务方式。根据国家有关规定，开发企业提供多种装修方案时，应同时提供不同标准装修的价格。购房人选定装修方案时，也应确认装修价格，并签订委托装修合同。装修价格不计入商品房售价，由购房人另行支付。实行菜单式装修，可以减少购房人购房后二次装修的麻烦，同时，又可以杜绝购房人自行装修时随意敲凿、乱搭乱建的不规范现象，有利于物业的管理。

【仓储用地】一指城市规划中仓储企业的库房、堆场和包装加工车间及其附属设施的建设用地。城市用地的一种。一指土地利用分类中物流仓储和战略性物资储备库用地。《国土空间调查、规划、用途管制用地用海分类指南》中一个一级类用地。下设物流仓储用地、储备库用地两个二级类用地。物流仓储用地指国家和省级战略性储备库以外，城、镇、村用于物资存储、中转、配送等设施用地，包括附属设施、道路、停车场等用地；储备库用地指国家和省级的粮食、棉花、石油等战略性储备库用地。

【草地】 生长草本植物为主的土地。在《土地利用现状分类》（GB/T 21010—2017）中，草地为一级类，其中包括天然牧草地、沼泽草地、人工牧草地、其他草地4个二级类。

【插花地】 两个或两个以上权属单位因地界互相穿插割裂而形成面积不集中、外形不规整的土地。一般有飞地、土地楔入和土地分散三种形式。（一）飞地，指一个权属单位的土地与其成片土地相分离，坐落于其他权属单位土地范围内的零星土地。（二）土地楔入，指一个权属单位的土地楔入另一权属单位的土地之中，或两个权属单位的土地在边界上相互交错或楔入，形成不规则的外形。（三）土地分散，指几个权属单位的土地相互分割，使各自土地不能集中连片，分成许多小块宗地。土地插花不利于土地的统一规划和集约利用，也不利于土地的管理，应通过土地整理予以合并或调整。

【查封】 人民法院对被保全的财产清点后，加贴封条，就地封存或易地封存，以限制被申请人对财产的处分的一种保全措施。主要适用于不动产。人民法院在查封时，被执行人是公民的，应当通知被执行人或者他的成年家属到场；被执行人是法人或其他组织的，应当通知其法人代表或者主要负责人到场。财产被查封的，执行员应责令被执行人在指定期限内履行法律文书确定的义务，逾期不履行的，法院可以按照规定交有关单位拍卖或变卖被查封的财产。

【查封登记】 “不动产查封登记”的简称。（见【不动产查封登记】）

【差价换房】 居民将自己租住的公有住房，按协商议定的价格，转让给他人使用，或补偿差价换购商品住宅，或与其他居民租住的不可售住房互换使用的行为。差价换房的主体是公房使用权人，客体是公有住房的使用权。差价换房是20世纪90年代初上海等城市在搞活房地产流通中创造的一种公有住房资产运作的模式。通过差价换房，可以使公有住房使用权的价值得以实现，并利用这一价值改善居民的住房条件，促进房地产市场的活跃。

【拆建比】 拆除原有房屋建筑总面积与新建房屋建筑总面积的比值。反映旧区改造项目建筑密度的规划指标。计算公式为：拆建比＝新建房屋建筑总面积/拆除原有房屋建筑总面积。

【拆迁安置房】 简称“安置房”，指为进行城市基础设施建设、棚户区改造或房地产开发，对被拆迁住户进行安置所建造的住房。分为重大市政工程、棚户区改造动迁居民而配套建设的安置房和为实施房地产开发，通过市场途径筹措，用于项目拆迁安置的中低价位商品房。前者具有社会保障性质，政府在配套安置房建设的土地供应、税收优惠上给予一定的政策支持，但规定该类房屋一定年限内不得上市交易；后者属于商品房，拆迁安置人可以根据自己的意愿决定是否上市转让。

【产籍】“不动产产籍”“房屋产籍”的简称。（见【不动产产籍】）

【产权地籍】也称“法律地籍”，指为保护土地权利人的合法权益而建立的土地产权登记簿册。地籍的一种。主要记载土地权利人姓名、宗地位置、四至界线、界址点、土地面积、土地权利内容、来源等。

【场地利用系数】在界线明确的地块上，建筑物、构筑物、道路交通设施、绿化设施等所占面积与该块用地面积的比。用百分比表示。场地利用系数在一定程度上表示用地的经济性。由于不同单位用地要求不同，其场地利用系数差别较大，因此只有在同类型的单位用地中才具有可比性。

【场地使用费】中外合资合营企业使用国有土地依法向政府缴纳的土地使用权费用。国有土地使用权有偿使用形式的一种。《中外合资经营企业法》规定，中国合营者的投资可包括为合营企业经营期间提供的场地使用权。如果场地使用权未作为中国合营者投资的一部分，合营企业应向中国政府缴纳使用费。场地使用费标准一般由城市人民政府根据场地的用途、地理环境条件、征地拆迁安置费用和企业对基础设施的要求等因素确定。

【超标加租】房改用语。指在城镇住房制度改革中，房屋产权单位对承租人超过规定标准的住房面积加收租金的规定。主要做法是：由房屋产权单位根据国家有关政策制订一个住房面积标准，对承租人在规定标准以下的住房面积收取低租金，对超过规定标准的住房面积部分，要加倍收取租金。超标加租是利用经济手段制约旧住房体制下住房需求过旺和超前消费的一项措施。

【炒楼花】香港房地产用语。指（带有投机性质）买卖尚未建成的房屋。楼花，指设计图纸上的楼宇。

【成本法】也称“原价法”“成本逼近法”，指通过求取估价对象在估价时点的重置价格或重建价格，扣除折旧，以此估算估价对象的客观合理价格或价值的方法。房地产估价方法的一种。按照《房地产估价规范》（GB/T 50291—2015），运用成本法进行房地产估价应按下列步骤进行：（一）选择具体估价路径；（二）测算重置成本或重建成本；（三）测算折旧；（四）计算成本价值。成本法适用于房地产市场尚未形成，无法采用市场比较法估价的房地产的估价。

【成本价】住房制度改革中，出售公有住房时按照建造公有住宅的平均成本测定的价格。《国务院关于深化城镇住房制度改革的决定》明确，向中低收入职工家庭出售公有住房实行成本价。成本价构成包括住房的征地和拆迁补偿费、勘察设计和前期工程费、建安工程费、住宅小区基础设施建设费、管理费、贷款利息和税金7项因素。旧房的成本价按售房当年新房的成本价成新折扣（折旧年限一般为50年）计算，使用年限超过30年的，以30年计算；经过大修或设备更新的旧房，按有关规定评估确定。

【成本租金】也称“五项因素租金”，指由折旧费、维修费、管理费、税金和利息5项因素构成的住房租金。我国计划经济时期公有住房租赁价格的定价标准。成本租金是按照出租房屋的经营成本确定的租金标准，在房屋失去使用价值时，依靠房屋的折旧费积累，能够实现房屋的重建，因而被认为是能够维持简单再生产的租金标准。

【成片开发】“土地征收成片开发”的简称。（见【土地征收成片开发】）

【成套化改造】“旧住宅成套化改造”的简称。（见【旧住宅成套化改造】）

【成套住宅】由若干个卧室、起居室（厅）、厨房、卫生间、室内走道等组成的供一户家庭独立使用的房屋。根据《住宅设计规范》（GB 50096—2011），住宅应按套型设计，每套住宅应设卧室、起居室（厅）、厨房和卫生间等基本功能空间。套型的使用面积，由卧室、起居室（厅）、厨房和卫生间等组成的套型，其使用面积不应小于30m²；由兼起居的卧室、厨房和卫生间等组成的最小套型，其使用面积不应小于22m²。其中双人卧室使用面积不应小于9m²；单人卧室不应小于5m²；兼起居的卧室不应小于12m²。起居室（厅）的使用面积不应小于10m²。

【承接政府购买服务主体】具体承接政府购买服务的企事业单位、社会组织和机构。包括在登记管理部门登记或经国务院批准免予登记的社会组织、按事业单位分类改革应划入公益二类或转为企业的事业单位，依法在工商管理或行业主管部门登记成立的企业、机构等社会力量。根据国家政府购买服务管理的有关规定，承接主体应当具备以下条件：（一）依法设立，具有独立承担民事责任的能力；（二）治理结构健全，内部管理和监督制度完善；（三）具有独立、健全的财务管理、会计核算和资产管理制度；（四）具备提供服务所必需的设施、人员和专业技术能力；（五）具有依法缴纳税收和社会保障资金的良好记录；（六）前三年内无重大违法记录，通过年检或按要求履行年度报告公示义务，信用状况良好，未被列入经营异常名录或者严重违法企业名单；（七）符合国家有关政事分开、政社分开、政企分开的要求；（八）法律、法规规定以及购买服务项目要求的其他条件。

【承揽合同】承揽人按照定作人的要求完成工作，交付工作成果，定作人支付报酬的合同。典型合同的一种。承揽包括加工、定作、修理、复制、测试、检验等工作。承揽合同的内容一般包括承揽的标的、数量、质量、报酬，承揽方式，材料的提供，履行期限，验收标准和方法等条款。承揽合同应当采用书面形式。

【城区范围】城市规划用语。指在市辖区和不设区的市，区、市政府驻地的实际建设连接到的居民委员会所辖区域和其他区域，一般是指实际已开发建设、市政公用设施和公共服务设施基本具备的建成区范围。

【城市】也称“都市”，经济学指具有相当面积、经济活动、住户集中，产生规模经济的连片地理区域。地理学指地处交通方便的，且覆盖有一定面积的人群和房屋的密集结合体。城市规划学指有一定人口规模，以非农业和非农业人口聚集为主要特征的居民点。中国古代“城”和“市”是两个不同的概念。“城”指都邑四周作防御的城垣；“市”指商品交换的场所。城和市融为一体成为城市，是社会经济发展的产物，也是人类文化发展的象征。考古学证明，在公元前3000多年前的奴隶社会初期，人类历史上最早的城市分别形成于底格里斯河和幼发拉底河下游，以及尼罗河、印度河和黄河流域。进入封建社会，随着社会生产力进一步发展，商品的生产、流通、交换愈加频繁，城市功能有所发展，规模有所扩大。始于18世纪中叶的产业革命，创造了更大的城市，并使乡村依附于城市。资本主义生产关系的确立与发展，以机器生产为基础的城市迅速崛起，大工商业城市，国际贸易和金融中心逐步形成。大批农村人口涌入城市，新兴城市急剧增加，出现了近代城市。进入

20世纪，特别是第二次世界大战后，各国生产力高速发展，世界进入现代城市发展时代。城市成为一个地区的政治、经济、文化、教育、信息和服务中心。城市按人口规模可分为超大城市（1000万人以上）、特大城市（500万～1000万人）、大城市（100万～500万人）、中等城市（50万～100万人）和小城市（50万人以下）；按城市的主要功能可分为工业城市、商业城市、矿业城市、港口城市和文化旅游城市；按城市所处的地理位置可分为沿海城市、内陆城市、边陲城市；按城市作用范围可分为国际性城市、地区性城市、全国性城市和地方性城市等。

【城市病】城市化进程中出现的人口膨胀、交通拥挤、就业困难、住房紧张、环境污染等现象的统称。主要表现为：城市规划和建设盲目向周边扩延，大量耕地被占用，人地矛盾尖锐；布局分散、城市整体规划相对落后；只求城市规模，不问功能完善，盲目扩张，土地利用效率低下；道路交通、公共服务等基础设施建设相对不足和落后；城市历史文化遗产得不到良好的保护；城市建设中的人文问题、犯罪率问题突出等。这些问题使城市建设与城市发展处于失衡和无序状态，造成资源的巨大浪费、居民生活质量下降和经济发展成本提高，一定程度上阻碍了城市的可持续发展。从世界范围看，城市病几乎是所有国家城市化过程中曾经或正在面临的问题，但城市病的轻重可以因政府重视程度和管理方法的差异而有所不同。

【城市布局】也称“城市形态”。（见【城市形态】）

【城市带】也称“城市群”“都市群”等。（见【城市群】）

【城市房屋安全鉴定】城市房屋安全鉴定机构根据房屋所有人或使用人的申请，对房屋使用的安全性作出评价的行为。城市房屋由于长期使用，会发生各种各样自然或人为的损坏，最终危及房屋的安全使用。正确评价房屋使用的安全性，既是保障房屋安全使用，促进房屋有效利用的需要，也是加强城市房地产行政管理的需要。根据《城市危险房屋管理规定》，房屋安全鉴定按下列程序进行：（一）房屋所有人或使用人向鉴定机构提出鉴定申请；（二）鉴定机构受理申请；（三）初始调查，摸清房屋的历史和现状；（四）现场查勘、测试、记录各种损坏数据和状况；（五）检测验算、整理技术资料；（六）全面分析，论证定性，作出综合判断，提出处理建议；（七）签发鉴定文书。经鉴定为危险房屋的，鉴定机构必须及时发出危险房屋通知书；

属于非危险房屋的，应在鉴定文书上注明在正常使用条件下的有效时限。

【城市房屋安全鉴定报告】 简称"房屋安全鉴定报告"，指由城市房屋安全鉴定单位出具的，载明房屋安全鉴定结论的书面文件。房屋安全鉴定报告包括以下内容：（一）委托单位、个人概况：包括单位名称、电话、地址、委托日期等；（二）房屋概况：包括房屋用途、建造年份、结构类别、建筑面积、平面形式、层数、产权性质、产权证编号等；（三）房屋安全鉴定目的；（四）鉴定情况；（五）损坏原因分析；（六）鉴定结论；（七）处理建议；（八）检测鉴定人员；（九）鉴定单位。

【城市房屋拆迁】 简称"房屋拆迁"，指因城市建设和房地产开发的需要，依法拆除城市规划区内国有土地上的房屋及其附属物，并对被拆迁人进行补偿和安置的行为。在城市建设中，涉及房屋拆迁的项目一般有：（一）城市基础设施建设；（二）旧区改造；（三）房地产开发；（四）城市环境建设和改造等。2001 年，国务院《城市房屋拆迁管理条例》规定，拆迁房屋的单位取得房屋拆迁许可证后，方可实施拆迁。城市房屋拆迁必须符合城市规划，有利于城市旧区改造和生态环境改善，保护文物古迹。房屋拆迁中，取得房屋拆迁许可证的单位称为"拆迁人"，被拆迁房屋的所有人称为"被拆迁人"。2011 年，国务院出台《国有土地上房屋征收与补偿条例》，将"房屋拆迁"概念调整为"房屋征收"。房屋征收，指为了公共利益需要，依法以行政权取得国有土地上单位、个人的房屋所有权，并对被征收房屋所有权人给予公平补偿的行政行为。将房屋征收主体调整为市、县级人民政府。被征收房屋所有权人称为"被征收人"。原《城市房屋拆迁管理条例》废止。

【城市分区规划】 城市规划用语。简称"分区规划"，指在城市总体规划的基础上，对局部地区的土地利用、人口分布、公共设施、城市基础设施的配置等方面所作的进一步安排。分区规划包括下列内容：（一）确定分区的空间布局、功能分区、土地使用性质和居住人口分布。（二）确定绿地系统、河湖水面、供电高压线走廊、对外交通设施用地界线和风景名胜区、文物古迹、历史文化街区的保护范围，提出空间形态的保护要求。（三）确定市、区、居住区级公共服务设施的分布、用地范围和控制原则。（四）确定主要市政公用设施的位置、控制范围和工程干管的线路位置、管径，进行管线综合。（五）确定城市干道的红线位置、断面、控制点坐标和标高，确定支路的走向、宽度，确定主要交叉口、广场、公交站场、交通枢纽等交通设施的位置和规模，确定轨道交通线路走向及控制范围，确定主要停车场规模与布局。编制分区规划，应当综合考虑城市总体规划确定的城市布局、片区特征、河流道路等自然和人工界限，结合城市行政区划，划定分区的范围界限。分区规划的成果包括规划文本、图件，以及包括相应说明的附件。

【城市给水系统】供给城市生产和生活用水的工程设施系统。城市基础设施的组成部分。城市给水系统通常由水源、输水管渠、水厂和配水管网组成。

【城市更新】对城市中已经不适应现代化城市社会生活的地区作必要的、有计划的改建活动。1958 年 8 月，在荷兰召开的第一次城市更新研讨会上，对城市更新作了有关的说明：生活在城市中的人，对于自己所居住的建筑物、周围的环境或出行、购物、娱乐及其他生活活动有各种不同的期望和不满。对于自己所居住的房屋的修理改造，对于街道、公园、绿地和不良住宅区等环境的改善有要求及早施行，以形成舒适的生活环境和美丽的市容。包括所有这些内容的城市建设活动都是城市更新。城市更新的内容包括两个方面：一方面是对客观存在实体（建筑物等硬件）的改造；另一方面是对各种生态环境、空间环境、文化环境、视觉环境、游憩环境等的改造与更新。城市更新的主要方式有：拆除重建、整治改善、保护修缮等。

【城市公共服务设施】为城市居民提供基本的公共服务的各类设施的总称。包括公共文化设施、教育设施、公共体育设施、医疗卫生设施和社会福利设施等。城市公共服务设施具有不以营利为目的的公益性特点。根据国家的有关规定，城市公共服务设施建设应遵循以人为本的发展理念，坚持集约共享、绿色开放的基本原则，合理配置、高效服务，并结合其使用功能要求，采取集中与分散设置结合、独立和混合建设兼顾的方式，并应符合下列规定：（一）具备良好的交通及市政基础设施条件，并应与公共交通站点设置相结合；（二）基层公共服务设施应结合服务人口的分布，宜相对集中布局，可联合建设，形成基层服务中心；（三）公共服务设施建设宜在满足服务功能、公共安全和交通组织的前提下，充分利用地上、地下空间；（四）公共文化、公共体育设施宜结合城市广场、公共绿地等公共空间布局。

【城市公共租赁住房（廉租住房）建设补充资金】也称“城市廉租房建设补充资金”，指在城市住房公积金年度增值收益中按规定提取，用于城市公共租赁住房（廉租住房）建设的专项资金。《住房公积金财务管理办法》规定，住房公积金增值收益在建立住房公积金贷款风险准备金和上交财政管理费用后的余额，作为城市公共租赁住房（廉租住房）建设的补充资金。城市公共租赁住房（廉租住房）建设补充资金，经住房委员会批准后，上缴本级财政部门，由财政部门拨给城市公共租赁住房（廉租住房）建设主管部门，专项用于城市公共租赁住房（廉租住房）建设。根据住房城乡建设部、财政部、中国人民银行《全国住房公积金 2022 年年度报告》，截至 2022 年末，全国累计提取城市公共租赁住房（廉租住房）建设补充资金 6518.01 亿元。

【城市功能分区】城市规划用语。指将城市中各种物质要素按不同功能进行分区布置，组成一个互相联系、布局合理的有机整体。编制大城市、特大城市、超大城市总体规划，可采用主要功能区块布局方式，将城市建设用地类型简化为居住生活区、商业办公区、工业物流区、城市绿地区、战略预留区等城市功能区类型，每个功能区包括必要的大、中、小用地类别。

【城市功能区】城市规划用语。指大城市、特大城市、超大城市的城市建设用地内部的主要功能分区。城市功能区一般包括居住生活区、商业办公区、工业物流区、城市绿地区、战略预留区等。居住生活区指以住宅和居住服务设施为主导功能的分区；商业办公区指以商业、商务、娱乐康体为主导功能的分区；工业物流区指以工业、物流仓储为主导功能的分区；城市绿地区指以绿地、公园为主导功能的分区；战略预留区指发展不确定性的战略预留功能分区。

【城市供电系统】城市中由供电电源、输配电网和电能用户组成的总体。供电电源指发电厂和发电站；输配电网包括输电网、供电网和配电网。城市供电系统是城市基础设施的重要组成部分。

【城市供热系统】城市中由集中热源、供热管网等设施和热能用户设施组成的总体。北方城市基础设施的组成部分。

【城市规划】城市规划用语。指对一定时期内城市的经济和社会发展、土地利用、空间布局以及各项建设的综合部署、具体安排和实施管理。城乡规划体系的组成部分。分总体规划和详细规划。总体规划是对一定时期内城市性质、发展目标、发展规模、土地利用、空间布局以及各项建设的综合部署和实施措施。详细规划是以总体规划为依据，对一定时期内城市局部地区的土地利用、空间环境和各项建设用地所作的具体安排。详细规划又分控制性详细规划和修建性详细规划。控制性详细规划是以城市总体规划或分区规划为依据，确定建设地区的土地使用性质和使用强度的控制指标、道路和工程管线控制性位置以及空间环境控制的规划要求；修建性详细规划是以城市总体规划、分区规划或控制性详细规划为依据，制订用以指导各项建筑和工程设施的设计和施工的规划设计。城市规划由城市人民政府负责组织编制，实行分级审批制度。

【城市规划区】城市规划用语。指城市市区、近郊区以及城市行政区域内因城市建设和发展需要实行规划控制的区域。由三部分组成：（一）城市建成区。指城市中基础设施和地面建筑物、构筑物已经建成并联结成片的城市市区；（二）城市郊区。指与城市建成区毗连的农村村镇；（三）城市总体规划确定的市区远期用地范围，包括建成区以外的独立地段，水源及其防护用地，机场及其控制区，风景名胜和历史文化遗迹地区等。划定城市规划区的主要目的，在于从城市远景发展的需要出发，控制城市建设用地的使用，以保证城市总体规划的逐步实现。《城乡规划法》规定，城市规划区的具体范围，由城市人民政府在编制的城市总体规划中划定。

【城市规模】城市规划用语。指以城市人口和城市用地总量所表示的城市大小。各国的具体分级标准不尽一致。我国以城区常住人口为统计口径，将城市划分为五类七档。城区常住人口50万以下的城市为小城市，其中20万以上50万以下的城市为Ⅰ型小城市，20万以下的城市为Ⅱ型小城市；城区常住人口50万以上100万以下的城市为中等城市；城区常住人口100万以上500万以下的城市为大城市，其中300万以上500万以下的城市为Ⅰ型大城市，100万以上300万以下的城市为Ⅱ型大城市；城区常住人口500万以上1000万以下的城市为特大城市；城区常住人口1000万以上的城市为超大城市。城区指在市辖区和不设区的市，区、市政府驻地的实际建设连接到的居民委员会所辖区域和其他区域。常住人口包括：居住在本乡镇街道，且户口在本乡镇街道或户口待定的人；居住在本乡镇街道，且离开户口登记地所在的乡镇街道半年以上的人；户口在本乡镇街道，且外出不满半年或在境外工作学习的人。

【城市红线】城市规划用语。简称“红线”，指城市道路等用地边界的控制线，分为用地红线、道路红线和建筑红线。城市规划控制线的一种。根据国家有关规定，城市红线

C

应当在制定城市总体规划、控制性详细规划时划定。制定城市总体规划，应当确定城市道路系统，并明确快速路、主干路和次干路的走向、等级、宽度和断面形式，以及主要交叉口形式；制定控制性详细规划，应当服从上位规划有关城市红线的要求，确定支路以上等级城市道路控制点的坐标、标高和主要交叉口控制范围，以及支路的宽度和断面形式。在城市红线内，经批准可以建设城市道路及其绿化、交通、照明、排水、地下管廊（管线）和地上杆线等基础设施和公共服务设施。建筑物、构筑物及其他设施，应当设定建筑退让城市红线的距离。具体的退让距离，应当根据建筑性质、体量、高度、朝向和进出建筑（院落）的人流量、车流量，以及建筑所在道路的功能、宽度等因素确定，同时还应当满足建筑本身配套管线及其设施布置的要求。城市红线内地上、地下空间不得擅自占用。城市红线一经批准，不得擅自修改。

【城市化】也称“城镇化”“都市化”，指随着社会生产力的发展，人类生产和生活方式由乡村型向城市型转化的过程和趋势。主要表现为乡村人口向城市人口转化，以及城市数目的增加、城市规模不断扩大。其中城市人口数量在人口总量中的比重是衡量城市化程度的基本指标。社会经济的发展，特别是现代大工业的出现引起社会结构发生急剧的转型，城市化已成为现代社会的一个普遍现象和发展趋势。

【城市化水平】也称“城市化率”，指衡量城市化发展程度的数量指标，一般用一定地域内城市人口占总人口比例来表示。城市化水平的整体评价体系还应包括下列要素：城市人口比重（包括农业与非农业人口）、人均国内生产总值、城市第三产业占国内生产总值比重、城市人均道路铺装长度、城市用自来水普及率、城市人均住房面积、万人拥有医生数、人均公共绿地面积等。

【城市环境】人类利用和改造自然环境而创造出来的高度人工化的生存环境，包括地理、气象、生物等自然环境和房屋、工厂、道路、市政基础设施、服务娱乐生活设施在内的社会环境。城市环境具有以下特点：（一）人口高度集中；（二）人与环境的矛盾突出；（三）社会政治因素、经济发展对其有决定性影响。人类聚落环境的城市化既给居民的物质、文化生活创造了优越条件，也给大气、水和生物环境带来了重大影响。

【城市黄线】城市规划用语。简称“黄线”，指对城市发展全局有影响的、城市规划中确定的、必须控制的城市基础设施用地的控制界线。

城市规划控制线的一种。根据国家有关规定，城市黄线应当在制定城市总体规划和详细规划时划定。编制城市总体规划，应当根据规划内容和深度要求，合理布置城市基础设施，确定城市基础设施的用地位置和范围，划定其用地控制界线。编制控制性详细规划，应当依据城市总体规划，落实城市总体规划确定的城市基础设施的用地位置和面积，划定城市基础设施用地界线，规定城市黄线范围内的控制指标和要求，并明确城市黄线的地理坐标。修建性详细规划应当依据控制性详细规划，按不同项目具体落实城市基础设施用地界线，提出城市基础设施用地配置原则或者方案，并标明城市黄线的地理坐标和相应的界址地形图。城市黄线应当作为城市规划的强制性内容，与城市规划一并报批。城市黄线一经批准，不得擅自调整。

【城市基础设施】广义指城市为进行各种经济和社会活动而建设的各类设施的总称。分为工程性基础设施和社会性基础设施。工程性基础设施一般指能源供给、给水排水、道路交通、通信、环境卫生以及城市防灾等系统。社会性基础设施指城市行政管理、文化教育、医疗卫生、基础性商业服务、教育科研、宗教、社会福利及住房保障等设施。狭义仅指工程性基础设施。

【城市建成区】城市规划用语。简称“建成区”，指城市行政区内实际已成片开发建设、市政公用设施和公共设施基本具备的地区。城市规划区的主要组成部分。城市建成区范围的划定，要考虑自然地形、地貌、基层行政单位的管理界线等因素，以及城市各项用地的完整性，并尽可能与人口统计的地域范围相一致。划分城市建成区可以反映一定时间阶段城市建设用地规模、形态和实际使用情况，为分析研究用地现状，合理利用建成区的土地和规划城市建设发展用地提供基础。

【城市建设投资公司】简称“城投公司”，指作为地方债发行主体的全国各大城市有地方政府背景的公司化投融资平台。1991 年，国务院进行新一轮政府投融资体制改革，要求地方政府不再直接负责基础设施建设，而是将其公司化运行，承担相应的政府职能。在此背景下，上海率先成立城投公司，之后，重庆、广东等省市也相继效仿。公司主要由财政部门、建委共同组建，公司资本金和项目资本金由财政拨款，其余由财政担保向银行贷款。在性质上，公司属于事业单位或者国有独资公司，不具备盈利能力，而由财政补贴。

【城市建设用地】城市规划用语。城市（镇）内各类建设用地的统称。城乡用地的一种。根据《城市用地分类与规划建设用地标准》(GB 50137—2011)，城市建设用地包括居住用地、公共管理与公共服务设施用地、工业用地、道路与交通设施用地、绿地与广场用地。城市建设用地规模用公顷(hm^2)表示。

【城市结构】城市规划用语。构成城市经济、社会、环境发展的主要要素在一定时间形成的相互关联、相互影响与相互制约的关系。包括人口结构、社区结构、产业结构、用地结构等。城市结构与城市性质、功能有密切关系。城市结构具有相对的稳定性。

【城市经济学】研究城市发展过程中的经济关系及其规律的学科。属经济学范畴。研究的主要内容包括：城市经济的基本理论，如城市、城市化、城市规模、城市类型、城市性质、城市功能、城市的地位和作用等；城市经济产生和发展的基础、条件、过程、特点以及各种生产方式下的表现；城市经济结构和经济关系，如土地、人口、住宅、交通、环境等。一般认为，20世纪60年代，美国经济学家汤姆逊《城市经济学导言》问世，标志城市经济学的诞生。此后，城市经济学在欧美、日本、苏联等国得到较快发展。20世纪80年代，城市经济学研究在我国兴起并广为传播，为加快我国城市化进程和经济发展起到了很大的促进作用。

【城市居民最低生活保障】简称“最低生活保障”，指持有非农业户口的城市居民，凡共同生活的家庭成员人均收入低于当地城市居民最低生活保障标准的，有从当地人民政府获得基本生活物质帮助的权利。国家为解决城市居民的生活困难而建立的一种社会救助制度。按照国务院《城市居民最低生活保障条例》，城市居民最低生活保障标准，按照当地维持城市居民基本生活所必需的衣、食、住费用，并适当考虑水电燃煤（燃气）费用以及未成年人的义务教育费用确定。家庭收入，指共同生活的家庭成员的全部货币收入和实物收入，包括法定赡养人、扶养人或者抚养人应当给付的赡养费、扶养费或者抚养费，不包括优抚对象按照国家规定享受的抚恤金、补助金。根据有关规定，申请享受城市居民最低生活保障待遇，由户主向户籍所在地的街道办事处或者镇人民政府提出书面申请，并出具有关证明材料，经县级人民政府民政部门审查，对符合条件的家庭批准其享受保障待遇。城市居民最低生活保障待遇由管理审批机关以货币形式按月发放，必要时，也可以给付实物。城市居民最低生活保障制度自1999年10月1日起实行。

【城市居住区】 城市规划用语。简称“居住区”，指城市中由城市道路或用地边界线所围合，住宅建筑集中布局，并设有与其居住人口规模相应的公共服务设施的地区。是城市中住宅建筑相对集中的地区。根据《城市居住区规划设计标准》(GB 50180—2018)，居住区按照居民在合理的步行距离内满足基本生活需求的原则，分为十五分钟生活圈居住区、十分钟生活圈居住区、五分钟生活圈居住区及居住街坊四级。十五分钟生活圈居住区指以居民步行十五分钟可满足其物质与生活文化需求为原则划分的居住区范围，一般由城市干路或用地边界线所围合，居住人口规模为 50000 人～100000 人（约 17000 套～32000 套住宅），配套设施完善的地区。十分钟生活圈居住区指以居民步行十分钟可满足其基本物质与生活文化需求为原则划分的居住区范围，一般由城市干路、支路或用地边界线所围合，居住人口规模为 15000 人～25000 人（约 5000 套～8000 套住宅），配套设施齐全的地区。五分钟生活圈居住区指以居民步行五分钟可满足其基本生活需求为原则划分的居住区范围，一般由支路及以上级城市道路或用地边界线所围合，居住人口规模为 5000 人～12000 人（约 1500 套～4000 套住宅），配建社区服务设施的地区。居住街坊指由支路等城市道路或用地边界线围合的住宅用地，是住宅建筑组合形成的居住基本单元，居住人口规模在 1000 人～3000 人（约 300 套～1000 套住宅，用地面积 $2hm^2$～$4hm^2$），并配建有便民服务设施。

链接：居住区分级控制规模

居住区分级控制规模

距离与规模	十五分钟生活圈居住区	十分钟生活圈居住区	五分钟生活圈居住区	居住街坊
步行距离（m）	800～1000	500	300	—
居住人口（人）	50000～100000	15000～25000	5000～12000	1000～3000
住宅数量（套）	17000～32000	5000～8000	1500～4000	300～1000

资料来源：《城市居住区规划设计标准》(GB 50180—2018)

C

【城市居住区用地控制指标】城市规划用语。指进行城市居住区规划设计时，用来确定居住区中住宅用地、配套设施用地、公共绿地以及城市道路用地及建筑面积数量的定额标准。根据《城市居住区规划设计标准》（GB 50180—2018），居住区可分为十五分钟生活圈居住区、十分钟生活圈居住区、五分钟生活圈居住区和居住街坊四级。各级生活圈居住区用地控制指标按照不同的建筑气候区划和住宅建筑平均层数类别、人均居住面积标准、居住区容积率分别由不同比例的住宅用地、配套设施用地、公共绿地以及城市道路用地构成。城市居住区用地控制指标是新建居住区和旧区改造规划设计时的重要参照依据。

【城市蓝线】城市规划用语。简称“蓝线”，指城市规划确定的江、河、湖、库、渠和湿地等城市地表水体保护和控制的地域界线。城市规划控制线的一种。根据国家有关规定，编制各类城市规划，应当划定城市蓝线。在城市总体规划阶段，应当确定城市规划区范围内需要保护和控制的主要地表水体，划定城市蓝线，并明确城市蓝线保护和控制的要求。在控制性详细规划阶段，应当依据城市总体规划划定的城市蓝线，规定城市蓝线范围内的保护要求和控制指标，并附有明确的城市蓝线坐标和相应的界址地形图。城市蓝线一经批准，不得擅自调整。因城市发展和城市布局结构变化等原因，确实需要调整城市蓝线的，应当依法调整城市规划，并相应调整城市蓝线。调整后的城市蓝线，应当随调整后的城市规划一并报批。

【城市廉租房建设补充资金】也称“城市公共租赁住房（廉租住房）建设补充资金”。（见**【城市公共租赁住房（廉租住房）建设补充资金】**）

【城市绿地系统】城市规划用语。指城市中各种类型和规模的绿化用地组成的整体。城市环境的重要组成部分。城市绿地的分布应当结合各个城市的自然地形特点，采用点（指均匀分布的小块绿地）、线（指道路绿地、城市组团之间、城市之间和城乡之间的绿带等）、面（指公园、风景区绿地）相结合的方式，形成整体。

【城市绿化覆盖率】城市规划用语。指城市绿化覆盖面积占城市面积的比率。其计算公式为：城市绿化覆盖率＝城市内全部绿化种植垂直投影面积/城市面积×100％。

城市绿化覆盖率是城市绿化规划指标之一。

【城市绿线】城市规划用语。简称

"绿线"，指城市规划确定的各类绿地范围的控制界线。城市规划控制线的一种。分为现状绿线、规划绿线和生态控制绿线。现状绿线指建设用地内已建成，并纳入法定规划的各类绿地边界线；规划绿线，指建设用地内依据城市总体规划、城市绿地系统规划、控制性详细规划、修建性详细规划划定的各类绿地范围控制线；生态控制绿线，指规划区内依据城市总体规划、城市绿地系统规划划定的，对城市生态保育、隔离防护、休闲游憩等有重要作用的生态区域控制线。根据国家有关规定，绿线划定应分为总体规划阶段、控制性详细规划阶段和修建性详细规划阶段，并应纳入城市用地管理。城市绿地系统规划是城市总体规划的组成部分，应当确定城市绿化目标和布局，规定城市各类绿地的控制原则，按照规定标准确定绿化用地面积，分层次合理布局公共绿地，确定防护绿地、大型公共绿地等的绿线。控制性详细规划应当提出不同类型用地的界线、规定绿化率控制指标和绿化用地界线的具体坐标。修建性详细规划应当根据控制性详细规划，明确绿地布局，提出绿化配置的原则或者方案，划定绿地界线。城市绿线范围内的公共绿地、防护绿地、生产绿地、居住区绿地、单位附属绿地、道路绿地、风景林地等，必须按照现行《城市用地分类与规划建设用地标准》（GB 50137）、《公园设计规范》（GB 51192）等标准，进行绿地建设。城市绿线内的用地，不得改作他用，不得违反法律法规、强制性标准以及批准的规划进行开发建设。在城市绿线范围内，不符合规划要求的建筑物、构筑物及其他设施应当限期迁出。

【城市排水系统】城市污水和雨水的收集、输送、处理和排放等工程设施系统的总称。城市基础设施的组成部分。城市排水系统通常由排水管网和污水处理厂组成。

【城市群】也称"城市带""城市圈""都市群"等，指在特定地域范围内，以 1 个以上特大城市为核心，由至少 3 个以上大城市为构成单元，依托发达的交通通信等基础设施网络所形成的空间组织紧凑、经济联系紧密、并最终实现高度同城化和高度一体化的城市集群。是在地域上集中分布的若干特大城市和大城市集聚而成的庞大的、多核心、多层次城市集团。城市群的出现是生产力发展、生产要素逐步优化组合的产物。目前全球范围内普遍认同的世界级城市群有：美国东北部大西洋沿岸城市群、北美五大湖城市群、日本太平洋沿岸城市群、英伦城市群和欧洲西北部城市群。进入 21 世纪以来，我国城市化发展进入快车道，城市群不断形成。2018 年 11 月，《中共中央 国务院关于建立更加有效的区域协调发展新机制的意见》明确指出，建立以中心城市引领城市群发展、城市群带动区域发展新模式，推动区域板块之间融合互动发展。截至2019年2月，国务院共先后批复了10个国家级城市群，分别是：长江中游城市群、哈长城市群、成渝城市群、长江三角洲城市群、中原城市群、北部湾城市群、关中平原城市群、呼包鄂榆城市群、兰西城市群、粤港澳大湾区。

【城市燃气系统】城市中燃气生产、输配和使用的工程设施系统的总称。城市基础设施的组成部分。城市燃气，包括天然气、液化石油气、人工煤气（煤制气、重油制气）等。城市燃气系统通常由制气厂、输气管网、储气罐（站）和调压站等组成。

【城市人口】城市行政区域范围内人口的总数。包括市区和郊区的农业人口和非农业人口、常住人口和流动人口。常住人口指经常居住在某地区的人口。如居住在本乡镇街道，且户口在本乡镇街道或户口待定的人；居住在本乡镇街道，且离开户口登记地所在的乡镇街道半年以上的人；户口在本乡镇街道，且外出不满半年或在境外工作学习的人。流动人口是指居住地与户口登记地所在的乡镇街道不一致且离开户口登记地半年及以上的人户分离（扣除市辖区内人户分离）的人口。人口统计中的总人口通常指常住人口。常住人口是制定国民经济和社会发展规划，评估国民经济生产能力，评价居民福利水平等的重要基础数据，适用范围广泛，如财政支出、城市建设、住宅建设、公共设施的配置、教育投资、医疗投资和公用事业投资等都需要根据常住人口的规模进行规划。

【城市人口结构】城市中各种类别人口的构成。如城市人口的职业、年龄、性别、民族、文化程度、家庭组成等。采用科学的统计方法，从数量和比例上分析城市人口结构的特点和变化规律，为确定城市性质、推算城市规模发展、选用适当的城市规划指标，以及估算基础设施规模等提供依据，是制定城市总体规划的前提之一。

【城市人口密度】单位面积城市用地上居住人口的数量。表示城市人口分布密集程度的指标。城市人口密度的计算公式为：城市人口密度＝城市人口/城市面积。

【城市人口增长】在一定时期内由出生、死亡和迁入、迁出等因素的消长，导致城市人口数量增加或减少的变动现象。分为自然增长和机械增长。自然增长指城市人口因出生和死亡因素导致的增长或减少；机械增长指因迁入、迁出等因素导致的增长或减少。反映城市人口增长的指标有城市人口增长率、城市人口自然增长率、城市人口机械增长率等。

【城市人口增长率】一年内城市人口增长的绝对数量与同期该城市年平均总人口数之比。其计算公式为：城市人口增长率 = 本年城市人口增长绝对数/年平均城市总人口数×1000（‰）。城市人口增长率是反映城市人口增减速度的重要指标。

【城市设计】城市规划用语。指从整体平面和立体空间上对城市建筑布局、景观风貌等所作的统筹安排和整体考虑。国土空间规划体系的组成部分。城市设计分为总体城市设计和重点地区城市设计。根据住房城乡建设部《城市设计管理办法》，总体城市设计应当确定城市风貌特色，保护自然山水格局，优化城市形态格局，明确公共空间体系；重点地区城市设计应当塑造城市风貌特色，注重与山水自然的共生关系，协调市政工程，组织城市公共空间功能，注重建筑空间尺度，提出建筑高度、体量、风格、色彩等控制要求。城市设计内容广泛，包括城市结构形态、空间布局、天际线的确定，城市中心和重点地区、重要公共广场、新居住区、交通干线沿线、大型自然和人工胜地、重要建筑群体等的布局和设计，甚至城市或地区路标、灯杆、街头雕塑小品等的布置等。城市总体设计与城市总体规划应同时编制，一并报批。编制城市设计时，组织编制机关应当通过座谈、论证、网络等多种形式及渠道，广泛征求专家和公众意见。审批前应依法进行公示，公示时间不少于30日。城市设计成果应当自批准之日起20个工作日内，通过政府信息网站以及当地主要新闻媒体予以公布。国务院城乡规划主管部门负责指导和监督全国城市设计工作。城市、县人民政府城乡规划主管部门负责本行政区域内城市设计的监督管理。

【城市生态系统】在城市范围内，由生物群落及其生存环境共同组成的自然系统。一般认为，城市生态系统由四个部分构成：（一）非生物的物质和能量，包括阳光、温度、空气、水分和矿物等；（二）生产者，主要指绿色植物，能通过光合作用将无机物变为有机养料，将光能转变成储存于有机养料中的化学能；（三）消费者，包括人和各种动物；（四）分解者，主要指细菌等微生物。

【城市土地】广义指城市行政区范围内的所有土地；狭义指城市市区、建制镇的土地。城市土地按其性质可分为农用地、建设用地；按其用途可分为工业用地、商业用

C

地、公共事业用地、交通运输用地、居住用地、文教卫生科研用地、行政机关用地、园林绿化用地和其他特殊用地；按土地所有权属可分为全民所有土地和集体所有土地；按土地的开发程度可分为已开发用地、未开发用地和待开发用地等。

【城市土地开发】对城市范围内的土地投入一定数量的资金和劳动，通过有计划的垦殖、改造、整治及其他配套设施的建设，扩大土地有效利用范围，提高土地利用率的活动。城市土地开发按其内容不同，可分为内涵开发、外延开发、功能开发和系统开发等形式。内涵开发，指不以增加土地面积为目的的开发。通过增加劳动和投入，旨在提高土地利用率，如城市旧区改造、棚户区改造等。外延开发，指以增加土地面积为目的的土地开发。如通过土地征收，增加城市用地的数量，以满足城市用地规模不断扩大的需要。功能开发，指调整城市用地结构，寻求每块土地的最佳用途，旨在提高土地利用的社会、经济、环境效益。系统开发，也称综合开发，是内涵开发、外延开发和功能开发三种形式的有机结合。城市土地开发必须在国土空间规划指导下，有计划、有组织地进行。

【城市土地评价】简称“土地评价”，指采用一定的方法，对城市土地用于某种用途时的性能进行的评定。根据不同的目的，城市土地评价可分为一般目标土地评价、特定目标土地评价；土地定性评价、土地定量评价；土地自然评价、土地经济评价；土地潜力评价、土地适宜性评价；可持续土地利用评价等。

【城市土地再开发】在不增加城区现有土地面积的前提下，对原有低效利用的土地进行改造，通过一定量的资金、劳动等的投入，调整用地结构，完善城市基础设施，以提高土地利用效率的活动。城镇低效利用土地集中表现在：一是布局散乱，容积率低、建筑密度低、投入产出率低；二是产业用地配置不合理，大量工业用地集中在黄金地段，有的还是淘汰类或禁止类产业；三是旧城镇、旧村庄、旧厂房建筑危旧、设施落后、环境脏乱等。解决城市土地低效利用的方法是有计划地进行城市土地的再开发。根据《关于深入推进城镇低效用地再开发的指导意见（试行）》，城镇低效用地再开发力求做到土地集约利用水平明显提高，城镇建设用地有效供给得到增强；城镇用地结构明显优化，产业转型升级逐渐加快，投资消费有效增长；城镇基础设施和公共服务设施明显改善，城镇化质量显著提高，经济社会可持续发展能力不断提升。

【城市土地综合开发】根据城市总体规划，在相当规模的用地范围内，按照“五统一”的原则，有计划、有步骤地对土地进行开发建设活动。城市土地开发方式的一种。“五统一”指统一选址、统一规划设计、统一征地动迁、统一使用资金和统一开发建设。城市土地综合开发分首次开发和再开发两种。前者指对城市新区进行的开发，属外延型开发范畴；后者指对城市旧区的改造，属内涵型开发范畴。城市土地综合开发具有内容统筹协调、规模合理适度、开发效益较高等优点。

【城市危险房屋】简称“危险房屋”“危房”，指城市中结构已严重损坏或承重构件已属危险构件，随时有可能丧失结构稳定和承载能力，不能保证居住和使用安全的房屋。根据《危险房屋鉴定标准》(JGJ 125—2016)，城市房屋根据危险程度按下列等级划分：（一）A 级：无危险构件，房屋结构能满足安全使用要求；（二）B 级：个别结构构件评定为危险构件，但不影响主体结构安全，基本能满足安全使用要求；（三）C 级：部分承重结构不能满足安全使用要求，房屋局部处于危险状态，构成局部危房；（四）D 级：承重结构已不能满足安全使用要求，房屋整体处于危险状态，构成整幢危房。对被鉴定为危险房屋的，一般可按以下方式处理：（一）观察使用。适用于采取适当安全技术措施后，尚能短期使用，但需继续观察的房屋。（二）处理使用。适用于采取适当技术措施后，可解除危险的房屋。（三）停止使用。适用于已无修缮价值，暂时不便拆除，又不危及相邻建筑和影响他人安全的房屋。（四）整体拆除。适用于整幢危险且无修缮价值，需立即拆除的房屋。

【城市维护费】国家预算中安排的用于城市公用事业、公共设施维护与建设的支出。范围包括城市的道路、桥梁、给水、排水、供气、供热、公共污水处理、防洪堤坝、城市交通管理、消防、路灯等公共设施的维护费；园林、苗圃、公共绿地、风景绿地等园林绿化设施维护费；公共厕所、清扫垃圾、街道洒水、扫雪等公共环境卫生补助费等。城市维护费支出用城市维护建设税和地方机动财力安排。

【城市维护建设税】随同营业税、增值税、消费税附征并专项用于城市公用事业和公共设施维护建设的一种地方税。《城市维护建设税暂行条例》规定，凡缴纳消费税、增值税、营业税的单位和个人，都是城市维护建设税的纳税义务人。城市维护建设税税率如下：纳税人所在地在市区的，税率为7%；纳税人所在地在县城、镇的，税率为5%；纳税人所在地不在市区、县城或镇的，税率为1%。城市维护建设税，以纳税人实际缴纳的消费税、增值税、营业税税额为计税依据，分别与消费税、增值税、营业税同时缴纳。城市维护建设税的征收、管理、纳税环节、奖罚等事项，比照消费税、增值税、营业税的有关规定办理。

【城市详细规划】 城市规划用语。指以城市总体规划或分区规划为依据，对一定时期内城市局部地区的土地利用、空间环境和各项建设用地所作的具体安排。是按城市总体规划要求，对城市局部地区近期需要建设的房屋建筑、市政工程、公用事业设施、园林绿化、城市人防工程和其他公共设施作出具体布置的规划。分为控制性详细规划和修建性详细规划。控制性详细规划指以城市总体规划或分区规划为依据，确定建设地区的土地使用性质和使用强度的控制指标、道路和工程管线控制性位置以及空间环境控制的规划要求的规划。控制性详细规划由城市人民政府建设主管部门（城乡规划主管部门）依据已经批准的城市总体规划或者城市分区规划组织编制。详细规划成果包括规划文本、图件和附件。修建性详细规划指以城市总体规划、分区规划或控制性详细规划为依据，制定用以指导各项建筑和工程设施的设计和施工的规划。修建性详细规划可以由有关单位依据控制性详细规划及建设主管部门（城乡规划主管部门）提出的规划条件，委托城市规划编制单位编制，详细规划成果包括规划说明书、图纸。

【城市新区开发】 简称“新区开发”，指按照城市社会经济发展中长期规划和城市总体规划要求，在城市现有建成区以外进行集中成片、综合配套的开发建设活动。城市土地开发方式的一种。城市新区开发一般分为：（一）旧城区外围的新区开发。主要是为了解决城市建成区内密度过高、负荷过重、布局混乱的弊端，或为了完整地保留古城的传统风貌，以达到疏散和缓解旧区人口、调整旧区用地结构、完善旧区功能和改善旧区环境的目的。（二）经济技术开发区的开发建设。它是随着我国经济发展和对外开放出现的一种新区形式。通过提供优惠政策、创造良好的投资环境，达到吸引外资、引进先进技术，实行横向经济联合的目的。（三）卫星城镇的开发建设。卫星城镇是在市区附近开发的小城市，开发卫星城镇的目的是为了有效地控制大城市市区人口规模和用地规模，合理安排城市功能。（四）新工矿区的建设。国家或地方政府根据矿产资源开发和加工的需要，开发建设并形成相对独立的新区。新区开发是一项浩大的系统工程，投资大、时间长、涉及面广，应根据本地区经济发展和经济实力，量力而行，统筹规划，统一组织领导，分阶段实施。

【城市形态】城市规划用语。又称“城市布局”，指城市整体和内部各组成部分在空间地域的分布状态，或城市土地利用结构的空间组织形式和状态。城市形态通常分为带状、块状、环状、分散集团状、串联状、星座状等。城市形态的形成，与不同城市的自然地理环境、社会经济发展和城镇建设水平有密切关系。在城市总体规划编制中，一个城市布局形式的确立，一般是在对城市现状的详尽调查研究的基础上，进行科学的分析论证，并需有充分的预见性和留有充分的发展变化的可能性，同时又有卓越的城市形象、景观的艺术构想。

【城市用地】城市规划用语。指按城市中土地使用的主要性质划分的各类用地的统称。分为居住用地、公共设施用地、工业用地、仓储用地、对外交通用地、道路广场用地、市政公用设施用地、绿地、特殊用地、水域和其他用地等。

【城市用地比例】城市规划用语。指城市各类用地占城市总用地的比重。城市作为一个生产、生活的有机综合体，在用地上要求按照各项用地的特点进行合理配置，使之协调发展。根据我国城市现状与发展特点，生产性用地和生活性用地比例一般以 1∶1 为宜。由于城市性质或规模不同，城市工业、仓储、交通运输等用地分别占城市总用地的比例应有所不同。一般新建城市，工业用地占城市总用地的25%～30%，仓储用地和交通用地分别占 5%～10%。在城市生活居住用地中，一般居住用地占城市总用地的 20%左右，公共建筑、公共绿地、道路广场等用地分别占10%左右。

【城市用地平衡】城市规划用语。指根据城市建设用地标准和实际需要，对各类城市用地的数量和比例所作的调整和综合平衡。是城市总体规划编制中的一项工作内容。

【城市用地评价】根据城市发展的要求，对可能作为城市建设用地的自然条件和开发的区位条件所进行的工程评估及技术经济评价。城市用地评价中的自然条件主要指气象、地形、工程地质、水文、水文地质、植被等。工程评估指对可能作为城市建设用地的自然条件的工程评估，通常根据地下水位的深度、洪水淹没范围、地基承载力、地形坡度等，评估用地适于建设的优劣程度。一般分为三级：一级指适宜于进行城市建设的用地；二级指需采取一定工程措施后方宜建设的用地；三级是不适于建设的用地。城市用地评价用以确定用地的适用程度，为合理选择城市发展用地提供依据。是编制城市总体规划的一项重要的前期工作。

【城市职能】城市规划用语。指城市在区域或国家政治、经济、文化、社会、服务等活动中所承担的任务和发挥的作用。分为一般职能和特殊职能；基本职能和非基本职能。一般职能指每一个城市共有的职能，如为城市居民服务的商业、服务业、建筑业、食品加工业，以及城市公用事业、行政机关等；特殊职能指不为每个城市所有的职能，如采矿业、各种加工工业、旅游业等。基本职能，也称“基本活动”，指主要为本市以外地区服务的活动，如全国性或地区性的工业企业、交通运输、行政机关、大专院校、文化和科研机构等；非基本职能，又称“非基本活动”，主要指为本市范围服务的活动，如服务性工业、商业、饮食业、服务业、市级以下行政机关和中小学等。城市基本职能决定城市的性质。在城市经济分析中，常使用基本活动与非基本活动比率（即两类活动的经济收入或就业人口之比）指标判明城市职能。

【城市住房基金】房改用语。指在城镇住房制度改革中，城市人民政府用于解决行政事业单位职工及中低收入居民住房问题的专项资金。按照当时国家的有关规定，城市住房基金从同级财政用于住房建设、维修、管理和补贴的资金，当地提取的住房固定资产投资方向调节税、房产税、土地使用权出让金等渠道筹集。

【城市紫线】城市规划用语。简称“紫线”，指国家历史文化名城内的历史文化街区和省、自治区、直辖市人民政府公布的历史文化街区的保护范围界线，以及历史文化街区外经县级以上人民政府公布保护的历史建筑的保护范围界线。城市规划控制线的一种。根据国家有关规定，在编制城市规划时应当划定保护历史文化街区和历史建筑的紫线。划定保护历史文化街区和历史建筑的紫线应当遵循下列原则：（一）历史文化街区的保护范围应当包括历史建筑物、构筑物和其风貌环境所组成的核心地段，以及为确保该地段的风貌、特色完整性而必须进行建设控制的地区；（二）历史建筑的保护范围应当包括历史建筑本身和必要的风貌协调区；（三）控制范围清晰，附有明确的地理坐标及相应的界址地形图。国家历史文化名城的城市紫线由城市人民政府在组织编制历史文化名城保护规划时划定。其他城市的城市紫线由城市人民政府在组织编制城市总体规划时划定。历史文化名城和历史文化街区保护规划一经批准，原则上不得调整。因改善和加强保护工作的需要，确需调整的，由所在城市人民政府提出专题报告，经省、自治区、直辖市人民政府城乡规划行政主管部门审查同意后，方可组织编制调整方案。

【城市总体规划】 城市规划用语。指对一定时期内城市性质、发展目标、发展规模、土地利用、空间布局以及各项建设的综合部署和实施安排。城乡规划的组成部分。《城乡规划法》规定，城市总体规划的内容应当包括：城市的发展布局，功能分区，用地布局，综合交通体系，禁止、限制和适宜建设的地域范围，各类专项规划等。规划区范围、规划区内建设用地规模、基础设施和公共服务设施用地、水源地和水系、基本农田和绿化用地、环境保护、自然与历史文化遗产保护以及防灾减灾等内容，应当作为城市总体规划的强制性内容。城市总体规划的规划期限一般为二十年。城市总体规划由城市人民政府城乡规划主管部门组织编制。总体规划的成果包括规划文本、图纸及附件（说明、研究报告和基础资料等）。直辖市的城市总体规划由直辖市人民政府报国务院审批。省、自治区人民政府所在地的城市以及国务院确定的城市的总体规划，由省、自治区人民政府审查同意后，报国务院审批。其他城市的总体规划，由城市人民政府报省、自治区人民政府审批。

C

【城市总体规划纲要】 城市规划用语。指确定城市总体规划的纲领性文件，是编制城市总体规划的依据。总体规划纲要包括下列内容：（一）市域城镇体系规划纲要。内容包括：提出市域城乡统筹发展战略；确定生态环境、土地和水资源、能源、自然和历史文化遗产保护等方面的综合目标和保护要求，提出空间管制原则；预测市域总人口及城镇化水平，确定各城镇人口规模、职能分工、空间布局方案和建设标准；原则确定市域交通发展策略。（二）提出城市规划区范围。（三）分析城市职能、提出城市性质和发展目标。（四）提出禁建区、限建区、适建区范围。（五）预测城市人口规模。（六）研究中心城区空间增长边界，提出建设用地规模和建设用地范围。（七）提出交通发展战略及主要对外交通设施布局原则。（八）提出重大基础设施和公共服务设施的发展目标。（九）提出建立综合防灾体系的原则和建设方针。总体规划纲要成果包括纲要文本、说明、相应的图纸和研究报告。

【城投公司】 “城市建设投资公司”的简称。（见【城市建设投资公

司】)

【城投债】也称"准市政债"，指以地方投融资平台作为发行主体，公开发行的企业债和中期票据。主要用于城市基础设施建设或公益性项目投资。城投债起源于上海。1992年，为支持浦东新区建设，中央决定给予上海五个方面的配套资金筹措方式的支持，其中之一就是1992年—1995年每年发行5亿元人民币浦东新区建设债权，发行单位为上海城市建设投资公司（简称"上海城投公司"），故称。

【城乡规划体系】城市规划用语。指由不同区域层次城乡规划组成的完整的国土空间规划系统。根据《城乡规划法》，我国的城乡规划体系由五个层次的规划组成，即城镇体系规划、省域城镇体系规划、城市规划、镇规划、乡规划和村庄规划。《城乡规划法》规定：（一）国务院城乡规划主管部门会同国务院有关部门组织编制全国城镇体系规划，用于指导省域城镇体系规划、城市总体规划的编制。（二）省、自治区人民政府组织编制省域城镇体系规划。省域城镇体系规划的内容应当包括：城镇空间布局和规模控制，重大基础设施的布局，为保护生态环境、资源等需要严格控制的区域。（三）城市人民政府组织编制城市总体规划。城市总体规划的内容应当包括：城市的发展布局，功能分区，用地布局，综合交通体系，禁止、限制和适宜建设的地域范围，各类专项规划等。（四）县人民政府组织编制县人民政府所在地镇的总体规划。镇总体规划的内容应当包括：镇的发展布局，功能分区，用地布局，综合交通体系，禁止、限制和适宜建设的地域范围，各类专项规划等。（五）乡、镇人民政府组织编制乡规划、村庄规划。乡规划、村庄规划的内容应当包括：规划区范围，住宅、道路、供水、排水、供电、垃圾收集、畜禽养殖场所等农村生产、生活服务设施、公益事业等各项建设的用地布局、建设要求，以及对耕地等自然资源和历史文化遗产保护、防灾减灾等的具体安排。乡规划还应当包括本行政区域内的村庄发展布局。

【城乡建设用地增减挂钩】依据土地利用总体规划，将若干拟整理复垦为耕地的农村建设用地地块（即拆旧地块）和拟用于城镇建设的地块（即建新地块）等面积共同组成建新拆旧项目区，通过建新拆旧和土地整理复垦，在保证项目区内各类土地面积平衡的基础上，最终实现增加耕地有效面积，提高耕地质量，节约集约利用建设用地，城乡用地布局更合理的目标。是国家推出的支持社会主义新农村建设、促进城乡统筹发展、破解保护与保障

“两难”困境的一项重要管理措施。根据国家有关规定，城乡建设用地挂钩工作实行行政区域和项目区双层管理，以项目区为主体组织实施。项目区内建新地块总面积必须小于拆旧地块总面积，拆旧地块整理复垦耕地的数量、质量，应比建新占用耕地的数量有增加、质量有提高。项目区内拆旧地块整理的耕地面积，大于建新占用的耕地的，可用于建设占用耕地占补平衡。国家通过下达城乡建设用地增减挂钩周转指标进行管理。挂钩周转指标专项用于控制项目区内建新地块的规模，同时作为拆旧地块整理复垦耕地面积的标准。挂钩周转指标应在规定时间内用拆旧地块整理复垦的耕地面积归还，面积不得少于下达的挂钩周转指标。挂钩周转指标从项目区整体审批实施至指标归还的期限一般不超过三年。项目区建新地块按照国家供地政策和节约集约用地要求供地和用地。确需征收的集体土地，应依法办理土地征收手续。通过开展土地评估、界定土地权属，按照同类土地等价交换的原则，合理进行土地调整、互换和补偿。建新地块实行有偿供地所得收益，用于项目区内农村和基础设施建设，并按照城市反哺农村、工业反哺农业的要求，优先用于支持农村集体发展生产和农民改善生活条件。项目区实施完成后，由县级自然资源部门进行初验。初验合格后，向上一级自然资源部门申请，由省级自然资源部门组织正式验收，并将验收结果报国家自然资源部备案。

【城乡一体化】以中心城市为依托，通过城乡结合、协调发展，逐步实现生产要素的合理流动和资源的优化配置，促进生产力在城市和乡村之间合理分布，从而使城市和乡村连为一体，共同发展的经济发展模式。城乡一体化主要表现为城市郊区农村的城镇化趋势。在城乡一体化发展过程中，农村的工业化要与城市工业化相互协调，立足以农副产品加工、为城市大工业配套、参与国际交换为主；城市工业化要以提高整体工业现代化水平为目标，扩大向农村的辐射能力，转移适宜在农村发展的产业，做到城市、农村资源合理配置，有所侧重。特别是农村生产要素向非农产业的流动要尽量做到资金、资源、劳动力的同向流动，逐步改变城市、农村之间人为阻隔或不对称的流动格局。城乡一体化对于缩小城乡差别、工农差别，促进城乡经济的同步发展具有重要意义。

【城乡用地】城市规划用语。指市（县、镇）域范围内所有土地的总称。根据《城市用地分类与规划建设用地标准》（GB 50137—2011），城乡用地包括建设用地与非建设用地。建设用地包括城乡居民点建设用地、区域交通设施用地、区域公用设施用地、特殊用地、采矿用地以及其他建设用地。非建设用地包括水域、农林用地以及其他非建设用地。

C

【城镇地籍】 记载城市和建制镇管辖的土地及独立于城镇以外的工矿企业、铁路、公路等用地基本状况的簿册图籍的总称。基本内容包括土地位置、界址、数量、质量、权属和用途等。地籍的一种。由于城镇土地利用率、集约化程度高，建（构）筑物密集，土地价值高，级差收益悬殊，故城镇地籍通常采用大比例尺（1∶500）的图纸，其数据及界址要求采用精度较高的测量和面积量算的方法取得。

【城镇和村庄地籍变更调查】 根据城镇和村庄土地权属等变化情况，以宗地为单位，随时进行的地籍调查。土地变更调查之一。《土地调查条例实施办法》规定，土地变更调查中的城镇和村庄地籍变更调查，应当根据土地权属等变化情况，以宗地为单位，随时调查，及时变更地籍图件和数据库。

【城镇化】 也称“城市化”“都市化”。（见【城市化】）

【城镇就业人口】 也称“城镇就业人员”，指在城镇地区从事非农业活动的就业人员。宏观经济分析就业指标。按国家统计部门的口径，城镇就业人口分为5类，分别是“雇员”“雇主”“自营劳动者”“家庭帮工”和“依赖性合同工”。雇员，指为取得劳动报酬而为单位或雇主工作的人员。雇主，指自负盈亏或与合伙人共负盈亏，具有生产经营决策权，其报酬直接取决于生产、经营利润，雇用其他人为自己工作并向被雇用人支付工资的人员。自营劳动者，指自负盈亏或与合伙人共负盈亏，具有生产经营决策权，既不被雇也不雇用他人的人员。如果有亲属帮忙但不支付工资，经营者本人仍属自营劳动者。家庭帮工，指为家庭成员或亲属经营的公司、企业或生意工作，但无经营决策权，也不领取报酬的人员，也称无酬家庭帮工。依赖性合同工，指依靠商业订单，为其他经济单位或通过其他经济单位进行生产或服务的人。他们没有生产经营决策权，在组织和执行工作、获取收入或进入市场方面依赖其他单位，但又不是其雇员。

【城镇居民可支配收入】 城镇居民家庭可用来自由支配的收入。反映城镇居民家庭消费能力的指标。国民经济统计上城镇居民可支配收入是家庭总收入扣除交纳的个人所得税、个人缴纳的社会保障支出以及记账补贴后的收入。其中家庭总收入指调查户中生活在一起的所有家庭成员在调查期得到的工资性收入、经营性收入、财产性收入、转移性收入的总和，不包括出售财物和借贷收入。城镇居民可支配收入通过对居民家庭抽样调查获得。

【城镇开发边界】在一定时期内因城镇发展需要，可以集中进行城镇开发建设、以城镇功能为主的区域边界。国土空间规划中不可逾越的控制线之一。中共中央办公厅、国务院办公厅印发的《关于在国土空间规划中统筹划定落实三条控制线的指导意见》明确，按照集约适度、绿色发展要求划定城镇开发边界。城镇开发边界划定以城镇开发建设现状为基础，综合考虑资源承载能力、人口分布、经济布局、城乡统筹、城镇发展阶段和发展潜力，框定总量，限定容量，防止城镇无序蔓延。科学预留一定比例的留白区，为未来发展留有开发空间。

【城镇老旧小区】简称“老旧小区”，指城市或县城（城关镇）建成年代较早、失养失修失管、市政配套设施不完善、社区服务设施不健全的住宅小区。城市更新和旧区改造的重点地区之一。

【城镇老旧小区改造】根据城市总体规划要求，对城市或县城（城关镇）建成年代较早、失养失修失管、市政配套设施不完善、社区服务设施不健全的住宅小区进行的调整城市结构、改善和更新基础设施、整治城市环境等的建设活动。城市更新的重要内容之一。根据《国务院办公厅关于全面推进城镇老旧小区改造工作的指导意见》，城镇老旧小区改造内容可分为（一）基础类。指为满足居民安全需要和基本生活需求进行的改造，主要是市政配套基础设施改造提升以及小区内建筑物屋面、外墙、楼梯等公共部位维修等。其中，改造提升市政配套基础设施包括改造提升小区内部及与小区联系的供水、排水、供电、弱电、道路、供气、供热、消防、安防、生活垃圾分类、移动通信等基础设施，以及光纤入户、架空线规整（入地）等。（二）完善类。指为满足居民生活便利需要和改善型生活需求进行的改造，主要是环境及配套设施改造建设、小区内建筑节能改造、有条件的楼栋加装电梯等。其中，改造建设环境及配套设施包括拆除违法建设，整治小区及周边绿化、照明等环境，改造或建设小区及周边适老设施、无障碍设施、停车库（场）、电动自行车及汽车充电设施、智能快件箱、智能信包箱、文化休闲设施、体育健身设施、物业用房等配套设施。（三）提升类。指为丰富社区服务供给、提升居民生活品质、立足小区及周边实际条件积极推进的改造，主要是公共服务设施配套建设及其智慧化改造，包括改造或建设小区及周边的社区综合服务设施、卫生服务站等公共卫生设施、幼儿园等教育设施、周界防护等智能感知设施，以及养老、托育、助餐、家政保洁、便民市场、便利店、邮政快递末端综合服务站等社区专项服务设施。

【城镇老旧小区改造机制】 城镇老旧小区改造中，政府、企业、居民在法律法规和政策框架下相互联系、协调配合、共同推进的结构关系和运行方式。分为统筹协调机制；居民参与机制；改造项目推进机制；改造资金政府与居民、社会力量合理共担机制；小区长效管理机制等。

【城镇老旧小区改造原则】 实施城镇老旧小区改造必须遵循的基本准则。按照国家有关要求，实施城镇老旧小区改造必须遵循以下基本原则：（一）以人为本，把握重点原则。从人民群众最关心最直接最现实的利益问题出发，征求居民意见并合理确定改造内容，重点改造完善小区配套和市政基础设施，提升社区养老、托育、医疗等公共服务水平，推动建设安全健康、设施完善、管理有序的完整居住社区。（二）因地制宜，精准施策原则。科学确定改造目标，既尽力而为又量力而行，不搞“一刀切”、不层层下指标；合理制定改造方案，体现小区特点，杜绝政绩工程、形象工程。（三）居民自愿，各方参与原则。广泛开展“美好环境与幸福生活共同缔造”活动，激发居民参与改造的主动性、积极性，充分调动小区关联单位和社会力量支持、参与改造，实现决策共谋、发展共建、建设共管、效果共评、成果共享。（四）保护优先，注重传承原则。兼顾完善功能和传承历史，落实历史建筑保护修缮要求，保护历史文化街区，在改善居住条件、提高环境品质的同时，展现城市特色，延续历史文脉。（五）建管并重，长效管理原则。以加强基层党建为引领，将社区治理能力建设融入改造过程，促进小区治理模式创新，推动社会治理和服务重心向基层下移，完善小区长效管理机制。

【城镇廉租住房】 简称“廉租住房”，指向具有城镇常住户口居民中最低收入住房困难家庭提供的租金相对低廉的普通住房。城镇保障性住房的一种。城镇廉租住房具有以下特征：（一）当地人民政府规定住房的建筑面积或者使用面积（装修）标准；（二）向具有城镇常住户口居民的最低收入住房困难家庭提供；（三）实行政府定价租金标准。根据国家有关规定，城镇廉租住房实行申请、审批、轮候、配租的供应制度。

【城镇社区服务设施用地】 为城镇居住生活配套的社区服务设施用

地，包括社区服务站以及托儿所、社区卫生服务站、文化活动站、小型综合体育场地、小型超市等用地，以及老年人日间照料中心（托老所）等社区养老服务设施用地，不包括中小学、幼儿园用地。《国土空间调查、规划、用途管制用地用海分类指南》中“居住用地”下一个二级类用地。

【城镇私有房屋】“公有房屋”的对称。简称“私房”，指城镇范围内，产权属私人所有的房屋，包括住宅和非住宅。公民私有财产的一种。《宪法》规定，公民的合法的私有财产不受侵犯。国家依照法律规定保护公民的私有财产权和继承权。任何单位或个人不得侵占、毁坏城镇私有房屋。根据国家有关规定，城镇私有房屋的所有人，应到房屋所在地不动产登记机关办理房屋所有权登记，领取不动产所有权证；房屋所有权转移或房屋现状变更时，应办理相应的所有权转移或房屋变更登记手续。私有房屋可以依法买卖、租赁、抵押、典当等。

【城镇体系规划】城市规划用语。指一定地域范围内，以区域生产力合理布局和城镇职能分工为依据，确定不同人口规模等级和职能分工的城镇分布和发展规划。国土空间规划的一种。分为全国城镇体系规划和省域城镇体系规划。全国城镇体系规划是统筹安排全国城镇发展和城镇布局的宏观性、战略性规划，涉及经济、社会、人文、资源环境、基础设施等相关内容，是引导城镇化健康发展的重要依据，对省域城镇体系规划、城市总体规划的编制起指导作用。省域城镇体系规划是按照全国城镇体系规划要求，对省域范围内城镇空间布局和规模控制，重大基础设施的布局，为保护生态环境、资源等需要严格控制的区域作出的规划和安排。全国城镇体系规划由国务院城乡规划主管部门会同国务院有关部门组织编制，报国务院审批；省域城镇体系规划由省、自治区人民政府组织编制，报国务院审批。

【城镇土地分等定级】按照统一标准，通过一定的方法，对城镇土地的自然和经济属性进行调查、测算，根据土地优劣程度评定土地等级的活动。城镇土地分等定级是为全面掌握城镇土地质量及利用状况，科学管理和合理利用城镇土地，促进城镇土地节约集约利用，为国家和各级政府制定各项土地政策和调控措施，为土地估价、土地税费征收、建设用地经济评价以及城市规划、土地利用规划、计划制订提供科学依据。根据《城镇土地分等定级规程》（GB/T 18507—2014），城镇土地分等定级采用“等”和“级”两个层次的工作体系。城镇土地分等，指通过对影响城镇土地质量的经济、社会、自然等各项因素的综合分析，揭示城镇之间土地质量的地域差异，运用定量和定性相结合的方法对城镇土地质量进行分类排队，评定土地等别。对象是城市市区、建制镇镇区土地。城镇土地分等工作内容包括：城镇土地分等准备工作及外业调查；城镇土地分等因素选取、资料整理及定量化；城镇分值计算及土地等初步划分；验证、调整分等初步结果，评定城镇土地等；编制城镇土地分等成果；城镇土地分等成果验收；成果应用和更新。城镇土地定级，指根据城镇土地的经济、自然两方面属性及其在社会经济活动中的地位、作用，对城镇土地使用价值进行综合分析，揭示城镇内部土地质量的地域差异，评定城镇土地级别。对象是土地利用总体规划确定的可作为城镇建设用地使用的土地，包括城镇以外的独立工矿区、旅游区等用地。城镇土地定级工作内容包括：城镇土地定级准备工作及外业调查；城镇土地定级因素资料整理及定量化；单元分值计算及土地级评定；编制城镇土地级别图及量算面积；城镇土地级的边界落实及分宗整理；编写城镇土地定级报告；城镇土地定级成果验收；成果归档和资料更新。全国城镇土地分等定级工作由国家土地行政主管部门组织实施。分等定级成果更新频率不低于三年一次，每隔六年进行一次全面更新。

【城镇土地价格影响因素】影响城镇土地价格高低的原因或要素。分为一般因素、区域因素和个别因素。一般因素，指影响城镇地价总体水平的自然、社会、经济和行政因素等，主要包括：地理位置、自然条件、人口、行政区划、城镇性质、城镇发展过程、社会经济状况、土地制度、住房制度、土地利用规划和计划、国民和社会发展规划等；区域因素，指影响城镇内部区域之间地价水平的因素，主要包括：商服繁华程度或集聚程度及区域在城镇中的位置、交通条件、公用设施及基础设施水平、区域环境条件、规划及土地使用限制和自然条件等；个别因素，指宗地自身的地价影响因素，包括宗地自身的自然条件、开发程度、形状、长度、宽度、面积、土地使用限制和宗地临街条件等。

【城镇土地使用税】对在城市、县城、建制镇、工矿区范围内使用属于国家所有和集体所有的土地的单位和个人征收的一种税。根据《城镇土地使用税暂行条例》，在城市、县城、建制镇、工矿区范围内使用土地的单位和个人，为城镇土地使用税的纳税人。城镇土地使用税以纳税人实际占用的土地面积为计税依据，依照规定税额计算征收。城镇土地使用税每平方米年税额如下：（一）大城市 1.5 元至 30 元；（二）中等城市 1.2 元至 24 元；（三）小城市 0.9 元至 18 元；（四）县城、建制镇、工矿区 0.6 元至 12 元。各省、自治区、直辖市人民政府，可在上述税额幅度内，根据市政建设状况、经济繁荣程度等条件，确定所辖地区的适用税额幅度。各市、县人民政府应当根据实际情况，将本地区土地划分为若干等级，在省、自治区、直辖市人民政府确定的税额幅度内，制定相应的适用税额标准，报省、自治区、直辖市人民政府批准执行。《城镇土地使用税暂行条例》还规定，下列土地免缴城镇土地使用税：（一）国家机关、人民团体、军队自用的土地；（二）由国家财政部门拨付事业经费的单位自用的土地；（三）宗教寺庙、公园、名胜古迹自用的土地；（四）市政街道、广场、绿化地带等公共用地；（五）直接用于农、林、牧、渔业的生产用地；（六）经批准开山填海整治的土地和改造的废弃土地，从使用的月份起免缴城镇土地使用税 5 年至 10 年；（七）由财政部另行规定免税的能源、交通、水利设施用地和其他用地。

【城镇用地整理】也称“市地重划”，指城镇范围内的土地整理。土地整理的一种。包括根据城镇发展的需要，将某些房屋陈旧密集、交通拥挤、基础设施落后、不合经济利用的地段内的土地重新安排用途，调整地界，并改善公共设施和环境，使之成为合乎经济利用的地段等。

【城镇住房保障体系】简称“住房保障体系”，指针对城市（镇）中低收入住房困难家庭建立的多层次住房供应模式的有机整体。城镇住房供应体系的组成部分。按保障家庭收入水平分为低收入住房困难家庭、中低收入住房困难家庭和中等收入住房困难家庭；按住房供应方式分为租赁和出售。1994 年 7 月，《国务院关于深化城镇住房制度改革的决定》首次提出，建立以中低收入家庭为对象、具有社会保障性质的经济适用住房供应体系。1998 年 7 月，《国务院关于进一步深化城镇住房制度改革加快住房建设的通知》明确，建立和完善以经济适用住房为主的多层次城镇住房供应体系。对不同收入家庭实行不同的住房供应政策。最低收入家庭租赁由政府或单位提供的廉租住房，中低收入家庭购买经济适用住房。2021 年 6 月，《国务院办公厅关于加快发展保障性租赁住房的意见》进一步明确，需加快完善以公租房、保障性租赁住房和共有产权住房为主体的住房保障体系。现阶段，我国住房保障体系由低收入住房困难家庭租住公共租赁住房，新市民、青年人等住房困难群体租住保障性租赁住房，中等收入住房困难家庭购买经济适用住房（共有产权房）组成。

【城镇住房保障制度】简称“住房保障制度”，指国家对城镇中低收入住房困难家庭提供住房救助的一系列法律法规政策措施的总称。国家社会保障制度的组成部分。具有公平性、福利性、互济性、多样性等特点。主要内容包括分层次、多渠道住房保障体系的建立、保障性住房建设和供应管理制度、保障性住房价格管理制度、保障性住房使用管理制度、保障性住房退出管理制度等。

【城镇住房供应体系】满足城镇不同收入家庭居住需求的住房供应模式的总称，包括住房供应主体、供应渠道、供应对象、供应方式等。城镇住房制度的组成部分。不同的住房供应体系的建立与不同时期的社会经济体制密切相关。中华人民共和国成立以后，我国住房供应体系主要有：（一）与计划经济体制相适应的政府统包住房供应模式，即福利制住房供应体系；（二）住房制度改革中提出的“以经济适用住房为主的住房供应体系”，即最低收入家庭租赁由政府或单位提供的廉租住房；中低收入家庭购买经济适用住房；其他收入高的家庭购买、租赁市场价商品住房；（三）社会主义市场经济阶段提出的“多主体供给，多渠道保障，租售并举的住房供应体系”，即低收入家庭租赁由政府或单位提供的廉租住房；中低收入家庭租住由政府或社会供应的公共租赁住房，或购买由政府供应的共有产权住房；其他收入高的家庭购买或租赁市场供应的商品住房。

【城镇住房制度】简称“住房制度”，指城市住房建设、分配、交换、消费的运行机制及在此基础上形成的社会经济关系的总和。社会经济制度的重要组成部分。住房制度与一个国家的社会体制、经济发展水平、生产力方式、人口状况以及价值观念有密切关系。世界各国的住房制度千差万别，但其宗旨都是为了提高本国人民的居住水平，解决住房供给与需求问题，使住房市场达到供求基本平衡并带动国民经济的发展。

【城镇住房制度改革】简称“住房制度改革”“房改”，指 20 世纪 80 年代开始的，我国为建立与社会主义市场经济体制相适应的新的城镇住房制度，实现住房商品化、社会化，对城镇居民传统的福利分房制度进行的变革。主要内容涉及住房投资、住房分配、住房使用和房屋维修管理等方面。我国经济体制改革的重要组成部分。改革开放以前，我国城镇住房制度按照计划经济体制模式建立，其主要特征是：住房投资由国家或企业统包；住房分配实行福利制的实物分配；住房使用实行低租金制度等。这种制度的长期存在，使得城镇住房供需矛盾十分突出。20世纪80年代开始，随着城市经济体制改革的深入，许多城市进行了住房制度的改革试点。1994年7月，出台了《国务院关于深化城镇住房制度改革的决定》，明确我国城镇住房制度改革的根本目的是：建立与社会主义市场经济体制相适应的新的城镇住房制度，实现住房商品化、社会化；加快住房建设，改善居住条件，满足城镇居民不断增长的住房需求。城镇住房制度改革的基本内容是：把住房建设投资由国家、单位统包的体制改变为国家、单位、个人三者合理负担的体制；把各单位建设、分配、维修、管理住房的体制改变为社会化、专业化运行的体制；把住房实物福利分配的方式改变为以按劳分配为主的货币工资分配方式；建立以中低收入家庭为对象、具有社会保障性质的经济适用住房供应体系和以高收入家庭为对象的商品房供应体系；建立住房公积金制度；发展住房金融和住房保险，建立政策性和商业性并存的住房信贷体系；建立规范化的房地产交易市场和发展社会化的房屋维修、管理市场，逐步实现住房资金投入产出的良性循环，促进房地产业和相关产业的发展。1998年7月，印发了《国务院关于进一步深化城镇住房制度改革加快住房建设的通知》，明确提出：（一）深化城镇住房制度改革的指导思想是：稳步推进住房商品化、社会化，逐步建立适应社会主义市场经济体制和我国国情的城镇住房新制度；加快住房建设，促使住宅业成为新的经济增长点，不断满足城镇日益增长的住房需求。（二）深化城镇住房制度改革的目标是：停止住房实物分配，逐步实行住房分配货币化；建立和完善以经济适用住房为主的多层次城镇住房供应体系；发展住房金融，培育和规范住房交易市场。（三）深化城镇住房制度改革工作的基本原则是：坚持在国家统一政策目标指导下，地方分别决策，因地制宜，量力而行；坚持国家、单位和个人合理负担；坚持“新房新制度、老房老办法”，平稳过渡，综合配套。根据文件要求，自1998年下半年开始，我国城镇停止住房实物分配，逐步实行住房分配货币化，以经济适用住房为主的多层次城镇住房供应体系基本建立。

【城镇住宅用地】用于城镇生活居住功能的各类住宅建筑用地及其附属设施用地。《国土空间调查、规划、用途管制用地用海分类指南》中“居住用地”下一个二级类用地。下设一类城镇住宅用地、二类城镇住宅用地、三类城镇住宅用地 3 个三级类城镇住宅用地。一类城镇住宅用地指配套设施齐全、环境良好，以三层及以下住宅为主的住宅建筑用地及其附属道路、附属绿地、停车场等用地；二类城镇住宅用地指配套设施较齐全、环境良好，以四层及以上住宅为主的住宅建筑用地及其附属道路、附属绿地、停车场等用地；三类城镇住宅用地指配套设施较欠缺、环境较差，以需要加以改造的简陋住宅为主的住宅建筑用地及其附属道路、附属绿地、停车场等用地，包括危房、棚户区、临时住宅等用地。

【城中村】在城市化进程中，由于全部或大部分耕地被征收，建成区范围内仍然存在的实行村民自治和农村集体所有制村庄的现象。由于城中村处在建成区内又不属于建成区管辖，因此存在诸多社会问题：（一）人口复杂。由于“城中村”形成的历史原因，城中村人口通常由村民、市民和流动人口混合构成，人口管理难度较大。（二）房屋老旧，违法违章建筑集中，建筑密度高、采光通风条件不良，居住环境差。（三）基础设施不完善，卫生条件差。供水供电排水排污设施陈旧，各种管线杂乱，垃圾堆积，街巷道路狭窄、拥挤，消防隐患严重。（四）土地使用问题多，宅基地、工业用地、仓储用地等相互交织。城中村不仅影响城市的美观，也阻碍城市化进程，制约城市的发展，是城市更新和旧区改造的重点之一。

【酬金制】“物业服务费酬金制”的简称。（见【物业服务费酬金制】）

【出让土地使用权土地用途变更】简称“土地用途变更”，指土地使用者依法改变土地使用权出让合同规定的土地用途的行为。《城市房地产管理法》规定，以出让方式取得土地使用权进行房地产开发的，必须按照土地使用权出让合同约定的土地用途、动工开发期限开发土地。需要改变土地使用权出让合同约定的土地用途的，必须取得出让方和市、县人民政府城市规划行政主管部门的同意，签订土地使用权出让合同变更协议或者重新签订土地使用权出让合同，相应调整土地使用权出让金。

【初税亩】中国古代鲁国向私有土地征收土地税的制度。据《春秋》记载，鲁宣公 15 年（公元前 594 年）鲁国改行“初税亩”。税亩即按田亩征税之意。西周井田制下私人不具有土地所有权，国家以公田的全部收入为财政来源。春秋时期卿大夫等贵族侵吞公田，原轮流耕种的土地也渐渐由私人控制占有，国家为了保证财政来源，改以向私人占有土地征税的方法来保证收入。初税亩的实行，默认私人占有土地现象具有合法性，承认土地的私有权，象征着中国土地私有制的确立。

【初装修房】也称“毛坯房”，指在施工阶段只完成初步装饰工程的住宅建筑。初装修坯房虽然屋外全部外饰面已按设计文件完成装修施工，但屋内只有门框没有门，墙面、地面仅做基础处理而未做表面处理，需待业主进行二次装修。初装修房实际是尚未达到使用条件的房屋。

【储备土地供应】储备土地完成前期开发后，根据城市发展的需要，纳入当地政府土地供应计划，由国土资源主管部门统一组织出让的行为。土地储备的环节之一。按照《土地储备管理办法》，储备土地完成前期开发，并具备供应条件后，应纳入当地市、县土地供应计划，由市、县国土资源主管部门统一组织土地供应。供应方式主要有土地使用权招标、拍卖和挂牌出让等。储备土地供应是土地储备机制运作的最后一个环节。通过土地供应，满足城市经济发展对土地的需求，同时，收回土地储备投资，实现储备土地价值。

【储备土地管护】对纳入储备土地的看管和临时利用。土地储备的环节之一。根据《土地储备管理办法》，土地储备机构应对纳入储备的土地采取自行管护、委托管护、临时利用等方式进行管护；建立巡查制度，对侵害储备土地权利的行为要做到早发现、早制止、早处理。对储备土地的管护，可以由土地储备机构的内设机构负责，也可由土地储备机构按照相关规定选择管护单位。

【储备土地临时利用】储备土地未供应前，土地储备机构将储备土地或连同地上建（构）筑物，通过出租、临时使用等方式加以利用的行为。储备土地的临时利用，一般不超过两年，且不能影响土地供应。储备土地的临时利用应报同级自然资源主管部门同意。其中，在城市规划区内储备土地的临时使用，需搭建建（构）筑物的，在报批前，应当先经城市规划行政主管部门同意，不得修建永久性建筑物。土地储备机构临时利用储备土地取得的收入全部缴入同级国库，纳入一般公共预算，实行“收支两条线”管理。

【储备土地前期开发】也称“储备土地整理”，指土地储备机构通过委托或公开招标的形式确定施工企业，对纳入储备的土地进行必要的基础设施建设，使之达到“通平”出让要求的工作。土地储备的环节之一。“通平”指“三通一平”或“七通一平”。“三通一平”指施工现场路通、水通、电通和场地平整；“七通一平”指居住区开发前期工程要求的道路通、上水通、雨污水通、电力通、通信通、煤气通、热力通和土地平整。《土地储备管理办法》规定，土地储备机构应组织开展对储备土地必要的前期开发，为政府供应土地提供必要保障。储备土地的前期开发应按照该地块的规划，完成地块内的道路、供水、供电、供气、排水、通信、围挡等基础设施建设，并进行土地平整，满足必要的“通平”要求。具体工程要按照有关规定，选择工程勘察、设计、施工和监理等单位进行建设。

【储备土地入库】将通过各种方式取得，并达到储备要求的土地纳入储备的过程。土地储备的环节之一。按照《土地储备管理办法》，纳入储备的土地必须符合以下入库储备标准：（一）必须符合土地利用总体规划和城乡规划。存在污染、文物遗存、矿产压覆、洪涝隐患、地质灾害风险等情况的土地，在按照有关规定由相关单位完成核查、评估和治理之前，不得入库储备。（二）可以纳入储备范围：依法收回的国有土地；收购的土地；行使优先购买权取得的土地；已办理农用地转用、征收批准手续并完成征收的土地；其他依法取得的土地。（三）必须是产权清晰的土地。对于取得方式及程序不合规、补偿不到位、土地权属不清晰、应办理相关不动产登记手续而尚未办理的土地，不得入库储备。储备土地入库前，土地储备机构应向不动产登记机构申请办理登记手续。储备土地登记的使用权类型统一确定为“其他（政府储备）”，登记的用途应符合相关法律法规的规定。

【储备土地整理】也称“储备土地前期开发”。（见【储备土地前期开发】）

【传统风貌建筑】除文物建筑和历史建筑外，具有一定建成历史，对历史文化街区整体风貌特征形成具有价值和意义的建筑物、构筑物。

【窗口指导】中央银行通过劝告和建议来影响商业银行信贷行为的一种温和的、非强制性的货币政策工具。

【从合同】“主合同”的对称，也称“附属合同”，指必须以主合同的存在为前提，自身不能独立存在的合同。如保证合同、定金合同、抵押合同、质押合同相对于主债务合同即为从合同。合同分类的一种。从合同的主要特点有：从合同的成立以主合同的成立为前提；主合同消灭，从合同当然消灭；当事人对主合同的处分，如无特别规定，其效力及于从合同。

【从物】“主物”的对称，指可以独立存在，但须与同属一个所有的他物合并使用并起辅助效用的物，如房屋的门窗等。把物分为主物与从物是民法上物的一种分类方法，其法律意义在于，如无法律和合同的相反规定，从物的归属依主物的归属而定；在民事流转中，在交易双方无特别约定时，从物一般也随主物同时转移。从物是主物的附属物，虽也独立存在，但却不能独立使用。从物不是主物的组成部分，它有独立的经济价值，但无独立的经济效益。

【从债】“主债”的对称，指互相关联的两个或两个以上的债中附加或从属于另一个债的债，如相对于原本债权的利息债权等，特别是指为担保主债的清偿而设立的担保债权。在法律关系上，没有主债不发生从债，从债的产生或存在必须以主债的存在为前提，主债不成立，从债也无效；主债变更、转移或消灭，从债随之变更、转移或消灭。

【村镇用地整理】也称“农村宅地重划”，指农村居民点范围内的土地整理。土地整理的一种。包括重新配置各类村庄用地，调整地界，同时进行住宅更新、公共设施建设和环境建设。

【村庄建设用地】乡政府驻地村、行政村、自然村等农村居民点范围内各项建设用地的统称。包括村庄住宅用地、村庄公共服务用地、村庄产业用地、村庄基础设施用地、村庄绿地与公共空间用地、村庄其他建设用地。

【存贷比】“存贷款比率”的简称。（见【存贷款比率】）

【存贷款比率】简称“存贷比”，指银行的贷款总额与存款总额的比率。计算公式为：存贷款比率＝各项贷款总额/各项存款总额×100％。

按照中国人民银行的规定，各项存款总额包括短期贷款、中长期贷款、逾期贷款、应收押汇和贴现；各项存款总额包括活期存款、应解汇款和长期储蓄存款。存贷比越高，银行的流动性就越低。为了保持银行的流动性，中国人民银行规定，银行的各项贷款与存款的比例不得超过75％，外汇项不得超过85％。

【存款】一指存款人在保留所有权的条件下把资金或货币暂时转让或存储到银行或其他金融机构的行为。一指把使用权暂时转让给银行或其他金融机构的资金或货币。存款是最基本的，也是最重要的金融行为或活动，也是银行最重要的信贷资金来源。没有存款就没有贷款，也就没有银行。存款可按多种方式分类，如按产生方式不同可分为原始存款和派生存款；按期限不同可分为活期存款和定期存款、短期存款和长期存款；按存款者的不同可划分为单位存款和个人存款；按存款的币种不同可分为本币存款和外币存款等。

【存款准备金】金融机构为保证客户提取存款和资金清算需要而准备的在中央银行的存款。分为法定存款准备金和超额存款准备金。法定存款准备金，指按中央银行规定的比例存放在央行的资金；超额存款准备金，指除法定存款准备金以外在央行任意比例存放的资金。存款准备金制度最初在英国建立，主要功能是保证商业银行对客户提款进行支付，之后逐渐具备清算资金的功能，后来进一步发展成为货币政策工具。在货币信贷数量控制、货币市场流动性和利率调节，以及促进金融机构稳健经营、限制货币替代和资本流出入等方面发挥着重要作用。中央银行规定的商业银行存款准备金占其存款总额的比例称为“存款准备金率”，由中央银行依法发布。

【存量房市场】也称“房地产三级市场”。（见【房地产三级市场】）

【存量房屋】“增量房屋”的对称，泛指已交付使用的城市房屋，包括商品房和非商品房；住宅和非住宅。城市房屋分类的一种。

【存量土地】“增量土地”的对称，指城市规划区内已有的国有土地。城市土地分类的一种。

Dd

【大数据】无法在允许的时间里用常规的软件工具对内容进行抓取、管理和处理的数据集合。一般认为，美国未来学家 A. 托夫勒在《第三次浪潮》（1980 年）中首先提出了数据与第三次浪潮间的关系。2008 年，《自然》杂志推出名为“大数据”的封面专栏，大数据开始受到人们的高度关注和重视。2012 年，英国学者 V. M. 舍恩伯格和 K. 库克耶在《大数据时代》总结了大数据时代的四个主要特点：即数据量大（Volume）、响应速度快（Velome）、数据多样性（Variety）、价值密度低（Value）。因词语首个字母均为“V”，故简称“4V”。大数据的研究与应用涉及大数据的获取、传输、储存、质量管理和问题求解等方面，是一个涉及多学科的大范围研究领域。大数据对社会经济发展产生的影响不亚于互联网的出现，将引发人们思维模式和发展模式的改变。2013 年 3 月，美国政府宣布了《大数据研究和发展倡议》，将“大数据战略”上升为国家战略。2015 年 8 月，中国国务院印发《促进大数据发展行动纲要》，提出建设政府数据资源共享开放、国家大数据资源统筹发展、大数据关键技术及产品研发与产业化、大数据产业支撑能力提升、网络和大数据安全保障、政府治理、公共服务、工业和新兴产业、现代农业、万众创新 10 个大数据工程，加快建设数据强国。2016 年 3 月，《中华人民共和国国民经济和社会发展第十三个五年规划纲要》提出，实施国家大数据战略，把大数据作为基础性战略资源，全面实施促进大数据发展行动，加快推动数据资源共享开放和开发应用，助力产业转型升级和社会治理创新。

【代管产】房管用语。指房屋产权尚未确认，或产权人下落不明又未委托，经法院审定后由政府房地产管理部门代为管理的房产。根据有关政策，代管产的产权性质确定后，只要不是出租房屋并已达到社会主义改造起点的，当产权人提出申请，交验有效产权证件，经审查核实后，可撤销代管，将房产退还产权人。

【代建工程】也称“代建项目”，指房地产开发企业接受委托，代为开发建设的工程项目。包括土地开发、房屋建设、市政基础设施建设工程等。根据国家有关规定，房地产开发企业接受委托、定向开发建设，并收取代建管理费所建设的房屋竣工量，可以列入该企业资质等级评定考核业绩范围。

【代建项目】也称“代建工程”。（见【代建工程】）

【代理】代理人代被代理人实施民事法律行为，其法律效果直接归属于被代理人的行为。分为委托代理和法定代理。委托代理，指代理人按照委托代理人的委托行使代理权的行为，也称“意定代理”“授权代理”。法定代理，指代理人依照法律的规定行使代理权的行为。法定代理的代理权来自于法律的直接规定，无需被代理人的授权，同样，也只有在符合法律规定条件的情况下才能取消代理人的代理权。我国《民法通则》曾将代理分为委托代理、法定代理和指定代理。《民法典》取消了指定代理，将指定代理的内容涵盖于法定代理之中。代理中，通过代理人实施民事法律行为的人称为“被代理人”，代理民事主体实施民事法律行为的人称为“代理人”。

【代理经租】房产所有人将自有的房屋委托中介机构或物业管理单位代为经营、管理的行为。房产经营方式的一种。分为管理型代理经租和经营型代理经租。管理型代理经租指业主将自有的房屋租赁给他人使用，委托物业管理单位代为管理，如收租、提供物业服务等。经营型代理经租，指业主将自有的房屋委托给中介机构，或房产经营单位，由中介机构，或房产经营单位出租或经营。按照国家有关规定，受托代理经租的单位应具有相应的资格。委托代理经租，双方应订立书面委托代理经租协议。

【代为登记】“不动产代为登记”的简称。（见【不动产代为登记】）

【带征土地】简称“带征地”，指土地征收办法实施前，由建设单位在征用土地时垫款带征的土地，包括：（一）因征地撤销生产队建制而剩余的土地；（二）受征地影响造成无法耕作的零星土地；（三）其他必须带征的土地。带征土地的所有权属于国家，任何单位（包括带征单位）和个人不得擅自占用、出租或转让。根据国家有关规定，为提高土地利用效率，带征土地经批准可临时使用，使用期限一次最长不超过二年。凡具备耕作条件的带征土地，应优先安排相邻农村集体经济组织种植；不适宜农业耕作的带征土地，可作为堆场、施工场地、停车场、集市贸易场地等临时使用。建设单位需使用带征土地作临时施工用地的，按《土地管理法》临时用地规定办理。

【贷款】银行或其他金融机构按一定利率和必须归还等条件出借货币资金的一种信用活动形式。贷款是银行主要的业务内容，银行通过贷款的方式将所集中的货币和货币资金投放出去，满足社会扩大再生产对补充资金的需要，同时，银行也可以由此取得贷款利息收入，增加银行自身的积累。贷款可按多种方式分类，按贷款期限分为中长期贷款（贷款期限在 5 年以上）、中期贷款（贷款期限在 1～5 年）、短期贷款（贷款期限在 1 年以内）、透支（没有固定期限的贷款）；按币种分为本币贷款、外币贷款；按贷款人性质分为企业单位贷款、事业单位贷款、个人贷款；按贷款用途分为固定资产投资贷款、项目融资贷款、流动资金贷款、个人消费贷款、住房抵押贷款等。

【待开发土地面积】房地产统计指标。指房地产开发企业经有关部门批准，通过各种方式获得土地使用权，但尚未开工建设的土地面积。该指标属于时点指标，体现的是待开发土地面积在报告期末这个时点上的总量水平，并不是每月累计。土地开工建设后，应从待开发土地面积中予以扣除。

【袋地】不直接临街道或主干道路，而以小巷作为出入通道的土地。袋地由于交通不便，且其上建筑物的采光、通风、视野、防火、私密性等都比较差，所以，其地价一般要比临街土地低。

【担保】为确保特定债权人实现债权，以债务人或第三人的信用或特定财产保障债务履行的行为。担保方式分为保证、抵押、质押、留置和定金。（一）保证，指保证人和债权人约定，当债务人不履行债务时，保证人按照约定履行债务或者承担责任的行为。（二）抵押，指债务人或者第三人不转移对财产的占有，将该财产作为债权担保的行为。（三）质押，指债务人或者第三人将其质押物（动产或权利）移交债权人占有，将该质押物作为债权担保的行为。（四）留置，指债权人按照合同约定占有债务人的动产，债务人不按照合同约定的期限履行债务的，债权人有权依照规定留置该财产，以该财产折价或者以拍卖、变卖该财产的价款优先受偿的行为。（五）定金，指当事人约定一方向对方给付定金作为债权担保的行为。根据国家有关法律，担保活动应当遵循平等、自愿、公平、诚实信用的原则。第三人为债务人向债权人提供担保时，可以要求债务人提供反担保。担保应当订立担保合同。担保合同是主合同的从合同，主合同无效，担保合同无效。担保合同被确认无效后，债务人、担保人、债权人有过错的，应当根据其过错各自承担相应的民事责任。

【担保物权】担保物权人在债务人不履行到期债务或者发生当事人约定的实现担保物权的情形，依法享有就担保财产优先受偿的权利，如抵押权、质权、留置权等。他物权的一种。担保物权以确保债权人的债权得到完全清偿为目的。担保物权在所有权上设立。《民法典》规定，债权人在借贷、买卖等民事活动中，为保障实现其债权，需要担保的，可以依照本法和其他法律的规定设立担保物权。担保物权的担保范围包括主债权及其利息、违约金、损害赔偿金、保管担保财产和实现担保物权的费用。法律上，担保物权具有物上代位性。债权人设立担保物权并不以使用担保财产为目的，而是以取得该财产的交换价值为目的，因此，担保财产灭失、毁损，但代替该财产的交换价值还是存在，担保物权的效力仍存在。法律规定，担保期间，担保财产毁损、灭失或者被征收等，担保物权人可以就获得的保险金、赔偿金或者补偿金等优先受偿。根据《民法典》，有下列情形之一的，担保物权消灭：（一）主债权消灭；（二）担保物权实现；（三）债权人放弃担保物权；（四）法律规定担保物权消灭的其他情形。

【担保债券】由一定保证人做担保而发行的债券。当企业没有足够的资金偿还债券时，债权人可以要求保证人偿还。担保债券的保证人应是符合法律规定的企业法人，且应同时具备以下条件：（一）净资产不能低于被保证人拟发行债券的本息；（二）近三年连续盈利，且有良好的业绩前景；（三）不涉及改组、解散等事宜或重大诉讼案件；（四）中国人民银行规定的其他条件。

【单位集资合作建房】 简称“合作建房”，指利用单位自用土地进行集资合作建造经济适用住房的政策。《经济适用住房管理办法》规定，距离城区较远的独立工矿企业和住房困难户较多的企业，在符合土地利用总体规划、城市规划、住房建设规划的前提下，经市、县人民政府批准，可以利用单位自用土地进行集资合作建房。单位集资合作建房是经济适用住房的组成部分，其建设标准、优惠政策、供应对象、产权关系等均按照经济适用住房的有关规定严格执行。参加单位集资合作建房的对象，必须限定在本单位符合市、县人民政府规定的低收入住房困难家庭。单位集资合作建房在满足本单位低收入住房困难家庭购买后，房源仍有少量剩余的，由市、县人民政府统一组织向符合经济适用住房购房条件的家庭出售，或由市、县人民政府以成本价收购后用作廉租住房。

【单位面积租金】 租赁房屋每平方米建筑面积或使用面积的月租金数额。衡量租金水平的指标。用公式表示为：单位租金＝月租金总额/租赁房屋总面积。

【单项工程】 具有独立设计文件，竣工后能独立发挥生产能力或工程效益的建筑安装工程。如住宅区建设中某一个幢号；工业建设项目中的各个生产车间、仓库、办公楼等。单项工程是建设项目的组成部分，由若干个单位工程组成。

【单项工程综合概算】 简称“综合概算”，指在初步设计阶段概略计算单项工程（如独立建筑物、独立公用设施等）全部建设费用的文件。总概算的组成部分。单项工程综合概算包括建筑工程费用、设备购置及安装工程费用、单项工程内的工具、器具、家具购置费以及其他费用等。它是根据单位工程概算汇编而成的。

【单项工程综合预算】 简称“综合预算”，指在施工图设计阶段计算单项工程全部建设费用的文件。施工图预算的组成部分。单项工程综合预算包括建筑工程（如一般土建工程、给水排水管道及卫生设施、暖气工程、电器照明工程、通风工程等）费用；设备购置及安装工程费用；单项工程内的工具、器具、家具购置费及其他费用。它是根据单位工程预算汇编而成的。

【当年减少耕地面积】土地统计指标。指本年度国家基建占地（指经县以上政府主管部门批准的因兴修水利，修筑公路、铁路、民航机场，修建工矿企业、建筑、机关学校用房实际占用的耕地）、乡村集体基建占地（乡村新建或扩建乡村企业、兴修水利工程、修筑公路，以及建筑办公室和生产设施，如晒场、畜棚、猪圈等基本建设而实际占用的耕地）、农民个人建房占地、退耕造林面积、退耕改牧面积，以及因自然灾害废弃而实际减少的耕地面积。

【当年新增耕地面积】土地统计指标。指本年度内因新开荒（本年度已种上农作物的新开垦荒地）、基建占地还耕、河水淤积、平整土地和治山、治水等原因而增加的耕地面积。

【当票】典当行与当户之间的借贷契约。是典当行向当户支付当金的付款凭证。商务部、公安部《典当管理办法》规定，当票应当载明下列事项：（一）典当行机构名称及住所；（二）当户姓名（名称）、住所（址）、有效证件（照）及号码；（三）当物名称、数量、质量、状况；（四）估价金额、当金数额；（五）利率、综合费率；（六）典当日期、典当期、续当期；（七）当户须知。典当行和当户应当真实记录并妥善保管当票。不得将当票转让、出借或者质押给第三人。当票遗失，当户应当及时向典当行办理挂失手续。未办理挂失手续或者挂失前被他人赎当，典当行无过错的，典当行不负赔偿责任。

【当物】也称“典物”。（见【典物】）

【倒算法】也称“假设开发法”“剩余法”。（见【假设开发法】）

【道路广场用地】城市规划用语。指城市中道路、广场和公共停车场等设施的建设用地。城市用地的一类。

【道路红线】城市规划用语。指城市道路边界的控制线。城市规划红线的一种。道路红线反映城市道路路幅宽度，它的组成包括：通行机动车或非机动车和行人交通所需的道路宽度；敷设地下、地上工程管线和城市公用设施所需增加的宽度；种植行道树所需的宽度。任何建筑物、构筑物不得越过道路红线。根据城市景观的要求，沿街建筑物应从道路红线外侧退后建设。

【道路用地】城市规划用语。指城市主干路、次干路和支路用地，包括其交叉路口用地，不包括居住用地、工业用地等内部的道路用地。除主、次干路和支路外的道路用地，步行街、自行车专用道等用地，列为“其他道路用地”。

【地产】一定所有制关系下的土地财产。不动产的一种。法律意义上的土地财产一般具有以下特征：（一）属于一定的所有者或使用者；（二）有明确的四至界定；（三）可以依法转让；（四）能给所有者和使用者带来一定的权益。土地财产按其所有权性质可分为国有土地、集体土地；按其所处的地域，可分为城市土地、农村土地；按其用途可分为居住用地、商业服务用地、工业用地、仓储用地、市政公共设施用地等。根据国家有关法律，土地财产必须依法取得，并办理不动产登记。

【地产泡沫】由土地投机等原因，引起地产价格严重偏离实际价值，短期内持续上涨的虚假繁荣现象。其成因主要有：投资者过度投机；消费者对未来价格的预期偏高；银行信贷非理性扩张；政府调控缺失等。地产泡沫的存在严重危害土地市场的健康，并可能因地产泡沫的破裂导致金融危机的发生，进而危及整个社会经济的发展，应通过强化政府对土地市场的调控措施加以防范。

【地方财政】中央财政以下各级财政的统称。国家财政的组成部分。分为省（自治区、直辖市）财政、市（县）财政、区（乡镇）财政三级。其中省级财政是主导，城市财政是支柱，市辖区、县、乡（镇）财政是基础。地方财政的主要职责是：（一）为国家筹集财政资金。地方财政是国家财政的基础，担负着既为中央财政筹集资金，又为地方的经济建设和事业发展筹集资金的双重任务。地方组织的财政收入，除按财政预算管理体制留取一部分作为地方财政开支外，其余上缴中央财政，由中央财政统一安排使用。（二）为地方政府实现国家政治经济任务提供财力保证。地方政权是国家政权的基础，它的主要任务是实现国家在不同时期的政治经济战略目标。地方财政为实现地方政权的职能服务。（三）支持地方经济建设和各项事业的发展。地方财政根据财政预算管理的划分，在完成上缴中央财政任务之后，要用自己支配的财政资金，发展地方经济建设和各项事业，努力提高广大人民群众的物质文化生活水平。（四）对财政资金的运用进行监督。地方财政根据政策和财政制度对企业、行政事业单位的资金活动及财政纪律的遵守情况，进行事前和事后监督，保证财政资金的使用效果。（五）编制地方各级预算和决算，审查所属各部门、各单位的财务会计预算和决算报表，汇编本地区的总预算草案和决算草案，经同级政府审查后，报立法机构批准，并逐级汇总上报财政部。

【地方性土地法规】享有地方立法

权的机关依照国家法律制定的有关土地方面的规范性文件。地方立法机关包括省、自治区、直辖市人民代表大会及其常设机关；省、自治区人民政府所在地的市的人民代表大会及其常设机关，以及经国务院批准的市的人民代表大会及其常设机关。地方性土地法规的效力次于国家法律，并不得与之相抵触，适用于本行政区域。

【地方政府土地储备专项债券】 简称“土地储备专项债券”，指地方政府为土地储备发行，以项目对应并纳入政府性基金预算管理的国有土地使用权出让收入或国有土地收益基金收入偿还的地方政府专项债券。按照国家有关规定，省、自治区、直辖市政府为土地储备专项债券的发行主体。设区的市、自治州，县、自治县、不设区的市、市辖区级政府确需发行土地储备专项债券的，由省级政府统一发行并转贷给市县级政府。经省级政府批准，计划单列市政府可以自办发行土地储备专项债券。发行土地储备专项债券的土地储备项目应当有稳定的预期偿债资金来源，对应的政府性基金收入应当能够保障偿还债券本金和利息，实现项目收益和融资自求平衡。土地储备专项债券遵循公开、公平、公正原则采取市场化方式发行，在银行间债券市场、证券交易所市场等交易场所发行和流通。土地储备专项债券按“××年××省、自治区、直辖市（本级或××市、县）土地储备专项债券（×期）”格式统一命名。土地储备专项债券期限与土地储备项目期限相适应，原则上不超过5年。土地储备专项债券资金由财政部门纳入政府性基金预算管理，并由纳入自然资源部名录管理的土地储备机构专项用于土地储备。

【地基】 承受建筑物荷载的全部地层。凡因建筑物的荷载作用而改变地层中原来应力状态的一定影响范围，均属地基范围。地基一般分为：（一）天然地基，指在天然情况下不必经过人工加固即可满足建筑物荷载要求的地层；（二）人工地基，指在天然情况下不能满足建筑物荷载要求，须经过人工加固处理才能在其上修建建筑物的地层。地基根据地层岩性不同，又可分为土基和岩基。无论何种地基，一般都要满足建筑物对地基承载力、稳定性和允许变形限度等的要求。

【地籍】 记载土地的权属、位置、数量、质量、价值、利用等基本状况的图簿册及数据。在我国历史上，地籍最初是为征税目的而建立的一种田赋清册或簿册，其主要内容有应纳课税的土地面积、土壤质量及土地税额登记等。现代地籍，不仅为课税或产权登记服务，而且为各项土地利用和保护，为全面、科学地管理土地提供信息和基础资料。地籍按其产生的目的、对象、内容等的不同可分为各种类型。按地籍的目的可分为税收地籍、产权地籍和多用途地籍；按地籍的任务和进行的时间可分为初始地籍和经常地籍；按地籍管理的层次可分为国家地籍和基层地籍；按地籍手段和成果形式可分为常规地籍和数字地籍；按城乡土地特点还可分为城镇地籍和农村地籍等。

【地籍编号】在地籍图上以行政区为单位，对街道、街坊、宗地按一定顺序编注序号的工作。地籍编号采用两级或三级编号。一般城镇，以城镇为单位，按街道或街坊、宗两级编号；较大的城市以行政区为单位，按街道、街坊、宗三级编号。地籍编号统一由左到右，自上而下由“1”开始顺序编注，并按统一规格注记在地籍图上。

【地籍册】土地登记发证时建立的，记录登记土地坐落、面积、等级、地价、地税等基本情况的簿册。地籍册的造册方法有两种：一种是“丘领户册”，即根据每一块土地的地籍丘号，按区、号、丘顺序排列制卡，详细注上土地业主的姓名、职业、通信处、土地面积、地价基数等内容。在查询时，只要知道地籍号丘，就能知道土地业主。另一种是“户领丘册”，即根据土地业主的姓氏，将同一业主的土地归户在一起，按姓氏笔画排列制卡，详注土地的基本情况。查询时，只要知道土地业主的姓名，就可以知道他拥有土地的情况。

【地籍测量】也称“地籍勘丈”，指以查清每宗土地的边界、位置、形状、面积为目的的土地测量。地籍管理的一种专业测量。地籍测量按基本图件的质量和可用性分为全测、修测和补测。按作业方式分为地上法、航测法和综合成图法。地籍测量的内容包括：地籍平面控制测量、地籍细部测量、地籍原图绘制和面积量算等。地籍测量根据测区土地价格的高低和发展趋势以及测量精度的要求，可采用1∶500、1∶1000、1∶2000等比例尺。

【地籍调查】以清查每宗土地的位置、界限、面积、权属、用途和等级为目的的土地调查，包括土地权属调查和地籍测量。地籍调查按被调查区域功能分为农村地籍调查和城镇地籍调查；按调查性质分为初始地籍调查和变更地籍调查。地籍调查的内容包括：（一）土地权属调查。主要包括调查土地权属状况和界址，绘制宗地草图，填写地籍调查表，签订土地权属界线协议书或填写土地权属争议原由书等。（二）地籍测量。主要包括地籍控制测量、界址点测量、地籍图测绘、面积量算等。地籍调查的工作程序分为准备、外业调查、勘丈或测量、内业工作等几个阶段。地籍调查的成果有：(一) 地籍调查表及调查草图；(二) 地籍控制测量原始记录、控制网图、平差计算成果等；(三) 地籍原图；(四) 地籍复制图；(五) 宗地图；(六) 地籍原图分幅接合表；(七) 地籍调查报告等。

【地籍调查单元】 地籍调查的基本单位。地籍调查单元是一宗地。一宗地指一个被权属界址线所封闭的地块。一般情况下，一宗地内为一个权属单位，若一个地块内由几个土地使用者共同使用而其间又难以划清界线的，称为“共同宗地”，也作为一个地籍调查单元。

【地籍管理】 政府为获取土地的权属及其有关信息，建立、维护和有效利用地籍图册的行政工作体系。土地行政管理内容之一。主要内容包括地籍调查、土地确权、土地登记、土地统计和地籍档案管理等。

【地籍号】 在地籍图上以行政区为单位，对街道、街坊、宗地按一定顺序编注的序号。地籍号采用两级或三级编号。一般城镇，以城镇为单位，按街道或街坊、宗两级编号；较大的城市，按街道、街坊、宗三级编号。如 2-(17)-5，2 为街道编号；(17) 为街坊编号；5 为宗地号。同一街道、街坊、宗地被两幅以上基本地籍图分割时，应注记同一地籍号。

【地籍勘丈】 也称“地籍测量”。(见【地籍测量】)

【地籍控制测量】 为开展地籍测量而布设大地控制网，进行平面控制测量和高程控制测量的过程。地籍测量内容之一。平面控制测量，指在地籍测量区内，依据国家等级控制点选择若干控制点，逐级测算其平面位置的过程；高程控制测量，指依据国家等级高程控制点，逐级测算各级控制点高程的过程。

【地籍图】 用来说明和反映地籍调查区域内各宗地的分布、境界、位置和面积的专业地图，主要内容包括：各级行政界线、土地权属界线(包括土地所有权和使用权的界线)；土地使用单位及四邻的名称；地类界线与图式符号；地块；线状地物；居民点；土地定级界线等。地籍图按其反映内容的性质分为总图和分图。地籍总图的比例尺一般为 1/5000～1/2000，地籍分图的比例尺一般为 1/2000～1/500。

【地籍细部测量】 在地籍平面控制点的基础上，测定地籍要素及附属地物的位置，并按确定比例尺标绘在图纸上的测绘工作。地籍测量内容之一。

【地籍要素】 地籍图和地籍簿中反映宗地权属、利用状况、土地附属

D

物归属及价值等属性的基本要素。包括各级行政界线、宗地界线、土地用途、分类界线与土地等级界线、地块编号与界址点编号、土地面积等符号、注记和说明。

【地籍原图】也称“基本地籍图”。（见【基本地籍图】）

【地价】“土地价格”的简称。（见【土地价格】）

【地价等级划分】按各地价区段的单位区段地价高低，将地价接近、地段相连或地目相同的土地划分为同一地价等级的做法。各区段平均地价的差别越大，其间划分的地价等级越多，反之就少。划分地价等级的标准有两种：一是将地段邻近，地价差别不大的土地划归同一等级。因此，在同一地价等级范围内的各宗土地其使用类别和地理位置的优劣大致相同。二是在相同地目范围内，再按地价或收益高低程度划分为若干地价等级。划分地价等级有利于城市地政管理、土地的合理利用和生产布局。

【地价等位】地价在某一区域内客观上存在着的分布高低不同的层次。土地具有个别性，各宗土地因其区位、交通条件等的不同，地价也不相同，由此形成地价的高低层次。评估地价等位的主要指标有：（一）人口密度及其增减情况；（二）营业收入及税收状况；（三）商业服务业繁华度；（四）公交便利度；（五）基础设施完善度等。

【地价构成】构成土地价格的各项要素。土地价格是土地经济价值的反映。一般认为，土地价格主要由以下三个部分构成：（一）地租，指土地所有者凭借土地所有权而获得的收入，包括垄断地租和级差地租；地租是土地价格构成的主体；（二）土地资本折旧，指土地所有者对土地开发的投入，如基础设施建设的投资；（三）土地投资利息。土地投资一般数额大、周期长，土地投资利息即土地投入资金的时间价值。

【地价控制点】在各地价区段内，经评估后作为周围地价参照基准的标准宗地价格。其做法是，在各地价区段内选定某一标准宗地，对这一标准宗地进行全面、仔细评估，估定一个比较合理、公平的价格，然后将估价结果连同该宗地的坐落、面积、用途、形状及基础设施条件等具体情况，由政府机构公布于众，并以此作为公众买卖土地的市场价格标准。公布地价控制点便于掌握所有土地的价格情况，而且能够控制地价层次的高低。地价控制点的地价标准不是一成不变的，政府可以在一定时期内根据经济发展水平和市场供求状况加以适当调整，使公众能经常地以此为标准来衡量邻近各宗地的地价。

【地价类型】按不同标准划分的土地价格类别。按土地权利不同，可分为所有权价格、使用权价格、租赁价格、抵押价格等；按价格形成方式不同，可分为评估价格、交易价格；按政府管理手段不同，可分为申报地价、公示（告）地价；按土地价格表示方法不同，可分为总地价、单位土地面积地价、楼面地价等。

【地价区段】土地使用类别相同、土地价格相近、地段毗连的区段范围。划分地段区段为确定土地价格提供了方便。同时，划分地段区段也是制定地价工作的程序之一。

【地价税】按土地价格向土地所有人或使用人征收的一种土地税。地价税分土地原价税和土地增值税两种：原价税按土地本身价格课征；土地增值税按土地价格增加部分课征。根据《土地增值税暂行条例》，我国自 1994 年 1 月 1 日起开征土地增值税。

【地价体系】由若干个既互相联系、又互相区别的地价构成的，共同满足地产市场管理和运行需要的土地价格系统。科学的地价体系要求性质、用途一致的地价不能赋予两个不同的概念，也不能用同一个概念反映两个不同性质、不同用途的地产价格，而且构成地价体系的各种地价应互相衔接并覆盖整个地产市场管理的全过程。我国土地市场的价格体系主要包括：（一）反映城镇整体地价水平，作为政府对土地价格实现宏观管理和调控标准的基准地价；（二）反映宗地在一般市场条件下正常地价水平，作为政府对地价和地产市场进行具体管理依据的标定地价；（三）反映宗地在不同市场条件和不同交换形势下地价水平，供土地交换或交换各方作为交易最低价或期望价参考的交易地价或交易评估价；（四）反映具体宗地在地产交易或交换中现实价格，由土地交易双方认可并据此支付价款的成交地价；（五）以及由以上四种类型的地价衍生和派生的供抵押贷款、资产核算、土地出让等方面使用的地价。

【地价指数】反映土地价格随时间的变化的趋势与幅度的相对数。其原理是运用统计方法将特定地区在一定时期内的地价换算成百分比，用以比较分析。其计算公式为：地价指数＝报告期地价/基期地价×100％。

地价指数是反映地价波动情况和评定合理地价的重要指标。地价指数小，则地价波动幅度小；地价指数大，则地价波动幅度大。

【地界】相邻土地的界线。分国界、行政区划界（如省、市、县、乡界

D

等）、土地权属界（如使用权界、所有权界等）、地类界等。正确划定地界是土地调查和土地管理的基础工作之一。

D

【地类】基于某种目的，按照一定的标准对土地划分的类型。如按土地利用状况将土地划分为农用地、建设用地、未利用地。按土地的用途将农用地划分为耕地、园地、林地、牧草地等；将建设用地划分为城市建设用地、乡镇建设用地等。将城市建设用地进一步划分为居住用地、公共设施用地、工业用地、仓储用地、道路广场用地等。

【地类变更】在土地初始登记之后，所登记的土地用途发生了变化或变更的状况，如商业用地变成工业用地，工业用地变成居住用地，农业用地变成建设用地等。根据国家有关规定，土地的用途发生变更的，当事人应当持有关批准文件和原土地权利证书，申请不动产变更登记。

【地理信息公共服务平台】“国家地理信息公共服务平台”的简称。（见【国家地理信息公共服务平台】）

【地面】也称“地坪”，指房屋底层的地表面构造处理，或地板和楼板的面层。其构造一般由基层、垫层和面层三部分组成。主要作用是承受使用荷载，同时具有隔声、防潮、防火等功能。地面按其在建筑中的部位不同，分底层地面、层间地面；按面层材料不同主要有灰土地面、灰渣三合土地面、黏土砖地面、水泥地面、木地面、水磨石地面、瓷砖地面、缸砖及马赛克地面、塑料地面等。

【地盘】香港房地产用语。指建筑物所占基地。

【地皮】俗称。指可供开发利用的建筑地段或场地。

【地皮权】也称“地上权”。（见【地上权】）

【地票】土地权利人自愿将其建设用地按规定复垦为合格的耕地等农用地后，减少建设用地形成的在重庆农村土地交易所交易的建设用地指标。按照《重庆市地票管理办法》，地票制度运行包括四个环节，即复垦、验收、交易和使用。（一）复垦，指土地权利人自愿将其建设用地按规定复垦为合格的耕地。土地权利人包括农户、农村集体经济组织及拥有土地权属的其他组织；农村集体建设用地包括闲置的宅基地及其附属设施用地、乡镇企业用地、农村公共设施和农村公益事业用地等。（二）验收，指土地行政主管部门根据相关规定对完成复垦的土地进行验收，并对土地使用权人核发建设用地整理合格证。（三）交易，指取得建设用地整理合格证备案号后，权利人可以申请初次交易；购得地票超过 2 年，权利人可以申请地票转让。（四）地票使用。指在全市城乡建设用地规模不增加、耕地保有量目标不减少的前提下，地票可以在土地利用总体规划确定的有条件建设区内使用。权利人新增经营性建设用地（含商业、旅游、娱乐、商品住宅等用地）办理农用地转用手续的，可以使用地票。其他新增建设用地可以使用地票办理农用地转用手续。地票是土地使用制度创新在重庆市的一种探索。

【地契】旧时买卖或典当土地时所订立的契约。地契上一般载明土地的面积、价格、坐落、四至等，由当事人和见证人签字盖章，并向政府登记纳税后生效。

【地权】“土地权利”的简称。（见【土地权利】）

【地权调查】也称“土地产权调查”。（见【土地产权调查】）

【地上权】也称“地皮权”或“借地权”，指在他人土地上建造房屋、修建工程的权利。用益物权的一种。享有此种权利的人称“地上权人”。根据国家有关规定，地上权的设定、丧失和变更，须经登记才能生效。在地上权存续期间，地上权人享有在地上权设定范围内利用他人土地的权利；土地所有人则负有不妨碍地上权人使用土地的义务。地上权消灭时，地上权人有取回设置的地上物、恢复土地原状并交还给所有人的权利义务，但如果土地所有人提出以时价购买地上物时，地上权人不得拒绝。

【地王】对在土地使用权拍卖中以创纪录高价拍得的地块的谐称。

【地下建筑】建造在地层中的建筑物或构筑物。按其功能可分为：（一）交通类地下建筑，如地下铁道、水底隧道、公路隧道、铁路隧道等；（二）生产类地下建筑，如地下厂房、地下电站、输水隧道等；（三）生活类地下建筑，如地下商场、地下旅馆、地下医院等；（四）储藏类地下建筑，如地下粮仓、地下油库等；（五）以战备为目的的地下建筑，如人防工程等。地下建筑的主体工程为隧道和洞室，其建筑结构一般用混凝土、钢筋混凝土和金属等制成。地下建筑被周围地层所包围，受外界温度、振动及磁场干扰影响较小，能提供特定的生产、生活条件，在战时，还具有良好的隐蔽和防护性能。

【地下商场】商业性的地下设施。一般附设在城市中大楼或高层建筑的地下室内，作为地面建筑的补

D

D

充。有的利用地下人防工程，平时作地下商场，战时作人员掩蔽所，平战结合，以更好地发挥地下空间的效益。地下商场与地下街的区别在于其规模较小，商场内的人行通道不完全供公共使用而可随时隔断或改作他用。

【地下商业街】修建在大城市繁华地区街道或客流集散量较大的车站、广场下的综合性地下建筑。一般由供公共使用的地下人行通道和沿通道两侧设置的商店、事务所及其他各类服务性设施等构成，常与地下铁道或地下道路的车站、地下停车场、车站大楼或高层建筑的地下室连通。规模大的地下商业街则与地下车站、地下停车场等上下结合，构成一体，将上层辟为地下商业街，街内还间隔设置广场，供消防疏散、顾客休息和布置景观；中层作地下停车场；下层设地下铁道或地下道路的车站。大城市修建地下商业街既可使繁华地区的人行和车行主体分离，减少地面交通拥塞和事故；又可开辟新的商业网点，增加繁华地区的停车面积，是高效利用地下空间的一项重要措施。

【地下停车场】也称“地下车库”，指建造于地层中供停放汽车的场所。现代城市中的地下停车场一般分为三类：（一）修筑在城市广场、道路、公园底下的停车场；（二）附设在地下街下层的停车场；（三）利用房屋建筑的地下室改建的停车场。大规模的地下停车场通常为多层式，容量从可停放汽车数十辆直至上千辆。车辆可从地面经坡道开往地下的存放地点，或由电梯、其他设备输送。合理开发地下停车场可充分利用地下空间，节约有限的城市土地资源。

【地下综合管廊】也称“共同沟”，指建设在城市地下，用于集中敷设电力、通信、广播电视、燃气、给水排水等市政管线的公共隧道。城市重要的基础设施和“生命线”。分为干线综合管廊、支线综合管廊及缆线管廊。干线综合管廊指用于容纳城市主干工程管线，采用独立分舱方式建设的综合管廊。支线综合管廊指用于容纳城市配给工程管线，采用单舱或双舱方式建设的综合管廊。缆线管廊指采用浅埋沟道方式建设，设有可开启盖板但其内部空间不能满足人员正常通行要求，用于容纳电力电缆和通信线缆的管廊。地下综合管廊在发达国家已经存在了一个多世纪，我国仅北京、上海、深圳、苏州、沈阳等少数城市试点建设综合管廊。与独立铺设管线相比，综合管廊建设的一次性投资成本相对较高，但后期使用、维护成本较低，特别是地下综合管廊可有效杜绝反复开挖马路的“拉链马路”现象，大大缩减管线维护、抢修时间，是未来城市基础设施建设的一个发展方向。

【地役权】 按照合同约定，利用他人的不动产，以提高自己不动产效益的权利。用益物权的一种。因使用他人不动产而获得便利的不动产为需役地，为他人不动产的便利供使用的不动产为供役地。《民法典》规定，设立地役权，当事人应当采用书面形式订立地役权合同。地役权自地役权合同生效时设立。当事人要求登记的，可以向登记机构申请地役权登记；未经登记，不得对抗善意第三人。地役权期限由当事人约定，但是，不得超过土地承包经营权、建设用地使用权等用益物权的剩余期限。地役权不得单独转让。地役权不得单独抵押。地役权人有下列情形之一的，供役地权利人有权解除地役权合同，地役权消灭：（一）违反法律规定或者合同约定，滥用地役权；（二）有偿利用供役地，约定的付款期限届满后在合理期限内经两次催告未支付费用。地役权消灭，应办理注销登记。

【地役权登记】 不动产登记机构依法将地役权归属记载于不动产登记簿的行为。不动产登记的一种。分首次登记、变更登记、转移登记、注销登记。按照《不动产登记操作规范（试行）》，首次登记，指按照约定，当事人申请设立地役权的登记；变更登记，指已经登记的地役权，因需役地或者供役地权利人姓名或者名称、身份证明类型或者身份证明号码发生变化、地役权内容变更等原因，当事人申请进行的登记；转移登记，指已经登记的地役权，因土地承包经营权、建设用地使用权等转让发生转移，当事人申请进行的登记；注销登记，指已经登记的地役权，因地役权期限届满、供役地或者需役地灭失等原因，当事人申请进行的登记。地役权登记，由当事人提出申请，经登记机构审核无误，将登记事项分别记载于需役地和供役地的不动产登记簿。

【地役权合同】 当事人就地役权设立事宜订立的书面协议。《民法典》规定，设立地役权，当事人应当采用书面形式订立地役权合同。地役权合同一般包括下列条款：（一）当事人的姓名或者名称和住所；（二）供役地和需役地的位置；（三）利用目的和方法；（四）地役权期限；（五）费用及其支付方式；（六）解决争议的方法。地役权自地役权合同生效时设立。供役地权利人应当按照合同约定，允许地役权人利用其不动产，不得妨害地役权人行使权利。地役权人应当按照合同约定的利用目的和方法利用供役地，尽量减少对供役地权利人物权的限制。地役权人有下列情形之一的，供役地权利人有权解除地役权合同，地役权消灭：（一）违反法律规定或者合同约定，滥用地役权；（二）有偿利用供役地，约定的付款期限届满后在合理期限内经两次催告未支付费用。

【地役权设立】地役权的成立。根据《民法典》，设立地役权，当事人应当采用书面形式订立地役权合同。地役权自合同生效时设立。当事人要求登记的，可以向登记机构申请地役权登记。土地上已经设立土地承包经营权、建设用地使用权、宅基地使用权等用益物权的，未经用益物权人同意，土地所有人不得设立地役权。

【地役权转让】地役权的转移。根据《民法典》，地役权不得单独转让。土地承包经营权、建设用地使用权等转让的，地役权一并转让。地役权不得单独抵押。土地经营权、建设用地使用权等抵押的，在实现抵押权时，地役权一并转让。

【地政】“土地管理”“土地行政管理”的简称。（见**【土地管理】**）

【地租】凭借土地所有权从土地使用者那里获取的收入。按地租的表现形式分为劳役地租、实物地租、货币地租；按地租产生的原因和条件分为绝对地租、级差地租；按土地使用性质分为农业地租、矿山地租和建筑地租等。地租是一个历史范畴，在不同的社会形态中具有不同的性质、内容和形式，体现着不同的生产关系。一般认为，地租最早产生于奴隶社会末期和封建社会初期。封建地租是封建地主凭借土地所有权无偿占有农民的全部剩余劳动或剩余产品。在资本主义制度下，地租发生了本质的变化，它是剩余价值的一种转化形态，反映着资本主义的剥削关系。最早确立资本主义地租概念的是英国古典经济学派的亚当·斯密。他不但把地租一般地归结为农业劳动者的剩余产品或剩余劳动，而且认为它是土地生产物扣除农业资本和普通利润的余额。马克思对地租作了科学的论述。他认为地租是土地的所有权在经济上的实现。不论地租有什么独特的形式，一切地租都是剩余价值，是剩余劳动的产物。在资本主义社会，剩余价值的正常形式是利润，地租已经不是一般剩余价值在特殊情况下的独立化形式，而是超额利润在特殊情况下独立化的形式。在社会主义制度下，当公有制取代私有制，消灭土地私有权后，在国家、集体和个人之间存在着租佃关系情况下，作为剩余劳动的地租在一定时期仍然存在，但归于社会，不存在剥削与被剥削的关系。

【地租率】地租同生产土地产品的预付总资本的比率。如以 r 表示地租额，C 表示资本家的预付总资本，地租率$=r/C$。地租率体现了土地所有者分割剩余价值的资本主义剥削关系，反映了经营土地获取超额利润的情况。

【地租资本化法】把土地价格视作一笔资本，存入银行获取相当于地租的利息，还原利息计算土地价格的方法。土地估价方法之一。其计算公式为：地价＝常年稳定地租/银行存款利息率。

该方法源于马克思的地租理论，其实际意义是，人们出卖土地的价格，若将其存入银行必须获取与出租土地相同的收入，否则无人愿意出售土地，即出售土地的地租＝地价×年利息率。

【低层住宅】1～3 层的居住建筑。住宅建筑类型的一种。按照《民用建筑设计统一标准》(GB 50352—2019)，建筑高度不大于 27.0m 的住宅建筑为低层或多层民用建筑。一般建筑按层数划分时，住宅建筑 1～3 层为低层。

【抵押】债务人或者第三人不转移对财产的占有，将该财产作为债权担保，债务人不履行债务时，债权人有权依法以该财产折价或者以拍卖、变卖该财产的价款优先受偿的行为。担保方式的一种。抵押担保，当事人应当采用书面形式订立抵押合同。以不动产设立抵押权的，应办理抵押登记。抵押权自登记之日起设立。抵押担保中，债务人或者第三人称为“抵押人”，债权人称为“抵押权人”，提供担保的财产称为“抵押物”或“抵押财产”。

D

【抵押财产】法律规定可作或不可作为抵押物的财产或权利。《民法典》第三百九十五条规定，债务人或者第三人有权处分的下列财产可以抵押：（一）建筑物和其他土地附着物；（二）建设用地使用权；（三）海域使用权；（四）生产设备、原材料、半成品、产品；（五）正在建造的建筑物、船舶、航空器；（六）交通运输工具；（七）法律、行政法规未禁止抵押的其他财产。《民法典》第三百九十九条规定，下列财产不得抵押：（一）土地所有权；（二）宅基地、自留地、自留山等集体所有土地的使用权，但是法律规定可以抵押的除外；（三）学校、幼儿园、医疗机构等为公益目的成立的非营利法人的教育设施、医疗卫生设施和其他公益设施；（四）所有权、使用权不明或者有争议的财产；（五）依法被查封、扣押、监管的财产；（六）法律、行政法规规定不得抵押的其他财产。

【抵押合同】依法设立财产抵押权，当事人为明确权利义务关系订立的书面协议。《民法典》规定，设立抵押权，当事人应当采用书面形式订立抵押合同。抵押合同一般包括下列条款：（一）被担保债权的种类和数额；（二）债务人履行债务的期限；（三）抵押财产的名称、数量等情况；（四）担保的范围。

【抵押权】为担保债务的履行，债务人或者第三人不转移财产的占有，将该财产抵押给债权人的，债务人不履行到期债务或者发生当事人约定的实现抵押权的情形，债权人有就该财产优先受偿的权利。担保物权的一种。根据《民法典》，设立抵押权，当事人应当采用书面形式订立抵押合同。以不动产设立抵押权的，应办理抵押登记。抵押权自登记之日起设立。以动产抵押的，抵押权自抵押合同生效时设立。抵押期间，抵押人可以转让抵押财产。抵押财产转让的，抵押权不受影响。抵押权不得与债权分离而单独转让或者作为其他债权的担保。债权转让的，担保该债权的抵押权一并转让。

【抵押权实现】债务人不履行到期债务，抵押权人依法处置抵押财产而使债权得以清偿的行为。抵押权实现的方式包括抵押财产折价、拍卖、变卖。根据《民法典》，债务人不履行到期债务或者发生当事人约定的实现抵押权的情形，抵押权人可以与抵押人协议以抵押财产折价或者以拍卖、变卖该抵押财产所得的价款优先受偿。以抵押财产折价，指按照抵押财产自身的品质，参考市场价格折算为价款，把抵押财产所有权转移给抵押权人，从而实现抵押权的方式；拍卖，也称竞卖，指以公开竞争的方法将标的物卖给出价最高的买者的方式；变卖，指以除拍卖以外的其他买卖形式出让抵押财产的方式。法律规定，抵押财产折价或者变卖的，应当参照市场价格。

【第二产业】也称“第二次产业”，指对初级产品进行再加工的国民经济产业部门。国民经济三次产业之一。根据《国民经济行业分类》（GB/T 4754—2017/XG 1—2019），第二产业包括：采矿业，制造业，电力、热力、燃气及水生产和供应业，建筑业。

【第二套普通住房】楼市调控用语。简称“二套房”，指以借款人家庭（包括借款人、配偶及未成年子女）为单位认定的，借款人家庭人均住房面积低于当地平均水平的，再次向商业银行申请住房贷款的普通商品住房。根据 2010 年 5 月，住房城乡建设部、中国人民银行、中国银行业监督管理委员会《关于规范商业性个人住房贷款中第二套住房认定标准的通知》，有下列情形之一的，贷款人应对借款人执行第二套差别化住房信贷政策：（一）借款人首次申请利用贷款购买住房，如在拟购房所在地房屋登记信息系统（含预售合同登记备案系统）中其家庭已登记有一套（及以上）成套住房的；（二）借款人已利用贷款购买过一套（及以上）住房，又申请贷款购买住房的；（三）贷款人通过查询征信记录、面测、面谈（必要时居访）等形式的尽责调查，确信借款人家庭已有一套（及以上）住房的。

【第三产业】也称“第三次产业”，指除第一、第二产业外，为生产和消费提供各种服务的国民经济产业部门。国民经济三次产业之一。根据《国民经济行业分类》（GB/T 4754—2017/XG 1—2019），第三产业包括：批发和零售业，交通运输、仓储和邮政业，住宿和餐饮业，信息传输、软件和信息技术服务业，金融业，房地产业，租赁和商务服务业，科学研究和技术服务业，水利、环境和公共设施管理业，居民服务、修理和其他服务业，教育，卫生和社会工作，文化、体育和娱乐业，公共管理、社会保障和社会组织，国际组织，以及农、林、牧、渔专业及辅助活动，开采专业及辅助活动。

【第一产业】也称“第一次产业”，指产品直接取自自然界的国民经济产业部门。国民经济三次产业之一。根据《国民经济行业分类》（GB/T 4754—2017/XG 1—2019），第一产业包括：农、林、牧、渔业。

【第一套普通住房】楼市调控用语。简称“首套房”，指购房人名下第一套用于自住的普通商品房。按照国家楼市调控的有关政策，“首套房”必须同时满足三个条件：即购房人年满 18 周岁；购买的住房必须是 90 平方米及以下的普通住房；购房人名下没有单独或与他人共同购买的住房（与父母一起购买的、按照房改政策购买的、通过继承遗产或拆迁安置获得的住房除外）。符合条件的购房人购买首套房可以享受首付比例、贷款利率和契税的优惠。

【典当】当户将其动产、财产权利作为当物质押或者将其房地产作为当物抵押给典当行，取得当金，并在约定期限内支付当金利息，偿还当金，赎回当物的行为。抵押贷款的一种。典当中，以财产作抵押取得借款的人称为“当户”或“出典人”；支付典价，占有当户财产的人称为“典当行”或“典权人”。

【典当行】依法设立的专门从事典当业务的企业法人。根据《典当管理办法》，申请设立典当行，应当具备下列条件：（一）有符合法律、法规规定的章程；（二）有符合规定的最低限额的注册资本；（三）

D

有符合要求的营业场所和办理业务必需的设施；（四）有熟悉典当业务的经营管理人员及鉴定评估人员；（五）有两个以上法人股东，且法人股相对控股；（六）符合规定的治安管理要求；（七）符合国家对典当行统筹规划、合理布局的要求。典当行注册资本最低限额为300万元；从事房地产抵押典当业务的，注册资本最低限额为500万元；从事财产权利质押典当业务的，注册资本最低限额为1000万元。经批准，典当行可以经营下列业务：（一）动产质押典当业务；（二）财产权利质押典当业务；（三）房地产（外省、自治区、直辖市的房地产或者未取得商品房预售许可证的在建工程除外）抵押典当业务；（四）限额内绝当物品的变卖；（五）鉴定评估及咨询服务；（六）商务部依法批准的其他典当业务。设立典当行应经商务部批准颁发《典当经营许可证》，并向所在地县级人民政府公安机关申请典当行《特种行业许可证》，领取《特种行业许可证》后，应向工商行政管理部门申请领取营业执照。典当行名称中的行业表述应当标明“典当”字样。

【典地】也称“土地典当”。（见【土地典当】）

【典价】典当行支付给当户的当金。《典当管理办法》规定，当物的估价金额及当金数额应当由双方协商确定。房地产的当金数额经协商不能达成一致的，双方可以委托有资质的房地产价格评估机构进行评估，估价金额可以作为确定当金数额的参考。

【典权】支付一定典价而占有他人不动产，并取得使用和收益的权利。用益物权的一种。根据我国的有关法律，典权的设立必须订立正式的书面合同，必须办理登记手续，并支付典价。依法取得的典权，典权人享有典物的占有、使用、收益权；在典期内，出典人出卖典物时有优先购买的权利。典权是我国特有的一项传统法律制度，为中华民族固有的民法资源。

【典物】也称“当物”，指典当中，出典人为取得借款交付给典权人的物的统称。典物可以是土地、房屋等不动产，也可以是动产或某项财产权利。根据《典当管理办法》，典当行不得收当下列财物：（一）依法被查封、扣押或者已经被采取其他保全措施的财产；（二）赃物和来源不明的物品；（三）易燃、易爆、剧毒、放射性物品及其容器；（四）管制刀具，枪支、弹药，军、警用标志、制式服装和器械；（五）国家机关公文、印章及其管理的财物；（六）国家机关核发的除物权证书以外的证照及有效身份证件；（七）当户没有所有权或者未能依法取得处分权的财产；（八）法律、法规及国家有关规定禁止流通的自然资源或者其他财物。

【典型合同】也称“有名合同”，指法律设有规范，并赋予一定名称的合同。合同的一类。《民法典》规定的典型合同有：买卖合同，供用电、水、气、热力合同，赠与合同，借款合同，保证合同，租赁合同，融资租赁合同，保理合同，承揽合同，建设工程合同，运输合同，技术合同，保管合同，仓储合同，委托合同，物业服务合同，行纪合同，中介合同，合伙合同十九种。

【钉子户】专指在土地征收，或旧区改造房屋征收中由于某种原因不肯搬迁的住户或单位。泛指因赔偿或置换出现争议，拒绝配合某项工作而成为障碍的单位或个人。

【顶手费】20 世纪 20～30 年代，我国上海等城市房屋租金的早期形式。

【顶屋】20 世纪 20～30 年代上海房地产中介用语。指房地产掮客（经纪人）转租房屋的行为。顶屋的费用，即租金被称为“顶手费”或“顶屋费”。旧中国上海从事房地产经纪活动主要有两种形式：即“顶屋公司”和个体掮客。顶屋公司有固定的经营场所，以在报纸上刊登广告的形式招徕生意。一般出租人委托公司出租房屋时，需登记房屋的地点、朝向、面积大小等情况，并注明“顶手费”的上下幅度；承租人则要向公司填写委托书。租赁成交后公司分别向出租人和承租人收取佣金和委托费。个体掮客通常先向出租人支付一定数量的顶手费，顶下房屋的使用权或转租权，然后再转租。

【订租】房屋管理用语。指订立租约，核实租金额，建立租赁关系的过程。按照住房制度改革前城市公有房屋管理的有关规定，订租的内容包括：（一）签订房屋租赁契约。租赁契约是正式建立租赁关系的凭证。签订租约必须交验房屋分配单位核发的“房屋分配通知单”或“换房协议书”，必须交验本市居民正式户口证明，立约承租人以“房屋分配通知单”或“换房协议书”的姓名为准。（二）房屋租赁契约要按照统一规定的填写方法填写，不得擅自变更，如有保留租金、合用厨房、厕所，或其他协议内容，要在租约的附记栏内填写清楚，以免造成租赁纠纷。（三）在住户（承租人）住进房屋时，房屋出租人要会同住户到房屋现场核对房屋的装修设备，并当场交点。双方核对无误后填写“装修设备保管单”。（四）房屋租赁契约经立约人双方签字盖章后生效。

D

【定额地租】 以每年固定的金额或实物数量缴纳的地租。地租形式的一种。

【定金】 当事人约定一方向对方给付一定数额的货币作为债权担保的行为。担保方式的一种。定金基于合同产生。其特征是：（一）定金的权利义务关系产生于定金合同；（二）定金是典型的债的担保形式；（三）定金担保是一种双方当事人的担保；（四）定金的支付须在合同履行前进行。《民法典》规定，当事人可以约定一方向对方给付定金作为债权的担保。定金合同自实际交付定金时成立。定金的数额由当事人约定；但是，不得超过主合同标的额的百分之二十，超过部分不产生定金的效力。实际交付的定金数额多于或者少于约定数额的，视为变更约定的定金数额。债务人履行债务的，定金应当抵作价款或者收回。给付定金的一方不履行债务或者履行债务不符合约定，致使不能实现合同目的的，无权请求返还定金；收受定金的一方不履行债务或者履行债务不符合约定，致使不能实现合同目的的，应当双倍返还定金。当事人既约定违约金，又约定定金的，一方违约时，对方可以选择适用违约金或者定金条款。定金不足以弥补一方违约造成的损失的，对方可以请求赔偿超过定金数额的损失。

【定量宽松的货币政策】 以量化宽松为特点，主要通过二级市场上购买包括国债在内的中长期资产等措施向市场注入大量流动性的非常规货币政策。定量宽松的货币政策诞生于日本央行的货币政策实践，其最终目的是通过扩大中央银行自身的资产负债，进一步增加货币供给，避免通货紧缩预期加剧，促进信贷市场恢复，防止经济持续恶化。2008年国际金融危机中，以量化宽松为特点的非常规货币政策成为危机中各国中央银行对抗通货紧缩、稳定经济的重要手段之一。

【定向议标地价】 也称“协议地价”。（见【协议地价】）

【定着物】 也称“附着物”，指固定于土地之上并不能移动的有独立实用价值的物。如房屋、地下管道、树木、沟渠等。定着物虽与土地联结，但不是土地的组成部分，属独立之物。定着物因固定于土地，所以适用不动产法律，定着物所有权为不动产所有权。不动产所有权原则上以登记为变动公示，土地所有人不得以添附方式原始取得适用不动产法律的定着物或附着物的所有权。

【都市化】 也称“城市化”。（见【城市化】）

【都市圈】 城市规划用语。指以辐射带动功能强的城市或具有重大战略意义的城市为核心，以一小时交通圈为基本范围，包括与核心城市有着紧密的产业、商务、公共服务、游憩等功能联系的各级各类城镇的跨行政区地域空间单元。都市圈内可以包含一个核心城市，也可以包含多个核心城市。

【都市圈国土空间规划指标体系】 城市规划用语。指为编制都市圈国土空间规划设定的各项控制指标的有机整体。根据《都市圈国土空间规划编制规程》(报批稿)，都市圈国土空间规划指标体系包括底线管控、规模能级、创新效率、协作联系、生态绿色、人文品质六个方面30项内容。各项指标属性分为底线型与合作型两类。底线型指标根据都市圈内各行政主体发展阶段与水平，资源与生态环境本底条件和承担的主导职能制定差别化的目标值，并对都市圈各行政主体分别考核；合作型指标对应都市圈整体水平，要求各行政主体合作满足指标要求，总体上应体现出都市圈内各行政主体间缩小差距、强化联动对接、加强共建共享等目标要求。

【都市圈空间范围划定】 城市规划用语。指按照一定的技术流程确定都市圈空间范围的步骤和方法。根据《都市圈国土空间规划编制规程》(报批稿)，都市圈的空间范围划定采用“五步法”：一是识别核心城市，将具有一定城区常住人口规模、服务功能较强的城市作为都市圈核心城市；二是初步划定都市圈时空边界，以县级行政单元为对象，结合现状及上位规划确定的铁路、公路或轨道交通为依托，划定核心城市的一小时交通圈范围；三是校核人口聚集情况，将符合一定人口密度标准的周边县级行政单元纳入都市圈范围；四是考虑空间范围完整性和联系性，将被都市圈包围地区的县级行政单元整体纳入；五是综合人口、经济、交通等多种因素，落实国家战略要求，响应地方协同发展诉求，进一步确定规划编制范围。

【独院式住宅】 独户居住、四周临空，并有独立庭院的低层住宅建筑。独院式住宅平面布置灵活，居住环境优雅安宁，建筑标准较高。独院式住宅一般分平房独院式住宅和楼房独院式住宅两种。独院式住宅占地面积较大，我国地少人多，不宜大量建造。

【对涉嫌不正当竞争行为的调查】 监督检查部门依法对涉嫌不正当竞争行为进行调查取证处理的行政执法行为。根据《反不正当竞争法》，对涉嫌不正当竞争行为，任何单位和个人有权向监督检查部门举报，监督检查部门接到举报后应当依法及时处理。监督检查部门调查涉嫌不正当竞争行为，可以采取下列措施：（一）进入涉嫌不正当竞争行为的经营场所进行检查；（二）询问被调查的经营者、利害关系人及其他有关单位、个人，要求其说明有关情况或者提供与被调查行为有关的其他资料；（三）查询、复制与涉嫌不正当竞争行为有关的协议、账簿、单据、文件、记录、业务函电和其他资料；（四）查封、扣押与涉嫌不正当竞争行为有关的财物；（五）查询涉嫌不正当竞争行为的经营者的银行账户。监督检查部门调查涉嫌不正当竞争行为，应当遵守《行政强制法》和其他有关法律、行政法规的规定，并应当将查处结果及时向社会公开。

【对外交通用地】城市规划用语。指城市对外联系的铁路、公路、管道运输设施、港口、机场及其附属设施的建设用地。城市用地的一类。

【多层住宅】4～9层的居住建筑。住宅建筑类型的一种。按照《民用建筑设计统一标准》（GB 50352—2019），建筑高度不大于27.0m的住宅建筑为低层或多层民用建筑。一般建筑按层数划分时，住宅建筑4～9层为多层。

【多规合一】将原主体功能区规划、土地利用规划、城乡规划等空间规划融合为统一的国土空间规划的简称。

【多审合一】在“多规合一”基础上，将建设项目选址意见书、建设项目用地预审意见合并，统一核发建设项目用地预审与选址意见书的简称。根据《自然资源部关于以“多规合一”为基础推进规划用地“多审合一、多证合一”改革的通知》，涉及新增建设用地，用地预审权限在自然资源部的，建设单位向地方自然资源主管部门提出用地预审与选址申请，由地方自然资源主管部门受理；经省级自然资源主管部门报自然资源部通过用地预审后，地方自然资源主管部门向建设单位核发建设项目用地预审与选址意见书。用地预审权限在省级以下自然资源主管部门的，由省级自然资源主管部门确定建设项目用地预审与选址意见书办理的层级和权限。需要办理规划选址的，由地方自然资源主管部门对规划选址情况进行审查，核发建设项目用地预审与选址意见书。自然资源主管部门统一核发建设项目用地预审与选址意见书，不再单独核发建设项目选址意见书、建设项目用地预审意见。建设项目用地预审与选址意见书有效期为三年，自批准之日起计算。

【多用途地籍】以土地产权登记、课税和科学管理、利用和保护土地等用途为目的而建立的地籍。多用途地籍记载有关宗地的全部属性，包括：（一）宗地位置、界址、空间界限、面积、用途等自然状况；（二）宗地权利的主体、类型、内容、来源、期限、权利变化等权属状况；（三）涉及宗地权利限制、提示的事项；（四）其他相关事项等。

【多证合一】在“多规合一”基础上，将建设用地规划许可证、建设用地批准书合并，统一核发新的建设用地规划许可证的简称。根据《自然资源部关于以“多规合一”为基础推进规划用地“多审合一、多证合一”改革的通知》，以划拨方式取得国有土地使用权的，建设单位向所在地的市、县自然资源主管部门提出建设用地规划许可申请，经有建设用地批准权的人民政府批准后，市、县自然资源主管部门向建设单位同步核发建设用地规划许可证、国有土地划拨决定书。以出让方式取得国有土地使用权的，市、县自然资源主管部门依据规划条件编制土地出让方案，经依法批准后组织土地供应，将规划条件纳入国有建设用地使用权出让合同。建设单位在签订国有建设用地使用权出让合同后，市、县自然资源主管部门向建设单位核发建设用地规划许可证。自然资源主管部门统一核发新的建设用地规划许可证，不再单独核发建设用地批准书。

Ee

【恩格尔系数】食品支出总额占个人消费支出总额的比重。19 世纪中叶，德国统计学家厄恩斯特·恩格尔（Ernst Engel，1821—1896）在研究英、法、德和比利时等国不同阶层的家庭消费结构时发现一个规律：一个家庭或个人收入越少，家庭收入中（或总支出中）用来购买食物的支出所占的比例就越大，随着家庭收入的增加，家庭收入中（或总支出中）用来购买食物的支出所占的比例会逐渐减少。同样，对国家而言，一个国家越穷，每个国民平均支出中用于购买食物支出的比例就越大；反之，这个比例呈下降趋势。这个规律被称为恩格尔定律。恩格尔系数是根据恩格尔定律得出的比例数，是国际上通用的衡量居民生活水平高低的一项重要指标。恩格尔系数计算公式为：

$$\text{恩格尔系数}=\frac{\text{食品支出总额}}{\text{生活消费支出总额}}\times 100\%$$

联合国粮农组织将恩格尔系数作为判别生活水平的标准。恩格尔系数越小，生活越富裕；反之，恩格尔系数越大，生活越贫困。

【二、三级市场联动】“房地产二、三级市场联动”的简称。（见【房地产二、三级市场联动】）

E

【二次安置】 国有土地房屋征收拆迁时，拆迁人未准备足够的安置用房，经有关部门批准，先采取临时性安置措施，待安置用房准备好后，再对被拆除房屋所有人或使用人进行安置的安置方法。采取“二次安置”方法时，拆迁人与被拆除房屋所有人或使用人应当在房屋征收协议中明确过渡期限。在规定的过渡期限内，被拆除房屋所有人或使用人自行安排住处的，拆迁人应当付给临时安置补助费。

【二次装修】 也称“住宅室内装饰装修”。（见【住宅室内装饰装修】）

【二房东】 房屋转租人。旧称。

【二手房】 房地产三级市场中买卖的存量房屋。

【二类居住用地】 城市居住用地中设施齐全、环境良好，以多、中、高层住宅为主的用地。《城市用地分类与规划建设用地标准》（GB 50137—2011）中“城市住宅和相应服务设施用地”的一类。

【二手房市场】 也称“房地产三级市场”。（见【房地产三级市场】）

【二套房】“第二套普通住房”的简称。（见【第二套普通住房】）

【二重买卖】 出卖人就同一标的物与两个以上买受人订立买卖合同的交易行为。分为动产的二重买卖与不动产的二重买卖。在不动产的二重买卖中，数个买受人谁先进行所有权转移登记，谁就取得了特定物的所有权。在动产的二重买卖中，数个买受人谁先取得动产，谁就取得动产的所有权。无论动产还是不动产的二重买卖，标的物的所有权由一个买受人取得，对其他买受人即构成给付不能，出卖人应当向未取得标的物的买受人承担不履行的民事责任。

Ff

【法定存款准备金率】 一国中央银行规定的商业银行和存款金融机构必须缴存中央银行的法定准备金占其存款总额的比率。中央银行调整法定准备率对金融机构以及社会信用总量的影响较大。从直观上看，中央银行规定的法定准备率越高，商业银行等上缴的存款准备金就越多，其可运用的资金就越少，从而导致社会信贷总量减少；反之，如果中央银行规定的法定准备率低，商业银行等上缴的存款准备金就少，其可运用的资金来源就多，从而导致社会信贷量增大。

【法定代表人】 也称“法人代表”，指依照法律或者法人章程的规定，代表法人从事民事活动的负责人。法定代表人以法人名义从事的民事活动，其法律后果由法人承受。法定代表人因执行职务造成他人损害的，由法人承担民事责任。

【法定代理】代理人依照法律的规定行使代理权的代理行为。代理方式的一种。法定代理的代理权来自于法律的直接规定，无需被代理人的授权，同样，也只有在符合法律规定条件的情况下才能取消代理人的代理权。根据我国法律规定，法定代理人主要有：监护人、失踪人的财产代管人、公司歇业清算的清算组等。有下列情形之一的，法定代理终止：（一）被代理人取得或者恢复完全民事行为能力；（二）代理人丧失民事行为能力；（三）代理人或者被代理人死亡；（四）法律规定的其他情形。

【法定地价】土地所有权人依照法律规定向政府主管部门申报，经政府主管部门核实承认并记载于登记册上的申报价格。有的国家把依法规定的纳税价格称为法定地价。所谓“法定”，实际上是依法予以认定。土地时价可能经常变动，但法定地价按法律规定在一定年限内不得变动。它是政府给予保障的土地财产的真实价值，是照价征税，照价收买的依据。我国目前尚未建立法定地价制度。

【法定继承】被继承人死亡时没有留下遗嘱，其个人合法财产的继承由法律规定的继承人范围、顺序和分配原则进行继承的继承方式。继承的一种。根据《民法典》，法定继承按照下列顺序进行：第一顺序：配偶、子女、父母；第二顺序：兄弟姐妹、祖父母、外祖父母。继承开始后，由第一顺序继承人继承，第二顺序继承人不继承；没有第一顺序继承人继承的，由第二顺序继承人继承。同一顺序继承人继承遗产的份额，一般应当均等。被继承人的子女先于被继承人死亡的，由被继承人的子女的直系晚辈血亲代位继承。被继承人的兄弟姐妹先于被继承人死亡的，由被继承人的兄弟姐妹的子女代位继承。

【法定违约金】由法律直接规定的违约金。违约金的一种。我国现行法律规定违约金情况有以下几种：（一）法律直接规定违约金数额；（二）法律直接规定违约金的固定比率；（三）法律直接规定违约金的比率幅度；（四）当事人约定的违约金超过或低于法律规定的比率或比率幅度导致无效，而由人民法院或仲裁机构运用有关法律规定确定违约金。法定违约金的特点是带有强制性，无论当事人在合同中是否已作了约定，只要一方违约，都必须按规定交付违约金。

【法律地籍】也称“产权地籍”。（见【产权地籍】）

【法律意见书】律师向咨询者提供的包括法律依据、法律建议以及解决问题方案在内的书面文件。根据上市公司的有关规定，房地产上市公司在发行股票、配股、增发、股权收购、资产置换、恢复上市、债券发行、召开股东大会、临时股东大会、董事任职、股权转让、股权担保、关联交易等事件发生时，需出具法律意见书。

F

【法人】“自然人”的对称，指具有民事权利能力和民事行为能力依法独立享有民事权利和承担民事义务的组织。分为营利法人、非营利法人和特别法人。营利法人，指以取得利润并分配给股东等出资人为目的成立的法人，包括有限责任公司、股份有限公司和其他企业法人等。非营利法人，指为公益目的或者其他非营利目的成立，不向出资人、设立人或者会员分配所取得利润的法人，包括事业单位、社会团体、基金会、社会服务机构等。特别法人，指既不属于营利法人，也不属于非营利法人，具有民事权利能力和民事行为能力，依法独立享有民事权利和承担民事义务的组织，包括机关法人、农村集体经济组织法人、城镇农村的合作经济组织法人、基层群众性自治组织法人。根据《民法典》，法人应当依法成立，有自己的名称、组织机构、住所、财产或者经费。法人的民事权利能力和民事行为能力从法人成立时产生，到法人终止时消灭。法人以其全部财产独立承担民事责任。代表法人从事民事活动的负责人为法人的法定代表人。

【反担保】债务人或第三人向担保人作出保证或设定物的担保，在担保人因清偿债务人的债务而遭受损失时，向担保人作出清偿的行为。是为保障债务人之外的担保人将来承担担保责任后对债务人的追偿权的实现而设定的担保。担保的一种。反担保可以是债务人自己的担保，也可以是其他第三人担保；可以是信用保证，也可以设定物的担保。根据《民法典》，第三人为债务人向债权人提供担保的，可以要求债务人提供反担保。保证人可以要求债务人提供反担保。反担保的设立适用法律关于担保物权的有关规定。

【反向抵押贷款】也称“逆向按揭”，指拥有房产的老年借款人将房产抵押给银行，银行对其年龄、健康状况、预期寿命、房屋的现值、未来价值进行评估后，将房子的价值分期支付给借款人用于养老，一直延续到借款人去世的贷款方式。以房养老的一种模式。反向抵押贷款的支付方式可以是一次性或者在一定时间内按月发放，也可以在一定信用额度内根据借款人的需要自由支付，贷款可用于日常开支、房屋修缮和医疗保健等。反向抵押贷款作为以房养老办法的一种，在养老资源严重短缺、老龄化危机日益严重的背景下，值得社会关注。

【房产】具有一定价值和使用价值，在法律上有明确权属意义的房屋及其附属设施、设备。不动产的一种。按性质可分为商品房、非商品房；按用途可分为住宅、商业建筑、办公楼等；按产权属性可分为公有房产、私人房产等。根据国家有关法律，房屋财产必须依法取得，并办理不动产登记。

【房产分割】也称“房产分析”，简称“析产”，指根据相关协议和法律原则，将共有房产分割而分属各所有人的行为。一般发生在离婚、分家、继承等民事关系中。根据我国的司法实践，分割房产应贯彻以下原则：（一）最大限度保护房屋的整体性原则；（二）尽最大可能不损害房屋现有价值的原则；（三）一人独有，给予其他共有人金钱或其他形式补偿的原则；（四）大家共有的原则；（五）大家竞买的原则；（六）出卖该房产，大家分得价款的原则。析产的方式包括：根据协议析产；按遗嘱分割；向人民法院提起诉讼；聘请律师协调、律师见证或诉讼；其他方式。房产分割，共有人应持当事人身份证及复印件、房屋所有权证书、析产协议、公证书等有关材料向不动产管理机构申请办理不动产登记手续。

【房产继承】被继承人死亡后遗留的房屋财产依法转移给继承人所有的民事法律行为。继承的一种。房产继承的成立要件一般有：（一）基于被继承人死亡的事实；（二）必须有合法的继承人；（三）被继承人死亡前遗留有个人的房屋财产。房产继承分法定继承和遗嘱继承两种。法定继承指按法律规定实行的继承；遗嘱继承指按照被继承人死亡前订立的遗嘱内容实行的继承。

【房产继承权公证】公证机构根据继承人的申请，依法证明其享有的房产继承权的真实性、合法性的活动。继承公证的一种。房产继承权公证应由继承人到房产所在地公证机构提出申请，填写申请表，并提供有关证明，如继承人身份证明、与被继承人的亲属关系证明等。公证机构在办理房产继承权公证时，应认真核实被继承人的具体情况，核实遗留房产的具体情况，查明被继承人生前的亲属关系，审查申请人是否属法定继承人的范围，对通过遗嘱获得房产继承权的，还要审查遗嘱的效力问题。另外，对被继承人生前的债权债务及放弃继承权的继承人意思表示是否真实，也属公证机构核实范围。经公证机构审查无违法之处时，应出具公证书，对其房产继承权的真实性、合法性予以证明。

【房产经济学】研究房屋商品的生产、流通、消费过程及其规律、房产经济在整个国民经济中地位和作用以及与相关领域关系的学科。经济学的一个分支。房屋和自然物土地不一样，是人类劳动的产品，具有价值和使用价值，在市场经济条件下，是一种商品。房产经济学研究的一个重要内容就是房屋商品价值的形成和实现，以及在社会经济关系中的地位和作用。包括房屋商品的生产、流通、消费方式及其规律；房产市场供求关系及影响供求关系的因素；房产经济在国民经济中的地位、作用；房屋管理制度设计及相关立法等。房产经济学是一个多学科交叉的学科，涉及经济学、投资学、土地经济学、产业经济学、经济地理学、建筑经济学等学科。房产经济学的主要研究方法有系统分析方法、定性与定量分析相结合的方法、静态分析与动态分析相结合的方法、微观分析与宏观分析相结合的方法等。

【房产税】以城市、县城、建制镇和工矿区的房产为课征对象，向产权所有人征收的一种税。《房产税暂行条例》规定：房产税的纳税人是房屋产权所有人。产权属于全民所有的，由经营管理的单位为纳税人。产权出典的，由承典人为纳税人。产权所有人、承典人不在房产所在地的，或产权未确定及租典纠纷未解决的，由房产代管人或使用人为纳税人。房产税的计税依据是依照房产原值，一次减除 10%～30%后的余值。没有房产原值作依据的，由房产所在地税务机关参考同类房产核定。房产出租的，以房屋租金收入为房产税的计税依据，房产税采用比例税率。依照房产余值计算缴纳的，税率为 1.2%。依照房产租金收入计算缴纳的，税率为 12%。《房产税暂行条例》还规定，对下列房产免征房产税：国家机关、人民团体、军队自用房产；由国家财政部门拨付事业经费的单位自用的房产；宗教寺庙、公园、名胜古迹自用的房产；个人所有非营业用的房产；经财政部批准免税的其他房产。房产税自 1986 年 10 月 1 日起开征，按年征收，分期缴纳。缴纳期限由省、自治区、直辖市人民政府规定。

【房产信托】房地产信托机构接受房屋产权人或产权单位的委托，按委托合同的要求，代为经营管理或处置房产并收取一定费用的活动。房地产信托的一种。按照国家有关规定，房产信托，委托当事人应当订立房产信托合同，明确委托事宜和当事人双方以及收益人的权利义务。房产信托中，信托房产的原始所有者称为“委托人”；接受委托，从事信托业务的机构称为“受托人”；享受信托利益及由信托房产所增加收益人称为“信托受益人”。

【房贷】“个人住房贷款”的简称。(见【个人住房贷款】)

【房地产】房产和地产的总称。不动产的一种。从物质形态角度看，房地产指土地、附着于土地上的房屋，以及房屋的固定附属设施、设备；从经济学角度看，房地产指房屋、土地财产；从法律角度看，房地产指设立于土地、房屋实体上的各种权利，如所有权、使用权、租赁权、抵押权等。对一个城市来说，房地产是社会、经济、政治、文化、生活的重要物质基础和载体，是重要的生产要素和生活必需品。房地产还是一种特殊的商品，具有稀缺性、固定性、耐久性、高价值性等特点。房地产按不同的方法可以进行不同的分类。最基本的是分为土地和房屋两大类。对土地的分类：按其所有权性质，可分为国有土地、集体土地；按其所处的地域，可分为城市土地、农村土地；按其利用状况，可分为农用地、建设用地、未利用地；按其用途，可分为居住用地、商业服务用地、工业用地、仓储用地、市政公共设施用地等。对房屋的分类：按其用途，可分为居住用房、工业用房、商业用房、办公用房、文化教育用房、医疗体育用房等；按其建筑结构，可分为钢结构房屋、钢筋混凝土结构房屋、砖混结构房屋、砖木结构房屋等；按其所有权归属，可分为公有房屋和私人房屋等。根据国家有关法律，房地产必须依法取得，并办理不动产登记。

【房地产保险】以房地产为保险标的物的商业保险。财产保险的一种。在房地产保险中，房地产投保人根据合同约定，向保险人支付保险费，保险人对于合同约定的可能发生的事故因其发生所造成的房地产损失承担赔偿保险金责任。房地产保险按保险的对象、范围，分为以下几类：（一）房屋财产保险。指以房屋财产为投保标的物的保险。分为企业房产保险和居民住房保险两种。（二）房地产责任保险。责任保险指以被保险人的民事损害赔偿责任作为保险标的物的保险。可以分为公众责任保险和职业责任保险两种。房地产公众责任保险指被保险人在固定地点进行房地产生产经营活动时，由于意外事故导致第三者人身伤害或财产损失，依法应由被保险人承担的经济赔偿责任，当第三者出险时，保险公司负责赔偿。房地产职业责任保险，指承保从事房地产业的各种专业人员因工作上的疏忽或过失所造成的对他人的人身伤害和财产损失的经济赔偿责任。（三）房地产信用保证保险。指在房地产生产、经营、消费活动中，为消除由于一方违约致另一方经济损失的风险而设置的保险。常见的有房地产抵押贷款保险、住宅信用贷款保险等。（四）房地产人身保险。指以与房地产经济活动相联系的人的人身安全为投保标的物的保险。如房地产企业职工人身安全保险、抵押贷款借款人人身安全保险等。根据国家有关法律，房地产保险应订立保险合同。在房地产保险合同中，与投保人订立保险合同，并承担赔偿或者给付保险金责任的保险公司称为“保险人”或“承保人”；与保险人订立保险合同，并按照保险合同负有支付保险费义务的人称为“投保人”；其财产或人身受保险合同保障、享有保险金请求权的人称为“被保险人”；人身保险合同中由被保险人或者投保人指定的享有保险金请求权的人，即保险金的最终获取人称为“受益人”。

【房地产测绘】采用一定的测绘技术和手段，测定房屋及其用地的位置、质量、数量以及利用状况并绘制图件的工作。房地产产权管理的基础工作之一。房地产测绘的主要内容包括：（一）房地产平面控制测量；（二）房产调查；（三）房产图测绘；（四）面积计算；（五）变更测量；（六）成果资料的检查、上交和验收等。房地产测绘的主要成果有控制点成果资料、房地产现状图、分幅图、权属界址点等。房地产测绘成果为房地产开发、房屋拆迁、房地产交易、税费征收等提供了可靠的资料和依据。按照国家有关规定，房地产测绘必须由具有一定资格的专业部门进行。

【房地产成交价格】也称“商品房成交价格”，指转让房地产的实际交易价格。房地产价格类型的一种。一般以房地产转让（买卖）合同记载为准。房地产成交价格是市场的晴雨表，既反映市场的供求状况，也反映交易者对交易对象和市场行情的了解程度，交易心理状况，交易双方的议价能力和技巧等，是政府行政管理和房地产经济研究需要重点关注的内容之一。

【房地产成交价格申报】房地产权利人转让房地产时，应将实际买卖价格向国家报告的制度。房地产市场管理制度的一种。《城市房地产管理法》规定，国家实行房地产成交价格申报制度。房地产权利人转让房地产，应当向县级以上地方人民政府规定的部门如实申报成交价，不得瞒报或者作不实的申报。

【房地产从业人员职业道德准则】由房地产行业协会制订，并经会员代表大会或理事会通过的全体房地产从业人员在房地产开发过程中应当遵循的道德原则和行为规范。

2020年12月，中国房地产业协会八届四次理事会通过了《房地产从业人员职业道德准则》。全文共九条，主要守则包括：遵纪守法；爱岗敬业；重视质量；恪守职业道德；公平竞争；加强学习；承担社会责任，履行应尽义务等。房地产从业人员职业道德准则由中国房地产业协会负责实施、监督和检查。

【房地产促销】房地产企业或房地产中介机构通过一定方式向消费者传递房地产商品信息并与消费者进行有效的信息沟通，以达到影响消费者购买决策，促进房地产商品流通的营销活动。常用的房地产促销方式主要有：（一）广告。指房地产企业利用各种媒体传递信息的促销方式，包括报纸广告、电视广告、户外广告、直接邮寄广告、传单广告、电脑传媒广告等。（二）人员推销。指房地产企业的推销人员通过与消费者接触和洽谈，宣传介绍产品，达到促进房地产租售的活动。（三）营业推广。指房地产企业通过各种营业（销售）方式来刺激消费者购买（或租赁）房地产的活动。（四）公共关系促销。指房地产企业为了获得人们的信赖，树立企业或房地产的形象，用非直接付款的方式，通过各种公关工具所进行的宣传活动。房地产促销是房地产市场行为，必须依法依规进行。

【房地产贷款集中度管理制度】在我国境内设立的中资银行业金融机构，其房地产贷款余额占比及个人住房贷款余额占比应满足中国人民银行、银保监会确定的管理要求，即不得高于中国人民银行、银保监会确定的房地产贷款余额占比和个人住房贷款余额占比上限的政策规定。房地产贷款余额占比指银行业金融机构房地产贷款余额占该机构人民币各项贷款余额的比例；个人住房贷款余额占比指银行业金融机构个人住房贷款余额占该机构人民币各项贷款余额的比例。根据中国人民银行、银保监会《关于建立银行业金融机构房地产贷款集中度管理制度的通知》，建立房地产贷款集中度管理制度，有利于提高金融体系韧性和稳健性，促进房地产市场平稳健康发展。同时，推动金融供给侧结构性改革，强化银行业金融机构内在约束，优化信贷结构，支持制造业、科技等经济社会发展重点领域和小微、三农等薄弱环节融资，推动金融、房地产同实体经济均衡发展。中国人民银行、银保监会根据银行业金融机构的资产规模、机构类型等因素，分档设定了房地产贷款集中度管理要求。其中第一档：中资大型银行，房地产贷款占比上限和个人住房贷款占比上限分别为40％、32.5％；第二档：中资中型银行，房地产贷款占比上限和个人住房贷款占比上限分别为

27.5%、20%；第三档：中资小型银行和非县域农合机构，房地产贷款占比上限和个人住房贷款占比上限分别为 22.5%、17.5%；第四档：县域农合机构，房地产贷款占比上限和个人住房贷款占比上限分别为 17.5%、12.5%；第五档：村镇银行，房地产贷款占比上限和个人住房贷款占比上限分别为 12.5%、7.5%。房地产贷款集中度管理制度自 2021 年 1 月 1 日起实施。

【房地产贷款占比上限】房地产贷款集中度管理要求规定的中资银行业金融机构房地产贷款余额占比不得突破的最高指标界线。计算公式为：房地产贷款占比＝房地产贷款余额/人民币各项贷款余额×100%。

中国人民银行、银保监会《关于建立银行业金融机构房地产贷款集中度管理制度的通知》根据银行业金融机构的资产规模、机构类型等因素，分档设定了房地产贷款集中度管理要求。其中房地产贷款占比上限共分五档。分别是：中资大型银行 40%；中资中型银行 27.5%；中资小型银行和非县域农合机构 22.5%；县域农合机构 17.5%；村镇银行 12.5%。

【房地产登记】依法确认房地产权利的行政行为。不动产登记的一种。房地产权利包括集体土地所有权、建设用地使用权、房屋等建筑物构筑物所有权、宅基地使用权、地役权、抵押权及法律规定需要登记的其他房地产权利。房地产登记分首次登记、变更登记、注销登记、更正登记、异议登记、预告登记、查封登记等。按照国家的有关规定，房地产登记必须按规定程序进行。

【房地产抵押】抵押人以其合法的房地产以不转移占有的方式向抵押权人提供债务履行担保，债务人不履行债务时，债权人有权依法以抵押的房地产拍卖所得的价款优先受偿的行为。不动产抵押的一种。根据《城市房地产抵押管理办法》，下列房地产不得设定抵押：（一）权属有争议的房地产；（二）用于教育、医疗、市政等公共福利事业的房地产；（三）列入文物保护的建筑物和有重要纪念意义的其他建筑物；（四）已依法公告列入拆迁范围的房地产；（五）被依法查封、扣押、监管或者以其他形式限制的房地产；（六）依法不得抵押的其他房地产。房地产抵押，双方当事人应当签订书面抵押合同，并向房地产所在地的不动产登记部门办理抵押登记手续。房地产抵押合同自抵押登记之日起生效。以依法取得的房屋所有权抵押的，该房屋占用范围内的土地使用权必须同时抵押。房地产抵押应当遵循自愿、互利、公平和诚实信用的原则。依法设定的房地产抵押权受国家法律保护。

【房地产抵押登记】也称“不动产抵押登记”。（见【不动产抵押登记】）

【房地产抵押合同】双方当事人就房地产抵押事宜，为明确各自权利与义务订立的书面协议。不动产抵押合同的一种。房地产抵押合同一般应当载明下列主要内容：（一）抵押人、抵押权人的名称或者个人姓名、住所；（二）主债权的种类、数额；（三）抵押房地产的处所、名称、状况、建筑面积、用地面积以及四至等；（四）抵押房地产的价值；（五）抵押房地产的占用管理人、占用管理方式、占用管理责任以及意外损毁、灭失的责任；（六）债务人履行债务的期限；（七）抵押权灭失的条件；（八）违约责任；（九）争议解决方式；（十）抵押合同订立的时间与地点；（十一）双方约定的其他事项。房地产抵押合同自签订之日起30日内，抵押当事人应当到房地产所在地的不动产登记部门办理不动产抵押登记。房地产抵押合同自抵押登记之日起生效。

【房地产抵押权设立】双方当事人以房地产为标的物设立抵押权的民事法律行为。根据《城市房地产管理法》，依法取得的房屋所有权连同该房屋占用范围内的土地使用权，可以设定抵押权；以出让方式取得的土地使用权，可以设定抵押权。房地产抵押，抵押人和抵押权人应当签订书面抵押合同。抵押合同签订之后，应按规定到不动产登记部门办理不动产抵押登记。房地产抵押权自登记之日起设立。

F

【房地产抵押权实现】当债务人不履行债务时，房地产抵押权人行使其抵押权将抵押的房地产变价以满足其债权得到优先受偿的过程。债权实现方式的一种。房地产抵押权实现应符合以下条件：（一）房地产抵押权的存在。房地产抵押权的实现首先应以房地产抵押权的存在为前提。房地产抵押权的存在是指当事人曾就特定的债权设定房地产抵押权，并且，此项房地产抵押权尚未因法定的原因而消灭。（二）债权已届清偿期而未受清偿。清偿期为房地产抵押权人得以依法向债务人请求债务履行的时期，一般以房地产抵押登记的日期为准。清偿指抵押权所担保的债权全部得到清偿，若债权仅获部分清偿，抵押权人可行使抵押权而使未受偿部分的债权获得清偿。（三）对于债权的未受清偿抵押权人没有过失。若债权的不能履行，系房地产抵押权人的原因所致，则抵押权人不能以债权已经到期为由，实现房地产抵押权。房地产抵押权实现的方式包括折价、变卖和拍卖三种。根据《民法典》，债务人不履行到期债务或者发生当事人约定的实现抵押权的情形，抵押权人可以与抵押人协议以抵押资产折价或者以拍卖、变卖该抵押财产所得的价款优先受偿。抵押权人与抵押人未就抵押权实现方式达成协议的，抵押权人可以请求人民法院拍卖、变卖抵押资产。

【房地产二、三级市场联动】简称“二、三级市场联动”，指以房屋置换为纽带，通过搞活房地产三级市场，促进二级市场，进而带动整个房地产市场发展的一系列政策措施的统称。20 世纪 90 年代初，我国房地产业超常发展。由于土地总量失控，过度开发，一度出现供需失衡，空置商品房数量急剧上升。房地产市场进入以消化吸纳为特点的盘整阶段。1997 年，上海房地产理论界、企业界在政府的支持下，从房地产资产经营的理念出发，通过对房地产二、三级市场机理的深入研究，提出了“以房屋置换为纽带，实行房地产二、三级市场联动”的理念。1998 年，又进一步提出了“实行房地产二、三级市场联动是启动住房市场突破口”的观点。在此基础上，研究制定了一系列激活三级市场，促进二级市场，实现二、三级市场联动的政策措施，并成功地进行了试点。房地产二、三级市场联动的主要政策措施包括：（一）允许取得房地产权证的已售公房提前上市；（二）允许不可售公有住房差价交换使用，或者换购商品住宅或私有住房，同时，可以享受购房贷款政策；（三）个人购买或者差价换购商品住宅所支付的购房款，五年内可从个人所得税计征税基中扣除；（四）住房公积金贷款向职工个人购房贷款倾斜，降低个人购房首期付款比例，延长购房贷款年限；（五）降低交易中的各类费用等。房地产二、三级市场联动有力地促进了上海房地产市场的发展和繁荣。

【房地产二级市场】也称“土地二级市场”“房地产转让市场”，指房地产开发企业按土地使用权出让合同约定，经过开发，达到规定的条件后，依法转让土地使用权和房屋所有权的市场。分为房屋建设工程转让、成片开发和房屋转让。《城市房地产管理法》规定，房地产转让，按照出让合同约定进行投资开发，属于房屋建设工程的，完成开发投资总额的百分之二十五以上，属于成片开发土地的，形成工业用地或者其他建设用地条件。转让房地产时房屋已经建成的，还应当持有房屋所有权证书。相关法律还规定，土地使用者转让地上建筑物、其他附着物所有权时，其使用范围内的土地使用权随之转让。因此，房地产二级市场实质是一个房地合一的市场。房地产转让主要方式有：买卖、交换、赠与、以房地产抵债、以房地产作价出资或者作为合作条件，与他人成立企业法人，房地产权属随之转移等。

【房地产估价】“房地产价格评估”的简称。（见【房地产价格评估】）

【房地产估价报告】由估价机构出具的记述受托房地产估价过程和估价成果的书面文件。按照《房地产估价规范》（GB/T 50291—2015），估价报告应采取书面形式，并真实、客观、准确、完整、清晰、规范。估价报告应包括以下部分：（一）封面；（二）致估价委托人函；（三）目录；（四）估价师声明；（五）估价假设和限制条件；（六）估价结果报告；（七）估价技术报告；（八）附件。

【房地产估价费】“房地产价格评估费”的简称。（见【房地产价格评估费】）

【房地产估价机构】依法设立并取得房地产估价机构资质，从事房地产估价活动的中介服务机构。房地产市场主体之一。根据《城市房地产管理法》，设立房地产估价机构应当具备下列条件：（一）有自己的名称和组织机构；（二）有固定的服务场所；（三）有必要的财产和经费；（四）有足够数量的专业人员；（五）法律、行政法规规定的其他条件。应当向工商行政管理部门申请设立登记，领取营业执照后，方可开业。房地产估价机构由自然人出资，以有限责任公司或者合伙企业形式设立。从事房地产估价活动的机构，应当依法取得房地产估价机构资质，并在其资质等级许可范围内从事估价业务。房地产估价机构资质等级分为一、二、三级，有效期为3年。资质有效期届满，需要继续从事房地产估价活动的，应当在资质有效期届满30日前向资质许可机关提出资质延续申请。资质许可机关根据申请作出是否准予延续的决定。准予延续的，有效期延续3年。新设立的房地产估价机构资质等级核定为三级资质，设1年的暂定期。房地产估价机构依法从事房地产估价活动，不受行政区域、行业限制。任何组织或者个人不得非法干预房地产估价活动和估价结果。

【房地产估价师】通过国家职业资格考试取得房地产估价师职业资格证书，并经注册后从事房地产估价（含土地估价）业务的专业技术人员。英文译为Real Estate Appraiser。

【房地产估价师职业资格制度】国家对公民从事房地产估价职业资格一系列规定的统称，包括房地产估

F

价师职业资格考试制度、房地产估价师职业资格执业注册管理制度。根据《房地产估价师职业资格制度规定》《房地产估价师职业资格考试实施办法》，国家设置房地产估价师准入类职业资格，纳入国家职业资格目录，实行统一考试、统一注册、分工监管。具备下列考试报名条件的公民，可以申请参加房地产估价师职业资格考试：（一）拥护中国共产党领导和社会主义制度；（二）遵守中华人民共和国宪法、法律、法规，具有良好的业务素质和道德品行；（三）具有高等院校专科以上学历。房地产估价师职业资格考试合格人员，由各省、自治区、直辖市考试管理机构颁发房地产估价师职业资格证书。国家对房地产估价师职业资格实行执业注册管理制度。取得房地产估价师职业资格并经注册的，可以依法从事房地产估价业务和土地估价业务，签署房地产估价报告和土地估价报告。住房城乡建设部会同自然资源部按照职责分工负责房地产估价师职业资格制度的实施。

【房地产股票】房地产企业（股份公司）为筹集资金而发行的证明股东投资入股所持股份的法律凭证。是投资者据以取得股息和红利的一种有价证券。房地产证券的一种。房地产股票按照股东承担风险和享有权益的大小可以分为普通股和优先股。普通股是股息随公司盈利变动的股票，是股份公司最先发行的基本股票。持普通股票的股东按其所持股票的份数参加公司管理，分享公司利润或分担公司亏损，其责任以其股票的股份金额为限。优先股指在某些方面比普通股享有优先权利的股票，如可以按固定股息率优先取得股息；当股份公司发生清算时，可以优先分配公司的剩余财产等，但是，持优先股票的股东不参与公司的管理。房地产股票还可以按是否记名分为记名股和不记名股；按票面有无金额分为面值股和无面值股。

【房地产广告】也称“不动产广告”，指房地产开发企业、房地产权利人、房地产中介服务机构发布的房地产项目预售、预租、出售、出租、项目转让以及其他房地产项目介绍的广告。房地产营销方式的一种。分形象宣传广告、促销广告、公关广告等。根据《房地产广告发布规定》，发布房地产广告，应当具有或者提供下列相应真实、合法、有效的证明文件：（一）房地产开发企业、房地产权利人、房地产中介服务机构的营业执照或者其他主体资格证明；（二）房地产主管部门颁发的房地产开发企业资质证书；（三）自然资源主管部门颁发的项目土地使用权证明；（四）工程竣工验收合格证明；（五）发布房地产项目预售、出售广告，应当具有地方政府建设主管部门颁发的预售、销售许可证证明；出租、项目转让广告，应当具有相应的产权证明；（六）中介机构发布所代理的房地产项目广告，应当提供业主委托证明；（七）确认广告内容真实性的其他证明文件。发布房地产预售、销售广告，还必须载明开发企业名称；中介服务机构代理销售的，载明该机构名称；预售或者销售许可证书号等。《广告法》规定，房地产广告，房源信息应当真实，面积应当表明为建筑面积或者套内建筑面积，并不得含有下列内容：升值或者投资回报的承诺；以项目到达某一具体参照物的所需时间表示项目位置；违反国家有关价格管理的规定；对规划或者建设中的交通、商业、文化教育设施以及其他市政条件作误导宣传。

【房地产广告违法】在房地产广告活动中，广告主、广告经营者和广告发布者违反广告法律、法规的行为。根据我国的司法实践，构成房地产广告违法必须同时具备以下四个要件：（一）必须存在违反广告法律、法规的行为事实；（二）违法广告行为侵害了广告法律、法规所保护的社会关系和社会秩序；（三）违法主体是具有责任能力的法人、自然人或者其他组织；（四）违法者主观上出于故意或者过失。房地产广告违法行为的表现形式主要有：无证照经营广告业务、超越范围经营广告业务、广告主未交验合法证明发布广告、违禁广告和虚假广告、广告经营中的不正当竞争行为等。

【房地产广告主体】在房地产广告活动中，为推销房地产商品或者服务，自行或委托发布广告、接受委托提供广告设计、制作、代理服务和发布广告的自然人、法人或者其他组织的统称。为推销房地产商品或者服务，自行或者委托他人设计、制作、发布广告的自然人、法人或者其他组织称为“广告主”；接受委托提供房地产广告设计、制作、代理服务的自然人、法人或者其他组织称为“广告经营者”；为广告主或者广告主委托的广告经营者发布房地产广告的自然人、法人或者其他组织称为“广告发布者”；广告主以外的，在广告中以自己的名义或者形象对商品、服务作推荐、证明的自然人、法人或者其他组织称为“广告代言人”。

【房地产行业】也称“房地产业”。（见【房地产业】）

【房地产行业不正当竞争】房地产经营者在房地产开发经营活动中，违反国家法律法规规定，扰乱房地产市场竞争秩序，损害其他经营者或者消费者的合法权益的行为。房地产行业不正当竞争行为包括：（一）欺诈性交易方法。（二）商业贿赂行为。（三）虚假广告。（四）侵犯商业秘密。（五）掠夺定价。（六）欺骗性有奖销售和巨奖销售。（七）诋毁竞争对手的商业信誉。房地产经营者违反法律法规规定，给他人造成损害的，应当依法承担民事责任。

【房地产行业管理】也称“房地产行政管理”。（见【房地产行政管理】）

【房地产基本数据】反映房地产物理、权利及与其相关的市场主体情况的数据。房地产基础数据组成部分。根据《房地产基础信息数据标准》（征求意见稿），房地产基本数据分为物理属性数据、权属数据、市场主体数据。（一）物理属性数据包括：地理空间数据，包括行政区划、宗地、小区、幢等空间数据；自然属性数据，包括行政区划、宗地、小区、幢、房屋、房间等属性数据以及图像数据。（二）权属数据包括：所有权数据，包括土地所有权、房屋所有权、业主的建筑物区分所有权等数据；用益物权数据，包括建设用地使用权、宅基地使用权、居住权、地役权等数据；担保物权数据，包括抵押权数据；其他权利数据，包括查（解）封情况、预告登记、异议登记等数据。（三）市场主体数据包括：法人（组织）数据，包括法人（组织）基本数据、法人（组织）信用记录数据；从业人员数据，包括从业人员基本数据、从业人员信用记录数据。

【房地产基础数据】贯穿于房地产全生命周期、全过程管理中不同环节、多次使用、相互关联的信息和数据。根据《房地产基础信息数据标准》（征求意见稿），房地产基础数据应分为基本数据、业务数据两大类。基本数据，指反映房地产物理、权利及与其相关的市场主体情况的数据。包括物理属性数据、权属数据、市场主体数据。业务数据，指在房地产全生命周期、全过程管理业务活动中产生、使用的数据。包括房产测绘业务管理数据、新建商品房管理数据、存量房转让管理数据、房屋租赁管理数据、住房保障管理数据、住房公积金业务数据、房地产估价经纪数据、物业管理与服务数据、住宅专项维修资金管理数据、房屋安全管理数据、供热管理数据、白蚁防治管理数据、房屋征收管理数据。

【房地产价格】房地产商品的货币表现。商品价格的一种。可按不同标准分类：（一）按交易对象不同可分为土地价格、房屋价格；按房屋种类或用途可以细分为：商品住宅价格、工业厂房价格、商铺价格、办公楼价格等；（二）按价格形成方式不同可分为理论价格、评估价格、实际成交价格；（三）按交易方式不同可分为买卖价格、租赁价格、抵押价格等；（四）按价格形成机制不同可分为市场价、政府指导价、政府定价；（五）按房地产权益不同可分为所有权价格、使用权价格；（六）按计价单位不同可分为总价和单价等。

【房地产价格评估】简称“房地产估价”，指对房地产进行测算，评定其经济价值和价格的活动。房地产交易环节之一。根据《房地产估价规范》（GB/T 50291—2015），房地产市场价值估价应遵循以下原则：（一）独立、客观、公正原则；（二）合法原则；（三）价值时点原则；（四）替代原则；（五）最高最佳利用原则。房地产的抵押价值和抵押净值评估，除应遵循市场价值的原则外，还应遵循谨慎原则。房地产估价的程序包括：（一）受理估价委托；（二）确定估价基本事项；（三）编制估价作业方案；（四）搜集估价所需资料；（五）实地查勘估价对象；（六）选定估价方法进行测算；（七）确定估价结果；（八）撰写估价报告；（九）审核估价报告；（十）交付估价报告；（十一）保存估价资料。常用的房地产估价方法有：比较法、收益法、成本法、假设开发法、基准地价修正法、路线价法等。房地产估价应由依法设立，经国家有关部门认定的具有资质等级的评估机构和经全国房地产估价师执业资格统一考试合格，并按照国家有关规定注册，取得《房地产估价师注册证》的专业人员进行。

【房地产价格评估费】简称“房地产估价费”，指由具备房地产价格评估资格的单位接受委托，提供房地产估价服务，并按规定收取的费用。房地产中介服务收费的一种。房地产价格评估分以房产为主的房地产价格评估和土地价格评估两类。按国家有关规定，以房产为主的房地产价格评估费，区别不同情况，按照房地产的价格总额采取差额定率分档累进计收。土地价格评估分一般宗地价格评估、城镇基准地价评估、为土地使用权抵押而进行的土地价格评估及清产核资中的土地价格评估。一般宗地价格评估采取差额定率累进计费，即按土地价格总额大小划分费率档次，分档计算各档的收费额，各档之和为收费总额。城镇基准地价评估收费参照《基准地价评估收费标准》协商确定。为土地使用权抵押而进行的土地价格评估，评估机构按一般宗地评估费标准的50%计收评估费；每宗地评估费不足300元的按300元收取。清产核资中的土地价格评估，按一般宗地评估费标准的30%计收评估费；每宗地评估费不

F

足 300 元的按 300 元收取。

【房地产价格指数】反映各个时期房地产价格变动趋势和变动程度的相对数。通过百分数的形式来反映房价在不同时期的涨跌幅度。我国自 1997 年下半年开始进行全国性房地产价格指数的试编工作。1998 年开始，在 35 个大中城市正式编制、公布房地产价格指数。我国房地产价格指数体系的设置，按照能够全面、准确、及时、连续地反映房地产价格变化的要求，分别由房地产价格总指数和分类指数构成；按统计报告周期，分为季度价格指数、半年度价格指数和年度价格指数。国家实行房地产价格指数定期向社会公布制度，每年 1 月、4 月、7 月、10 月由国家统计局公布上年全年和当年各季度及半年价格指数。

【房地产交易】房地产权利人转让、抵押、租赁房地产的行为。房地产经营活动。分为房屋买卖、房屋租赁、房屋互换、房屋信托、房屋抵押、房屋典当等形式。根据国家有关法律房地产交易权利主体一致原则，房地产转让、抵押时，房屋所有权和该房屋占用范围内的土地使用权同时转让、抵押。同样，房屋占用范围内的土地使用权转让、抵押时，土地使用权上附着的房屋所有权同时转让、抵押。房地产交易，房地产当事人应当订立房地产交易合同，并向不动产登记部门申请办理不动产登记手续。

【房地产交易市场】广义指房地产商品交换关系的总和。房地产市场的组成部分。按交易对象可分为土地市场、房产市场、房地产金融市场、房地产中介服务市场、房地产劳务市场；按交易形式，可分为房地产买卖市场、房地产租赁市场、房地产抵押市场等；按运行层次，可分为房地产一级市场、房地产二级市场和房地产三级市场；按市场地域，还可分为本地市场、国内市场、海外市场等。狭义指房地产商品交易的场所。

【房地产金融】与房地产活动有关的一切资金融通活动。包括房地产信贷、房地产抵押、房地产保险、房地产信托、房地产证券交易、房地产典当等。房地产行业的组成部分。房地产金融具有以下特点：（一）融资数额大。一个房地产项目融资少则几千万，多则几亿、几十亿元。（二）资金周转期长。房地产的资金运用从投入到产出，快则几年，慢则十几年。（三）不确定因素多，风险大。房地产金融风险主要有政策风险、决策风险、自然风险和财务风险。房地产金融按融资主体可分为土地金融、房产金融；按融资工具可分为房地产信贷、房地产抵押、房地产保险、房地产信托、房地产证券等；按不同融资市场可分为资本市场、货币市场、外汇市场、保险市场等；按融资机构可分为银行和非银行金融机构等。

【房地产经纪】房地产经纪机构和房地产经纪人员为促成房地产交易，向委托人提供房地产居间、代理等服务并收取佣金的行为。房地产中介服务方式的一种。分居间和代理两类。居间，指居间人向委托人报告订立合同的机会或者提供订立合同的媒介服务的行为；代理，指代理人代被代理人实施民事法律行为的行为。根据《房地产经纪管理办法》，房地产经纪业务由房地产经纪机构统一承接，服务报酬由房地产经纪机构统一收取。房地产经纪机构接受委托提供房地产信息、实地看房、代拟合同等房地产经纪服务的，应当与委托人签订书面房地产经纪服务合同。房地产经纪服务实行明码标价制度，应当在经营场所醒目位置标明房地产经纪服务项目、服务内容、收费标准以及相关房地产价格和信息。县级以上人民政府建设（房地产）主管部门、价格主管部门、人力资源和社会保障主管部门按照职责分工，分别负责房地产经纪活动的监督和管理。

【房地产经纪服务合同】房地产经纪机构接受委托提供房地产经纪服务，与当事人订立的书面协议。《房地产经纪管理办法》规定，房地产经纪机构接受委托提供房地产信息、实地看房、代拟合同等房地产经纪服务的，应当与委托人签订书面房地产经纪服务合同。房地产经纪服务合同应当包含下列内容：（一）房地产经纪服务双方当事人的姓名（名称）、住所等情况和从事业务的房地产经纪人员情况；（二）房地产经纪服务的项目、内容、要求以及完成的标准；（三）服务费用及其支付方式；（四）合同当事人的权利和义务；（五）违约责任和纠纷解决方式。房地产经纪机构提供代办贷款、代办房地产登记等其他服务的，应当向委托人说明服务内容、收费标准等情况，经委托人同意后，另行签订合同。房地产经纪机构应当保存房地产经纪服务合同，保存期不少于5年。

【房地产经纪机构】依法设立，从事房地产经纪活动的中介服务机构。《城市房地产管理法》规定，设立房地产中介服务机构应当具备下列条件：（一）有自己的名称和组织机构；（二）有固定的服务场所；（三）有必要的财产和经费；（四）有足够数量的专业人员；（五）法律、行政法规规定的其他条件。应当向工商行政管理部门申请设立登记，领取营业执照后，方可开业。房地产经纪机构可以设立分支机构。房地产经纪机构及其分

F

支机构从事经纪活动时，应当在其经营场所醒目位置公示：营业执照和备案证明文件；服务项目、内容、标准；业务流程；收费项目、依据、标准；交易资金监管方式；信用档案查询方式、投诉电话及12358价格举报电话；政府主管部门或者行业组织制定的房地产经纪服务合同、房屋买卖合同、房屋租赁合同示范文本；法律、法规、规章规定的其他事项。房地产经纪机构应当按照国家的有关法律法规开展经纪活动，不得有以下行为：(一）捏造散布涨价信息，或者与房地产开发经营单位串通捂盘惜售、炒卖房号，操纵市场价格；(二）对交易当事人隐瞒真实的房屋交易信息，低价收进高价卖(租）出房屋赚取差价；(三）以隐瞒、欺诈、胁迫、贿赂等不正当手段招揽业务，诱骗消费者交易或者强制交易；(四）泄露或者不当使用委托人的个人信息或者商业秘密，谋取不正当利益；(五）为交易当事人规避房屋交易税费等非法目的，就同一房屋签订不同交易价款的合同提供便利；(六）改变房屋内部结构分割出租；(七）侵占、挪用房地产交易资金；(八）承购、承租自己提供经纪服务的房屋；(九）为不符合交易条件的保障性住房和禁止交易的房屋提供经纪服务；(十）法律、法规禁止的其他行为。

【房地产经纪人】依法从事房地产经纪活动的人员。国家对房地产经纪人员实行职业资格制度，纳入全国专业技术人员职业资格制度统一规划和管理。房地产经纪人实行全国统一大纲、统一命题、统一组织的考试制度，由国务院住房和城乡建设主管部门、人力资源和社会保障主管部门共同组织实施，原则上每年举行一次。

【房地产经营】房地产开发企业依法转让房地产开发项目或者销售、出租商品房的行为。分房地产开发项目转让、商品房销售、房屋租赁等。房地产开发项目转让指房地产开发企业通过出售或其他合法方式将房地产项目部分或全部转移给他人的行为。分出让土地使用权项目转让和划拨土地使用权项目转让。商品房销售指房地产开发企业出售商品房的行为。分商品房预售和销售。商品房预售指达到国家规定的预售条件，提前出售商品房的行为。房屋租赁指房屋所有权人将房屋出租给承租人，承租人支付租金的行为。

【房地产纠纷】房地产法律关系主体之间有关房地产权利、义务发生的争议。房地产法律关系主体之间包括公民之间、法人之间、公民与法人之间。房地产纠纷根据产生纠纷的主体，可分为房地产民事纠纷和房地产行政纠纷。房地产民事纠纷指公民、法人、其他组织等各种民事主体之间在房地产交易、流转过程中因权利义务关系产生的纠纷。房地产行政纠纷指房地产行政主管机关与从事房地产开发、交易等活动的公民、法人或其他经济组织之间，因主管机关行使国家赋予的管理、监督等职能时引起的纠纷。根据房地产纠纷所涉及内容，可以分为：房地产权属纠纷，指平等民事主体之间因房地产权属发生的纠纷；房地产使用纠纷，指因房地产使用权的占有、出租、抵押、交换等产生的各种纠纷；房地产开发建设纠纷，指平等主体之间围绕房地产开发建设引起的纠纷，如征地、拆迁、工程承包、工程质量等；物业管理纠纷，指因物业管理中权利义务关系产生的纠纷；其他纠纷，指除上述各类纠纷以外的其他房地产纠纷，如私房落政等。根据房地产纠纷的客体，可以分为土地纠纷和房屋纠纷。土地纠纷指当事人之间有关土地所有权和使用权发生争执而引起的纠纷；房屋纠纷指当事人之间有关房屋的权利义务发生争议引起的纠纷，如房屋所有权、房屋买卖、房屋租赁、典当、继承等的纠纷。房地产纠纷因其产生的原因、性质、种类不同，可采用不同的方式或通过不同的途径解决。当事人认为房地产主管机关在行使对房地产经济活动的管理、调控职权时，其具体的行政行为侵犯了自己的利益，可以通过房地产行政复议或房地产行政诉讼方式解决；当事人之间因房地产的权属、使用、交易及开发经营活动产生的纠纷，可通过行政调解、仲裁、民事或经济诉讼方式解决。

【房地产开发】在依法取得国有建设用地使用权的土地上进行基础设施和房屋建设的行为。房地产经济活动方式。分房地产成片开发和房地产综合开发。《城市房地产管理法》规定，房地产开发必须严格执行城市规划，按照经济效益、社会效益、环境效益相统一的原则，实行全面规划、合理布局、综合开发、配套建设。房地产开发必须通过土地出让方式取得建设用地使用权。房地产开发项目的设计、施工，必须符合国家的有关标准和规范，统筹安排配套基础设施，并根据先地下、后地上的原则实施。房地产开发项目竣工，经验收合格后，方可交付使用。房地产开发应由相应资质的房地产开发企业组织实施。

【房地产开发经营】房地产开发企业依法在城市规划区内国有土地上进行基础设施和房屋建设，并转让房地产开发项目或者销售、出租商品房的行为。房地产经济活动方式。分房地产开发和房地产经营。房地产开发经营的主体是房地产开发企业。《城市房地产开发经营管理条例》规定，设立房地产开发企业，应当向县级以上人民政府工商行政管理部门申请登记。房地产开发企业领取营业执照后，持有关文件到登记机关所在地的房地产开发主管部门备案。房地产开发主管部门应当根据房地产开发企业的资产、专业技术人员和开发经营业绩等，对备案的房地产开发企业核定资质等级。房地产开发企业应当按照核定的资质等级，承担相应的房地产开发项目。房地产经营包括转让房地产开发项目和销售、出租商品房。转让房地产开发项目，应当符合《城市房地产管理法》规定的相关条件。转让人和受让人应当自土地使用权变更登记手续办理完毕之日起30日内，持房地产开发项目转让合同到房地产开发主管部门备案。房地产开发企业预售商品房，应当办理预售登记，取得商品房预售许可证明。商品房销售、出租，当事人双方应当签订书面合同。房地产开发项目转让和商品房销售、租赁价格，由当事人协商议定。违反《城市房地产开发经营管理条例》有关规定，未取得营业执照，擅自从事房地产开发经营的、未取得资质等级证书或者超越资质等级从事房地产开发经营的、擅自转让房地产开发项目的、擅自预售商品房的，有关部门将给予停止房地产开发经营活动、没收违法所得、罚款、吊销营业执照，直至追究刑事责任等处分。

【房地产开发企业】依法设立，具有房地产开发经营资格，能独立享受民事权利和承担民事义务的法人。分房地产开发专营企业和兼营企业。根据国家的有关法律法规，设立房地产开发企业，除应当有自己的名称、组织机构、固定的经营场所外，还应当具备下列条件：（一）有100万元以上的注册资本；（二）有4名以上持有资格证书的房地产专业、建筑工程专业的专职技术人员，2名以上持有资格证书的专职会计人员。应当向县级以上人民政府工商行政管理部门申请设立登记。房地产开发企业自领取营业执照之日起30日内，到登记机关所在地的房地产开发主管部门备案。房地产开发主管部门根据房地产开发企业的资产、专业技术人员和开发经营业绩等，对备案的房地产开发企业核定资质等级。房地产开发企业应当按照核定的资质等级，承担相应的房地产开发项目。

【房地产开发企业类型】按不同方法对房地产开发企业进行的分类。按工商登记主营业务内容可分为：专营房地产开发企业和兼营房地产开发企业；按所有制形式可分为：国有企业、民营企业、外资企业等；按企业资质等级可分为：一级、二级房地产开发企业。划分房地产开发企业类型有利于加强对企业的分类管理和监督，规范房地产开发经营行为。

【房地产开发企业设立备案制度】房地产开发企业在领取营业执照后，向房地产开发主管部门申请备案并核定资质等级的有关规定的统称。《城市房地产开发经营管理条例》规定，房地产开发企业应当自领取营业执照之日起 30 日内，提交下列文件纸质或者电子材料，向登记机关所在地的房地产开发主管部门备案：（一）营业执照复印件；（二）企业章程；（三）专业技术人员的资格证书和聘用合同。房地产开发企业应当按照核定的资质等级，承担相应的房地产开发项目。未经备案的企业，不得从事房地产开发经营活动。

【房地产开发企业资质等级】根据房地产开发企业资产、专业技术人员和开发经营业绩等情况综合评定的，反映企业实际开发经营能力的资质级别。按照《房地产开发企业资质管理规定》，房地产开发企业按照企业条件分为一、二两个资质等级。

链接：房地产开发企业各资质等级条件

房地产开发企业各资质等级条件

各资质等级企业的条件如下：

一级资质：

1. 从事房地产开发经营 5 年以上；

2. 近 3 年房屋建筑面积累计竣工 30 万平方米以上，或者累计完成与此相当的房地产开发投资额；

3. 连续 5 年建筑工程质量合格率达 100%；

4. 上一年房屋建筑施工面积 15 万平方米以上，或者完成与此相当的房地产开发投资额；

5. 有职称的建筑、结构、财务、房地产及有关经济类的专业管理人员不少于 40 人，其中具有中级以上职称的管理人员不少于 20 人，专职会计人员不少于 4 人；

6. 工程技术、财务、统计等业务负责人具有相应专业中级以上职称；

7. 具有完善的质量保证体系，商品住宅销售中实行了《住宅质量保证书》和《住宅使用说明书》制度；

8. 未发生过重大工程质量事故。

二级资质：

1. 有职称的建筑、结构、财务、房地产及有关经济类的专业管理人员不少于5人，其中专职会计人员不少于2人；

2. 工程技术负责人具有相应专业中级以上职称，财务负责人具有相应专业初级以上职称，配有统计人员；

3. 具有完善的质量保证体系。

资料来源：住房城乡建设部《房地产开发企业资质管理规定》

【房地产开发企业资质管理】政府房地产开发主管部门依法审批、审核、调整及取消房地产开发企业资质的行政行为。根据《房地产开发企业资质管理规定》，国务院住房城乡建设主管部门负责全国房地产开发企业的资质管理工作；县级以上地方人民政府房地产开发主管部门负责本行政区域内房地产开发企业的资质管理工作。资质管理工作内容包括：（一）资质审批。房地产开发企业资质等级实行分级审批。一级资质由省、自治区、直辖市人民政府住房城乡建设主管部门初审，报国务院住房城乡建设主管部门审批。二级资质由省、自治区、直辖市人民政府住房城乡建设主管部门或者其确定的设区的市级人民政府房地产开发主管部门审批。（二）核发资质证书。经资质审查合格的企业，由资质审批部门发给相应等级的资质证书。资质证书有效期为3年。申请核定资质的房地产开发企业，应当通过相应的政务服务平台提出申请。

【房地产开发企业资质证书】房地产开发企业资质状况的书面凭证。房地产开发企业资质证书由国务院住房城乡建设主管部门统一制作，内容包括：（一）房地产开发企业名称；（二）批准的资质等级；（三）颁证单位；（四）颁证日期；（五）资质证书有效日期等。房地产开发企业应当按照核定的资质等级，承担相应的房地产开发项目。未取得房地产开发资质等级证书的企业，不得从事房地产开发经营业务。

【房地产开发企业自律公约】由房地产行业协会制订，并经会员代表大会或理事会通过、所有从事房地产开发的企业应共同遵守的行为准则。2020年12月，中国房地产业协会八届四次理事会通过了《房地产开发企业自律公约》。全文共十一条。其中第二条至第十条规定了房地产开发企业在房地产开发中必须自觉执行的具体行为规范，包括：严格规范开发建设行为；保证房屋质量；规范商品房预（销）售行为；严格遵守《广告法》有关规定；恪守商业道德；自觉执行《保障中小企业款项支付条例》有关规定；合法诚信经营；规范房地产投融资行为；推进科技进步。房地产开发企业自律公约由中国房地产业协会负责实施、监督和检查。

【房地产开发投资】一指在一定时期内，各种登记注册的房地产开发公司、商品房建设公司及其他房地产开发法人单位和附属于其他法人单位实际从事房地产开发或经营活动的单位统一开发的房屋建筑物和配套的服务设施以及土地开发工程所完成的投资额。国民经济行业指标。房地产开发投资中的房屋建筑物和配套的服务设施包括统代建、拆迁还建的住宅、厂房、仓库、饭店、宾馆、度假村、写字楼、办公楼等；土地开发工程包括道路、给水、排水、供电、供热、通信、平整场地等基础设施工程。房地产开发投资不包括单纯的土地交易活动。一指报告期内，房地产开发企业开发的商品房投资总额，包括住宅、厂房、写字楼、办公楼等房屋建筑物，配套的服务设施，土地开发工程和土地购置的投资。房地产统计指标。

【房地产开发项目】也称“房地产投资项目”，指单独立项，具有一定投资规模，并按照一个总体规划进行开发，可以独立发挥社会效益和经济效益的房地产建设工程。其建设规模可大可小，大至一个开发区，小至一幢商品楼。按照国家房地产开发的有关规定，确定房地产开发项目，应当符合城市总体规划、土地利用总体规划、年度建设用地计划要求。需要经计划主管部门批准的，还应当报计划主管部门批准，并纳入年度固定资产投资计划。房地产开发项目用地以出让方式取得为主。房地产开发项目应当建立资本金制度，资本金占项目总投资的比例不得低于20%。房地产开发项目的实施应当统筹安排配套基础设施，并根据先地下、后地上的原则进行。工程建设，应当符合建筑工程质量、安全标准、建筑工程勘察、设计、施工的技术规范和标准。房地产开发项目竣工，经验收合格后，方可交付使用。房地产开发项目按其投资规模大小可分为大、中、小型项目；按其用地性质可分为住宅、商业、办公等项目。

【房地产开发项目建设条件意见书】在房地产开发项目土地使用权出让或划拨前，由县级以上地方人民政府城市规划行政主管部门和房地产开发主管部门出具的对项目建设条件要求的书面文件。土地使用权出让或划拨的依据之一。内容包括：（一）房地产开发项目性质、规模和开发期限；（二）城市规划设计条件；（三）基础设施和公共设施的建设要求；（四）基础设施建成后的产权界定；（五）项目拆迁补偿、安置要求。

【房地产开发项目手册】 记录房地产开发项目建设过程中主要事项和政府有关管理部门对项目开发经营活动审查、批准和处理意见等的专用簿册。房地产开发项目动态管理措施的一种。根据国家有关规定，房地产开发企业应当在签订土地使用权合同或取得划拨土地使用权批准文件后，到房地产行政主管部门备案，领取《房地产开发项目手册》，并将房地产开发项目建设过程中的主要事项记录在房地产开发项目手册中，定期送房地产开发主管部门备案。房地产开发项目手册主要内容包括：房地产开发企业及项目投资企业基本情况、开发项目的基本情况、项目规划设计情况、项目拆迁安置情况、项目建设方案、项目年度建设情况、项目施工企业情况、项目单体（项）工程施工进度及监理情况、项目建筑节能实施情况、住宅主要成套技术应用及性能等级认定情况、商品房预售许可情况、商品房预（销售）进度情况、商品房预售款监管情况、《住宅使用说明书》《住宅质量保证书》发放情况、项目前期物业服务情况、房屋交付使用情况、《房地产开发项目手册》备案考核情况等。《房地产开发项目手册》由企业内的专人负责填报。

【房地产开发项目转让】 简称“房地产项目转让”，指房地产开发企业通过出售或其他合法方式将房地产项目部分或全部转移给他人的行为。房地产经济活动方式的一种。分出让土地使用权项目转让和划拨土地使用权项目转让。《城市房地产管理法》规定，（一）以出让方式取得土地使用权的，转让房地产时，应当按照出让合同约定支付全部土地使用权出让金，并取得土地使用权证书；按照出让合同约定进行投资开发，属于房屋建设工程的，完成开发投资总额的百分之二十五以上，属于成片开发土地的，形成工业用地或者其他建设用地条件；转让房地产时房屋已经建成的，还应当持有房屋所有权证书。（二）以划拨方式取得土地使用权的，转让房地产时，应当按照国务院规定，报有批准权的人民政府审批，并依照国家有关规定缴纳土地使用权出让金。转让房地产开发项目，转让人和受让人应当签订书面转让合同，并依法办理土地使用权变更登记等手续。房地产开发企业转让房地产开发项目时，尚未完成拆迁安置补偿的，原拆迁安置补偿合同中有关的权利、义务随之转移给受让人。已经预售商品房的，转让人应将转让情况书面通知商品房预购人，预购人有权在接到通知之日起 30 日内要求解除商品房预售合同。预购人未提出解除合同的，原商品房预售合同由受让人继续履行。

【房地产开发项目资本金】 在房地产开发项目总投资中，由投资者按规定比例认缴的出资额。对开发项目来说，这部分资金属非债务性资金，投资者可按出资比例依法享有所有者权益，也可转让其出资，但不得以任何方式抽回。根据《城市房地产开发经营管理条例》，房地产开发项目资本金占项目总投资的比例不得低于百分之二十。房地产开发项目资本金可以用货币出资，也可以用实物、土地使用权作价出资，但必须经过有资格的资产评估机构依照法律、法规评估其价值，且不得高估或低估。

【房地产开发项目资本金制度】 在房地产开发项目总投资中，投资者必须按规定比例认缴出资额的制度安排。1996 年，《国务院关于固定资产投资项目试行资本金制度的通知》规定，从 1996 年开始，对各种经营性投资项目，包括国有单位的基本建设、技术改造、房地产开发项目和集体投资项目试行资本金制度，投资项目必须首先落实资本金才能进行建设。《城市房地产开发经营管理条例》进一步明确规定，房地产开发项目应当建立资本金制度，资本金占项目总投资的比例不得低于百分之二十。房地产开发项目实行资本金制度，可以有效地防止少数房地产开发企业不规范的开发经营行为，减少楼盘“烂尾”等现象的发生。

【房地产开发用地】 用于房地产开发建设的国有建设用地。城市用地的一类。分为房屋建设用地和与之配套的基础设施建设用地。房屋建设用地，指建造住宅、商业服务用房、文化娱乐以及办公用房等各类房屋建筑用地。与之配套的基础设施建设用地，一般指给水、排水、污水处理设施建设用地；供电、通信设施建设用地；煤气、热力设施建设用地；道路、公共交通设施用地；绿化、环境卫生建设用地以及消防、路标、路灯等设施建设用地等。

【房地产开发用地供地方式】 国家向房地产开发企业提供房地产开发用地的形式。根据《城市房地产管理法》，城市房地产开发用地的供地方式主要有土地使用权出让和土地使用权划拨。土地使用权出让，指国家将国有土地使用权在一定年限内出让给土地使用者，由土地使用者向国家支付土地使用权出让金的行为。土地使用权出让，可以采取拍卖、招标或者双方协议的方式。法律规定，商业、旅游、娱乐和豪华住宅用地，有条件的，必须采取拍卖、招标方式；没有条件，不能采取拍卖、招标方式的，可以采取双方协议的方式。土地使用权

F

划拨，指县级以上人民政府依法批准，在土地使用者缴纳补偿、安置等费用后将该幅土地交付其使用，或者将土地使用权无偿交付给土地使用者使用的行为。法律规定，下列建设用地，确属必需的，可以由县级以上人民政府依法批准划拨：（一）国家机关用地和军事用地；（二）城市基础设施用地和公益事业用地；（三）国家重点扶持的能源、交通、水利等项目用地；（四）法律、行政法规规定的其他用地。

【房地产买办】旧中国替外国资本家在中国房地产市场上服务的中间人或经理人。“买办”一词，原指欧洲人在印度雇用的当地管家。清代中国专指广东商馆为外商服务的中国采办人或管事人，后沿称买办。房地产买办主要为外国商人办理房地产买卖与租赁等业务，其身份既是外商的雇员，又是独立的房地产商。

【房地产泡沫】由房地产投机等因素所引起的房地产价格严重脱离市场基础，非理性上涨的现象。主要特征有：对房地产的需求突然增加；因需求陡增拉动房地产价格暴涨；货币供应量在房地产经济系统中短期内急剧增加等。理论界将房地产泡沫的判断标准归纳为“五高”：即投资的持续超高增长；消费的持续超高增长；房价持续大幅攀高或持续居高不下；房地产投资所占比重高；房价收入比明显偏高。房地产泡沫严重危害房地产市场的健康，并可能因泡沫的破裂导致金融危机的发生，进而危及整个社会经济的发展，应通过强化政府对房地产市场的宏观调控措施加以防范。

【房地产评估机构资质等级】综合反映房地产评估机构业务能力的资质级别。《房地产估价机构管理办法》规定，从事房地产估价活动的机构，应当依法取得房地产估价机构资质，并在其资质等级许可范围内从事估价业务。房地产估价机构资质等级分为一、二、三级。申请核定房地产估价机构资质的，应当向设区的市人民政府房地产主管部门提出申请，并提交相关材料。设区的市人民政府房地产主管部门自受理申请之日起 20 日内审查完毕，并将初审意见和全部申请材料报省、自治区人民政府住房城乡建设主管部门、直辖市人民政府房地产主管部门。省、自治区人民政府住房城乡建设主管部门、直辖市人民政府房地产主管部门自受理申请材料之日起 20 日内作出决定，并在作出资质许可决定之日起 10 日内，报国务院住房城乡建设主管部门备案。房地产估价机构资质有效期为 3 年。资质有效期届满，房地产估价机构需要继续从事房地产估价活动的，应当在资质有效期届满 30

日前向资质许可机关提出资质延续申请。资质许可机关应当根据申请作出是否准予延续的决定。准予延续的，有效期延续3年。

链接：各资质等级房地产估价机构的条件

各资质等级房地产估价机构的条件

一级资质：

1. 机构名称有房地产估价或者房地产评估字样；

2. 从事房地产估价活动连续6年以上，且取得二级房地产估价机构资质3年以上；

3. 有限责任公司的注册资本人民币200万元以上，合伙企业的出资额人民币120万元以上；

4. 有15名以上专职注册房地产估价师；

5. 在申请核定资质等级之日前3年平均每年完成估价标的物建筑面积50万平方米以上或者土地面积25万平方米以上；

6. 法定代表人或者执行合伙人是注册后从事房地产估价工作3年以上的专职注册房地产估价师；

7. 有限责任公司的股东中有3名以上、合伙企业的合伙人中有2名以上专职注册房地产估价师，股东或者合伙人中有一半以上是注册后从事房地产估价工作3年以上的专职注册房地产估价师；

8. 有限责任公司的股份或者合伙企业的出资额中专职注册房地产估价师的股份或者出资额合计不低于60%；

9. 有固定的经营服务场所；

10. 估价质量管理、估价档案管理、财务管理等各项企业内部管理制度健全；

11. 随机抽查的1份房地产估价报告符合《房地产估价规范》的要求；

12. 在申请核定资质等级之日前3年内无国家规定禁止的行为。

二级资质：

1. 机构名称有房地产估价或者房地产评估字样；

2. 取得三级房地产估价机构资质后从事房地产估价活动连续4年以上；

3. 有限责任公司的注册资本人民币100万元以上，合伙企业的出资额人民币60万元以上；

4. 有8名以上专职注册房地产估价师；

5. 在申请核定资质等级之日前3年平均每年完成估价标的物建筑面积30万平方米以上或者土地面积15万平方米以上；

6. 法定代表人或者执行合伙人是注册后从事房地产估价工作3年以上的专职注册房地产估价师；

7. 有限责任公司的股东中有3名以上、合伙企业的合伙人中有2名以上专职注册房地产估价师，股东或者合伙人中有一半以上是注册后从事房地产估价工作3年以上的专职注册房地产估价师；

8. 有限责任公司的股份或者合伙企业的出资额中专职注册房地产估价师的股份或者出资额合计不低于60%；

9. 有固定的经营服务场所；

10. 估价质量管理、估价档案管理、财务管理等各项企业内部管理制度健全；

11. 随机抽查的1份房地产估价报告符合《房地产估价规范》的要求；

12. 在申请核定资质等级之日前3年内无国家规定禁止的行为。

三级资质：

1. 机构名称有房地产估价或者房地产评估字样；

2. 有限责任公司的注册资本人民币50万元以上，合伙企业的出资额人民币30万元以上；

3. 有3名以上专职注册房地产估价师；

4. 在暂定期内完成估价标的物建筑面积8万平方米以上或者土地面积3万平方米以上；

5. 法定代表人或者执行合伙人是注册后从事房地产估价工作3年以上的专职注册房地产估价师；

6. 有限责任公司的股东中有2名以上、合伙企业的合伙人中有2名以上专职注册房地产估价师，股东或者合伙人中有一半以上是注册后从事房地产估价工作3年以上的专职注册房地产估价师；

7. 有限责任公司的股份或者合伙企业的出资额中专职注册房地产估价师的股份或者出资额合计不低于60%；

8. 有固定的经营服务场所；

9. 估价质量管理、估价档案管理、财务管理等各项企业内部管理制度健全；

10. 随机抽查的1份房地产估价报告符合《房地产估价规范》的要求；

11. 在申请核定资质等级之日前3年内无国家规定禁止的行为。

资料来源：住房城乡建设部《房地产估价机构管理办法》

【房地产权利人】 合法拥有某种房地产权利的自然人、法人和其他组织。房地产权利包括房屋所有权、土地使用权和房地产他项权利。

【房地产权利主体一致】 房屋的所有权和该房屋占用范围内的土地使用权必须归属于同一主体。房地产经营中必须遵循的一项基本原则。《城市房地产管理法》规定：房地产转让、抵押时，房屋的所有权和该房屋占有范围内的土地使用权同时转让、抵押。房地产权利主体一致的原则集中体现了房、地不可分的特征。根据这一原则，《不动产登记暂行条例实施细则》规定，房屋等建筑物、构筑物应当与其所依附的土地一并登记，保持权利主体一致。

【房地产权属证书】 也称“不动产权属证书”。（见【不动产权属证书】）

【房地产人身保险】 以与房地产经济活动相联系的人的人身安全为投保标的物的保险。人身保险的一种。如房地产企业职工人身安全保险、抵押贷款借款人人身安全保险等。在房地产人身保险中，与投保人订立保险合同，并承担给付保险金责任的保险公司称为“保险人”或“承保人”；与保险人订立保险合同，并按照保险合同负有支付保险费义务的人称为“投保人”；人身受保险合同保障、享有保险金请求权的人称为“被保险人”。

【房地产三级市场】 也称“二手房市场”“存量房市场”，指房地产权利人依法经营和再转让房地产的市场。房地产市场体系的组成部分。再转让行为包括房地产权利的多次买卖、交换等。房地产三级市场是一个房地合一的市场。根据国家法律，房地产权利人转让地上建筑物、其他附着物所有权时，其使用范围内的土地使用权必须随之转让。

【房地产商标】也称“不动产商标”。（见【不动产商标】）

F

【房地产市场】广义指房地产商品交易中一切经济关系的总和，包括土地、房产及其相关的房地产金融、房地产中介服务、房地产劳务等经济活动。狭义指房地产商品交易的场所，如房地产交易所、房地产交易中心等。在我国社会主义市场体系中，房地产市场与生产资料、生活资料、金融、劳动力、技术等市场一样，是一个不可缺少的要素市场。同时，房地产市场作为房地产经济活动的载体，又是一个相对独立的市场，有其相应的市场体系。房地产市场可以从不同的角度进行划分，按其交易客体，可分为土地市场、房产市场、房地产金融市场、房地产中介服务市场、房地产劳务市场等；按其交易形式，可分为房地产买卖市场、房地产租赁市场、房地产抵押市场等；按其运行层次，可分为房地产一级市场、房地产二级市场和房地产三级市场；按市场地域，还可分为本地市场、国内市场、海外市场等。在市场经济条件下，房地产市场的存在和发展，是整个房地产业健康发展的必要前提和重要标志，没有房地产市场的健康发展，就没有真正意义上的房地产业的持续健康发展。

【房地产市场调查】运用科学的方法，有目的、有计划、有系统地收集、整理和分析房地产市场供求变化的各种因素，为市场预测和营销决策提供客观正确依据的行为。按调查范围可分为全面调查和专题调查；按调查功能可分为探测性调查、描述性调查和因果性调查。房地产市场调查的方法主要有：（一）询问法，又称为直接调查法，指以询问的方式作为收集资料的手段，以被询问人的答复作为调查资料依据的调查方法。询问调查法按其内容传递方式的不同，又可分为访谈调查、电话调查、邮寄调查、留置问卷调查等。（二）观察法，指调查者通过直接观察和记录被调查者的言行来收集资料的方法。分为调查人员直接观察和利用设备间接观察两种。（三）实验法，指从影响调查对象的若干因素中，选出一个或几个因素作为实验因素，在其余因素不变的条件下，了解实验因素变化对调查对象的影响的调查方法。分为实验求证法和随机尝试实验法。房地产市场调查是一项专业性很强的业务，应坚持客观性、全面性、针对性和时效性原则。

【房地产市场规则】由国家或房地产行政管理机关制定的，对房地产市场主体有约束力的行为准则的总称。主要包括：（一）市场进入规则，即房地产市场主体获准进入市场的各种规定和规则；（二）公平竞争规则，即房地产市场主体机会均等地从事开发经营活动，取得合法利润和公平承担各种税负的规定；（三）公平交易规则，即一切房地产交易必须在自愿、等价、互惠的基础上进行，并且要求公开的规定。房地产市场规则具有公平性、强制性、系统性和相对稳定性的特点。严格的房地产市场规则是房地产市场秩序的有力保证。

【房地产市场宏观调控】国家为使房地产业与国民经济协调发展，综合运用各种手段对房地产市场进行的指导、监督、调节和控制。国家管理经济的重要职能之一。房地产市场宏观调控的主要目的是通过调节优化房地产市场需求和供应结构，保持房地产市场总供给和总需求的基本平衡，实现房地产业与国民经济协调发展。房地产市场宏观调控手段分为：（一）经济手段。指政府运用价值规律，借助于经济杠杆，对房地产市场进行调节与控制。经济杠杆包括价格、税收、信贷等；（二）法律手段。指政府依靠法制力量，通过立法和司法行为调节房地产市场经济关系和经济活动，以达到宏观调控目标；（三）行政手段。指依靠行政机构，采取强制性的命令、指示、规定等行政方式来调节房地产市场活动，以达到宏观调控目标。

【房地产市场结构】房地产市场的内部构成。我国的房地产市场分为三级。一级市场，即土地使用权出让市场，指由自然资源管理部门代表国家，以土地所有者的身份，有偿有期限地出让土地使用权的市场。由于法律规定，城市市区土地属于国家所有，因此，一级市场是一个由国家垄断经营的市场。一级市场中土地使用权的出让方式主要有协议、招标、拍卖和挂牌等。二级市场，即土地使用权转让市场，也称“增量商品房市场”，指房地产开发企业按土地使用权出让合同要求，建成地上建筑物后，依法出售、出租商品房的市场。房地产二级市场的经营方式主要有出售、出租、抵押、交换等。三级市场，即土地使用权再转让市场，也称“存量商品房市场”或“二手房市场”，指房地产权利人将二级市场取得的房地产进行再转让的市场。包括房屋买卖、转租等活动（房地产市场结构状况见下表）。房地产市场结构是一个有机的整体，相互依赖、相互促进。一级市场是二、三级市场生长、发育的基础，二、三级市场则是一级市场商品化实现的延伸和结果。二、三级市场的健康发展，可以促进一级市场的完善和扩大，同样，一级市场的规范有序，有利于促进二、三级市场的健康发展。

房地产市场结构状况表

	一级市场	二级市场	三级市场
市场称谓	土地使用权出让市场	土地使用权转让市场、增量商品房市场、住房一级市场	土地使用权转让市场、存量商品房市场、二手房市场、住房二级市场等
市场主体	政府、开发企业（投资者）	开发企业、业主	业主
市场客体	国有土地使用权	商品房	存量商品房、已售旧公房、私房
交易方式	拍卖（挂牌）、招标、协议	出售、出租等	买卖、租赁、交换等

【房地产市场客体】房地产市场交易活动的对象，如土地使用权、房屋所有权（使用权）等。

【房地产市场细分】通过对房地产消费差异性的分析，寻找具有共同消费需求的群体，并将其划分为若干个子市场的行为。如按照房屋用途，将房地产市场划分成住宅市场、办公楼市场、商业楼市场、厂房市场等；按照房屋装修标准，将住宅市场分为高、中、低档住宅市场；按购房群体经济地位，将购房者分为高收入者、中等收入者、低收入者市场等。房地产市场细分是房地产营销的重要内容，其目的是通过对市场的细分，准确地选择适合企业发展的目标市场，为企业决策提供依据。

【房地产市场要素】构成房地产市场的基本因素，包括：（一）能满足消费者需要的一定量的土地和房产。它构成房地产市场的物质基础，是房地产市场交易的客体。（二）一定量的货币购买力形成的有支付能力的需求。在市场上的代表者是购买者，它是房地产市场的主体。（三）由购买者需求激发的购买动机。房地产市场要素构成房地产市场的矛盾运动，决定房地产市场性质，制约着房地产市场的变化和发展。

【房地产市场预测】利用各种信息资料，运用科学的方法和手段，对影响房地产市场发展变化的各种因素进行综合分析，并对各种条件下市场的发展趋势作出科学、合理的估计和判断。按预测对象的范围可分为宏观预测、微观预测；按预测的时间可分为长期发展趋势预测、中短期预测；按预测方法的性质可分为定性预测、定量预测等。房地产预测的主要内容包括：（一）房地产市场供给状况的变化；（二）房地产市场需求状况的变化；（三）房地产价格变动情况及其影响；（四）房地产市场竞争趋势等。进行房地产市场预测的方法主要有定性方法和定量方法两大类。定性方法主要是凭借个人，特别是专家的知识，经验和分析能力来进行的，最常用的有：特尔斐法（又称专家意见法）、意见集中法等。定量方法是在掌握已有资料的基础上，借助合适的数学模型对市场进行预测。最常用的有：时间序列法（包括简单平均法、加权平均法、移动平均法等）、回归分析法等。

【房地产市场运行机制】简称“房地产市场机制”，指房地产市场运行过程中，市场主、客体要素之间的有机联系和相互作用，及其对房地产资源配置的调节功能。主要包括：（一）动力机制。指房地产开发企业追求利润最大化的动力与经济利益之间相互制约、相互作用的内在联系。动力机制的形成，以清晰的产权界定，即房地产开发企业有确定的财产和独立的经济利益为前提。动力机制是房地产市场机制的首要内容。（二）供求机制。指房地产供求之间相互制约、相互协调的内在联系。供求机制是供给和需求之间的调节、平衡机制，通过供求关系变化影响市场要素变化，最终调节整个市场运行。（三）价格机制。指房地产价格变化，与房地产供求关系之间相互制约、相互协调的内在联系。价格机制的表现形式是房地产价格随供求状况上下波动，最终促使供求趋于平衡。价格机制是调节房地产资源优化配置最重要的机制。（四）竞争机制。指竞争与房地产供求关系、价格、利润之间相互制约、相互协调的内在联系。房地产企业为获取最大利润，势必利用各种优势，如价格、质量、服务等，战胜对手，占有市场。房地产市场竞争机制的形成要以动力机制、供求机制、价格机制的形成为前提。此外，房地产市场运行机制还包括利率机制、风险机制等。

【房地产市场载体】房地产市场交易活动所依托的物质条件和环境，包括房地产交易场所的设施、市场管理制度和市场服务环境等，既有硬件建设，也有软件建设。房地产市场载体的优劣，一定程度上体现市场的发展状况，影响市场的交易活动。

【房地产市场秩序】由法律的、行政的、经济的手段维护的房地产市场交易活动的正常关系的总称。其基本内容包括：（一）市场进出秩序，指房地产市场主体和客体进入或退出市场的行为应遵守的制度和规则，包括对经营主体的资格审查、交易对象市场准入许可等。（二）市场竞争秩序，指各市场主体间平等交易，公平竞争，依法制止和惩治房地产投机等的制度和规则。（三）市场交易秩序，指从事房地产开发经营活动必须遵循的规范。如在交易行为上，要求公开交易，互惠互利；在交易价格上，要求合理公道等。建立和健全房地产市场秩序，对形成统一、规范、有序的房地产市场具有重要的意义。

【房地产市场主体】依法独立从事房地产市场活动的当事人，包括政府土地资源和房产管理机构、房地产开发企业、房地产经营企业、房地产中介服务机构、消费者等。

【房地产税收】国家凭借政治权力，依靠立法，强制、无偿、固定地参与房地产收益分配和再分配取得的一部分国民收入。房地产税收有广义和狭义之分。广义的房地产税收指与房地产开发、经营、保有、管理等有关的一切税收，如营业税、所得税、印花税、契税等。狭义的房地产税收通常指房产税、土地使用税、土地增值税。房地产税收在组织、积累财政收入，为城市建设积累资金，促进土地资源合理配置，调节土地级差收益，理顺国家与地方、国家与企业分配关系等方面发挥着重要的作用。

【房地产投机】利用房地产市场价格在短期内的高涨，通过买卖土地和房屋赚取暴利的行为，如炒地皮、炒楼花。

【房地产投资】以获取期望收益为目的，将货币资本投入房地产开发、经营等的经济活动。固定资产投资的组成部分。房地产投资具有以下特征：（一）投资对象的固定性和不可移动性。土地、房屋都具有固定和不可移动的特性，一旦移动，其价值会受到严重影响，甚至丧失。（二）投资周期长、规模大。一个房地产开发项目从资金投入到资金收回，时间长达数年，金额多达几千万元，甚至几亿、几十亿元。（三）房地产资产的低流动性。房地产投资不像一般商品买卖，可以在短时间内完成，房地产投资时间长、环节多，手续复杂，投资者一旦将资金投入，很难在短期内变现。（四）投资的高风险性。由于房地产投资价值量大、周期长，在投资过程中面临各种各样的风险，如经营风险、财务风险、政策风险等，每一种风险都有可能导致投资的失败。房地产投资按照投资主体，可分为国家投资、企业投资、个人投资、外商投资等；按投资对象，可分为土地开发投资、房地产开发投资、房产经营投资等；按房地产投资方式，可分为直接投资、间接投资等。

【房地产投资风险】房地产投资过程中出现的，可能导致投资损失乃至投资失败的各种不确定因素的统称。房地产投资具有数额大、周期长、环节多的特点，投资过程始终受企业内部的、外部的、宏观的、微观的因素的影响，任何一种不利因素的发生都有可能导致偏离预期投资利润目标的结果。房地产投资风险主要有以下几类：（一）运营风险，也称“经营性风险”，指因房地产投资经营上的失误，造成投资损失的可能性。如由于缺少充分的市场信息，或对市场信息判断失误，导致投资决策失误，或由于投资者缺乏有关房地产投资的专门知识，造成投资失败等。（二）财务风险。指房地产投资者运用财务杠杆中的风险，如使用银行贷款，投资者在扩大投资利润的同时也增加了营业收入不足以偿还债务的可能性。（三）市场风险。指由于房地产市场状况变化的不确定性给房地产投资者带来的风险。主要有：购买力风险、变现风险、利率风险和政策风险等。（四）自然灾害风险。指各种自然灾害对房地产投资造成损失的可能性。如台风、洪水、地震等。

【房地产投资决策】运用科学的手段，经过一定程序，对拟投资房地产项目进行充分的经济分析，并作出判断的过程。包括以下环节：（一）通过市场调研，提出拟投资房地产项目。（二）确定房地产投资目标。（三）提出投资的可行性方案。（四）确立衡量房地产投资效益的标准，测算每个方案的预期结果。（五）投资方案评估。（六）投资决策，即通过一定的形式决定投资与否，如召开董事会等。（七）追踪调查及修正决策。在投资实施中，仍需要对投资情况进行追踪调查，及时发现新的情况和问题，修正决策，调整投资策略，以确保决策的正确性。房地产投资决策对于房地产投资项目的成败具有决定性的作用，应引起投资者的高度重视。

【房地产投资决策类型】根据不同标准，对房地产投资决策行为进行的分类。（一）按决策影响时间的长短，可以分为长期决策和短期决策。长期决策指决定房地产企业今后若干年发展方向的长远性、全局性的重大决策，又称“长期战略决策”。短期决策指为实现长期战略目标所采取的决定近期内房地产投资项目的决策。（二）按决策内容的重要性程度，可以分为战略决策、战术决策和业务决策。战略决策所要解决的是全局性的问题，如企业长期的投资方向或目标等。战术决策所要解决的是局部的、短期性的问题。业务决策又称“执行性决策”，是日常工作中为提高工作效率所作的决策，对投资活动只产生局部影响。（三）按决策问题的重复程度，可以分为程序化决策和非程序化决策。程序化决策指按规定的程序、处理方法和标准去解决房地产投资管理中经常重复出现的问题，又称“定型化决策”“常规决策”等。非程序化决策指解决以往无先例可循新问题的决策。（四）按险决策问题的可控程度，可以分为确定型决策、非确定型决策和风险型决策。确定型决策指在稳定或可控条件下进行的决策。非确定型决策指在不稳定条件下进行的决策。风险型决策也称“随机决策”，决策者不能预先肯定未来形势的发展可能有几种状态，决定对每一种状态的处理方案都有风险。这类决策的关键是权衡利弊，作出择优选择。此外，按决策所要解决的问题是单一的还是多项的，还可以分为单项决策或多层决策等。

【房地产投资项目】也称“房地产开发项目”。（见【房地产开发项目】）

【房地产项目转让】“房地产开发项目转让”的简称。（见【房地产开发项目转让】）

【房地产新开工面积】房地产统计指标。指报告期内房地产开发企业投资新开工建设的房屋建筑面积。不包括上期开工跨入本期继续施工的房屋建筑面积，以及上期停缓建在本期恢复施工的房屋建筑面积。房屋的开工应以房屋正式开始破土刨槽（地基处理或打永久桩）的日期为准。

【房地产信托】也称“不动产信托”，指信托机构受委托人的委托，为受益人的利益管理、营运或处置委托人的房地产及相关资产的行为。信托的一种。分为信托贷款、权益信托和不动产信托。信托贷款指房地产信托机构运用吸收的存款或收集的信托基金向特定的房地产项目或房地产企业发放贷款；权益信托，指委托人为受益人的利益，将房地产权益委托给信托机构管理、营运或处置；不动产信托，指以土地、房屋等不动产为标的的信托。信托机构根据委托，可代办房地产买卖、租赁、保险、登记、过户、纳税等业务，有时还可以投资者身份参与房地产开发经营。

【房地产信托存款】在特定的资金来源范围之内，由房地产信托投资机构以信托方式吸收，并代为管理和营运的房地产资金。是房地产信托机构的主要筹资渠道。根据委托方是否对存款指定具体的运用范围、对象和用途，分为普通信托存款和特约信托存款。普通信托存款，是一种定期性质的信托存款，指存款的委托人在将资金存入金融信托机构时，不具体指定其存款的运用对象和范围，而由受托的信托机构全权代为运用的信托存款形式。采取这种形式，信托存款的受益人根据存款期限的长短，不仅可以与一般定期存款一样获得利息，而且还能得到一定的红利。特约信托存款，也叫委托存款，是指存款的委托人在存款时指定存款的具体运用对象、范围及收益方式的信托存款形式。采取这种形式，信托机构按存款者的要求代为运用，并按约定收取信托费，所有损益责任由委托人自负。根据国家的有关规定，房地产信托存款的资金来源范围、期限与利率，均由中国人民银行规定、公布和调整。

【房地产信托贷款】 房地产信托机构运用信托基金或所吸收的信托存款，以贷款形式向房地产开发企业或房地产项目进行资金融通的方式。与一般商业银行房地产贷款相比，房地产信托贷款的资金来源渠道较商业银行窄，只限于国家规定吸收的房地产信托存款和自有资金，因此资金量较少；房地产信托贷款具有特定的对象和用途，必须专款专用；房地产信托贷款的利率灵活，可在一定的范围内合理浮动。

【房地产信托基金】 房地产信托机构为经营房地产信托投资业务及其他信托业务而设置的营运资金。在我国，房地产信托基金主要来源于财政拨款、房地产信托机构吸收的房地产信托存款以及自身留利。具体包括开发企业筹措待用的信托资金、代理发行房地产业有关单位的股票、债券等有价证券筹措的资金、企事业单位留置待用的房地产信托基金等。

【房地产信托投资】 具有房地产开发经营资格的信托投资机构运用自有资金和稳定的长期信托资金，以投资者的身份进行房地产投资的行为。投资的方式可分为：直接投资和间接投资。直接投资，也称为股权式投资，指房地产信托投资机构直接注册成立独资或合资的房地产企业，或者通过购买房地产企业股份，成为股份制企业的股东，参与对投资企业的领导和经营管理；间接投资，也称契约式投资或非股权式投资，即信托投资机构仅按投资约定在房地产开发项目投入资金，不参与企业的经营管理，不承担经营风险和责任。

【房地产信托投资基金】 英语简称REITs（Real Estate Investment Trusts），指以发行收益凭证的方式汇集特定多数投资者的资金，由专门投资机构进行房地产投资经营管理，并将投资综合收益按比例分配给投资者的信托基金。房地产证券化的一种。REITs主要有以下特点：（一）收益主要来源于租金收入和房地产升值；（二）收益的大部分用于发放给投资人的回报；（三）长期回报率较高。REITs可以根据不同的标准分类：（一）根

F

据组织形式不同，分为公司型以及契约型两种。公司型 REITs 以《公司法》为依据，通过发行 REITs 股份所筹集起来的资金用于投资房地产资产，REITs 具有独立的法人资格，自主进行基金的运作，面向不特定的广大投资者筹集基金份额，REITs 股份的持有人最终成为公司的股东。契约型 REITs 则以信托契约成立为依据，通过发行受益凭证筹集资金而投资于房地产资产。契约型 REITs 本身并非独立法人，仅仅属于一种资产，由基金管理公司发起设立，其中基金管理人作为受托人接受委托对房地产进行投资。（二）根据投资形式的不同，分为权益型、抵押型与混合型三种。权益型 REITs 投资于房地产并拥有所有权，主要收入来源于房地产租金；抵押型 REITs 投资房地产抵押贷款或房地产抵押支持证券，其收益主要来源是房地产贷款的利息；混合型 REITs 介于权益型 REITs 与抵押型 REITs 之间，其自身拥有部分物业产权的同时也在从事抵押贷款的服务。（三）根据运作方式的不同，分为封闭型和开放型两种。封闭型 REITs 的发行量在发行之初就被限制，不得任意追加发行新增的股份；开放型 REITs 可以随时为了增加资金投资于新的不动产而追加发行新的股份，投资者也可以随时买入，不愿持有时也可随时赎回。（四）根据基金募集方式的不同，分为公募型与私募型两种。公募型 REITs 以公开发行的方式向社会公众投资者募集信托资金，发行时需要经过监管机构严格的审批，可以进行大量宣传。私募型 REITs 以非公开方式向特定投资者募集资金，募集对象是特定的，且不允许公开宣传，一般不上市交易。一般认为，房地产信托投资基金最早产生于 20 世纪 60 年代初，由美国国会创立，意在使中小投资者能以较低门槛参与不动产市场，获得不动产市场交易、租金与增值带来的收益。2009 年初，中国人民银行会同有关部门形成了房地产信托投资基金试点的总体构架，但由于我国相关立法尚不完备，房地产信托投资基金仍处在探索试点中。

【房地产信用保证保险】以房地产信用为保险标的物的保险。财产保险的一种。最常见的有住房抵押贷款保险。住房抵押贷款保险，指住房抵押贷款的借款人在遭遇意外伤害导致身故或者残疾、丧失还款能力时，由保险公司偿还剩余的贷款本金的保险。根据国家有关法律，房地产信用保证保险应订立保险合同。与投保人订立保险合同，并承担给付保险金责任的保险公司称为“保险人”或“承保人”；与保险人订立保险合同，并按照保险合同负有支付保险费义务的人称为“投保人”；受保险合同保障、享有保险金请求权的人称为“被保险人”。

【房地产行政复议】也称“不动产行政复议”，指公民、法人或者其他组织认为房地产行政管理机关的行政行为侵犯其合法权益，向有管辖权的行政机关提出复议申请，行政机关受理申请并作出复议决定的行政行为。《住房城乡建设行政复议办法》规定，有下列情形之一的，申请人可以依法向住房城乡建设行政复议机关提出行政复议申请：（一）不服县级以上人民政府住房城乡建设主管部门作出的警告，罚款，没收违法所得，没收违法建筑物、构筑物和其他设施，责令停业整顿，责令停止执业，降低资质等级，吊销资质证书，吊销执业资格证书和其他许可证、执照等行政处罚的。（二）不服县级以上人民政府住房城乡建设主管部门作出的限期拆除决定和强制拆除违法建筑物、构筑物、设施以及其他住房城乡建设相关行政强制行为的；（三）不服县级以上人民政府住房城乡建设主管部门作出的行政许可决定以及行政许可的变更、延续、中止、撤销、撤回和注销决定的；（四）向县级以上人民政府住房城乡建设主管部门申请履行法律、法规和规章规定的法定职责，但认为县级以上人民政府住房城乡建设主管部门没有依法履行的；（五）认为县级以上人民政府住房城乡建设主管部门违法要求履行其他义务的；（六）认为县级以上人民政府住房城乡建设主管部门的其他具体行政行为侵犯其合法权益的。房地产行政复议的基本程序有：（一）申请。公民、法人或者其他组织认为房地产行政行为侵犯其合法权益的，可以自知道该行政行为之日起六十日内提出行政复议申请。（二）受理。行政复议机关对符合条件的房地产行政复议申请应当予以受理。（三）审查。行政复议案件原则上采取书面审查的办法。行政复议机关认为必要，或者申请人提出听证要求经行政复议机关同意的，可以采取听证的方式审查。（四）决定。行政复议机关应当对被申请人作出的具体行政行为进行审查，提出意见，经行政复议机关的负责人同意或者集体讨论通过后，作出行政复议决定。行政复议机关作出房地产行政复议决定，应当制作行政复议决定书，并加盖印章。行政复议决定书一经送达，即发生法律效力。

【房地产行政复议决定书】房地产行政机关按法律规定的程序，对审理终结的房地产行政复议案件作出处理决定的书面文件。房地产行政复议决定书内容包括：（一）申请人的身份情况；（二）

申请复议的主要请求和理由；（三）复议机关认定的事实和理由；（四）复议结论；（五）告知申请人不服复议决定的权利；（六）复议机关印章。

【房地产行政管理】国家（城市）房地产行政主管部门依法履行政府职能，运用国家权力，合理配置房地产资源，对房地产行业进行规划、指导、协调、监督，促进房地产经济持续稳定健康发展的行政行为。房地产行政管理的主要职能包括：根据不同时期党和国家的经济政策和指导方针，制订房地产业发展的政策法规，并指导、监督实施；根据国家的经济发展目标，制订房地产业的发展规划和计划，并指导实施；对房地产业企业进行指导和管理；对房地产产权、产籍进行管理；管理国家所有的公有房屋等。房地产行政管理内容包括：（一）房地产政策法规管理；（二）房地产权属管理；（三）房地产市场管理；（四）房屋行政管理；（五）房地产科技管理等。住房城乡建设部、自然资源部是国家法律规定的全国房地产和国土资源的行政主管部门。

【房地产行政管理体制】国家对房地产行业行政管理组织构架、上下级管理机构权限划分、机构设置等的制度安排。房地产行政管理体制是由国家行政管理体制决定的，随国家行政管理体制的改变而改变。现阶段我国房地产管理体制由住房城乡建设部、自然资源部按国务院规定的职权各司其职、密切配合，负责全国房地产行政管理。县级以上地方人民政府房产管理、土地管理部门的机构设置及其职权由省、自治区、直辖市人民政府确定。

【房地产行政纠纷】房地产当事人对房地产行政机关及其工作人员的行政行为不服而产生的争议。与一般房地产纠纷相比，房地产行政纠纷具有以下特征：（一）它是房地产管理者与管理相对人之间的争议，纠纷的一方是国家房地产管理机关，如房产管理局、规划土地管理局等。（二）房地产行政纠纷的内容是被管理者对管理者的行为不服，因此，在房地产行政纠纷中，房地产行政机关处于被告地位。依据国家有关规定，对房地产行政纠纷的处理，可以由当事人向管理机构的上级行政机关申请行政复议，也可以直接向人民法院提起行政诉讼。

【房地产行政诉讼】房地产当事人认为房地产行政管理机关和行政机关工作人员的行政行为侵犯其合法权益，或者不服房地产复议机关的行政复议决定而向法院提起诉讼，由人民法院依法审理、裁决的司法制度。行政诉讼的一种。根据《行政诉讼法》及有关房地产法规规定，房地产行政诉讼的受案范围一般包括：（一）对行政拘留、暂扣或者吊销许可证和执照、责令停产停业、没收违法所得、没收非法财物、罚款、警告等行政处罚不服的；（二）对限制人身自由或者对财产的查封、扣押、冻结等行政强制措施和行政强制执行不服的；（三）申请行政许可，行政机关拒绝或者在法定期限内不予答复，或者对行政机关作出的有关行政许可的其他决定不服的；（四）对行政机关作出的关于确认土地、矿藏、水流、森林、山岭、草原、荒地、滩涂、海域等自然资源的所有权或者使用权的决定不服的；（五）对征收、征用决定及其补偿决定不服的；（六）申请行政机关履行保护人身权、财产权等合法权益的法定职责，行政机关拒绝履行或者不予答复的；（七）认为行政机关侵犯其经营自主权或者农村土地承包经营权、农村土地经营权的；（八）认为行政机关滥用行政权力排除或者限制竞争的；（九）认为行政机关违法集资、摊派费用或者违法要求履行其他义务的；（十）认为行政机关没有依法支付抚恤金、最低生活保障待遇或者社会保险待遇的；（十一）认为行政机关不依法履行、未按照约定履行或者违法变更、解除政府特许经营协议、土地房屋征收补偿协议等协议的；（十二）认为行政机关侵犯其他人身权、财产权等合法权益的。房地产行政诉讼适用《行政诉讼法》规定的程序。

【房地产业】从事房地产开发、经营、物业管理和服务的行业。国民经济行业中的一个门类。根据《国民经济行业分类》（GB/T 4754—2017/XG 1—2019），房地产业为国民经济二十个行业门类中的第十一类。其中包括房地产开发经营、物业管理、房地产中介服务、房地产租赁经营、其他房地产业 5 个中类，5 个小类。作为国民经济中一个重要的行业，房地产业具有以下特点：（一）先导性和基础性。房地产是社会生产、生活以及科学、文化、教育、卫生等各种社会经济活动的基础和载体，从事任何活动必须以营造房屋这一活动空间为前提。（二）综合性和关联性。房地产业的综合性体现在它是一个横跨生产、流通、消费领域的行业，它的活动存在于房地产的生产、流通和消费过程中，与众多的产业部门相联系，如建筑、建材、设备制造、冶金、化工、运输、电讯、金融以及与房屋相配套的家用电器、家具、商业、服务业等，房地产业的发展可以有效地带动其他行业、产业的发展。（三）高投资、高风险。房地产业是一个资金密集型的行业。房地产经济活动过程，也是大量资金运作的过程，一个房地产项目的投资少则数百万元，多则数亿、数十亿元资金。由于房地产业投资数量大、周期长，因而涉及的投资风险也大。（四）受政策影响大，与法律密切相关。房地产的投资、开发、经营以及管理的行为，无一不是当事人之间的法律行为，主要靠法律、法规的约束和在政策的调控下完成，受政策和法律的影响特别大。20 世纪 90 年代以来，我国的房地产业得到了长足的发展，在国民经济中的地位逐步提高。进入 21 世纪后，随着我国国民经济的持续健康发展和社会主义市场经济体系的建立完善，房地产业已成为国民经济的支柱产业之一。（参见附录五国民经济行业分类和代码）

【房地产业务数据】在房地产全生命周期、全链条管理业务活动中产生、使用的数据。房地产基础信息数据组成部分。根据《房地产基础信息数据标准》（征求意见稿），房地产业务数据包括下列内容：（一）房产测绘业务管理数据，包括房产测绘项目及成果审核等数据。（二）新建商品房管理数据，包括商品房预售许可、商品房销售及抵押网签备案等数据。（三）存量房转让管理数据，包括存量房源核验、存量房买卖挂牌房源、存量房转让及抵押网签备案等数据。（四）房屋租赁管理数据，包括租赁房源核验、租赁房源发布、房屋租赁网签备案等数据。（五）住房保障管理数据，包括保障性住房等数据。（六）住房公积金业务数据，包括公积金归集业务、公积金提取业务、公积金贷款业务等数据。（七）房地产估价经纪数据，包括房地产估价服务、房地产经纪服务等数据。（八）物业管理与服务数据，包括物业区域、物业服务企业选聘、物业承接查验备案、业主委员会备案等数据。（九）住宅专项维修资金管理数据，包括维修资金交存数据、维修资金使用数据、退款业务数据等数据。（十）房屋安全管理数据，包括房屋安全登记、房屋安全排查、房屋安全鉴定、房屋安全整治改造等数据。（十一）供热管理数据，包括供热业务基础属性数据。（十二）白蚁防治管理数据，包括新建商品房项目白蚁预防项目、既有房屋白蚁防治、白蚁预防回访信息等数据。（十三）房屋征收管理数据，包括房屋征收数据、安置房项目情况等数据。

【房地产业增加值】一定时期内房地产业生产经营新创造的价值，包括房地产业内劳动者报酬、税金、固定资产折旧、营业利润等内容。是国内生产总值（GDP）的组成部分。房地产业增加值是房地产业核算中的总量指标之一，它能够从总量上反映一定时期（如统计期）房地产业生产经营的规模和发展水平。以此为标准，可以同其他行业的增加值相比较，能够直观地了解房地产业在整个国民经济和第三产业中的地位。其次，由于房地产业增加值不包括生产经营过程中的中间消耗，因此，它还可以从行业的角度综合反映房地产业的经济效益的变化情况。房地产业增加值是一项世界通用性指标，其核算方法各国大体相同，利用指标，还可以进行国际比较。

【房地产业增加值构成】房地产业增加值的组成。按照国民经济统计原则，房地产业增加值由以下因素构成：（一）劳动者报酬。指房地产业的从业人员在报告期内从成本、费用中提取的各种直接、间接的收入，但不包括从利润中提取和支付的奖金和津贴。具体内容包括职工工资；职工福利基金；职工社会保险、住房基金、医疗保险、待业保险等；其他收入。（二）税金。指从事房地产业的单位向财税部门交纳的各项税费，主要包括销售税金、增值税、成本税及各项附加，但不包括从利润总额中支付的利后税，如所得税等。（三）固定资产折旧。指房地产企、事业单位使用固定资产按规定计入成本的价值。财务上不提折旧的行政事业单位、居民自有住房（包括城镇居民购置的商品房）按规定的比例计算固定资产虚拟折旧。（四）营业利润。指业内房地产单位的经营利润。（五）其他增加值。指房地产单位在生产经营过程中无法归类的增加值部分和私人房屋出租的租金收入等。

【房地产一级市场】也称“土地一级市场”。（见【土地一级市场】）

【房地产责任保险】以被保险人的民事损害赔偿责任作为保险标的物的保险。财产保险的一种。分为公众责任保险和职业责任保险。公众责任保险指被保险人在固定地点进行房地产生产经营活动时，由于意外事故导致第三者人身伤害或财产损失，依法应由被保险人承担的经济赔偿责任，当第三者出险时，保险公司负责赔偿。房地产职业责任保险，指承保从事房地产业的各种专业人员因工作上的疏忽或过失所造成的对他人的人身伤害和财产损失的经济赔偿责任。根据国家有关法律，房地产责任保险应订立保险合同。与投保人订立保险合同，并承担赔偿或者给付保险金责任的保险公司称为“保险人”或“承保人”；与保险人订立保险合同，并按照保险合同负有支付保险费义务的人称为“投保人”；人身受保险合同保障、享有保险金请求权的人称为“被保险人”。

F

【房地产债券】 为筹集房地产开发资金，依照法定程序发行，约定在一定期限内还本付息的有价证券。房地产证券的一种。与房地产股票不同，房地产债券的持有人有权按照约定期限取得利息、收回本金，但无权参与房地产债券发行人对所筹资金的经营管理。房地产债券按照发行人的不同，可以分为企业债券、金融债券和政府债券。企业债券指房地产企业为筹集资金，依法向社会公开发行并承诺在一定期限内还本付息的债务凭证。金融债券指金融机构为筹措房地产投资资金而发行的债券，包括金融机构将房地产抵押贷款证券化后发行的房地产抵押债券。政府债券指政府为筹措房地产开发建设资金，承担还本付息责任而发行的债券。房地产债券按照记名与否还可分为记名债券和无记名债券；按照偿还期限长短可分为中长期债券、短期债券；按照利率变动与否可分为固定利率债券和浮动利率债券等。此外，房地产债券还可以有其他多种形式，如息票债券、可转换债券、抵押债券等。我国的房地产债券主要以房地产开发企业和地方政府发行为主。

【房地产证券】 为筹集房地产开发资金，依照法定程序发行，可以在证券市场上流通的房地产有价证券的统称。分为：房地产股票和房地产债券。与其他行业的证券相比，房地产证券具有以下特点：（一）高获利性。房地产业的高利润决定了房地产证券的高回报率，有利于实现证券价格最大化和投资者收益最大化的目标。（二）高风险性。房地产是经济的寒暑表，经济高涨时，房地产业鼎盛一时，经济一旦衰退，首先跌入低谷的必是房地产；再加上房地产业投资量大，资金周转慢，开发时间长，杠杆比率高，极容易受外界环境的影响。（三）收益的长期性。房地产业投资大，周期长，资金从生产领域到流通领域的完成过程需要很长时间，投资者投入的资金需经过相当长的时间才能得到回报。

【房地产中介】 "房地产中介服务"的简称。（见【房地产中介服务】）

【房地产中介服务】 简称"房地产中介"，指房地产中介服务机构接受委托，向委托人提供各种房地产中介服务，并收取佣金行为的统称。房地产市场体系的组成部分。房地产中介服务内容包括房地产咨询、房地产价格评估、房地产经纪等。房地产中介服务由房地产中介服务机构承担。

【房地产中介服务合同】 房地产中介服务机构接受委托从事中介服务，与委托人订立的书面协议。房地产中介服务合同应当包括下列主要内容：（一）当事人姓名或者名称、住所；（二）中介服务项目的名称、内容、要求和标准；（三）合同履行期限；（四）收费金额和支付方式、时间；（五）违约责任和纠纷解决方式；（六）当事人约定的其他内容。

【房地产中介服务机构】依法设立，从事房地产中介服务的法人。房地产法人的一种。

【房地产中介服务人员职业资格管理】国家行政主管部门依法对从事房地产中介服务人员职业资格进行审批、审核、监督、处罚行为的总称。房地产中介服务从业人员包括房地产咨询人员、房地产价格评估人员和房地产经纪人。根据住房城乡建设部有关规定，国家对房地产中介服务人员实行职业资格制度，纳入全国专业技术人员职业资格制度统一规划和管理。职业资格管理内容包括：（一）制订从业人员职业资格标准；（二）实行全国统一大纲、统一命题、统一组织的考试制度；（三）颁发相应的资格证书，如《房地产估价师执业资格证书》《房地产经纪人资格证》等；（四）建立房地产中介服务人员信用档案制度；（五）加强行政监督和处罚。

【房地产中介服务收费】依法设立的房地产中介服务机构接受委托，提供房地产中介服务并按规定向委托人收取的费用。属经营性服务收费。按国家有关规定，房地产中介服务收费分房地产咨询费、房地产价格评估费和佣金三种。（一）房地产咨询费，指房地产咨询机构应委托人要求，提供有关房地产政策、法规、技术等咨询服务所收取的费用。按服务形式，分口头咨询服务费和书面咨询服务费两种。口头咨询服务费，按照咨询服务所需时间，结合咨询人员专业技术等级由双方协商议定收费标准。书面咨询服务费，按照咨询机构出具咨询报告的技术难度、工作繁简程度结合标的额大小计收。（二）房地产价格评估收费，指房地产估价机构应委托人要求，提供房地产价格评估服务所收取的费用。分以房产为主的房地产价格评估费和土地价格评估费两种。以房产为主的房地产价格评估费，区别不同情况，按照房地产的价格总额采取差额定率分档累进办法计收。土地价格评估费分一般宗地评估收费、基准地价评估收费、土地使用权抵押价格评估收费和清产核资土地价格评估收费，收费标准由国家规定。（三）佣金，指房地产经纪人接受委托，进行居间、代理所收取的费用。分房屋租赁居间代理佣金、房屋买卖居间代理佣金和土地使用权转让居间代理佣金等。房地产经纪收费根据居间代理项目的不同实行不同的收费标准。

【房地产仲裁】房地产仲裁机构在公民、法人、其他组织之间因房地产的所有权、使用权、买卖、租赁、交换、抵押、拆迁等方面产生争执，以第三者的身份，对当事人争执的事实和权利义务关系依法作出裁决的行为。房地产仲裁既不同于人民法院对房地产纠纷案件进行审理的诉讼活动，也不同于房地产行政管理机关对房地产的管理行为，它是房地产仲裁机构处于当事人之间为解决房地产纠纷进行的裁处。根据《仲裁法》，房地产仲裁实行以下原则和制度：（一）自愿仲裁原则。当事人采用仲裁方式解决房地产纠纷，应当由双方自愿达成仲裁协议。（二）以事实为根据，以法律为准绳原则。（三）独立仲裁原则。仲裁机关依法独立仲裁，不受行政机关、社会团体和个人的干涉。但人民法院对仲裁活动有权监督。（四）或裁或审制度。对房地产纠纷，当事人可以采取仲裁方式或者审判方式解决，但不可以既申请仲裁，又提起诉讼。（五）一裁终局制度。仲裁裁决一经作出，即为终局，当事人就同一纠纷再申请仲裁或向人民法院起诉的，仲裁机构或人民法院不予受理。房地产仲裁程序如下：（一）仲裁申请和仲裁申请的受理。当事人申请仲裁应当符合以下条件：一是有仲裁协议；二是有具体的仲裁请求和事实、理由；三是属于仲裁委员会受理范围。当事人申请仲裁，应当向仲裁委员会递交仲裁协议、仲裁申请书及副本。仲裁委员会收到仲裁申请书之日起五日内，认为符合受理条件的，应当受理，并通知当事人。（二）仲裁庭的组成。仲裁庭可由 3 名仲裁员或 1 名仲裁员组成，由 3 名仲裁员组成的，设首席仲裁员。（三）开庭与裁决。仲裁应当开庭进行，但不公开进行。当事人协议公开的，可以公开进行。仲裁庭在作出裁决前，可以先行调解。当事人自愿调解的，仲裁庭应当调解。调解不成的，应当及时作出裁决。调解达成协议的，仲裁庭应当制作调解书或者根据协议的结果制作裁决书。调解书与裁决书具有同等法律效力。（四）仲裁裁决的执行。当事人应当履行裁决，一方当事人不履行的，另一方当事人可以依照民事诉讼法的有关规定向人民法院申请执行。

【房地产仲裁裁决书】房地产仲裁庭对房地产纠纷作出裁决结果的法律文书。根据《仲裁法》，房地产仲裁，仲裁庭在作出裁决前，可以先行调解。当事人自愿调解的，仲裁庭应当调解。调解不成的，应当及时作出裁决，制作裁决书。裁决书应当写明仲裁请求、争议事实、裁决理由、裁决结果、仲裁费用的负担和裁决日期。当事人协议不愿写明争议事实和裁决理由的，可以不写。裁决书由仲裁员签名，加盖仲裁委员会印章。对裁决持不同意见的仲裁员，可以签名，也可以不签名。裁决书自作出之日起发生法律效力。

【房地产仲裁调解书】房地产仲裁当事人对房地产纠纷自愿调解，达成协议，由仲裁庭根据当事人协议结果制作的法律文书。根据《仲裁法》，房地产仲裁，仲裁庭在作出裁决前，可以先行调解。当事人自愿调解的，仲裁庭应当调解。调解达成协议的，仲裁庭应当制作调解书。调解书应当写明仲裁请求和当事人协议的结果。调解书由仲裁员签名，加盖仲裁委员会印章，送达双方当事人。调解书经双方当事人签收后，即发生法律效力。

【房地产转让】房地产权利人通过买卖、赠与或者其他合法方式将其房地产转移给他人的行为。房地产经营方式。房地产转让具有以下法律特征：（一）房地产转让人必须是房地产权利人，而且该权利人对房地产必须拥有处分权。（二）房地产转让的对象是特定的房地产权利，包括：国有土地使用权和建在国有土地上的房屋的所有权。（三）房地产转让必须依照法定程序进行。（四）房地产转让时，房屋的所有权必须与土地使用权一起转让，即地产转让时，该土地上的房屋必须同时转让；房产转让时，房屋的所有权及其土地使用权一并转让。根据国家有关规定，房地产转让，应当按照下列程序办理：（一）房地产转让当事人签订书面转让合同；（二）房地产转让当事人在房地产转让合同签订后 90 日内持房地产权属证书、当事人的合法证明、转让合同等有关文件向房地产所在地的房地产管理部门提出申请，并申报成交价格；（三）房地产管理部门对提供的有关文件进行审查，并在 7 日内作出是否受理申请的书面答复，7 日内未作书面答复的，视为同意受理；（四）房地产管理部门核实申报的成交价格，并根据需要对转让的房地产进行现场查勘和评估；（五）房地产转让当事人按照规定缴纳有关税费；（六）房地产转让当事人向不动产管理部门办理不动产权属登记手续。

【房地产转让方式】依法转让房地产的形式。根据《城市房地产转让管理规定》，房地产转让，指房地产权利人通过买卖、赠与或者其他合法方式将其房地产转移给他人的行为。除买卖、赠与外，其他合法方式包括：（一）以房地产作价入股、与他人成立企业法人，房地产权属发生变更的；（二）一方提供土地使用权，另一方或者多方提供资金，合资、合作开发经营房地产，而使房地产权属发生变更的；

（三）因企业被收购、兼并或合并，房地产权属随之转移的；（四）以房地产抵债的；（五）法律、法规规定的其他情形。

【房地产转让合同】房地产转让当事人之间就房地产转让事宜订立的，明确相互权利义务关系的法律文书。房地产转让合同应当载明下列主要内容：（一）双方当事人的姓名或者名称、住所；（二）房地产权属证书名称和编号；（三）房地产坐落位置、面积、四至界限；（四）土地宗地号、土地使用权取得的方式及年限；（五）房地产的用途或使用性质；（六）成交价格及支付方式；（七）房地产交付使用的时间；（八）违约责任；（九）双方约定的其他事项。

【房地产转让市场】也称“房地产二级市场”。（见【房地产二级市场】）

【房地产咨询】为房地产活动当事人提供法律法规、政策、信息、技术等方面服务的经营活动。属房地产中介服务范畴。根据国家有关规定，凡具有房地产及相关专业中等以上学历，有与房地产咨询业务相关的初级以上专业技术职称，并取得考试合格证书的专业技术人员，可以从事房地产咨询业务。

【房地产咨询费】依法设立并具备房地产咨询资格的中介服务单位，接受委托，提供有关房地产政策、法规、技术等咨询服务并按规定收取的费用。房地产中介服务收费的一种。房地产咨询费按服务形式分为口头咨询费和书面咨询费两种。按国家有关规定，口头咨询费，按照咨询服务所需时间结合咨询人员专业技术等级由双方协商议定收费标准。书面咨询费，按照咨询报告的技术难度、工作繁简结合标的额大小计收。普通咨询报告，每份收费 300～1000 元；技术难度大，情况复杂、耗用人员和时间较多的咨询报告，可适当提高收费标准，收费标准一般不超过标的额的 0.5%。

【房地产综合开发】根据城市总体规划要求，在一定的区域内对房屋建筑、配套设施等建设项目，进行全面规划、统筹安排，分期施工，配套建设的开发方式。《城市房地产管理法》规定，房地产开发必须严格执行城市规划，按照经济效益、社会效益和环境效益相统一的原则，实行全面规划、合理布局、综合开发、配套建设。房地产综合开发有别于传统的房地产单项开发，具有统一性、整体性、科学性等特征，讲究开发的综合效益和规模效应，是房地产规模化生产的一种方式。房地产综合开发一般分为四个阶段：（一）投资决策阶段，指获得投资信息，进行开发投资的可行性研究，直至决定投资的过程。这一阶段的主要工作内容是项目选择和项目可行性研究。其目的是通过一系列调查研究，为投资决策提供科学、可靠的依据，以减少投资风险，提高投资成功率。（二）前期工作阶段，指从投资决策到工程正式开工的阶段。这一阶段的主要工作包括：获得土地使用权、进行开发项目的规划设计、筹措建设资金、实施动拆迁、进行施工现场的“三通一平”等。（三）分期建设阶段，指整个项目的建设过程。主要工作包括：通过招投标选定施工单位、建设监理、市政和公建配套、组织竣工验收等。（四）房产经营阶段，指进行房屋出租或销售，实现房地产价值的阶段。主要工作包括：房屋的预、销售或房屋出租、物业管理等。实行房地产综合开发，有助于建设综合功能更为完善、结构更加合理、基础设施和各项公建配套设施更为完备的现代化城市，有利于提高开发项目的经济效益、社会效益和环境效益。

【房东】“房客”的对称。指出租房屋的人。有“大房东”“二房东”之分，大房东指出租房屋的人，二房东指转租房屋的人。

【房改】“城镇住房制度改革”的简称。（见【城镇住房制度改革】）

【房改房】房改用语。也称“已购公有住房”。（见【已购公有住房】）

【房改房入市】房改用语。也称“已购公有住房上市”。（见【已购公有住房上市】）

【房价】“住房价格”的简称。（见【住房价格】）

【房价收入比】住房价格与城市居民家庭年收入之比。反映一段时间城市住房价格与居民家庭收入的关系。国际上房价收入比通常用家庭年平均总收入与一套房屋的平均价格之比来计算，即：房价收入比＝每户住房总价/每户家庭年总收入。

其中，每户住房总价＝人均住房面积×单位面积住宅平均销售价格；

每户家庭年总收入＝每户家庭平均人口数×家庭人均全部年收入。

一般认为，合理的房价收入比的取值范围为4～6。若计算出的房价收入比高于这一范围，则认为其房价偏高，房地产可能存在泡沫，高出越多，则存在泡沫的可能性越大，泡沫也就越大。反之，则认为房价偏低，说明房地产市场低迷。由于国情不同，各个国家对合理房价收入比的取值不完全一致，根据联合国公布的有关资料，不同国家房价收入比的离散程度相当大。1998年有关机构对96个国家的统计结果表明，这些国家的房价收入比区间为0.8～30，平均值为8.4，中位数为6.4。

【房客】“房东”的对称。指承租房屋的人。

【房契】买卖房屋时订立的契约、合同。

【房托】跟不法房地产商勾结，伪装成购房者诱使他人在买卖房屋时上当受骗的人。

【房屋】也称“房屋建筑”。（见【房屋建筑】）

【房屋安全鉴定】“城市房屋安全鉴定”的简称。（见【城市房屋安全鉴定】）

【房屋安全鉴定报告】“城市房屋安全鉴定报告”的简称。（见【城市房屋安全鉴定报告】）

【房屋财产保险】简称“房屋保险”，指以房屋为投保标的物的保险。财产保险的一种。分为企业房产保险和私人房产保险；住房保险、商业用房保险、办公用房保险等。

【房屋残值】房屋估价用语。指房屋在耐用年限期满时的残余价值。

【房屋拆迁】“城市房屋拆迁”的简称。（见【城市房屋拆迁】）

【房屋产别】房管用语。指根据房屋财产所有制和管理形式不同划分的房屋类别。改革开放前，根据原建设部有关规定，我国房屋产别统一划分为公产、代管产、托管产、拨用产、全民单位自管公产、集体单位自管公产、私产、中外合资产、外产、军产、其他产十一类。

【房屋产籍】也称“不动产产籍”。（见【不动产产籍】）

【房屋产权】也称“房屋所有权”。（见【房屋所有权】）

【房屋产权调换】国有土地上房屋征收中，房屋征收部门提供用于产权调换的房屋与被征收房屋进行调换，计算价值后，结清差价的补助和赔偿方式。房屋征收补偿方式的一种。《国有土地上房屋征收与补偿条例》规定，被征收人可以选择货币补偿，也可以选择房屋产权调换。被征收人选择房屋产权调换的，市、县级人民政府应当提供用于产权调换的房屋，并与被征收人计算、结清被征收房屋价值与用于产权调换房屋价值的差价。因旧城区改建征收个人住宅，被征收人选择在改建地段进行房屋产权调换的，作出房屋征收决定的市、县级人民政府应当提供改建地段或者就近地段的房屋。产权调换房屋交付前，房屋征收部门应当向被征收人支付临时安置费或者提供周转用房。因征收房屋造成搬迁的，房屋征收部门应当向被征收人支付搬迁费。房屋产权调换，房屋征收部门与被征收人应当依照有关规定，就补偿方式、补偿金额和支付期限、用于产权调换房屋的地点和面积、搬迁费、临时安置费或者周转用房、停产停业损失、搬迁期限、过渡方式和过渡期限等事项，订立补偿协议。补偿协议订立后，一方当事人不履行补偿协议约定的义务的，另一方当事人可以依法提起诉讼。

【房屋朝向】房屋建筑坐落的方向。不同用途的房屋有不同的朝向要求。影响房屋朝向选择的因素很多，主要有日幅射强度、当地主导风向、房间的使用要求、周围环境、地形及建设用地条件等。一般情况下，能达到冬暖夏凉要求的朝向是比较理想的房屋朝向。根据我国所处的地理位置，南向是房屋的主要朝向。

【房屋成新度】房屋估价用语。指房屋的新旧程度。以房屋现值与房屋原值的百分比表示。其计算公式为：房屋成新度＝房屋现值/房屋原值×100％。

【房屋处分权】房屋所有权人依法对其所有的房屋进行处置的权利。在法律上，处分有事实处分和法律处分两种。事实处分指自然状态的处置，如对房屋进行改造、拆除等。法律处分指通过法律行为对房屋进行处置，如赠与、出售等。房屋处分权是房屋所有权权能中最重要、最核心的权能，是决定房屋命运的权利。本质上，房屋处分权只能属于房屋所有权人，但在处分权分离的情况下，非处分权人也可依法处分房产，如房屋所有权人以房产作抵押向债权人借债，若是到期不能清偿债务，债权人可以处分房屋并优先受偿。

【房屋代理经租】代理经租机构接受房屋所有权人或者法律、法规规定的其他权利人的委托，按照约定，管理或出租房屋，获取收益的行为。房产经营活动的一种。分为管理型代理经租和经营型代理经租。管理型代理经租，指业主将自有的房屋出租给他人使用，委托代理经租机构代为管理；经营型代理经租，指业主将自有的房屋委托给代理经租机构，由代理经租机构出租或经营。

【房屋抵押】抵押人以其合法的房屋财产以不转移占有的方式向抵押权人提供债务履行担保的行为。债务人不履行债务时，债权人有权依法以抵押的房屋拍卖所得的价款优先受偿。不动产抵押的一种。根据国家有关规定，房屋抵押，该建筑物占用范围内的建设用地使用权一并抵押；以建设用地使用权抵押的，该土地上的建筑物一并抵押。房屋抵押，当事人应当采用书面形式订立抵押合同，办理抵押登记。抵押中，将合法的房屋财产提供给抵押权人，作为本人或者第三人履行债务担保的公民、法人或者其他组织称为“抵押人”；接受房屋抵押作为债务人履行债务担保的法人、其他组织或者公民称为“抵押权人”。

【房屋抵押登记】不动产登记机构依法将房屋抵押权记载于不动产登记簿的行为。不动产登记的一种。分为首次登记、变更登记、转移登记、注销登记。首次登记，也称初始登记，指房地产权利人设立不动产抵押权利的登记。变更登记，指房地产权利人发生改变，或者因权利人姓名或者名称、地址和房屋用途等内容发生变更而进行的登记。转移登记，指因主债权转让导致抵押权转移而进行的登记。注销登记，指因房地产权利的消灭而进行的登记。根据国家有关规定，房屋抵押登记应按规定程序进行。

【房屋抵押合同网上签约备案】简称“房屋抵押网签备案”，指房屋抵押中双方当事人通过政府建立的房屋交易网签备案系统，在线签订房屋抵押合同并进行备案的行为。房屋交易合同网签备案的一种。根据《房屋网签备案业务操作规范》，房屋抵押网签备案，通过金融机构提供贷款的，由金融机构办理。房屋抵押合同网上签约备案流程包括：（一）录入合同。房屋网签备案系统自动导入双方当事人及房屋信息，当事人在线填写合同的其他基本信息，自动生成网签合同文本。（二）签章确认。双方当事人在打印出的网签合同上签章确认并将合同签章页上传至房屋网签备案系统。有条件的城市，可以采用电子签名（签章）技术，在网签备案系统中予以确认。（三）备案赋码。核验通过的，完成网上签约即时备案，赋予合同备案编码。（四）网签备案信息载入楼盘表。（五）将楼盘表信息推送至相关部门。

【房屋抵押网签备案】“房屋抵押合同网上签约备案”的简称。（见【房屋抵押合同网上签约备案】）

【房屋典当】出典人用房屋作为抵押，向典权人借款，典权人支付一定的典金，并获得对房屋的实际占有权、使用权和收益权的行为。出典人必须在合同约定的期限内赎回房产，超过期限不能赎回，便成死当，房屋由典权人处置。抵押贷款的一种。房屋典当中，以房屋作抵押获得借款的人称为“出典人”；支付典价，获得房屋占有权的人称为“典权人”。根据国家有关规定，房屋典当应订立房屋典当合同。

【房屋典租】房屋典当后，出典人需继续使用出典的房屋，而向承典人支付租金的行为。房屋典当，是转移占有的行为，房屋典当后占有权归承典人。房屋典租，即出典人向承典人租赁典当的房屋，因此必须向承典人支付租金。一旦典期结束，出典人赎回房产，典权消灭，典租即不复存在。

【房屋分类】也称“房屋类别”，指按不同划分标准对房屋建筑进行的归类。从管理的角度通常对房屋作以下分类：（一）按房屋功能的不同，分为居住用房、生产用房、营业用房、行政用房、教育用房、体育卫生用房和其他用房等；（二）按房屋所有制形式的不同，分为公产、代管产、托管产、拨用产、私人房产、军队房产、中外合资房产、外产和其他房产等；（三）按房屋建筑结构的不同，分为钢结构、钢筋混凝土结构、混合结构、砖木结构和其他结构等；（四）按房屋的属性不同，分为商品房，非商品房等。

【房屋共用部位】房屋建筑内由全体业主共同所有，共同使用的部位。主要有房屋承重结构，包括楼盖、屋顶、梁、柱、内外墙体和基础等、户外墙面、楼梯间、走廊通道、门厅等。

【房屋共用设施设备】房屋建筑内由全体业主共同所有，共同使用的设施和设备。主要有上下水管道、公用水箱、加压水泵、电梯、公用天线、供电干线、共用照明、暖气干线、消防设施等。

【房屋互换】也称“房屋交换”，简称“换房”，指房屋民事主体之间交换房屋的行为。民事法律行为的一种。分房屋使用权交换和房屋所有权交换。房屋使用权交换，换房双方只交换房屋使用权，房屋所有权仍归原房主所有。房屋交换后，使用权人与房屋所有权人重新建立租赁关系。房屋所有权交换，换房人一般是房屋所有权人，换房后，双方办理房屋权属变更手续，重新领取房屋的不动产所有权证。在计划经济时期，房屋交换是房屋流通的主要形式。房屋使用权的交换，基本上是物物交换性质，一般不作价值上的补偿。房屋所有权交换时，如房屋价值有差异，由双方当事人进行协商，根据两者房屋的实际价格差额，由一方将差额补足给另一方。随着住房商品化程度的提高和房地产市场的发展，房屋交换被赋予了新的含义和内容，房屋交换的形式也越来越丰富多样。

【房屋回赎】房屋典当中出典人于典期届满后，向房屋典权人交付原典价，并收回出典房屋的行为。房屋典当，是以房产作为抵押的借贷行为，在典当期内，典权人对房屋具有占有、使用和收益的权利。典当期满，出典人向典权人付清典价后，有赎回房屋的权利。如果出典人典当期满未能赎回，且续典后仍无经济实力赎回房产的，则典权人拥有房屋产权。回赎期限一般在典当合同中约定。如未约定期限，房屋出典人可以随时请求回赎。

【房屋间距】房屋之间的距离。现代城市规划中对房屋与房屋之间前后左右的最小距离都有明确的规定，以保证日照、通风、消防等方面的要求，并避免噪声、视线等的干扰。规定房屋间距时一般应考虑房屋所在地点的地理位置、气候条件、周边环境以及房屋的使用性质、高度、开窗位置和防火等级等特殊情况。

【房屋建筑】简称“房屋”，指用天然或人工材料建造，供人类生产和生活之用的建筑物。主要由屋盖、围护结构、楼盖和基础等部分构成。房屋建筑按其用途可分为工业建筑与民用建筑两大类。工业建筑包括各种厂房、辅助车间和仓库等，按其层次可分为单层厂房、多层厂房和层次混合的厂房。民用建筑可分为居住建筑（包括住宅、旅馆、招待所等）和公共建筑（包括学校、图书馆、办公楼、商店、体育馆、影剧院等）。民用建筑按其层数可分为低层、多层和高层建筑等。

【房屋建筑编码】赋予房屋建筑代码的过程或活动。房屋建筑代码是由18位数字组成的，每一个房屋建筑在全国范围内唯一的、永久的身份识别码。内容包括房屋建筑所属县级行政区划代码、年月分类码、许可年月或建成年月代码以及序列码等。根据《房屋建筑统一编码与基本属性数据标准》（JGJ/T 496—2022)，房屋建筑代码应在工程建设项目办理建设工程规划许可证、乡村建设规划许可证时编码；当前在建项目未编码的，应在办理建筑工程施工许可证、竣工验收备案时编码。既有房屋的房屋建筑代码可在房屋建筑调查或其他需要时进行编码。

【房屋建筑编码单元】对房屋建筑进行编码时确定的基本单元，是根据房屋建筑实体结构独立划分的最小单元。根据《房屋建筑统一编码与基本属性数据标准》（JGJ/T 496—2022)，房屋建筑应按照幢划分编码单元。地下建筑与地上建筑结构为一体的应划分为一个编码单元。独立式地下建筑应划分为一个编码单元。通过裙房或地下室相互连通的多幢建筑，应划分为多个编码单元，裙房或地下室应单独划分编码单元。由空中连廊、地面连廊等相连接的多幢建筑，应将每幢房屋建筑划分为一个编码单元，空中连廊和地面连廊不宜划分编码单元。平房的编码单元划分应符合下列规定：结构连续的平房应划分为一个编码单元；结构不同或不连续的成排平房应划分为多个编码单元。农村院落中独立房屋应划分为一个编码单元；城镇院落中结构独立的建筑物应划分为一个编码单元。

【房屋建筑代码】每一个房屋建筑在全国范围内唯一的、永久的身份识别码。根据《房屋建筑统一编码与基本属性数据标准》(JGJ/T 496—2022)，房屋建筑代码应由18位数字组成，第1～6位为县级行政区划代码、第7位为年月分类码、第8～13位为许可年月或建成年月代码、第14～18位为序列码。房屋建筑代码可根据需要扩展到户、房间，在房屋建筑代码后增加。房屋建筑代码一般在工程建设项目办理建设工程规划许可证、乡村建设规划许可证时编码。房屋建筑代码作为房屋建筑的统一身份标识，用于房屋建筑的信息归集、关联和共享，并应贯穿于房屋建筑的设计、采购、施工、交易、运行维护和拆除等全生命周期。

【房屋交换】也称“房屋互换”，简称“换房”。(见【房屋互换】)

【房屋交易合同网上签约备案】简称“房屋网签备案”，指房屋交易中买卖双方当事人通过政府建立的房屋交易网签备案系统，在线签订房屋买卖合同并进行备案的行为。分房屋买卖合同网上签约备案、房屋租赁合同网上签约备案、房屋抵押合同网上签约备案。根据《房屋网签备案业务操作规范》，新建商品房网签备案，由房地产开发企业办理；存量房网签备案，通过房地产经纪机构成交的，由房地产经纪机构办理；存量房网签备案，通过买卖双方当事人自行成交的，由双方当事人办理；金融机构提供贷款的，宜由金融机构办理。房屋交易合同网上签约备案流程包括：(一)录入合同。房屋网签备案系统自动导入买卖双方当事人及房屋信息，当事人在线填写成交价格、付款方式、资金监管等合同其他基本信息，自动生成网签合同文本。(二)签章确认。买卖双方当事人在打印出的网签合同上签章确认并将合同签章页上传至房屋网签备案系统。有条件的城市，可以采用电子签名(签章)技术，在网签备案系统中予以确认。(三)备案赋码。核验通过的，完成网上签约即时备案，赋予合同备案编码。(四)网签备案信息载入楼盘表。网签备案后，将合同备案编码、购房人基本信息、成交价格、付款方式、资金监管等房屋买卖合同网签备案信息载

F

入楼盘表。（五）将楼盘表信息推送至相关部门。

【房屋结构差价】各种不同结构房屋建筑造价之间的差额。城市房屋拆迁中，为了不因房屋结构差异而影响拆迁人和被拆迁人的利益，以产权调换形式补偿的房屋要结算房屋结构差价。房屋结构等级一般分为四类七等，即钢筋混凝土结构、砖混结构、砖木结构和简易结构。其中砖混结构分成两个等级，砖木结构分成三个等级。拆迁补偿中，房屋结构差价的结算是按照被拆除房屋的重置价格扣除成新因素与补偿房屋造价之间的结构差价，由拆迁当事人双方中的一方向另一方以货币形式支付差额。

【房屋竣工面积】房地产统计指标。指报告期内房地产开发企业投资的房屋建筑按照设计要求已全部完工，达到住人和使用条件，经验收鉴定合格或达到竣工验收标准，可正式移交使用的各栋房屋建筑面积的总和。房屋竣工面积以房屋单位工程（栋）为核算对象，在整栋房屋符合竣工条件后按其全部建筑面积一次性计算，而不是按各栋施工房屋中已完成的部分或层次分割计算。

【房屋开发】在已完成开发的土地（地块）上，进行房屋建筑及其配套设施建设的行为。城市房地产开发的主要内容之一。房屋建筑可以是住宅，也可以是非住宅，如工业用房、商业用房、办公用房等。配套设施一般指为满足房屋使用功能要求配建的市政公用设施和生活服务设施，如道路、供水、供电、供气、邮电通信、商业网点、文化教育、医疗保健等设施。

【房屋买卖】也称“房产买卖”，指房屋所有人将房屋所有权转让给买受人，买受人支付相应价款的行为。房产经营方式的一种。其中转让房屋人称为“出卖人”，受让房屋人称为“买受人”。根据国家的有关规定，房屋买卖应订立房屋买卖合同，并办理不动产转移登记手续。

【房屋买卖公证】公证机构根据当事人的申请，依法证明当事人双方签订的房屋买卖合同（协议书）是真实、合法的活动。合同公证的一种。房屋买卖公证的办理，应由双方当事人到房屋所在地的公证机构提出申请，并提交下列证件和材料：申请人的身份证明（居民身份证、户口簿、护照）；卖方房屋产权证；双方协商一致的房屋买卖合同（协议书）；其他依法需要提供的证明材料。公证人员办理房屋买卖公证应着重审查卖房人是否享有产权、房屋交易是否符合国家规定、是否存在未保护优先购买权等违法行为。经审查后确认双方签订的房屋买卖合同（协议书）系真实、合法的，出具公证书，予以证明。

【房屋买卖合同】双方当事人就房屋买卖订立的协议。房屋买卖合同的主要条款包括：（一）双方当事人；（二）标的，即买卖房屋的基本情况，包括：方位、幢号、楼层、朝向、性质、结构、质量、面积、附属设施、公用部位分摊等；（三）价款；（四）付款方式及期限；（五）房屋交付方式和交付期限；（六）违约责任；（七）其他约定条款。

【房屋拍卖公证】公证机构根据拍卖人的申请，站在公正的立场上，对整个拍卖活动进行法律监督，依法对拍卖活动的真实性、合法性予以证明的活动。招标投标、拍卖公证的一种。申请房屋拍卖公证，应由拍卖人在未发出拍卖公告之前向其所在地的公证机构提出申请，并提交下列证件和材料：拍卖人身份证明（拍卖人是单位的，应提交法人代表身份证明及有关的单位证明，如营业执照、法人登记证等；如拍卖人是公民的，应提交居民身份证、户口簿等）；拍卖房屋证明，如房屋的不动产权证等；拍卖具体事项，如拍卖的日程安排、参与拍卖活动的单位和人员、拍卖方式等。公证机构在受理房屋拍卖公证时，应重点对申请房屋拍卖人对房屋所有权及房屋现状进行审查核实，对竞买登记人的资格、资金及经营能力、与拍卖人的关系进行审查。拍卖开始后，应出席拍卖现场，对拍卖的全部活动实行监督。拍卖结束时，公证人员认为该拍卖活动真实、合法时，应当场宣读公证词，对该拍卖活动的真实性、合法性予以证明，从而使拍卖具有法律效率。如公证人员发现拍卖活动有违法行为时，可以拒绝宣读公证词，以示拍卖无效。

【房屋普查】在统一规定的时间内，按照统一的内容和统一的方法，对城镇房屋的数量、质量、类型、权属、管理与使用等情况进行的全面的调查。国情调查的一种。房屋普查可分为全国性的房屋普查和各城市的房屋普查。我国第一次城镇房屋普查于 1985 年 7 月开始，至 12 月底结束，历时六个月。房屋普查一般分四个阶段，即准备和培训骨干阶段；试点阶段；全面普查登记阶段；复核、校正和汇总总结阶段。房屋普查成果是国家（或城市）制订住房政策、编制住房发展规划和加强城镇房屋管理的重要依据。

【房屋期权】以买卖合同约定将来某一时间取得房屋所有权的行为，如预售商品房。房产经营的一种。

【房屋施工面积】基本建设投资统

F

计指标。指报告期内房地产开发企业在建施工的全部房屋建筑面积，包括本期新开工、上期跨入本期继续施工的房屋建筑面积、上期停缓建在本期恢复施工的房屋建筑面积、本期竣工的房屋建筑面积以及本期施工后又停缓建的房屋建筑面积。施工面积包含新开工面积和竣工面积。

【房屋使用权】公民、法人或其他组织按照房屋的性能和用途对房屋加以利用的权利。房屋所有权的权能之一。房屋使用权可以由所有权人行使，也可以与所有权分离，依法由非所有权人行使，如房屋出租后由承租人使用。房屋使用权由非所有权人行使时，必须依据法律法规规定，或产权人与使用人的约定，如订立房屋租赁合同等。房屋使用权与所有权分离不改变房屋的所有关系。

【房屋收益权】房屋所有人依法收取房屋所产生的利益的权利，如出租房屋而收取租金、将房屋作价入股分取红利等。房屋所有权的权能之一。

【房屋寿命】房屋估价用语。指房屋按其设计功能正常使用的年限。

【房屋所有权】也称“房屋财产所有权”“房屋产权”，指房屋所有人对其所有的房屋财产行使占有、使用、收益、处分，并排除他人干涉的权利。物权的一种。房屋所有权是一定历史阶段所有制形式在法律上的表现。我国现阶段房屋所有权分为：全民所有、集体所有和公民私人所有私有。房屋所有权基于一定的法律事实而取得和消灭。房屋所有权的取得，按其取得的不同途径可分为原始取得和继受取得。房屋所有权的消灭包括：所有权主体的消灭，如所有权人的死亡、法人的解散等；所有权客体的消灭，如房屋的拆除、倒塌等；房屋所有权的转让和抛弃，以及因国家行政命令或法院判决而丧失。如房屋征收、征购，又如人民法院依照法律程序将一方当事人的房产判给另一方当事人所有，原房产权利人因判决发生法律效力而丧失该房屋的所有权等。依照国家法律，房屋所有权人可通过买卖、赠与或者其他合法方式转让房屋所有权，其行为受法律保护。

【房屋完好率】完好房屋和基本完好房屋建筑面积之和与所管理房屋总建筑面积的百分比。其计算公式为：房屋完好率＝（完好房屋建筑面积＋基本完好房屋建筑面积）/所管房屋总建筑面积×100％。

房屋完好率是考核房屋管理单位管理状况的主要指标之一。

【房屋网签备案】“房屋交易合同网上签约备案”的简称。（见【房屋

交易合同网上签约备案】)

【房屋危险性鉴定】 按照国家有关标准，对被鉴定房屋的危险程度和影响范围所进行的综合评定。《危险房屋鉴定标准》(JGJ 125—2016) 规定，房屋危险性鉴定应以房屋的地基、基础、结构构件危险程度的严重性鉴定为基础，结合历史状态、环境影响以及发展趋势，全面分析，综合判断。

【房屋维修基金】 公有住宅出售时，按规定标准一次性向售房单位和购房人筹集的，用于房屋共用部位和共用设备维修的专项资金。房屋维修基金筹集后，以业主委员会或业主管理委员会的名义存入金融机构，按幢立账，按户核算。负责房屋管理的物业管理公司对房屋维修基金的使用应制订计划、编制预算，经业主委员会或业主管理委员会批准。房屋维修基金不敷使用时，由业主委员会或业主管理委员会按《业主公约》的规定向业主筹集。

【房屋析产协议公证】 公证机构依法对房产共有人之间达成的房屋析产协议的真实性、合法性予以证明的活动。财产分割公证的一种。办理房屋析产公证时，应由房屋共有人共同到房屋所在地的公证机构提出申请，并提交下列证件和材料：申请人的身份证明（居民身份证、户口簿、护照）；房屋产权证；共有人草拟的房屋析产协议等。公证机构办理析产公证时，应全面审查协议各方的主体资格，是否有遗漏共有人、共有人有未清偿债务以及其他违法情况等。经审查确认该协议系真实、合法的，出具公证书，予以公证。

【房屋销售价格指数】 反映一定时期房屋销售价格变动程度和趋势的相对数。通过百分数的形式来反映房价在不同时期的涨跌幅度。分为商品住宅价格指数、商业用房价格指数、工业用房价格指数等。

【房屋新开工面积】 基本建设投资统计指标。指在报告期内新开工建设的房屋面积，不包括上期跨入报告期继续施工的房屋面积和上期停缓建而在本期恢复施工的房屋面积。房屋新开工面积反映开发企业或全社会当年新增建设规模，是房地产开发和基本建设投资统计的主要指标之一。

【房屋修缮】 为保证房屋使用安全，保持和提高房屋的完好程度与使用功能，延长房屋的使用年限，对房屋进行拆改、翻修和维护等的工程建设活动。房产经营和物业管理的主要内容之一。房屋修缮工程按其修缮的规模和范围，分为大修、中修、小修、翻修和综合维修。

F

【房屋遗嘱公证】公证机构基于立遗嘱人的申请，依法证明遗嘱系真实、合法的活动。遗嘱公证的一种。遗嘱公证应由立遗嘱人亲自到其户籍所在地的公证机构提出申请，并提交个人身份证明；遗嘱处分有关房屋财产证明，如房产证；草拟的书面遗嘱等。遗嘱一般由立遗嘱人自己草拟。遗嘱中应写明立遗嘱人及受益人姓名、性别、年龄、职业、住址等身份情况及相互关系，遗产的名称、数量、坐落，以及具体分配情况等。最后写明遗嘱制作日期，由立遗嘱人签名或盖章。公证机构在受理遗嘱公证时，应派两名公证人员进行公证，公证人员应认真审核申请人的身份及其主体资格，意思表示是否真实，遗嘱内容是否合法，文字表述是否准确等。在确认遗嘱系立遗嘱人真实意思表示，从内容到形式均符合法律规定时，应出具公证书，对遗嘱的真实性、合法性予以证明。

【房屋有限产权】房改用语。指房屋产权人对享受政府或企事业单位补贴购买的房屋所享有的部分权能受限制的产权。即占有权和使用权、有限处分权和收益权。1991年，《关于全面推进城镇住房制度改革的意见》中规定，职工购买公有住房，在国家规定标准面积以内的，实行标准价。购买后拥有部分产权，即占有权和使用权、有限处分权和收益权；可以继承，可以在购房五年以后进入市场出售或出租，原产权单位有优先购买权和租用权。售房收入扣除有关税费后所得收益，按政府、单位、个人的产权比例进行分配。房屋有限产权制度是我国住房商品化进程中的一项过渡措施。

【房屋原值】房屋估价用语。指商品房购置时实际发生的各项费用，或自建住房建造时实际发生的各项成本和交纳的税费。

【房屋在建工程项目转让】简称“在建工程转让”，指房地产开发项目的所有人将尚在建设施工中的项目转让给买受人，买受人支付价款的行为。房地产经营方式的一种。根据《城市房地产管理法》，以出让方式取得土地使用权的，转让房地产时，应当符合下列条件：（一）按照出让合同约定已经支付全部土地使用权出让金，并取得土地使用权证书；（二）按照出让合同约定进行投资开发，属于房屋建设工程的，完成开发投资总额的百分之二十五以上，属于成片开发土地的，形成工业用地或者其他建设用地条件。根据《民法典》规定，建设用地使用权转让的，双方当事人应当采用书面形式订立相应的合同。建设用地使用权的使用期限由当事人约定，但是不得超过建设用地使用权的剩余期限。房屋在建工程项目转让应当向不动产登记机构申请变更登记。

【房屋造价】建造房屋的实际价格。由房屋工程成本、利润和税金三部分价值构成，即：$C+V+m$。其中C指建造房屋所耗费的各种生产资料价值；V指建造房屋所花费的建筑工人的生活资料价值，如建筑工人工资；m指建筑工人劳动新创造价值转化为利润和税金的部分。房屋造价是构成房屋价格的主要因素之一。

【房屋赠与公证】公证机构依法证明赠与人将个人所有的房产无偿地赠送给他人的行为的真实性、合法性的活动。赠与公证的一种。办理房屋赠与公证应由赠与人到房屋所在地公证机构申请，并提交下列证明和材料：赠与人的身份证件（居民身份证、户口簿、护照复印件）；对赠与房屋拥有产权的证明；赠与书或赠与协议；赠与房屋为共有财产的，应提供共有人同意赠与人将个人财产赠与他人的书面意见。公证机构在办理房屋赠与公证时，应审查申请人提交的有关材料，审查赠与人的权利能力，如赠与房产是否属赠与人所有、赠与人是否有处分他人财产的行为、若房屋为共有，是否取得其他共有人同意、审查赠与是否系赠与人自愿所为、是否存在假借赠与之名变相买卖房屋等违法行为等。在经审查确认房屋赠与书或赠与协议、赠与事实的真实、合法性之后，才能出具公证书，予以公证。

【房屋占有权】公民、法人或其他组织对房屋事实上控制的权利。房屋所有权的权能之一。房屋占有权一般由所有权人行使。房屋占有权也可以依法与所有权分离，由非所有人行使。占有权由非所有人行使时，必须依据法律规定，或产权人与占有人的约定，如订立房屋租赁合同等。房屋占有权与所有权分离不改变房屋的所有关系。

【房屋征收】“国有土地上房屋征收”的简称。（见【国有土地上房屋征收】）

【房屋征收补偿】“国有土地上房屋征收补偿”的简称。（见【国有土地上房屋征收补偿】）

【房屋征收补偿决定】简称“征收补偿决定”，指在国有土地上房屋征收补偿方案确定的签约期限内达不成补偿协议，或被征收房屋所有权人不明确的，由作出房屋征收决定的市、县级人民政府按照征收补偿方案作出的解决补偿争议的行政行为。房屋征收补偿争议解决方式的一种。根据《国有土地上房屋征收与补偿条例》，房屋征收部门与被征收人在征收补偿方案确定的签约期限内达不成补偿协议，或被征收房屋所有权人不明确的，由房屋征收部门报请作出房屋征收决定的市、县级人民政府按照征收补偿方案作出补偿决定。征收补偿决定应该公平，符合国家有关征收补偿的规定，并在房屋征收范围内予以公告。被征收人对补偿决定不服的，可以依法申请行政复议，也可以依法提起行政诉讼。

【房屋征收补偿协议】“国有土地上房屋征收补偿协议”的简称。（见【国有土地上房屋征收补偿协议】）

【房屋征收部门】由市、县级人民政府确定的组织实施本行政区域房屋征收与补偿工作的机构。其主要职责有：（一）委托房屋征收实施单位承担房屋征收与补偿的具体工作；对房屋征收实施单位征收与补偿行为负责监督。（二）拟定征收补偿方案，报市、县级人民政府。（三）对房屋征收范围内房屋的权属、区位、用途、建筑面积等情况组织调查登记，并公布调查结果。（四）书面通知有关部门暂停办理征收范围内实施新建、扩建、改建房屋和改变房屋用途等相关手续。（五）与被征收人订立补偿协议。（六）与被征收人在征收补偿方案确定的签约期限内达不成补偿协议，或者被征收房屋所有权人不明确的，报请市、县级人民政府作出补偿决定。（七）建立房屋征收补偿档案，并将分户补偿情况在房屋征收范围内向被征收人公布。

【房屋征收货币补偿】简称“货币补偿”，指国有土地上房屋征收中，对被征收房屋的所有权人以货币方式进行的补助和赔偿。征收补偿方式的一种。《国有土地上房屋征收与补偿条例》规定，对被征收房屋价值的补偿，不得低于房屋征收决定公告之日被征收房屋类似房地产的市场价格。被征收人可以选择货币补偿，也可以选择房屋产权调换。货币补偿，房屋征收部门与被征收人应当依照有关规定，就补偿方式、补偿金额和支付期限、搬迁费、搬迁期限等事项，订立补偿协议。

【房屋征收决定】为了公共利益的需要，市、县级人民政府依法作出房屋征收决定的行政行为。根据《国有土地上房屋征收与补偿条例》，有下列情形之一，确需征收房屋的，由市、县级人民政府作出房屋征收决定：（一）国防和外交的需要；（二）由政府组织实施的能源、交通、水利等基础设施建设的需要；（三）由政府组织实施的科技、教育、文化、卫生、体育、环境和资源保护、防灾减灾、文物保护、社会福利、市政公用等公共事业的需要；（四）由政府组织实施的保障性安居工程建设的需要；

（五）由政府依照《城乡规划法》有关规定组织实施的对危房集中、基础设施落后等地段进行旧城区改建的需要；（六）法律、行政法规规定的其他公共利益的需要。市、县级人民政府作出房屋征收决定后应当及时公告。

【房屋征收决定公告】市、县级人民政府作出房屋征收决定后在房屋征收范围内公开发布的有关房屋征收事宜的告示。按照《国有土地上房屋征收与补偿条例》有关规定，公告应当载明征收补偿方案和行政复议、行政诉讼权利等内容。

【房屋征收强制拆迁】简称“强制拆迁”，指被征收人未在约定或者规定的搬迁期限内履行搬迁义务，经催告仍未履行搬迁义务，由被征收房屋所在地的市、县人民政府依法向人民法院提出申请，对该房屋予以强制拆迁的司法措施。根据国家有关规定，被征收人对补偿决定不服的，可以依法申请行政复议，也可以依法提起行政诉讼。被征收人在法定期限内不申请行政复议或者不提起行政诉讼，在补偿决定规定的期限内又不搬迁的，由作出房屋征收决定的市、县级人民政府依法申请人民法院强制执行。人民法院裁定准予执行的，一般由作出征收补偿决定的市、县人民政府组织实施，也可以由人民法院执行。

【房屋征收实施单位】受房屋征收部门委托，承担房屋征收与补偿具体工作的单位。

【房屋征收主体】具有房屋征收行政管辖权的市、县级人民政府。房屋征收主体的职责主要有：（一）组织有关部门对征收补偿方案进行论证并予以公布，征求公众意见。（二）将征求意见情况和根据公众意见修改的情况及时公布。（三）按照有关规定进行社会稳定风险评估。（四）依法作出房屋征收决定，并及时公告。（五）制定补助和奖励办法，对被征收人给予补助和奖励。（六）组织有关部门对征收范围内未经登记的建筑进行调查、认定和处理。（七）依法作出房屋征收补偿决定，并在房屋征收范围内予以公告。

【房屋转租】房屋承租人依法将承租的房屋再出租的行为。《民法典》规定，承租人经出租人同意，可以将租赁物转租给第三人。承租人转租的，承租人与出租人之间的租赁合同继续有效。房屋转租，承租人与第三人应订立转租合同。转租合同必须经原出租人书面同意，未经出租人同意转租的，出租人可以解除租赁合同。转租合同的终止日期不得超过租赁合同约定的终止日期。转租期限超过剩余租赁期限的，超过部分的约定对出租人不具有法律约束力。转租期间，租赁合同变更、解除或者终止，转租合同也随之变更、解除或者终止。

【房屋租金】简称“房租”，指承租人因使用房屋按约定向出租人交付的价金，即房屋的租赁价格。其本质是房屋使用价值零星出售的货币形式。房屋租金的构成因素包括：（一）折旧费；（二）维修费；（三）管理费；（四）税金；（五）利息；（六）保险费；（七）利润；（八）地租。房屋租金按出租房屋用途分为居住用房租金和非居住用房租金（包括工业用房租金、办公用房租金、商业用房租金等）；按房屋所有权属性分为公有房屋租金和私人房屋租金；按租金确定的性质分为政府定价和市场议价。房屋租金是房屋租赁合同的主要条款之一，在商品房租赁中由当事人双方协商确定。

【房屋租赁】也称“商品房租赁”，指房屋所有权人作为出租人将其房屋出租给承租人使用，由承租人向出租人支付租金的行为。房产经营方式的一种。住房城乡建设部《商品房屋租赁管理办法》规定：房屋租赁应当遵循平等、自愿、合法和诚实信用原则。房屋租赁当事人应当依法订立租赁合同。房屋租赁合同的内容由当事人双方约定。房屋租赁合同订立后三十日内，房屋租赁当事人应当到租赁房屋所在地直辖市、市、县人民政府建设（房地产）主管部门办理房屋租赁登记备案。直辖市、市、县人民政府建设（房地产）主管部门应当在三个工作日内办理房屋租赁登记备案，向租赁当事人开具房屋租赁登记备案证明。有下列情形之一的房屋不得出租：（一）属于违法建筑的；（二）不符合安全、防灾等工程建设强制性标准的；（三）违反规定改变房屋使用性质的；（四）法律、法规规定禁止出租的其他情形。

【房屋租赁登记备案制度】房地产管理部门加强对房屋租赁市场监管的一项制度性安排。主要内容包括：（一）房屋租赁合同登记备案。《商品房屋租赁管理办法》规定：房屋租赁合同订立后三十日内，房屋租赁当事人应当持房屋租赁合同、房屋租赁当事人身份证明、房屋所有权证书或者其他合法权属证明等材料到租赁房屋所在地直辖市、市、县人民政府建设（房地产）主管部门办理房屋租赁登记备案。（二）开具房屋租赁登记备案证明。直辖市、市、县人民政府建设（房地产）主管部门应当在三个工作日内办理房屋租赁登记备案，向租赁当事人开具房屋租赁登记备案证明。房屋租赁登记备案证明应当载明出租人的姓名（名称）、住所；承租人的姓名（名称）、身份证件种类和号码；出租房屋的坐落、租赁用途、租金数额、租赁期限等。（三）违规处罚。违反规定的，由直辖市、市、县人民政府建设（房地产）主管部门责令限期改正；个人逾期不改正的，处以一千元以下罚款；单位逾期不改正的，处以一千元以上一万元以下罚款。

【房屋租赁合同】也称“商品房租赁合同”。指房屋租赁当事人就房屋租赁事宜订立的书面协议。《商品房屋租赁管理办法》规定：房屋租赁当事人应当依法订立租赁合同。房屋租赁合同的内容由当事人双方约定，一般应当包括以下内容：（一）房屋租赁当事人的姓名（名称）和住所；（二）房屋的坐落、面积、结构、附属设施，家具和家电等室内设施状况；（三）租金和押金数额、支付方式；（四）租赁用途和房屋使用要求；（五）房屋和室内设施的安全性能；（六）租赁期限；（七）房屋维修责任；（八）物业服务、水、电、燃气等相关费用的缴纳；（九）争议解决办法和违约责任；（十）其他约定。房屋租赁合同中，房屋出租方称为“出租人”，房屋承租方称为“承租人”。

【房屋租赁合同网上签约备案】简称“房屋租赁网签备案”，指房屋租赁中双方当事人通过政府建立的房屋交易网签备案系统，在线签订房屋租赁合同并进行备案的环节。房屋交易合同网签备案的一种。根据《房屋网签备案业务操作规范》，房屋租赁网签备案，通过房地产经纪机构成交的，由房地产经纪机构办理；通过租赁双方当事人自行成交的，由双方当事人办理。房屋租赁合同网上签约备案流程包括：（一）录入合同。房屋网签备案系统自动导入租赁双方当事人及房屋信息，当事人在线填写成交价格、付款方式、资金监管等合同其他基本信息，自动生成网签合同文本。（二）签章确认。租赁双方当事人在打印出的网签合同上签章确认并将合同签章页上传至房屋网签备案系统。有条件的城市，可以采用电子签名（签章）技术，在网签备案系统中予以确认。（三）备案赋码。核验通过的，完成网上签约即时备案，赋予合同备案编码。（四）网签备案信息载入楼盘表。网签备案后，将合同备案编码、购房人基本信息、成交价格、付款方式、资金监管等房屋租赁合同网签备案信息载入楼盘表。（五）将楼盘表信息推送至相关部门。

【房屋租赁价格】也称“房屋租金”。（见【房屋租金】）

【房屋租赁价格指数】反映一定时期内房屋租赁价格总水平变动趋势

和变动程度的相对数，用百分数的形式表达。反映房屋租赁价格在不同时期的涨跌幅度。分为住宅租赁价格指数、办公用房租赁价格指数、商业用房租赁价格指数、厂房仓库租赁价格指数等。

【房屋租赁网签备案】“房屋租赁合同网上签约备案”的简称。（见【房屋租赁合同网上签约备案】）

【房屋租售比】简称“租售比”，指同类房屋在同一时期单位面积租金和售价的比例。衡量一个区域房产市场状况的指标。理论上，“租售比”能够比较客观反映当地房产市场供求状况。由于租房体现的是一种真实的居住需求，因此当一个城市或一个地区的房产价格迅速上升而房屋租赁市场的价格没有出现明显增长时，就表明该地区的房产市场存在虚高或投机行为。一般认为，房屋租售比的合理区间为1∶300～1∶200，如果租售比低于1∶300，说明该地区房产投资价值变小，楼价高估；反之，如果租售比高于1∶200，说明该区域投资潜力较大，楼价泡沫不大。租售比作为衡量一个区域房产市场状况的指标，受国家房产政策调控的影响较大，运用该指标时需要加以分析、判断。

【房屋坐落】房屋建筑所处的方位或地点。

【房型】也称“户型”“套型”，指按不同使用面积、居住空间组成的成套住宅的类型。由居住空间和厨房、卫生间等共同组成的基本住宅单位。

【房源】房地产营销用语。指用于销售、租赁的房屋资源或来源。

【房展】房地产公司或专业展览机构举办的所售房屋模型、图片等的展览。

【房住不炒】中央经济工作会议提出“房子是用来住的，不是用来炒的”的房地产市场发展定位的简称。2016年12月中央经济工作会议首次提出：要坚持“房子是用来住的、不是用来炒的”的定位，综合运用金融、土地、财税、投资、立法等手段，加快研究建立符合国情、适应市场规律的基础性制度和长效机制。要在宏观上管住货币，落实人地挂钩政策。要加快住房租赁市场立法，加强住房市场监管和整顿。2017年12月，中央经济工作会议进一步提出：加快建立多主体供应、多渠道保障、租购并举的住房制度。完善促进房地产市场平稳健康发展的长效机制，保持房地产市场调控政策连续性和稳定性。此后，“房住不炒”成为我国房地产市场发展的基本定位，并不断被赋予新的内容。

【房租】“房屋租金”的简称。（见【房屋租金】）

【飞地】一个权属单位的土地与其成片土地相分离，而坐落于其他权属单位土地范围内的零星土地。飞地一般有以下几种情况：（一）属于某一行政区管辖，但不与本区毗连的土地；（二）属于某权利人所有，但与其成片的土地相分离而坐落于他人土地界线以内的零星土地；（三）土地实际坐落同土地证书上所载坐落不一致的土地。为了便于土地利用及管理，经相关单位协商，应对飞地进行调整。

【非成套住宅】厨房或卫生间共用的住房。一般为老式住宅或早期建造的公有住房。非成套住宅由于几户居民共用厨房或卫生间，起居、生活不便，居住环境比较差。有条件的城市应通过成套化改造，调整房屋平面布局，改善设施，增加设备，使之独立成套。住房制度改革中，非成套住宅为不宜出售公房。

【非法从事房地产开发】不按规定取得营业执照，擅自从事房地产开发业务的行为。房地产违法行为的一种。《城市房地产管理法》规定，设立房地产开发企业，应当具备下列条件：（一）有自己的名称和组织机构；（二）有固定的服务场所；（三）有符合国务院规定的注册资本；（四）有足够的专业技术人员；（五）法律、行政法规规定的其他条件。设立房地产开发企业，应当向工商行政管理部门申请设立登记。领取营业执照后，方可开业。违反上述规定，未取得营业执照，擅自从事房地产开发业务的，由县级以上人民政府工商行政管理部门责令停止房地产开发业务活动，没收违法所得，可以并处罚款。

F

【非法从事房地产中介服务】不按规定取得营业执照，擅自从事房地产中介服务业务的行为。房地产违法行为的一种。设立房地产中介服务机构应当具备下列条件：（一）有自己的名称和组织机构；（二）有固定的服务场所；（三）有必要的财产和经费；（四）有足够数量的专业人员；（五）法律、行政法规规定的其他条件。设立房地产中介服务机构，应当向工商行政管理部门申请设立登记，领取营业执照后，方可开业。违反上述规定，未取得营业执照，擅自从事房地产中介服务业务的，由县级以上人民政府工商行政管理部门责令停止房地产中介服务活动，没收违法所得，可以并处罚款。

【非法批地】违反土地管理法律规定，以各种方式批准占用土地的行为。土地违法行为的一种。非法批地行为主要包括：（一）无权批准征收、使用土地的单位或者个人非法批准占用土地的行为；（二）超越批准权限非法批准占用土地的行为；（三）不按照土地利用总体规划确定的用途批准用地的行为；（四）违反法律规定的程序批准占用、征收土地的行为。依照《土地管理法》规定，无权批准征收、使用土地的单位或者个人非法批准占用土地的，超越批准权限非法批准占用土地的，不按照土地利用总体规划确定的用途批准用地的，或者违反法律规定的程序批准占用、征收土地的，其批准文件无效，对非法批准征收、使用土地的直接负责的主管人员和其他直接责任人员，依法给予处分；构成犯罪的，依法追究刑事责任。非法批准、使用的土地应当收回，有关当事人拒不归还的，以非法占用土地论处。非法批准征收、使用土地，对当事人造成损失的，依法应当承担赔偿责任。

【非法侵占挪用征地补偿费】违反土地管理法律规定，侵占挪用征地补偿费费的行为。土地违法行为的一种。侵占，指将不属于自己的被征用土地单位的征地补偿费用和其他有关费用据为己有；挪用，指将被征用土地单位的征地补偿费用和其他有关费用截留下来挪作他用。依照《土地管理法》的规定，侵占、挪用被征收土地单位的征地补偿费用和其他有关费用，构成犯罪的，依法追究刑事责任；尚不构成犯罪的，依法给予处分。

【非法人组织】不具有法人资格，但是能够依法以自己的名义从事民事活动的组织。包括个人独资企业、合伙企业、不具有法人资格的专业服务机构等。根据国家有关法律，非法人组织应当依照法律的规定登记，有自己的名称、组织机构、住所、财产或者经费。非法人组织可以确定一人或者数人代表该组织从事民事活动。有下列情形之一的，非法人组织解散：（一）章程规定的存续期间届满或者章程规定的其他解散事由出现；（二）出资人或者设立人决定解散；（三）法律规定的其他情形。非法人解散的，清算义务人应当及时组成清算组进行清算。非法人组织的财产不足以清偿债务的，其出资人或者设立人承担无限责任。

【非法预售商品房】不按规定条件申请预售许可，擅自预售商品房的行为。房地产违法行为的一种。《城市房地产管理法》规定，商品房预售，应当符合下列条件：（一）已交付全部土地使用权出让金，取得土地使用权证书；（二）持有建设工程规划许可证；（三）按提供预售的商品房计算，投入开发建设的资金达到工程建设总投资的25%以上，并已经确定施工进度和竣工交付日期；（四）向县级以上人民政府房产管理部门办理预售登记，取得商品房预售许可证明。未取得《商品房预售许可证》的，不得进行商品房预售。依照《城市房地产管理法》，违反上述规定预售商品房的，由县级以上人民政府房产管理部门责令停止预售活动，没收违法所得，可以并处罚款。

【非法占用土地】违反土地管理法律规定，未经合法有效的批准而占用土地的行为。土地违法行为的一种。非法占用土地行为包括：（一）未经批准，擅自占用土地行为。“未经批准”指向有批准权的人民政府土地主管部门申请，但因种种原因，未获批准；或未向土地主管部门申请，擅自占用土地。（二）弄虚作假、骗取批准占用土地行为。“骗取批准”，指不具备用地条件，但采取隐瞒或造假等手段，编造事实，谎报具备用地条件而骗取批准，并占用土地的行为。（三）超过批准数量多占用土地行为。指超过合法批准用地数量，过多占用土地的行为。依照《土地管理法》的规定，未经批准或者采取欺骗手段骗取批准，非法占用土地的，由县级以上人民政府自然资源主管部门责令退还非法占用的土地，对违反土地利用总体规划擅自将农用地改为建设用地的，限期拆除在非法占用的土地上新建的建筑物和其他设施，恢复土地原状，对符合土地利用总体规划的，没收在非法占用的土地上新建的建筑物和其他设施，可以并处罚款；对非法占用土地单位的直接负责的主管人员和其他直接责任人员，依法给予处分；构成犯罪的，依法追究刑事责任。超过批准的数量占用土地，多占的土地以非法占用土地论处。

【非法转让土地】违反土地管理法律规定，以各种方式进行土地交易的行为。土地违法行为的一种。非法转让土地行为包括：（一）擅自将农民集体所有土地使用权出让、转让或者用于非农建设的行为；（二）擅自转让以出让方式取得的国有土地使用权的行为；（三）擅自转让以划拨方式取得的国有土地使用权的行为；（四）以其他形式非法转让土地行为。如以转移地上附着物为名、以物易地、馈赠土地、以联办企业为名、以联建分成为名等各种形式转让土地。依照《土地管理法》规定，买卖或者以其他形式非法转让土地的，由县级以上人民政府自然资源主管部门没收违法所得；对违反土地利用总体规划擅自将农用地改为建设用地的，限期拆除在非法转让的土地上新建的建筑物和其他设施，恢复土地原状，对符合土地利用总体规划的，没收在非法转让的土地上新建的建筑物和其他设施；可以并处罚款；对直接负责的主管人员和其他直接责任人员，依法给予处分；构

F

成犯罪的，依法追究刑事责任。

【非农建设用地】“非农业生产建设用地”的简称。（见【非农业生产建设用地】）

【非农业生产建设用地】 简称“非农建设用地”，指用于农业之外的一切工程建设以及其他建设所占用的土地。分为国家建设用地、乡（镇）村建设用地和其他建设用地。国家建设用地指国家进行各项建设和兴办各项公共事业所需要的建设项目用地，如城镇用地、工矿企业用地、交通运输用地、水利工程用地和特殊用地等；乡（镇）村建设用地指由集体或农民投资进行的各项生产、生活和集体公共事业所需的用地，如宅基地、乡村企业用地及公共设施和公益事业用地等；其他建设用地如风景旅游区用地、自然保护区用地和国家森林公园用地等。

【非生产性建设】 为满足人民物质和文化生活需要进行的建设。包括：（一）住宅建设，指供居住使用的房屋及其附属设施的建设，如住宅、宿舍等。（二）文教卫生建设，指用于文化、教育、卫生事业的房屋及其附属设施的建设，如学校、体育场、影剧院、文化馆、书店、医院、疗养院、托儿所、保健站等。（三）公用事业建设，指城市中公用事业工程的建设，如城市输水管道工程、排水工程、污水处理工程、煤气、道路、桥梁、轮渡等。（四）其他建设，如各级行政管理机构、社会团体和科研机构的办公用房等的建设。

【非生产性建设用地】 非生产性建筑物和构筑物所占用的土地。非生产性建筑物，如住宅、医院、学校、体育场、影剧院、文化馆等。

【非业主使用人】 也称“物业使用人”。（见【物业使用人】）

【非营利法人】 “营利法人”的对称。指为公益目的或者其他非营利目的成立，不向出资人、设立人或者会员分配所取得利润的法人，包括事业单位、社会团体、基金会、社会服务机构等。法人的一类。分为事业单位法人、社会团体法人和捐助法人。

链接：有关非营利法人的法律规定

有关非营利法人的法律规定

（一）具备法人条件，为适应经济社会发展需要，提供公益服务设立的事业单位，经依法登记成立，取得事业单位法人资格；依法不需要办理法人登记的，从成立之日起，具有事业单位法人资格。事业单位法人设理事会的，理事会为其决策机构。事业单位法人的法定代表人依照法律、行政法规或者法人章程的规定产生。（二）具备法人条件，基于会员共同意愿，为公益目的或者会员共同利益等非营利目的设立的社会团体，经依法登记成立，取得社会团体法人资格；依法不需要办理法人登记的，从成立之日起，具有社会团体法人资格。设立社会团体法人应当依法制定法人章程。社会团体法人应当设会员大会或者会员代表大会等权力机构、理事会等执行机构。理事长或者会长等负责人按照法人章程的规定担任法定代表人。（三）具备法人条件，为公益目的以捐助财产设立的基金会、社会服务机构等，经依法登记成立，取得捐助法人资格。设立捐助法人应当依法制定法人章程，捐助法人应当设理事会、民主管理组织等决策机构，并设执行机构，应当设监事会等监督机构。理事长等负责人按照法人章程的规定担任法定代表人。

为公益目的成立的非营利法人终止时，不得向出资人、设立人或者会员分配剩余财产。剩余财产应当按照法人章程的规定或者权力机构的决议用于公益目的；无法按照法人章程的规定或者权力机构的决议处理的，由主管机关主持转给宗旨相同或者相近的法人，并向社会公告。

资料来源：《民法典》

【非正常贷款】也称“银行不良贷款”。（见【银行不良贷款】）

【分包单位】又称“二包单位”，指与总包单位签订分包合同，并按分包合同约定对总包单位承担相应责任的专业性建筑安装企业。建筑工程，特别是一些大型的建设项目，技术复杂，专业要求高，总承包单位为了更好地完成施工任务，可以依法将所承担工程项目中的一些特殊工程分包给具有专业特长的建筑公司，以提高施工效率。《建筑法》规定，“建筑工程总承包单位可以将承包工程中的部分工程发包给具有相应资质条件的分包单位”“分包单位按照分包合同的约定对总承包单位负责”。总承包单位选定分包单位还应征得建设单位同意。

【分成地租】按承租人每年总收益（或总收获物）一定比例的金额（或实物）缴纳的地租。地租形式的一种。

【分别共有】 也称“按份共有”。（见【按份共有】）

【分区规划】“城市分区规划”的简称。（见【城市分区规划】）

【福利分房】 房改用语。也称“住房实物分配”。（见【住房实物分配】）

【福利租金】 房改用语。指由部分维修费和管理费两项成本因素构成的房屋租金。我国计划经济时期城镇公有住房的主要租金形式。因其带有福利属性，故称。由于福利租金水平很低，房租中未完全包含国家建房投资及维修、管理费用，以租不能养房，造成了国家建房越多，负担越重的恶性循环局面。住房制度改革的目的之一就是要取消福利租金，逐步提高租金水平，达到成本租金或市场租金水平，形成住房投资的良性循环。

【负担价】 房改用语。指按照双职工家庭年平均工资的一定倍数计算的房价。负担价是职工用个人工资收入直接支付的房款。《国务院关于深化城镇住房制度改革的决定》规定，1994 年一套 56m² 建筑面积的标准新房的负担价，按所在市（县）双职工年平均工资的 3 倍计算。经济发展水平较高的市（县）应高于 3 倍，具体倍数由省、自治区、直辖市人民政府确定。负担价的计算公式为：

$$X = A \times 2 \times P \div 56$$

式中：X——每平方米建筑面积的负担价；

A——当地统计部门公布的上年职工平均工资；

P——房价与双职工家庭年平均工资的倍数；

56——一套两居室标准住房的建筑面积。

【负面清单管理模式】 以清单形式列明市场主体在中华人民共和国境内禁止和限制投资经营的行业、领域、业务等的管理方式。负面清单包括市场准入负面清单和外商投资负面清单。市场准入负面清单是适用于境内外投资者的一致性管理措施，是对各类市场主体市场准入管理的统一要求；外商投资负面清单适用于境外投资者在华投资经营行为，是针对外商投资准入的特别管理措施。《国务院关于实行市场准入负面清单制度的意见》明确，对各类市场主体涉及以下领域的投资经营行为及其他市场进入行为，依照法律、行政法规和国务院决定的有关规定，可以采取禁止进入或限制市场主体资质、股权比例、经营范围、经营业态、商业模式、空间布局、国土空间开发保护等管理措施：涉及人民生命财产安全、政治安全、国土安全、军事安全、经济安全、金融安全、文化安全、社会安全、科技安全、信息安全、生态安全、资源安全、核安全和新型领域安全等国家安全的有关行业、领域、业务等；涉及全国重大生产力布局、战略性资源开发和重大公共利益的有关行业、领域、业务等；依法可以设定行政许可且涉及市场主体投资经营行为的有关行业、领域、业务等；法律、行政法规和国务院决定规定的其他情形。实行负面清单管理模式，有利于加快建立与国际通行规则接轨的现代市场体系，有利于营造法治化的营商环境，促进国际国内要素有序自由流动、资源高效配置、市场深度融合，不断提升我国国际竞争力。

【复式住宅】以三维空间立体设计的新概念住宅建筑。复式住宅把住宅的空间分为“动”与“静”两部分，使之合理叠加，在有限的空间高度下，增加空间层次，从而实现同样占地的平面住宅不能达到的功能分区。复式住宅有以下几个特点：(一) 充分利用空间。在 3.3m 高的净空中，分为上下两层，上层为卧室，下层为厅、厨房、厕所等活动场所，上下层均可站立。(二) 节约土地。在建筑物高度相同情况下，以使用面积计算，复式住宅比普通住宅节约用地 40%。(三) 三位一体，节约资金。复式住宅把建筑工程、装饰工程和家具融为一体，以土建为骨架，木料作隔断，在隔断中形成墙、床柜等各种家具，节约了建设资金。复式住宅设计中，对防水、防火、隔声、通风、采光的要求较高，因此，需合理布局。

【附着物】也称“定着物”。（见**【定着物】**）

Gg

G

【高层住宅】10 层及以上的居住建筑。按照国家《民用建筑设计统一标准》（GB 50352—2019），建筑高度大于 27.0m 的住宅建筑，且高度不大于 100.0m 的，为高层民用建筑。建筑高度大于 100.0m 为超高层建筑。一般建筑按层数划分时，住宅建筑 10 层及以上为高层。

【个人住房贷款】也称“个人住房担保贷款”，简称“房贷”，指贷款人向借款人发放的用于购买自用普通住房的贷款。包括住房公积金贷款和商业贷款。贷款人指经中国人民银行批准设立的商业银行；借款人指具有完全民事行为能力的自然人。根据中国人民银行《个人住房贷款管理办法》，借款人申请个人住房贷款必须同时具备以下条件：(一) 具有城镇常住户口或有效居留身份；(二) 有稳定的职业和收入，信用良好，有偿还贷款本息的能力；(三) 具有购买住房的合同或协议；(四) 不享受购房补贴的以不低于所购住房全部价款的30％作为购房的首期付款；享受购房补贴的以个人承担部分的30％作为购房的首期付款；（五）有贷款人认可的资产作为抵押或质押，或有足够代偿能力的单位或个人作为保证人；（六）贷款人规定的其他条件。借款人满足上述条件的，应直接向贷款人提出借款申请。贷款人自收到贷款申请及符合要求的资料之日起，应在三周内向借款人正式答复。贷款人审查同意后，按照《贷款通则》的有关规定，向借款人发放住房贷款。贷款人发放贷款的数额，不得大于房地产评估机构评估的拟购买住房的价值。贷款期限由贷款人根据实际情况合理确定，但最长不得超过20年。

【个人住房贷款利率】个人住房贷款利息数额与借款本金的比例。是借款双方计算借款利息的依据。个人住房贷款利率由中国人民银行统一管理。分商业银行个人住房贷款利率和住房公积金个人住房贷款利率。中国人民银行《个人住房贷款管理办法》规定，（一）用信贷资金发放的个人住房贷款利率按法定贷款利率（不含浮动）减档执行。即，贷款期限为1年期以下（含1年）的，执行半年以下（含半年）法定贷款利率；期限为1至3年（含3年）的，执行6个月至1年期（含1年）法定贷款利率；期限为3至5年（含5年）的，执行1至3年期（含3年）法定贷款利率；期限为5至10年（含10年）的，执行3至5年（含5年）法定贷款利率；期限为10年以上的，在3至5年（含5年）法定贷款利率基础上适当上浮，上浮幅度最高不得超过5％。（二）用住房公积金发放的个人住房贷款利率在3个月整存整取存款利率基础上加点执行。贷款期限为1年至3年（含3年）的，加1.8个百分点；期限为3至5年（含5年）的，加2.16个百分点；期限为5至10年（含10年）的，加2.34个百分点；期限为10至15年（含15年）的，加2.88个百分点；期限为15年至20年（含20年）的，加3.42个百分点。（三）个人住房贷款期限在1年以内（含1年）的，实行合同利率，遇法定利率调整，不分段计息；贷款期限在1年以上的，遇法定利率调整，于下年初开始，按相应利率档次执行新的利率规定。

【个人住房贷款占比上限】房地产贷款集中度管理要求规定的中资银行业金融机构个人住房贷款余额占比不得突破的最高指标界线。个人住房贷款余额占比指银行业金融机构个人住房贷款余额占该机构人民币各项贷款余额的比例。计算公式为：个人住房贷款占比＝个人住房贷款余额/人民币各项贷款余额×100％。《中国人民银行、中国银行保险监督管理委员会关于建立银行业金融机构房地产贷款集中度管理制度的通知》明确，根据银行业金融机构的资产规模、机构类型等因素，分档设定房地产贷款集中度管理要求。其中个人住房贷款占比上限共分五档。分别是：中资大型银行 32.5%；中资中型银行 20%；中资小型银行和非县域农合机构 17.5%；县域农合机构 12.5%；村镇银行 7.5%。房地产贷款集中度管理要求自 2021 年 1 月 1 日起实施。

【个人住房担保贷款】也称“个人住房贷款”。（见【个人住房贷款】）

【耕地】种植农作物的土地。包括熟地、新开发、复垦、整理地、休闲地（含轮歇地、休耕地）；以种植农作物（含蔬菜）为主，间有零星果树、桑树或其他树木的土地；平均每年能保证收获一季的已垦滩地和海涂。耕地中还包括南方宽小于 1.0m，北方宽小于 2.0m 固定的沟、渠、路和田坎（埂）；临时种植药材、草皮、花卉、苗木等的耕地，临时种植果树、茶树和林木且耕作层未破坏的耕地，以及其他临时改变用途的耕地。在《土地利用现状分类》（GB/T 21010—2017）中，耕地为一级类，其中包括水田、水浇地、旱地 3 个二级类。

【耕地保有量】土地统计指标。指截至某一时点一定区域内的耕地总量。某一时点耕地保有量等于上一年结转的耕地数量，扣除年内各项建设占用耕地的数量和农业结构调整占用及生态退耕的数量，加上年内土地开发、复垦和土地整理增加的耕地数量。2017 年《中共中央　国务院关于加强耕地保护和改进占补平衡的意见》提出，到 2020 年，全国耕地保有量不少于 18.65 亿亩，永久基本农田保护面积不少于 15.46 亿亩，确保建成 8 亿亩、力争建成 10 亿亩高标准农田。

【耕地非农化】违规占用耕地开展非农建设的行为。根据《国务院办公厅关于坚决制止耕地“非农化”行为的通知》，耕地“非农化”行为包括：（一）违规占用耕地及永久基本农田绿化造林；（二）违规占用耕地在铁路、国道省道（含高速公路）、县乡道路两侧用地范围以外，河渠两侧、水库周边超标准建设绿化带；（三）违规占用耕地挖湖造景；（四）违规占用永久基本农田扩大自然保护地；（五）违规占用耕地从事非农建设。耕地“非农化”是对最严格的耕地保护制度的破坏，必须坚决制止。

【耕地红线】经常进行耕种的土地面积的最低值。包括国家耕地红线和地方耕地红线。2016 年，经国务院同意，国土资源部印发《全国土地利用总体规划纲要（2006—2020年）调整方案》，对全国及各省（区、市）耕地保有量、基本农田保护面积、建设用地总规模等指标进行调整，并对土地利用结构和布局进行优化。调整后，到2020年，全国耕地保有量为18.65亿亩，基本农田为15.46亿亩，建设用地总规模控制在4071.93万公顷（61079万亩）。2017年《中共中央国务院关于加强耕地保护和改进占补平衡的意见》进一步明确，到2020年，全国耕地保有量不少于18.65亿亩。18亿亩，即我国的耕地红线。

G

【耕地占补平衡制度】也称“占用耕地补偿制度”。（见【占用耕地补偿制度】）

【耕地占用税】在中华人民共和国境内占用耕地建设建筑物、构筑物或者从事非农业建设应缴纳的税。占用耕地建设建筑物、构筑物或者从事非农业建设的单位和个人为耕地占用税的纳税人。耕地占用税以纳税人实际占用的耕地面积为计税依据，按照规定的适用税额一次性征收，应纳税额为纳税人实际占用的耕地面积（平方米）乘以适用税额。耕地占用税的发生时间为纳税人收到主管部门办理占用耕地手续的书面通知的当日。纳税人自纳税义务发生之日起三十日内申报缴纳耕地占用税。自然资源主管部门凭耕地占用税完税凭证发放建设用地批准书。根据《耕地占用税法》，占用耕地建设农田水利设施的，不缴纳耕地占用税。军事设施、学校、幼儿园、社会福利机构、医疗机构占用耕地，免征耕地占用税。

【耕地占用税税额】法律规定按一定单位面积缴纳耕地占用税的金额。《耕地占用税法》规定，耕地占用税的税额如下：（一）人均耕地不超过一亩的地区（以县、自治县、不设区的市、市辖区为单位，下同），每平方米为十元至五十元；（二）人均耕地超过一亩但不超过二亩的地区，每平方米为八元至四十元；（三）人均耕地超过二亩但不超过三亩的地区，每平方米为六元至三十元；（四）人均耕地超过三亩的地区，每平方米为五元至二十五元。在人均耕地低于零点五亩的地区，省、自治区、直辖市可以根据当地经济发展情况，适当提高耕地占用税的适用税额，但提高的部分不得超过本法第四条第二款确定的适用税额的百分之五十。

【更正登记】“不动产更正登记”的简称。（见【不动产更正登记】）

【工程建设工法】简称“建筑工法”，指以工程为对象，以工艺为核心，运用系统工程原理，把先进技术和科学管理结合起来，经过一定工程实践形成的综合配套的施工方法。分为房屋建筑工程、土木工程、工业安装工程三个类别。《工程建设工法管理办法》规定，工法分为企业级、省（部）级和国家级，实施分级管理。企业级工法由建筑施工企业根据工程特点开发，通过工程实际应用，经企业组织评审和公布。省（部）级工法由建筑施工企业自愿申报，经省、自治区、直辖市住房城乡建设主管部门或国务院有关部门（行业协会）、中央管理的有关企业组织评审和公布。国家级工法由建筑施工企业自愿申报，经省（部）级工法主管部门推荐，由住房城乡建设部组织评审和公布。工法必须符合国家工程建设的方针、政策和标准，具有先进性、科学性和适用性，能保证工程质量安全、提高施工效率和综合效益，满足节约资源、保护环境等要求。

【工程建设项目招标投标】也称“建设工程招标投标”。（见【建设工程招标投标】）

【工程质量保修】“建筑工程质量保修”的简称。（见【建筑工程质量保修】）

【工程质量保修期】“建筑工程质量保修期限”的简称。（见【建筑工程质量保修期限】）

【工程质量保修书】“建筑工程质量保修书”的简称。（见【建筑工程质量保修书】）

【工程质量保证金】“建筑工程质量保证金”的简称。（见【建筑工程质量保证金】）

【工程质量监督管理】主管部门依据有关法律法规和工程建设强制性标准，对工程实体质量和工程建设、勘察、设计、施工、监理单位和质量检测等单位的工程质量行为实施监督的行政行为。工程质量管理的一项基本制度。工程实体质量监督，指主管部门对涉及工程主体结构安全、主要使用功能的工程实体质量情况实施的监督。工程质量行为监督，指主管部门对工程质量责任主体和质量检测等单位履行法定质量责任和义务的情况实施的监督。工程质量监督管理包括下列内容：（一）执行法律法规和工程建设强制性标准的情况；（二）抽查涉及工程主体结构安全和主要使用功能的工程实体质量；（三）抽查工程质量责任主体和质量检测等单位的工程质量行为；（四）抽查主要建筑材料、建筑构配件的质量；（五）对工程竣工验收进行监督；（六）组织或者参与工程质量事故的调查处理；（七）定期对本地区工程质量状况进行统计分析；（八）

依法对违法违规行为实施处罚。根据国家有关规定，国务院住房和城乡建设主管部门负责全国房屋建筑和市政基础设施工程质量监督管理工作。县级以上地方人民政府建设主管部门负责本行政区域内工程质量监督管理工作。工程质量监督管理的具体工作由县级以上地方人民政府建设主管部门委托所属的工程质量监督机构实施。

【工矿仓储用地】主要用于工业生产和物资存放场所的土地。在《土地利用现状分类》（GB/T 21010—2017）中，工矿仓储用地为一级类，其中包括工业用地、采矿用地、盐田、仓储用地 4 个二级类。

【工业用地】城市规划用语。指城市中工矿企业的生产车间、库房、堆场、构筑物及其附属设施（包括其专用的铁路 、码头和道路等）的建设用地。城市建设用地的一种。根据《城市用地分类与规划建设用地标准》（GB 50137—2011），工业用地分为三类：一类工业用地，指对居住和公共环境基本无干扰、污染和安全隐患的工业用地；二类工业用地，指对居住和公共环境有一定干扰、污染和安全隐患的工业用地；三类工业用地，指对居住和公共环境有严重干扰、污染和安全隐患的工业用地。

【工业用地出让最低价标准】由国家制定并颁布的，各地人民政府在出让工业用地，确定土地使用权出让价格时必须执行的最低控制标准。为贯彻落实《国务院关于加强土地调控有关问题的通知》精神，加强对工业用地的调控和管理，促进土地节约集约利用，2006 年，国土资源部根据土地等级、区域土地利用政策等，统一制订了《全国工业用地出让最低价标准》，并规定，工业用地必须采用招标拍卖挂牌方式出让，其出让底价和成交价格均不得低于所在地土地等别相对应的最低价标准。各地国土资源管理部门在办理土地出让手续时必须严格执行该标准，不得以土地取得来源不同、土地开发程度不同等各种理由对规定的最低价标准进行减价修正。低于最低价标准出让工业用地，或以各种形式给予补贴或返还的，属非法低价出让国有土地使用权的行为，要依法追究有关人员的法律责任。《全国工业用地出让最低价标准》自 2007 年 1 月 1 日起实施。

【公地地租】中华人民共和国成立初期城市人民政府对出租的国有土地收取的地租。计算标准由地方政府根据本地区情况自行制定。一般有两种计算方式：（一）以标准地价为基数乘以租率即为租金额。计算公式为：租金额＝租地面积×标准地价×租率。（二）按土地面积、地段和使用性质分别规定租金单价，即每月每平方米的地租额。

【公房】房管用语。“公有房屋”的简称。（见【公有房屋】）

【公房租金】房管用语。“公有住房租金”的简称。（见【公有住房租金】）

【公房租赁关系】房管用语。指公房出租人与承租人之间就房屋租赁建立的法律关系。公房租赁关系在公有房屋租赁行为中主要表现为房管部门根据房屋租赁契约（合同）将公房出租给单位或个人使用，收取租金，并视房屋的完好状况进行必要的维修、养护，保证承租人的居住或使用安全；承租人则有按照租约取得使用公房的权利，并有遵守租约规定，按期交纳房租，爱护公房设施和设备的义务。公房租赁关系的建立和终止，应按照国家规定的程序进行，充分体现出租人与承租人自愿、协商的平等原则。

【公共财产】所有权属于国家的各种财产。包括国有的土地、森林、山岭、草原、荒地、滩涂和其他海陆自然资源；国家控制国计民生的专有财产，如铁路、航空、公路、水运、港口、银行、邮电、广播等部门的装备、设备和其他财产；各级国家机关和各类全民所有制企业、事业单位的财产；历史文物、名胜古迹、风景游览区、自然保护区，以及不能证实属于个人或集体所有的，具有经济、文化和科学价值的财产；国家在国外的财产和属于国家所有的其他财产。

【公共服务设施用地】城市规划用语。指与居住区人口规模相对应配建的、为居民服务和使用的各类设施的用地。居住区公共服务设施包括教育、医疗卫生、文化体育、商业服务、金融邮电、市政公用、行政管理和其他八类设施。

【公共管理与公共服务用地】主要用于机关团体、新闻出版、科教文卫、公共设施等的土地。在《土地利用现状分类》（GB/T 21010—2017）中，公共管理与公共服务用地为一级类，其中包括机关团体用地、新闻出版用地、教育用地、科研用地、医疗卫生用地、社会福利用地、文化设施用地、体育用地、公用设施用地、公园与绿地 10 个二级类。

【公共建筑】供人们从事政治、文化活动、行政办公以及其他商业、生活服务等公共事业用的建筑物。城市建筑的一类。公共建筑按其使用功能特点可以分为：（一）生活服务性建筑：食堂、菜场、浴室等；（二）文教建筑：学校、图书馆等；（三）科研建筑：研究所、科学实验楼等；（四）医疗建筑：

医院、疗养院等；（五）托儿所、幼儿园等；（六）行政办公建筑：各种办公楼等；（七）商业建筑：商店、商场等；（八）交通建筑：车站、客运站、航空港、地铁站等；（九）广播通信建筑：邮电所、广播台、电视塔等；（十）体育建筑：体育馆、体育场、游泳池等；（十一）观演建筑：电影院、剧场、杂技场等；（十二）展览建筑：展览馆、博物馆等；（十三）旅馆建筑：各类旅馆、宾馆等；（十四）园林建筑：公园等；（十五）纪念性建筑：纪念堂、纪念碑等。

【公共设施用地】城市规划用语。指城市中为社会服务的行政、经济、文化、教育、卫生、体育、科研及设计等机构或设施的建设用地。城市用地的一类。

【公共屋村】香港房地产用语。简称“公屋”，指由政府出资拨款，以低价批地和低息贷款资助，由香港房屋委员会兴建，用于出租给符合《轮候公屋登记册》收入限额的低收入者的住宅群。公共屋村一般由房屋委员会管理。

【公共租赁住房】简称“公租房”，指限定建设标准和租金水平，面向符合规定条件的城镇中等偏下收入住房困难家庭、新就业无房职工和在城镇稳定就业的外来务工人员出租的普通住房。具有保障性质。公共租赁住房一般由政府投资，也可以由政府提供政策支持、社会力量投资，通过新建、改建、收购、长期租赁等多种方式筹集。公共租赁住房采取申请、轮候方式配租，租赁期限一般不超过 5 年。承租人根据合同约定，按时支付租金。公共租赁住房租金标准由城市住房保障主管部门按照略低于同地段住房市场租金水平确定。租赁期届满需要续租的，承租人应当在租赁期满 3 个月前向当地政府住房保障主管部门提出申请。经审核符合条件的，准予续租，并签订续租合同。

【公共租赁住房档案】在公共租赁住房管理工作中形成的，或者依法取得的具有保存价值的文字、图表、声像等不同形式的历史记录。分为公共租赁住房对象档案和公共租赁住房房源档案。

【公共租赁住房建设标准】国家对集中式公共租赁住房设计建造标准所作的规定和要求。公共租赁住房按照使用对象和使用功能，分为宿舍型和成套型两类。根据《住房和城乡建设部办公厅关于集中式租赁住房建设适用标准的通知》，新建宿舍型租赁住房应执行《宿舍建筑设计规范》及相关标准；改建宿舍型租赁住房应执行《宿舍建筑设计规范》或《旅馆建筑设计规范》及相关标准。新建或改建成套型公共租赁住房应执行《住宅建筑规范》

及相关标准。集中式租赁住房可根据市场需求和建筑周边商业服务网点配置等实际情况，增加相应服务功能。（一）宿舍型租赁住房建筑内公共区域可增加公用厨房、文体活动、商务、网络宽带、日用品零售、快递收取等服务空间。房间内应加大储物空间，增加用餐、会客、晾衣空间，应设置信息网络接入点；可设置卫生间、洗浴间和起居室。新建宿舍型租赁住房应设置机动车停车位，并预留电动汽车、电动自行车充电设施空间。（二）成套型租赁住房按《城市居住区规划设计标准》和《完整居住社区建设标准（试行）》建设配套设施。当项目规模未达到标准规定应配建配套设施的最小规模时，宜与相邻居住区共享教育、社区卫生服务站等公共服务设施。

【公共租赁住房配租】公共租赁住房的供应方式。根据《公共租赁住房管理办法》，公共租赁住房配租由以下环节组成，（一）申请。申请人根据规定，向住房保障主管部门提交申请材料。（二）审核。住房保障主管部门会同有关部门，对申请人提交的申请材料进行审核。（三）轮候。对符合申请条件的申请人，登记为公共租赁住房轮候对象。（四）公布配租方案。公共租赁住房房源确定后，住房保障主管部门制定配租方案并向社会公布。（五）意向登记。轮候对象可以按照配租方案，到住房保障主管部门进行意向登记，并接受资格复审。（六）配租排序。对复审通过的轮候对象，住房保障主管部门可以采取综合评分、随机摇号等方式，确定配租对象与配租排序。（七）选房。配租对象按照配租排序选择公共租赁住房。（八）签订合同。配租对象选定公共租赁住房后，公共租赁住房所有权人或者其委托的运营单位与配租对象签订书面租赁合同。配租环节要求全程公开透明，接受社会监督。

【公共租赁住房腾退】承租人失去承租公租房的资格后，按规定履行腾空、退回承租房屋的义务。按照国家有关规定，承租人有下列情形之一的，应当腾退公共租赁住房：（一）提出续租申请但经审核不符合续租条件的；（二）租赁期内，通过购买、受赠、继承等方式获得其他住房并不再符合公共租赁住房配租条件的；（三）租赁期内，承租或者承购其他保障性住房的。承租人不愿腾退的，公共租赁住房的所有权人或者其委托的运营单位可以向人民法院提起诉讼，要求承租人腾退公共租赁住房。

【公共租赁住房退回】对承租人违反《公共租赁住房租赁合同》有关约定给予的解除租赁关系，责令交还租赁住房的处罚。按照国家有关规定，承租人有下列行为之一的，应当退回公共租赁住房：（一）转借、转租或者擅自调换所承租公共租赁住房的；（二）改变所承租公共租赁住房用途的；（三）破坏或者擅自装修所承租公共租赁住房，拒不恢复原状的；（四）在公共租赁住房内从事违法活动的；（五）无正当理由连续6个月以上闲置公共租赁住房的。承租人拒不退回公共租赁住房的，市、县级人民政府住房保障主管部门应当责令其限期退回；逾期不退回的，市、县级人民政府住房保障主管部门可以依法申请人民法院强制执行。

【公共租赁住房与廉租住房并轨】将我国住房保障体系中公共租赁住房与廉租住房合并管理，统一命名的行政措施。公共租赁住房和廉租住房是我国住房保障体系中针对不同收入群体家庭的两类租赁住房，根据《国务院批转发展改革委关于2013年深化经济体制改革重点工作意见的通知》和《国务院办公厅关于保障性安居工程建设和管理的指导意见》等文件精神，从2014年起，公共租赁住房和廉租住房并轨运行，并轨后统称为“公共租赁住房”。

【公共租赁住房运行管理】公共租赁住房的所有权人，或其委托的运行管理机构依照有关规定对公共租赁住房的分配、运营、使用、退出和管理的行为。根据《公共租赁住房运行管理标准》（JGJ/T 433—2018），公共租赁住房运行管理包括承租人管理、配租、合同与租金管理、运行与维护、退出、档案管理等。（一）承租人管理。指对公租房承租人承租资格的确认。《公共租赁住房管理办法》规定，申请人应当根据市、县级人民政府住房保障主管部门的规定，提交申请材料，以上主管部门应会同有关部门对申请人提交的申请材料进行审核。经审核，对符合申请条件的，应当予以公示，经公示无异议或者异议不成立的，登记为公共租赁住房轮候对象，并向社会公开。（二）配租。指运行机构向公租房轮候对象提供房源，并组织选房。公共租赁住房房源确定后，市、县级人民政府住房保障主管部门应当制定配租方案并向社会公布。轮候对象可以按照配租方案，到运行管理进行意向登记。管理机构采取综合评分、随机摇号等方式，确定配租对象与配租排序。配租对象与配租排序确定后，配租对象按照配租排序选择公共租赁住房。（三）合同与租金管理。选房确定后，公租房运行机构与承租人签订公共租赁住房租赁合同。合同内容包括租赁期限、租金数额和支付方式等。公共租赁住房租赁期限一般不超过5年。（四）运行与维护。指公租房运行机构为承租人提供公共租赁住房及其配套设施的日常维修养护服务，确保公共租赁住房的正常使用。（五）退出。指公租房租赁协议到期或承租人有租赁协议规定的退租行为，解除租赁关系。分主动退出、被动退出。主动退出指公租房租赁协议到期，承租人主动提出解除租赁关系；被动退出指承租人有违反租赁协议的行为，按合同约定解除租赁关系。（六）档案管理。指公租房管理运行机构对公租房运行过程资料进行收集、整理、归档和保管。公共租赁住房运行管理过程应秉持公开、公平、公正和诚实守信的原则，接受社会监督。

【公共租赁住房资产】地方政府住房保障主管部门持有的，纳入城镇住房保障规划和年度计划，向符合条件的保障对象提供的住房。公租房资产包括公租房项目中的住宅，以及配套的非住宅资产，包括公共用房、经营性用房、车位、设施设备用房等房屋建筑。

【公共租赁住房资产卡片】记载公租房资产及变动情况的卡片。分为主卡片和子卡片。主卡片按公租房项目建立，主要填写内容为：卡片编号、资产名称、产权所有人、位置、住宅套数、账面价值、累计折旧、账面余额、总建筑面积、占地面积等信息。在主卡片下建立相应的子卡片。子卡片主要填写内容为：子卡片编号、主卡片资产名称、资产类型、地址、账面价值、累计折旧、账面余额、建筑面积、租金标准等信息。公租房交付使用后，管理部门应根据会计账簿及项目交付使用验收单等资料建立公租房资产卡片。公租房因合并、分立、改扩建，资产名称、账面价值、套数、建筑面积、占地面积等发生变更的，应及时变更资产卡片相应的信息。公租房资产因使用人发生变更的，应根据租赁合同、领交房手续等凭证及时更新资产卡片相应的信息。公租房资产管理应保持“账、卡、物”一致。

【公共租赁住房资产配置】公共租赁住房资产的获得。根据《公共租赁住房资产管理暂行办法》，公共租赁住房资产管理贯彻“合理配置、高效使用、规范处置”的原则。资产配置的依据主要是：（一）城镇保障性安居工程规划或年度计划；（二）公租房实际需求；（三）公租房资产存量情况及绩效评价结果；（四）政府财力及债务状况等。城市住房保障主管部门每年应组织编制本级政府公租房资产配置计划，随部门预算一同上报财政部门，申请资金纳入部门预算。公租房资产配置方式包括建设（含改扩建）、购置、调剂、接受捐赠等。

【公共租赁住房租金】公共租赁住房的租赁价格。根据国家的有关政策，公共租赁住房是向中等偏下收入住房困难家庭、新就业无房职工和在城镇稳定就业的外来务工人员出租的保障性住房，其租赁价格按照略低于同地段住房市场租金水平的原则确定。公共租赁住房供应单位确定租金标准后，需报同级人民政府批准，并向社会公布。公共租赁住房租赁期间，租金标准可随市场变化定期调整。

【公共租赁住房租赁合同】租赁双方当事人就公共租赁住房租赁事宜协商一致达成的书面文件。公共租赁住房租赁合同一般应包括以下内容：（一）合同当事人的名称或姓名；（二）房屋的位置、用途、面积、结构、室内设施和设备，以及使用要求；（三）租赁期限、租金数额和支付方式；（四）房屋维修责任；（五）物业服务、水、电、燃气、供热等相关费用的缴纳责任；（六）退回公共租赁住房的情形；（七）违约责任及争议解决办法；（八）其他应当约定的事项。合同签订后，公共租赁住房所有权人或者其委托的运营单位应当在30日内将合同报市、县级人民政府住房保障主管部门备案。

【公积金】“住房公积金”的简称。（见【住房公积金】）

【公开市场业务】中央银行在证券市场公开买卖各种政府证券，以控制货币供给量及影响利率水平的行为。一种货币政策工具。公开市场业务政策主要通过影响商业银行体系的实有准备金来进一步影响商业银行信贷量的扩大和收缩，进而影响货币供应量的变动；同时，通过影响证券市场价格的变动来影响市场利率水平。其基本操作过程是中央银行根据经济形势的变化，当需要收缩银根时，就卖出证券，反之，则买进证券。中央银行出售证券时，经过票据交换和清算后，必然导致银行体系的准备金减少，通过货币乘数作用，缩小商业银行的放款规模，银根紧缩，货币供应量减少，抑制过度需求；同时，中央银行大量出售债券，引发证券价格下跌，市场利率提高，减少社会投资，抑制投资过热和消费过热的经济状况。反之，中央银行购进证券，即会出现相反的经济过程，表现为信贷规模扩张、货币供给量增加、市场利率下降、刺激投资和消费的扩张，进而刺激经济发展。

【公示地价系数修正法】利用城镇基准地价、标定地价等政府公示地价及其地价修正系数表等成果，按照替代原则，将待估宗地的区域条件和个别条件等与公示地价的条件相比较，进而通过修正求取待估宗地在估价期日价格的方法。土地估价方法之一。分为基准地价系数修正法和标定地价系数修正法。

【公司】依照《公司法》设立的以

营利为目的企业法人，包括有限责任公司和股份有限公司。企业组织形式的一种。有限责任公司指股东以其认缴的出资额为限对公司承担责任的公司；股份有限公司指股东以其认购的股份为限对公司承担责任的公司。根据《公司法》，设立公司，应当依法向公司登记机关申请设立登记。符合法律规定的设立条件的，由公司登记机关分别登记为有限责任公司或者股份有限公司，发给公司营业执照。公司营业执照载明公司的名称、住所、注册资本、经营范围、法定代表人姓名等事项。公司从事经营活动，必须遵守法律、行政法规，遵守社会公德、商业道德，诚实守信，接受政府和社会公众的监督，承担社会责任。公司的合法权益受法律保护，不受侵犯。公司可以设立分公司。设立分公司，应当向公司登记机关申请登记，领取营业执照。分公司不具有法人资格，其民事责任由公司承担。公司可以设立子公司，子公司具有法人资格，依法独立承担民事责任。

【公私合营产】房管用语。指我国在对资本主义工商业进行社会主义改造时，随同资本家的其他资本一并投入公私合营企业的房产。这部分房产同投入公私合营企业的其他资本一样，资本家向国家领取定息。1966 年 9 月，国家批准公私合营企业改为国营企业，取消了资本家的定息，这部分房产即成为全民所有制房产。

【公私同幢】房管用语。指城市房产中，公有房产和私有房产同存于一幢房屋中的现象。

【公田】“私田”的对称。也称“官田”，中国古代土地所有制形式之一。史料记载，中国古代殷周时实行“井田制”，井字形田块中间一块为公田，由四周私田农民共同耕种，收益全部归公。“雨我公田，遂及我私”（《诗·小雅·大田》）。

【公田法】中国南宋末年朝廷强制征购私人土地的法令。南宋末年朝廷财政窘迫，丞相贾似道接受知临安府刘良贵、浙西转运使吴势卿建议，奏准朝廷于景定四年（公元 1263 年）施行公田法，由政府出资征购平江、江阴、安吉、嘉兴、常州、镇江六郡超过限田额的私有土地。征购价格按土地产量计算，亩产满一石的给二百贯，以下依次递减。南宋灭亡后，元朝政府接管此项田产，成为江南官田的重要组成部分。

【公用设施用地】用于城乡基础设施的用地。包括供水、排水、污水处理、供电、供热、供气、邮政、电信、消防、环卫、公用设施维修等用地。《土地利用现状分类》

（GB/T 21010—2017）“公共管理与公共服务用地”下一个二级土地类型。

【公有房屋】房管用语。简称“公房”，广义指全民所有和集体所有的房屋及其附属设施。全民所有房屋，即国家所有房屋。我国计划经济时期，国家按照统一领导、分级管理的原则，将公有房屋授权国家机关、人民团体、企事业单位和部队等分别管理。这些单位在国家授权范围内，对国有房屋行使占有、使用、收益和处分的权利，同时，负有保护国有房产不受损失的义务。授权单位转移国有房产，必须经上级主管机关批准和房产管理机关同意。集体所有房屋，即社会主义劳动群众集体组织所有的房产。集体组织依法对其所有的房产享有占有、使用、收益和处分的权利。狭义仅指由政府房产管理部门直接管理的房屋，又称“直管公房”。

【公有住房出售】房改用语。指将房产管理部门和企事业单位建造的住房以成本价向租住的职工和居民出售的政策。我国住房制度改革的主要政策之一。主要做法是，政府统一建房，以成本价向租住职工或居民出售，购房职工或居民可以一次性付款，也可以分期付款。

【公有住房维修基金】公有住房出售时设立的，用于房屋共用部位、共用设施设备维修、更新的专项资金。根据国家的有关规定，公有住房售后的维修基金来源于两部分：（一）售房单位按照一定比例从售房款中提取，原则上多层住宅不低于售房款的20%，高层住宅不低于售房款的30%。该部分基金属售房单位所有。（二）购房者按购房款2%的比例向售房单位缴交维修基金。售房单位代为收取的维修基金属全体业主共同所有。维修基金应当在银行专户存储，专款专用。维修基金明细户一般按户设置。业主委员会成立前，维修基金的使用由售房单位或售房单位委托的管理单位提出使用计划，经当地房地产行政主管部门审核后划拨。业主委员会成立后，维修基金的使用由物业管理企业提出年度使用计划，经业主委员会审定后实施。维修基金不敷使用时，经当地房地产行政主管部门或业主委员会研究决定，按业主占有的住宅建筑面积比例向业主续筹。业主转让房屋所有权时，结余维修基金不予退还，随房屋所有权同时过户。因房屋拆迁或者其他原因造成住房灭失的，维修基金代管单位应当将维修基金账面余额按业主个人缴交比例退还给业主。

【公有住房租金】房管用语。简称“公房租金”，指我国计划经济时期由城市房管部门直接管理的公有住房的出租价格。公有房屋租金的构成因素包括：（一）折旧费、（二）维修费、（三）管理费、（四）税金、（五）利息、（六）保险费、（七）利润、（八）地租。由（一）至（三）项因素构成的租金称为“准成本租金”“福利租金”，是我国计划经济时期公有住房的租赁价格；（一）至（五）项因素构成的租金称为“成本租金”；（一）至（八）项因素构成的租金称为“商品租金”或“市场租金”。

【公寓】一指分户居住的多层或高层住宅建筑。每层有两套至数套独用的房间，每套有独立的卧室、起居室、厨房、卫生间等。楼梯一般合用，六层以上的公寓通常设有电梯。一指商业地产投资中的一种商住两用建筑，既可用于商务、办公，称为“商务公寓”，又可用于酒店，称为“酒店式公寓”。公寓的装修标准差异很大，既有以自住为主的普通公寓，又有以出租为主的高标准豪华公寓。

【公园与绿地】城镇、村庄范围内公园、动物园、植物园、街心花园、广场和用于休息、美化环境及防护的绿化用地。《土地利用现状分类》（GB/T 21010—2017）“公共管理与公共服务用地”下一个二级地类。

【公债】也称“政府性债务”。（见【政府性债务】）

【公证】公证机构根据自然人、法人或者其他组织的申请，依照法定程序对民事法律行为、有法律意义的事实和文书的真实性、合法性予以证明的活动。国家预防纠纷、维护法制、巩固法律秩序的一种司法手段。根据《公证法》，公证分为：（一）合同公证；（二）继承公证；（三）委托、声明、赠与、遗嘱公证；（四）财产分割公证；（五）招标投标、拍卖公证；（六）婚姻状况、亲属关系、收养关系公证；（七）出生、生存、死亡、身份、经历、学历、学位、职务、职称、有无违法犯罪记录公证；（八）公司章程公证；（九）保全证据公证；（十）文书上的签名、印鉴、日期，文书的副本、影印本与原本相符公证；（十一）自然人、法人或者其他组织自愿申请办理的其他公证。公证由依法设立，不以营利为目的，依法独立行使公证职能、承担民事责任的机构承担。经公证的民事法律行为、有法律意义的事实和文书，应当作为认定事实的根据；对经公证的以给付为内容并载明债务人愿意接受强制执行承诺的债权文书，债务人不履行或者履行不适当的，债权人可以依法向有管辖权的人民法院申请执行。

【公证机构】依法设立，不以营利为目的，独立行使公证职能、承担民事责任的证明机构。设立公证机构，应当具备下列条件：（一）有自己的名称；（二）有固定的场所；（三）有二名以上公证员；（四）有开展公证业务所必需的资金。由所在地的司法行政部门报省、自治区、直辖市人民政府司法行政部门按照规定程序批准后，颁发公证机构执业证书。根据《公证法》，公证机构按照统筹规划、合理布局的原则，可以在县、不设区的市、设区的市、直辖市或者市辖区设立；在设区的市、直辖市可以设立一个或者若干个公证机构。公证机构不按行政区划层层设立。依法设立的公证机构可以办理下列公证事项：（一）合同；（二）继承；（三）委托、声明、赠与、遗嘱；（四）财产分割；（五）招标投标、拍卖；（六）婚姻状况、亲属关系、收养关系；（七）出生、生存、死亡、身份、经历、学历、学位、职务、职称、有无违法犯罪记录；（八）公司章程；（九）保全证据；（十）文书上的签名、印鉴、日期，文书的副本、影印本与原本相符；（十一）自然人、法人或者其他组织自愿申请办理的其他公证事项。根据自然人、法人或者其他组织的申请，公证机构可以办理下列事务：（一）法律、行政法规规定由公证机构登记的事务；（二）提存；（三）保管遗嘱、遗产或者其他与公证事项有关的财产、物品、文书；（四）代写与公证事项有关的法律事务文书；（五）提供公证法律咨询。

【公证书】公证机构依法制作的司法文书。是公证机构行使国家公证证明权的集中体现。公证书的内容一般包括：当事人的姓名、公证证明的事项、公证机构的名称、公证文书的编号、办理公证的时间、公证员的签名、盖章和公证机构的印鉴等。根据《公证法》，公证书应当按照国务院司法行政部门规定的格式制作，由公证员签名或者加盖签名章并加盖公证机构印章。公证书应当使用全国通用的文字；在民族自治地方，根据当事人的要求，可以制作当地通用的民族文字文本。公证书自出具之日起生效。

【公证遗嘱】依法通过公证形式设立的遗嘱。遗嘱的一种。《民法典》规定，公证遗嘱由遗嘱人经公证机构办理。办理公证遗嘱应由遗嘱人亲自到公证机构口述或书写遗嘱，公证人员要对遗嘱的真实性、合法性进行认真审查，在确认其有效性后，由公证员出具《遗嘱公证书》。经公证的遗嘱由公证员和遗嘱人签名并加盖公证机构公章，制成一式两份，分别由公证机构和遗嘱人保存。公证遗嘱的变更和撤销也需经过公证机构。

【公证员】符合国家法律规定的条

件，在公证机构从事公证业务的执业人员。根据《公证法》，担任公证员，应当具备下列条件：（一）具有中华人民共和国国籍；（二）年龄二十五周岁以上六十五周岁以下；（三）公道正派，遵纪守法，品行良好；（四）通过国家统一法律职业资格考试取得法律职业资格；（五）在公证机构实习二年以上或者具有三年以上其他法律职业经历并在公证机构实习一年以上，经考核合格。从事法学教学、研究工作，具有高级职称的人员，或者具有本科以上学历，从事审判、检察、法制工作、法律服务满十年的公务员、律师，已经离开原工作岗位，经考核合格的，可以担任公证员。

【公转商贴息贷款】“住房公积金个人住房贷款转商业银行个人住房贷款”的简称。（见【住房公积金个人住房贷款转商业银行个人住房贷款】）

【公租房】“公共租赁住房”的简称。（见【公共租赁住房】）

【共同共有】两个或两个以上的民事主体，根据某种共同关系而对某项不动产或动产不分份额地共同享有权利并承担义务。共有的一种。《民法典》规定，不动产或者动产可以由两个以上组织、个人共有。共同共有具有以下法律特征：（一）共同共有根据共同的关系而产生，以共同关系的存在为前提；（二）在共同共有关系存续期间，共有财产不分份额；（三）在共同共有中，各共有人平等地对共有物享有权利并承担义务，共同共有人的权利及于整个共有财产，行使全部共有权；（四）共同共有人对共有物享有连带权利，承担连带责任。共同共有人对共有的不动产或者动产共同享有所有权。共有人按照约定管理共有的不动产或者动产；没有约定或者约定不明确的，各共有人都有管理的权利和义务。处分共有的不动产或者动产以及对共有的不动产或者动产作重大修缮、变更性质或者用途的，应当经全体共同共有人同意。因共有的不动产或者动产产生的债权债务，在对外关系上，共有人享有连带债权、承担连带债务；在共有人内部关系上，共同共有人共同享有债权、承担债务。

【共同共有物】“按份共有物”的对称，指两个或两个以上共有人对共有物享有平等的所有权的物。共有物的一种。共同共有反映出各共有人对共有物的权利不是按比例划分，而是及于共有物的全部。对共有物非经全体共有人的同意，共同共有人不得行使处分其共同共有物的权利。同时，共同共有人应以其共同共有物对外负有连带责任。

【共同沟】也称“地下综合管廊”。

G

G

（见【地下综合管廊】）

【共享经济】 指基于互联网平台，以获得一定报酬为目的的，使物品使用权在陌生人之间暂时转移，从而实现闲散资源价值的新经济模式。一般认为，共享经济的概念最早由美国德克萨斯州立大学教授马科斯·费尔逊和伊利诺伊大学社会学教授琼·斯潘思在论文 *Community Structure and Collaborative Consumption: A Routine Activity Approach* 中提出。其主要特点是，包括一个由第三方创建的、以信息技术为基础的市场平台。这个第三方可以是商业机构、组织或者政府。个体借助这个平台，交换物品，分享自己的知识、经验，或者向企业、某个创新项目筹集资金。2013 年 3 月，《经济学人》杂志在其封面文章第一次详细描述了“共享经济”场景。此后，共享经济模式逐渐被人们所认识，并开始进入人们的社会生活。在我国，最早引入的有金融领域的第三方支付、共享出行的滴滴打车、共享单车等。

【共有】 两个或两个以上民事主体共同享有某一项财产的所有权。分为按份共有和共同共有。按份共有，又称“分别共有”，指两个或两个以上民事主体按应有份额对共有物享有权利和分担义务；共同共有指两个或两个以上民事主体根据某种共同关系而对某项财产不分份额地共同享有权利和分担义务。共有具有以下法律特征：（一）共有财产所有权的主体总是两个或两个以上的人；（二）在客体方面，共有人对同一项财产享有所有权；（三）在权利义务方面，共有人之间按照法律规定或约定对共有财产行使占有、使用和处分的权利；（四）共有不是一种独立的所有权类型，而是一种相同性质或不同性质的所有权的组合。在共有中，对同一项财产都享有所有权的权利主体称为“财产共有人”；这项财产称为“共有财产”；各共有人因为财产共有而形成的权利、义务关系称为“共有关系”。

【共有产权住房】 简称“共有产权房”，指由政府提供政策优惠，按照有关标准建设，限定套型面积和销售价格，限制使用范围和处分权利，实行政府与购房人按份共有产权，面向符合规定条件的城镇中低收入住房困难家庭供应的普通住房。保障性住房的一种。根据《住房城乡建设部关于支持北京市、上海市开展共有产权住房试点的意见》，共有产权住房应以中小套型为主，面向符合规定条件的住房困难群体供应，优先供应无房家庭。采取申请、审核、轮候、摇号方式供应。共有产权房的产权为政府与购房人按份共有。购房人产权份额，参照共有产权住房所在项目的销售基准价格占相邻地段、相近品质商品住房价格的比例，予以合理折让后确定。共有产权房以自住为主，5年内不得上市转让。取得房地产权证满5年后，共有产权房可以上市转让或者由购房人购买政府产权份额。上市转让或者购买政府产权份额后，住房性质转变为商品住房。共有产权房是继经济适用房后对保障性住房的新的探索。

【共有产权房】“共有产权住房”的简称。(见【共有产权住房】)

【共有产权房产权】共有产权房的所有人（购房人）依法享有占有、使用和处分房产的权利。共有产权房产权具有以下特征：（一）所有人（购房人）应符合城镇中低收入住房困难家庭条件；（二）共有产权住房仅限于所有人自住；（三）共有产权房的产权为政府与购房人按份共有；（四）共有产权房5年内不得上市转让；（五）共有产权房转让，政府（共有人）有优先购买权。

【共有产权房价格】由各价格要素构成的共有产权住房的基准价格。根据国家有关政策，按套出售的共有产权房价格由基准价格加浮动幅度构成。集中建设的共有产权房基准价格主要由三部分构成：（一）开发成本，包括土地征收和安置补偿费；开发项目前期勘察、规划、建筑设计、施工通水、通电、通气、通路及平整场地等费用；房屋建筑安装工程费；小区用地规划红线以内，与住房同步配套建设的住宅小区基础设施建设费，以及小区规划要求建设的不能有偿转让的非营业性公共配套设施建设费；管理费；贷款利息等。（二）税金。（三）利润。共有产权住房的价格以保本微利为原则，房地产开发企业实施的项目利润率不得高于3%。浮动幅度根据城市房地产市场情况确定。

【共有产权房上市】购房人按规定转让共有产权住房的行为。共有产权住房属保障性住房，根据国家有关政策，共有产权房以自住为主，5年内不得上市转让。取得房地产权证满5年后，共有产权房可以上市转让或者由购房人购买政府产权份额。共有产权房转让，政府（共有人）有优先购买权。上市转让或者购买政府产权份额后，住房性质转变为商品住房。

【共有权】两个或两个以上的民事主体对同一项财产共同享有的所有权。《民法典》规定，不动产或者动产可以由两个以上组织、个人共有。共有权的法律特征是：（一）共有权的主体具有非单一性，须由两个或两个以上的自然人、法人或非法人组织构成。（二）共有物的所有权具有单一性。共有权的客体即共有物是同一项财产，共有权是一个所有权。（三）共有权的内容具有双重性，包括所有权具有的与非所有权人构成的对世性的权利义务关系，以及内部共有人之间的权利义务关系。（四）共有权具有意志或目的的共同性，基于共同的生活、生产和经营目的，或者基于共同的意志发生共有关系。共有权包括按份共有、共同共有和准共有。按份共有，指数个所有人按照既定的份额，对共有物共同享有权利和分担义务。共同共有，指两个或两个以上的民事主体，根据某种共同关系而对某项财产不分份额地共同享有权利并承担义务。准共有，指民事主体共同享有的权利不是所有权，而是所有权上设立的他物权，因此称为“准共有”，如用益物权或担保物权。

G

【共有物】两个或两个以上的民事主体均享有所有权的物。根据共有人对共有物所享有权利及相互间的关系，又可分为共同共有物和按份共有物。共有物的民事主体可以是公民和法人。共有物的产生可基于法律规定，如夫妻的共有物，也可以合买、共同接受赠与和承认继承等。

【勾地】香港房地产用语，指一种供地方式。亚洲金融危机之后，香港楼市泡沫破灭，楼市进入低迷时期。政府为避免土地被“贱卖”，推出勾地方式。其基本流程包括以下环节：（一）每年年初政府进行前期市场调研，了解市场土地需求情况；（二）根据市场的需求，制定年度土地出让的勾地表，并公示勾地表的所有土地；（三）开发商对有需求的土地进行勾地；（四）政府提前一个月对成功勾出的土地进行拍卖公示；（五）土地拍卖，以勾地者最初勾地价为底价，价高者得；（六）如无应价者，土地由勾地者以最初勾地价成交；（七）政府与土地购入者签署土地使用合同，办理相关手续。21 世纪初，勾地制度被引入内地。2006 年年初，国土资源部发文：有条件的地方，可以建立勾地制度。所谓“勾地制度”，即用地预申请制度，指土地主管部门根据市场情况，对纳入供地计划的土地预先向社会公布出让方案，有意愿者可以提出用地预申请并承诺愿意支付的土地价格。如果申请者的资格符合条件，且所提出的价格符合政府预期，主管部门以招拍挂方式公开出让该宗土地，价高者得，如无其他竞标者，土地由提出用地申请者以其承诺的土地价格成交。土地管理部门与其签订土地使用权出让合同。勾地制度增加了土地供求的透明度，是完善招拍挂方式的一种补充。

【构筑物】不能在其内部从事生产和生活的工程实体，如水塔、烟囱、挡土墙、贮水池等。

【购房组合贷款】“住房公积金与商业银行购房组合贷款”的简称。（见【住房公积金与商业银行购房组合贷款】）

【股份有限公司】股东以其认购的股份为限对公司承担责任，公司以其全部资产对公司债务承担责任的企业法人。公司组织形式的一种。分为发起设立或者募集设立两种方式。发起设立，指由发起人认购公司应发行的全部股份而设立公司；募集设立，指由发起人认购公司应发行股份的一部分，其余股份向社会公开募集或者向特定对象募集而设立公司。根据《公司法》，设立股份有限公司，应当具备下列条件：（一）发起人符合法定人数；（二）有符合公司章程规定的全体发起人认购的股本总额或者募集的实收股本总额；（三）股份发行、筹办事项符合法律规定；（四）发起人制订公司章程，采用募集方式设立的经创立大会通过；（五）有公司名称，建立符合股份有限公司要求的组织机构；（六）有公司住所。根据《公司法》，股东大会是公司的权力机构，由全体股东组成。股东大会会议由董事会召集，董事长主持，每年召开一次年会。股份有限公司的资本划分为股份，每一股的金额相等。公司的股份采取股票的形式。股票是公司签发的证明股东所持股份的凭证。股东持有的股份可以依法转让。公司可以依法合并、分立、增资、减资、解散。公司解散的，应向公司登记机关办理注销登记。

【股票】股份公司在筹集资本时向出资人按份额发行的股份凭证，用于证明其持有者（即股东）对股份公司的所有权。一种有价证券。股票是股东享有参加股东大会、投票表决、参与公司重大决策、收取股息或分享红利等权利的依据。每个股东所拥有的公司所有权份额的大小取决于其持有的股票数量占公司总股本的比重。股票一般可以通过买卖转让，股东能够通过股票转让收回其投资，但一般不能要求公司返还其出资。

【股票价格指数】简称“股指”，指由证券交易所或金融服务机构编制的，用于反映股市总体价格水平变动走势的指标。根据股价指数反映的价格走势所涵盖的范围，可以将股价指数分为反映整个市场走势的综合性指数和反映某一行业或某一类股票价格上势的分类指数；按照编制股价指数时纳入指数计算范围的股票样本数量，可以将股价指数分为全部上市股票价格指数和成分股指数。世界著名股票价格指数有：道·琼斯股票指数、标准普尔股票价格指数、纽约证券交易所股票价格指数、日经平均股价指数、

《金融时报》股票价格指数等。我国A股市场主要指数是上证综合指数、深成指数。

【股权】民事主体因投资于公司，成为股东而依法享有的权利。根据行使目的和方式的不同可分为自益权和共益权。自益权指股东基于自身利益诉求而享有的权利，可以单独行使，包括资产收益权、剩余财产分配请求权、股份转让权、新股优先认购权等；共益权指股东基于全体股东或者公司的利益诉求而享有的权利，包括股东会表决权、股东会招集权、提案权、质询权、公司章程及账册的查阅权、股东会决议撤销请求权等。

【固定资产】企业为生产产品、提供劳务、出租或者经营管理而持有的、使用时间超过12个月，价值达到一定标准的非货币性资产。包括房屋、建筑物、机器、机械、运输工具以及其他与生产经营活动有关的设备、器具、工具等。固定资产是企业的劳动手段，也是企业赖以生产经营的主要资产。从会计的角度划分，固定资产一般被分为生产用固定资产、非生产用固定资产、租出固定资产、未使用固定资产、不需用固定资产、融资租赁固定资产、接受捐赠固定资产等。

【固定资产投资】国民经济统计指标。指以货币形式表现的在一定时期内建造和购置固定资产的工作量以及与此有关费用的总称。该指标是反映固定资产投资规模、结构和发展速度的综合性指标，又是观察工程进度和考核投资效果的重要依据。按照现行统计制度规定，全社会固定资产投资分为：（一）基本建设，指企业、事业、行政单位以扩大生产能力或工程效益为主要目的的新建、扩建工程及相关投资。（二）更新改造，指企业、事业单位对原有设施进行固定资产更新和技术改造，以及相应配套的工程及相关投资。（三）房地产开发，指房地产开发公司、商品房建设公司及其他房地产开发法人单位和附属于其他法人单位实际从事房地产开发或经营的活动单位统一开发的，包括统代建、拆迁还建的住宅、厂房、仓库、饭店、宾馆、度假村、写字楼、办公楼等房屋建筑物和配套的服务设施，土地开发工程（如道路、给水、排水、供电、供热、通讯、平整场地等基础设施工程）的投资。（四）其他固定资产投资，指城镇和工矿区私人建房投资和农村个人投资。城镇和工矿区私人建房包括市、县城、镇、工矿区所辖范围内的全部私人建房；农村个人投资包括农村个人建房及购置生产性固定资产的投资。

【固定资产投资方向调节税】简称“投资方向调节税”，指对我国境内用各种资金进行固定资产投资的单位和个人，按其投资额征收的一种税。各种资金包括：国家预算资金、国内外贷款、借款、赠款、各种自有资金、自筹资金和其他资金；固定资产投资，指全社会的固定资产投资，包括：基本建设投资、更新改造投资，商品房投资和其他固定资产投资。根据《固定资产投资方向调节税暂行条例》，在我国境内用各种资金进行固定资产投资的单位和个人，为固定资产投资方向调节税的纳税义务人。计税依据为固定资产投资项目实际完成的投资额，其中更新改造投资项目为建筑工程实际完成的投资额。投资方向调节税根据国家产业政策和项目经济规模实行差别税率。税率分为 0、5%、10%、15%、30% 五档。税目、税率依照国务院制订的《固定资产投资方向调节税税目税率表》执行。投资方向调节税由纳税人按固定资产计划投资额预缴，项目竣工后，按实际完成的固定资产投资额清算，多退少补。固定资产投资方向调节税自 1991 年《固定资产投资方向调节税暂行条例》颁布起实施。于 2012 年 11 月中华人民共和国国务院令第 628 号公布《国务院关于修改和废止部分行政法规的决定》时停止执行。

【固定资产投资规模】国民经济统计指标。指统计期内投入固定资产再生产的资金总额。指标反映该时期的建设总量。由于固定资产投资的结果表现为生产能力（或工程效益）的形成或改进。因此，固定资产投资规模的大小，对未来生产的增长，对国民经济和社会的发展具有决定性的作用。

【固定资产投资计划】确定计划期内固定资产投资规模、方向、结构、比例、速度和效果以及重点建设项目等的文件，分为全民所有制的综合基本建设计划和全民所有制的设备更新和技术改造计划两大部分。固定资产投资计划内容主要包括：（一）投资项目的规模；（二）投资数额及来源；（三）主要设备、设施和用量；（四）建设期限；（五）新增生产能力及经济效益等。在我国计划经济时期，建设单位利用中央财政预算内投资，地方财政预算内投资，银行贷款，外资，自筹资金和各种专用资金安排的新建、扩建、零建、复建项目和扩大再生产性质的改造项目，商品房开发项目等都要纳入国家各级固定资产投资计划。国家通过编制固定资产投资计划统一确定和控制全社会固定资产投资规模和建设进度。

【固定资产投资项目资本金】在固定资产投资项目总投资中，由投资者按规定比例认缴的出资额。对投资项目来说，这部分资金是非债务性资金，项目法人不承担这部分资金的利息和债务，投资者可按其出资比例依法享有所有者权益，也可转让其出资，但不得以任何方式抽回。1996 年，《国务院关于固定资产投资项目试行资本金制度的通知》规定，从 1996 年开始，对各种经营性投资项目，包括国有单位的基本建设、技术改造、房地产开发项目和集体投资项目试行资本金制度，投资项目必须首先落实资本金才能进行建设。投资项目资本金可以用货币出资，也可以用实物、工业产权、非专利技术、土地使用权作价出资。对作为资本金的实物、工业产权、非专利技术、土地使用权，必须经有资格的资产评估机构依照法律、法规评估作价，不得高估或低估。投资项目资本金占总投资的比例，根据不同行业和项目的经济效益等因素确定。《城市房地产开发经营管理条例》规定，房地产开发项目资本金占项目总投资的比例不得低于百分之二十。

【固定资产投资指标体系】 由一系列相互联系的固定资产投资统计指标构成，用以反映固定资产再生产过程和结果的系统。主要包括投资规模、投资成果和投资经济效益三类指标。属于投资规模的指标有：（一）建设项目指标。包括施工项目、新开工项目、续建项目、收尾项目、停缓建项目、报废项目等。（二）投资额指标。包括自开始建设至报告期止累计完成投资额、本期实际完成投资额、未完工程累计完成投资额等。（三）建设规模指标。包括全部建设规模、本期施工规模等。属于投资成果的指标有：（一）建成投产项目指标。包括全部投产项目、部分投产项目、投产的单项工程等。（二）新增生产能力（或效益）指标。包括自开始建设至报告期止新增生产能力、本期新增生产能力、房屋竣工面积、竣工房屋价值等。（三）新增固定资产指标。包括自开始建设至报告期止新增固定资产、本期新增固定资产价值等。属于投资经济效益的指标有：（一）衡量劳动消耗程度的投资经济效益指标。如单位生产能力投资、项目投资回收年限等。（二）衡量劳动占用程度的投资经济效益指标。如单位生产能力占用在建工程投资等。（三）衡量建设效率的经济效益指标。如项目建设工期，建设周期，固定资产交付使用率等。

【挂牌出让国有建设用地使用权】 出让人发布挂牌公告，按公告规定的期限将拟出让宗地的交易条件在指定的土地交易场所挂牌公布，接受竞买人的报价申请并更新挂牌价格，根据挂牌期限截止时的出价结果或者现场竞价结果确定国有建设用地使用权人的行为。土地使用权出让方式的一种。根据《招标拍卖挂牌出让国有建设用地使用权规定》，工业、商业、旅游、娱乐和商品住宅等经营性用地以及同一宗地有两个以上意向用地者的，应当以招标、拍卖或者挂牌方式出让。挂牌出让国有建设用地使用权，出让人应当根据挂牌出让地块的情况，编制挂牌出让文件，并依照法定程序进行。挂牌活动结束后，出让人应在10个工作日内将出让结果在土地有形市场或者指定的场所、媒介公布。

【挂牌出让国有建设用地使用权公告】出让人公开发布挂牌出让国有建设用地使用权有关事项的告示。挂牌出让国有建设用地使用权程序之一。根据《招标拍卖挂牌出让国有建设用地使用权规定》，出让人应当至少在挂牌开始日前20日，在土地有形市场或者指定的场所、媒介发布挂牌公告。挂牌公告包括下列内容：（一）出让人的名称和地址；（二）出让宗地的面积、界址、空间范围、现状、使用年期、用途、规划指标要求；（三）竞买人的资格要求以及申请取得竞买资格的办法；（四）索取挂牌出让文件的时间、地点和方式；（五）挂牌时间、地点、挂牌期限、竞价方式等；（六）确定竞得人的标准和方法；（七）竞买保证金；（八）其他需要公告的事项。

【挂牌出让国有建设用地使用权挂牌程序】挂牌出让国有建设用地使用权时确定竞得人的工作环节和先后次序。挂牌出让国有建设用地使用权程序之一。根据《招标拍卖挂牌出让国有建设用地使用权规定》，挂牌出让国有建设用地使用权，依照以下程序进行：（一）在挂牌公告规定的挂牌起始日，出让人将挂牌宗地的面积、界址、空间范围、现状、用途、使用年期、规划指标要求、开工时间和竣工时间、起始价、增价规则及增价幅度等，在挂牌公告规定的土地交易场所挂牌公布；（二）符合条件的竞买人填写报价单报价；（三）挂牌主持人确认该报价后，更新显示挂牌价格；（四）挂牌主持人在挂牌公告规定的挂牌截止时间确定竞得人。挂牌截止应当由挂牌主持人主持确定。挂牌期限届满，挂牌主持人现场宣布最高报价及其报价者，并询问竞买人是否愿意继续竞价。有竞买人表示愿意继续竞价的，挂牌出让转入现场竞价，通过现场竞价确定竞得人。挂牌主持人连续三次报出最高挂牌价格，没有竞买人表示愿意继续竞价的，按照下列规定确定是否成交：（一）在挂牌期限内只有一个竞买人报价，且报价不低于底价，并符合其他条件的，挂牌成交；（二）在挂牌期限内有两个或者两个以上的竞买人报价的，出价最高者为竞得人；报价相同的，先提交报价单者为竞得人，但报价低于底价者除外；（三）在挂牌期限内无应价者或者竞买人的报价均低于底价或者均不符合其他条件的，挂牌不成交。

【挂牌出让土地方案】政府自然资源行政主管部门按照出让年度计划，会同城市规划等有关部门共同拟订的拟挂牌出让地块的出让方案。内容包括出让地块的空间范围、用途、年限、出让方式、时间和其他条件等。编制挂牌出让土地方案是挂牌出让国有建设用地使用权的前期工作内容之一。挂牌出让土地使用权方案编制完成，并报经市、县人民政府批准后，由市、县人民政府自然资源行政主管部门组织实施。

【广告】商品经营者或者服务提供者通过一定媒介和形式直接或者间接地介绍自己所推销的商品或者服务的商业活动。按广告的性质可分为公益性广告、商业性广告；按广告内容可分为形象宣传广告、商品促销广告、公关广告；按广告发布的媒体可分为报刊广告、电视广告、网络广告；按广告发布的频率可分为一次性广告、连续性广告等。在广告活动中，为推销商品或者服务，自行或者委托他人设计、制作、发布广告的自然人、法人或者其他组织称为“广告主”；接受委托提供广告设计、制作、代理服务的自然人、法人或者其他组织称为“广告经营者”；为广告主或者广告主委托的广告经营者发布广告的自然人、法人或者其他组织称为“广告发布者”。广告主以外的，在广告中以自己的名义或者形象对商品、服务作推荐、证明的自然人、法人或者其他组织称为“广告代言人”。

【广义货币供应量】简称 M2，指狭义货币供应量（M1）加上机关、团体、部队、企业和事业单位在银行的存款、城乡居民储蓄存款、信托类存款和其他存款之和。经济学家根据货币资产的流动性对货币层次进行划分，以确定货币供应量的范围。中国现行的货币体系将货币供应量划分为三个层次：即流通中现金（M0）、狭义货币供应量（M1）和广义货币供应量（M2）。M2 可作为观察和调控中长期金融市场均衡的目标。通常，M2 的增幅应控制在经济增长率、物价上涨率、货币流通速度变化程度三者之和的范围内。

【规划选址意见书】简称“选址意见书”，指城乡规划主管部门依法审核同意建设项目选址的法律凭证。《城乡规划法》规定，按照国家规定需要有关部门批准或者核准的建设项目，以划拨方式提供国有土地使用权的，建设单位在报送有关部门批准或者核准前，应当向城乡规划主管部门申请核发选址意见书。选址意见书的内容包括：（一）建设项目的基本情况。主要是拟建项目名称、使用性质，用地位置、面积与建设规模，供水与能源的需求量，采取的运输方式与运输量，以及废水、废气、废渣的排放处理方式和排放量等。（二）建设项目规划选址的主要依据。建设项目选址意见书按建设项目计划审批权限实行分级管理。

【国房景气指数】“全国房地产开发业景气指数”的简称。（见【全国房地产开发业景气指数】）

【国家地理信息公共服务平台】简称“地理信息公共服务平台”，指县级以上自然资源主管部门向社会提供各类在线地理信息公共服务、推动地理信息数据开放共享的政府网站。国家地理信息公共服务平台由国家级节点、省级（兵团）节点、市县级节点组成。国家级节点是全国地理信息公共服务平台的总枢纽，汇聚、整合全国各类地理信息公共产品，并为地方节点提供统一的基础底图、应用程序接口、目录发布、用户管理等功能与服务。省级（兵团）节点、市县级节点汇聚、整合本地区各类地理信息公共产品，逐级向上融合共享，并集成国家级节点提供的相关功能与服务。国家地理信息公共服务平台管理坚持全国统筹、分级负责、共建共享、协同服务、安全可控的原则。自然资源部地理信息管理司承担全国地理信息公共服务平台工作的统筹、协调、指导和监督。国家基础地理信息中心负责国家级节点的建设、运行维护和应用推广，以及基础地理信息资源的建设和更新维护。自然资源部国土卫星遥感应用中心负责国家级节点卫星影像资源的建设和更新维护。国家海洋信息中心负责国家级节点海洋地理信息资源的建设和更新维护。县级以上地方自然资源主管部门负责本行政区域地理信息公共服务平台工作的统筹、协调、指导和监督，组织相关单位开展本级节点的建设、数据更新、运行维护和应用推广。国家地理信息公共服务平台作为自然资源主管部门政府信息公开渠道之一，负责专门集中向社会公开基础地理信息、自然资源领域可进行空间可视化表达的专题地理信息。国家地理信息公共服务平台以部署在互联网上的门户网站向社会提供地理信息公共服务，其中天地图网站（www. tianditu. gov. cn）为总门户。

【国家公债】简称“国债”，指国家以其信用为基础，按照债的一般原则，通过向社会筹集资金所形成的债权债务关系。国债是由国家发行的债券，是中央政府向投资者出具的、承诺在一定时期支付利息和到期偿还本金的债权债务凭证。分为凭证式国债、无记名（实物）国债、记账式国债三种。凭证式国债，指国家采取不印刷实物券，而用填制国库券收款凭证的方式发行的国债。它是以国债收款凭单的形式来作为债权证明，不可上市流通转让，从购买之日起计息。在持有期内，持券人如遇特殊情况需要提取现金，可以到购买网点提前兑取。提前兑取时，除偿还本金外，利息按实际持有天数及相应的利率档次计算。无记名（实物）国债，指票面上不记载债权人姓名或单位名称，以实物券面形式（券面上印有发行年度、券面金额等内容）记录债权而发行的国债，又称实物券。是我国发行历史最长的一种国债。记账式国债，又名无纸化国债，指由财政部通过无纸化方式发行的、以电脑记账方式记录债权，并可以上市交易的债券。

【国家建设用地征收】简称“土地征收”，指国家为了公共利益需要，依法经批准，将农民集体所有的土地转变为国有土地，并给予合理补偿和安置的行为。《土地管理法》规定，为了公共利益的需要，有下列情形之一，确需征收农民集体所有的土地的，可以依法实施征收：（一）军事和外交需要用地的；（二）由政府组织实施的能源、交通、水利、通信、邮政等基础设施建设需要用地的；（三）由政府组织实施的科技、教育、文化、卫生、体育、生态环境和资源保护、防灾减灾、文物保护、社区综合服务、社会福利、市政公用、优抚安置、英烈保护等公共事业需要用地的；（四）由政府组织实施的扶贫搬迁、保障性安居工程建设需要用地的；（五）在土地利用总体规划确定的城镇建设用地范围内，经省级以上人民政府批准由县级以上地方人民政府组织实施的成片开发建设需要用地的；（六）法律规定为公共利益需要可以征收农民集体所有的土地的其他情形。按照法律规定的审批权限，征收下列土地的，由国务院批准：（一）永久基本农田；（二）永久基本农田以外的耕地超过三十五公顷的；（三）其他土地超过七十公顷的。征收上述规定以外的土地的，由省、自治区、直辖市人民政府批准。国家征收土地的，依照法定程序批准后，由县级以上地方人民政府予以公告并组织实施。土地征收应按法律规定的程序进行。

【国家建设用地征收程序】简称“土地征收程序”，指法律规定的国家建设用地征收的工作步骤。根据《土地管理法实施条例》，国家建设用地征收程序包括以下主要环节：（一）发布征收土地预公告，开展拟征收土地现状调查和社会稳定风险评估；（二）组织各有关部门拟定征地补偿安置方案，并进行公告和听证；（三）签订征地补偿安置协议，对个别难以达成征地安置协议的，在申请征收土地时如实说明；（四）提出征收土地申请，报有批准权的人民政府批准；（五）征收土地经依法批准后发布征收土地公告，公布土地征收范围和征收时间等具体工作安排，对个别未达成征地补偿安置协议的作出征地补偿安置决定；（六）实施土地征收。

【国家经租】房管用语。指我国在对私人出租房屋进行社会主义改造时采取的一项政策。其做法是由国家直接经营、管理、分配和使用达到改造起点的私人出租房屋，国家依照原租金按日付给房主固定租金。固定租金按原租金的百分比计算。通常为原租金的20％～40％。1966年起国家停付固定租金，原私人房产转为全民所有制房产。

【国家经租产】房管用语。指我国在对资本主义工商业进行社会主义改造中私人出租房屋达到改造起点而纳入社会主义改造的房产。这类房产当时由房产管理部门统一管理、统一修缮、统一调配使用，按月付给房主固定租金。根据中央规定，国家经租产从1966年起停付固定租金，转为全民所有制房产。

【国家康居示范工程】简称“康居示范工程”，指国家为推进住宅产业现代化总体目标，提高我国住宅建设总体水平，带动相关产业发展而实施的住宅小区建设示范工程。根据《国家康居示范工程实施大纲》，国家康居示范工程以经济适用住房为重点，以科技为先导，通过开发、推广应用住宅新技术、新工艺、新产品、新设备，逐步形成符合市场需求及产业化发展方向的住宅建筑体系，推进住宅产品的系列化开发、集约化生产、商品化配套供应，促进住宅产业由计划经济体制向社会主义市场经济体制转变、由粗放型的增长方式向集约型的增长方式转变。国家康居示范工程小区分为部门型示范工程小区、企业集团型示范工程小区和地方型示范工程小区。国家康居示范工程由住房城乡建设部统一指导和管理。各省、自治区、直辖市住房城乡建设厅负责示范工程项目的选择确定、组织管理及协调。

【国家所有权】国家对全民所有财产行使占有、使用、收益和处分的权利。《民法典》规定，法律规定属于国家所有的财产，属于国家所有即全民所有。国有财产由国务院代表国家行使所有权。法律还规定：（一）矿藏、水流、海域属于国家所有。（二）无居民海岛属于国家所有，国务院代表国家行使无居民海岛所有权。（三）城市的土地，属于国家所有。法律规定属于国家所有的农村和城市郊区的土地，属于国家所有。（四）森林、山岭、草原、荒地、滩涂等自然资源，属于国家所有，但是法律规定属于集体所有的除外。（五）法律规定属于国家所有的野生动植物资源，属于国家所有。（六）无线电频谱资源属于国家所有。（七）法律规定属于国家所有的文物，属于国家所有。（八）国防资产属于国家所有。铁路、公路、电力设施、电信设施和油气管道等基础设施，依照法律规定为国家所有的，属于国家所有。（九）国家机关对其直接支配的不动产和动产，享有占有、使用以及依照法律和国务院的有关规定处分的权利。（十）国家举办的事业单位对其直接支配的不动产和动产，享有占有、使用以及依照法律和国务院的有关规定收益、处分的权利。（十一）国家出资的企业，由国务院、地方人民政府依照法律、行政法规规定分别代表国家履行出资人职责，享有出资人权益。国家所有权具有以下法律特征：（一）国家所有权主体的唯一性。即只有代表全体人民的意志和利益的国家才享有国家财产所有。（二）国家所有权客体的广泛性。既包括土地、矿藏、水流、森林、草原、荒地、渔场等自然资源，也包括银行、铁路、航空、公路、港口、海洋运输、邮电通信、广播电台、企业资产等；既包括军事设施、水库、电站等，也包括文化教育卫生科学事业、体育设施和文化古迹、风景游览区、自然保护区等。（三）国家所有权取得方式的特殊性。即国家可以凭公权力取得所有权，如通过征收、国有化等。（四）行使方式的特殊性。国家作为一个抽象的实体，难以直接行使所有权，必须通过法律法规授权的国家机关、企事业单位以及国家投资的企业，在法律规定的范围内行使。

【国家统筹补充耕地】根据国务院批准的补充耕地国家统筹规模，在耕地后备资源丰富的省份，按照耕地数量、水田规模相等和粮食产能相当的原则落实补充耕地的行为。根据国家有关规定，国家统筹补充耕地由自然资源部会同财政部按照自然资源条件相对较好，优先考虑革命老区、民族地区、边疆地区、贫困地区和耕地保护成效突出地区的原则确定省份，认定可用于国家统筹补充耕地的新增耕地数量、水田规模和粮食产能。开展土地整治工程技术创新新增耕地，可作为专项支持，安排承担国家统筹补充耕地任务。

【国家土地所有权】国家对全民所有的土地享有占有、使用、收益和处分的权利。我国土地社会主义公有制的集中体现。根据《土地管理法》及相关的法规，下列土地属于国家所有：（一）城市市区的土地；（二）农村和城市郊区中已经依法没收、征收、征购为国有的土地；（三）国家依法征收的土地；（四）依法不属于集体所有的林地、草地、荒地、滩涂及其他土地；（五）农村集体经济组织全部成员转为城镇居民的，原属于其成员集体所有的土地；（六）因国家组织移民、自然灾害等原因，农民成建制地集体迁移后不再使用的原属于迁移农民集体所有的土地。国家土地所有权具有以下特征：（一）主体的唯一性。法律规定，只有中华人民共和国才是国家土地所有权的主体，国家土地所有权，只能由代表全国人民利益的中华人民共和国及其授权的各级政府行使，其他任何机关、企事业单位都无权干涉。（二）客体的广泛性。国家土地范围的广泛性决定了国家土地所有权客体相当广泛。（三）所有权与使用权的分离性。国家是国家土地所有权的唯一主体，但国家不可能直接占有、使用土地，而是通过法律规定将这些权利授予国家机关或企事业单位行使，国家则通过对土地使用权出让、变更、回收的确认行使处分权。

【国家专有权】法律规定专属于国家的不动产和动产的所有权。法律上，国家专有是指该财产只能为国家所有，而不能为任何组织或者其他人所拥有。《民法典》第二百四十二条规定，法律规定专属于国家所有的不动产和动产，任何组织或者个人不能取得所有权。根据有关法律，国家专有的不动产和动产的范围主要包括：（一）国有土地；（二）海域；（三）矿藏；（四）水流；（五）森林、山岭、草原、荒地、滩涂等自然资源；（六）野生动、植物资源；（七）无线电频谱；（八）文物；（九）法律规定的其他财产。

【国民经济】一个国家社会经济活动的总称。国民经济由互相联系、互相影响的经济环节、经济层次、经济部门和经济地区构成。经济环节包括生产、交换、分配、消费各环节；经济层次包括微观经济活动、中观经济活动、宏观经济活动各层次；经济部门包括工业、农业、建筑业、商业、通信、文化、教育、科研等生产部门和非生产部门；经济地区包括国内不同经济区域以及国与国之间的经济区域和国际区域。国民经济概念突出强调经济的整体性和联系性。与“地区经济”概念相比，国民经济在区域空间上大于地区经济，在层次上高于地区经济，在结构上复杂于地区经济；与“宏观经济”概念相比，国民经济是就范围和总体而言的，宏观经济是就经济层次而言，就同一范围而言，宏观经济仅是国民经济的一个较高层次，而国民经济还包括宏观经济以外的其他层次和其他方面。

【国民经济结构】国民经济诸要素的排列次序、空间配置、聚集状态、构造方式以及各要素之间相互联系、相互作用的内在形式。“国民经济结构”具有多重含义，从一定社会生产关系的总和方面考察，国民经济结构主要表现为生产资料所有制经济成分的比重和构成；从国民经济各部门和社会再生产的各个方面组成考察，国民经济结构包括产业结构（如一、二、三次产业的构成、农业、轻工业、重工业的构成等）、分配结构（如积累与消费的比例及其内部结构等）、交换结构（如价格结构、进出口结构）、消费结构、技术结构、劳动力结构等；从所包含的范围来考察，国民经济结构可分为国民经济总体结构、部门结构、地区结构，以及企业结构等。国民经济结构具有整体性、层次性、运动性、相互制约性和功能性等特征，体现国民经济在整体上的构成要素及发展变化的规律。一个国家的国民经济结构反映和制约着一个国家的经济、科技、社会的发展水平、发展方向和发展速度，同时也是该国经济、科技、社会长期发展的结果，并受政治、历史、地理和自然资源状况的影响。合理的国民经济结构，可以充分利用本国的人力、物力、财力以及国际分工的有利条件，推动技术进步和劳动生产率的不断提高，保证国民经济持续、稳定、协调地发展。

【国民生产总值】英语简称“GNP（Gross national product）”，指一个国家（或地区）所有常住单位在一定时期（通常为一年）内收入初次分配的最终结果。国民经济核算的核心指标。与 GDP 不同，GNP 强调所谓“国民原则”，按照这一原则，凡是本国国民（包括本国公民以及常驻外国，但未加入外国国籍的居民）所创造的收入，不管生产要素是否在国内，都被计入本国的 GNP，而外国公司在该国子公司的利润收入则不应被记入该国的 GNP。GNP 的计算方法有三种，即（一）生产法，或称部门法，指从各部门的总产值（收入）中减去中间产品和劳务消耗，得出增加值。各部门增加值的总和就是国民生产总值；（二）支出法，或称最终产品法，即个人消费支出＋政府消费支出＋国内资产形成总额（包括固定资本形成和库存净增或净减）＋出口与进口的差额；（三）收入法，或称分配法，是将国民生产总值看作为各种生产要素（资本、土地、劳动）所创造的增加价值总额。因此，它要以工资、利息、租金、利润、资本消耗、间接税净额（即间接税减政府补贴）等形式，在各种生产要素中间进行分配，将全国各部门（物质生产部门和非物质生产部门）的上述各个项目加以汇总，即可计算出国民生产总值。

【国内生产总值】英语简称“GDP (Gross domestic product)”，指按市场价格计算的一个国家（或地区）所有常住单位在一定时期内生产活动的最终成果。国民经济核算的核心指标，也是衡量一个国家或地区经济状况和发展水平的重要指标。GDP 有三种表现形态，即价值形态、收入形态和产品形态。从价值形态看，它是所有常住单位在一定时期内所生产的全部货物和服务价值超过同期投入的全部非固定资产货物和服务价值的差额，即所有常住单位的增加值之和；从收入形态看，它是所有常住单位在一定时期内所创造并分配给常住单位和非常住单位的初次分配收入之和；从产品形态看，它是最终使用的货物和服务减去进口货物和服务。在实际核算中，国内生产总值的三种表现形态表现为三种计算方法，即生产法、收入法和支出法。（一）生产法，指按提供物质产品与劳务的各个部门的产值来计算国内生产总值的核算方法。生产法又叫部门法。这种计算方法反映国内生产总值的来源。（二）收入法，从收入的角度，把生产要素在生产中所得到的各种收入相加来计算国内生产总值的核算方法。按照这种核算方法，增加值由劳动者报酬、生产税净额、固定资产折旧和营业盈余四部分相加得到。（三）支出法，指从产品的使用出发，把一年内购买的各项最终产品的支出加总而计算出的该年内生产的最终产品的市场价值的核算方法。这种方法又称最终产品法、产品流动法。三种方法分别从不同的方面反映国内生产总值及其构成。

【国土规划】根据国家社会经济发展总的战略方向和目标以及规划区的自然、社会、经济、科学技术条件，对国土的开发、利用、治理和保护进行全面的规划。是国民经济和社会发展计划体系的重要组成部分，是资源综合开发、建设总体布局、环境综合整治的指导性计划，是编制中、长期规划的重要依据。国土规划的基本任务是根据规划区的优势和特点，从地域总体上协调国土资源开发利用和治理保护的关系，协调经济、社会发展同人口、资源、环境的关系，促进地域经济的综合发展。具体任务是：确定本地区主要自然资源的开发规模、布局和步骤；确定人口、生产、城镇的合理布局，明确主要城镇的性质、规模及其相互关系；合理安排交通、通信、动力和水源等区域重大基础设施；提出环境整治和保护的目标与对策。规划内容一般包括：自然条件和国土资源的综合评价；社会经济现状分析和远景预测；国土开发整治的目标和任务；自然资源开发的规模、布局和步骤；人口、城市化和城市布局；交通、通讯、动力和水源等基础设施的安排；国土整治和环境保护；综合开发的重点地域；宏观效益评估；实施规划的措施等。

【国土空间】国家主权与主权权利管辖下的地域空间。是国民生存的场所和环境，包括陆地、陆上水域、内水、领海、领空等。

【国土空间调查、规划、用途管制用地用海分类】简称“用地用海分类”，指按照多规合一原则，在整合原《土地利用现状分类》《城市用地分类与规划建设用地标准》《海域使用分类》等分类基础上，制订的全国统一的国土空间用地用海分类标准。分类坚持陆海统筹、城乡统筹、地上地下空间统筹，坚持同级内分类并列不交叉，坚持科学、简明、可操作原则，统一了国土空间用地用海的名称、代码、含义，为实施全国自然资源统一管理奠定了基础。分类适用于国土调查、监测、统计、评价，国土空间规划、用途管制、耕地保护、生态修复，土地审批、供应、整治、督察、执法、登记及信息化管理等工作。按照《国土空间调查、规划、用途管制用地用海分类指南》，国土空间调查、规划、用途管制用地用海分类采用三级分类体系，共设置 24 个一级类、113 个二级类及 140 个三级类。（详见附录二国土空间调查、规划、用途管制用地用海分类代码、名称和含义）

【国土空间规划】对一定区域国土空间保护、开发、利用在空间和时间上作出的总体部署与统筹安排。国土空间规划的主要功能是细化落实国家发展规划提出的国土空间开发保护要求，统筹布局农业、生态、城镇等功能空间，划定落实永久基本农田、生态保护红线和城镇开发边界。内容包括国土空间开发保护格局和规划用地布局、结构、用途管制要求等，明确耕地保有量、建设用地规模、禁止开垦的范围等要求，统筹基础设施和公共设施用地布局，综合利用地上地下空间，合理确定并严格控制新增建设用地规模，提高土地节约集约利用水平，保障土地的可持续利用。国土空间规划分国家、省、市、县、乡镇规划。不同层级的规划体现不同空间尺度和管理深度要求。其中，国家和省级规划侧重战略性，对全国和省域国土空间格局作出全局安排，提出对下层级规划约束性要求和引导性内容；市县级规划承上启下，侧重传导性；乡镇级规划侧重实施性，实现各类管控要素精准落地。《土地管理法实施条例》规定，土地开发、保护、建设活动应当坚持规划先行。经依法批准的国土空间规划是各类开发、保护、建设活动的基本依据。

【国土空间规划体系】由规划编制审批体系、实施监督体系、法规政策体系、技术标准体系组成的有机整体。内容包括规划编制、审批、实施、监测、评估、预警、考核、完善等完整闭环的规划及实施管理流程，以及相关的法规政策和技术标准。（一）规划编制审批体系，指各级各类国土空间规划编制和审批，以及规划之间的协调配合。融合了主体功能区规划、土地利用规划、城乡规划等规划的国土空间规划包括“五级三类”：五级指与我国行政管理层级相对应的国家、省、市、县、乡镇。三类指总体规划、详细规划和相关专项规划。（二）实施监督体系，指国土空间规划的实施和监督管理体系。包括以国土空间规划为依据，对所有国土空间实施用途管制；依据详细规划实施城乡建设项目相关规划许可；建立规划动态监测、评估、预警以及维护更新等机制；优化现行审批流程，提高审批效能和监管服务水平；制定城镇开发边界内外差异化的管制措施；建立国土空间规划“一张图”实施监督信息系统，并利用大数据、智慧化等技术手段加强规划实施监督等。（三）法规政策体系，指围绕国土空间规划编制、审批、实施、监测等的一系列法规政策，是对国土空间规划体系的法规政策支撑。（四）技术标准体系，指对国土空间规划体系的技术支撑。《土地管理法实施条例》规定，国家建立国土空间规划体系。《中共中央 国务院关于建立国土空间规划体系并监督实施的若干意见》提出，到2020年，基本建立国土空间规划体系，逐步建立“多规合一”的规划编制审批体系、实施监督体系、法规政策体系和技术标准体系；基本完成市县以上各级国土空间总体规划编制，初步形成全国国土空间开发保护“一张图”。到2025年，健全国土空间规划法规政策和技术标准体系；全面实施国土空间监测预警和绩效考核机制；形成以国土空间规划为基础，以统一用途管制为手段的国土空间开发保护制度。到2035年，全面提升国土空间治理体系和治理能力现代化水平，基本形成生产空间集约高效、生活空间宜居适度、生态空间山清水秀，安全和谐、富有竞争力和可持续发展的国土空间格局。

【国土空间结构】不同类型空间的构成及其在国土空间中的分布，如城市空间、农业空间、生态空间的比例，以及城市空间中城市建设空间与工矿建设空间的比例等。（一）城市空间，包括城市建设空间、工矿建设空间。城市建设空间包括城市和建制镇居民点空间。工矿建设空间指城镇居民点以外的独立工矿空间。（二）农业空间，包括农业生产空间、农村生活空间。农业生产空间包括耕地、改良草地、人工草地、园地、其他农用地（包括农业设施和农村道路）空间。农村生活空间即农村居民点空间。（三）生态空间，包括绿色生态空间、其他生态空间。绿色生态空间包括天然草地、林地、湿地、水库水面、河流水面、湖泊水面。其他生态空间包括荒草地、沙地、盐碱地、高原荒漠等。（四）其他空间，指除以上三类空间以外的其他国土空间，包括交通设施空间、水利设施空间、特殊用地空间。交通设施空间包括铁路、公路、民用机场、港口码头、管道运输等占用的空间。水利设施空间即水利工程建设占用的空间。特殊用地空间包括居民点以外的国防、宗教等占用的空间。

【国土空间详细规划】对具体地块用途和开发建设强度等作出的实施性安排。《中共中央 国务院关于建立国土空间规划体系并监督实施的若干意见》明确，在市县及以下编制详细规划。详细规划是对具体地块用途和开发建设强度等作出的实施性安排，是开展国土空间开发保护活动、实施国土空间用途管制、核发城乡建设项目规划许可、进行各项建设等的法定依据。在城镇开发边界内的详细规划，由市县自然资源主管部门组织编制，报同级政府审批；在城镇开发边界外的乡村地区，以一个或几个行政村为单元，由乡镇政府组织编制"多规合一"的实用性村庄规划，作为详细规划，报上一级政府审批。详细规划一经批复，任何部门和个人不得随意修改、违规变更。

【国土空间专项规划】在特定区域（流域）、特定领域，为体现特定功能，对空间开发保护利用作出的专门安排。特定区域（流域）指海岸带、自然保护地等。特定领域指交通、能源、水利、农业、信息、市政等基础设施，公共服务设施，军事设施，以及生态环境保护、文物保护、林业草原等。根据《中共中央 国务院关于建立国土空间规划体系并监督实施的若干意见》，海岸带、自然保护地等专项规划，由所在区域或上一级自然资源主管部门牵头组织编制，报同级政府审批；涉及空间利用的某一领域专项规划，由相关主管部门组织编制，报同级政府审批。专项规划一经批复，任何部门和个人不得随意修改、违规变更。

【国土整治】对国土资源的开发、利用、治理和保护以及为此目的而进行的国土规划、立法和管理。即按照客观的自然和经济规律，运用人类已经取得的科学技术成果和生产力，有针对性地对国土资源进行有计划的开发，合理的利用，有效的治理和妥善的保护，从而保证生产发展取得最好的经济效益、生态效益和社会效益，做到既能充分满足国家经济和社会事业发展的需要，又能很好地保护自然界的生态平衡，改善人们的生产和生活环境。国土整治的本质和最终目的是协调人与其所依存的自然界的关系，寻求人类与其活动的最佳地域发布。现代意义的国土整治把国土资源看作为一个相互联系、相互制约的整体，必须采取综合措施，对其进行合理的开发、利用和保护。

【国土资源】广义指一个国家或地区由自然资源和社会资源组成的物质实体。狭义指土地、江河湖海、矿藏、生物、气候等自然资源。国土资源具有以下特性：（一）数量上的无限性和有限性。有些资源可持续不断地开发利用，如太阳能、风能、水力、潮汐资源等；有些资源稀缺，不可再生，如土地、矿产资源。(二)分布上的不平衡。(三)开发利用上受生产力发展水平的制约性。国土资源是国家赖以生存和发展的物质基础，因此，必须十分珍惜，合理利用和很好地保护。

【国土资源执法监察机构】法律规定具有对违反土地管理法律法规行为进行监督检查职责的机构和组织。《土地管理法》规定，县级以上人民政府自然资源主管部门对违反土地管理法律、法规的行为进行监督检查。《国土资源违法行为查处工作规程》明确，国土资源执法监察工作机构是指履行执法监察职责的县级以上人民政府国土资源主管部门执法监察机构、队伍，包括执法监察局、处、科、股和执法监察总队、支队、大队等。

【国有建设用地】所有权为国家的建设用地。建设用地的一种。建设用地指建造建筑物、构筑物的土地。根据《土地管理法》，城市市区的土地属于国家所有。农村和城市郊区的土地，除由法律规定属于国家所有的以外，属于农民集体所有。国家为了公共利益需要，可以通过征收，将农民集体所有的土地转变为国有土地，用于建设需要。

【国有建设用地取得方式】也称“建设用地使用权取得方式”。（见【建设用地使用权取得方式】）

【国有土地上房屋征收】简称“房屋征收”，指为了公共利益的需要，依法以行政权取得国有土地上单位、个人房屋所有权并给予公平补偿的行政行为。“公共利益的需要”包括：（一）军事和外交需要；（二）由政府组织实施的能源、交通、水利、通信、邮政等基础设施建设需要；（三）由政府组织实施的科技、教育、文化、卫生、体育、生态环境和资源保护、防灾减灾、文物保护、社区综合服务、社会福利、市政公用、优抚安置、英烈保护等公共事业需要；（四）由政府组织实施的扶贫搬迁、旧区改造、保障性安居工程建设需要；（五）在国土空间规划确定的城镇建设用地范围内实施的成片开发建设需要；（六）法律规定为公共利益需要可以征收房屋的其他情形。《民法典》规定，国有土地上房屋征收需要依照法律规定的权限和程序进行。征收组织、个人的房屋以及其他不动产，应当依法给予征收补偿，维护被征收人的合法权益；征收个人住宅的，还应当保障被征收人的居住条件。

G

【国有土地上房屋征收补偿】简称“房屋征收补偿”，指作出房屋征收决定的市、县级人民政府对被征收人因房屋征收造成的各种损失给予的补助和赔偿。征收补偿内容包括：（一）被征收房屋价值的补偿；（二）因征收房屋造成的搬迁、临时安置的补偿；（三）因征收房屋造成的停产停业损失的补偿。被征收房屋价值补偿方式包括货币补偿和房屋产权调换。“货币补偿”指按市场评估价，对被征收房屋的所有权人以货币方式进行的补偿；“房屋产权调换”指房屋征收部门提供用于产权调换的房屋与被征收房屋进行调换的补偿方式。国务院《国有土地上房屋征收与补偿条例》规定，被征收人可以选择货币补偿，也可以选择房屋产权调换。

【国有土地上房屋征收补偿协议】简称“房屋征收补偿协议”，指房屋征收部门与被征收人为明确征收补偿过程中相互间权利义务关系所订立的书面协议。根据国务院《国有土地上房屋征收与补偿条例》，房屋征收部门与被征收人就房屋征收补偿达成一致，应订立补偿协议。补偿协议主要内容包括：补偿方式、补偿金额和支付期限、用于产权调换房屋的地点和面积、搬迁费、临时安置费或者周转用房、停产停业损失、搬迁期限、过渡方式和过渡期限等。房屋征收补偿协议应采用书面形式。

【国有土地使用权出让】也称“土地使用权出让”。（见【土地使用权出让】）

【国有土地使用权出让计划】由市、县人民政府自然资源主管部门根据经济社会发展计划、土地利用总体规划和土地利用年度计划等编制的年度国有土地使用权出让的具体安排。内容包括年度土地供应总量、不同用途土地供应面积、地段以及供地时间等。经批准的国有土地使用权出让计划是当年度城市土地使用权出让的工作依据。根据国家土地管理的有关规定，市、县人民政府自然资源行政主管部门应当根据经济社会发展计划、国家产业政策、土地利用总体规划、土地利用年度计划、城市规划和土地市场状况，编制国有土地使用权出让计划，报同级人民政府批准后组织实施。国有土地使用权出让计划经批准后，应当在土地有形市场等指定场所，或者通过报纸、互联网等媒介向社会公布。因特殊原因，需要对国有土地使用权出让计划进行调整的，应当报原批准机关批准，并及时向社会公布。不按照规定公布国有土地使用权出让计划的，对直接负责的主管人员和其他直接责任人员依法给予行政处分，情节严重构成犯罪的，依法追究刑事责任。

【国有土地使用权出让市场】也称“土地一级市场”。（见【土地一级市场】）

【国有土地使用权收回】国家以土地所有者的身份，依照法律规定收回已出让或已划拨给单位或个人使用的国有土地使用权的行为。根据国家法律，有下列情形之一的，由有关人民政府自然资源主管部门报经原批准用地的人民政府或者有批准权的人民政府批准，可以收回国有土地使用权：（一）为实施城市规划进行旧城区改建以及其他公共利益需要，确需使用土地的；（二）土地出让等有偿使用合同约定的使用期限届满，土地使用者未申请续期或者申请续期未获批准的；（三）因单位撤销、迁移等原因，停止使用原划拨的国有土地的；（四）公路、铁路、机场、矿场等经核准报废的。依照上述第（一）项的规定收回国有土地使用权的，对土地使用权人应当给予适当补偿。

【国有土地使用权先租后让】简称“先租后让”，指在供应工业用地时，先将国有建设用地使用权租赁给土地使用者，并约定在项目正式投产后转为出让的供地方式。是节约集约利用土地的一种供地方式。依据《节约集约利用土地规定》，市、县自然资源主管部门可以采取先出租后出让方式出让土地。以先出租后出让方式供应工业用地的，应当以招标、拍卖、挂牌的方式租赁。建设用地使用人达到合同约定的受让条件后，自然资源主管部门与建设用地使用权人另行签订国有建设用地使用权出让合同。采取先出租后出让方式供应工业用地的，应当符合自然资源部规定的行业目录。

【国有土地有偿使用方式】有偿取得国有土地的形式。我国土地有偿使用制度的基本内容之一。《土地管理法实施条例》规定，建设单位使用国有土地，应当以有偿使用方式取得。国有土地有偿使用的方式包括：（一）国有土地使用权出让；（二）国有土地租赁；（三）国有土

G

地使用权作价出资或者入股。国有土地使用权出让、国有土地租赁等应当依照国家有关规定通过公开的交易平台进行交易，并纳入统一的公共资源交易平台体系。除依法可以采取协议方式外，应当采取招标、拍卖、挂牌等竞争性方式确定土地使用者。

【国有土地有偿使用费】简称“土地有偿使用费”，广义指有偿使用国有土地应缴纳的土地使用权使用费用。按照国家有关规定，国有土地有偿使用费主要有以下几种形式：（一）出让土地的土地使用权出让金；（二）租赁土地的国有土地使用权租金；（三）国有土地使用权作价入股的股金。狭义指国有土地有偿使用中应由政府取得的土地纯收益。

【国债】“国家公债”的简称。（见【国家公债】）

【过户】房管用语。指因公有房屋承租人的变更，导致原承租人租用的房屋转借给另一承租人的过程。房屋过户的原因有：承租人外迁或死亡，或政策规定的其他特殊原因。房屋过户应由过户人提出申请，房管部门接到过户申请，由房管员进行审核，符合过户条件的，报经房管部门负责人批准后，给予办理过户手续，并更换房屋租赁凭证。

H

Hh

【海绵城市】通过加强城市规划建设管理，充分发挥建筑、道路和绿地、水系等生态系统对雨水的吸纳、蓄渗和缓释作用，有效控制雨水径流，实现自然积存、自然渗透、自然净化的城市发展方式。2015年，《国务院办公厅关于推进海绵城市建设的指导意见》提出，通过海绵城市建设，综合采取“渗、滞、蓄、净、用、排”等措施，最大限度地减少城市开发建设对生态环境的影响，将70%的降雨就地消纳和利用。到2020年，城市建成区20%以上的面积达到目标要求；到2030年，城市建成区80%以上的面积达到目标要求。

链接：推进海绵城市建设措施

推进海绵城市建设措施

根据推进海绵城市建设工作目标，海绵城市建设主要围绕以下方面：（一）统筹推进新老城区海绵城市建设。从2015年起，全国各城市新区、各类园区、成片开发区要全面落实海绵城市建设要求。老城区要结合城镇棚户区和城乡危房改造、老旧小区有机更新等，以解决城市内涝、雨水收集利用、黑臭水体治理为突破口，推进区域整体治理，逐步实现小雨不积水、大雨不内涝、水体不黑臭、热岛有缓解。各地要建立海绵城市建设工程项目储备制度，编制项目滚动规划和年度建设计划，避免大拆大建。（二）推进海绵型建筑和相关基础设施建设。推广海绵型建筑与小区，因地制宜采取屋顶绿化、雨水调蓄与收集利用、微地形等措施，提高建筑与小区的雨水积存和蓄滞能力。推进海绵型道路与广场建设，改变雨水快排、直排的传统做法，增强道路绿化带对雨水的消纳功能，在非机动车道、人行道、停车场、广场等扩大使用透水铺装，推行道路与广场雨水的收集、净化和利用，减轻对市政排水系统的压力。大力推进城市排水防涝设施的达标建设，加快改造和消除城市易涝点；实施雨污分流，控制初期雨水污染，排入自然水体的雨水须经过岸线净化；加快建设和改造沿岸截流干管，控制渗漏和合流制污水溢流污染。结合雨水利用、排水防涝等要求，科学布局建设雨水调蓄设施。（三）推进公园绿地建设和自然生态修复。推广海绵型公园和绿地，通过建设雨水花园、下凹式绿地、人工湿地等措施，增强公园和绿地系统的城市海绵体功能，消纳自身雨水，并为蓄滞周边区域雨水提供空间。加强对城市坑塘、河湖、湿地等水体自然形态的保护和恢复，禁止填湖造地、截弯取直、河道硬化等破坏水生态环境的建设行为。恢复和保持河湖水系的自然连通，构建城市良性水循环系统，逐步改善水环境质量。加强河道系统整治，因势利导改造渠化河道，重塑健康自然的弯曲河岸线，恢复自然深潭浅滩和泛洪漫滩，实施生态修复，营造多样性生物生存环境。

资料来源：《国务院办公厅关于推进海绵城市建设的指导意见》

【合同】 也称“契约”“合约”，指民事主体之间设立、变更、终止民事法律关系的协议。其法律特征有：（一）合同的主体是民事主体，包括自然人、法人和非法人组织；（二）合同的内容是民事主体设立、变更、终止民事法律关系；（三）合同是协议，是民事主体之间就上述内容达成的协议；（四）合同当事人的法律地位平等。合同可依不同的标准分类：根据法律法规是否规定了合同的名称和相应的调整规范，分为有名合同，也称“典型合同”和无名合同；根据合同当事人对权利义务的分担方式，分为双务合同和单务合同；根据当事人取得权利是否有代价，分为有偿合同和无偿合同；根据合同的成立是否以交付标的物为要件，分为诺成合同和实践合同；根据合同是否需要经过特定的形式才能成立，分为要式合同和不要式合同；根据为谁的利益订立合同，分为为订约当事人利益的合同和为第三人利益的合同；根据合同的主从关系，分为主合同和从合同；根据合同的形式，还可分为口头合同和书面合同等。《民法典》规定，合同的内容由当事人约定，一般包括以下条款：（一）当事人的姓名或者名称和住所；（二）标的；（三）数量；（四）质量；（五）价款或者报酬；（六）履行期限、地点和方式；（七）违约责任；（八）解决争议的方法。依法成立的合同受法律保护。当事人各方应按照合同的约定全面地履行合同，任何一方不履行合同约定的义务，都应承担相应的民事责任。

【合同保全】法律为防止因债务人财产的不当减少致使债权人债权的实现受到危害，而设置的保全债务人责任财产的法律制度。包括债权人代为权制度和债权人撤销权制度。（一）债权人代位权，指当债务人怠于行使其对相对人享有的权利而有害于债权人的权利行使时，债权人为使自己到期债权的实现，可以向人民法院请求以自己的名义代位行使债务人对相对人的权利。根据《民法典》，人民法院认定代位权成立的，由债务人的相对人向债权人履行义务，债权人接受履行后，债权人与债务人、债务人与相对人之间相应的权利义务终止。（二）债权人撤销权，指当债务人放弃对第三人的债权、实施无偿或者低价处分财产的行为损害债权人的利益时，债权人可以依法请求人民法院撤销债务人所实施的行为。根据《民法典》，撤销权的行使范围以债权人的债权为限。撤销权自债权人知道或者应当知道撤销事由之日起一年内行使。自债务人的行为发生之日起五年内没有行使撤销权的，该撤销权消灭。债务人影响债权人的债权实现的行为被撤销的，自始没有法律约束力。

【合同变更】当事人约定的合同内容发生变化和更改，即权利和义务变化的行为。分为法定变更、裁判变更和协商变更。根据《民法典》，当事人协商一致，可以变更合同。当事人变更合同的意思表示必须以明示的方式为之，当事人对合同变更的内容约定不明确的，推定为未变更。

【合同成立】民事主体之间经要约和承诺，协商一致，形成对彼此都具法律效力的协议的行为。合同成立的要件是：（一）有明确的双方当事人。（二）有明确的目的。（三）有明确的意思表示，且意思表示达成一致。根据《民法典》，当事人采用合同书形式订立合同的，自当事人均签名、盖章或者按指印时合同成立。在签名、盖章或者按指印之前，当事人一方已经履行主要义务，对方接受时，该合同成立。当事人采用信件、数据电文等形式订立合同要求签订确认书的，签订确认书时合同成立。当事人一方通过互联网等信息网络发布的商品或者服务信息符合要约条件的，对方选择该商品或者服务并提交订单成功时合同成立。

【合同解除】依法解除合同效力的行为。分为约定解除和法定解除两种。约定解除，指双方当事人协商一致，或约定的事由出现时，可以解除合同。法定解除，指法律规定的原因出现时，当事人可以解除合同。根据《民法典》，有下列情形之一的，当事人可以解除合同：（一）因不可抗力致使不能实现合同目的；（二）在履行期限届满前，当事人一方明确表示或者以自己的行为表明不履行主要债务；（三）当事人一方迟延履行主要债务，经催告后在合理期限内仍未履行；（四）当事人一方迟延履行债务或者有其他违约行为致使不能实现合同目的；（五）法律规定的其他情形。合同解除后，尚未履行的，终止履行；已经履行的，根据履行情况和合同性质，当事人可以请求恢复原状或者采取其他补救措施，并有权请求赔偿损失。合同因违约解除的，解除权人可以请求违约方承担违约责任。

【合同解释】广义指对合同条款及其相关资料所做的理解、分析和说明。狭义专指有权解释，即在合同所使用的语言、文字或推定行为的内涵不明确、不清楚而发生争议时，由受理合同纠纷的法院或仲裁机构依照一定的规则加以阐明、补充和推定。根据《民法典》关于“意思表示”的解释，合同解释应遵循以下基本原则：（一）文义解释原则。指准确界定合同词语的含义。（二）整体解释原则，又称“体系解释”。指把合同全部条款看作一个整体，完整地进行解释。（三）目的解释原则。当合同词语有歧义时，应充分考虑当事人订立合同的目的。（四）诚实信用解释原则。对合同进行解释时，应做到诚实信用、公平合理兼顾各方利益。（五）交易习惯及惯例原则。当当事人双方对合同内容的词语有不同理解时，可参照交易习惯或惯例进行解释。由受理合同纠纷案件

H

的人民法院或仲裁机构作出的解释对当事人具有约束力。

【合同条款】具体表达合同内容的文字形式。书面合同的条款分为"条""款""项"三个层次，条下分款，款下分项，统称为"条款"。合同条款按内容的重要程度分为主要条款和一般条款。主要条款指每个合同必须具备的条款，又称"必要条款"。如《民法典》规定，合同内容由当事人约定，一般包括以下条款：（一）当事人的姓名或者名称和住所；（二）标的；（三）数量；（四）质量；（五）价款或者报酬；（六）履行期限、地点和方式；（七）违约责任；（八）解决争议的方法等。这些条款即合同的主要条款。合同的一般条款，指主要条款以外的条款，如规定合同的生效和期限、订立合同的时间、地点等的条款。

【合同效力】法律赋予依法成立的合同对当事人的法律约束力。合同的效力可分为四大类：（一）有效合同，指依照法律的规定成立，并在当事人之间产生法律约束力的合同。（二）无效合同，指合同虽然成立，但因其违反法律、行政法规或公共利益，因此被确认无效。（三）效力待定的合同，指合同虽然已经成立，但因其不完全符合法律有关生效要件的规定，因此其发生效力与否尚未确定。（四）可撤销合同，指当事人在订立合同的过程中，由于意思表示不真实，或者是出于重大误解从而作出错误的意思表示，依照法律的规定可予以撤销的合同。根据《民法典》，依法成立的合同，自成立时生效。依照法律、行政法规的规定，合同应当办理批准等手续的，依照其规定。未办理批准等手续影响合同生效的，不影响合同中履行报批等义务条款以及相关条款的效力。合同不生效、无效、被撤销或者终止的，不影响合同中有关解决争议方法的条款的效力。

【合同形式】合同内容的表现方式，是订立合同双方当事人意思表示一致的外在表现。根据《民法典》，当事人订立合同，可以采用书面形式、口头形式或者其他形式。书面形式合同，指用文字等可以有形地表现所载内容的合同，包括合同书、信件、电报、电传、传真等。以电子数据交换、电子邮件等方式能够有形地表现所载内容，并可以随时调取查用的数据电文，视为书面形式。书面合同的特点是记载内容清楚明白，有利于督促双方全面履行合同，一旦发生合同纠纷，也便于分清责任和举证。口头形式合同，指当事人以口头方式表示意思一致的合同。口头合同一般用于标的数额较小的合同和即时清结的合同。其他形式合同包括公证形式合同、鉴证形式合同、批准形式合同和登记形式合同等。

【合同终止】因发生法律规定或当事人约定的情况，致使合同解除，当事人之间的权利义务关系终止的现象。分为约定解除和法定解除。约定解除，指当事人协商一致，可以解除合同。《民法典》规定了两种约定解除的情形：即当事人协商一致，可以解除合同；当事人可以约定一方解除合同的事由。解除合同的事由发生时，解除权人可以解除合同。法定解除，指根据法律规定的情形，可以解除合同。合同解除的，该合同的权利义务关系终止。

【合同转让】当事人一方将合同的权利或义务全部或部分转让给第三人的行为。分为合同权利的转让、合同义务的转让和合同权利、义务的概括转让三种。根据有关法律，合同转让必须以合法有效的合同关系存在为前提；必须符合法律所规定的转让程序，需要通知的依法通知；需要征得相对方同意的先经其同意；应当办理批准、登记等手续的，依照规定办理相应手续；必须符合社会公共利益，且所转让的内容要合法；转让人与受让人之间达成合同转让的合意，具备民事法律行为的有效条件。

【合作建房】20 世纪 90 年代初，我国城镇在政府组织和单位的支持下，城市居民、职工为改善自身住房条件，自己筹集资金，互相协作，进行住房建设的一种方式。原国务院住房制度改革领导小组、建设部、国家税务局《城镇住宅合作社管理暂行办法》规定，合作建房可不受固定资产投资规模的限制，其所需要建设指标和建筑材料列入地方年度计划，土地管理部门以行政划拨方式提供建设用地。国家对用于社员居住的合作住宅，在税收政策上给予减免优惠。地方人民政府也相应减免市政建设配套费等有关费用。合作建房通过公私合作，群帮互助，最大限度地调动国家、集体和职工个人三者的建房积极性，共同解决职工的住房问题。

【合作住宅】20 世纪 90 年代初，我国城镇推行的由住宅合作社通过社员集资合作建造的住宅。根据《城镇住宅合作社管理暂行办法》，合作住宅建设不受固定资产投资规模的限制，其所需要建设指标和建筑材料列入地方年度计划，土地管理部门以行政划拨方式提供建设用地。国家对用于社员居住的合作住宅，在税收政策上给予减免优惠。地方人民政府也相应减免市政建设配套费等有关费用。合作住宅以社员自住为目的，产权有合作社所有、社员个人所有、住宅合作社与社员个人共同所有等形式。合作住宅建成后，由管理委员会统一向当地房地产行政主管部门办理产权登记手续，领取房屋所有权和土地使用权证。合作住宅不得向社会出租、出售。社员家庭不需要住宅时，须将所住住宅退给住宅合作社。住宅合作社以重置价结合成新计算房价，按原建房时个人出资份额向社员个人退款。

【核心城市】城市规划用语。指在都市圈中处于重要地位，拥有区域性综合服务功能并起到枢纽与门户组织作用的城市。根据《都市圈国土空间规划编制规程》（报批稿），将一定区域范围内处于重要地位，现状城区常住人口 200 万以上，周边城镇相对密集，具有区域枢纽与门户交通职能、区域性公共服务职能，拥有大学或重要科研机构、一定数量上市企业总分支机构等的城市作为都市圈核心城市。对于具有重大国家战略安全意义的城市和西部地区、东北地区的城市可适当降低城区人口规模标准。识别核心城市是划定都市圈的方法之一。

【红契】“白契”的对称。也称“官契”“赤契”，指中国旧时经向官府缴纳契税、加盖官印的土地房屋典当、买卖书面合同。唐末五代起法律规定，凡土地房屋等不动产买卖的书面合同，必须至税务机关缴纳契税，并加盖官印证明，形成印契制度。宋代规定土地房屋典当合同与买卖合同同样必须经印契程序，收取合同价额 4%的契税（南宋末年契税提高至 10%左右）。而且必须使用官府统一印刷的契本，才算是红契。元明沿宋旧制，契税率降为 2%，明朝又改为民间自立白契后再至官府纳税，粘连纳税证明“契尾”，骑缝盖上县府官印，才称“红契”。清代仅不动产买卖契纸须纳税、粘契尾加盖官印，契税率为 3%。盖有官印的红契为土地使用权最过硬的证据，官府审理不动产纠纷案件也以红契为准，判定所有权的归属及不动产交易的时间、不动产的四至、价额。民国时期仍存此制。

【红线】“城市红线”的简称。（见【城市红线】）

【宏观经济】整个国民经济或国民经济总体及其经济活动和运行状态。一般认为，宏观经济一词是 1933 年由挪威经济学家拉格纳·弗里希（1895—1973 年）在建立“宏观经济学”时所提出。宏观经济的主要目标是高水平的、快速增长的产出率、低失业率和稳定的价格水平。反映宏观经济的主要指标有：总供给与总需求、国民经济的总值及其增值速度、国民经济中的比例关系、物价总水平、劳动就业的总水平与失业率、货币发行的总规模与增长速度、进出口贸易的总规模及其变动。

【宏观经济监测】政府在宏观经济管理过程中，对宏观经济运行状况和发展趋势进行的监督、测量、分析、预测和评估。通过宏观经济监测获取宏观经济运行的相关信息，可以为正确估计当前的宏观经济运行形势，预测未来时期宏观经济运行的可能发展趋势，迅速反映宏观经济调控效果提供科学依据，以便进一步作出科学有效的宏观调控决策。宏观经济监测任务主要是揭示宏观经济运行与宏观经济管理目标和宏观经济政策之间的吻合或背离程度，进行宏观经济运行的分析和评价，为正确制定和有效实施宏观经济调控政策和调控措施提供科学依据。宏观经济监测内容主要有：监测宏观经济运行的总体态势、监测宏观经济景气的变动态势、监测宏观经济政策及调控的实施效果、监测国际经济环境的变化。宏观经济监测主要通过对一系列相互联系、相互补充，反映宏观经济运行状况的指标的分析、预测和评估进行。宏观经济监测的方法主要有全面统计监测和抽样监测、跟踪监测等。

【宏观经济监测指标】由一系列相互联系、相互补充，反映宏观经济运行状况的指标构成的体系。主要有：（一）经济增长和结构变动指标。如GDP增长率，主要产品和服务的增长率，农轻重的比例，投资和消费的比例，一、二、三次产业的比例，产业结构、投资结构、分配结构、就业结构和消费结构的动态等；（二）社会总供给变动的指标。如主要工农业产品的产量及增长指标、外贸进口总额和主要产品进口量指标等；（三）社会总需求变动的指标。如投资总额及其增长指标、消费总额及其增长指标、出口总额和主要产品出口量指标、银行贷款规模、货币发行量、财政支出总量、职工工资总额等；（四）市场行情和社会总供求平衡状况的指标。如商品零售价格指数、居民消费价格指数、集市贸易价格指数、生产资料价格指数、房地产价格指数、市场汇率、利率、股票价格指数等；（五）经济效益变动的指标。如工业企业产品销售率、资金利税率、劳动生产率、成本利润率、流动资金周转天数、生产能力利用率等。

【宏观经济决策】国家在宏观经济管理中作出的带有全局性、长期性的重大决定。国家管理经济的重要职责。宏观经济决策主要包括两个方面内容：（一）经济规划决策。主要通过制订国民经济和社会发展的中长期规划，决定国民经济发展的总战略、经济发展的速度、产业结构调整的目标、教育和科学发展水平、人民生活提高程度等。（二）

政策调节决策。主要包括财政政策、货币政策、产业政策、技术政策等。对于宏观经济决策而言，根据不同时期宏观经济发展所面临的主要问题，制定出适合社会经济发展的中长期规划和与之相适应的调节政策，有利于指导资源的合理配置、提高资源使用效率，确保国家整体经济的健康发展。

【宏观经济政策】国家运用一定的政策工具，调节控制宏观经济的运行，以达到一定政策目标的一系列政策措施的统称。包括财政政策、货币政策、收入分配政策和对外经济政策等。一般认为，宏观经济政策的主要目标有四个：一是持续均衡的经济增长；二是充分就业；三是物价水平稳定；四是国际收支平衡。

【宏观调控】国家综合运用各种手段对国民经济运行状况进行的调节与控制。国家管理经济的重要职能之一。在市场经济中，商品和服务的供应及需求受价格规律及自由市场机制所影响。市场经济带来经济增长，但会引发通货膨胀，而高潮后随之而来的衰退却使经济停滞甚至倒退，这种周期波动对社会资源及生产力都构成严重影响。宏观调控的作用是以整体社会的经济运作，透过人为调节供应与需求，来达到经济协调均衡发展的目标。宏观调控手段分为：（一）经济手段。指政府运用价值规律，借助于经济杠杆的调节作用，对国民经济进行调节与控制。经济杠杆包括价格、税收、信贷、工资等。（二）法律手段。指政府依靠法制力量，通过立法和司法行为来调节经济关系和经济活动，以达到宏观调控目标。（三）行政手段。指依靠行政机构，采取强制性的命令、指示、规定等行政方式来调节经济活动，以达到宏观调控目标。在我国，宏观调控的主要任务是：保持经济总量平衡，抑制通货膨胀，促进重大经济结构优化，实现经济稳定增长。

【后备土地资源】目前尚未利用，未来经过一定投入、改造后可供利用的土地。如滩涂、沼泽、荒山、荒地等。

【划拨土地使用权】也称“土地使用权划拨”，指县级以上人民政府依法批准，在土地使用者缴纳补偿、安置等费用后将该幅土地交付其使用，或者将土地使用权无偿交付给土地使用者使用的行为。取得土地使用权方式的一种。《城市房地产管理法》规定：下列建设用地的土地使用权，确属必需的，可以由县级以上人民政府依法批准划拨：（一）国家机关用地和军事用地；（二）城市基础设施用地和公益事业用地；（三）国家重点扶持的能源、交通、水利等项目用地；（四）法律、行政法规规定的其他用地。以划拨方式取得土地使用权的，除法律、行政法规另有规定外，没有使用期限的限制，不得转让、出租、抵押。

【划拨土地使用权出租】划拨土地使用者作为出租人将土地使用权随同地上建筑物、其他附着物租赁给承租人使用，由承租人向出租人支付租金的行为。《城镇国有土地使用权出让和转让暂行条例》规定，符合下列条件的，经市、县人民政府土地管理部门和房产管理部门批准，其划拨土地使用权和地上建筑物、其他附着物所有权可以转让、出租、抵押：（一）土地使用者为公司、企业、其他经济组织和个人；（二）领有国有土地使用证；（三）具有地上建筑物、其他附着物合法的产权证明；（四）签订土地使用权出让合同，向当地市、县人民政府补交土地使用权出让金或者以转让、出租、抵押所获效益抵交土地使用权出让金。划拨土地使用权出租，出租人和承租人应当签订书面租赁合同，约定租赁期限、租赁用途、租赁价格、修缮责任等条款，以及双方的其他权利和义务，并向房产管理部门登记备案。

【划拨土地使用权抵押】划拨土地使用者作为抵押人将土地使用权随同地上建筑物、其他附着物以不转移占有的方式向抵押权人提供债务履行担保的行为。《城镇国有土地使用权出让和转让暂行条例》规定，符合下列条件的，经市、县人民政府土地管理部门和房产管理部门批准，其划拨土地使用权和地上建筑物、其他附着物所有权可以转让、出租、抵押：（一）土地使用者为公司、企业、其他经济组织和个人；（二）领有国有土地使用证；（三）具有地上建筑物、其他附着物合法的产权证明；（四）签订土地使用权出让合同，向当地市、县人民政府补交土地使用权出让金或者以转让、出租、抵押所获效益抵交土地使用权出让金。划拨土地使用权抵押，抵押人和抵押权人应当签订书面抵押合同，并办理不动产抵押登记手续。

【划拨土地使用权收回】基于法律法规规定的事实，国家以土地所有者的身份收回已划拨给单位或个人使用的国有土地使用权的行为。《城镇国有土地使用权出让和转让暂行条例》规定，无偿取得划拨土地使用权的土地使用者，因迁移、解散、撤销、破产或者其他原因而停止使用土地的，市、县人民政府应当无偿收回其划拨土地使用权；对划拨土地使用权，市、县人民政府根据城市建设发展需要和城市规划的要求，可以无偿收回。无偿收回划拨土地使用权时，对其地上建筑物、其他附着物，市、县人民政府应当根据实际情况给予适当补偿。

【划拨土地使用权转让】依法转移划拨土地使用权和地上建筑物、其他附着物所有权的行为。《城镇国有土地使用权出让和转让暂行条例》规定，符合下列条件的，经市、县人民政府土地管理部门和房产管理部门批准，其划拨土地使用权和地上建筑物、其他附着物所有权可以转让、出租、抵押：（一）土地使用者为公司、企业、其他经济组织和个人；（二）领有国有土地使用证；（三）具有地上建筑物、其他附着物合法的产权证明；（四）签订土地使用权出让合同，向当地市、县人民政府补交土地使用权出让金或者以转让所获效益抵交土地使用权出让金。划拨土地使用权转让时，土地使用出让合同和登记文件中所载明的权利、义务随之转移，其地上建筑物、其他附着物的所有权也随之转让。同样，土地使用者转让地上建筑物、其他附着物所有权时，其使用范围内的土地使用权随之转让。划拨土地使用权转让应签订转让合同，办理变更登记手续。

【换地权益书】香港房地产用语。也称“换地证”，指港府在收地时发给原土地业主以地易地的证明文件。换地权益书分两种：甲种换地权益书，指土地持有人自动交回土地时港府发给的权益书；乙种换地权益书，指港府根据有关法律进行收地时发给的权益书。业主可以凭权益书在另一地方获得港府重批土地。年期较远的权益书有优先换地的权利，也可以转让换地权益书。1984 年 4 月港府宣布换地权益书还可以按规定的价格当作现金使用，如在招标出售土地或公开拍卖时，换地权益书持有人可以将权益书抵作现金使用。

【换地证】也称“换地权益书”。（见【换地权益书】）

【换房】“房屋交换”“房屋互换”的简称。（见【房屋互换】）

【荒地】尚未开垦利用，或曾开垦但长期荒芜的土地。分为生荒地和熟荒地。生荒地也称“处女地”，指从未进行垦殖的土地；熟荒地也称“撂荒地”，指曾开垦种植，但由于土地利用不当，导致土地生产力严重衰退，或因受自然灾害、战乱等原因而荒芜达 3 年以上的土地。荒地是我国重要的后备土地资源。十分珍惜和合理开发利用荒地，是土地资源管理的一项重要任务。

【黄线】“城市黄线”的简称。（见【城市黄线】）

【货币】具有表现和衡量一切商品并

直接与一切商品进行交换的工具。其本质是所有者之间关于交换权的契约，不同形式的货币在本质上是一致的。货币具有以下特征：（一）普遍接受性。无论是金属本位制的货币，还是不兑现本位制货币，如不为人们所接受，则不能称为货币。（二）分割性。货币是交换的媒介，而交换数额有大有小，货币应可分割，以适应大小交易的需要。（三）易于辨认但不易伪造性。（四）易于携带与保存性。（五）供应量的弹性。货币的供应量应随社会经济的发展、人口的增加作弹性的供应，不至于太多，也不至于太少，以保持价值的稳定。处于流通中的现实货币称为“通货”。

【货币存量】也称“货币供应量”。（见【货币供应量】）

【货币地租】用货币支付的地租。地租形式的一种。

【货币供应量】也称“货币存量”，指某一时点在一个经济体中流通的货币总量。主要由包含中央银行在内的金融机构供应的存款货币和现金货币两部分构成。按照2001年中国人民银行修订的货币供应量统计口径，我国现行对货币层次的划分是：M0＝流通中的现金；狭义货币（M1）＝M0＋可开支票进行支付的单位活期存款；广义货币（M2）＝M1＋居民储蓄存款＋单位定期存款＋单位其他存款＋证券公司客户保证金；M3＝M2＋金融债券＋商业票据＋大额可转让定期存款单等。一般来说，M1 反映经济中的现实购买力；M2 不仅反映现实购买力，还反映潜在的购买力；M3 是根据金融工具的不断创新设置的。如 M1 增速较快，则消费和终端市场活跃；如 M2 增速较快，则投资和中间市场活跃。中央银行和商业银行可以据此判定货币政策。M2 过高而 M1 过低，表明投资过热、需求不旺，有危机风险；M1 过高而 M2 过低，表明需求强劲、投资不足，有涨价风险。

【货币购买力指数】反映不同时期货币购买力变动情况的相对数。用于说明同一货币单位在不同时期所能获得的商品与服务数量的变动情况。其计算公式为：货币购买力指数（%）＝1÷居民生活费用价格指数×100%。

货币购买力指数反映币值的稳定程度，综合反映各时期币值的变动情况，可以从一个侧面分析一个国家的财政经济状况。

【货币化分房】房改用语。“住房分配货币化”的简称，指我国城镇住房制度改革中，将城镇职工的住房消费资金理入工资，变住房实物分配为货币分配的分配方式。（见

【住房分配货币化】)

【货币市场】“资本市场”的对称。指短期信用工具交易的市场。短期信用工具包括国库券、商业票据、银行承兑汇票、可转让定期存单、回购协议等。金融市场的一种。货币市场的主要功能是保持金融资产的流动性，以便随时转换成可以流通的货币。它的存在，一方面满足了借款者的短期资金需求，另一方面为暂时闲置的资金找到了出路。货币市场具有低风险、低收益；期限短、流动性高；交易量大的特点。货币市场的参与主体主要有资金需求者、资金供给者和交易中介等。资金需求者指由于短期资金不足或是日常经营需要更多的短期资金并希望通过货币市场交易获得短期资金的主体，主要有商业银行、非银行金融机构、政府和政府机构以及企业。资金供给者指满足了日常经营需要后仍然拥有多余闲置资金并希望通过货币市场交易将这部分资金借出以获得一定收益的主体，主要有商业银行、非银行金融机构和企业。交易中介指为货币市场交易中的资金融通双方提供服务从而获得手续费或价差收益的主体，主要有商业银行以及一些非银行金融机构。

【货币需求量】指一国在一定时期内，因国民经济发展水平、经济结构以及经济周期而形成的对货币的需要量。货币需要量是一个内生变量，形成于国民经济运行系统内部。它属于存量指标，可在一定时期内的若干时点上加以预测和把握。货币需要量具有替代性特征，在信用和金融市场比较发达的条件下，如有价证券等金融资产都具有迅速变为现金的能力，由此可以作为第二准备来替代现金需求，替代性的大小取决于金融资产的流动性、收益性和风险性等因素。货币需要量可分为名义货币需要量和实际货币需要量。名义货币需要量指按当前价格计算的货币需要量，它以货币单位来表示。实际货币需要量指名义货币需要量剔除物价的影响后的货币需要量，以货币实际对应的社会资源来表示。

【货币政策】一国的货币当局（中央银行）为了实现一定的宏观经济目标，对货币供应量或利率、汇率等经济指标进行调节和控制所采取的指导方针及相应政策措施的统称。分为扩张性的货币政策和紧缩性的货币政策。（一）扩张性的货币政策，又称宽松的货币政策，指以增加货币供应量，降低利率，刺激总需求为目的的货币政策。在经济衰退时期，总需求小于总供给，为了刺激需求，可以采取扩张性的货币政策。扩张性货币政策可以运用的货币工具包括：降低贴现率、放松贴现条件、在公开市场上买进有价证券、降低法定准备金率等。（二）紧缩性的货币政策，指以减少货币供应量，提高利率，抑制总需求为目的的货币政策。在经济过度扩张时，总需求大于总供给，为了抑制需求，通常采取紧缩性的货币政策。紧缩性的货币政策可以运用的货币工具包括：提高贴现率、严格贴现条件、在公开市场卖出有价证券、提高法定准备金率等。

【货币政策工具】货币当局（中央银行）为达到政策目的而采用的政策手段。分为一般性货币政策工具和选择性货币政策工具。一般性货币政策工具指传统的三大货币政策工具：再贴现政策、存款准备金政策和公开市场政策。一般性货币政策工具对金融活动的影响是普遍的、总体的，没有特殊的针对性和选择性，其实施对象是整体经济，而非个别部门或企业。选择性货币政策工具是针对个别部门、企业或特殊用途的信贷而采用的政策工具，这些政策工具可以影响商业银行体系的资金运用方向以及不同信用方式的资金利率。选择性货币政策工具主要包括间接信用指导工具（如优惠利率、证券保证金比例、消费信用管制等）和直接信用控制工具（如贷款量的最高限额、存款利率的最高限额等）。

Jj

【机关团体用地】用于党政机关、社会团体、群众自治组织等的用地。《土地利用现状分类》（GB/T 21010—2017）“公共管理与公共服务用地”下一个二级地类。

【积极财政政策】又称“扩张性财政政策”。（见【扩张性财政政策】）

【基本地籍图】也称“地籍原图”，指通过土地权属调查和外业测量所直接绘制的反映土地权属关系的平面图。基本地籍图的主要内容有：各级行政界线、测量控制点、区、街道、街坊编号和宗地编号；宗地界址点和界址线、街道名称、门牌号码、单位名称、河流、湖泊及其名称；必要的建筑物、构筑物；地类号、宗地面积等。基本地籍图是量算面积的底图，也是作为土地权属单位法律凭证的原图。

【基本公共服务】指根据一国经济社会发展阶段和总体水平，为保障个人最基本的生存权和发展权，实现人的全面发展所需要的基本社会条件。包括：（一）保障人的基本生存权的需要。如就业保障、基本养老保障、基本生活保障、住房保障等。（二）满足人的基本尊严的需要。如教育和文化服务、残疾人服务、优抚安置等。（三）满足基本健康的需要。如医疗卫生、人口和计划生育、健康保障等。社会基本公共服务范围、内容和标准是一个动态概念。根据《国家基本公共服务标准（2023 年版）》，现阶段，我国基本公共服务内容和标准包含“幼有所育、学有所教、劳有所得、病有所医、老有所养、住有所居、弱有所扶、优军服务保障、文体服务保障”9 个方面，22 大类，81 个服务项目。如公共教育、劳动就业、人才服务、社会保险、社会救助、养老服务、儿童福利服务、残疾人服务、优抚安置、医疗卫生、人口和计划生育、住房保障、公共文化、公共体育等。

【基本公共服务标准】 现阶段各级政府必须予以保障的基本公共服务项目范围和底线标准。是国家对公民提供基本公共服务的承诺清单。2018 年，《关于建立健全基本公共服务标准体系的指导意见》提出，建立健全基本公共服务标准体系，明确中央与地方提供基本公共服务的质量水平和支出责任，以标准化促进基本公共服务均等化、普惠化、便捷化。2021 年 3 月，经国务院批复同意，国家发展改革委等部门印发了《国家基本公共服务标准（2021 年版）》。2023 年 7 月，印发《国家基本公共服务标准（2023 年版）》，共包含“幼有所育、学有所教、劳有所得、病有所医、老有所养、住有所居、弱有所扶、优军服务保障、文体服务保障”9 个方面、22 大类、81 个服务项目。其中，幼有所育方面的服务项目有 10 项，学有所教有 9 项，劳有所得有 12 项，病有所医有 16 项，老有所养有 4 项，住有所居有 3 项，弱有所扶有 14 项，优军服务保障有 4 项，文体服务保障有 9 项。每个项目均明确服务对象、服务内容、服务标准、支出责任、牵头负责单位等。其中，服务对象指各项目所面向的受众人群；服务内容指政府必须提供、群众依法享有的服务具体内容；服务标准指各项服务目前的保障水平、覆盖范围、实现程度等；支出责任指各项目的筹资主体及承担责任；牵头负责单位指国家层面的主要负责单位，具体落实由地方各级人民政府及有关部门、单位按职责分工负责。基本公共服务标准不是一成不变，根据《关于建立健全基本公共服务标准体系的指导意见》，在保持国家标准水平基本稳定的前提下，各行业根据经济社会发展水平、城乡居民收入增长情况、行业发展实际需要、财政保障能力、重大技术创新应用等因素，原则上每 5 年调整一次，也可适时进行动态有序调整。

【基本建设】简称“基建”，指为了实现固定资产的扩大再生产，由国家有计划地投资进行的固定资产的建设活动，包括固定资产的建筑、安装和购置等。基本建设按其经济用途分为生产性基本建设和非生产性基本建设。生产性基本建设指用于物质生产和直接为物质生产服务的建设，如工业建设、水利建设、运输建设等；非生产性基本建设指用于满足人民物质和文化生活福利需要的建设，如住宅建设、医疗卫生建设、公用事业建设等。按其建设性质可分为新建、扩建、改建、恢复和迁建等。新建指从无到有的建设；扩建改建指在原有规模基础上，进行扩大或改造的建设；恢复指对由于自然灾害等原因而遭受毁坏的固定资产重新进行建设；迁建指因搬迁而进行的建设。按建设规模和总投资可分为大型、中型、小型建设项目等。

【基本建设程序】简称“基建程序”，指基本建设全过程中各项工作必须遵循的先后顺序。主要包括：（一）编制项目建设书；（二）开展可行性研究和编制设计任务书；（三）选址；（四）编制设计文件，并进行设计；（五）列入年度基本建设计划；（六）进行建设准备；（七）组织施工；（八）竣工验收并交付使用。

【基本建设贷款】专业银行利用信贷资金向纳入国家固定资产投资计划项目发放的贷款。我国计划经济时期建设贷款的一种。贷款对象主要是具有法人资格，实行独立核算，有偿还能力的全民企业和集体企业，以及实行统一核算或财政包干的专业公司、主管部门、行政管理局等。贷款条件要求借款单位能承担经济责任，项目经济效益好，有偿还借款能力，同时还有不少于总投资10%～30%的自有资金。申请贷款的基本建设项目必须列入国家基本建设计划，由主管部门担保，并经经办行审查核实后按项目的隶属关系分别报总、分行批准。贷款指标由总行戴帽下达（即指定项目）或切块下达（即指定地区和部门）。经办行接到贷款计划后，方可与借款单位签订贷款合同，并发放贷款。按照当时国有银行职能分工，基本建设贷款主要由中国建设银行发放。

【基本建设计划】国家根据发展国民经济的需要和客观条件的可能，确定计划期内基本建设规模、方向、结构、进度和效果以及重点建设项目等的文件。固定资产投资计划的组成部分。

【基本建设投资】国民经济统计指标。指国有企业、事业、行政单位以扩大生产能力或工程效益为主要目的的新建、扩建工程及有关工作量。主要包括：（一）列入中央和各级地方本年基本建设计划的建设项目，以及虽未列入本年基本建设计划，但使用以前年度基本建设计划内结转投资（包括利用基建库存设备材料）在本年继续施工的项目；（二）本年基本建设计划内投资与更新改造计划内投资结合安排的新建项目和新增生产能力（或工程效益）达到大中型项目标准的扩建项目；（三）国有单位既未列入基建计划，也未列入更新改造计划，总投资在 50 万元以上的新建、扩建、恢复项目和为改变生产力布局而进行的全厂性迁建项目，以及行政、事业单位增建业务用房和行政单位增建生活福利设施的项目。

【基本建设委托贷款】金融机构受托按照委托人指定的对象、范围和用途发放的贷款。我国计划经济时期建设贷款的一种。主要有：（一）财政委托贷款。指地方财政拿出资金委托金融机构办理基本建设"拨改贷"以外的各种专项贷款；（二）部门、企业委托贷款。指中央或地方主管部门、企业单位以自有资金委托金融机构按照指定用途或指定项目发放的贷款。在委托贷款条件下，关于委托条件、还款办法等贷款的具体事宜由委托双方协商确定，并签订委托贷款合同，受托的金融机构不承担经济责任和风险。

【基本建设项目】简称"基建项目"，指在一个总体设计或总预算范围内，由一个或若干个互有内在联系的单项工程所组成，经济上实行统一核算，行政上实行统一管理的基本建设单位。一般以一个企业、事业单位或独立工程作为一个基本建设项目。按照国家的有关规定，同一个总体设计范围内的主体工程和相应的附属配套工程、综合利用工程、环保工程、供水、供电工程等，算作一个建设项目；不属于同一总体设计，经济上分别核算，工艺流程没有直接关联的几个独立工程，不能捆在一起作为一个建设项目；全部投资在 10 万元以下的工程，不能单独作为一个基本建设项目。

【基本建设项目分类】按不同的标准，把基本建设项目划分成不同的类型。按国民经济核算要求，基本建设项目可作以下分类：（一）按建设性质，分为新建项目、改建项目、扩建项目和恢复项目；（二）按建设规模，分为大型项目、中型项目和小型项目；（三）按项目管理的隶属关系，分为部直属项目、部直供项目和地方项目；（四）按工作阶段，分为前期工作项目、预备项目和施工项目；（五）按施工情况，分为新开工项目、在建项目、投产项目和收尾项目等。对基本建设项目进行科学合理的分类，有利于进行专业统计，加强分类指导和管理，促进建设速度、建设质量和建设效益的提高。

【基本建设项目投资包干】简称“投资包干”，指对国家计划确定的建设项目，建设单位或主管部门按建设规模、投资总额、建设工期、工程质量等指标实行责权利相结合的经营管理责任制模式。20世纪80年代我国基本建设管理体制改革的一项重要内容。投资包干形式分为：主管部门对政府包干、建设单位对主管部门包干、工程承包公司对建设单位包干。投资包干的内容主要有：包投资、包工期、包质量、包主要建筑材料用量、包建设效益。

【基本建设周转贷款】专业银行为解决基建项目在建设过程中资金周转不足所发放的贷款。我国计划经济时期建设贷款的一种。基本建设周转贷款主要用于：（一）列入国家年度固定资产投资计划的基本建设拨款和“拨改贷”等项目在资金尚未下达，或投资包干资金因工程进度加快，提前完成计划而临时发生的资金不足；（二）经有权机关批准集资建设的项目，因债券发行和资金使用上出现的时间差；（三）列入国务院各部门和地方技术改造计划的自筹更新改造措施项目、企业大修理项目由于折旧基金、大修理基金在使用和提取上出现的时间差；（四）集体企业更新改造措施贷款及不纳入固定资产投资计划的其他贷款；（五）企业引进技术在新产品生产前须支付的技术转让费；（六）城镇轻工集体企业危房改造专项贷款等。基本建设周转贷款主要由中国建设银行发放。1988年根据中国人民银行要求，取消了基本建设周转贷款，原贷款内容分别列入有关贷款中核算。

【基本建设资金】建设单位用于基本建设的资金。根据国家统计制度的规定，凡是经过新建、改建、扩建等方式形成生产性或非生产性固定资产所需的建筑安装工程、设备、工器具的购置以及有关的征收土地、拆迁补偿等的费用，都属基本建设投资。其资金来源包括：（一）国家财政拨款，指由国家直接安排并列入基本建设计划的国家财政预算内投资；（二）银行贷款；（三）地方、部门和企业自筹资金；（四）专项投资，指用于基本建设的国家预算指定专项用途的资金；（五）利用外资等。

【基本农田】按照一定时期人口和社会经济发展对农产品的需求，依据土地利用总体规划确定的不得占用的耕地。2019年8月26日第十三届全国人民代表大会常务委员会第十二次会议新修订的《土地管理法》，将“基本农田”概念调整为“永久基本农田”。

【基础设施 REITs】“基础设施领域不动产投资信托基金”的简称。（见【基础设施领域不动产投资信托基金】）

【基础设施领域不动产投资信托基金】简称“基础设施 REITs”，指以发行收益凭证的方式汇集特定投资者的资金，由专门投资机构进行基础设施项目投资经营管理，并将投资综合收益按比例分配给投资者的信托基金。不动产证券化的一种。基础设施 REITs 是国际通行的配置资产，具有流动性较高、收益相对稳定、安全性较强等特点，能有效盘活存量资产，填补当前金融产品空白，拓宽社会资本投资渠道，提升直接融资比重，增强资本市场服务实体经济质效。我国自 2020 年起开展推进基础设施领域不动产投资信托基金（REITs）试点相关工作。

链接：推进基础设施 REITs 试点项目条件

推进基础设施 REITs 试点项目条件

根据国家有关文件规定，基础设施 REITs 试点项目要求聚焦重点区域、聚焦重点行业、聚焦优质项目。基础设施 REITs 试点项目应符合以下条件：（一）项目权属清晰，已按规定履行项目投资管理，以及规划、环评和用地等相关手续，已通过竣工验收。PPP 项目应依法依规履行政府和社会资本管理相关规定，收入来源以使用者付费为主，未出现重大问题和合同纠纷。（二）具有成熟的经营模式及市场化运营能力，已产生持续、稳定的收益及现金流，投资回报良好，并具有持续经营能力、较好的增长潜力。（三）发起人（原始权益人）及基础设施运营企业信用稳健、内部控制制度健全，具有持续经营能力，最近 3 年无重大违法违规行为。基础设施运营企业还应当具有丰富的运营管理能力。（四）加强融资用途管理。发起人（原始权益人）通过转让基础设施取得资金的用途应符合国家产业政策，鼓励将回收资金用于新的基础设施和公用事业建设，重点支持补短板项目，形成投资良性循环。

资料来源：《中国证监会、国家发展改革委关于推进基础设施领域不动产投资信托基金（REITs）试点相关工作的通知》

【基金】广义指为兴办、维持或发展某种事业而储备的资金或专门拨款。按照基金设立目的和用途可以分为财政专项基金（资金）、保险基金、退休基金、住房公积金、投资基金等；按募集方式分为公募基金、私募基金；按组织形式分为契约型基金、公司型基金、有限合伙型基金等。狭义仅指投资基金。

【基准地价】按照城镇规划区内土地的不同区段、不同用途和不同等级评估和测算的土地使用权的平均价格。表现形式有：（一）级别基准地价：指依据土地级别的划分区域制定出来的平均地价，反映同一级别区域的宏观平均地价；（二）区片基准地价：指在级别基准地价的基础上，在空间上将同一级别进一步划分成更小的若干均质区域，然后评估出的区片基准地价；（三）路线价：指通过对面临特定街道、使用价值相等的市街地，设定标准深度，求取在该深度上数宗土地的平均单价。基准地价评估的方法和步骤：（一）确定基准地价评估的区域范围；（二）明确基准地价的内涵；（三）划分地价区段；（四）抽查评估标准宗地的价格；（五）计算区段地价；（六）确定基准地价；（七）提出基准地价应用的建议和技术。根据国家有关规定，基准地价的评估由市、县人民政府自然资源管理部门、价格管理部门组织完成，或委托具有地价评估资格的机构完成，经同级人民政府同意后，报上一级人民政府批准。国家实行基准地价定期确定和公布制度。省会和自治区首府城市、计划单列市、直辖市的基准地价应于确定、调整年度的1月1日公布。其他市、县的基准地价应于确定、调整年度的4月1日公布。基准地价采用图、表形式公布，内容包括：不同土地级别或均质地域范围、界线、用途及相应的基准地价标准。基准地价一般每两年调整公布一次。

【基准地价测算模型】在评估基准地价过程中，用于表示土地收益（或地价）与土地级别（或土地条件）的关系的特定数学公式。常用的模型有：指数模型、多元线性模型、生产函数模型（多元非线性模型）、分级回归模型、算术平均数模型等。

【基准地价评估技术途径】评估基准地价采用的技术路线。基准地价评估主要有两条技术路线：（一）以土地定级为基础、土地收益为依据、市场交易资料为参考评估基准地价；（二）用土地条件划分均质地域，用市场交易资料评估基准地价。两种技术路线各具不同特点，分别适用于不同条件的城市（镇）。其中第一条技术路线工作量较大，适用于地产市场不成熟，公开交易案例资料缺乏的城镇；第二条路线的工作量相对较少，但要拥有丰富的市场交易信息，主要适用于地产市场发育较完善的城镇。

【基准地价系数修正法】利用基准地价评估或更新成果，在将估价对象宗地的区域条件及个别条件与其所在区域的平均条件进行比较的基础上，确定相应的修正系数，用此修正系数对基准地价进行修正，从而求取估价对象宗地于估价时点价格的方法。宗地价格评估的一种常用方法。其基本公式如下：

$$V = V_{1b} \times (1 \pm \sum K_i) \times K_j$$

式中：V——土地价格；

V_{1b}——某一用途土地在某一土地级上的基准地价；

$\sum K_i$——宗地地价修正系数；

K_j——估价期日、容积率、土地使用年期等其他修正系数。

【基准地价修正法】在政府确定了基准地价的地区，由估价对象所处地段的基准地价调整得出估价对象宗地价格的方法。房地产估价方法的一种。运用基准地价修正法进行房地产估价按下列步骤进行：（一）搜集有关基准地价的资料；（二）查找估价对象宗地所在位置的基准地价；（三）对基准地价进行市场状况调查；（四）对基准地价进行土地状况调查；（五）计算估价对象宗地价值或价格。基准地价修正法适用于已颁布了基准地价的城市或地区的房地产的估价。

【级差地租】土地所有者按土地的等级差异收取的差额地租。地租的基本形式之一。马克思地租理论认为，级差地租的实质是使用较优土地进行生产和经营所获得的，但归土地所有者占有的超额利润。这种地租与土地有优劣级别上的差异相联系，故称。级差地租有两种形式：一是与土地肥沃程度和土地位置的优劣有关的地租，称为“级差地租Ⅰ”，或“级差地租的第一形态”；二是与同一块土地上连续追加投资产生的不同劳动生产率有关的地租，称为“级差地租Ⅱ”，或“级差地租的第二形态”。级差地租的源泉是雇佣工人的剩余价值。它体现了土地所有者、资本家和雇佣工人之间的关系。

【级差地租Ⅰ】在不同等级的等量土地上，等量投资所创造的超额利润转化的地租。是利用土地肥沃程度和位置的优越创造的超额利润转化的地租。级差地租Ⅰ也称“级差地租的第一形态”，是马克思分析级差地租时划分的两种形态之一。

【级差地租Ⅱ】在同一块土地上，连续追加等量投资所创造的超额利润转化的地租。是同一土地追加投资使土地级差生产力发生变化的价值表现。级差地租Ⅱ也称“级差地租的第二形态”，是马克思分析级差地租时划分的两种形态之一。

【级差收益测算评定法】也称“级差收益测定法”，指通过直接测定城镇土地在社会经济活动中所产生的经济收入、利润、级差收益等指标，反映土地质量、使用价值和利用效率等差异，划分土地等级的一种方法。级差收益测定法的指导思想是从反映土地质量差异的最终结果，即土地的产出入手，通过对产出利润的分析，扣除社会、经济及人为带来的非土地因素的影响，按照土地级差收益差异直接划分土地等级。级差收益测定的具体程序是：（一）确定等级；（二）计算级差收益。

【集体建设用地建设租赁住房】简称“集体租赁住房”，指按照国家有关政策，利用农村集体建设用地建设的，以满足新市民合理住房需求为主的租赁住房。根据《利用集体建设用地建设租赁住房试点方案》，集体租赁住房建设项目用地应当符合城乡规划、土地利用总体规划及村土地利用规划，以存量土地为主，不得占用耕地。建成住房以满足新市民合理住房需求为主。村镇集体经济组织可以自行开发运营，也可以通过联营、入股等方式建设运营集体租赁住房。集体租赁住房出租，应遵守相关法律法规和租赁合同约定，不得以租代售。承租的集体租赁住房，不得转租。承租人可按照国家有关规定凭登记备案的住房租赁合同依法申领居住证，享受规定的基本公共服务。

【集体建设用地使用权】农民集体和个人进行非农建设依法使用集体所有土地的权利。非农建设包括乡（镇）村公共设施、公益事业建设，农民个人建造住宅，以及农村集体经济组织兴办企业或者与其他单位、个人以土地使用权入股、联营等形式共同举办企业等经营性建设。《土地管理法》规定，经依法登记的集体经营性建设用地，土地所有权人可以通过出让、出租等方式交由单位或者个人使用，并应当签订书面合同，载明土地界址、面积、动工期限、使用期限、土地用途、规划条件和双方其他权利义务。通过出让等方式取得的集体经营性建设用地使用权可以转让、互换、出资、赠与或者抵押。集体建设用地使用权的出让及其最高年限、转让、互换、出资、赠与、抵押等，参照同类用途的国有建设用地执行。

【集体经营性建设用地】用于工业、商业等经营性用途的农村集体建设用地。包括村办工业、仓储、商业、旅游、娱乐、综合及其他用地。乡村（镇）建设用地的一种。

【集体经营性建设用地出让】 集体土地所有人将一定期限的集体经营性建设用地使用权出让给使用权人，使用权人向出让人支付一定的出让金的行为。集体经营性建设用地入市方式的一种。根据《土地管理法实施条例》，国土空间规划确定为工业、商业等经营性用途，且已依法办理土地所有权登记的集体经营性建设用地，土地所有权人可以通过出让方式交由单位或者个人在一定年限内有偿使用。土地所有权人拟出让集体经营性建设用地的，市、县人民政府自然资源主管部门应当依据国土空间规划提出拟出让的集体经营性建设用地的规划条件，明确土地界址、面积、用途和开发建设强度等。土地所有权人应当依据规划条件、产业准入和生态环境保护要求等，编制集体经营性建设用地出让方案。依据集体经营性建设用地出让方案，以招标、拍卖、挂牌或者协议等方式确定土地使用者，双方应当签订书面合同。集体经营性建设用地使用者应当按照约定及时支付集体经营性建设用地价款，并依法缴纳相关税费，申请办理不动产登记。通过出让方式取得的集体经营性建设用地使用权可以依法转让、互换、出资、赠与或者抵押。集体建设用地使用权的出让及其最高年限、转让、互换、出资、赠与、抵押等，参照同类用途的国有建设用地执行。

【集体经营性建设用地出让方案】 集体土地所有权人根据市、县人民政府自然资源主管部门提出的规划条件、产业准入和生态环境保护要求编制的拟出让集体经营性建设用地的工作文件。出让方案内容包括宗地的土地界址、面积、用途、规划条件、产业准入和生态环境保护要求、使用期限、交易方式、入市价格、集体收益分配安排等。土地所有权人依据集体经营性建设用地出让方案，以招标、拍卖、挂牌或者协议等方式确定土地使用者，并签订书面合同。

【集体经营性建设用地出让合同】 载明集体经营性建设用地使用权出让双方权利和义务的书面协议。合同内容包括：土地界址、面积、用途、规划条件、使用期限、交易价款支付、交地时间和开工竣工期限、产业准入和生态环境保护要求，约定提前收回的条件、补偿方式、土地使用权届满续期和地上建筑物、构筑物等附着物处理方式，以及违约责任和解决争议的方法等。集体经营性建设用地出让合同应报市、县人民政府自然资源主管部门备案。集体经营性建设用地出让合同示范文本由国务院自然资源部和国家市场监管总局联合制定。

J

【集体经营性建设用地出资】集体经营性建设用地使用权人以其合法的土地使用权作价入股，与他人合资成立企业法人的行为。集体经营性建设用地使用权流转方式的一种。按照国家有关规定，集体经营性建设用地使用权出资，当事人应当签订书面合同，向登记机构申请不动产变更登记，并书面通知集体土地所有权人。

【集体经营性建设用地出租】集体土地所有人作为出租人将一定期限的集体经营性建设用地使用权给承租人使用，由承租人支付租金的行为。集体经营性建设用地入市方式的一种。根据《土地管理法实施条例》，国土空间规划确定为工业、商业等经营性用途，且已依法办理土地所有权登记的集体经营性建设用地，土地所有权人可以通过出租方式交由单位或者个人在一定年限内有偿使用。土地所有权人拟出租集体经营性建设用地的，市、县人民政府自然资源主管部门应当依据国土空间规划提出拟出租的集体经营性建设用地的规划条件，明确土地界址、面积、用途和开发建设强度等。土地所有权人应当依据规划条件、产业准入和生态环境保护要求等，编制集体经营性建设用地出租方案。土地所有权人应当依据集体经营性建设用地出租方案，以招标、拍卖、挂牌或者协议等方式确定土地使用者，双方应当签订书面合同。集体经营性建设用地的出租的最高年限、转让、互换、出资、赠与、抵押等，参照同类用途的国有建设用地执行。集体经营性建设用地使用者应当按照约定及时支付集体经营性建设用地租金，并依法缴纳相关税费，申请办理不动产登记。

【集体经营性建设用地出租方案】集体土地所有权人根据市、县人民政府自然资源主管部门提出的规划条件、产业准入和生态环境保护要求编制的拟出租集体经营性建设用地的工作文件。出租方案内容包括宗地的土地界址、面积、用途、规划条件、产业准入和生态环境保护要求、使用期限、交易方式、入市价格、集体收益分配安排等。

【集体经营性建设用地出租合同】载明集体经营性建设用地使用权出租双方权利和义务的书面协议。合同内容包括：出租土地界址、面积、用途、规划条件、使用期限、交易价款支付、交地时间和开工竣工期限、产业准入和生态环境保护要求、约定提前收回的条件、补偿方式、土地使用权届满续期和地上建筑物、构筑物等附着物处理方式，以及违约责任和解决争议的方法等，并报市、县人民政府自然资源主管部门备案。集体经营性建设用地出租合同示范文本由国务院自

J

然资源主管部门制定。

【集体经营性建设用地抵押】集体经营性建设用地使用者以其合法的土地使用权，以不转移占用的方式向抵押权人提供债务履行担保的行为。集体经营性建设用地使用权流转方式的一种。按照国家有关规定，集体经营性建设用地使用权抵押，当事人应当采用书面形式订立相应的合同，向登记机构申请不动产变更登记，并书面通知集体土地所有权人。

【集体经营性建设用地互换】集体经营性建设用地使用权当事人双方约定互相转移土地使用权的行为。集体建经营性设用地使用权流转方式的一种。按照国家有关规定，集体经营性建设用地互换，当事人应当签订书面合同，向登记机构申请不动产变更登记，并书面通知集体土地所有权人。

【集体经营性建设用地入市】农村集体经济组织以土地所有者身份通过公开的土地有形市场，依法将集体经营性建设用地使用权在一定年期内以出让、出租等有偿方式交由其他单位或者个人使用的行为。农村深化土地使用制度改革内容之一。2013 年，《中共中央关于全面深化改革若干重大问题的决定》明确，建立城乡统一的建设用地市场。在符合规划和用途管制前提下，允许农村集体经营性建设用地出让、租赁、入股，实行与国有土地同等入市、同权同价。《土地管理法》规定，土地利用总体规划、城乡规划确定为工业、商业等经营性用途，并经依法登记的集体经营性建设用地，土地所有权人可以通过出让、出租等方式交由单位或者个人使用，并签订书面合同。《土地管理法实施条例》在《土地管理法》关于集体经营性建设用地入市规定的基础上，进一步明确了入市交易规则，要求国土空间规划要合理安排集体经营性建设用地布局和用途，促进集体经营性建设用地的节约集约利用。同时，明确了集体经营性建设用地出让、出租方案的编制和审查要求，规定：土地所有权人应当依据规划条件、产业准入和生态环境保护要求，编制出让、出租方案，报市、县人民政府。集体经营性建设用地出让、出租应当签订书面合同，并对合同应当包括的内容进行了明确的规定。对通过出让方式取得的集体经营性建设用地再转让的，也应当签订书面合同，并通知土地所有权人。

【集体经营性建设用地使用权出让监管协议】在集体经营性建设用地使用权出让合同基础上，由出让人、受让人、监管人共同签署，载明监管人对出让合同履约过程等组织实施监管事宜的书面协议。内容包括总则、监管事宜、权利与义务、法律责任、不可抗力、适用法律及争议解决、附则等。《集体经营性建设用地使用权出让监管协议》示范文本由自然资源部和国家市场监督管理总局联合制定。

【集体经营性建设用地使用权流转】集体经济组织依法转移集体经营性建设用地使用权的行为，包括集体经营性建设用地使用权转让、互换、出资、赠与、抵押等。《土地管理法》规定，土地利用总体规划、城乡规划确定为工业、商业等经营性用途，并经依法登记的集体经营性建设用地，土地所有权人可以通过出让、出租等方式交由单位或者个人使用，并签订书面合同。通过出让等方式取得的集体经营性建设用地使用权可以转让、互换、出资、赠与或者抵押。集体经营性建设用地的出租，集体建设用地使用权的出让及其最高年限、转让、互换、出资、赠与、抵押等，参照同类用途的国有建设用地执行。集体经营性建设用地使用权转让、互换、出资或者赠与的，附着于该土地上的建筑物、构筑物及其附属设施一并转让。集体经营性建设用地出让、出租等，应当经本集体经济组织成员的村民会议三分之二以上成员或者三分之二以上村民代表的同意，并办理土地使用权变更登记手续。

【集体经营性建设用地赠与】赠与人自愿将自己依法取得的集体经营性建设用地使用权无偿转移给受赠人，受赠人表示接受而达成合同的行为。集体经营性建设用地使用权流转方式的一种。按照国家有关规定，集体经营性建设用地使用权赠与，当事人应当签订书面合同，向登记机构申请不动产变更登记，并书面通知集体土地所有权人。

【集体经营性建设用地转让】集体经营性建设用地使用者将土地使用权再转移的行为，包括出售、交换和赠与。集体经营性建设用地使用权流转方式。出售，指集体经营性建设用地使用权人将土地使用权依法转移给买受人，买受人支付土地使用权转让金的行为。交换，指集体经营性建设用地使用权当事人双方约定互相转移土地使用权的行为。赠与，指赠与人自愿将自己依法取得的集体经营性建设用地使用权无偿转移给受赠人，受赠人表示接受而达成合同的行为。按照国家有关规定，集体经营性建设用地使用权转让，双方当事人应当签订书面合同，向登记机构申请不动产变更登记，并书面通知集体土地所有权人。

【集体所有权】农民集体组织成员对共同所有不动产和动产行使占有、使用、收益和处分的权利。《民法典》规定，集体所有的不动产和动产包括：（一）法律规定属于集体所有的土地和森林、山岭、草原、荒地、滩涂；（二）集体所有的建筑物、生产设施、农田水利设施；（三）集体所有的教育、科学、文化、卫生、体育等设施；（四）集体所有的其他不动产和动产。农民集体所有的不动产和动产，属于本集体成员集体所有。集体所有权的行使应当依照法定程序经本集体成员决定。对于集体所有的土地和森林、山岭、草原、荒地、滩涂等，依照下列规定行使所有权：（一）属于村农民集体所有的，由村集体经济组织或者村民委员会依法代表集体行使所有权；（二）分别属于村内两个以上农民集体所有的，由村内各该集体经济组织或者村民小组依法代表集体行使所有权；（三）属于乡镇农民集体所有的，由乡镇集体经济组织代表集体行使所有权。城镇集体所有的不动产和动产，依照法律、行政法规的规定由本集体享有占有、使用、收益和处分的权利。

【集体所有土地】简称“集体土地”，指法律规定所有权属于劳动群众集体所有的土地。我国土地社会主义公有制的一种。《宪法》规定，农村和城市郊区的土地，除由法律规定属于国家所有的以外，属于集体所有；宅基地和自留地、自留山，也属于集体所有。《土地管理法》规定，农民集体所有的土地依法属于村农民集体所有的，由村集体经济组织或者村民委员会经营、管理；已经分别属于村内两个以上农村集体经济组织的农民集体所有的，由村内各该农村集体经济组织或者村民小组经营、管理；已经属于乡（镇）农民集体所有的，由乡（镇）农村集体经济组织经营、管理。农民集体所有的土地，由土地所在地的县级人民政府不动产登记机构登记，核发证书，确认所有权。

【集体土地】“集体所有土地”的简称。（见【集体所有土地】）

【集体土地使用权收回】农村集体经济组织依照法律规定强制性收回他人已取得的集体所有土地使用权的行为。《土地管理法》规定，有下列情形之一的，农村集体经济组织报经原批准用地的人民政府批准，可以收回土地使用权：（一）为乡（镇）村公共设施和公益事业建设，需要使用土地的；（二）不按照批准的用途使用土地的；（三）因撤销、迁移等原因而停止使用土地的。依法收回集体土地使用权的，对土地使用权人应当给予适当补偿。

【集体土地所有权】农民集体对其所有的土地所享有的占有、使用、收益和处分的权利。是我国土地社会主义公有制的体现。《土地管理法》规定，农村和城市郊区的土地，除由法律规定属于国家所有的以外，属于农民集体所有；宅基地和自留地、自留山，属于农民集体所有。从法律的角度看，集体土地所有权具有两个明显特点：（一）集体土地所有权是一种由“农村集体经济组织”“农村集体经济组织法人”或“农村劳动群众集体经济组织”享有的所有权，农民个人不享有所有权。（二）行使集体土地所有权主体是村民小组、村民委员会、村集体经济组织或乡镇集体经济组织。《民法典》第 262 条对集体土地所有权的行使作了明确规定：（一）属于村农民集体所有的，由村集体经济组织或者村民委员会依法代表集体行使所有权；（二）分别属于村内两个以上农民集体所有的，由村内各该集体经济组织或者村民小组依法代表集体行使所有权；（三）属于乡镇农民集体所有的，由乡镇集体经济组织代表集体行使所有权。

【集体租赁住房】“集体建设用地建设租赁住房”的简称。（见**【集体建设用地建设租赁住房】**）

【集中式租赁住房】具备一定规模、实行整体运营并集中管理、用于出租的居住性用房。租赁住房的一种。按照使用对象和使用功能，集中式租赁住房分为宿舍型和住宅型两类。

【继承】将死者生前的财产和其他合法权益转归有权取得该项财产的人所有的法律制度。分为遗嘱继承和法定继承。继承具有以下法律特征：（一）继承因作为被继承人的自然人死亡而发生；（二）继承中的继承人与被继承人存在特定亲属身份关系；（三）继承是处理死者遗产的法律关系；（四）继承是继承人概括承受被继承人财产权利和义务的法律制度。在继承法律关系中，因其死亡而将其财产转移给他人的人称为“被继承人”，依法承受被继承人财产的人称为“继承人”，被继承人死亡时遗留的个人合法财产称为“遗产”。

J

【继承方式】继承的形式。分为遗嘱继承和法定继承两种。（一）遗嘱继承，指遗嘱中指定的继承人根据遗嘱指定的其应当继承的遗产种类、数额等继承被继承人遗产的继承方式。根据我国的法律，自然人可以依法立遗嘱处分个人财产。自然人可以立遗嘱将个人财产指定由法定继承人中的一人或者数人继承。（二）法定继承，指被继承人死亡时没有留下遗嘱，其个人合法财产的继承由法律规定的继承人范围、顺序和分配原则进行继承的继承方式。

【继承权】自然人按照被继承人所

立的合法有效遗嘱或法律的直接规定享有的继承被继承人遗产的权利。自然人民事权利的一种。继承权的法律特征有：（一）在继承权的主体方面，继承权只能是自然人享有的权利；（二）在取得根据方面，继承权是自然人依照合法有效的遗嘱或者法律规定而享有的权利；（三）继承权的客体是被继承人生前的财产权利；（四）继承权的本质是独立的民事权利。根据《民法典》，继承从被继承人死亡时开始。继承人有下列行为之一的，丧失继承权：（一）故意杀害被继承人；（二）为争夺遗产而杀害其他继承人；（三）遗弃被继承人，或者虐待被继承人情节严重；（四）伪造、篡改、隐匿或者销毁遗嘱，情节严重；（五）以欺诈、胁迫手段迫使或者妨碍被继承人设立、变更或者撤回遗嘱，情节严重。自然人的继承权受法律保护。

【假设开发法】也称"剩余法""倒算法"，指预计估价对象开发完成后的价值，扣除预计的正常开发成本、税费和利润等，以此估算估价对象的客观合理价格或价值的方法。房地产估价方法的一种。按照《房地产估价规范》（GB/T 50291—2015），运用假设开发法进行房地产估价应按下列步骤进行：（一）选择具体估价方法；（二）选择估价前提；（三）选择最佳的开发经营方式；（四）测算后续开发经营期；（五）测算后续开发的必要支出；（六）预算开发完成后的价值；（七）确定折现率或测算后续开发的应得利润；（八）计算开发价值。假设开发法适用于具有投资开发或再开发潜力且开发完成后的价值可以采用比较法、收益法等成本法以外的方法测算的房地产的估价。

【价格】商品的交换价值在流通过程中的货币表现形式。其主要职能包括：（一）表价职能，指表现商品价值量的职能。（二）调节职能，指价格所具有的调整经济关系、调节经济活动的职能。（三）信息职能。指价格变动可以向人们传递市场信息，反映供求关系变化状况的功能。（四）核算职能，指通过价格对商品生产中企业乃至部门和整个国民经济的劳动投入进行核算、比较和分析的职能。经济学中，商品的价值由三部分组成：即已消耗的生产资料的价值（C）、劳动者为自己的劳动所创造的价值（V）和为社会劳动所创造的价值（M）。与商品的价值的三个组成部分相适应，商品价格也分为三个组成部分：即物质消耗支出、劳动报酬支出和盈利。盈利又分为税金和利润两种形式。将物质消耗支出、劳动报酬支出合并为生产成本，则商品价格构成可分为：生产成本、税金和利润三部分。商品进入流通领域后，还要加上流通费用和流通环节应缴纳的税金和利润。

【价格杠杆】国家通过一定的政策和措施促使市场商品价格发生变化，来引导和控制国民经济运行的一种经济手段。与其他经济杠杆相比，价格杠杆具有平衡趋向性、逆向调节性和连锁反应性的特点。在社会主义市场经济条件下，价格是社会经济活动不可缺少的重要经济杠杆，是最有效的调节手段。其调节作用表现在以下几个方面：（一）对生产的调节。价格杠杆能有效地刺激生产或抑制生产，调整生产结构。通过价格准确地计算和反映国民经济部门之间的比例关系，实现国民经济的综合平衡；通过价格杠杆，调整社会资源在各个部门之间、企业之间的合理配置，从而实现社会再生产的良性循环。（二）对流通的调节。价格杠杆调节商品流通，主要是通过商品差价和比价变动造成经营商品流通的经济主体的实际收入的变化，从而引导企业改变商品流向和调整交换的规模和结构。（三）对分配的调节。价格是影响分配最直接的因素，它的变动对国民收入具有分配的功能。它可以调节社会集团、各地之间的收益分配，同时也调节着积累与消费的重大比例关系，影响国家与集体、集体与集体、集体与个人之间的收入分配。（四）对消费的调节。价格杠杆对消费的调节作用主要表现在两个方面：一是消费价格水平的高低，影响社会的消费量，影响消费总水平；二是不同商品之间的比价，影响社会的消费结构。

【价格水平】以价格指数表示的不同时期商品价格和服务收费的变动趋势与程度。价格指数的种类有：反映某种、某类、全部商品价格变动情况的单项商品、分类商品价格指数和商品价格总指数；各个时期商品价格同某一固定时期或同其前一时期商品价格进行对比的定基或环比价格指数；按计算方法分的简单几何平均、加权算术平均、加权调和平均价格指数等。由于价格形成的各种因素在经常不断地变化，所以价格水平也经常处于变动之中。价格水平的变动反映了国民经济的状况，并影响着它的发展。

【价格体系】一个国家或地区内各种商品、服务和生产要素的价格及其相互关系的有机整体。主要包括：（一）商品差价体系。商品差价，指同类商品从生产进入流通，直至进入消费领域的过程中，发生了时间与空间的运动，产生了价值和效用的变化，从而形成的价格差别。（二）商品比价体系。商品比价，指在同一市场、同一时间内、不同种类的商品在交换过程中按照价值规律发生的价格之间差别的比例。是不同商品的价值量之间比例关系的反映。（三）价格形式体系。在我国，按国家管理的严格程度划分三种价格形式：即政府定价、政府指导价和市场调节价。在价格体系中，保持各部分的合理比例，有利于社会经济的平衡和可持续发展。

【价格形式】由定价方式不同而形成的价格类型。现阶段我国的价格形式主要有：（一）政府定价。指由国家各级机构有计划地制定，适用于少数关系国计民生的商品价格和劳务收费。（二）政府指导价。指由国家各级机构规定基价和幅度、限价、差率、利润率等，指导企业定价，适用于关系国计民生比较重要，而供求关系变化较快，品种规格较复杂的商品。（三）市场调节价。指国家不作规定，由生产者、经营者自行制定，适用于大多数对国计民生关系不大，品种繁多、规格复杂、供求关系变化快的小商品或重要商品中的计划外部分。随着社会主义市场经济体制的建立和完善，政府定价和政府指导价的范围逐渐缩小，以市场形成价格的市场调节价成为主要的价格形式。

【间接信用指导】中央银行通过道义劝告、窗口指导等办法，间接影响商业银行等金融机构信用创造的做法。货币政策工具之一。道义劝告，指中央银行对商业银行和其他金融机构发出通告、指示，或与金融机构负责人举行面谈，劝告其遵守政府政策并自动采取贯彻政策的相应措施；窗口指导，指中央银行根据产业行情、物价趋势和金融市场动向，规定商业银行贷款近期的增减额，并要求其执行。间接信用指导对经济的作用过程是间接的，主要通过市场供求关系或资产组合的调整途径实现对经济的影响。

【建安费用】“建筑安装工程费”的简称。（见【建筑安装工程费】）

【建成区】“城市建成区”的简称。（见【城市建成区】）

【建设工程规划许可证】经城乡规划主管部门依法审核，建设工程符合城乡规划要求的法律凭证。《城乡规划法》规定，在城市、镇规划区内进行建筑物、构筑物、道路、管线和其他工程建设的，建设单位或者个人应当向城市、县人民政府城乡规划主管部门或者省、自治区、直辖市人民政府确定的镇人民政府申请办理建设工程规划许可证。申请办理建设工程规划许可证，应当提交使用土地的有关证明文件、建设工程设计方案等材料。需要建设单位编制修建性详细规划的建设项目，还应当提交修建性详细规划。对符合控制性详细规划和规划条件的，由城市、县人民政府城乡规划主管部门或者省、自治区、直辖市人民政府确定的镇人民政府核发建设工程规划许可证。

【建设工程合同】承包人进行工程建设，发包人支付价款的合同。典型合同的一种。建设工程合同包括工程勘察、设计、施工合同。发包人可以与总承包人订立建设工程合同，也可以分别与勘察人、设计人、施工人订立勘察、设计、施工承包合同。勘察、设计合同的内容一般包括提交有关基础资料和概预算等文件的期限、质量要求、费用以及其他协作条件等条款。施工合同的内容一般包括工程范围、建设工期、中间交工工程的开工和竣工时间、工程质量、工程造价、技术资料交付时间、材料和设备供应责任、拨款和结算、竣工验收、质量保修范围和质量保证期、相互协作等条款。建设工程合同应当采用书面形式。

【建设工程招标投标】也称“工程建设项目招标投标”，指建设单位就拟建工程（项目）发布招标公告，吸引建筑施工企业参加投标，并通过法定程序择优选定中标（承包）企业的行为。建设工程承发包方式的一种。根据《招标投标法》，招标投标程序包括招标、投标、开标、评标和中标。招标分为公开招标和邀请招标。提出招标项目、进行招标的法人或者经济组织称为“招标人”；响应招标、参加投标竞争的法人或者其他组织称为“投标人”；根据评标委员会评审最终确定的中标候选人称为“中标人”。中标人确定后，招标人和中标人应当在法律规定的时间里签订建设工程承发包书面合同。中标人应当按照合同约定履行义务，完成中标项目建设，如有违约，应承担违约责任。

【建设项目】也称“基本建设工程项目”，指按照一个总体设计进行施工，经济上实行独立核算，建成后可以独立地形成生产能力或者使用价值的建设工程。建设项目按性质可分为新建、扩建、改建和恢复四种形式。新建指从无到有，新开始建设的项目；扩建指为扩大原有生产能力而增建的项目；改建指对原有项目进行技术改造的项目；恢复指由于某种原因停建，后又按原规模重新恢复建设的项目。按用途可分为生产性建设项目和非生产性建设项目。按投资规模的大小可以分大、中、小型项目。建设项目具有投资规模大，建设周期长、质量要求高、涉及面广、影响环节多等特点，因此必须按照建设程序严密组织，科学管理。

【建设项目节地评价】为促进合理用地，提高节约集约用地水平，在建设项目用地供应前对部分建设项目涉及用地标准控制进行的评估。分土地使用标准未覆盖项目评价和超标准用地项目评价两类。根据《自然资源部办公厅关于规范开展建设项目节地评价工作的通知》，在建设项目审批中对确需突破土地使用标准确定的规模和功能分区的建设项目，应当通过节地评价严格把关。对国家和地方尚未颁布土地使用标准和建设标准的建设项目，应当通过节地评价合理确定建设项目用地功能分区和规模。节地评价的内容包括：（一）对确需突破土地使用标准确定的规模和功能分区的建设项目，应当对申报材料中超标准的原因，如安全生产、地形地貌、工艺技术等的特殊要求，申请用地的依据开展评价；（二）对国家和地方未颁布土地使用标准的建设项目，评价内容包括：规模、功能分区等是否体现了项目所在区域的地形地貌特征；是否合理利用地上地下空间或者科学、合理提高项目投资强度、容积率、建筑密度等；是否采取了先进的项目工艺流程、施工工艺和技术；对存在远期预留用地的项目，是否可以分期报批，避免低效、闲置；是否采取措施少占或不占耕地、避让永久基本农田；是否为降低建设成本而粗放用地；是否设置了不必要的功能分区；是否存在“搭车用地”、多报少用等。通过专家评审论证，出具评审论证意见，并将其作为建设用地供应的依据。建设项目节地评价是建设用地标准控制制度的重要组成部分，是促进科学合理用地的重要支撑，对完善节约集约用地评价体系、推进节约集约用地具有重要意义。

【建设项目用地审批备案】地方各级人民政府审批的各类建设项目用地，在用地正式批准后，必须在规定时间内报上一级土地管理部门备案的制度。审批备案实行上报一级、按月上报的办法。每月审批的用地，于次月 10 日前汇总上报。备案内容根据建设项目用地供地方式，按照《建设项目用地审批备案表》逐项填报，并同时报送政府批准用地文件，属于出让用地项目的，还须报送《国有土地使用权出让合同》副本。

【建设项目用地预报】依照法律规定须报经上级人民政府审批的各类建设项目用地，在正式报批前向上级土地资源管理部门预先报告的制度。预报内容按划拨用地项目，国有土地出让项目和使用农村集体土地项目不同，主要包括：（一）建设项目名称；（二）用地（拟受让）单位；（三）拟用地面积；（四）是否列入年度用地计划；（五）拟用地来源；（六）预报单位意见等。

【建设项目用地预审】自然资源主管部门在建设项目审批、核准、备案阶段，依法对建设项目涉及的土地利用事项进行的审查。建设项目用地审批环节之一。建设项目用地实行分级预审：（一）需人民政府或有批准权的人民政府发展和改革等部门审批的建设项目，由该人民政府的自然资源主管部门预审。（二）需核准和备案的建设项目，由与核准、备案机关同级的自然资源主管部门预审。（三）由自然资源部预审的建设项目，自然资源部委托项目所在地的省级自然资源主管部门受理，但建设项目占用规划确定的城市建设用地范围内土地的，委托市级自然资源主管部门受理。需审批的建设项目在可行性研究阶段，由建设用地单位提出预审申请。需核准的建设项目在项目申请报告核准前，由建设单位提出用地预审申请。需备案的建设项目在办理备案手续后，由建设单位提出用地预审申请。建设项目用地预审主要审查以下内容：（一）建设项目用地是否符合国家供地政策和土地管理法律、法规规定的条件；（二）建设项目选址是否符合土地利用总体规划，属《土地管理法》第二十六条规定情形，建设项目用地需修改土地利用总体规划的，规划修改方案是否符合法律、法规的规定；（三）建设项目用地规模是否符合有关土地使用标准的规定；对国家和地方尚未颁布土地使用标准和建设标准的建设项目，以及确需突破土地使用标准确定的规模和功能分区的建设项目，是否已组织建设项目节地评价并出具评审论证意见。占用永久基本农田或者其他耕地规模较大的建设项目，还应当审查是否已经组织踏勘论证。自然资源主管部门应当自受理预审申请或者收到转报材料之日起二十日内，完成审查工作，并出具预审意见。预审意见是有关部门审批项目可行性研究报告、核准项目申请报告的必备文件。建设项目用地预审文件有效期为三年，自批准之日起计算。未经预审或者预审未通过的，不得批复可行性研究报告、核准项目申请报告；不得批准农用地转用、土地征收，不得办理供地手续。2022 年，自然资源部等 7 部门联合印发《关于加强用地审批前期工作积极推进基础设施项目建设的通知》，对基础设施项目建设用地预审制度按“多审合一”原则进行了改革，简化了预审内容。

【建设项目总概算】也称“投资项目总概算”，指确定建设项目从筹建到竣工验收过程中全部建设费用的文件，是初步设计文件的组成部分。建设项目总概算包括总概算表和编制说明。总概算表第一部分列工程费用，主要是建筑安装工程费用和设备及工具器具购置费。第二部分列工程建设其他费用，包括土地征收及拆迁补偿费或批租地价、建设单位管理费、勘察设计费、工程监理费等。此外，还列有工程预备费，一般按第一、第二部分费用总额的规定百分比计算，用以弥补因设计变更、工程漏项、材料设备价格变动而需追加的费用。在编制说明中，应包括工程概况、编制原则、编制依据、投资构成分析、主要设备和材料用量，以及存在的问题和建议等。审定的总概算，是确定建设项目投资额、编制固定资产投资计划和控制投资规模的依据，也是考核建设项目设计经济合理性和建设成本的依据。

【建设项目总平面布置图】 简称“总体布置图”“总平面图”，指按一定比例绘制的，表示建筑物、构筑物方位、间距以及管道网、绿化、竖间布置和基地邻界等情况的图纸。建设项目初步设计的主要文件之一。它是在画有等高线或加上坐标方格网的地形图上，画上原有的和拟建的建筑物、构筑物外轮廓的水平投影，以反映建筑物、构筑物的平面形状、位置、朝向、相互关系和与周围地形、地物的关系，表明建设工程的总体布局。建设项目总平面布置图的主要内容包括：（一）建设项目区域位置图；（二）坐标网、地形等高线及测量成果表；（三）用地范围转角坐标、道路交叉坐标；（四）建筑物、构筑物±0.000 标高，道路交叉点标高、道路纵向坡度；（五）道路网、绿化带的位置；（六）指北针、风向玫瑰图；（七）建筑物、构筑物一览表；（八）技术经济一览表；（九）图例、说明、图签等。

【建设用地】 建造建筑物、构筑物的土地。包括城乡住宅和公共设施用地、工矿用地、交通水利设施用地、旅游用地、军事设施用地等。土地利用分类之一。在《土地利用现状分类》（GB/T 21010—2017）中建设用地包括商服用地、工矿仓储用地、住宅用地、公共管理与公共服务用地、特殊用地、交通运输用地 6 个一级类；零售商业用地、批发市场用地、餐饮用地、旅馆用地、商务金融用地、娱乐用地、其他商服用地、工业用地、采矿用地、盐田、仓储用地、城镇住宅用地、农村宅基地、机关团体用地、新闻出版用地、教育用地、科研用地、医疗卫生用地、社会福利用地、文化设施用地、体育用地、公用设施用地、公园与绿地、军事设施用地、使领馆用地、监教场所用地、宗教用地、殡葬用地、风景名胜设施用地、铁路用地、轨道交通用地、公路用地、城镇村道路用地、交通服务场站用地、机场用地、港口码头用地、管道运输用地、水工建筑用地、空闲地 39 个二级类。

【建设用地管理】 政府为合理配置建设用地、调节建设用地权属和建设用地配置中发生的各种关系而采取的行政、经济、法律和工程措施的总称。自然资源行政管理职责之一。主要内容包括：（一）土地用途管制和建设用地指标、用地定额的管理；（二）土地征收与补偿、安置管理；（三）土地供应管理，包括土地使用权有偿出让与行政划拨；（四）乡、村建设用地管理；（五）建设用地的行政法规、技术标准、规范管理；（六）建设用地的信息管理；（七）对违法建设用地的监督和查处等。根据国家法律，建设用地管理由国务院自然资源管理部门统一领导，各级人民政府自然资源管理部门具体负责。

【建设用地规划许可证】经城乡规划主管部门依法审核，建设用地符合城乡规划要求的法律凭证。《城乡规划法》规定，在城市、镇规划区内以划拨方式提供国有土地使用权的建设项目，经有关部门批准、核准、备案后，建设单位应当向城市、县人民政府城乡规划主管部门提出建设用地规划许可申请，由城市、县人民政府城乡规划主管部门依据控制性详细规划核定建设用地的位置、面积、允许建设的范围，核发建设用地规划许可证。建设单位在取得建设用地规划许可证后，方可向县级以上地方人民政府土地主管部门申请用地。以出让方式取得国有土地使用权的建设项目，建设单位在取得建设项目的批准、核准、备案文件和签订国有土地使用权出让合同后，向城市、县人民政府城乡规划主管部门领取建设用地规划许可证。

【建设用地批准书】也称“建设用地许可证”，指建设项目建设期内获准使用国有土地的法律凭证。根据《建设用地审查报批管理办法》，以有偿使用方式提供国有土地使用权的，由市、县国土资源主管部门与土地使用者签订土地有偿使用合同，并向建设单位颁发《建设用地批准书》。土地使用者缴纳土地有偿使用费后，依照规定办理土地登记。以划拨方式提供国有土地使用权的，由市、县国土资源主管部门向建设单位颁发《国有土地划拨决定书》和《建设用地批准书》，依照规定办理土地登记。建设项目施工期间，建设单位应当将《建设用地批准书》公示于施工现场。建设用地批准书主要内容包括：建设用地单位、建设用地批准文号、批准日期、建设项目或用途、批准用地面积、建设地点、用地四至、有效日期等。

J

【建设用地全程管理】自然资源管理部门对基本建设从建设项目提出到建成验收各个主要环节进行的用地管理。其主要内容包括：审批前，参与项目立项、可行性研究、用地评议审定和选址勘查；审批中，参与建设项目征、拨用地的落实、审查用地批件；审批后，参与建设项目用地的验收、核实土地利用数量，检查用地情况。

【建设用地全生命周期管理】也称“土地全生命周期管理”，指以建设用地使用权出让合同为平台，在出让土地的用途管制、功能设置、业态布局、土地使用权退出等各个方面，加强在土地使用期限内的全过程动态监管。一种土地管理模式。根据上海等城市的实践，实行全生命周期管理，必须将项目建设、功能实现、运营管理、节能环保等经济、社会、环境各要素纳入合同管理，实现土地利用管理系统化、精细化、动态化。在操作上，建设用地出让前，出让人应根据控制性详细规划，确定出让地块的土地用途、混合用地建筑量比例、容积率、建筑限高、住宅套数、公共服务设施、公共空间等基础出让条件，如明确社会停车场、社区公共服务设施、物业用房等公建配套设施建设要求。土地出让后，在使用过程中如发生土地污染的，应按照“谁污染、谁治理”的原则，承担土壤和地下水地质环境调查、评估及修复的责任。经相关部门认定，造成严重环境污染的，出让人可按照合同约定解除合同，无偿收回土地使用权，并有权追缴土壤和地下水地质环境修复的有关费用。对建设用地实施全生命周期管理，有利于从源头治理土地炒作，提高土地利用效率，促进城市整体建设品质和服务管理功能的提升。目前上海等城市已在工业用地和经营性建设用地上实行全生命周期管理。

【建设用地使用权】建设用地使用权人依法对国家所有的土地享有的占有、使用、收益的权利。建设用地指建造建筑物、构筑物的土地。《民法典》规定，建设用地使用权可以在土地的地表、地上或者地下分别设立。设立建设用地使用权方式主要有两种：即有偿出让和无偿划拨。有偿出让，指出让人将一定期限的建设用地使用权出让给建设用地使用权人，建设用地使用权人向出让人支付一定的出让金的行为。有偿出让方式主要包括拍卖、招标和协议等；无偿划拨，指经县级以上人民政府批准，在建设用地使用权人缴纳补偿、安置等费用后，将该幅土地交付其使用的行为。《民法典》规定，工业、商业、旅游、娱乐和商品住宅等经营性用地以及同一土地有两个以上意向用地者的，应当采取招标、拍卖等公开竞价的方式出让。通过招标、拍卖、协议等出让方式设立建设用地使用权的，当事人应当采用书面形式订立建设用地使用权出让合同，并应当向登记机构申请建设用地使用权登记。建设用地使用权自登记时设立。法律还规定，建设用地使用权人有权将建设用地使用权转让、互换、出资、赠与或者抵押，

J

但是法律另有规定的除外。

【建设用地使用权出让】出让人将一定期限的建设用地使用权出让给建设用地使用权人，建设用地使用权人向出让人支付一定的出让金的行为。建设用地使用权取得方式之一。建设用地使用权出让必须符合城市总体规划、土地利用总体规划和年度建设用地计划要求。建设用地使用权出让的主要方式包括拍卖、招标和协议。建设用地使用权出让中代表国有土地产权出让土地使用权的市、县人民政府称为“建设用地使用权出让人”；依法取得建设用地使用权的公司、企业、其他组织和个人称为“建设用地使用权受让人”。

【建设用地使用权出让合同】载明建设用地使用权出让双方权利、义务关系的书面协议。《民法典》规定，通过招标、拍卖、协议等出让方式设立建设用地使用权的，应当采用书面形式订立建设用地使用权出让合同。建设用地使用权出让合同一般包括下列条款：（一）当事人的名称和住所；（二）土地界址、面积等；（三）建筑物、构筑物及其附属设施占用的空间；（四）土地用途、规划条件；（五）建设用地使用权期限；（六）出让金等费用及其支付方式；（七）解决争议的方法。

【建设用地使用权出让人】建设用地使用权出让合同中代表国家土地所有人出让建设用地使用权的市、县人民政府。

【建设用地使用权出资】建设用地使用权人以其合法的土地使用权作价入股，与他人合资成立企业法人的行为。建设用地使用权流转方式的一种。根据国家有关规定，建设用地使用权出资，当事人应当采用书面形式订立相应的合同，向不动产登记机构申请变更登记。

【建设用地使用权抵押】建设用地使用者以其合法的土地使用权，以不转移占用的方式向抵押权人提供债务履行担保的行为。建设用地使用权流转方式的一种。根据国家有关规定，建设用地使用权抵押，当事人应当采用书面形式订立相应的合同，向不动产登记机构申请变更登记。

【建设用地使用权互换】建设用地使用权当事人双方约定互相转移土地使用权的行为。建设用地使用权流转方式的一种。根据国家有关规定，建设用地使用权互换，当事人应当采用书面形式订立相应的合同，向不动产登记机构申请变更登记。

【建设用地使用权流转】建设用地使用权人依法转移建设用地使用权的行为，包括建设用地使用权转让、互换、出资、赠与、抵押。《民法典》规定，建设用地使用权人有权将建设用地使用权转让、互换、出资、赠与或者抵押。建设用地使用权转让、互换、出资、赠与或者抵押的，当事人应当采用书面形式订立相应的合同，向不动产登记机构申请变更登记。建设用地使用权转让、互换、出资或者赠与的，附着于该土地上的建筑物、构筑物及其附属设施一并处分。建筑物、构筑物及其附属设施转让、互换、出资或者赠与的，该建筑物、构筑物及其附属设施占用范围内的建设用地使用权一并处分。建设用地使用权流转，使用期限由当事人约定，但是不得超过建设用地使用权的剩余期限。

【建设用地使用权流转方式】建设用地使用权人依法转移建设用地使用权的形式。包括建设用地使用权转让、互换、出资、赠与、抵押等。转让，指建设用地使用者将土地使用权再转移；互换，指建设用地使用权当事人双方约定互相转移土地使用权；出资，指建设用地使用权人以其合法的土地使用权作价入股，与他人合资成立企业法人的行为。赠与，指赠与人自愿将自己的建设用地使用权无偿转移给受赠人，受赠人表示接受而达成合同。抵押，指建设用地使用者以其合法的土地使用权，以不转移占用的方式向抵押权人提供债务履行担保的行为。《民法典》规定，建设用地使用权流转，当事人应当采用书面形式订立相应的合同，向不动产登记机构申请变更登记。

【建设用地使用权取得方式】依法取得建设用地使用权的形式。主要有出让和划拨两种。出让指国家将一定年限内的土地使用权让与土地使用者，由土地使用者向国家支付土地出让金的行为。出让方式包括协议、招标和拍卖。划拨指经县级以上人民政府依法批准后，在土地使用者依法缴纳了土地补偿费、安置补偿费及其他费用后，国家将土地交付给土地使用者使用，或者国家将土地使用权无偿交付给土地使用者使用的行为。

【建设用地使用权设立】依法确立土地使用权的行为。《民法典》规定，建设用地使用权可以在土地的地表、地上或者地下分别设立。设立建设用地使用权，应当符合节约资源、保护生态环境的要求，遵守法律、行政法规关于土地用途的规定，不得损害已经设立的用益物权。设立建设用地使用权，可以采取出让或者划拨等方式。通过招标、拍卖、协议等出让方式设立建设用地使用权的，应当以书面形式订立建设用地使用权出让合同，并向不动产登记机构申请建设用地使用权登记。建设用地使用权自登记时设立。

【建设用地使用权受让人】指建设用地使用权出让合同中，依法取得建设用地使用权，对建设用地享有占有、使用、收益权利的法人（单位）或自然人（个人）。

【建设用地使用权土地用途变更】建设用地使用者改变土地使用权出让合同规定的土地用途的行为。《民法典》规定，建设用地使用权人应当合理利用土地，不得改变土地用途；需要改变土地用途的，应当依法经有关行政主管部门批准。《城市房地产管理法》规定，需要改变土地使用权出让合同约定的土地用途的，必须取得出让方和市、县人民政府城市规划行政主管部门的同意，签订土地使用权出让合同变更协议或者重新签订土地使用权出让合同，相应调整土地使用权出让金，并办理变更登记手续。

【建设用地使用权消灭】建设用地使用权因各种原因而终止。建设用地使用权消灭的情况主要包括：建设用地使用权期间届满、因公共利益需要提前收回建设用地使用权，以及因自然灾害等原因造成建设用地使用权灭失等。根据《民法典》，建设用地使用权消灭的，出让人应当及时办理注销登记。不动产登记机构应当收回权属证书。

【建设用地使用权赠与】赠与人自愿将自己的建设用地使用权无偿转移给受赠人，受赠人表示接受而达成合同的行为。建设用地使用权流转方式的一种。根据国家有关规定，建设用地使用权赠与，当事人应当采用书面形式订立相应的合同，向不动产登记机构申请变更登记。

【建设用地使用权转让】建设用地使用者将土地使用权再转移的行为，包括出售、交换和赠与。建设用地使用权流转方式。出售，指建设用地使用权人将土地使用权依法转移给买受人，买受人支付土地使用权转让金的行为。交换，指建设用地使用权当事人双方约定互相转移土地使用权的行为。赠与，指赠与人自愿将自己的土地使用权无偿转移给受赠人，受赠人表示接受而达成合同的行为。根据国家有关规定，建设用地使用权转让，当事人应当采用书面形式订立相应的合同，向不动产登记机构申请变更登记。

【建设用地信息发布制度】为增加建设用地使用权交易透明度，由省市人民政府自然资源管理部门定期将本地区建设用地信息公布于众的制度。制度内容包括发布建设用地信息内容、发布时间、发布格式、发布程序和发布信息上报备案等。根据国土资源部（现自然资源部）

规定，从 1999 年起，在全国建立建设用地信息发布制度。发布的建设用地信息的内容有：（一）土地供应总量信息：包括拟供给的新增和现有建设用地方案、农用地转用安排以及有关土地的规划用途和用地条件。（二）已供给土地宗地信息：包括政府出让、出租、划拨的宗地面积、使用人情况、出让金、租金或征地补偿费、位置等。（三）已供给土地综合信息：包括土地供给总面积、供给形式分类情况、用地类型、土地使用者类型、用地涉及的投资额等，不同地区的土地供给总量、各宗地概况、类别对比、用地涉及的投资额等。（四）土地使用权市场交易信息：包括出让及划拨土地使用权转让、出租、抵押的宗地信息和综合信息。土地使用权市场交易宗地信息包括交易面积、交易金额、交易人的有关情况。土地使用权市场交易综合信息包括交易总面积、交易总金额、交易土地分类等。（五）市场预测信息：包括对土地市场供给和需求作出的具体分析和预测，对未来土地市场价格、供给、优先方向等状况的数据指标以及有关分析、预测图表。（六）政府供地限制目录：包括依据政府产业政策制订的划拨供地目录、限制供地目录、禁止供地目录等。建设用地信息发布时间：省级自然资源管理部门每季度发布一次，市、县自然资源管理部门根据当地实际情况确定发布时间。市场预测信息和政府供地限制目录的发布可定期，也可不定期，但每年至少要发布一次。

【建设用地许可证】也称“建设用地批准书”。（见【建设用地批准书】）

【建设用地总量控制】各级人民政府根据土地利用总体规划确定的建设用地总量，以及对建设用地在数量上的管理与控制。是土地利用计划管理的主要内容。建设用地总量控制由各级人民政府通过编制、执行土地利用年度计划实施。具体包括：（一）编制土地利用计划，明确新增建设用地计划指标。包括新增建设用地总量和新增建设占用农用地及耕地指标。（二）实现严格的用地审批制度。批准使用的建设用地必须符合土地利用年度计划。不符合土地利用总体规划、国家区域政策、产业政策和供地政策的建设项目，不得安排土地利用年度计划指标。因特殊情况需增加全国土地利用年度计划中新增建设用地计划的，按规定程序报国务院审定。（三）加强监管。自然资源主管部门加强对土地利用年度计划执行的监管，没有土地利用年度计划指标擅自批准建设用地的，按照违法批准用地追究法律责任。

【建设周期】基本建设统计指标。

指全国或一个地区、一个单位所有建设项目全部建成交付所需要的平均时间。在我国基本建设统计中，建设周期通常用“建设项目个数”和“投资额”两种方法计算：

用“建设项目个数”计算的公式为：建设周期=本年所有施工项目个数/本年全部建成交付项目个数

用“投资额”计算的公式为：建设周期= 本年所有施工项目计划总投资额 /本年实际完成投资额

上述公式的含义是，按当年建成交付项目个数或完成投资额计算，全部建成该年所有项目或完成所有项目计划总投资额所需要的时间。建设周期是反映建设速度和建设投资状况，分析宏观经济投资效果或企业投资效果的重要指标。

【建筑】一指各类土木工程建设活动，如各类房屋建筑及其附属设施的建造和与其配套的线路、管道、设备的安装活动；一指建筑物和构筑物。建筑物指具有顶盖、梁柱、基础、墙体等，能够形成一定的内部空间，满足人们生产、生活及其他活动需要的工程实体，如房屋等；构筑物指不能在其内部从事生产和生活的工程实体，如水塔、烟囱等。

【建筑安装工程费】简称“建安费用”，指建筑安装工程的各项费用构成。房地产开发项目成本的组成部分。根据《住房城乡建设部、财政部关于印发〈建筑安装工程费用项目组成〉的通知》，建筑安装工程费用按构成要素组成分为人工费、材料费、施工机具使用费、企业管理费、利润、规费和税金。其中，（一）人工费：指按工资总额构成规定，支付给从事建筑安装工程施工的生产工人和附属生产单位工人的各项费用。（二）材料费：指施工过程中耗费的原材料、辅助材料、构配件、零件、半成品或成品、工程设备的费用。（三）施工机具使用费：指施工作业所发生的施工机械、仪器仪表使用费或其租赁费。（四）企业管理费：指建筑安装企业组织施工生产和经营管理所需的费用。（五）利润：指施工企业完成所承包工程获得的盈利。（六）规费：指按国家法律、法规规定，由省级政府和省级有关权力部门规定必须缴纳或计取的费用。（七）税金：指国家税法规定的应计入建筑安装工程造价内的营业税、城市维护建设税、教育费附加以及地方教育附加。

【建筑地段地租】经营者为建造建筑物向土地所有者租用土地所交纳的地租。地租的一种。

【建筑工程监理】监理单位受项目法人委托，依据国家批准的工程项目建设文件、有关工程建设的法律、法规和工程建设监理合同及其他工程建设合同，对工程建设实施的监督管理。建设工程项目管理制度的一种。建设工程监理可以是建设工程项目活动的全过程监理，也可以是建设工程项目某一实施阶段的监理，如设计阶段监理、施工阶段监理等。《建筑法》规定，国家推行建筑工程监理制度。建筑工程监理应当依照法律、行政法规及有关的技术标准、设计文件和建筑工程承包合同，对承包单位在施工质量、建设工期和建设资金使用等方面，代表建设单位实施监督。实行监理的建筑工程，由建设单位委托具有相应资质条件的工程监理单位监理。国家规定，对下列范围的建筑工程实行强制监理：（一）国家重点建设工程；（二）大中型公用事业工程；（三）成片开发建设的住宅小区工程；（四）利用外国政府或者国际组织贷款、援助资金的工程；（五）国家规定必须实行监理的其他工程。建设工程监理，建设单位与其委托的工程监理单位应当订立书面委托监理合同。实施建筑工程监理前，建设单位应当将委托的工程监理单位、监理的内容及监理权限，书面通知被监理的建筑施工企业。

【建筑工程施工许可证】简称“施工许可证”，指建筑工程获准可以施工的证明。建筑工程施工许可制度内容之一。《建筑法》规定，建筑工程开工前，建设单位应当按照国家有关规定向工程所在地县级以上人民政府建设行政主管部门申请领取施工许可证。申请领取施工许可证，应当具备下列条件：（一）已经办理该建筑工程用地批准手续；（二）依法应当办理建设工程规划许可证的，已经取得建设工程规划许可证；（三）需要拆迁的，其拆迁进度符合施工要求；（四）已经确定建筑施工企业；（五）有满足施工需要的资金安排、施工图纸及技术资料；（六）有保证工程质量和安全的具体措施。建设行政主管部门应当自收到申请之日起七日内，对符合条件的申请颁发建筑工程施工许可证。建筑工程施工许可证主要内容包括：建设单位、工程名称、建设地址、建设规模、合同价格、勘察单位、设计单位、施工单位、监理单位、合同工期、发证机关、发证日期等。建设单位应当自领取施工许可证之日起三个月内开工。因故不能按期开工的，应当向发证机关申请延期；延期以两次为限，每次不超过三个月。既不开工又不申请延期或者超过延期时限的，施工许可证自行废止。建筑工程施工许可证由国务院住房城乡建设主管部门制定格式，由各省、自治区、直辖市人民政府住房城乡建设主管部门统一印制。

【建筑工程施工许可制度】简称

"建筑许可制度",指建设行政主管部门根据申请,依法准许建筑单位开工或确认单位、个人具备从事建筑活动资格的一系列法律法规、规章制度的统称。国家对建筑市场实行严格管理的制度之一。实行建筑工程施工许可制度,旨在有效地保证建筑工程的质量和安全,是国际上通行的一种做法。我国的建筑施工许可制度产生于改革开放以后。20世纪80年代初,国家建工总局颁发了《关于施工管理的若干规定(草案)》,首次规定了建立开工报告制度。1997年,《建筑法》对建筑工程许可制度正式作了法律上的规定。2019年4月23日第十三届全国人民代表大会常务委员会第十次会议对《建筑法》进行了修改,依据现行《建筑法》,建筑工程施工许可制度包括三项基本制度:(一)建筑工程施工许可证制度。《建筑法》规定,建筑工程开工前,建设单位应当按照国家有关规定向工程所在地县级以上人民政府建设行政主管部门申请领取施工许可证。《建筑工程施工许可管理办法》规定,应当申请领取施工许可证的建筑工程未取得施工许可证的,一律不得开工。(二)从事建筑活动单位资质管理制度。《建筑法》规定,从事建筑活动的建筑施工企业、勘察单位、设计单位和工程监理单位,按照其拥有的注册资本、专业技术人员、技术装备和已完成的建筑工程业绩等资质条件,划分为不同的资质等级,经资质审查合格,取得相应等级的资质证书后,方可在其资质等级许可的范围内从事建筑活动。(三)从事建筑活动个人职业资格认证制度。《建筑法》规定,从事建筑活动的专业技术人员,应当依法取得相应的执业资格证书,并在执业资格证书许可的范围内从事建筑活动。从事建筑活动的专业技术人员指监理工程师、建筑师、造价工程师、结构工程师等。

【建筑工程质量】也称"建筑安装工程质量",简称"工程质量",指建筑产品具有的满足人们和社会需要的技术特性和自然属性。是建筑工程安全、适用、耐久和美观等特性的综合反映。安全指建筑物具有一定的强度和稳定性,具有抗震、抗腐蚀、耐酸、耐碱等作用;适用指建筑物功能齐全、布局合理,能最大限度满足使用要求;耐久指建筑物的使用期限和使用寿命;美观则指建筑物造型新颖、具有独特风格。建筑工程质量的优劣好坏,集中体现建筑设计和施工企业对建筑产品质量管理的重视程度和管理水平。

【建筑工程质量保修】简称"工程质量保修",指建筑工程自办理交工验收手续后,在规定的保修期限内,因勘察、设计、施工、材料等原因造成的质量缺陷，由施工单位负责维修的法律制度。建设工程质量管理的重要制度。质量缺陷，指工程不符合国家或行业现行的有关技术标准、设计文件以及合同中对质量的要求所造成的缺陷。《建筑法》规定，建筑工程实行质量保修制度。建筑工程的保修范围应当包括地基基础工程、主体结构工程、屋面防水工程和其他土建工程，以及电气管线、上下水管线的安装工程，供热、供冷系统工程等项目。保修期限应当按照保证建筑物合理寿命年限内正常使用，维护使用者合法权益的原则确定。建筑工程在保修范围和保修期限内发生质量问题的，施工单位应当履行保修义务，并对造成的损失承担赔偿责任。

【建筑工程质量保修期限】简称“工程质量保修期”，指由国家规定的，建筑工程因勘察、设计、施工、材料等原因造成质量缺陷，由施工单位负责维修的时限。《建设工程质量管理条例》规定，建设工程实行质量保修制度。在正常使用条件下，建筑工程的最低保修期限为：（一）基础设施工程、房屋建筑的地基基础工程和主体结构工程，为设计文件规定的该工程的合理使用年限；（二）屋面防水工程、有防水要求的卫生间、房屋和外墙面的防渗漏，为 5 年；（三）供热与供冷系统，为 2 个采暖期、供冷期；（四）电气管线、给排水管道、设备安装和装修工程，为 2 年。其他项目的保修期限由发包方与承包方约定。建筑工程的质量保修期自竣工验收合格之日起计算。

【建筑工程质量保修书】简称“工程质量保修书”，指由承发包双方签订的，由承包人在规定的保修期内，对承建工程承担质量保修责任的书面文件。房屋建筑工程质量保修书一般应包括以下内容：（一）发包人和承包人；（二）保修工程名称；（三）工程质量保修范围和内容；（四）保修期限；（五）保修责任；（六）保修费用；（七）其他事项。房屋建筑工程质量保修书通常在工程竣工验收前签署，并作为施工合同的附件之一，有效期限至保修期满止。

【建筑工程质量保证金】简称“工程质量保证金”，指发包人与承包人在建设工程承包合同中约定，从应付的工程款中预留，用以保证承包人在缺陷责任期内对建设工程出现的缺陷进行维修的资金。工程质量保证方式的一种。缺陷指建设工程质量不符合工程建设强制性标准、设计文件，以及承包合同的约定。缺陷责任期一般为 1 年，最长不超过 2 年。《建设工程质量保证金管理办法》规定，发包人应当在招标文件中明确保证金预留、返还等内容，并与承包人在合同条款中对涉及保证金的下列事项进行约定：（一）保证金预留、返还方式；（二）保证金预留比例、期限；（三）保证金是否计付利息，如计付利息，利息的计算方式；（四）缺陷责任期的期限及计算方式；（五）保证金预留、返还及工程维修质量、费用等争议的处理程序；（六）缺陷责任期内出现缺陷的索赔方式；（七）逾期返还保证金的违约金支付办法及违约责任。采用工程质量保证担保、工程质量保险等其他保证方式的，发包人不得再预留保证金。

【建筑工法】“工程建设工法”的简称。（见【工程建设工法】）

【建筑工业化】建筑业按照大工业生产方式进行改造，使之逐步从以手工业生产方式为主转变为社会化大生产的过程。即以建筑标准化为前提，以制品构配件生产工厂化为手段，以施工机械化为核心，以组织科学化为保证，采用各类工业化建筑体系和科学成果，以提高劳动生产率和建筑产品的功能质量，缩短工期，降低成本，实现良好的经济效益和社会效益。建筑工业化的基本内容包括：（一）改革传统的建筑材料，发展新颖低碳、轻质、高强、复合、节能、高效的建筑材料和部件，实现建筑构配件预制化、工厂化；（二）逐步实现建筑设计标准化、模数化，形成不同类型的建筑体系；（三）发展建筑机械制造工业，以现代施工机具装备建筑业，实现机械化生产；（四）加大建筑信息模型（BIM）、互联网、物联网、大数据、云计算、移动通信、人工智能、区块链等新技术的集成与创新应用，实现施工组织管理科学化。建设工业化是一个系统工程，其发展很大程度上依赖于其他工业，如建筑材料、冶金、机械制造、电子信息、计算机技术等的发展，必须统筹规划，协调发展。

【建筑功能分区】建筑设计中按使用功能要求和性质的不同合理区分，有机组合的布局和安排。建筑设计通常要求是功能分区清楚，布局上有联系而不相互干扰。如住宅设计中卧室是静的部分，用于休息睡眠，起居室是家庭集聚的活动场所，属动的部分。功能不同，设计中应分开布置。合理区分建筑功能有利于营造良好的建筑环境，更好地发挥建筑物的作用。

【建筑构件】建筑物或构筑物中除结构构件外的组成单元。如门、窗、栏杆、护壁、隔断等。建筑构件在建筑中各有不同用途，如门为分隔而又连通两边空间；窗的主要作用是采光、通风，又避风雨。建筑构件在建筑物中大量使用，通过将各种构件按其大小尺寸、形状、材料和构造方式标准化，可在工厂中成批生产，以提高施工效率。

【建筑基地】建筑工程项目的使用场地。

【建筑结构】建筑物中由承重构件组成，用以承受作用在建筑物上的各种荷载的体系。承重构件包括梁、柱、桁架、墙、楼板和基础等。建筑结构按建筑材料的不同分为砖木结构、砖混结构、钢筋混凝土结构、钢结构和型钢混凝土结构。建筑结构必须具有足够的强度、刚度、稳定性和耐久性，是建筑物安全性的主要保证。

【建筑进深】建筑物纵墙间位于同一轴线上相邻两柱中心线间的水平距离。是房屋深度的单位。建筑物纵深各间进深总和称通进深。

【建筑经济学】研究建筑业经济运行理论和运行中发生的各种经济关系及其规律的经济学科。研究的主要内容包括：（一）建筑业的形成与范围，建筑产品的特征、社会主义建筑市场理论与运行规则；（二）建筑经济在国民经济中的地位、作用；（三）建筑市场供求关系、投入产出关系、分配关系；（四）建筑市场主体研究；（五）建筑业发展与行业管理研究等。

【建筑开间】建筑物横墙间的轴线距离。是房屋宽度的单位。在住宅设计中，住宅的开间有严格的规定。《建筑模数协调标准》（GB/T 50002—2013）规定：建筑物的开间或柱距，进深或跨度，梁、板、隔墙和门窗洞口宽度等分部件的截面尺寸宜采用水平基本模数和水平扩大模数数列，且水平扩大模数数列宜采用 $2n$M、$3n$M（n 为自然数）。规定较小的开间尺度，可缩短楼板的空间跨度，增强住宅结构整体性、稳定性和抗震性。

【建筑空间】由各种建筑要素与形式组成的内外部空间的统称。包括墙、地面、屋顶、门窗等围成的建筑内部空间，以及建筑物与周围环境中的树木、山峦、水面、街道、广场等形成的建筑外部空间。建筑空间的功能包括物质功能和精神功能。物质功能体现在空间的物理性能，如空间的面积、大小、形状、通行空间、消防安全空间等。空间的精神功能是建立在物质功能基础之上，在满足物质功能的同时，以人的文化、心理精神需求为出发点，从人的爱好、愿望、审美情趣、民族习俗、民族风格等方面入手，创造出适宜的建筑室内环境，使人们获得精神上的满足和美的享受。建筑空间可分为封闭空间、开敞空间、固定空间、可变空间等，不同的建筑空间可产生不同的使用效果和体验。在建筑空间组合设计时，除应注意功能合理紧凑、结构经济、体型简洁、立面美观外，还应充分注意节约用地。

【建筑控制线】也称“建筑红线”，指城市规划行政主管部门在道路红线、建设用地边界内，另行划定的地面以上建（构）筑物主体不得超出的界线。

【建筑立面图】简称“立面图”，指按规定比例绘制的建筑物的正面、背面或侧面的正投影图。建筑立面图的基本内容：（一）表明一栋建筑物的立面形式及外貌。（二）反映立面上门窗的布置、外形及开启方向。（三）表示室外台阶、花池、勒脚、窗台、雨篷、阳台、檐沟、屋顶以及雨水管等的位置、立面形状及材料做法。（四）表明外墙面装饰的做法及分类。（五）用标高及竖向尺寸表示建筑物的总高以及各部位的高度。（六）用详图索引标志说明另画详图的部位，以及用文字说明用图无法表示的地方等。建筑立面图是建筑施工图的基本图之一。建筑立面图常用的比例为1∶50、1∶100、1∶200。

【建筑轮廓线】简称“建筑轮廓”，指以天空为背景所显示的建筑物或建筑群周边线正投影形状。它反映一幢、一排、一群或一城市的建筑高低参差的综合外貌，是城市规划和建筑设计从审美角度必须考虑的重要因素之一。

【建筑密度】一定地块内，建筑基底总面积与建筑用地总面积的比率。其计算公式为：建筑密度 = 建筑基底总面积/ 建筑用地总面积×100%。

建筑密度是反映建筑用地经济性的重要指标。

【建筑面积】建筑物各层面积的总和。包括：（一）使用面积，指建筑物各层平面中直接供生产或生活使用的面积。在住宅建筑中的使用面积称为“居住面积”，包括起居室、卧室、客厅等。（二）辅助面积，指建筑物各层平面中为辅助生产或生活活动的面积，如住宅建筑中的楼梯、走道、厕所、厨房等。（三）结构面积，指建筑物各层平面中墙、柱等结构所占的面积。

【建筑面积密度】也称“容积率”，指一定地块内，总建筑面积与建筑用地面积的比值。其计算公式为：建筑面积密度= 总建筑面积/建筑用地面积×100‰。

建筑面积密度是反映建筑用地使用强度的主要指标。一般情况下，建筑面积密度大，则土地利用程度高，土地的经济性较好。但过分追求建筑面积密度，会带来人口密度过大的问题，影响居住质量。

【建筑模数】建筑设计中规定的标准尺度单位。是建筑物、建筑构配件、建筑制品及有关设备等尺寸相互协调的基础。分基本模数、扩大模数和分模数。基本模数指模数协调中的基本尺寸单位，以M表示；扩大模数指基本模数的整数倍数；分模数指基本模数的分数值，一般为整数分数。《建筑模数协调标准》（GB/T 50002—2013）规定，基本模数的数值应为100mm（1M等于100mm）。整个建筑物和建筑物的一部分以及建筑部件的模数化尺寸，应是基本模数的倍数；扩大模数基数应为2M、3M、6M、9M、12M……；分模数基数应为M/10、M/5、M/2。建筑模数是建筑设计标准化、生产工厂化、施工机械化的重要前提。

J

【建筑模数协调】 建筑物及其构配件的设计、制作、安装所规定的标准尺度体系。是在建筑模数基础上制定的，目的是用标准化的方法实现建筑制品及构配件的工业化生产。建筑模数协调体系是国际标准化范围内的一种质量标准。内容包括模数数列、模数化网格、定位原则、公差和接缝。我国目前执行的建筑模数协调标准为《建筑模数协调标准》（GB/T 50002—2013）。

【建筑幕墙】 建筑物不承重的外围护墙。通常由面板和支承结构组成。幕墙按主要支承结构形式分：构件式幕墙、单元式幕墙、点支承幕墙、全玻幕墙、智能型呼吸式幕墙等；按面板材料分：玻璃幕墙、石材幕墙、人造板材幕墙、组合面板幕墙等；按密闭形式分：封闭式幕墙和开放式幕墙。

【建筑配件】 建筑物或构筑物中，为满足使用要求或装饰上的需要而制成的非承重的预制件或现制件，如门、窗、窗台板、花格、阁板、洗涤池、盥洗台、窗帘箱、窗连杆等。建筑配件的常用材料有木材、大理石、花岗石、石膏、钢材、铝合金、工程塑料等。

【建筑平面图】 简称“平面图”，指按规定比例绘制的建筑物的水平剖视图。建筑平面图基本内容：（一）表明建筑物的平面形状及总长、总宽；（二）反映建筑物内部各房间的名称、位置及走廊、楼（电）梯、出入口等位置；（三）注明建筑物及其各部分的平面尺寸；（四）注明各层地面的建筑标高；（五）表明各种门、窗的代号、编号以及门的开启方向；（六）表示室内装修的做法等。建筑平面图是建筑施工图的基本图之一。建筑平面图常用的比例为1∶50、1∶100和1∶200。

【建筑平面系数】 也称“建筑系数”，或称“K”值，指建筑物使用面积（在居住建筑中称为“居住面积”）占建筑面积的百分率。其计算公式为：建筑平面系数=使用面积/建筑面积×100%。

建筑平面系数是建筑技术经济

指标之一，用以衡量平面布置的经济合理性。

【建筑剖面图】简称“剖面图”，指按规定比例绘制的把建筑物沿竖直方向剖开的剖视图。建筑剖面图的基本内容：（一）表明建筑物从地面到屋面的内部构造及其空间组合情况；（二）用标高和竖向尺寸表示建筑物总高、层高、各层楼地面的标高、室内外地坪标高以及门窗等各部位的标高；（三）表示建筑物主要承重构件的位置及其相互关系，即各层的梁板、柱及墙体的连接关系等；（四）表示各层楼地面、内墙面、屋顶、顶棚、吊顶、散水、台阶、女儿墙压顶等的构造做法；（五）表示屋顶的形式及流水坡度等，用详图索引符号表明另画详图的部位、详图的编号及所在的位置等。建筑剖面图是建筑施工图的基本图之一。建筑剖面图常用的比例为：1∶50、1∶100、1∶200。

【建筑设计】广义指设计一个建筑物（群）要做的全部工作，包括场地、建筑、结构、设备、室内环境、室内装修、园林景观等设计和工程概预算。狭义指为满足建筑物使用功能所进行的建筑空间合理布置、室内外环境协调、建筑造型及细部处理，并与结构、设备等相关专业配合，使建筑物满足适用、经济、安全、卫生、绿色、美观等各项要求。建筑设计的过程包括收集资料、制定初步方案、进行初步设计、技术设计、施工图设计和详图设计。

【建筑施工企业】也称“建筑业企业”“建筑安装企业”。（见【建筑业企业】）

【建筑市场】广义指建筑商品供求关系的总和，是整个市场系统中的一个相对独立的子系统。建筑市场的主体包括业主（买方）、工程承包商（卖方）和中介机构；客体为各种建筑产品。狭义指建筑工程商品交易的场所，如“某某市建筑市场”。

【建筑市场信用管理】在房屋建筑和市政基础设施工程建设活动中，对建筑市场各方主体信用信息的认定、采集、交换、公开、评价、使用及监督行为。建筑市场管理职能之一。根据《建筑市场信用管理暂行办法》，建筑市场信用信息由基本信息、优良信用信息、不良信用信息构成。基本信息指注册登记信息、资质信息、工程项目信息、注册执业人员信息等。优良信用信息指建筑市场各方主体在工程建设活动中获得的县级以上行政机关或群团组织表彰奖励等信息。不良信用信息是指建筑市场各方主体在工程建设活动中违反有关法律、法规、规章或工程建设强制性标准等，受到县级以上住房城乡建设主管部门行政处罚的信息，以及经有关部门认定的其他不良信用信息。地方各级住房城乡建设主管部门应当通过省级建筑市场监管一体化工作平台，认定、采集、审核、更新和公开本行政区域内建筑市场各方主体的信用信息，并对其真实性、完整性和及时性负责。建立建筑市场主体的信用信息公开制度，公开期限为：（一）基本信息长期公开；（二）优良信用信息公开期限一般为3年；（三）不良信用信息公开期限一般为6个月至3年，并不得低于相关行政处罚期限。建筑市场信用管理工作接受社会监督。任何单位和个人均可对建筑市场信用管理工作中违反法律、法规的行为，向住房城乡建设主管部门举报。

【建筑市场主体黑名单】经认定存在特定严重失信行为的建筑市场主体名单。

【建筑市场主体失信行为】建筑市场主体在房屋建筑和市政基础设施工程建设活动中违反有关法律、法规、规章或工程建设强制性标准等，经住房城乡建设主管部门或其他有关部门认定的失信行为。根据《建筑市场信用信息分级标准》（征求意见稿），下述6种行为被列入建筑市场主体“黑名单”的失信行为目录：（一）利用虚假材料、以欺骗手段取得企业资质或个人执业注册资格，受到行政处罚的；（二）投标人相互串通投标或者与招标人、招标代理机构串通投标，情节严重，影响恶劣，相关责任主体受到行政处罚的，或经法院判决或仲裁机构裁决认定为负有直接责任或主要责任的；（三）发生转包、出借资质，或者挂靠、借用资质投标，受到行政处罚的；（四）发生较大及以上工程质量安全事故，受到行政处罚的；（五）经法院判决或仲裁机构裁决，认定为拖欠工程款，且拒不履行生效法律文书确定的义务的，或被人力资源社会保障主管部门列入拖欠农民工工资“黑名单”的；（六）法律、法规规定的应当列入建筑市场主体“黑名单”的其他失信行为。

【建筑物】由人工建造的、供人们进行生产、生活或其他活动的房屋或场所，如工业建筑、民用建筑、园林建筑等。

【建筑物区分所有权】业主对建筑物内的住宅、经营性用房等专有部分享有所有权，对专有部分以外的共有部分享有共有和共同管理的权利。物权的一种。分为业主对建筑物内的住宅、经营性用房等专有部分享有的所有权、对专有部分以外的共有部分享有的共有权和对专有部分以外共有部分享有的共同管理权（成员权）。建筑物区分所有权具有以下法律特征：（一）建筑物区分所有权的客体具有整体性。即建筑物区分所有权是建筑在整体的建筑物上区域所有的所有权形式。（二）建筑物区分所有权的内容具有多样性。即建筑物区分所有权是由专有权、共有权和管理权（成员权）三个部分组成。（三）建筑物区分所有权的本身具有统一性。建筑物区分所有权不是权力的组合，而是一个独立、统一、整体的权利。（四）建筑物区分所有权中的专有权具有主导性。建筑物区分所有权的权利人拥有了专有权就必然拥有共有权、管理权。建筑物区分所有权按不同的切分方式分为：（一）纵切式区分所有权。指将连栋式或双并式建筑物纵切为数个建筑单体。这种形式的区分所有权，区分所有权人之间的共用部分比较简单，除共用的墙壁、柱子外，其余各部分属于各产权人所有。（二）横切式区分所有权。指一栋建筑物以横向水平分割，水平各层分属于不同区分所有权人。这种形式的区分所有权，各区分所有权人的共同部分包括共用外墙、屋顶、楼梯、走廊等。（三）混合式区分所有权。指上下横切、左右纵割（分套）的切分方式，各区分所有权人的部分以分间墙、楼板等与他人所有部分分隔，同时由于二层以上区分所有权人的所有部分与基地不直接接触，而是通过走廊、楼梯或电梯与外界相通，因此，共用部分除分间墙、楼、地板外，还包括基础、屋顶、外墙、走廊、楼梯或电梯等。建筑物区分所有权对于物业管理中明确建筑物共用部分的管理、维修、养护责任具有重要的意义。

【建筑物全寿命费用】建筑物在整个寿命周期内所需各种费用的总和。全寿命周期指从勘察、设计、施工、交付使用直至报废拆除的整个时期。建筑物全寿命费用大致分为三个部分：（一）初始建设费，指为了购建建筑物一次性支付或集中在短时间支付的费用，包括土地开发费、勘察设计费、工程建设费等；（二）使用期维持费，指为了使建筑物正常使用而要定期支付的费用，包括日常维修管理所支出的人工费、材料费、物业管理费、保险费等；（三）拆除费，指建筑物使用寿命结束，进行拆除、清理的费用，包括拆除工程的设计费、人工费、建筑垃圾清运等费用。

【建筑详图】按规定比例绘制的建筑物某些细部及建筑构配件的施工图。建筑详图的一般内容包括：（一）表示建筑构配件（如门窗、楼梯、阳台、各种装饰等）的详细构造及连接关系等。（二）表示建筑细部及剖节点（如檐口、窗台、明沟、楼梯扶手、踏步、楼地面层、屋顶层等）的形式、层次、做法、用料、规格及详细尺寸。（三）表明施工要求及制作方法。建筑详图包括的主要图纸有：墙身剖面图、楼梯详图、门窗详图及厨房、浴室、厕所、卫生间等详图，还包括某些细部、节点详图（也称大样图）等。建筑详图的主要特点有：比例较大，常用比例为 1∶20、1∶10、1∶5、1∶2、1∶1 等；尺寸标注齐全、准确；文字说明详细、清楚。

【建筑许可】建设行政主管部门根据建设单位和从事建筑活动的单位、个人的申请，依法准许建设单位开工或确认单位、个人具备从事建筑活动资格的行政行为。国家对建筑活动实行管理的手段之一。建筑许可具有以下特点：（一）建筑许可行为的主体是建设行政主管部门，不是其他行政机关，也不是其他公民、法人和组织；（二）建筑许可是依据建设单位或从事建筑活动的单位和个人的申请而作出的行政行为。申请是许可的必要条件，没有申请，也就没有许可；（三）建筑许可的事项与条件必须依据法律法规的规定进行。

【建筑许可制度】“建筑工程施工许可制度”的简称。（见【建筑工程施工许可制度】）

【建筑业】从事土木工程、房屋建设和设备安装以及工程勘察设计的行业。国民经济行业中的一个门类。根据《国民经济行业分类》(GB/T 4754—2017/XG 1—2019)，建筑业为国民经济二十个行业门类中的第五类。其中包括房屋建筑业，土木工程建筑业，建筑安装业，建筑装饰、装修和其他建筑业 5 个大类，住宅房屋建筑、体育场馆建筑、其他房屋建筑等 18 个中类，市政工程道路建筑、城市轨道交通工程建筑、园林绿化工程施工、体育场地设施工程施工、公共建筑装饰和装修、住宅装饰和装修、建筑幕墙装饰和装修等 42 个小类。作为国民经济中一个重要的行业，建筑业具有以下特点：（一）生产的流动性。主要表现在生产人员和机具设备，甚至整个施工机构，都要随施工对象坐落位置的变化而迁徙流动；（二）产品的单件性。由于建筑物或构筑物的功能要求不同，所处的自然条件和社会经济条件各异，每个工程都各有独特的工程设计和施工组织设计；（三）生产周期长。较大工程的工期常以年计，有的甚至几年、十几年。由于建筑业的产品是其他各行业和人民生活重要的物质基础，许多国家都把建筑业与钢铁工业、汽车工业等并列为国民经济的支柱产业。（参见附录五国民经济行业分类和代码）

【建筑业企业】也称“建筑安装企业”“建筑施工企业”，指从事建筑安装工程施工，具有民事权利和民事行为能力，依法独立享有民事权利和承担民事责任的法人组织。建筑安装施工包括土木工程、建筑工程、线路管道设备安装工程的新建、扩建、改建等。《建筑法》规定，从事建筑活动的建筑施工企业应当具备下列条件：（一）有符合国家规定的注册资本；（二）有与其从事的建筑活动相适应的具有法定执业资格的专业技术人员；（三）有从事相关建筑活动所应有的技术装备；（四）法律、行政法规规定的其他条件。建筑业企业实行资质管理办法。《建筑法》规定，从事建筑活动的建筑施工企业按照其拥有的注册资本、专业技术人员、技术装备和已完成的建筑工程业绩等资质条件，划分为不同的资质等级，经资质审查合格，取得相应等级的资质证书后，方可在其资质等级许可的范围内从事建筑活动。

【建筑业企业资质】根据企业拥有的注册资本、专业技术人员、技术装备和已完成的建筑工程业绩等情况综合评定的企业的实际施工能力。是建筑业企业从事建筑活动的依据。根据《建筑业企业资质管理规定》，建筑业企业资质分为施工总承包资质、专业承包资质、施工劳务资质三个序列。施工总承包资质、专业承包资质按照工程性质和技术特点分别划分为若干资质类别，各资质类别按照规定的条件划分为若干资质等级。施工劳务资质不分类别与等级。建筑业企业资质标准和取得相应资质的企业可以承担工程的具体范围，由国务院住房城乡建设主管部门会同国务院有关部门制定。

【建筑业增加值】在生产建筑产品和提供劳务过程中生产的净产值和固定资产折旧费的总和。国民经济统计方法的一种。建筑业增加值的计算方法一般有两种：一是收入法。即将构成增加值的各项内容相加求得。计算公式为：增加值＝利润＋税金＋工资＋职工福利基金＋利息净支出＋其他开支＋固定资产折旧费。一是生产法。即从总产值中扣除中间消耗求得。计算公式为：增加值＝总产值－中间消耗（包括外购材料、动力、燃料、自备施工机械使用费、临时设施包干费、外购其他物品费及外购劳务支付的各种服务费等）。

【建筑总平面图】也称“建筑总体布置图”，指按一定比例绘制的建筑基地的俯视图。表明拟建和已建的建筑物、构筑物、堆场的平面形状和位置，以及道路系统、水面、绿化、竖向布置和基地邻界等情况。图上有比例缩尺和指北针。在工业建筑总平面图上应有风玫瑰图。在建筑施工总平面图上还应注有拟建建筑物的定位尺寸等。

【交通通达度】由城市内某一功能中心到其他中心的方便程度。土地区位的通达性，是把通行距离和时间作为一个统一的有机整体，既要求通行距离短，以节约运费，同时又要求有四通八达的交通网络，把出行的时间减少到最低限度。反映通达度的因子主要有道路功能、道路宽度、道路网密度、公交便捷和对外交通设施的分布状况等。某块土地的交通通达度，是影响其土地等和价格的重要因素。

【交通运输用地】 用于运输通行的地面线路、场站等的土地，包括民用机场、汽车客货运场站、港口、码头、地面运输管道和各种道路以及轨道交通用地。在《土地利用现状分类》(GB/T 21010—2017) 中，交通运输用地为一级类，其中包括铁路用地、轨道交通用地、公路用地、城镇村道路用地、交通服务场站用地、农村道路、机场用地、港口码头用地、管道运输用地 9 个二级类。

【交易地价】 通过各种合法形式出让、转让土地使用权形成的土地价格。它是以土地的价值为基础，受土地市场供求关系调节的土地使用权价格。交易地价按土地出让、转让方式的不同分为拍卖地价、招标地价、协议地价和转让地价等。拍卖地价指公开拍卖土地使用权时形成的土地价格；招标地价指以招标形式出让土地使用权的价格；协议地价指协商出让土地使用权的价格；转让地价指以各种方式转让土地使用权的价格。

【教育用地】 高等教育、中等职业教育、中小学教育、幼儿园、特殊教育设施等的用地，包括为学校配建的独立地段的学生生活用地。《国土空间调查、规划、用途管制用地用海分类指南》中“公共管理与公共服务用地”下一个二级类用地。下设高等教育用地、中等职业教育用地、中小学用地、幼儿园用地、其他教育用地 5 个三级类用地。高等教育用地指大学、学院、高等职业学校、高等专科学校、成人高校等高等学校用地，包括军事院校用地；中等职业教育用地指普通中等专业学校、成人中等专业学校、职业高中、技工学校等用地，不包括附属于普通中学内的职业高中用地；中小学用地指小学、初级中学、高级中学、九年一贯制学校、完全中学、十二年一贯制学校用地，包括职业初中、成人中小学、附属于普通中学内的职业高中用地；幼儿园用地指幼儿园用地；其他教育用地指除高等教育用地、中等职业教育用地、中小学用地、幼儿园用地之外的教育用地，包括特殊教育学校、专门学校（工读学校）用地。

【街坊】 城市规划用语。指城市中由道路划分成的生活居住地段。居住区规划的一种结构形式。受苏联城市规划思想的影响，我国在20世纪50年代初新建的居住区中也采用过街坊布置。街坊面积一般为2～10hm²，街坊内设有幼托设施、小商店和供人们休息、运动的场地及绿地等。随着社会的发展，街坊已不能适应城市居民生活需要，逐渐被邻里单位、扩大街坊和居住小区取代。

【街角地】也称“路角地”。（见【路角地】）

【街面房】城市中沿路或临街底层的铺面房屋。街面房因其所处的位置较好，适宜经商开店或作办公使用。

【街区】城市中由以四条道路围合而成的区域，也可以被其他可见或不可见的自然特征或人文特征所划定，例如道路、河流、铁路、地产边界等。街区的面积有大有小，功能类似于社区。

【街头绿地】沿城市道路、河流、湖泊、海岸和城墙等，供公共使用的绿化用地。城市绿地系统的组成部分。

【节约集约利用土地】通过各种科学管理手段，达到节约土地、减量用地、提升用地强度、促进低效废弃地再利用、优化土地利用结构和布局、提高土地利用效率目的的行为与活动。是贯彻十分珍惜、合理利用土地和切实保护耕地的基本国策，落实最严格的耕地保护制度的重要举措。节约集约利用土地应当遵循下列原则：（一）坚持节约优先的原则，各项建设少占地、不占或者少占耕地，珍惜和合理利用每一寸土地；（二）坚持合理使用的原则，严控总量、盘活存量、优化结构、提高效率；（三）坚持市场配置的原则，妥善处理好政府与市场的关系，充分发挥市场在土地资源配置中的决定性作用；（四）坚持改革创新的原则，探索土地管理新机制，创新节约集约用地新模式。国家鼓励在土地管理和利用中节约集约用地，要求建立节约集约用地制度，开展节约集约用地活动，组织制定节地标准体系和相关标准规范，探索节约集约用地新机制，鼓励采用节约集约用地新技术和新模式，促进土地利用效率的提高。

【节约集约利用土地方式】节约集约利用土地的方法和措施。根据《节约集约利用土地规定》，节约集约利用土地主要有以下方式：（一）总量控制。国家通过土地利用总体规划，确定建设用地的规模、布局、结构和时序安排，对建设用地实行总量控制。（二）布局优化。引导工业向开发区集中、人口向城镇集中、住宅向社区集中，推动农村人口向中心村、中心镇集聚，产业向功能区集中，耕地向适度规模经营集中。（三）标准控制。制定工程建设项目用地控制指标、工业项目建设用地控制指标、房地产开发用地宗地规模和容积率等建设项目用地控制标准，实行建设项目用地标准控制制度。（四）市场配置。各类有偿使用的土地供应应当充分贯彻市场配置的原则，通过运用土地租金和价格杠杆，促进土地节约集约利用。扩大国有土地有偿使用范围，减少非公益性用地划拨。（五）盘活利用。自然资源主管部门在分解下达新增建设用地计划时，应当与批而未供和闲置土地处置数量相挂钩，对批而未供、闲置土地数量较多和处置不力的地区，减少其新增建设用地计划安排。（六）加强监管。加强土地市场动态监测与监管，对建设用地批准和供应后的开发情况实行全程监管，定期在门户网站上公布土地供应、合同履行、欠缴土地价款等情况，接受社会监督。

【解困房】我国住房制度改革时期，地方政府为解决本地城镇居民中特别困难户、困难户和拥挤户住房问题而建造的普通住房。

【界址点】也称“地界点”或“拐点”，指宗地权属界线的拐点或转角点。在地籍测量中，凡是土地权属界线的转折点都是界址点。界址点的连线即为土地权属线。为了长期保存地籍调查成果，减少土地权属纠纷，在每个界址点都应埋设长久性的界桩，并对每一界桩按一定的规律加以编号，以数字坐标形式记录下来，以便因各种原因造成界桩缺失时能及时恢复。界址点的认定必须由相邻宗地的使用者亲自到场共同指界。单位使用的土地，须由法人代表出席指界。个人使用的土地须由户主出席指界。经双方认定的界址点，须由双方指界人在地籍调查表上签字盖章。

【界址线】也称“权属界址线”，指界址点之间的连接线。界址线是宗地权属的界线。在地籍调查中，界址点、界址线的认定必须由相邻宗地的使用者亲自到场共同指界。经双方认定的界址点、界址线，须由双方指界人在地籍调查表上签字盖章。

【借地权】也称“地上权”。（见【地上权】）

【借壳上市】上市公司的母公司（集团公司）通过将主要资产注入上市子公司来实现母公司上市的过程。资本运作方式之一。借壳上市步骤主要有：第一步，集团公司先剥离一块优质资产上市，获得一个上市公司的“壳”；第二步，上市公司通过大比例的配股筹集资金；第三步，利用配股获得的资金，将母公司的其余资产通过购买注入上市公司，实现母公司的借壳上市。

【借款合同】借款人向贷款人借款，到期返还借款并支付利息的合同。典型合同的一种。借款合同的内容一般包括借款种类、币种、用途、数额、利率、期限和还款方式等条款。借款合同应当采用书面形式。

【金领】泛指三资企业，或大企业集团高级管理人员。金领阶层一般是具有良好的教育背景，在某一领域或行业有所建树，收入比较可观的资深人士。

【金融】广义指通过金融机构的各种业务实现货币流通和信用活动的总称。主要有：货币的发行、流通和回笼；存款的吸收和提取；贷款的发放和回收；金银、外汇的买卖；保险、投资、信托；国际国内外的货币结算等。金融的本质是价值的交换，其构成要素包括五个方面：（一）金融对象：货币（资金）；（二）金融方式：以借贷为主的信用方式为代表；（三）金融机构：即银行和非银行金融机构；（四）金融交易场所：即金融市场，包括资本市场、货币市场、外汇市场、保险市场、衍生金融工具市场等；（五）制度和调控机制：即维护金融活动的制度安排和对金融活动的监督调控。狭义仅指货币资金的融通活动。金融是商品货币关系的产物，它随着社会生产力和商品经济的发展而发展，又对社会生产力发展起到重要的影响作用。

【金融工具】也称"信用工具""融资工具"，指资金供应者和资金需求者之间进行资金融通时所签发的、证明债权债务关系的书面凭证。分短期信用工具和长期信用工具。短期信用工具指到期日在一年以内的债券债务凭证，如商业票据、银行票据、短期国库券等；长期信用工具指到期日在一年以上的债权债务凭证和没有到期日的所有权凭证，如股票、银行定期存单等。金融工具一般具有以下特性：（一）期限性。大多数金融工具（除股票外）都有一定的期限；（二）收益性。能给持有者带来一定的收益；（三）流动性。金融工具在不受或少受经济损失的条件下具有变现快的能力；（四）风险性。所代表的资产有受损失的可能性。正确运用信用工具，有利于调节资金供求关系，促进市场经济的有效运行和健康发展。

【金融机构】专门从事货币信用活动的中介组织。金融体系的组成部分。金融机构通常提供以下一种或多种金融服务：（一）在市场上筹资从而获得货币资金，将其改变并构建成不同种类的更易接受的金融资产，这类业务形成金融机构的负债和资产。（二）代表客户交易金融资产，提供金融交易的结算服务。（三）自营交易金融资产，满足客户对不同金融资产的需求。（四）帮助客户创造金融资产，并把这些金融资产出售给其他市场参与者。（五）为客户提供投资建议，保管金融资产，管理客户的投资组合。通常我国的金融机构按照地位和功能不同分为中央银行、银行、非银行金融机构和外资、侨资、合资金融机构四大类。2010年，中国人民银行发布了《金融机构编码规范》，从宏观层面统一了中国金融机构分类标准，首次明确了中国金融机构涵盖范围，界定了各类金融机构具体组成，规范了金融机构统计编码方式与方法。该规范将我国金融机构分为：（一）货币当局：中国人民银行、国家外汇管理局；（二）监管当局：中国银监会、中国证监会、中国保监会；（三）银行业存款类金融机构：银行、城市信用合作社（含联社）、农村信用合作社（含联社）、农村资金互助社、财务公司；（四）银行业非存款类金融机构：信托公司、金融资产管理公司、金融租赁公司、汽车金融公司、贷款公司、货币经纪公司；（五）证券业金融机构：证券公司、证券投资基金管理公司、期货公司、投资咨询公司；（六）保险业金融机构：财产保险公司、人身保险公司、再保险公司、保险资产管理公司、保险经纪公司、保险代理公司、保险公估公司、企业年金；（七）交易及结算类金融机构：交易所、登记结算类机构；（八）金融控股公司：中央金融控股公司、其他金融控股公司；（九）其他：小额贷款公司。

【金融市场】也称“资金市场”，指资金融通活动的场所或过程。金融体系的组成部分。金融市场按不同标准分类：（一）按交易标的物分为货币市场、资本市场、外汇市场、保险市场、黄金市场、金融衍生品市场等；（二）按地理范围分为国际金融市场、国内金融市场；（三）按经营场所分为有固定场所和操作设施的有形市场、以营运网络形式存在的无形市场；（四）按融资交易期限长短分为长期资金市场（资本市场）、短期资金市场（货币市场）；（五）按交易性质分为发行市场、流通市场；（六）按交割期限分为金融现货市场、金融期货市场等。与其他市场相比，金融市场具有三个特征：一是金融市场是以资金为交易对象的市场；二是金融市场交易之间不是单纯的买卖关系，更多的是借贷关系；三是金融市场可以是有形市场，也可以是无形市场。

【金融体系】一个经济体中，由资金流动的工具、市场参与者和交易方式等各金融要素构成的综合体。主要包括：（一）金融调控体系，包括货币政策与财政政策的配合、保持币值稳定和总量平衡、健全传导机制、金融统计和监测等。（二）金融企业体系，包括中央银行、商业银行、政策性银行、农村信用合作社、金融资产管理公司、证券公司、保险公司、信托投资公司等金融机构。（三）金融监管体系，包括健全金融风险监控、预警和处置机制，实行市场退出制度，增强监管信息透明度，接受社会监督，处理好监管与支持金融创新的关系，建立监管协调机制等。（四）金融市场体系，包括资本市场、期货市场、外汇市场、债券市场、银行业同业拆借市场、保险市场等。（五）金融环境体系，包括建立健全现代产权制度、完善公司法人治理结构、建设全国统一市场、建立健全社会信用体系、转变政府经济管理职能、深化投资体制改革等。

【金融业】经营金融商品的行业。国民经济行业中的一个门类。根据《国民经济行业分类》（GB/T 4754—2017/XG 1—2019），金融业为国民经济二十个行业门类中的第十类。其中包括货币金融服务、资本市场服务、保险业、其他金融业 4 个大类，中央银行服务、货币银行服务、非货币银行服务、银行理财服务、银行监管服务、证券市场服务、公开募集证券投资基金、非公开募集证券投资基金、期货市场服务、证券期货监管服务、资本投资服务、其他资本市场服务、人身保险、财产保险、再保险、商业养老金、保险中介服务、保险资产管理、保险监管服务、其他保险活动、金融信托与管理服务、控股公司服务、非金融机构支付服务、金融信息服务、金融资产管理公司、其他未列明金融业 26 个中类和中央银行服务、货币银行服务、商业银行服务、政策性银行服务等 48 个小类。（参见附录五国民经济行业分类和代码）

【金融债券】由银行和非银行金融机构为筹集资金，按照法定程序向社会发行，并向债权人承诺于指定日期还本付息的有价证券。金融债券一般包括以下基本要素：（一）债券发行人，指债券的债务主体，即金融机构；（二）债券投资人，指社会投资者；（三）一定面值的债券，指债的凭证；（四）还本付息期限，还本期限指偿还债券本金的期限，付息日期指利息支付的时间，金融债券期限一般为 3～5 年，利率略高于同期定期存款利率水平；（五）票面利率，指债券利息与债券面值的比率，是发行人承诺一定时期支付给债券持有人报酬的计算标准。金融债券按不同标准分为：（一）根据利息的支付方式分为附息金融债券和贴现金融债券；（二）根据发行条件分为普通金融债券和累进利率金融债券；（三）根据期限的长短划分为短期债券、中期债券和长期债券；（四）根据是否记名分为记名债券和不记名债券；（五）根据担保情况划分为信用债券和担保债券；（六）根据可否提前赎回划分为提前赎回债券和不可提前赎回债券；（七）根据债券票面利率是否变动划分为固定利率债券、浮动利率债券和累进利率债券；（八）根据发行人是否给予投资者选择权划分为附有选择权的债券和不附有选择权的债券等。金融债券的资信通常高于其他非金融机构金融债券，违约风险相对较小，具有较高的安全性。

【金融资产】“实物资产”的对称。指企业、单位、个人持有的中央银行发行的钞票、银行存款凭证、股票、债券、保险凭证票据等有价证券构成的资产，包括一切提供到金融市场上的金融工具。金融资产是以价值形态存在的资产，是一种债权的体现。一个企业所掌握的金融资产，在资产负债表上表现为“资产”，而在另一个欠债单位的资产负债表上则反映为“负债”。从社会整体来看，金融资产被金融负债抵消，所以在计算全社会财富时，只能为实物资产的合计，而不包括金融资产。金融资产能为持有者带来收益，同时也带来风险。所以投资者在市场上决定购买哪一种金融工具时都会考虑以下因素：（一）偿还期。指债务人必须全部偿还债务之前所剩余的时间。（二）流动性，指金融工具迅速变为货币而不致蒙受损失的能力。（三）安全性，指本金是否会遭受损失的风险。（四）收益率。指净收益与本金的比率。金融资产与实物资产都是持有者的财富。随着经济的发展和人们收入的增加，经济主体金融资产持有的比重会逐步提高。同时，为了既获得较高收益又尽量避免风险，人们对金融资产的选择和对各种金融资产间的组合也越来越重视。

【紧缩性财政政策】经济过热时，国家通过财政活动抑制和压缩社会总需求的政策行为。财政政策的一种。紧缩性财政政策措施主要包括增加税收、减少政府支出、减少财政补贴等。当经济过热时，通过增税、减少政府支出等紧缩性财政政策，可以有效抑制社会总需求，进而抑制经济过快增长，同时抑制股市的泡沫。

【紧缩性货币政策】通过降低货币供应的增长速度、抑制信用规模的扩张，来抑制社会总需求的货币政策。货币政策的一种。当市场物价持续上涨，需求过度，经济过度繁荣时，社会总需求大于社会总供给，中央银行可以采取紧缩的货币政策以减少需求。常用的紧缩货币政策包括：提高法定存款准备金率、提高再贴现率、加强信贷控制、通过公开市场卖出证券等。

【经纪人】在经济活动中，以收取佣金为目的，为促成他人交易而从事经纪业务的自然人、法人和其他经济组织。分为居间、行纪或代理。居间，也称“中介”，指居间人向委托人报告订立合同的机会或提供订立合同的媒介服务，委托人支付报酬的行为；行纪，指行纪人接受委托人委托，以自己的名义为委托人从事物品的卖出和买入，并收取报酬的行为；代理，指代理人以被代理人的名义，在代理权限内与第三人实施民事行为并收取报酬的行为。根据国家有关规定，自然人、法人和其他经济组织从事经纪活动，应当向工商行政管理机关申请领取营业执照，在核准的业务范围内进行经纪活动。经纪人承办经纪业务，除即时清结者外，应当根据业务性质与当事人签订居间、行纪、委托等合同，并载明主要事项。经纪人从事经纪活动，应当遵守国家法律法规，遵循平等、自愿、公平和诚实信用的原则。各级工商行政管理机关负责对经纪人进行监督管理。

【经济地理学】研究人类经济活动地域体系的形成过程、结构特点和发展规律的学科。分为综合经济地理学、部门经济地理学、区域经济地理学。是一门和自然科学及技术科学有着密切联系的社会科学范畴的边缘科学。经济地理学研究的主要内容包括各经济部门在地域上的布局、各地区经济部门的结构、规模和发展，以及地域布局和部门结构的关系等。20 世纪 60 年代以来，世界范围经济工业化和社会城市化趋势的发展，迅速改变着原有的社会经济结构和生活环境，在人类活动和地理环境的关系方面和经济活动所创造的地区布局等方面，出现了一系列全球性或地区性的矛盾和挑战，如资源的合理开发利用、环境保护、国土整治、区域和城市空间规划、经济区划分等，使地理经济学研究面临许多迫切的重大课题。经济地理学最主要、最常用的研究方法有：抽象思维方法、系统分析方法、定性分析与定量分析相结合的方法。近年来，随着数学、经济学、生态学和社会学等研究方法的引入，使学科逐步向计量化、经济化、生态化和社会化方向发展，并在社会经济发展和环境建设方面发挥越来越重要的建设性和预测性的作用。

【经济适用住房】简称“经济适用房”，指政府提供政策优惠，限定套型面积和销售价格，按照合理标准建设，面向城市低收入住房困难家庭供应，具有保障性质的普通住房。是我国住房保障体系的组成部分。按照国家有关规定，经济适用住房建设享受建设用地以划拨方式供应、建设项目免收城市基础设施配套费等各种行政事业性收费和政府性基金等优惠。经济适用住房单套的建筑面积控制在 60m² 左右。经济适用住房供应实行申请、审核、公示和轮候制度。价格以保本微利为原则，利润率不高于 3%。经济适用住房购房人拥有有限产权。购买经济适用住房不满 5 年，不得直接上市交易。满 5 年，购房人上市转让经济适用住房的，应按照届时同地段普通商品住房与经济适用住房差价的一定比例向政府交纳土地收益等相关价款。个人购买的经济适用住房不得用于出租经营。

【经济适用住房供应制度】经济适用住房供应中申请、审核、公示和轮候等一系列政策、规定的统称。按照国家有关规定，经济适用住房资格申请采取街道办事处（镇人民政府）、市（区）、县人民政府逐级审核并公示的方式认定。审核单位通过入户调查、邻里访问以及信函索证等方式对申请人的家庭收入和住房状况等情况进行核实。经审核公示通过的家庭，由市、县人民政府经济适用住房主管部门发放准予购买经济适用住房的核准通知，注明可以购买的面积标准。然后按照收入水平、住房困难程度和申请顺序等因素进行轮候。符合条件的家庭，可以持核准通知购买一套与核准面积相对应的经济适用住房。

【经济适用住房价格】由各要素构成的经济适用住房基准价格。经济适用住房基准价格由开发成本、税金和利润三部分构成。开发成本：包括土地征收和安置补偿费；开发项目前期工作所发生的工程勘察、规划及建筑设计、施工通水、通电、通气、通路及平整场地等勘察设计和前期工程费；列入施工图预（决）算项目的主体房屋建筑安装工程费，包括房屋主体部分的土建（含桩基）工程费、水暖电气安装工程费及附属工程费；小区用地规划红线以内，与住房同步配套建设的住宅小区基础设施建设费，以及小区规划要求建设的不能有偿转让的非营业性公共配套设施建设费；管理费；贷款利息；其他与开发有关的行政事业性收费。利润：经济适用住房的价格以保本微利为原则，房地产开发企业实施的经济适用住房项目利润率不得高于 3%；政府直接组织建设的经济适用住房不得计收利润。

【经济适用住房建设】经济适用住房的开发建设活动。按照国家有关规定，经济适用住房建设要贯彻统筹规划、合理布局、配套建设的原则，规划设计和建设必须按照发展节能省地环保型住宅的要求，严格执行《住宅建筑规范》（GB 50368—2005）等国家有关住房建设的强制性标准，做到在较小的套型内实现基本的使用功能。积极推广应用先进、成熟、适用、安全的新技术、新工艺、新材料、新设备。经济适用住房建设主要有以下几种方式：（一）由市、县人民政府确定的经济适用住房管理实施机构直接组织建设；（二）采取项目法人招标的方式，选择具有相应资质和良好社会责任的房地产开发企业实施；（三）在商品住房小区开发中配套建设；（四）利用单位自用土地集资合作开发建设。经济适用住房建设单位对其建设的经济适用住房工程质量负最终责任，向买受人出具《住宅质量保证书》和《住宅使用说明书》，并承担保修责任。

【经济适用住房上市】购房人按规定转让经济适用住房的行为。按照国家有关规定，购买经济适用住房不满5年，不得直接上市交易。购买经济适用住房满5年，购房人上市转让经济适用住房的，应按照届时同地段普通商品住房与经济适用住房差价的一定比例向政府交纳土地收益等相关价款，政府可优先回购。购房人也可以按照政府所定的标准向政府交纳土地收益等相关价款，取得完全产权，然后上市交易。

【经济学】对人类社会各种经济关系和经济活动进行理论的、应用的、历史的以及有关方法的研究的各类学科的总称。经济学一词源于希腊文 oikonomia，原意是家计管理。古希腊哲学家色诺芬在所著《经济论》中首次使用了这一概念。19世纪后半期，日本学者神田孝平在翻译西方经济学著作时，将 economics 译为“经济学”，我国所用经济学一词沿用了这一译法。经济学包括的学科很多，首先是理论经济学。它是其他各种经济学科的理论基础。西方经济学家们的理论经济学有不同派别，但有一个共同点，即认为他们的理论适用于如何国家和如何历史时期。马克思主义的理论经济学一般称为“政治经济学”，是以马克思主义关于阶级和阶级斗争的理论为基础，研究人类社会各个历史阶段上生产关系及其发展的科学。除理论经济学外，经济学还包括各个部门和各个领域的部门经济学和专业经济学。如工业经济学、农业经济学、商业经济学、土地经济学、房产经济学、住宅经济学等。另外，经济学还包括经济史、经济思想史和研究各部门所采用技术的经济效果的技术经济学等。

【经租房产】房管用语。简称“经租产”，指计划经济时期房产经营单位依法管理和经营的公有房产，以及房产经营单位依法代管的各种房产。经租房产的主要来源有：（一）国家投资新建交由房产经营单位统一管理的房产；（二）按照公有房屋统一管理的政策，由房产经营单位统一管理的国家机关和国营企、事业单位使用的房产；（三）按照房产协议，自愿将房产所有权转移给国家，交房管单位的房产（包括单位自筹、集资等建成的房产）；（四）按照国家对私改造中接收改造的房产以及经批准个人献交的房产；（五）经司法机关判处没收归公的房产等。

【净地】“毛地”的对称。指在城市旧区范围内，已完成房屋征收补偿安置和旧房拆迁，具备建设条件的土地。

【井田制】中国古代西周时期的土地制度。“井田”一词，最早见于《谷梁传·宣公十五年》：“古者三百步为里，名曰井田”。井田制分为八家为井而有公田与九夫为井而无公田两种。记其八家为井而有公田者，如《孟子·滕文公上》载：“方里而井，井九百亩。其中为公田，八家皆私百亩，同养公田。公事毕，然后敢治私事。“记其九夫为井而无公田者”，如《周礼·地官·小司徒》载：“乃经土地而井牧其田野，九夫为井，四井为邑，四邑为丘，四丘为甸，四甸为县，四县为都，以任地事而令贡赋，凡税敛之事。”当时的赋役制度为贡、助、彻。皆为服劳役于公田，其收入全部为领主所有，而其私亩收入全部为个人所有是一种“劳役租税”。一般认为，井田制由原始氏族公社土地公有制发展演变而来，其基本特点是土地在一定范围内实行定期平均分配。每三年“换土易居”，“肥饶不得独乐，跷瘠不得独苦”。实际耕作者对土地无所有权，而只有使用权，不准买卖，也不准继承。

【旧式里弄】“新式里弄”的对称。指19世纪末20世纪初在上海由房地产商成片建造的，毗连式的石库门砖木结构的里弄住宅。这类住宅一般建筑密度较高，设备简陋，环境条件较差。《上海市房屋建筑类型分类表》中，按房屋结构、设备状况等标准将其分为“一级旧式里弄”和“二级旧式里弄”。

【旧住宅成套化改造】在保留旧住宅原有建筑特色和主体结构前提下，通过局部调整房屋平面与空间布局、加固结构、增添厨卫设备，使之独立成套的城市房屋修缮行为。城市更新方式的一种。在上海、天津等城市旧区住宅中，有相当一部分建于20世纪20～30年代的房屋，结构、质量尚好，但设施不全、设备陈旧、使用功能较差。

在城市旧房改造中，对这一部分房屋应采取成套改造的办法，保留其建筑特色，通过合理调整房屋的平面布局，加固结构，更换或增添必要的厨房、卫生设备，提高房屋的使用功能，改善居住水平。旧住宅成套改造应从实际出发，贯彻因房制宜的改造原则，对不同类型的住宅采用不同的方法。同时应注意居住环境的改善，使改造后的居住街坊功能全、环境美，适应现代生活要求。

【就业人口】宏观经济分析中一个就业指标。指年龄在 16 周岁及以上，从事一定社会劳动并取得一定劳动报酬或经营收入的人员。就业人口通常包括以下三类：第一类是作为雇佣者在企业、政府部门或家庭中工作并领取劳动报酬的人，这类人通常被称为雇用就业者；第二类是在自己的企业中工作，以经营利润为收入的人，这类人通常被称为自营收入者；第三类是在自家的企业中工作但不领取报酬的人，这类人通常被称为无薪家庭帮工。就业人口被广泛用于宏观经济分析，是因为它与经济周期有着密切的联系，可以反映宏观经济现状及其走势的变动。在经济运行处于良好状态、市场需求比较旺盛时，企业就会增加用工、扩大生产规模，从而导致就业人员增加；当企业感到市场需求减少时，就会降低产量减少用工，从而导致就业人员的减少或少增。

【居间】也称“中介”，指居间人向委托人报告订立合同的机会或提供订立合同的媒介服务，委托人支付报酬的行为。经纪活动的一种。分为介绍居间，又称“媒介居间”，和报告居间。介绍居间指居间人为委托人与第三人订立合同充当媒介；报告居间，指居间人为委托人与第三人订立合同报告机会。居间人在居间活动中，一般不介入委托人与第三人订立的合同，只是起牵线搭桥的作用。根据国家有关规定，居间人为委托人提供居间服务应当订立居间合同。

【居间合同】也称“中介合同”，指居间人向委托人报告订立合同的机会或者提供订立合同的媒介服务，委托人支付报酬的书面协议。居间合同具有以下法律特征：（一）居间合同的居间人只按照委托人的指示、委托的业务范围和具体要求进行居间业务活动，并不以任何一方的名义或以自己的名义订立合同；（二）居间合同的目的是使委托人与第三人订立合同；（三）居间合同是有偿合同。居间合同主要条款包括：委托人和居间人的名称或姓名、委托事项、期限、报酬、费用的负担等。

【居聚区】城市规划用语。也称“居住聚落”。（见【居住聚落】）

【居民购买力】一定时期、一定地区内全部城乡居民能用于购买消费品的货币支付能力。它反映居民有支付能力的商品需求总额。居民购买力的大小，取决于居民的货币收入和购买商品的支出在货币收入中所占的比重。居民购买力的计算是从居民的货币总收入中减去非商品支出，如生活服务性支出、义务缴纳性支出和文化娱乐性支出等，再减去或加上储蓄、手存现金的增减额，即为居民购买力。居民购买力是社会购买力的主要组成部分。

【居民消费价格指数】英语缩写“CPI”，指反映一定时期内居民家庭所购买的消费品和服务价格水平变动趋势和变动程度的宏观经济指标。是在特定时段内度量一组代表性消费商品及服务项目的价格水平随时间而变动的相对数。居民消费价格指数（CPI）的计算公式为：CPI＝一组固定商品按当期价格计算的价值/一组固定商品按基期价格计算的价值×100％。

居民消费价格指数（CPI）的统计意义主要体现在3个方面：（一）反映通货膨胀（通货紧缩）状况。CPI是度量通货膨胀的一个重要指标。通货膨胀使物价水平普遍而持续的上升。CPI的高低可以在一定水平上说明通货膨胀的严重程度。（二）反映货币购买力变动。货币购买力指单位货币能够购买到的消费品和服务的数量。消费者物价指数上涨，货币购买力则下降；反之则上升。消费者物价指数的倒数就是货币购买力指数。（三）反映对职工实际工资的影响。消费者物价指数的提高意味着实际工资的减少，消费者物价指数的下降意味着实际工资的提高。

【居民消费结构】一定时期内，居民家庭或个人在生活消费过程中，不同类型消费所占的比例。消费类型包括吃、穿、住、用等。居民消费结构是国民经济结构的一个重要组成部分，它是经过国民经济的生产、流通、交换、分配各个环节的运行而形成的，是居民实现了的消费需求结构。通过居民消费结构，可以了解居民衣、食、住、行的状况和水平。研究居民消费结构，对于引导居民合理消费、调整市场供需和产业结构具有重要意义。

【居民住宅安全防范设施】附属于住宅建筑主体并具有安全防范功能的防盗门、防盗锁、防踹板、防护墙、监控和报警装置，以及居民住宅或住宅内附设的治安值班室等的统称。城市居民住宅安全防范设施建设，关系到保护居民人身财产安全，是住宅设计中必须考虑的重要内容之一。按照国家的有关规定，居民住宅安全防范设施应当纳入住宅建设的规划，同时设计、同时施工、同时投入使用。居民住宅安全防范设施建设应当遵循适用、安全、经济、美观和符合当地居民习俗等原则。

【居者有其屋屋村】香港房地产用语。简称“居屋”，指在 20 世纪 70 年代推出，由香港房屋委员会兴建，以低于市值的价格向收入不足以购买私人楼宇，又不符合入住公屋条件的市民出售的低标准住宅。香港公共房屋计划的一部分。

【居住价格指数】反映一定时期居民居住价格变动情况的指数，包括住房价格指数和水电燃料价格指数。居民消费价格指数的分类指数之一。在国家统计局编制的居民消费价格指数中包括食品、衣着、家庭设备、医疗保健用品、居住和服务等分类指数。

【居住建筑】供人们生活起居用的建筑物，包括宿舍、住宅、公寓、别墅等。民用建筑的一个分类。居住建筑的风格、形式、规模、布局、层数、层高和用料等随地区、民族、生活习惯、居住要求和物质、经济、技术条件等的不同有所差异。居住建筑一般由卧室、起居室、餐厅、厨房和卫生间、储藏室等组成。居住建筑是城市建筑的主体，一般占城市建筑总量的 50%～60%。

【居住建筑密度】城市规划用语。指居住区用地内，各类建筑的基底总面积与居住区用地总面积的比率。是反映居住区用地经济性的指标之一。

【居住建筑面积密度】城市规划用语。指居住区内每公顷居住用地上居住建筑面积的数量，用“平方米/公顷”表示。居住建筑面积密度与住宅层数、平面系数、房屋间距及房屋布置方式有关。一般认为，居住建筑面积密度数值越大，用地越经济；但居住建筑面积密度过大，居住区环境相对恶化。因此，编制居住区规划设计时，应控制适度的居住建筑面积密度。

【居住街坊】城市规划用语。也称“居住组团”，指由支路等城市道路或用地边界线围合的住宅用地，是住宅建筑组合形成的居住基本单元。根据《城市居住区规划设计标准》（GB 50180—2018），居住街坊居住人口规模在 1000～3000 人（约 300～1000 套住宅），并配建有便民服务设施。

链接：居住街坊用地与建筑控制指标

居住街坊的用地与建筑控制指标

建筑气候区划	住宅建筑平均层数类别	住宅用地容积率	建筑密度最大值（%）	绿地率最小值（%）	住宅建筑高度控制最大值（m）	人均住宅用地面积最大值（m²/人）
Ⅰ、Ⅶ	低层（1层～3层）	1.0	35	30	18	36
	多层Ⅰ类（4层～6层）	1.1～1.4	28	30	27	32
	多层Ⅱ类（7层～9层）	1.5～1.7	25	30	36	22
	高层Ⅰ类（10层～18层）	1.8～2.4	20	35	54	19
	高层Ⅱ类（19层～26层）	2.5～2.8	20	35	80	13
Ⅱ、Ⅵ	低层（1层～3层）	1.0～1.1	40	28	18	36
	多层Ⅰ类（4层～6层）	1.2～1.5	30	30	27	30
	多层Ⅱ类（7层～9层）	1.6～1.9	28	30	36	21
	高层Ⅰ类（10层～18层）	2.0～2.6	20	35	54	17
	高层Ⅱ类（19层～26层）	2.7～2.9	20	35	80	13
Ⅲ、Ⅳ、Ⅴ	低层（1层～3层）	1.0～1.2	43	25	18	36
	多层Ⅰ类（4层～6层）	1.3～1.6	32	30	27	27
	多层Ⅱ类（7层～9层）	1.7～2.1	30	30	36	20
	高层Ⅰ类（10层～18层）	2.2～2.8	22	35	54	16
	高层Ⅱ类（19层～26层）	2.9～3.1	22	35	80	12

当住宅建筑采用低层或多层高密度布局形式时，居住街坊用地与建筑控制指标应符合下表的规定。

低层或多层高密度居住街坊用地与建筑控制指标

建筑气候区划	住宅建筑平均层数类别	住宅用地容积率	建筑密度最大值(%)	绿地率最小值(%)	住宅建筑高度控制最大值(m)	人均住宅用地面积(m^2/人)
Ⅰ、Ⅶ	低层(1层～3层)	1.0、1.1	42	25	11	32～36
	多层Ⅰ类(4层～6层)	1.4、1.5	32	28	20	24～26
Ⅱ、Ⅵ	低层(1层～3层)	1.1、1.2	47	23	11	30～32
	多层Ⅰ类(4层～6层)	1.5～1.7	38	28	20	21～24
Ⅲ、Ⅳ、Ⅴ	低层(1层～3层)	1.2、1.3	50	20	11	27～30
	多层Ⅰ类(4层～6层)	1.6～1.8	42	25	20	20～22

资料来源：《城市居住区规划设计标准》(GB 50180—2018)

【居住聚落】城市规划用语。也称“居聚区”，指以居住为基本功能的住区。居住聚落的人口多不在住地就业，而在附近的城市里工作，通勤往来。居住聚落内部主要是住宅和为住宅配套的公共设施，如商店、超市、餐厅、学校、公园、文化娱乐设施等。居住聚落一般交通便利、环境优美、服务设施齐全，对人口有一定的吸引力。

【居住空间】住宅建筑中卧室、起居室（厅）的使用空间。

【居住面积】“住宅建筑居住面积”的简称。（见**【住宅建筑居住面积】**）

【居住区】“城市居住区”的简称。（见**【城市居住区】**）

【居住区便民服务设施】为居住街坊住宅建筑配套建设的基本生活服务设施。主要包括物业管理、便利店、生活垃圾收集点、停车场（库）等。按照《城市居住区规划设计标准》(GB 50180—2018)，居住街坊便民服务设施用地面积指标为50～150m^2，建筑面积指标为80～90m^2。居住区便民服务设施应与住宅建筑同步设计、同步建设、同时交付使用。

链接：居住街坊配套设施规划建设控制要求

居住街坊配套设施规划建设控制要求

设施名称	单项规模		服务内容	设置要求
	建筑面积（m^2）	用地面积（m^2）		
物业管理与服务	—	—	物业管理服务	宜按照不低于物业总建筑面积的2‰配置物业管理用房
儿童、老年人活动场地	—	170～450	儿童活动及老年人休憩设施	（1）宜结合集中绿地设置，并宜设置休憩设施； （2）用地面积不应小于170m^2
室外健身器械	—	—	器械健身和其他简单运动设施	（1）宜结合绿地设置； （2）宜在居住街坊范围内设置
便利店	50～100	—	居民日常生活用品销售	1000～3000人设置1处
邮件和快件送达设施	—	—	智能快件箱、智能信包箱等可接收邮件和快件的设施或场所	应结合物业管理设施或在居住街坊内设置

J

续表

设施名称	单项规模		服务内容	设置要求
	建筑面积（m^2）	用地面积（m^2）		
生活垃圾收集点	—	—	居民生活垃圾投放	（1）服务半径不应大于70m，生活垃圾收集点应采用分类收集，宜采用的密闭方式；（2）生活垃圾收集点可采用放置垃圾容器或建造垃圾容器间方式；（3）采用混合收集垃圾容器间时，建筑面积不宜小于5m^2；（4）采用分类收集垃圾容器间时，建筑面积不宜小于10m^2
非机动车停车场（库）	—	—	—	宜设置于居住街坊出入口附近；并按照每套住宅配建1辆～2辆配置；停车场面积按照0.8～1.2m^2/辆配置，停车库面积按照1.5～1.8 m^2/辆配置；电动自行车较多的城市，新建居住街坊宜集中设置电动自行车停车场，并宜配置充电控制设施
机动车停车场（库）	—	—	—	根据所在地城市规划有关规定配置，服务半径不宜大于150m

资料来源：《城市居住区规划设计标准》（GB 50180—2018）

J

【居住区道路】居住区内各种通行机动车、非机动车和行人的道路的总称。按照《城市居住区规划设计标准》（GB 50180—2018），居住区道路的规划设计应遵循安全便捷、尺度适宜、公交优先、步行友好的基本原则，应突出居住使用功能特征与要求，支路的红线宽度，宜为 14～20m；人行道宽度不应小于 2.5m。居住街坊附属道路应满足消防、救护、搬家等车辆的通达要求，主要附属道路至少应有两个车行出入口连接城市道路，其路面宽度不应小于 4.0m；其他附属道路的路面宽度不宜小于 2.5m；人行出口间距不宜超过 200m。

【居住区公共绿地】为居住区配套建设、可供居民游憩或开展体育活动的公园绿地。《城市居住区规划设计标准》（GB 50180—2018）规定，新建各级生活圈居住区应配套规划建设公共绿地，并应集中设置具有一定规模，且能开展休闲、体育活动的居住区公园。其中十五分钟生活圈居住区公园最小规模不低于 $5km^2$，十分钟生活圈居住区公园最小规模不低于 $1km^2$，五分钟生活圈居住区公园最小规模不低于 $0.4km^2$。

链接：居住区公共绿地控制指标

居住区公共绿地控制指标

类别	人均公共绿地面积（m^2/人）	居住区公园		备注
		最小规模（hm^2）	最小宽度（m）	
十五分钟生活圈居住区	2.0	5.0	80	不含十分钟生活圈及以下级居住区的公共绿地指标
十分钟生活圈居住区	1.0	1.0	50	不含五分钟生活圈及以下级居住区的公共绿地指标
五分钟生活圈居住区	1.0	0.4	30	不含居住街坊的公共绿地指标

资料来源：《城市居住区规划设计标准》（GB 50180—2018）

【居住区配套设施】也称“住宅配套设施”，指对应居住区分级配套规划建设，并与居住人口规模或住宅建筑面积规模相匹配的生活服务设施的总称。主要包括基层公共管理与公共服务设施、商业服务设施、市政公用设施、交通场站及社区服务设施、便民服务设施。《城市居住区规划设计标准》（GB 50180—2018）规定，配套设施应遵循配套建设、方便使用，统筹开放、兼顾发展的原则进行配置，其布局应遵循集中和分散兼顾、独立和混合使用并重的原则。

链接：居住区配套设施规划建设控制要求

十五分钟生活圈居住区、十分钟生活圈居住区配套设施规划建设控制要求

类别	设施名称	单项规模		服务内容	设置要求
		建筑面积（m^2）	用地面积（m^2）		
公共管理与公共服务设施	初中	—	—	满足12周岁～18周岁青少年入学要求	（1）选址应避开城市干道交叉口等交通繁忙路段； （2）服务半径不宜大于1000m； （3）学校规模应根据适龄青少年人口确定，且不宜超过36班； （4）鼓励教学区和运动场地相对独立设置，并向社会错时开放运动场地
	小学	—	—	满足6周岁～12周岁儿童入学要求	（1）选址应避开城市干道交叉口等交通繁忙路段； （2）服务半径不宜大于500m；学生上下学穿越城市道路时，应有相应的安全措施； （3）学校规模应根据适龄儿童人口确定，且不宜超过36班； （4）应设不低于200m环形跑道和60m直跑道的运动场，并配置符合标准的球类场地； （5）鼓励教学区和运动场地相对独立设置，并向社会错时开放运动场地

续表

类别	设施名称	单项规模		服务内容	设置要求
		建筑面积（m^2）	用地面积（m^2）		
公共管理与公共服务设施	体育场（馆）或全民健身中心	2000～5000	1200～15000	具备多种健身设施、专用于开展体育健身活动的综合体育场（馆）或健身馆	（1）服务半径不宜大于1000m； （2）体育场应设置60～100m直跑道和环形跑道； （3）全民健身中心应具备大空间球类活动、乒乓球、体能训练和体质检测等用房
	大型多功能运动场地	—	3150～5620	多功能运动场地或同等规模的球类场地	（1）宜结合公共绿地等公共活动空间统筹布局； （2）服务半径不宜大于1000m； （3）宜集中设置篮球、排球、7人足球场地
	中型多功能运动场地	—	1310～2460	多功能运动场地或同等规模的球类场地	（1）宜结合公共绿地等公共活动空间统筹布局； （2）服务半径不宜大于500m； （3）宜集中设置篮球、排球、5人足球场地
	卫生服务中心（社区医院）	1700～2000	1420～2860	预防、医疗、保健、康复、健康教育、计生等	（1）一般结合街道办事处所辖区域进行设置，且不宜与菜市场、学校、幼儿园、公共娱乐场所、消防站、垃圾转运站等设施毗邻； （2）服务半径不宜大于1000m； （3）建筑面积不得低于1700m^2
	门诊部	—	—	—	（1）宜设置于辖区内位置适中、交通方便的地段； （2）服务半径不宜大于1000m

续表

类别	设施名称	单项规模		服务内容	设置要求
		建筑面积（m^2）	用地面积（m^2）		
公共管理与公共服务设施	养老院	7000～17500	3500～22000	对自理、介助和介护老年人给予生活起居、餐饮服务、医疗保健、文化娱乐等综合服务	（1）宜临近社区卫生服务中心、幼儿园、小学以及公共服务中心； （2）一般规模宜为 200～500 床
	老年养护院	3500～17500	1750～22000	对介助和介护老年人给予生活护理、餐饮服务、医疗保健、康复娱乐、心理疏导、临终关怀等服务	（1）宜临近社区卫生服务中心、幼儿园、小学以及公共服务中心； （2）一般中型规模为 100～500 床
	文化活动中心（含青少年活动中心、老年活动中心）	3000～6000	3000～12000	开展图书阅览、科普知识宣传与教育，影视厅、舞厅、游艺厅、球类、棋类，科技与艺术等活动；宜包括儿童之家服务功能	（1）宜结合或靠近绿地设置； （2）服务半径不宜大于 1000m

J

J

续表

类别	设施名称	单项规模		服务内容	设置要求
		建筑面积（m^2）	用地面积（m^2）		
公共管理与公共服务设施	社区服务中心（街道级）	700～1500	600～1200	—	（1）一般结合街道办事处所辖区域设置； （2）服务半径不宜大于1000m； （3）建筑面积不应低于700m^2
	街道办事处	1000～2000	800～1500	—	（1）一般结合所辖区域设置； （2）服务半径不宜大于1000m
	司法所	80～240	—	法律事务援助、人民调解、服务保释、监外执行人员的社区矫正等	（1）一般结合街道所辖区域设置； （2）宜与街道办事处或其他行政管理单位结合建设，应设置单独出入口
	派出所	1000～1600	1000～2000	—	（1）宜设置于辖区内位置适中、交通方便的地段； （2）2.5万～5万人宜设置一处； （3）服务半径不宜大于800m
商业服务业设施	商场	1500～3000	—	—	（1）应集中布局在居住区相对居中的位置； （2）服务半径不宜大于500m
	菜市场或生鲜超市	750～1500或2000～2500	—	—	（1）服务半径不宜大于500m； （2）应设置机动车、非机动车停车场

续表

类别	设施名称	单项规模		服务内容	设置要求
		建筑面积（m^2）	用地面积（m^2）		
商业服务业设施	健身房	600～2000	—	—	服务半径不宜大于 1000m
	银行营业网点	—	—	—	宜与商业服务设施结合或临近设置
	电信营业场所	—	—	—	根据专业规划设置
	邮政营业场所	—	—	包括邮政局、邮政支局等邮政设施以及其他快递营业设施	（1）宜与商业服务设施结合或临近设置； （2）服务半径不宜大于 1000m
市政公用设施	开闭所	200～300	500	—	（1）0.6 万～1.0 万套住宅设置 1 所； （2）用地面积不应小于 $500m^2$
	燃料供应站	—	—	—	根据专业规划设置
	燃气调压站	50	100～200	—	按每个中低压调压站负荷半径 500m 设置；无管道燃气地区不设置
	供热站或热交换站	—	—	—	根据专业规划设置
	通信机房	—	—	—	根据专业规划设置
	有线电视基站	—	—	—	根据专业规划设置

续表

类别	设施名称	单项规模		服务内容	设置要求
		建筑面积（m^2）	用地面积（m^2）		
市政公用设施	垃圾转运站	—	—	—	根据专业规划设置
	消防站	—	—	—	根据专业规划设置
	市政燃气服务网点和应急抢修站	—	—	—	根据专业规划设置
交通场站	轨道交通站点	—	—	—	服务半径不宜大于 800m
	公交首末站	—	—	—	根据专业规划设置
	公交车站	—	—	—	服务半径不宜大于 500m
	非机动车停车场（库）	—	—	—	（1）宜就近设置在非机动车（含共享单车）与公共交通换乘接驳地区； （2）宜设置在轨道交通站点周边非机动车车程 15min 范围内的居住街坊出入口处，停车面积不应小于 $30m^2$
	机动车停车场（库）	—	—	—	根据所在地城市规划有关规定配置

资料来源：《城市居住区规划设计标准》（GB 50180—2018）

【居住区配套设施控制指标】进行居住区规划设计时，用来确定配套设施建设用地及建筑面积的定额指标。一般以每千居民为计算单位，也称“千人指标”。《城市居住区规划设计标准》（GB 50180—2018）规定，配套设施用地及建筑面积控制指标，应按照居住区分级对应的居住人口规模进行控制。其中十五分钟生活圈用地面积指标为1600～2910m²，建筑面积指标为1450～1830m²；十分钟生活圈用地面积指标为1980～2660m²，建筑面积指标为1050～1270m²；五分钟生活圈用地面积指标为1710～2210m²，建筑面积指标为1070～1820m²；居住街坊用地面积指标为50～150m²，建筑面积指标为80～90m²。

链接：五～十五分钟生活圈居住区配套设施用地及建筑面积控制指标

五～十五分钟生活圈居住区配套设施用地及建筑面积控制指标（m²/千人）

类别		十五分钟生活圈居住区		十分钟生活圈居住区		五分钟生活圈居住区		居住街坊	
		用地面积	建筑面积	用地面积	建筑面积	用地面积	建筑面积	用地面积	建筑面积
总指标		1600～2910	1450～1830	1980～2660	1050～1270	1710～2210	1070～1820	50～150	80～90
其中	公共管理与公共服务设施A类	1250～2360	1130～1380	1890～2340	730～810	—	—	—	—
	交通场站设施S类	—	—	70～80	—	—	—	—	—
	商业服务业设施B类	350～550	320～450	200～240	320～460	—	—	—	—

续表

类别		十五分钟生活圈居住区		十分钟生活圈居住区		五分钟生活圈居住区		居住街坊	
		用地面积	建筑面积	用地面积	建筑面积	用地面积	建筑面积	用地面积	建筑面积
其中	社区服务设施 R12、R22、R32	—	—	—	—	1710～2210	1070～1820	—	—
	便民服务设施 R11、R21、R31	—	—	—	—	—	—	50～150	80～90

资料来源：《城市居住区规划设计标准》(GB 50180—2018)

【居住权】自然人依照合同约定，对他人所有的住宅享有占有、使用的权利。用益物权的一种。我国历史上没有规定过居住权。2021 年 1 月 1 日起实施的《民法典》首次规定了居住权，并且界定了居住权的法律概念。《民法典》第 366 条规定，居住权人有权按照合同约定，对他人的住宅享有占有、使用的用益物权，以满足生活居住的需要。居住权具有以下法律特征：（一）居住权的基本属性是他物权，具有用益性；（二）居住权是为特定自然人基于生活用房而设立的物权；（三）居住权是一种长期存在的物权，具有独立性；（四）居住权的设定是一种恩惠行为，具有不可转让性。根据《民法典》规定，居住权可以通过订立合同方式设立，也可以通过遗嘱方式设立。通过合同方式设立居住权的，当事人应当采用书面形式订立居住权合同。以遗嘱方式设立居住权的，房屋所有权人可以在遗嘱中为法定继承人中的一人或者数人设定居住权。设立居住权的，应当向登记机构申请居住权登记。居住权自登记时设立。居住权不得转让、继承，设立居住权的住宅不得出租。居住权期限届满或者居住权人死亡的，居住权消灭。居住权消灭的，应当及时办理注销登记。

【居住权合同】当事人为设立居住权订立的书面协议。《民法典》第 367 条规定，设立居住权，当事人应当采用书面形式订立居住权合同。居住权合同一般应包括下列条款：（一）当事人的姓名或者名称和住所；（二）住宅的位置；（三）

居住的条件和要求；（四）居住权期限；（五）解决争议的方法。

【居住权设立】当事人依法设立居住权的行为。居住权是占有、使用他人所有住宅并排除他人干扰的权利，居住权的设立必须依照法律规定进行。根据《民法典》，居住权设立有两种方式：（一）订立居住权合同。（二）以遗嘱方式设立。设立居住权的，应当向登记机构申请居住权登记。居住权自登记时起设立。

【居住小区】城市规划用语。也称“住宅小区”，指被居住区级道路或自然分界线所围合，并与居住人口规模相对应，配建有能满足该区居民物质与文化生活所需的公共服务设施的居住生活聚居地。住宅小区是城市居住区的组成部分，其人口规模为7000～15000人。一个居住小区由若干个居住组团（居住街坊）组成。

【居住用地】城市规划用语。指城市住宅和相应服务设施的用地。城市建设用地的一种。根据《城市用地分类与规划建设用地标准》（GB 50137—2011），居住用地分为三类。一类居住用地，指设施齐全，环境良好，以低层住宅为主的用地；二类居住用地，指设施齐全、环境良好，以多、中、高层住宅为主的用地；三类居住用地，指设施较欠缺、环境较差，以需要加以改造的简陋住宅为主的用地，包括危房、棚户区、临时住宅等用地。

【居住证】公民离开常住户口所在地，到其他城市居住半年以上，符合有关条件，依法申领的居住证明。是持证人在居住地居住、作为常住人口享受基本公共服务和便利、申请登记常住户口的证明。《居住证暂行条例》规定，公民离开常住户口所在地，到其他城市居住半年以上，符合有合法稳定就业、合法稳定住所、连续就读条件之一的，可以依照条例的规定申领居住证。申领居住证，应当向居住地公安派出所或者受公安机关委托的社区服务机构提交本人居民身份证、本人相片以及居住地住址、就业、就读等证明材料。居住证由县级人民政府公安机关签发，每年签注1次。居住证登载的内容包括：姓名、性别、民族、出生日期、公民身份号码、本人相片、常住户口所在地住址、居住地住址、证件的签发机关和签发日期。居住证持有人在居住地依法享受劳动就业，参加社会保险，缴存、提取和使用住房公积金的权利。县级以上人民政府及其有关部门应当为居住证持有人提供义务教育、基本公共就业服务、基本公共卫生服务和计划生育服务、公共文化体育服务、法律援助和其他法律服务、国家规定的其他基本公共服务。居住证持有人符合居住地人民政府规定的落户条件的，可以根据本人意愿，将常住户口由原户口所在地迁入居住地。

【居住证制度】离开常住户口所在地，到其他城市居住半年以上的公民依法申领居住证明，并享受所在城市基本公共服务等权利的一系列制度性安排。根据《居住证暂行条例》，居住证制度内容包括：居住证制度实施范围、居住证申领条件、居住证发放、持证人在居住地享有基本公共服务的权利和便利、居住证持有人入户条件、违反居住证有关法规的处罚规定等。

J

【居住组团】城市规划用语。也称“居住街坊”。（见【居住街坊】）

【局部危险房】部分承重结构不能满足安全使用要求，局部处于危险状态的房屋。城市危房的一种。根据《危险房屋鉴定标准》（JGJ 125—2016），危险程度为C级的房屋划为局部危房。局部危险房经采取适当技术措施，通过大修解除危险后可继续使用。

【拒不交还土地】违反土地管理法律规定，以各种理由拒不交出国有土地使用权的行为。土地违法行为的一种。拒不交出国有土地使用权行为分为：（一）依法收回国有土地使用权当事人拒不交出土地；（二）临时使用土地期满拒不归还土地；（三）不按照批准的用途使用国有土地。依照《土地管理法》规定，依法收回国有土地使用权当事人拒不交出土地的，临时使用土地期满拒不归还的，或者不按照批准的用途使用国有土地的，由县级以上人民政府自然资源主管部门责令交还土地，处以罚款。

【拒不履行复垦义务】违反土地管理法律法规规定，拒不承担土地复垦责任的行为。土地违法行为的一种。土地复垦，指对生产建设活动和自然灾害损毁的土地，采取整治措施，使其达到可供利用状态的活动。依照《土地管理法》和《土地复垦条例》，生产建设活动损毁的土地，按照“谁损毁，谁复垦”的原则，由生产建设单位或者个人负责复垦。拒不履行土地复垦义务的，由县级以上人民政府自然资源主管部门责令限期改正；逾期不改正的，责令缴纳复垦费，专项用于土地复垦，可以处以罚款。

【绝对地租】土地所有者凭借土地私有权的垄断所取得的地租。资本主义地租的基本形式之一。在资本主义制度下，土地所有者出租土地，不论是优等还是劣等土地，都要求租地的资本家支付一定数额的地租，故称。马克思地租理论认为，绝对地租来源高于平均利润的那部分超额利润，而土地私有权的垄断是形成绝对地租的根本原因。

【均田制】 中国北魏隋唐朝时实行的一种按人口分配土地的制度。北魏初年，中国北方长期战乱，人民流离失所，户口迁徙，田地大量荒芜，国家赋税收入受到严重影响。为保证国家赋税来源，北魏孝文帝于太和九年（公元485年）颁布均田令。均田令将国有土地荒田按人口平均授予私人耕种。其中的一部分允许私人永久占有，转化为私人土地；大部分仅允许私人限期占有，占有人死亡、年老后将土地归还官府。前者称为“桑田”“永业田”，桑田可作为世业田，终身不还，可以世袭，但限制买卖；后者称为“露田”“口分田”。至唐中叶，由于社会生产力的提高和商品经济的发展，土地兼并空前盛行，国有土地通过各种方式不断地转化为私有土地，官府控制的土地日益稀少，已无地授田，同时，对原来授田的农民横征暴敛，农民不堪忍受，或纷纷逃亡，或出卖土地而投靠贵族官僚地主为佃客。唐德宗建中元年（780年），在宰相杨炎的建议下，两税法颁布，均田制瓦解。

Kk

【开盘】 香港房地产用语。指楼盘开始发售的意思。

【康居示范工程】“国家康居示范工程”的简称。（见【国家康居示范工程】）

【康居示范工程类型】 对国家康居工程项目按住宅产业现代化水平标准划分的类别。根据《国家康居示范工程实施大纲》，国家康居示范工程小区分为：（一）部门型示范工程小区。指在住宅产业现代化方面具有集成技术、集成体系、集成产品、集成管理系统的综合集成式示范小区，达到国家各类科技项目指标的要求，在国内具有领先水平，起到引导21世纪我国实现住宅产业现代化的作用。部门型示范工程小区由建设部（现住房城乡建设部）组织实施。（二）企业集团型示范工程小区。指以大中型住宅产业集团为开发主体，以相应的住宅小区为载体，建立企业的创新机制，提高技术创新能力，开发、应用成套新技术，创立新品牌，以形成我国住宅产业主导产品的若干生产和产业化基地。（三）地方型示范工程小区。指以发展住宅产业现代化为主要内容，以先进、成熟的新材料、新技术、新设备、新工艺为技术支撑，根据不同地区的社会经济条件，进行住宅产业现代化多项技术或单项成套技术的示范，以带动地区经济及住宅建设的发展的示范小区。

【科研用地】 独立的科研、勘察、研发、设计、检验检测、技术推广、环境评估与检测、科普等科研事业单位及其附属设施用地。《土地利用现状分类》（GB/T 21010—2017）“公共管理与公共服务用地”类下一个二级地类。

【可持续发展】既能满足当代人的需要，又不对后代人满足其需要的能力构成危害的全球科学发展的一种新理念和新模式。1980 年由世界自然保护联盟（IUCN）、联合国环境规划署（UNEP）和野生动物基金会（WWF）在共同发表的《世界自然保护大纲》中提出。可持续发展涉及自然、环境、社会、经济、科技、文化等诸多方面。自然与环境的可持续发展强调“生态持续性”，即保持自然资源及其开发利用程序间的平衡。社会的可持续发展强调在不超出维持生态系统涵容能力的情况下，改善人类的生活品质。经济的可持续发展一方面要求在保持自然资源质量的前提下，使经济发展的净利益增加到最大限度；一方面也要求发展能够保持当代人福利增加的同时，不会减少后代的福利。科技意义上的可持续发展是转向更清洁、更有效的技术，采用尽可能接近“零排放”或“密封式”工艺方法，减少能源和其他自然资源的消耗。可持续发展应遵循三个原则：（一）公平性原则。本代人之间的公平、代际间的公平和资源分配和利用的公平。（二）持续性原则。人类经济和社会发展不能超越资源和环境的承载力。（三）共同性原则。各国可持续发展的模式虽然不同，但公平性和持续性原则是共同的。可持续发展的理念已经在全球范围内形成广泛的共识。

【客家住宅】客家族聚族而居的大型住宅组群。分布于我国福建西南部和广东、广西的北部。客家住宅的布局有两种形式：（一）大型院落式住宅。（二）平面矩形或圆形的砖楼或土楼。其中最大的土楼直径达七十余米，用三层环形房屋相套，房间达三百余间。外环房屋高四层，其他两环房屋仅高一层。中央建堂，供族人婚丧等活动之用。外墙为厚达一米以上的夯土墙，内部为木构架，一般外墙下部不开窗，外观显得坚实雄伟。是我国民族特色建筑的一种。

【空关房】业主既不自住，又不出租，闲置半年以上的房屋。

【空间地理信息集成】由空间地理信息、空间地理信息注册和基于Web的客户端而集成的信息系统。空间地理信息是这一集成所能提供服务的基础，常见的由 Web 地图服务实施规范、Web 要素服务实施规范、Web 影像服务实施规范和目录服务实施规范构成；空间地理信息注册是服务提供者和服务请求者之间的中介，其最重要的作用是用标准接口注册和提供不同类型空间地理信息服务的元数据；基于Web的客户端是直接面对用户部分，可以根据用户自身的需求设计应用软件，也可以用通用的浏览器；可将本地数据库的地理数据和通过空间地理信息网络服务获取的远程地理数据结合起来使用；对系统功能既可以在本地实现，也可以调用空间地理信息服务实现，甚至可以将两者集成。空间地理信息集成可以更好地完善Web服务体系，形成规范的空间地理信息服务；可以优化大数据量的空间地理数据传输，实现空间地理信息数据的跨平台和互操作性；可以便捷客户端地图数据显示，实现按客户需求完成空间地理信息数据传输和响应速度，更大程度满足用户需求。空间地理信息集成是智慧城市建设不可或缺技术支撑。

【空置商品房】房地产统计指标。指竣工半年或半年以上尚未出售、出租的商品房。

【空转】房改用语。指在住房制度改革中，提高住房租金后，各单位发给职工的住房补贴（或住房券），资金不进入企业成本，以租金形式收回的住房券又返还给原发券单位，即“一手发出去，一手收回来”的空循环。“空转”是我国部分城市在住房制度改革初期，为了减轻企业和财政负担，使房改容易起步而采取的一种做法。空转的结果，对产权单位虽然按新标准收租金，但得到的仍是原租金。对个人贯彻了“多住房多拿钱”的原则。空转初步理顺了国家和个人的关系，随着财力的增强，空转逐步进入“实转”。

【控制性详细规划】以城市总体规划或分区规划为依据，确定建设地区的土地使用性质和使用强度的控制指标、道路和工程管线控制性位置以及空间环境控制的规划要求的规划。城市详细规划的一种。控制性详细规划的主要内容包括详细确定规划地区各类用地的界线和适用范围，提出建造高度、建造密度、容积率、绿地率等控制指标；规定交通出入口方位、停车泊位、建造后退红线距离、建造间距等要求；提出各地块的建筑体量、体型、色彩等规划引导要求；确定各级道路的红线位置、断面、控制点坐标和标高；根据规划容量，确定工程管线走向、管径和工程设施的用地界线；确定公共设施的位置、规模和布局；制定相应的土地使用与建筑管理细则。控制性详细规划的成果由文本、图件和附件组成，图件由图纸和图则组成，附件包括规划说明即基础资料。城市控制性详细规划由城市人民政府城乡规划主管部门组织编制，经本级人民政府批准后实施。

【跨界地区】城市规划用语。指处于多个行政区单元交界、需要不同行政主体统筹考虑功能、交通、环境、设施等方面的衔接，以实现高度同城化发展的重点地区。

【跨省域补充耕地国家统筹】耕地后备资源严重匮乏的直辖市，占用耕地、新开垦耕地不足以补充所占耕地，或者资源环境条件严重约束、补充耕地能力严重不足的省，由于实施重大建设项目造成补充耕地缺口，经国务院批准，在耕地后备资源丰富省份落实补充耕地任务的行为。是国家在土地管理上为严守耕地红线，加强耕地保护和改进占补平衡出台的一项重要政策。跨省域补充耕地国家统筹应遵循以下原则：（一）保护优先，严控占用。（二）明确范围，确定规模。（三）补足补优，严守红线。（四）加强统筹，调节收益。跨省域补充耕地国家统筹按照分级管理的原则，自然资源部负责跨省域补充耕地国家统筹管理，会同财政部、国家发展改革委、农业部等相关部门制定具体实施办法，进行监督考核；财政部会同自然资源部等相关部门负责制定资金使用管理办法；有关省级人民政府负责具体实施，筹措补充耕地资金或落实补充耕地任务。跨省域补充耕地国家统筹政策从2018年3月10日国务院办公厅印发《跨省域补充耕地国家统筹管理办法》起执行，至2022年12月31日止。

【跨省域补充耕地资金】经国务院批准补充耕地由国家统筹的省、直辖市，根据占用的耕地类型确定的计价办法缴纳的补充耕地费用。根据《跨省域补充耕地国家统筹管理办法》，以占用的耕地类型确定基准价，以损失的耕地粮食产能确定产能价，以基准价和产能价之和乘以省份调节系数确定跨省域补充耕地资金收取标准。对国家重大公益性建设项目，可按规定适当降低收取标准。跨省域补充耕地资金总额纳入省级财政向中央财政的一般公共预算转移性支出，在中央财政和地方财政年终结算时上解中央财政。跨省域补充耕地资金，全部用于巩固脱贫攻坚成果和支持实施乡村振兴战略。其中，一部分安排给承担国家统筹补充耕地任务的省份，优先用于高标准农田建设等补充耕地任务；其余部分由中央财政统一安排使用。

【宽松的货币政策】也称“扩张性货币政策”，指通过提高货币供应的增长速度、扩张信用规模的扩张，来刺激社会总需求的货币政策。货币政策的一种。当市场商品销售不畅，需求不足，经济运行困难时，社会总供给大于社会总需求，中央银行可采取宽松的货币政策以刺激需求。常用的宽松货币政策包括：降低法定存款准备金率、降低再贴现率、降低利率、通过公开市场卖入证券等。

【矿山地租】工业资本家为采掘矿藏而向矿山土地所有者租用矿山土地所支付的地租。地租的一种。

【扩张性财政政策】也称“积极财政政策”，指在有效需求不足时，国家通过财政活动刺激和增加社会总需求的政策行为。扩张性财政政策措施主要包括减税、增加政府购买性支出、加大转移支付力度、减少国债发行、增加财政补贴等。当经济萧条、有效需求不足时，通过扩张性财政政策能够有效刺激社会总需求，进而拉动经济增长。

【扩张性货币政策】也称“宽松的货币政策”。（见【宽松的货币政策】）

Ll

【蓝领】泛指从事体力劳动的工人。如工厂工人、建筑工人、野外作业的工人等，因他们劳动时一般穿蓝色工作服，故称。

【蓝领公寓】适合蓝领阶层居住的住宅建筑。以集体宿舍为主，一般由用工单位提供，每间两人、四人、六人不等，无独立的厨房或卫生间。分为产业园区企业员工宿舍模式和非产业园区员工宿舍模式。产业园区企业员工宿舍主要面向园区内的企业员工；非产业园区员工宿舍主要面向城市其他产业的务工人员。与白领公寓不同，蓝领公寓大多以床位定价。在一线城市，蓝领公寓的床位价格每月两三百元至几百元不等，远低于同类城市的平均租金。

【蓝线】“城市蓝线”的简称。（见【城市蓝线】）

【烂尾楼】对建设过程中因各种原因无力继续投资建设，停工一年以上的房地产项目的俗称。造成在建楼盘烂尾的原因很多，如开发商经营不善、项目涉及经济纠纷、违法违规施工导致工程停工等。其中最大原因可能是资金链条断裂，工程未完，开发商已拿不出钱来，银行也不愿继续贷款，而项目因未达到预售，或转让条件无法预售，或者转让等。烂尾楼的存在不仅大量占用银行资金，造成银行不良贷款，而且浪费土地资源，破坏城市形象，是城市房地产开发中一个值得引起高度重视的问题。

【老年人公寓】为老年人提供独立或半独立家居形式的居住建筑。老年人居住建筑的一种。

【老年人居住建筑】专为老年人设

计，供其起居生活使用，符合老年人生理、心理要求的居住建筑，包括老年人住宅、老年人公寓、养老院、护理院、托老所等。

【老年人全日照料设施】各种为老年人提供住宿、生活照料服务及其他服务项目的设施的统称。包括养老院、老人院、福利院、敬老院、老年养护院等。老年人照料设施的一种。

【老年人日间照料设施】各种为老年人提供日间休息、生活照料服务及其他服务项目的设施的统称。包括托老所、日托站、老年人日间照料室、老年人日间照料中心等。老年人照料设施的一种。

【老年人用房】老年人照料设施中供老年人使用的主要用房，包括生活用房、文娱与健身用房、康复与医疗用房。

【老年人照料设施】各种为老年人提供集中照料服务设施的统称。分为老年人全日照料设施和老年人日间照料设施。公共建筑的一种。

【老年人住宅】供以老年人为核心的家庭居住使用的专用住宅。老年人居住建筑的一种。

【利率】“利息率”的简称，指一定时期内利息量与本金的比率。货币政策的重要工具。计算公式为：利率＝利息量/(本金/时间)×100%。

利率按计算方法不同，分为单利和复利；按与通货膨胀的关系，分为名义利率和实际利率；按确定方式不同，分为法定利率和市场利率；按国家政策意向不同，分为一般利率和优惠利率；按银行业务要求不同，分为存款利率和贷款利率；按与市场利率供求关系，分为固定利率和浮动利率；按利率之间的变动关系，分为基准利率和套算利率。

【利率市场化】金融机构在货币市场经营融资的利率水平由市场供求来决定的过程，包括利率决定、利率传导、利率结构和利率管理的市场化。利率市场化是我国金融改革的重要内容，其核心是将利率的决策权交给金融机构，由金融机构根据自身资金状况和对金融市场动向的判断来自主调节利率水平，最终形成以中央银行基准利率为基础，以货币市场利率为中介，由市场供求决定金融机构存贷款利率的市场利率体系和利率形成机制。

【利用集体建设用地建设租赁住房】为满足新市民合理住房需求，利用集体建设用地开发建设运营租赁住房的制度安排。国家鼓励发展住房租赁市场的政策。根据《利用集体建设用地建设租赁住房试点方案》，利用集体建设用地建设租赁住房，可以增加租赁住房供应，缓解住房供需矛盾，有助于构建购租并举的住房体系，建立健全房地产平稳健康发展长效机制；有助于拓展集体土地用途，拓宽集体经济组织和农民增收渠道；有助于丰富农村土地管理实践，促进集体土地优化配置和节约集约利用，加快城镇化进程。项目用地应当符合城乡规划、土地利用总体规划及村土地利用规划，以存量土地为主，不得占用耕地。以满足新市民合理住房需求为主。村镇集体经济组织可以自行开发运营，也可以通过联营、入股等方式建设运营集体租赁住房。集体租赁住房出租，应遵守相关法律法规和租赁合同约定，不得以租代售。承租的集体租赁住房，不得转租。承租人可按照国家有关规定凭登记备案的住房租赁合同依法申领居住证，享受规定的基本公共服务。2017 年 8 月，国土资源部、住房城乡建设部确定第一批在北京、上海、沈阳、南京、杭州、合肥、厦门、郑州、武汉、广州、佛山、肇庆、成都 13 个城市开展利用集体建设用地建设租赁住房试点。

【历史建筑】具有一定保护价值，能够反映历史风貌和地方特色，未公布为文物保护单位，也未登记为不可移动文物的建筑物、构筑物。

【历史文化街区】经省、自治区、直辖市人民政府核定公布的保存文物特别丰富、历史建筑集中成片、能够较完整和真实地体现传统格局和历史风貌，并具有一定规模的区域。

【联排式住宅】由两户以上独院式户型单元拼联而成的住宅。分前后院、单向院、内院等三种。前后院一般前院可以作生活院，后院作家务院，这种形式多用于一二层联排式住宅，每户独立，前后通风，采光条件比较好。单向院主要用于上下两层为不同的住户时，每层住户有不同的方向对院子开口，每户各用前后两个院子，互不干扰。联排式住宅的单元拼联不宜过多，一般长度在 30m 左右为宜。

【廉租住房】“城镇廉租住房”的简称。(见【城镇廉租住房】)

【廉租住房建设补充资金】“城市公共租赁住房（廉租住房）建设补充资金”的简称。(见【城市公共租赁住房（廉租住房）建设补充资金】)

【廉租住房建设贷款】用于支持廉租住房新建、改建的贷款。根据《廉租住房建设贷款管理办法》，申请廉租住房建设贷款应具备以下条件：（一）廉租住房项目应已纳入政府年度廉租住房建设计划，并按规定取得政府有关部门的批准文件。（二）已与政府签订廉租住房回购协议。（三）在贷款银行开立

L

专用存款账户。（四）提供贷款人认可的有效担保。（五）新建廉租住房项目已取得所需的《国有土地使用证》《建设用地规划许可证》《建设工程规划许可证》和《建设工程施工许可证》；改建廉租住房已取得有关部门颁发的许可文件。（六）新建廉租住房项目资本金不低于项目总投资20%的比例；改建廉租住房项目资本金不低于项目总投资30%的比例。（七）借款人信用状况良好，无不良记录。（八）贷款人规定的其他条件。廉租住房建设贷款利率按中国人民银行公布的同期同档次贷款基准利率下浮10%执行。廉租住房建设贷款期限最长不超过5年。廉租住房建设贷款应实行封闭管理，在项目资本金投入项目建设后，按照工程进度进行资金拨付。贷款人应通过专用存款账户对资金的流入和流出等进行有效监控管理，并建立单独台账，对每笔贷款发生时间、流向、用途、收款单位、金额、审核人等进行详细记录。“贷款人”指中华人民共和国境内依法设立的、经中国银行业监督管理委员会及其派驻机构批准的银行业金融机构。“借款人”指依法设立的，具有房地产开发资质的，从事廉租住房建设的房地产开发企业。

【廉租住房租金】廉租住房的租赁价格。廉租住房是政府向城镇最低收入家庭提供的租金相对低廉的普通住房，具有保障性质。廉租住房租金实行政府定价，租金标准由房屋的维修费和管理费两项因素构成，并与城镇最低收入家庭的经济承受能力相适应。其中维修费指维持廉租住房在预定使用期限内正常使用所必须的修理、养护等费用；管理费指实施廉租住房管理所需的人员、办公等正常开支费用。

【廉租住房租金标准】由城市政府规定的城镇廉租住房租金高低的水平。城镇廉租住房是政府和单位向具有城镇常住居民户口的最低收入家庭提供的租金相对低廉的普通住房，具有社会保障性质。国家规定，廉租住房租金标准实行政府定价，除最低收入家庭承租的公有住房可以按现有公有住房的租金标准和政策确定外，其他来源的廉租住房的租金标准，原则上按照维修费和管理费两项因素确定，以后随着家庭最低收入水平的提高而适当提高。

【两公告一登记】法律规定农村集体土地征收中“征收土地公告”“征地补偿安置公告”和“征地补偿登记”的简称。

【两规合一】将土地利用总体规划和城乡规划合并为“国土空间规划”的简称。

【林地】 生长乔木、竹类、灌木的土地及沿海生长红树林的土地。包括迹地，不包括城镇、村庄范围内的绿化林木用地、铁路、公路征地范围内的林木，以及河流、沟渠的护堤林。在《土地利用现状分类》(GB/T 21010—2017) 中，林地为一级类，其中包括乔木林地、竹林地、红树林地、森林沼泽、灌木林地、灌丛沼泽、其他林地 7 个二级类。

【临时管理规约】“物业临时管理规约”的简称。（见【物业临时管理规约】）

【临时建设】 也称“临时建筑”，指因生产、生活需要临时建造使用，结构简易并在规定期限内拆除的建（构）筑物或其他设施。如建设项目施工中直接服务于施工人员的临时办公用房、生活用房，工棚等；矿产资源勘查、工程地质勘查、水文地质勘查等在勘查期间的临时生活用房、临时工棚等辅助用房。

【临时用地】 因修建建设项目施工、地质勘查等需要的临时建（构）筑所占用的土地。包括：（一）建设项目施工过程中建设的直接服务于施工人员的临时办公和生活用房，工棚等使用的土地；直接服务于工程施工的项目自用辅助工程，如材料堆场、预制场、拌合站、钢筋加工厂、施工便道、运输便道以及能源、交通、水利等基础设施项目的取土场、弃土（渣）场等使用的土地。（二）矿产资源勘查、工程地质勘查、水文地质勘查等在勘查期间临时生活用房、临时工棚、勘查作业及其辅助工程、施工便道、运输便道等使用的土地。（三）符合法律、法规规定的其他需要临时使用的土地。临时用地具有临时性和可恢复性等特点。《土地管理法》规定，建设项目施工和地质勘查需要临时使用国有土地或者农民集体所有的土地的，由县级以上人民政府自然资源主管部门批准。其中，在城市规划区内的临时用地，在报批前，应当先经有关城市规划行政主管部门同意。根据《自然资源部关于规范临时用地管理的通知》，临时用地使用期限一般不超过两年。建设周期较长的能源、交通、水利等基础设施建设项目施工使用的临时用地，期限不超过四年。

【临时用地复垦】 对因临时使用损毁的临时用地，采取整治措施，使其恢复并达到可供利用状态的活动。《自然资源部关于规范临时用地管理的通知》明确，临时用地期满后应当拆除临时建（构）筑物，使用耕地的应当复垦为耕地，确保耕地面积不减少、质量不降低；使用耕地以外的其他农用地的应当恢复为农用地；使用未利用地的，对于符合条件的鼓励复垦为耕地。临时用地使用人应当自临时用地期满之日起一年内完成土地复垦，因气候、灾害等不可抗力因素影响复垦的，经批准可以适当延长复垦期限。县（市）自然资源主管部门依法监督临时用地使用人履行复垦义务情况，对逾期不恢复种植条件、违反土地复垦规定的行为，责令限期改正，并依照法律法规的规定进行处罚。

【临时用地审批】自然资源管理部门依法行使对使用临时用地申请审批权的行政行为。《土地管理法》规定：建设项目施工和地质勘查需要临时使用国有土地或者农民集体所有的土地的，由县级以上人民政府自然资源主管部门批准。《自然资源部关于规范临时用地管理的通知》明确，县（市）自然资源主管部门负责临时用地审批，其中涉及占用耕地和永久基本农田的，由市级或者市级以上自然资源主管部门负责审批。不得下放临时用地审批权或者委托相关部门行使审批权。申请临时用地应当提供临时用地申请书、临时使用土地合同、项目建设依据文件、土地复垦方案报告表、土地权属材料、勘测定界材料、土地利用现状照片及其他必要的材料。临时用地申请人根据土地权属，与县（市）自然资源主管部门或者农村集体经济组织、村民委员会签订临时使用土地合同，明确临时用地的地点、四至范围、面积和现状地类，以及临时使用土地的用途、使用期限、土地复垦标准、补偿费用和支付方式、违约责任等。临时用地申请人应当编制临时用地土地复垦方案报告表，由有关自然资源主管部门负责审核。临时用地使用人应当按照批准的用途使用土地，不得转让、出租、抵押临时用地。

L

【留白用地】国土空间规划确定的城镇、村庄范围内暂未明确规划用途、规划期内不开发或特定条件下开发的用地。《国土空间调查、规划、用途管制用地用海分类指南》中一个一级类用地。

【留置】债务人不履行到期债务，债权人可以留置已经合法占有的债务人的动产，并有权就该动产优先受偿的行为。担保方式的一种。债权人称为“留置权人”，占有的动产称为“留置财产”。

【留置权】债务人不履行到期债务，债权人可以留置已经合法占有的债务人的动产，并可在超过一定期限仍未得到清偿时依法变卖留置动产，从价款中优先受偿的权利。担保物权的一种。留置权的法律特征有：（一）从属性。留置权依主债权的存在而存在，依主债权的转移而转移，并因主债权的消灭而消灭；（二）法定性。留置权只能直接依据法律的规定发生，不能由当事人自由设定。只要债务人不履行到期债务，债权人即可依照法律规定留置已经合法占有的债务人的动产，并在满足法律规定的条件下，折价或拍卖、变卖留置财产以受偿；（三）不可分性。留置权的不可分性表现为：一是留置权所担保的是债权的全部，而不是部分。二是留置权的效力及于债权人所留置的全部留置财产，只要债权未受到全部清偿，留置权人可以对全部留置财产行使留置权利，而不是部分。留置权依约定设立。《民法典》规定，留置权人与债务人应当约定留置财产后的债务履行期限；没有约定或者约定不明确的，留置权人应当给债务人六十日以上履行债务的期限。债务人逾期未履行的，留置权人可以与债务人协议以留置财产折价，也可以就拍卖、变卖留置财产所得的价款优先受偿。留置财产折价或者拍卖、变卖后，其价款超过债权数额的部分归债务人所有，不足部分由债务人清偿。同一动产上已经设立抵押权或者质权，该动产又被留置的，留置权人优先受偿。留置权人对留置财产丧失占有或者留置权人接受债务人另行提供担保的，留置权消灭。

【垄断地租】从自然条件特别优越的土地上所获得的额外的超额利润转化而来的地租。地租的一种。垄断地租不是任何土地都能产生的，它只产生于具有某种独特自然条件的土地。利用这种土地生产的商品具有独特的品质，而且产量有限，供不应求，从而形成一种同产品价值决定无关的、大大高于生产价格的垄断价格。这个垄断价格带来的超额利润，不归租地资本家占有，而由资本家转交给土地所有者，形成垄断地租。垄断地租不同于级差地租，也不同于绝对地租，它不是资本主义的正常地租形式，而是一种特殊地租形式，是资本主义生产关系中一种特殊现象。垄断地租会因竞争规律的影响及购买者的需要和支付能力的变化而变化。

L

【楼花】香港房地产用语。指已经动工建造，但尚未建成的楼宇、房屋。

【楼面】香港房地产用语。指酒店、餐馆、茶楼等的营业楼层。

【楼面地价】香港房地产用语。指平均到每单位建筑面积上的土地价格。其计算公式为：楼面地价＝土地总价格／建筑总面积。

【楼盘】香港房地产用语。指正在建造或出售的商品房项目。

【楼盘表】住房城乡建设管理部门基于房产测绘成果建立，记载各类房屋基础信息和应用信息的数据库。是实施房屋网签备案业务操作、开展房屋交易、使用和安全管理的基础，在不同业务应用场景中可表现为表格、数据集等形式。分新建商品房楼盘表和存量商品房楼盘表。楼盘表记载信息内容包括：(一) 物理状况信息。包括丘数据、项目基本信息、幢数据、房屋基本单元、房屋编码、房屋坐落、建筑面积、建成年份、建筑结构、户型结构、房屋朝向、房屋楼层等。(二) 权利状况信息。包括土地使用权利人、土地性质、土地用途、土地使用期限、宗地编号等土地权利状况信息，以及房屋所有权人、房屋性质、房屋用途等房屋权利状况信息。(三) 交易状况信息。包括：(1) 房屋买卖信息。包括买卖当事人、成交价格、成交时间、付款类型等。(2) 房屋抵押信息。包括抵押当事人、评估价格、贷款金额、贷款方式等。(3) 房屋租赁信息。包括租赁当事人、租赁价格、租赁套间、租金支付方式、押金、租赁期限等。(4) 房屋查封限制信息。包括查封限制人、被查封限制人、查封期限等。(四) 其他应记载的信息。包括物业管理、交易资金监管、住宅专项维修资金管理、房屋征收等。新建商品房屋楼盘表，由市、县住房城乡建设部门对各类市场主体提交的材料进行审核，包括房产测绘成果适用性、界址点准确性、面积测算依据与方法等内容，并采集规划许可、土地审批、建设审批、测绘成果及相关电子图表信息等建立。存量房未建立楼盘表的，可通过信息共享等方式采集房产测绘成果，获得房屋物理状况、权利状况、交易状况等信息，补建楼盘表并逐步完善。

【楼市】香港房地产用语。指房产交易或房产交易市场。

【楼市拐点】楼市的成交量以及均价发生逆转的时刻。无论楼市曲线是由上升转为下降或由下降转为上升，均是拐点。“拐点”是一个点，从几何上说既无长度又无面积更无体积，从时间上说它刻画的是“时刻”而不是“时间”，更不能引申为“时期”。因此，“拐点”一词着重表达的是它关于“转折”的标志性含义。

【楼市限购】房地产市场调控用语。简称“限购”，指针对各直辖市、计划单列市、省会城市和房价过高、上涨过快的城市实行限制购买商品住房的政策。主要内容是限制购买第二套或第三套商品住宅。

【楼宇】香港房地产用语。指高层房屋。

【楼宇经济】集约利用城市繁华地区楼宇地上地下空间，通过出租、出售、合作等形式，招商引进现代服务企业和都市型工业，培植新税源和新的经济增长点的一种新型都市经济形态。是房地产经济与服务经济相结合的产物。楼宇经济具有集聚性、辐射性、流动性等特点。现代城市由于众多的商务写字楼集聚在一定的区域内，产生大量的信息服务、咨询服务、中介服务和物业服务，发展楼宇经济，能够带动周边的信息、金融、餐饮、购物等企业聚集发展，加快形成功能良好、配套齐全的商圈，同时楼宇中聚集大量企业和员工，产生大量知识培训、文化娱乐、交通住宿等需求，有利于促进现代服务业发展和城市经济结构的优化。

【路角地】也称“街角地”，指位于城市道路交叉路口一定范围以内的土地。其范围的大小视具体情况定。路角地的特点是交通便利，建筑物的通风采光条件较好，且有利于商业经营，在土地价格评估中，其价格一般高于同类临街土地。

【路线价法】对面临特定街道而便捷性相等的城市土地，设定标准深度，求取在此深度上数块宗地的平均单价并将其设定于所临接的街道上，再运用深度修正和其他修正来求取其他临街宗地地价的方法。土地估价方法的一种。运用路线价法进行土地估价的基本步骤包括：（一）划分路线区段；（二）设定标准深度；（三）确定路线价（即数块宗地的平均单价）；（四）制作深度指数表；（五）进行深度修正和其他修正；（六）计算各地块的价格。路线价法适用于城镇临街商业用地批量估价。

【绿地与广场用地】城市规划用语。指城市公园绿地、防护绿地、广场等公共开放空间用地。城市建设用地的一种。根据《城市用地分类与规划建设用地标准》（GB 50137—2011），绿地与广场用地分为公园绿地，指向公众开放，以游憩为主要功能，兼具生态、美化、防灾等作用的绿地；防护绿地，指具有卫生、隔离和安全防护功能的绿地；广场用地，指以游憩、纪念、集会和避险等功能为主的城市公共活动场地。

【绿地与开敞空间用地】城镇、村庄建设用地范围内的公园绿地、防护绿地、广场等公共开敞空间用地，不包括其他建设用地中的附属绿地。《国土空间调查、规划、用途管制用地用海分类指南》中一个一级类用地。下设公园绿地、防护绿地、广场用地三个二级类用地。

【绿化覆盖率】一定区域范围内绿化覆盖面积占区域总面积的比率。其计算公式为：绿化覆盖率＝区域内绿化覆盖面积/区域土地总面积。

绿化覆盖率是反映一定区域范围绿化水平的指标之一。

【绿化用地】城市规划区内用于绿化的土地，包括公园、动植物园、风景名胜、防护林、公共绿地及其他专用绿地等的用地。

【绿色发展】在生态环境容量和资源承载力的约束条件下，将环境保护作为实现可持续发展重要支柱的一种新型发展模式。1989 年，英国环境经济学家 D·皮尔斯等人在《绿色经济蓝图》中首次提出绿色经济的概念，强调通过对资源环境产品和服务进行适当的估价，实现经济发展和环境保护的统一，从而实现可持续发展。联合国环境规划署于 2008 年提出了“全球绿色新政”和发展“绿色经济”的倡议，并向 2009 年召开的 20 国峰会提交了一份更新的全球绿色新政文件，其核心思想是：通过重塑和重新关注重要部门的政策、投资和支出使经济“绿色化”，在复苏经济、增加就业的同时，加速应对气候变化。这些重要部门包括：能源效率、可再生能源、绿色交通、绿色建筑、水服务与管理、可持续农业与森林等。经济合作与发展组织国家 2000 年部长级理事会宣言倡导“绿色增长”，即在短期内通过政策工具和绿色投资促进经济复苏，长期内通过建立绿色经济的环境友好型基础设施，促进可持续增长，同时转向可持续的低碳经济。我国政府在“十二五”规划纲要中明确提出“绿色发展，建设资源节约型、环境友好型社会”。

【绿色建造】按照绿色发展的要求，通过科学管理和技术创新，采用有利于节约资源、保护环境、减少排放、提高效率、保障品质的建造方式，实现人与自然和谐共生的工程建造活动。内容包括绿色策划、绿色设计、绿色建材、绿色施工、绿色交付各环节。根据《绿色建造技术导则（试行）》，绿色建造应统筹考虑建筑工程质量、安全、效率、环保、生态等要素，实现工程策划、设计、施工、交付全过程一体化，提高建造水平和建筑品质；应全面体现绿色要求，有效降低建造全过程对资源的消耗和对生态环境的影响，减少碳排放，整体提升建造活动绿色化水平；宜采用系统化集成设计、精益化生产施工、一体化装修的方式，加强新技术推广应用，整体提升建造方式工业化水平；宜结合实际需求，有效采用 BIM、物联网、大数据、云计算、移动通信、区块链、人工智能、机器人等相关技术，整体提升建造手段信息化水平；宜采用工程总承包、全过程工程咨询等组织管理方式，促进设计、生产、施工深度协同，整体提升建造管理集约化水平；宜加强设计、生产、施工、运营全产业链上下游企业间的沟通合作，强化专业分工和社会协作，优化资源配置，构建绿色建造产业链，整体提升建造过程产业化水平。

【绿色建筑标识】表示绿色建筑星级并载有性能指标的信息标志，包括标牌和证书。绿色建筑标识授予范围为符合绿色建筑星级标准的工业建筑与民用建筑。绿色建筑标识星级由低至高分为一星级、二星级和三星级 3 个级别。绿色建筑标识由住房城乡建设部统一式样，证书由授予部门制作，标牌由申请单位根据不同应用场景按照制作指南自行制作。

【绿色建筑标识证书】表示建设项目达到绿色星级标准的标志。根据《绿色建筑标识管理办法》，表示绿色建筑星级并载有性能指标的信息标志包括标牌和证书。绿色建筑标识认定需经申报、推荐、审查、公示、公布等环节。对于公示无异议的项目，住房城乡建设部门应印发公告，并授予证书。绿色建筑标识证书编号由地区编号、星级、建筑类型、年份和当年认定项目序号组成，中间用“-”连接。地区编号按照行政区划排序，从北京 01 编号到新疆 31，新疆生产建设兵团编号 32。建筑类型代号分别为公共建筑 P、住宅建筑 R、工业建筑 I、混合功能建筑 M。例如，北京 2020 年认定的第 1 个三星级公共建筑项目，证书编号为 NO. 01-3-P-2020-1。

【绿色建筑标识认定】各级建设行政管理部门依法确认建设项目达到绿色建筑星级标准并授予标识的行为。《绿色建筑标识管理办法》规定，绿色建筑标识星级由低至高分为一星级、二星级和三星级 3 个级别。住房城乡建设部负责制定完善绿色建筑标识制度，指导监督地方绿色建筑标识工作，认定三星级绿色建筑并授予标识。省级住房城乡建设部门负责本地区绿色建筑标识工作，认定二星级绿色建筑并授予标识，组织地市级住房城乡建设部门开展本地区一星级绿色建筑认定和标识授予工作。

【绿线】“城市绿线”的简称。（见【城市绿线】）

Mm

【买卖不破租赁】房屋在出租期间，所有权发生变动，不影响租赁合同效力的法律规定。《民法典》规定，租赁物在承租人按照租赁合同占有期限内发生所有权变动的，不影响租赁合同的效力。但出租人出卖租赁房屋的，应当在出卖之前的合理期限内通知承租人，承租人享有以同等条件优先购买的权利；但是，房屋按份共有人行使优先购买权或者出租人将房屋出卖给近亲属的除外。

【买卖合同】出卖人转移标的物的所有权于买受人，买受人支付价款的合同。典型合同的一种。买卖合同的内容一般包括标的物的名称、数量、质量、价款、履行期限、履行地点和方式、包装方式、检验标准和方法、结算方式、合同使用的文字及其效力等条款。

【买卖实例比较法】也称“市场比较法”“交易案例比较法”，简称“比较法”。（见【市场比较法】）

【毛地】“净地”的对称。指在城市旧区范围内，尚未经过拆迁等土地开发过程，不具备建设条件的土地。

【毛坯房】也称“初装修房”。（见【初装修房】）

【蒙古包】也称“毡包”，指我国蒙古、哈萨克等民族牧民居住的篷帐。特色民居的一种。蒙古包呈圆形尖顶，顶上和四周以一至两层厚毡覆盖。普通蒙古包，顶高10～15尺（3.3～5.0m），包门朝南或东南开。包内结构为：哈那（即蒙古包围墙支架）、天窗、椽子和门。蒙古包以哈那的多少区分大小，通常分为4个、6个、8个、10个和12个哈那。蒙古包看起来外形小，但包内使用面积却很大，而且室内空气流通，采光条件好，冬暖夏凉，不怕风吹雨打，非常适合于经常转场的放牧民族居住和使用。

【民居】各地居住建筑的统称，包括住宅以及由其延伸的居住环境。居住建筑是最基本的建筑类型，出现最早，分布最广，数量最多。由于中国各地区的自然环境和人文情况不同，各地民居也呈现出多样化的特点。在中国的民居中，最有特点的是北京四合院、西北黄土高原的窑洞、安徽的古民居、福建和广东等地的客家土楼和内蒙古的蒙古包。

【民用公房租金】房管用语。指中华人民共和国成立初期，城镇居民租住公有房屋的租金标准。公房租金的一种。中华人民共和国成立初期，公房租金只有民用公房租金一种形式。1955年以后，公房租金陆续出现统管房租、行政房租等形式，民用公房租金就成为多种公房租金形式中的一种。

【民用建筑】供人们居住和进行公共活动的建筑的总称。分为居住建筑和公共建筑两大类。居住建筑指供人们居住使用建筑，分为住宅建筑和宿舍建筑；公共建筑指供人们进行各种公共活动的建筑，分为办公建筑、商业建筑、教育建筑、文化建筑、医疗建筑、科研建筑等。按照《民用建筑设计统一标准》（GB 50352－2019），建筑高度不大于27.0m的住宅建筑、建筑高度不大于 24.0m 的公共建筑及建筑高度大于 24.0m 的单层公共建筑为低层或多层民用建筑；建筑高度大于 27.0m 的住宅建筑和建筑高度大于 24.0m 的非单层公共建筑，且高度不大于 100.0m 的，为高层民用建筑；建筑高度大于 100.0m 为超高层建筑。

【明贴】 房改用语。“暗贴”的对称，指我国住房制度改革中，国家或企业把原来用于建造住房和修缮费补助等项资金理入职工工资，作为住房补贴直接发给职工的政策。“暗贴”改为“明贴”是住房制度改革的重要内容之一。“暗贴”改“明贴”，使职工看得见，摸得着，感觉得到。拿到住房补贴后，职工可以按照自己的经济收入情况和需求状况，自主地选择住房消费方式。一时买不起住房的，可以通过贷款或分期付款，实现购房的愿望。

Nn

【内廊式住宅】 以内廊作通道联通两侧各住户的住宅建筑。通常有两种形式：（一）内长廊式，在内长廊两侧布置住户。内长廊式住宅楼梯服务户数较多，在寒冷地区有利于保温。但各户均为单朝向户，内廊较暗，通风较差，且户间干扰较大。（二）短内廊式，即缩短了内廊的住宅。它保留了内廊式住宅的优点，克服了内长廊式住宅的部分缺点，一般一梯 3～4 户。内廊式住宅在我国北方应用较广。

【内天井式住宅】 在单元内部设置天井，利用天井解决各户通风和采光的住宅建筑。内天井的井壁实际上是内向的外墙。内天井式住宅由于增设天井使得栋深加大，面宽减少，可收到节约土地的效益。内天井式住宅根据天井面积大小分为大天井式和小天井式两种。

【内销房】“内销商品房”的简称。（见【内销商品房】）

【内销商品房】“外销商品房”的对称。简称“内销房”，指由房地产开发经营企业开发建造，出售给我国境内企业、单位和个人的商品房。分住宅和非住宅两类。非住宅商品房包括办公楼、商办综合楼、宾馆酒店、标准厂房等。内销商品房的建筑标准一般低于外销商品房，其土地使用权出让价格也相对较低。随着我国扩大对外开发，统一的房地产市场的建立，内、外销商品房并轨，内销商品房的概念不复存在。

【逆向按揭】 也称“反向抵押贷款”。（见【反向抵押贷款】）

【农村村民非法占有土地建造住宅】 农村村民未经合法有效的批准占用

土地建造住宅的行为。土地违法行为的一种。未经合法有效批准的行为分为：（一）未经批准占用土地；（二）采取欺骗手段批准占用土地；（三）超过省、自治区、直辖市规定的标准多占土地。依照《土地管理法》规定，农村村民未经批准或者采取欺骗手段骗取批准，非法占用土地建住宅的，由县级以上人民政府农业农村主管部门责令退还非法占用的土地，限期拆除在非法占用的土地上新建的房屋。超过省、自治区、直辖市规定的标准，多占的土地以非法占用土地论处。

【农村地籍】记载城镇郊区及农村土地位置、界址、数量、质量、权属和用途等基本状况的簿册图籍。地籍的一种。与城镇地籍相比，农村地籍较为简单。农村地籍中农村居民点（村镇）地籍与城镇地籍有许多相同之处，故在实践中，农村居民点地籍可以按城镇地籍的相近要求建立。

【农村社区服务设施用地】为农村生产生活配套的社区服务设施用地，包括农村社区服务站以及村委会、供销社、兽医站、农机站、托儿所、文化活动室、小型体育活动场地、综合礼堂、农村商店及小型超市、农村卫生服务站、村邮站、宗祠等用地，不包括中小学、幼儿园用地。《国土空间调查、规划、用途管制用地用海分类指南》中“居住用地”下一个二级类用地。

【农村私房拆迁补偿】因国家建设需要，征收农村集体土地，拆除征地范围内农民私有房屋时，给予房屋所有人的合理补偿。征收土地补偿的一种。农村私房拆迁补偿方式分为：（一）实物补偿，即按原房的结构、面积和质量易地重建交还拆迁户。具体做法上，可以由征地单位负责建造，也可以由征地单位补助人工费、提供建筑材料，由农民自行建造。（二）作价补偿，即按照规定的补偿标准计算拆除建筑物的价值后，给予货币补偿。按照国家的有关规定，农村私房拆迁补偿标准和方法应在土地征收方案中予以公布。

【农村土地三权分置】农村土地所有权、承包权、经营权分置并行的简称。是我国继家庭联产承包责任制后深化农村土地制度改革的重要举措。“三权分置”，有利于明晰土地产权关系，更好地维护农民集体、承包农户和经营主体的权益；有利于促进土地资源合理利用，构建新型农业经营体系，发展多种形式适度规模经营，提高土地产出率、劳动生产率和资源利用率，推动现代农业发展。根据中共中央办公厅、国务院办公厅印发的《关于完善农村土地所有权承包权经营权分置办法的意见》，完善“三权分置”办法，不断探索农村土地集体所有制的有效实现形式，落实集体所有权，稳定农户承包权，放活土地经营权，充分发挥“三权”的各自功能和整体效用，形成层次分明、结构合理、平等保护的格局。完善“三权分置”办法涉及多方权益，是一个渐进过程和系统性工程，要坚持统筹谋划、稳步推进，确保“三权分置”有序实施。

【农地转用】“农用地转为建设用地”的简称。（见【农用地转为建设用地】）

【农地转用制度】“农用地转为建设用地批准制度”的简称。（见【农用地转为建设用地批准制度】）

【农民工】户籍仍在农村，进入城市务工和在当地或异地从事非农产业劳动的劳动者。分为本地农民工和外出农民工。本地农民工指在户籍所在乡镇地域内从业的农民工，即所谓“离土不离乡”；外出农民工指在户籍所在乡镇地域外从业的农民工，也称为“流动农民工”。农民工是我国改革开放和工业化、城镇化进程中涌现的一支新型劳动大军。2006 年 1 月，《国务院关于解决农民工问题的若干意见》，首次将“农民工”概念写入中央政府文件。

【农民工集体宿舍】单身农民工集中居住的房屋。一般由用工单位提供，每间四人至六人，无独立的厨房和卫生间。

【农民工住房】用于农民工居住的房屋。分为农民工集体宿舍和农民工公寓。农民工集体宿舍指用工单位提供的单身农民工集中居住的房屋；农民工公寓指比照廉租房或经济适用房住房条件建造的，专门用于向农民工家庭出租的住房。

【农田基本建设】为从根本上改变农业生产条件，把低产田改造成为稳产高产农田，而进行的山水田林路沟渠等的综合治理措施的统称。主要内容包括：平整土地，修筑梯田，改造坡耕地，改良土壤，营造农田防护林，种树种草、整修道路和兴修农田水利等。进行农田基本建设，可以把荒芜未利用的土地开辟为耕地、牧场、果园或林地，扩大农业用地，并且可以提高农、林、牧等各类农用地的质量，增强抗御自然灾害的能力。长期来，中国以改土治水为中心的农田基本建设，如在华北平原实行以井灌井排、旱涝碱综合治理为中心的排、灌、林、草综合配套；在黄土高原以水土保持为中心，建设“三地”（沟坝地、洪漫地和水平梯田），实行小流域综合治理；在南方丘陵平原地区实行以提高土壤肥力和中小河流综合治理为中心的农田基本建设；对全国主要的低产土壤（包括

N

盐碱土、沼泽土、红壤、冷浸田、咸酸田等）进行综合治理，均收到较好效果。

【农业建设用地】也称“农业生产建设用地”，指为农业生产服务的用地，如田间机耕路、农渠、农排用地；晒场、温室、农机具修配车间用地；农产品粗加工场用地等。农业建设用地与农业生产有着不可分割的联系，起间接农用地作用。因此，通常将农业建设用地归于农业生产用地的管理范畴。

【农业建筑】供作饲养牲畜、贮存农机具和农业产品及其他各种农业生产用的建筑物。

【农用地】直接用于农业生产的土地。土地利用分类之一。包括耕地、林地、草地、农田水利用地、养殖水面等。在《土地利用现状分类》（GB/T 21010—2017）中，农用地包括耕地、园地、林地、草地4个一级类；水田、水浇地、旱地、果园、茶园、橡胶园、其他园地、乔木林地、竹林地、红树林地、森林沼泽、灌木林地、灌丛沼泽、其他林地、天然牧草地、沼泽草地、人工牧草地、农村道路、水库水面、坑塘水面、沟渠、设施农用地、田坎23个二级类。

【农用地整理】也称“农地重划”，指农业用地的土地整理。土地整理的一种。内容包括归并零散地块、调整农地结构和地界、建设农业基础设施、改良土地等。农用地整理是改变地块零散、插花状况，改良土地，增加耕地面积，提高土地利用率、生产率的重要途径。

【农用地质量分等】按照标准耕作制度，根据规定的方法和程序进行的农用地质量综合评定，划分农用地质量等别的活动。农用地质量分等是为了科学评价和管理农用地，促进农用地的合理利用。根据《农用地分等规程》（GB/T 28407—2012），农用地质量分等的工作对象是县级行政区内现有农用地和宜农未利用地，主要是耕地。农用地质量分等贯彻综合分析、分层控制、主导因素、土地收益差异、等量分析和定性分析相结合等原则。农用地分等的主要工作内容包括：（一）工作准备；（二）外业补充调查；（三）内业处理；（四）确认和整理成果；（五）技术工作组织；（六）划分土地等别；（七）成果汇总；（八）工作验收等。为了保持成果的现势性，每2年至3年调整土地经济系数，修订农用地经济等别；每6年全面更新农用地等别；农用地质量发生较大变化的局部地区应及时更新。

【农用地质量评级】依据构成土地质量的自然属性、社会经济状况和区位条件，按照规定的方法和程序进行的农用地质量综合、定量评定，划分农用地级别的活动。根据《农用地定级规程》(GB/T 28405—2012)，农用地定级的对象是县级行政区内现有农用地和宜农未利用地。农用地评级的主要工作内容包括：(一) 工作准备，编写任务书；(二) 收集资料和外业调查；(三) 整理资料和定量化处理；(四) 计算定级指数和评定级别；(五) 校核级别与落实边界；(六) 编制图件、统计与量算面积、编写成果报告；(七) 成果验收；(八) 成果归档与更新应用。农用地评级的方法主要有：修正法、因素法和样地法等。为了保持成果的现势性，每 2 年至 3 年，对农地级别进行社会因素调整，修订原成果；每 6 年全面更新农用地级别；农用地质量发生较大变化的局部地区，需要及时更新。

【农用地转为建设用地】 简称“农地转用”，指依法将农用地转变为建设用地的行为。主要有以下几种情况：一是将永久基本农田转为建设用地的；二是在土地利用总体规划确定的城市和村庄、集镇建设用地规模范围内，为实施该规划而将永久基本农田以外的农用地转为建设用地的；三是在土地利用总体规划确定的城市和村庄、集镇建设用地规模范围外，将永久基本农田以外的农用地转为建设用地的。根据《土地管理法》规定，建设占用土地，涉及农用地转为建设用地的，应当办理农用地转用审批手续。

【农用地转为建设用地方案】 为实施国土空间规划，将农用地转为建设用地而编制的工作文件。《土地管理法实施条例》规定，在国土空间规划确定的城市和村庄、集镇建设用地范围内，为实施该规划而将农用地转为建设用地的，由市、县人民政府组织自然资源等部门拟订农用地转用方案，分批次报有批准权的人民政府批准。农用地转用方案应当重点对建设项目安排、是否符合国土空间规划和土地利用年度计划以及补充耕地情况作出说明。农用地转用方案经批准后，由市、县人民政府组织实施。

【农用地转为建设用地批准制度】 简称“农地转用制度”，指将土地利用现状中的农业用地转为建设用地必须依照法律规定履行批准手续的制度。土地用途管制核心内容之一。根据《土地管理法》，建设占用土地，涉及农用地转为建设用地的，应当办理农用地转用审批手续。永久基本农田转为建设用地的，由国务院批准。在土地利用总体规划确定的城市和村庄、集镇建设用地规模范围内，为实施该规划而将永久基本农田以外的农用地转为建设用地的，按土地利用年度计划分批次按照国务院规定由原批准土地利用总体规划的机关或者其授权的机关批准。在已批准的农用地转用范围内，具体建设项目用地可以由市、县人民政府批准。在土地利用总体规划确定的城市和村庄、集镇建设用地规模范围外，将永久基本农田以外的农用地转为建设用地的，由国务院或者国务院授权的省、自治区、直辖市人民政府批准。

Pp

【拍卖出让国有建设用地使用权】 出让人发布拍卖公告，由竞买人在指定时间、地点进行公开竞价，根据出价结果确定国有建设用地使用权人的行为。土地使用权出让方式的一种。根据《招标拍卖挂牌出让国有建设用地使用权规定》，工业、商业、旅游、娱乐和商品住宅等经营性用地以及同一宗地有两个以上意向用地者的，应当以招标、拍卖或者挂牌方式出让。拍卖出让国有建设用地使用权，出让人应当根据拍卖出让地块的情况，编制拍卖出让文件，并至少在拍卖开始日前20日，在土地有形市场或者指定的场所、媒介发布招标公告，公布拍卖出让宗地的基本情况和拍卖的时间、地点。拍卖应当依照法定程序进行。拍卖活动结束后，出让人应在10个工作日内将拍卖出让结果在土地有形市场或者指定的场所、媒介公布。受让人依照国有建设用地使用权出让合同的约定付清全部土地出让价款后，方可申请办理土地登记，领取国有建设用地使用权证书。

【拍卖出让国有建设用地使用权公告】 出让人公开发布拍卖出让国有建设用地使用权有关事项的告示。拍卖出让国有建设用地使用权程序之一。根据《招标拍卖挂牌出让国有建设用地使用权规定》，出让人应当至少在拍卖开始日前20日，在土地有形市场或者指定的场所、媒介发布拍卖公告。拍卖公告包括下列内容：（一）出让人的名称和地址；（二）出让宗地的面积、界址、空间范围、现状、使用年期、用途、规划指标要求；（三）竞买人的资格要求以及申请取得竞买资格的办法；（四）索取拍卖出让文件的时间、地点和方式；（五）拍卖时间、地点、竞买期限、竞买方式等；（六）确定竞得人的标准和方法；（七）竞买保证金；（八）其他需要公告的事项。

【拍卖出让国有建设用地使用权拍卖会程序】 拍卖出让国有建设用地使用权拍卖会的工作环节和先后次序。拍卖出让国有建设用地使用权程序之一。根据《招标拍卖挂牌出让国有建设用地使用权规定》，拍卖出让国有建设用地使用权，拍卖会依照下列程序进行：（一）主持人点算竞买人；（二）主持人介绍拍卖宗地的面积、界址、空间范围、现状、用途、使用年期、规划指标要求、开工和竣工时间以及其他有关事项；（三）主持人宣布起叫价和增价规则及增价幅度。没有底价的，应当明确提示；（四）主持人报出起叫价；（五）竞买人举牌应价或者报价；（六）主持人确认该应价或者报价后继续竞价；（七）主持人连续三次宣布同一应价或者报价而没有再应价或者报价的，主持人落槌表示拍卖成交；（八）主持人宣布最高应价或者报价者为竞得人。

【拍卖出让国有土地使用权方案】 城市自然资源行政主管部门按照土地使用权出让年度计划，会同城市规划等有关部门共同拟订的拟拍卖出让地块的工作文件。方案内容包括：出让地块的空间范围、用途、年限、出让方式、时间和其他条件等。编制拍卖出让土地使用权方案是拍卖出让国有土地使用权的前期工作内容之一。拍卖出让土地使用权方案编制完成，并报经市、县人民政府批准后，由市、县人民政府自然资源行政主管部门组织实施。

【拍卖地价】 公开拍卖国有土地使用权时形成的土地价格。地价的一种。通常的做法是：土地所有者喊出底价，竞投者应价叫价，上至无人叫价时，出最高价者获得土地（使用权）。拍卖地价是一种比较充分的市场竞争价格。

【配套公建】 居住区内为满足居民精神和物质文化生活需要，按一定比例与住宅建筑配套建设的公共服务设施。如教育、文化体育、医疗卫生、商业服务、社区服务、金融邮电、市政公用和行政管理等设施，包括中小学、幼儿园、托儿所、运动场、图书馆、医院、各类商店、社区服务中心、敬老院、银行储蓄所、邮局、派出所、街道办事处、物业管理所等。配套公建按其性质分为经营性公建和非经营性公建。

【棚户区】 城市中棚户、简易房屋集中的区域。棚户区内房屋结构简陋，抗灾性差，居住拥挤，设施落后，无上下水、集中供气供热系统，无道路绿化，无公共活动场地，采光通风不良，居住环境恶劣，是城市旧区改造的重点地区之一。

【平台经济】 基于互联网、云计算等现代信息技术，以多元化需求为核心，全面整合产业链、融合价值链、提高市场配置资源效率的一种新型经济形态。平台，本质上是市场的具化，是一种虚拟或真实的交易场所，平台本身不生产产品，但可以促成双方或多方供求之间的交

P

易。平台经济具有以下特征：（一）属于典型的双边市场。平台企业一侧面对消费者，一侧面对商家，这个平台上的众多参与者有着明确的分工，平台运营商负责聚集社会资源和合作伙伴，通过聚集交易，扩大用户规模，使参与各方受益，达到平台价值、客户价值和服务价值最大化。（二）存在较强的规模经济性。如果某一平台企业率先进入一个领域，或者由于技术、营销优势占据这一领域较大市场份额时，由于交叉网络外部效应和锚定效应的存在，这家企业就会越来越大，出现强者愈强的局面。（三）具备一定的类公共属性。当前平台经济涉及领域多为事关人们衣食住行的民生领域，公共服务提供者的属性特征突出。（四）数据要素的重要性。平台经济根植于互联网，是在新一代信息技术高速发展的基础上、以数据作为生产要素或有价值的资产进行资源配置的一种新的经济模式，其运行本身就会产生大量数据。与此同时，平台企业之间的竞争越来越多表现为数据资源与算力算法的竞争。

【破坏耕地】违反土地管理法律规定，以各种方式破坏耕地的行为。土地违法行为的一种。破坏耕地行为主要包括：（一）占用耕地建窑、建坟；（二）擅自在耕地上建房、挖砂、采石、采矿、取土等，破坏种植条件；（三）因开发土地造成土地荒漠化、盐渍化。依照《土地管理法》，违反土地管理法律规定，以各种方式破坏耕地的，由县级以上人民政府自然资源主管部门、农业农村主管部门等按照职责责令限期改正或者治理，可以并处罚款；构成犯罪的，依法追究刑事责任。

【破月租】以非整月日期计算的租金额。破月租计算通常采取日租金额乘以计租天数的方式。其计算公式为：破月租＝月租金（元）/30（天）×计租天数。

【普通住宅】按当地一般民用住宅建筑标准建造的住房。

Qq

【七通一平】对居住区开发前期工程要求的简称。“七通”指施工场地道路通、上水通、雨污水通、电力通、通信通、煤气通、热力通；“一平”指施工场地平整。

【期房】“现房”的对称。指具备预售条件，尚未竣工交付使用的商品房。

【其他用地】《土地利用现状分类》（GB/T 21010—2017）中未包括在11个一级地类中的其他土地。《土地利用现状分类》（GB/T 21010—

2017）中一个一级类，包括空闲地、设施农用地、田坎、盐碱地、沙地、裸土地、裸岩石砾地7个二级类。

【骑楼】房屋底层沿街面后退，上楼下廊，留出公共人行空间的建筑物。一种存在于南亚、东南亚各国以及我国的海南、福建、广东、广西等沿海侨乡地区的近代商住建筑。骑楼沿街建筑，上楼下廊。下廊即人行道，既遮阳又防雨，既是居室（或店面）的外廊，又是室内外的过渡空间。连片骑楼连廊连柱，立面统一，连续完整，具有独特风貌。骑楼的渊源最早可上溯至古希腊的“帕特农神庙”。现代意义上的骑楼起源于印度的贝尼亚普库尔（Beniapukur），称之为“廊房”。19世纪初，新加坡总督莱佛士在新加坡城的设计中，规定所有建筑物前，都必须有一道宽约5尺（1.66m）、有顶盖的人行道或走廊，向外人提供做生意的场所。此后，新加坡出现了连接的廊柱构成的5尺（1.66m）宽的外廊结构的建筑，称之为“店屋”，或叫“五脚气”“五脚基”。随后，骑楼传入广州。

【起租日期】出租房屋开始计收房租的日期。新分配的公有房屋一般自办理入住手续之日起计算租金；通过房地产市场租赁的房屋，按租赁合同约定时间起计收房租。

【弃耕地】因自然灾害、采矿等遭到破坏，被废弃不用的土地。弃耕地是土地资源的浪费，可以通过土地整理重新加以利用。

【契税】在转移土地、房屋权属时，向承受单位和个人一次性征收的财产税。契税征收在我国历史悠久。1950年4月，中央人民政府政务院发布《契税暂行条例》规定：“凡土地房屋之买卖、典当、赠与或交换，均应凭土地房屋所有证，并由当事人双方订立契约，由承受人依照本条例交纳契税。”1997年7月，《契税暂行条例》规定：“在中华人民共和国境内转移土地、房屋权属，承受单位和个人为契税的纳税人，应当依照本条例的规定缴纳契税。”2020年8月11日第十三届全国人大常务委员会第二十一次会议通过的《契税法》规定，“在中华人民共和国境内转移土地、房屋权属，承受的单位和个人为契税的纳税人，应当依照本法规定缴纳契税。”转移土地、房屋权属行为指：（一）土地使用权出让；（二）土地使用权转让，包括出售、赠与、互换；（三）房屋买卖、赠与、互换。契税的计税依据为：（一）土地使用权出让、出售，房屋买卖，为土地、房屋权属转移合同确定的成交价格，包括应交付的货币以及实物、其他经济利益对应的价款；（二）土地使用权互换、房屋互换，为所互换的土地使用权、房屋价格的差额；（三）土地使用权赠与、房屋赠与以及其他没有价格的转移土地、房屋权属行为，为税务机关参照土地使用权出售、房屋买卖的市场价格依法核定的价格。契税税率为百分之三至百分之五。具体适用税率，由省、自治区、直辖市人民政府在前款规定的税率幅度内提出，报同级人民代表大会常务委员会决定，并报全国人民代表大会常务委员会和国务院备案。《契税法》自 2021 年 9 月 1 日起施行。

【契约】也称“合同”“合约”。（见【合同】）

【契约登记制】也称“形式主义登记”“要件对抗主义登记”，指以不动产当事人订立的契约为登记对象，不动产物权的变动，经当事人订立契约即发生效力，但非经登记，不得对抗第三人的制度。其主要特点是：登记为物权变动的对抗要件；登记与否不予强制；登记实行形式审查主义；登记无公信力，不经过登记，只能在当事人中产生效力，不能对抗第三人；登记簿采取人的编成主义；登记不动产物权变动状态，即不仅登记不动产物权的现在状态，而且登记物权变动事项。因该项制度为法国首创，所以又称为“法国登记制”。

【契约地租】通过契约的形式，规定每年缴纳的地租。地租形式的一种。

【千人指标】也称“居住区配套设施控制指标”。（见【居住区配套设施控制指标】）

【前期物业管理】在业主、业主大会选聘物业服务企业之前，建设单位选聘物业服务企业对房屋及配套的设施设备进行维修、养护、管理活动。《物业管理条例》规定，国家提倡建设单位按照房地产开发与物业管理相分离的原则，通过招投标的方式选聘物业服务企业。前期物业管理的主要内容包括：（一）物业共用部位的清洁卫生、垃圾的收集、清运及雨、污水管道的疏通；公共绿化、水景、建筑物的养护和管理。（二）物业共用设施设备的运行、维修、养护和管理。（三）物业安保，停车管理；小区公共秩序维护、安全防范；物业区域内的日常安全巡查。（四）物业管理区域内装饰装修管理。（五）其他特约内容服务等。建设单位应当在销售物业之前，制定临时管理规约，对有关物业的使用、维护、管理，业主的共同利益，业主应当履行的义务，违反临时管理规约应当承担的责任等事项依法作出约定。物业买受人在与建设单位签订物业买卖合同时，应当对遵守临时管理规约予以书面承诺。建设单位与物业买受人签订的买卖合同应当包含前期物业服务合同约定的内容。前期物业服务时间至业主委员会与物业服务企业签订正式物业服务合同时止。

【欠租】 逾期未交纳房屋租金的行为。公有房屋管理中，根据欠租的不同期限分为本月欠租、本年欠租、上年欠租、积欠房租等。

【强迫交易】 以暴力、威胁手段强买强卖商品，强迫他人提供服务或者强迫他人接受服务的行为。刑事犯罪的一种。

【强制拆迁】 “房屋征收强制拆迁”的简称。(见【房屋征收强制拆迁】)

【青苗补偿费】 对征收土地上农作物损失的赔偿费用。征地补偿费的一种。《土地管理法实施条例》规定，申请征收土地的县级以上地方人民政府应当及时落实土地补偿费、安置补助费、农村村民住宅以及其他地上附着物和青苗等的补偿费用、社会保障费用等，并保证足额到位，专款专用。地上附着物和青苗等的补偿费用，归其所有权人所有。

【轻资产住房租赁企业】 简称“住房租赁企业”，指专门从事住房租赁，或转租经营的企业。房产经营企业的一种。根据《关于加强轻资产住房租赁企业监管的意见》，从事住房租赁经营的企业，以及转租住房 10 套（间）以上的自然人，应当依法办理市场主体登记，取得营业执照，其名称和经营范围均应当包含“住房租赁”相关字样。住房租赁企业跨区域经营的，应当在开展经营活动的城市设立独立核算法人实体，应当具有专门经营场所。开展经营前，通过住房租赁管理服务平台向所在城市住房和城乡建设主管部门推送开业信息，由所在城市住房和城乡建设主管部门通过住房租赁管理服务平台向社会公示。住房租赁企业开展经营活动的信息系统应当按规定接入所在城市住房租赁管理服务平台，将经营的房源信息纳入住房租赁管理服务平台管理，并实时报送租赁合同期限、租金押金及其支付方式、承租人基本情况等租赁合同信息。住房租赁企业单次收取租金的周期原则上不超过 3 个月；除市场变动导致的正常经营行为外，支付房屋权利人的租金原则上不高于收取承租人的租金。

【去化率】 房地产营销用语。也称“销售率”，指某商品房销售量占可销售总量的百分比。计算公式为：去化率＝实际销售套数/可销售总套数×100％。

去化率指标反映商品房销售情况的好坏。去化率高，说明销售情况好；反之则说明销售情况不佳。

【去库存】 化解房地产库存。2015年中央经济工作会议提出推进供给侧结构性改革的五大任务之一。去库存的重点内容包括：（一）按照加快提高户籍人口城镇化率和深化住房制度改革的要求，通过加快农民工市民化，扩大有效需求，打通供需通道，消化库存，稳定房地产市场。（二）落实户籍制度改革方案，允许农业转移人口等非户籍人口在就业地落户，使他们形成在就业地买房或长期租房的预期和需求。（三）明确深化住房制度改革方向，以满足新市民住房需求为主要出发点，以建立购租并举的住房制度为主要方向，把公租房扩大到非户籍人口。（四）发展住房租赁市场，鼓励自然人和各类机构投资者购买库存商品房，成为租赁市场的房源提供者，鼓励发展以住房租赁为主营业务的专业化企业。（五）鼓励房地产开发企业顺应市场规律调整营销策略，适当降低商品住房价格，促进房地产业兼并重组，提高产业集中度。

【权利登记制】 也称"实质主义登记"，指不动产物权依法律行为的设立、转移、变更和废止等事项非经登记不得生效的制度。一种不动产登记制度。主要特点是：登记为物权变动的生效要件；登记机关对土地登记申请进行实质性审查；登记具有公信力；登记采用强制主义，土地权利的取得和变更不经登记不发生效力；登记簿采取物的编成主义；登记以不动产权利的静态为主。权利登记制度发源于德国。采用权利登记制的国家和地区有瑞士、奥地利、匈牙利等国，以及中国台湾地区等。

【权利交付主义登记】 也称"托伦斯登记制"。（见【托伦斯登记制】）

【权属界线】 也称"界址线""权属界址线"。（见【权属界址线】）

【全国房地产开发业景气指数】 简称"国房景气指数"，指反映全国房地产开发、销售景气情况的综合指数。国房景气指数根据经济周期波动理论和景气指数原理，采用合成指数的计算方法，从房地产业发展必须同时具备的土地、资金和市场三个基本条件出发，选择8个具有代表性的统计指标进行分类指数测算，然后对8个分类指数进行加权平均得到总体指数，以此为基础，再以1995年3月为基期对比计算出用百分制表示的综合指数。指数提高，表明房地产业升温。8个分类指数是：（一）土地出让收入分类指数；（二）本年完成开发土地面积分类指数；（三）房地产开发投资分类指数；（四）本年资金来源分类指数；（五）商品房销售价格分类指数；（六）新开工面积分类指数；（七）房屋竣工面积分类指数；（八）空置面积分类指数。全国房地产开发业景气指数由国家统计局、中国经济景气监测中心于1997年起逐月联合发布。

【全国国土规划纲要】对全国国土空间开发、资源环境保护、国土综合整治和保障体系建设等，在空间和时间上作出的总体部署与统筹安排。是国家层面的战略性、综合性、基础性规划。国务院印发的《全国国土规划纲要（2016—2030年）》明确，编制实施《全国国土规划纲要（2016—2030年）》，是统筹推进“五位一体”总体布局和协调推进“四个全面”战略布局，贯彻落实创新、协调、绿色、开放、共享的发展理念，促进人口资源环境相均衡、经济社会生态效益相统一的重大举措。本纲要共分十章，分别为基本形势、总体要求、战略格局、集聚开发、分类保护、综合整治、联动发展、支撑保障、配套政策和《纲要》实施。范围涵盖我国全部国土（暂未含港澳台地区）。规划基期为2015年，中期目标年为2020年，远期目标年为2030年。本纲要贯彻区域发展总体战略和主体功能区战略，推动“一带一路”建设、京津冀协同发展、长江经济带发展战略落实，对涉及国土空间开发、保护、整治的各类活动具有指导和管控作用，对相关国土空间专项规划具有引领和协调作用。

链接：《全国国土规划纲要（2016—2030年）》主要指标

《全国国土规划纲要（2016—2030年）》主要指标

指标名称	2015年	2020年	2030年	属性
1. 耕地保有量（亿亩）	18.65	18.65	18.25	约束性
2. 用水总量（亿立方米）	6180	6700	7000	约束性
3. 森林覆盖率（%）	21.66	>23	>24	预期性
4. 草原综合植被盖度（%）	54	56	60	预期性
5. 湿地面积（亿亩）	8	8	8.3	预期性
6. 国土开发强度（%）	4.02	4.24	4.62	约束性

续表

指标名称	2015年	2020年	2030年	属性
7. 城镇空间（万平方千米）	8.90	10.21	11.67	预期性
8. 公路与铁路网密度（千米/平方千米）	0.49	≥0.5	≥0.6	预期性
9. 全国七大重点流域水质优良比例（%）	67.5	>70	>75	约束性
10. 重要江河湖泊水功能区水质达标率（%）	70.8	>80	>95	约束性
11. 新增治理水土流失面积（万平方千米）	—	32	94	预期性

资料来源：《全国国土规划纲要（2016—2030年）》

【全国土地调查】 国家根据国民经济和社会发展需要，对全国城乡各类土地进行的全面调查。土地调查种类之一。全国土地调查内容包括：（一）土地利用现状及变化情况，包括地类、位置、面积、分布等状况；（二）土地权属及变化情况，包括土地的所有权和使用权状况；（三）土地条件，包括土地的自然条件、社会经济条件等状况。国家根据国民经济和社会发展需要，每10年进行一次全国土地调查。全国土地调查，由国务院全国土地调查领导小组统一组织，县级以上人民政府土地调查领导小组遵照要求实施。

【全国主体功能区规划】 为推进形成全国主体功能区，逐步形成人口、经济、资源环境相协调的国土空间开发格局所作的统筹安排。具有战略性、基础性和约束性。是推进形成主体功能区的基本依据，科学开发国土空间的行动纲领和远景蓝图。《全国主体功能区规划》根据中国共产党第十七次全国代表大会报告、《中华人民共和国国民经济和社会发展第十一个五年规划纲要》和《国务院关于编制全国主体功能区规划的意见》编制。规划范围为全国陆地国土空间以及内水和领海（不包括港澳台地区）。本规划包括六篇十三章和三个附件，明确的主体功能区分为：（一）优化开发区域，指经济比较发达、人口比较密集、开发强度较高、资源环境问题更加突出，应该优化进行工业化城镇化开发的城市化地区；（二）重点开发区域，指有一定经济基础、资源环境承载能力较强、发展潜力较大、集聚人口和经济的条件较好，应该重点进行工业化城镇化开发的城市化地区；（三）限制开发区域，指从保障国家农产品安全以及中华民族永续发展的需要出发，必须把增强农业综合生产能力作为发展的首要任务，应该限制进行大规模高强度工业化城镇化开发的地区；（四）禁止开发区域，指依法设立的各级各类自然文化资源保护区域，以及其他禁止进行工业化城镇化开发、需要特殊保护的重点生态功能区。本规划推进实现主体功能区主要目标的时间为2020年。2010年12月，《国务院关于印发全国主体功能区规划的通知》指出，《全国主体功能区规划》是我国国土空间开发的战略性、基础性和约束性规划。其编制实施，对于推进形成人口、经济和资源环境相协调的国土空间开发格局，加快转变经济发展方式，促进经济长期平稳较快发展和社会和谐稳定，实现全面建设小康社会目标和社会主义现代化建设长远目标，具有重要战略意义。2019年5月，《中共中央、国务院关于建立国土空间规划体系并监督实施的若干意见》明确，将主体功能区规划、土地利用规划、城乡规划等空间规划融合为统一的国土空间规划，实现“多规合一”，我国不再编制主体功能区规划。

【全社会固定资产投资】以货币表现的，一定时期内建造和购置固定资产活动的工作量以及与此有关的费用的总称。是反映固定资产投资规模、结构和发展速度的综合性指标。按经济类型可分为国有、集体、个体、联营、股份制、外商、港澳台商和其他固定资产投资；按管理渠道可分为基本建设、更新改造、房地产开发投资和其他固定资产投资等。

【券书】也称“书契”，指中国古代刻写于竹木片上的书面合同。战国时齐孟尝君门客冯暖至薛地讨债，大会债务人，“皆持取钱之券书合之”，无法清偿者则“取其券而烧之”（《史记·孟尝君列传》）。后世即以券书泛指一切书面合同、票据凭证。

【群租】把具有独立功能的房间分割成若干小间，简单装饰后，再以相对便宜价格出租的现象。分为按间出租和按床位出租两种。按间出组指将房间、客厅、厨房，甚至阳台分割成若干小间，按间出租；按床位出租指在房间内布置多张床位，按床位出租。群租现象是城市化进程中的“顽疾”，由群租引发的公共安全事件和各类居住纠纷、矛盾屡有发生。近年来，国家多次出台政策，对群租现象进行整治。

【群租房】将具有独立功能的房间通过改变结构和平面布局，分割改建成若干狭小空间，用于出租的房屋。经改建后的群租房，房屋结构损坏，住宅功能改变，居住环境恶化，并且造成新的居住困难。

Rr

【人地比例】人口数与耕地（或土地）面积之比。通常用单位面积（如每亩、每公顷、每平方公里）耕地（或土地）的实际人口承载量（或合理人口承载量）表示。用公式表示为：人地比例 = 实际（或合理）承载人口数 / 耕地（土地）面积。

亦可用其倒数，即人均耕地（或土地）面积表示。人地比例是反映土地开发利用程度的间接指标。将实际人地比例与合理比例对比，可了解耕地（或土地）的人口负荷状况，为制定人口或土地政策提供依据。

R

【人地关系】人类与土地关系的统称，包括人对土地的依存关系、人地的比例关系、人地的供需平衡关系，以及人对地的利用和保护关系等。在人地关系中，人处于主导地位，并且决定着人地关系的发展变化趋势。自有人类以来，人与土地就有密切的依存关系，没有土地，人类就不能生存。土地是自然的产物，人类不能制造土地，但人类的活动可以影响土地利用和改良的效果。土地的数量是有限的，而人的数量则会不断变化。一方面，人口增长过快，人均占地量减少，会导致人地关系失调；另一方面，充分、合理、有效地利用土地，可以提高土地的生产力，满足人口增长的需要。保持良好的人地关系，是人类可持续发展的一个重要的内容。

【人地率】也称“人口密度”。（见【人口密度】）

【人均居住面积】城市家庭居民按人口平均摊得的居住面积数。人均居住面积的计算公式为：人均居住面积＝该户居住面积/该户人口数。

人均居住面积是衡量家庭居住状况的指标之一。

【人均使用面积】城市家庭居民按人口平均摊得的使用面积数。人均使用面积的计算公式为：人均使用面积＝该户使用面积/该户人口数。

人均使用面积是衡量家庭居住状况的指标之一。

【人口】一定时间、一定地域、一定生产方式下实现其生命活动的群体，是整个物质世界中社会经济活动的主体。人具有自然和社会两种属性。自然属性是人本身固有的特征。作为一个高等动物群体的人，有出生、成长、繁殖、衰老、死亡的生命过程，实现生命活动是人发展的自然前提。人的社会属性表现为人的社会特征。马克思主义认为，人口是一个具有许多规定和关系的丰富的总体。在物质资料生产过程中，人们一方面从事改造自然、获取物质资料的活动，另一方面彼此之间结成一定的关系，即生产关系。包括经济关系、政治关系、文化关系、民族关系、家庭关系、宗教关系以及由这些关系派生的其他关系。人口总是处在一定的社会关系中。人口具有质和量两个方面的规定性。影响人口的数量和质量变化的因素很多，归根到底是一定的社会生产方式。人口的数量和质量不是决定社会制度性质和社会变革的主要力量，但对社会的发展起促进或延缓的作用。

【人口结构】也称“人口构成”，指一定时期，一定地域范围内人口的各种组合状况。按不同的标准可以分为人口年龄结构、人口性别结构、人口城乡结构、人口职业结构、人口文化教育结构、人口民族结构等。研究人口结构，揭示人口结构变化的规律性，了解影响和制约人口结构变化的各种因素，以及人口结构变化对社会经济的影响，对于制订社会、经济政策及城市发展规划具有重要意义。

【人口老龄化】因人口生育率降低和人均寿命延长导致的总人口中老年人口比例相应增长的状况。人口老龄化包括两层含义，一是老年人口相对增多，在总人口中所占比例不断上升；二是社会人口结构呈现老年状态。根据 1956 年联合国《人口老龄化及其社会经济后果》确定的划分标准，当一个国家或地区 65 岁及以上老年人口数量占总人口比例超过 7%时，则意味着这个国家或地区进入老龄化。1982 年维也纳老龄问题世界大会确定，60 岁及以上老年人口占总人口比例超过 10%，意味着这个国家或地区进入严重老龄化。

【人口密度】也称“人地率”，指一定区域在一定时点的人口数量与其所在土地面积的比率。反映人口的地理分布状况的指标，通常以每平方千米常住人口数来表示。其作用在于考察和分析一定面积土地上的人口容量和按人口平均的土地数量。适当的人口密度可以保证良好的工作条件、居住条件和卫生条件，从而预防和减少社会问题的发生。反之，则会带来居住、供应、交通、文化教育等一系列社会问题。人口密度指标常用来作为编制城市规划及其他与居民生活直接有关的各项计划的依据。

【人口数量】一定区域内人口总体的数量。通常以人口规模表达。人口数量是一个动态的概念。引起人口数量变化的原因，一是人口的出生和死亡引起的自然变动；二是人口迁出和迁入引起的迁移变动。后者只会引起人口数量地区分布的变化，而不会导致人口总量的增减。引起人口数量变化的原因是人口的自然变动。分析人口自然增长的统计指标为人口自然增长率。人口自然增长率指一定时期内人口自然增长数与该时期内平均人口数之比，通常以年为单位计算，用千分比来表示，计算公式为：

$$\text{人口自然增长率}=\frac{\text{年内出生人数}-\text{年内死亡人数}}{\text{年平均人口数}}\times1000‰$$

【人口质量】人口素质的高低，包括身体素质、文化素质、思想素质等。反映人口素质的指标有：人口平均寿命、人口平均身高和体重、儿童智力水平、人口文化程度、科技人员和熟练劳动者占人口的比重等。人口素质的形成受多种因素制约。先天遗传因素在不同程度上影响着人的体质、智力的发展；社会制度、经济发展水平、生活条件、医疗卫生条件、教育与学习条件等社会经济因素是形成和提高人口素质的决定性因素。

【日照】“日照时数”的简称。（见【日照时数】）

【日照标准】一天中房屋受到太阳照射小时数的最低标准。现代城市根据卫生要求，一般都规定日照标准作为设计健康环境的最低保证。北半球通常以冬至日计算。房屋设计中实现日照标准，需根据房屋高度、朝向、间距、地形起伏、布置方式以及计算的太阳高度角和方位角等综合考虑。

【日照间距】前后两排房屋之间，为保证后排房屋在规定的时间内，获得所需日照量而保持的一定的建筑距离。居住建筑日照间距的计算公式为：

$$D=H-H_1/\tan h$$

式中：D——日照间距；

H——前排房屋檐口至地面高度；

H_1——后幢房屋窗台至地面高度；

h——子午太阳高度角。

【日照时数】简称“日照”，指一天内太阳直射光线照射地面的时间，以小时为单位。研究太阳直接辐射对建筑物作用的一个指标。日照时数对于建筑遮阳、采光和隔热的合理设计，建筑朝向和间距的确定以及太阳能利用等都有重要意义。在建筑设计中，通常以日照时数与可照时数的比值——日照百分率来考察到达地面上的太阳辐射能的多少。

链接：城市居住区住宅建筑日照标准

城市居住区住宅建筑日照标准

建筑气候区划	Ⅰ、Ⅱ、Ⅲ、Ⅶ气候区		Ⅳ气候区		Ⅴ、Ⅵ气候区
城区常住人口（万人）	≥50	<50	≥50	<50	无限定
日照标准日	大寒日			冬至日	
日照时数（h）	≥2	≥3		≥1	
有效日照时间带（当地真太阳时）	8时～16时			9时～15时	
计算起点	底层窗台面				

资料来源：《城市居住区规划设计标准》（GB 50180—2018）

【容积率】 也称“建筑面积密度”。（见【建筑面积密度】）

【融资】“资金融通”的简称。（见【资金融通】）

【融资工具】 也称“金融工具”“信用工具”。（见【金融工具】）

【融资租赁】 出租人根据承租人对出卖人、租赁物的选择，向出卖人购买租赁物，提供给承租人使用，承租人支付租金的行为。起始于20世纪50年代美国的一种交易形式。

【融资租赁合同】 出租人根据承租人对出卖人、租赁物的选择，向出卖人购买租赁物，提供给承租人使用，承租人支付租金的合同。典型合同的一种。根据《民法典》，融资租赁合同的内容一般包括租赁物的名称、数量、规格、技术性能、检验方法，租赁期限，租金构成及其支付期限和方式、币种，租赁期限届满租赁物的归属等条款。融资租赁合同应当采用书面形式。

【入伙】 香港房地产用语。指发展商把建好的楼宇交付给购楼者，购楼者得到房地产证，可以搬入居住。按照当地规定，房地产预售合同必须载明入伙时间，延期视同违约。

Ss

【三次产业】根据劳动对象（产品）进行加工的顺序对国民经济部门的划分。产品直接取自自然界的部门为第一产业，如农业部门；对初级产品进行再加工的部门为第二产业，如制造业；为生产和消费提供各种服务的部门为第三产业。各国对三次产业的划分不完全一致。根据《国民经济行业分类》（GB/T 4754—2017/XG 1—2019），我国三次产业的划分为：第一产业，指农、林、牧、渔业。第二产业，指采矿业，制造业，电力、热力、燃气及水生产和供应业，建筑业。第三产业，即服务业，指除第一产业、第二产业以外的其他行业。包括：批发和零售业，交通运输、仓储和邮政业，住宿和餐饮业，信息传输、软件和信息技术服务业，金融业，房地产业，租赁和商务服务业，科学研究和技术服务业，水利、环境和公共设施管理业，居民服务、修理和其他服务业，教育，卫生和社会工作，文化、体育和娱乐业，公共管理、社会保障和社会组织，国际组织，以及农、林、牧、渔专业及辅助活动，开采专业及辅助活动。

【三次产业划分】按照一定的分类标准对国民经济产业部门进行的分类。20 世纪 20 年代，澳大利亚和新西兰的经济学家首先提出了第一产业和第二产业的概念，他们称农业为第一产业，工业为第二产业。30 年代，英国经济学家 A. G. B. 费希尔在《安全与进步冲突》一书中提出了第三产业的概念。1968 年美国经济学家 V. R. 富克斯在《服务经济》一书中，把第三产业当作服务产业来研究。至此，三次产业的理论框架基本形成。目前，虽然各国政府和经济学家对第一产业、第二产业、第三产业的内涵和外延的认识还不尽相同，但三次产业的概念在世界上已被广泛应用。我国从 20 世纪 80 年代初开始采用三次产业的分类来核算国民生产总值，从不同角度反映和研究社会经济各部门的发展规模、结构和水平。1985 年，国家统计局提出了中国三次产业划分的意见：第一产业为农业；第二产业为工业和建筑业；第三产业为除第一、第二产业以外的其他各业。由于第三产业包括的行业多，范围广，根据我国的实际情况，又分为两大部分：流通部门和服务部门。具体又分四个层次：第一层次为流通部门、第二层次为生产和生活服务部门、第三层次为提高科学文化教育水平和居民素质服务的部门、第四层次为社会公共需要的服务部门。2003 年，国家统计局根据《国民经济行业分类》(GB/T 4754—2002),对三次产业划分作了调整。调整后的三次产业划分如下:第一产业指农、林、牧、渔业。第二产业是指采矿业,制造业,电力、燃气及水的生产和供应业,建筑业。第三产业是指除第一、二产业以外的其他行业。2017年,根据国家统计局《国民经济行业分类》(GB/T 4754—2017),我国对三次产业的划分作了进一步调整:第一产业,指农、林、牧、渔业。第二产业,指采矿业,制造业,电力、热力、燃气及水生产和供应业,建筑业。第三产业,即服务业,指除第一产业、第二产业以外的其他行业。

【三类居住用地】城市居住用地中设施较欠缺、环境较差,以需要加以改造的简陋住宅为主的用地,包括危房、棚户区、临时住宅等用地。《城市用地分类与规划建设用地标准》(GB 50137—2011)中"城市住宅和相应服务设施的用地"的一类。

【三区三线】城镇空间、农业空间、生态空间和与之对应划定的城镇发展边界、永久基本农田保护红线、生态保护红线的简称。城镇空间,指以城镇居民生产、生活为主体功能的国土空间,包括城镇建设空间、工矿建设空间以及部分乡级政府驻地的开发空间。农业空间,指以农业生产和农村居民生活为主体功能,承担农产品生产和农村生活功能的国土空间,主要包括永久基本农田、一般农田等农业生产用地以及村庄等农村生活用地。生态空间,指具有自然属性的,以提供生态服务或生态产品为主体功能的国土空间,包括森林、草原、湿地、河流、湖泊、滩涂、荒地、荒漠等。城镇开发边界,指在一定时期内,可以进行城镇开发和集中建设的地域空间边界,包括城镇现状建成区、优化发展区,以及因城镇建设发展需要必须实行规划控制的区域;永久基本农田保护红线,指按照一定时期人口和社会经济发展对农产品的需求,依法确定的不得占用、不得开发、需要永久性保护的耕地空间边界;生态保护红线,指在生态空间范围内具有特殊重要的生态功能,必须强制性严格保护的区域,是保障和维护国家生态安全的底线和生命线。

【三去一降一补】2015年中央经济工作会议提出的推进供给侧结构性改革需要重点完成的去产能、去库存、去杠杆、降成本、补短板五大任务的简称。其中,去产能,指按照企业主体、政府推动、市场引导、依法处置的办法,化解过剩产能。去库存,指化解房地产库存。按照加快提高户籍人口城镇化率和深化住房制度改革的要求,通过加快农民工市民化,扩大有效需求,打通供需通道，消化库存，稳定房地产市场。去杠杆，指在控制总杠杆率的前提下，把降低企业杠杆率作为重中之重。支持企业市场化、法治化债转股，加大股权融资力度，加强企业自身债务杠杆约束等，降低企业杠杆率。降成本，指减税、降费、降低要素成本，降低各类交易成本特别是制度性交易成本，减少审批环节，降低各类中介评估费用，降低企业用能成本，降低物流成本，提高劳动力市场灵活性，推动企业眼睛向内降本增效。补短板，指从严重制约经济社会发展的重要领域和关键环节、从人民群众迫切需要解决的突出问题着手，既补硬短板也补软短板，既补发展短板也补制度短板。

【三条控制（红）线】国土空间规划中生态保护红线、永久基本农田、城镇开发边界三条控制线的简称。生态保护红线指在生态空间范围内具有特殊重要生态功能、必须强制性严格保护的区域。永久基本农田指为保障国家粮食安全和重要农产品供给，实施永久特殊保护的耕地。城镇开发边界指在一定时期内因城镇发展需要，可以集中进行城镇开发建设、以城镇功能为主的区域边界。落实最严格的生态环境保护制度、耕地保护制度和节约用地制度，将三条控制线作为调整经济结构、规划产业发展、推进城镇化不可逾越的红线，对于夯实中华民族永续发展基础具有极其重要的意义。

【三通一平】房地产开发项目前期工程道路通、给水排水通、电力通、施工场地平整的简称。通常房地产开发项目前期工程达到“三通一平”要求就表示具备了开工的条件。

【三险一金】三种社会保险和住房公积金的合称。“三险”包括养老保险、失业保险、医疗保险；“一金”指住房公积金。

【三项因素租金】也称“准成本租金”。（见【准成本租金】）

【商标】用来区别一个经营者的品牌或服务和其他经营者的商品或服务的标记。包括商品商标、服务商标和集体商标、证明商标。根据《商标法》，任何能够将自然人、法人或者其他组织的商品与他人的商品区别开的标志，包括文字、图形、字母、数字、三维标志、颜色组合和声音等，以及上述要素的组合，均可以作为商标申请注册。商标具有以下法律特征：（一）商标是用于商品或服务上的标记，与商品或服务不能分离，并依附于商品或服务。（二）商标是区别于他人商品或服务的标志，具有特别显著性的区别功能。（三）商标是由文字、图形、字母、数字、三维标志、颜色和声音组合，以及上述要素的组合的可视性标志。（四）商标具有独占性。注册商标所有人对其商标具有专用权，受到法律的保护，未经商标权所有人的许可，任何人不得擅自使用与该注册商标相同或相类似的商标。（五）商标是一种无形资产，具有价值。（六）商标是商品信息的载体，是参与市场竞争的工具。商标可按不同的划分标准分类：按商标结构分为文字商标、图形商标、字母商标、数字商标等；按商标使用者分为商品商标、服务商标和集体商标等；按商标用途分为营业商标、证明商标、等级商标、组集商标、亲族商标等；按商标享誉程度分为普通商标、驰名商标等。经商标局核准注册的商标为注册商标。商标注册人享有商标专用权，受法律保护。

【商标使用】将商标用于商品、商品包装或者容器以及商品交易文书上，或者将商标用于广告宣传、展览以及其他商业活动中，用于识别商品来源的行为。根据《商标法》，商标注册人在使用注册商标的过程中，自行改变注册商标、注册人名义、地址或者其他注册事项的，由地方工商行政管理部门责令限期改正；期满不改正的，由商标局撤销其注册商标。注册商标成为其核定使用的商品的通用名称或者没有正当理由连续三年不使用的，任何单位或者个人可以向商标局申请撤销该注册商标。

【商标专用权】商标所有人依法对其注册商标所享有的专有权利，包括注册商标的专有使用权、禁止权、转让权、许可使用权和续展权等。其中最重要的是专有使用权和禁止权。商标专有使用权，指商标注册人在国家商标总局核准的商品或服务项目上使用其注册商标的权利。商标禁止权，指商标注册人可以禁止其他单位和个人，未经许可擅自在与其核准商品或服务项目相同或类似的商品或服务上使用与注册商标相同或近似的商标的权利。根据《商标法》，自然人、法人或者其他组织在生产经营活动中，对其商品或者服务需要取得商标专用权的，应当向商标局申请商标注册。经商标局核准注册的商标为注册商标，商标注册人享有商标专用权，受法律保护。注册商标的专用权，以核准注册的商标和核定使用的商品为限。注册商标的有效期为十年，自核准注册之日起计算。法定期限届满，当事人对商标局作出的撤销注册商标的决定不申请复审或者对商标评审委员会作出的复审决定不向人民法院起诉的，撤销注册商标的决定、复审决定生效。被撤销的注册商标，由商标局予以公告，该注册商标专用权自公告之日起终止。

【商服用地】主要用于商业、服务业的土地。在国家《土地利用现状分类》（GB/T 21010—2017）中，商服用地为一级类，其中包括零售商业用地、批发市场用地、餐饮用地、旅馆用地、商务金融用地、娱乐用地、其他商服用地 7 个二级类。

【商品房】房地产开发企业在有偿取得国有建设用地上开发建设，建成后用于出售出租的房屋。按用途分为住宅、办公楼、商业用房等。

【商品房包销】简称“包销”，指包销商承包销售商品房的行为。房地产营销方式的一种。商品房包销的做法通常是根据合同约定，在规定的时间里，包销商以开发企业或自己的名义承担一定数量商品房的销售责任，并获取销售差价收入；在约定期限结束后，未售出的商品房由包销商按约定承购。商品房包销是房地产开发经营企业的经纪行为，除必须符合国家有关商品房销售的规定外，从事商品房包销的企业还必须具备以下条件：（一）具有独立的法人资格；（二）具有营业执照所列主营或兼营商品房的业务内容；（三）具有与承担所从事的商品房包销业务风险相适应的资金能力；（四）具有一定数量的专业人员。

【商品房成交价格】也称“房地产成交价格”。（见【房地产成交价格】）

【商品房出租率】房地产统计指标。指实际出租的商品房屋面积与可供出租的商品房屋面积的比值。其计算公式为：商品房出租率＝实际出租商品房面积/可供出租商品房面积×100％。

商品房出租率是反映房地产开发经营企业房产经营状况好坏的指标之一。

【商品房出租面积】房地产统计指标。指统计期末房地产开发经营企业出租的全部商品房屋面积。

【商品房代理销售】房地产开发企业委托中介服务机构销售商品房的行为。中介服务机构指以从事房地产咨询、价格评估、居间代理服务的房地产经纪机构。《商品房销售管理办法》规定，房地产开发企业委托中介服务机构销售商品房的，受托机构应当是依法设立并取得工商营业执照的房地产中介服务机构。房地产开发企业委托代理销售商品房应当与受托房地产中介服务机构订立书面委托合同，委托合同载明委托期限、委托权限以及委托人和被委托人的权利、义务。受托房地产中介服务机构销售商品房时，应当向买受人出示商品房的有关证明文件和商品房销售委托书。

应当如实向买受人介绍所代理销售商品房的有关情况。受托房地产中介服务机构不得代理销售不符合销售条件的商品房。房地产开发企业委托没有资格的机构代理销售商品房，或房地产中介服务机构代理销售不符合销售条件的商品房的，属违规销售商品房行为，将被处以警告，责令停止销售，并可处以 1 万元以上 3 万元以下罚款。

【商品房返本销售】房地产开发企业以定期向买受人返还购房款的方式销售商品房的行为。违规销售商品房行为。《商品房销售管理办法》规定，房地产开发企业在销售商品房中有返本销售或者变相返本销售商品房的，处以警告，责令限期改正，并可处以 1 万元以上 3 万元以下罚款。

【商品房分割拆零销售】房地产开发企业以将成套的商品住宅分割为数部分分别出售给买受人的方式销售商品住宅的行为。违规销售商品房行为。《商品房销售管理办法》规定，房地产开发企业在销售商品房中有分割拆零销售商品住宅的，处以警告，责令限期改正，并可处以 1 万元以上 3 万元以下罚款。

【商品房公用建筑面积】也称“商品房共有建筑面积”，指商品房中各业主共同占有或共同使用的建筑面积。通常由两部分组成：（一）电梯井、楼梯间、垃圾道、变电室、设备间、公共门厅和过道、地下室、保安值班室以及其他功能上为整栋建筑服务的公共用房和管理用房的建筑面积；（二）套与公用建筑空间之间的分隔墙以及外墙（包括山墙）墙体水平投影面积的一半。根据《商品房销售面积计算及公用建筑面积分摊规则》，在商品房销售中，凡已作为独立使用空间销售或出租的地下室、车棚等，不应计入公用建筑面积，作为人防工程的地下室也不计入公用建筑面积。公用建筑面积按以下方法计算：整栋建筑物的建筑面积扣除整栋建筑物各套（单元）套内建筑面积之和，并扣除已作为独立使用空间销售或出租的地下室、车棚及人防工程等建筑面积，即为整栋建筑物的公用建筑面积。

【商品房公用建筑面积分摊】购房者合理分摊商品房公用建筑面积的计算。根据《商品房销售面积计算及公用建筑面积分摊规则》，公用建筑面积分摊计算公式为：

购房者分摊的公用建筑面积=各套（单元）的套内建筑面积×公用建筑面积分摊系数

公用建筑面积分摊系数=整栋建筑公用建筑面积/整栋建筑套内建筑面积之和

【商品房广告】房地产开发企业、房地产权利人、房地产中介服务机

S

构发布的房地产项目预售、预租、出售、出租、项目转让以及其他房地产项目介绍的广告。房地产广告的一种。分形象宣传广告、促销广告、公关广告等。商品房广告必须真实、合法、科学、准确，不得欺骗、误导消费者。根据《房地产广告发布规定》，发布房地产广告，应当具有或者提供下列相应真实、合法、有效的证明文件：（一）房地产开发企业、房地产权利人、房地产中介服务机构的营业执照或者其他主体资格证明；（二）房地产主管部门颁发的房地产开发企业资质证书；（三）自然资源主管部门颁发的项目土地使用权证明；（四）工程竣工验收合格证明；（五）发布房地产项目预售、出售广告，应当具有地方政府建设主管部门颁发的预售、销售许可证证明；出租、项目转让广告，应当具有相应的产权证明；（六）中介机构发布所代理的房地产项目广告，应当提供业主委托证明；（七）确认广告内容真实性的其他证明文件。发布房地产预售、销售广告，还必须载明开发企业名称；中介服务机构代理销售的，载明该机构名称；预售或者销售许可证书号等。《广告法》规定，房地产广告，房源信息应当真实，面积应当表明为建筑面积或者套内建筑面积，并不得含有下列内容：升值或者投资回报的承诺；以项目到达某一具体参照物的所需时间表示项目位置；违反国家有关价格管理的规定；对规划或者建设中的交通、商业、文化教育设施以及其他市政条件作误导宣传。商品房广告中，为推销商品房或者服务，自行或者委托他人设计、制作、发布广告的自然人、法人或者其他组织称为“广告主”；接受委托提供广告设计、制作、代理服务的自然人、法人或者其他组织称为“广告经营者”；为广告主或者广告主委托的广告经营者发布广告的自然人、法人或者其他组织称为“广告发布者”。

【商品房建设投资额】房地产统计指标。指由房地产开发企业建设供出售、出租用的商品房及其配套的服务设施（含拆迁、回迁还建用房）所完成的投资额。反映统计期内房地产开发企业投资状况，用“万元”表示。

【商品房空置率】房地产统计指标。指空置商品房与全部存量房屋的比率。其计算公式为：商品房空置率＝空置商品房总量/存量房屋总量×100%。

商品房空置率反映一个时期房地产市场商品房空置的变化状况。

【商品房空置面积】房地产统计指标。指统计期末已竣工可供出售或出租的商品房屋建筑面积中，尚未出售或出租的房屋面积，包括以前

S

年度竣工和本期竣工可供出售或出租而未售出或租出的房屋面积。是反映商品房空置状况的指标之一。

【商品房买卖合同】 双方当事人就商品房买卖订立的书面协议。《商品房销售管理办法》规定：商品房销售时，房地产开发企业和买受人应当订立书面商品房买卖合同。商品房买卖合同应当明确以下主要内容：（一）当事人名称或者姓名和住所；（二）商品房基本状况；（三）商品房的销售方式；（四）商品房价款的确定方式及总价款、付款方式、付款时间；（五）交付使用条件及日期；（六）装饰、设备标准承诺；（七）供水、供电、供热、燃气、通讯、道路、绿化等配套基础设施和公共设施的交付承诺和有关权益、责任；（八）公共配套建筑的产权归属；（九）面积差异的处理方式；（十）办理产权登记有关事宜；（十一）解决争议的方法；（十二）违约责任；（十三）双方约定的其他事项。

【商品房售后包租】 房地产开发企业以在一定期限内承租或者代为出租买受人所购该企业商品房的方式销售商品房的行为。违规销售商品房行为。《商品房销售管理办法》规定，房地产开发企业在销售商品房中采取售后包租或者变相售后包租方式销售未竣工商品房的，处以警告，责令限期改正，并可处以1万元以上3万元以下罚款。

【商品房套内建筑面积】 简称“套内建筑面积”，指商品房销售标的物的计量单位，用“平方米”表示。根据《商品房销售面积计算及公用建筑面积分摊规则》，商品房按“套”或“单元”出售。套内建筑面积由以下三部分组成：（一）套内的使用面积，指房间实际能使用的面积。（二）套内墙体面积，指套内使用空间周围的围护或承重墙体面积，有共用墙及非共用墙两种。各套之间的分隔墙、套与公用建筑空间之间的分隔墙以及外墙为共用墙，共用墙墙体水平投影面积的一半计入套内墙体面积；非共用墙墙体水平投影面积全部计入套内墙体面积。（三）阳台建筑面积，指套内阳台的建筑面积。按《建筑面积计算规则》，封闭式阳台，按其水平投影面积计算建筑面积；凹阳台、挑阳台按其水平投影面积的一半计算建筑面积。套内建筑面积的计算公式为：套内建筑面积＝套内使用面积＋套内墙体面积＋阳台建筑面积。套内建筑面积部分为独立产权的，所有权归购房人所有。

【商品房先租后售】 房地产开发企业投资建造的商品房在竣工交付，办理初始登记，取得《房地产权证》后，先将商品房出租给承租人使用，而后根据合同约定再出售给该承租人，承租人以已缴付的租金抵冲商品房售价的行为。房地产经营中一种促销行为。根据国家有关规定，采取商品房先租后售办法的，必须同时符合国家商品房租赁管理和销售管理的有关规定。

【商品房现售】房地产开发企业将竣工验收合格的商品房出售给买受人，并由买受人支付房价款的行为。商品房销售的一种。《商品房销售管理办法》规定，商品房现售，应当符合以下条件：（一）现售商品房的房地产开发企业应当具有企业法人营业执照和房地产开发企业资质证书；（二）取得土地使用权证书或者使用土地的批准文件；（三）持有建设工程规划许可证和施工许可证；（四）已通过竣工验收；（五）拆迁安置已经落实；（六）供水、供电、供热、燃气、通讯等配套基础设施具备交付使用条件，其他配套基础设施和公共设施具备交付使用条件或者已确定施工进度和交付日期；（七）物业管理方案已经落实。房地产开发企业应当在商品房现售前将房地产开发项目手册及符合商品房现售条件的有关证明文件报送房地产开发主管部门备案。商品房现售，开发企业应当按照房屋交易网签备案要求，通过政府建立的房屋交易网签备案系统，在线签订商品房预售合同，并办理登记备案手续。

【商品房销售】房地产开发企业将商品房出售给买受人，并由买受人支付房价款的行为。房产经营方式。分商品房预售和商品房现售两种。商品房预售，指房地产开发企业将正在建设中的商品房预先出售给买受人，并由买受人支付定金或者房价款的行为；商品房现售，指房地产开发企业将竣工验收合格的商品房出售给买受人，并由买受人支付房价款的行为。商品房销售，房地产开发企业和买受人应当订立书面商品房买卖合同。合同应当载明商品房的建筑面积和使用面积、价格、交付日期、质量要求、物业管理方式以及双方的违约责任。房地产开发企业应当按照合同约定，将符合交付使用条件的商品房按期交付给买受人。销售商品住宅时，房地产开发企业还应根据有关规定，向买受人提供《住宅质量保证书》《住宅使用说明书》。商品房交付后，房地产开发企业应当协助商品房买受人办理不动产登记手续。

【商品房销售额】房地产统计指标。指售出商品房的总收入，包括正式交付的商品房在建设前期预收的定金、预收的款项及结算尾款和拖欠款。不包括未交付的商品房所预收的定金和款项。

【商品房销售率】房地产统计指标。指年度内销售的商品房面积与年度

S

内可供销售的商品房面积的比值。其计算公式为：商品房销售率＝年度内销售商品房面积/年度内可供销售商品房面积×100％。

商品房销售率是反映房地产市场景气状况的一项重要指标。

【商品房销售面积】房地产统计指标。一指统计期内达到竣工验收标准、正式交付给购房者的商品房面积。不包括已签订预售合同正在建设的商品房面积。商品房销售面积反映统计期内商品房销售的实际状况，是房地产投资统计的主要指标之一。一指商品房买卖合同中标的的数量。《商品房销售面积计算及公用建筑面积分摊规则》规定，商品房按“套”或“单元”出售，商品房的销售面积即为购房者所购买的套内或单元内建筑面积与应分摊的公用建筑面积之和。计算公式为：

商品房销售面积＝套内建筑面积＋分摊的公用建筑面积。

【商品房销售面积计算规则】商品房销售面积计算必须遵循的原则和方法。商品房销售规则的一种。根据《商品房销售面积计算及公用建筑面积分摊规则》，商品房按“套”或“单元”出售，商品房的销售面积即为购房者所购买的套内或单元内建筑面积（简称套内建筑面积）与应分摊的公用建筑面积之和。套内建筑面积由套（单元）内的使用面积；套内墙体面积；阳台建筑面积三部分组成：（一）套（单元）内的使用面积按《住宅设计规范》（GB 50096—2011）规定的方法计算；（二）套内墙体面积，商品房各套（单元）之间的分隔墙、套（单元）与公用建筑空间之间的分隔墙以及外墙（包括山墙）均为共用墙，共用墙墙体水平投影面积的一半计入套内墙体面积。非共用墙墙体水平投影响面积全部计入套内墙体面积；（三）阳台建筑面积按现行《建筑面积计算规则》进行计算。公用建筑面积由为整栋建筑服务的公共用房和管理用房建筑面积，和已作为独立使用空间销售或出租的地下车库等两部分组成。整栋建筑物的建筑面积扣除整栋建筑物各套（单元）套内建筑面积之和，并扣除已作为独立使用空间销售或出租的地下车库、人防工程等建筑面积，即为整栋建筑物的公用建筑面积。

【商品房销售面积误差比】简称“面积误差比”，指商品房销售合同约定面积与该商品房产权登记面积误差的比率。其计算公式为：面积误差比＝（产权登记面积－合同约定面积）/合同约定面积×100％。

【商品房销售面积误差处理规则】商品房销售中发生面积误差后的处理原则和方法。商品房销售规则的一种。根据《商品房销售管理办法》，商品房销售按套内建筑面积

S

或者建筑面积计价的，当事人应当在合同中载明合同约定面积与产权登记面积发生误差的处理方式。合同未作约定的，按以下原则处理：（一）面积误差比绝对值在3%以内（含3%）的，据实结算房价款。（二）面积误差比绝对值超出3%时，买受人有权退房。买受人退房的，房地产开发企业应当在买受人提出退房之日起30日内将买受人已付房价款退还给买受人，同时支付已付房价款利息。买受人不退房的，产权登记面积大于合同约定面积时，面积误差比在3%以内（含3%）部分的房价款由买受人补足；超出3%部分的房价款由房地产开发企业承担，产权归买受人。产权登记面积小于合同约定面积时，面积误差比绝对值在3%以内（含3%）部分的房价款由房地产开发企业返还买受人；绝对值超出3%部分的房价款由房地产开发企业双倍返还买受人。

【商品房预售】房地产开发企业将正在建设中的房屋预先出售给承购人，由承购人支付定金或房价款的行为。商品房销售的一种。《商品房销售管理办法》规定，商品房预售应当符合下列条件：（一）已交付全部土地使用权出让金，取得土地使用权证书；（二）持有建设工程规划许可证和施工许可证；（三）按提供预售的商品房计算，投入开发建设的资金达到工程建设总投资的25%以上，并已经确定施工进度和竣工交付日期；（四）向县级以上人民政府房产管理部门办理预售登记，取得商品房预售许可证明。未取得《商品房预售许可证》的，不得进行商品房预售。商品房预售，开发企业应当按照房屋交易网签备案要求，通过政府建立的房屋交易网签备案系统，在线签订商品房预售合同，并办理登记备案手续。

【商品房预售合同再转让】简称“预售合同再转让”，指商品房预购人再行转让购买的未竣工的预售商品房的行为。房地产经营方式的一种。根据国家有关规定，商品房预售合同再转让应具备以下条件：（一）转让人必须持有经过备案登记的预售商品房合同；（二）再转让的标的物（预售商品房）必须是尚未竣工，仍在建设中的房屋；（三）预售合同必须合法有效；（四）预售合同再转让必须订立再转让合同，并办理变更登记手续。商品房预售合同再转让行为属于房地产二手交易，应按二手房交易规定缴纳有关税费。

【商品房预售面积】房地产统计指标。指统计期末仍未竣工交付使用，但已签订预售合同的正在建设的商品房面积。反映统计期内商品房预售的实际状况，是房地产投资统计的主要指标之一。

【商品房预售许可证】商品房获准预售的书面凭证。《城市商品房预售管理办法》规定：商品房预售实行许可证制度。开发企业进行商品房预售，应当向城市、县房地产管理部门办理预售登记，取得《商品房预售许可证》。商品房预售许可依下列程序办理：（一）受理。开发企业按商品房预售规定提交有关材料，材料齐全的，房地产管理部门当场出具受理通知书。（二）审核。房地产管理部门对开发企业提供的有关材料是否符合法定条件进行审核。（三）许可。经审查，开发企业的申请符合法定条件的，房地产管理部门在受理之日起 10 日内，依法作出准予预售的行政许可书面决定，发送开发企业，并自作出决定之日起 10 日内向开发企业颁发、送达《商品房预售许可证》。（四）公示。房地产管理部门作出的准予商品房预售许可的决定，应当予以公开，公众有权查阅。《商品房预售许可证》包括以下内容：售房单位、项目名称、房屋坐落地点、房屋用途性质、预售房屋总建筑面积、预售对象、发证机关、发证日期、预售许可证编号等。未取得《商品房预售许可证》的，不得进行商品房预售。

【商品房租赁】也称“房屋租赁”。（见【房屋租赁】）

【商品房租赁登记备案】商品房出租人在订立房屋租赁合同后，持房屋租赁合同等材料向租赁房屋所在地房地产行政主管部门登记备案的制度安排。加强房屋租赁管理措施的一种。根据《商品房屋租赁管理办法》，房屋租赁合同订立后三十日内，房屋租赁当事人应当持房屋租赁合同、房屋租赁当事人身份证明、房屋所有权证书或者其他合法权属证明等材料到租赁房屋所在地人民政府建设（房地产）主管部门办理房屋租赁登记备案。人民政府建设（房地产）主管部门应当在三个工作日内办理房屋租赁登记备案，向租赁当事人开具房屋租赁登记备案证明。违反规定的，由建设（房地产）主管部门责令限期改正；个人逾期不改正的，处以一千元以下罚款；单位逾期不改正的，处以一千元以上一万元以下罚款。

【商品房租赁登记备案证明】由人民政府房地产主管部门开具的证明商品房出租人已办理房屋租赁登记备案的书面文件。商品房租赁登记备案证明内容包括：出租人的姓名或者名称，承租人的姓名或者名称、有效身份证件种类和号码，出租房屋的坐落、租赁用途、租金数额、租赁期限等。

【商品房租赁合同】也称“房屋租

赁合同”。(见【房屋租赁合同】)

【商品价格指数】也称“物价指数”。(见【物价指数】)

【商品住宅】由房地产开发企业投资建设，并出售、出租给使用者，供居住用的房屋。商品房的一类。分普通商品住宅和高标准商品住宅。

【商品住房维修基金】在新建商品住房出售时设立的，用于房屋共用部位、共用设施设备维修、更新的专项资金。新建商品住房包括经济适用住房、共有产权房。根据国家的有关规定，商品住房应当建立住宅共用部位、共用设施设备维修基金。商品住房在销售时，购房者与售房单位应当签定有关维修基金缴交约定，购房者按购房款2%～3%的比例向售房单位缴交维修基金。商品住房维修基金属全体业主共同所有。维修基金应当在银行专户存储，专款专用。明细户一般按户设置。业主委员会成立前，维修基金的使用由售房单位或售房单位委托的管理单位提出使用计划，经当地房地产行政主管部门审核后划拨。业主委员会成立后，维修基金的使用由物业管理企业提出年度使用计划，经业主委员会审定后实施。维修基金不敷使用时，经当地房地产行政主管部门或业主委员会研究决定，按业主占有的住宅建筑面积比例向业主续筹。业主转让房屋所有权时，结余维修基金不予退还，随房屋所有权同时过户。因房屋拆迁或者其他原因造成住房灭失的，维修基金代管单位应当将维修基金账面余额按业主个人缴交比例退还给业主。

【商品住宅性能】商品住宅满足人们居住、生活和社会活动需要的特性和功能，主要体现在住宅的适用性能、安全性能、耐久性能、环境性能和经济性能等方面。适用性能指住宅建筑的功能多大程度上满足使用要求的特性，如住宅的平面与空间布置、设备设施配置的合理性；住宅的可改造性；保温隔热与建筑节能；隔声与隔振；采光与照明；通风换气等。安全性能指住宅在规定的时间和条件下，保质保量地完成规定功能的能力，如建筑结构安全；建筑防火安全；燃气、电气设施安全；日常安全与防范措施；室内空气和有毒有害物质的危害处理能力等。耐久性能指住宅建筑结构、建筑设施、建筑材料、设备使用的持久性。环境性能指住宅建筑在土地利用、环境保护、生活垃圾收集处理等方面的保护利用能力。经济性能指实现住宅功能与建造成本的合理比例，以及住宅建筑在整个使用寿命周期内日常运行费用最小的特性，包括工程造价和日常使用、维修费用的经济性等。商品住宅性能是商品住宅品质的综合反映，需要运用科学的检测手段和评估方法进行综合评估才能正确得出。

【商品住宅性能等级】按照商品住宅性能评定技术标准，经对商品住宅进行综合评价，确认该商品住宅性能达到的高低程度。根据《商品住宅性能认定管理办法》，商品住宅性能根据住宅的适用性能、安全性能、耐久性能、环境性能和经济性能划分等级，按照商品住宅性能评定方法和标准由低至高依次划分为“1A（A）”“2A（AA）”“3A（AAA)”三级。3A级商品住宅性能认定的主要内容应包括住宅的适用性能、安全性能、耐久性能、环境性能和经济性能；2A级、1A级商品住宅性能认定的主要内容应包括住宅的适用性能、安全性能和耐久性能。

【商品住宅性能等级认定】按照国家住房城乡建设行政主管部门发布的商品住宅性能评定办法和标准及统一规定的认定程序，经评审委员会进行技术审查和认定委员会确认商品住宅性能等级的行为。根据《商品住宅性能认定管理办法》，房地产开发企业申请商品住宅性能认定之前，要按照商品住宅性能评定方法和标准规定的商品住宅性能检测项目，委托具有资格的商品住宅性能检测单位进行现场测试或检验。商品住宅性能认定工作分为申请、评审、审批和公布四个阶段。（一）申请。房地产开发企业在商品住宅竣工验收后，向相应的商品住宅性能认定委员会提出书面申请。（二）审核。商品住宅性能认定委员会接到局面申请后，对企业的资格和认定的条件进行审核。对符合条件的交由评审委员会批审。（三）评审。评审委员会遵照全国统一规定的商品住宅性能评定方法和标准进行评审。在一个月内提出评审结果，并推荐该商品住宅的性能等级，报认定委员会。（四）审批和公布。认定委员会对评审委员会的评审结果和商品住宅性能等级进行审批，并报相应的建设行政主管部门公布。经各级建设行政主管部门公布商品住宅性能认定等级之后，由各级认定委员会颁发相应等级的认定证书和认定标志。

【商品租金】房改用语。也称“市场租金”“八项因素租金”，指由折旧费、维修费、管理费、利息、税金、利润、保险费和地租八项因素构成的公有住房租金。我国计划经济时期公有住房租赁价格的定价标准。商品租金是以房屋商品的价值为基础，由市场供求关系决定的房屋租金，是住房商品化的体现。实现了商品租金，就使住房商品的价值通过收取租金的方式得以实现，从而使住房投资实现投入产出的良性循环。

【商业用地】零售商业、批发市场及餐饮、旅馆及公用设施营业网点等服务业用地。《国土空间调查、规划、用途管制用地用海分类指南》中“商业服务业用地”下一个二级类用地。下设零售商业用地、批发市场用地、餐饮用地、旅馆用地、公用设施营业网点用地5个三级类用地。零售商业用地指商铺、商场、超市、服装及小商品市场等用地；批发市场用地指以批发功能为主的市场用地；餐饮用地指饭店、餐厅、酒吧等用地；旅馆用地指宾馆、旅馆、招待所、服务型公寓、有住宿功能的度假村等用地；公用设施营业网点用地指零售加油、加气、充换电站、电信、邮政、供水、燃气、供电、供热等公用设施营业网点用地。

【社会福利用地】为老年人、儿童及残疾人等提供社会福利和慈善服务的设施用地。《国土空间调查、规划、用途管制用地用海分类指南》中“公共管理与公共服务用地”下一个二级类用地。下设老年人社会福利用地、儿童社会福利用地、残疾人社会福利用地、其他社会福利用地4个三级类用地。老年人社会福利用地指为老年人提供居住、康复、保健等服务的养老院、敬老院、养护院等机构养老设施用地；儿童社会福利用地指为孤儿、农村留守儿童、困境儿童等特殊儿童群体提供居住、抚养、照护等服务的儿童福利院、孤儿院、未成年人救助保护中心等设施用地；残疾人社会福利用地指为残疾人提供居住、康复、护养等服务的残疾人福利院、残疾人康复中心、残疾人综合服务中心等设施用地；其他社会福利用地指除老年人社会福利用地、儿童社会福利用地、残疾人社会福利用地之外的社会福利设施用地，包括救助管理站等设施用地。

【社会主义地租】在社会主义制度下，国家凭借土地所有权向土地使用者收取的利用土地所获得的超额利润。是土地所有权在经济上的实现形式。我国现阶段社会主义地租的表现形式主要有两种：（一）土地出让金，指土地使用权受让方为取得国有土地使用权，按照土地出让合同约定一次性支付给国家的土地使用权价款；（二）土地使用费，指国有土地使用人按合同约定每年向国家支付的使用土地的费用。

【涉外商品房】也称“外销商品房”，指我国改革开放初期部分沿海城市开发的，向港澳台同胞、华侨、外国人出售的商品房，包括住宅、办公楼、商住楼、工业厂房等。商品房的一类。与内销商品房相比，涉外商品房具有以下政策特点：（一）土地使用权通过拍卖、招标等出让方式有偿取得，并有规定的使用期限；（二）购房对象有明确的规定；（三）用外币支付商品房价格。根据国家的有关政策，合法取得的涉外商品房受法律保护，可以依法经营或转让。涉外商品房是我国改革开放的产物，随着我国加入WTO，统一的房地产市场的建立，内、外销商品房并轨，涉外商品房的概念不复存在。

【生地】“熟地”的对称。指未经开发，尚未形成建设用地条件的农地或荒地。

【生地价】未经开发，尚未形成建设用地条件的土地使用权价格。地价的一种。

【生荒地】“熟荒地”的对称。指尚未开垦种植的土地。荒地的一种。

【生活居住单元】城市规划用语。也称“居住街坊”，指居住区规划设计中一种基本组合形式。通常由几幢居住建筑，并附有配套的幼托设施、儿童游乐场所、老年活动场地和其他公用场地组成，能够满足一定人口基本的居住、生活、休闲、娱乐活动的需要。

【生活圈居住区】城市规划用语。指一定空间范围内，由城市道路或用地边界线所围合，住宅建筑相对集中的居住功能区域。《城市居住区规划设计标准》（GB 50180—2018）按照居住人口规模和居民在合理的步行距离内满足基本生活需要的原则，将生活圈居住区分为十五分钟生活圈居住区、十分钟生活圈居住区、五分钟生活圈居住区及居住街坊四级。（一）十五分钟生活圈居住区，指以居民步行十五分钟可满足其物质与生活文化需求为原则划分的居住区范围；一般由城市干路或用地边界线所围合、居住人口规模为50000～100000人（约17000～32000套住宅），配套设施完善的地区。（二）十分钟生活圈居住区，指以居民步行十分钟可满足其基本物质与生活文化需求为原则划分的居住区范围；一般由城市干路、支路或用地边界线所围合、居住人口规模为15000～25000人（约5000～8000套住宅），配套设施齐全的地区。（三）五分钟生活圈居住区，指以居民步行五分钟可满足其基本生活需求为原则划分的居住区范围；一般由支路及以上级城市道路或用地边界线所围合，居住人口规模为5000～12000人（约1500～4000套住宅），配建社区服务设施的地区。（四）居住街坊，指由支路等城市道路或用地边界线围合的住宅用地，是住宅建筑组合形成的居住基本单元；居住人口规模在1000～3000人（约300～1000套住宅），并配建有便民服务设施。

【生态保护红线】在生态空间范围内具有特殊重要生态功能、必须强制性严格保护的区域的界线。国土空间规划中不可逾越的控制线之一。《关于在国土空间规划中统筹划定落实三条控制线的指导意见》明确，按照生态功能划定生态保护红线。优先将具有重要水源涵养、生物多样性维护、水土保持、防风固沙、海岸防护等功能的生态功能极重要区域，以及生态极敏感脆弱的水土流失、沙漠化、石漠化、海岸侵蚀等区域划入生态保护红线。其他经评估目前虽然不能确定但具有潜在重要生态价值的区域也划入生态保护红线。生态保护红线内，自然保护地核心保护区原则上禁止人为活动，其他区域严格禁止开发性、生产性建设活动，在符合现行法律法规前提下，除国家重大战略项目外，仅允许对生态功能不造成破坏的有限人为活动。

【省级国土空间规划】城市规划用语。指对一定时期省域国土空间保护、开发、利用和修复总体部署和统筹安排。是对全国国土空间规划的落实和深化。省级国土空间规划由省级人民政府组织编制，经同级人大常委会审议后报国务院审批。根据《省级国土空间规划编制指南》（试行），省级国土空间规划范围包括省级行政辖区内的全部陆域和管辖海域的国土空间。规划目标年为2035年，近期目标年为2025年，远景展望至2050年。省级国土空间规划重点管控内容包括（一）目标与战略；（二）开发保护格局；（三）资源要素保护与利用；（四）基础支撑体系；（五）生态修复和国土综合整治；（六）区域协调与规划传导。规划成果包括规划文本、附表、图件、说明、专题研究报告、基于国土空间基础信息平台的国土空间规划“一张图”等。

【省域城镇体系规划】城市规划用语。指根据全国城镇体系规划，对省域范围内城镇空间布局和规模控制，重大基础设施的布局、为保护生态环境、资源等需要严格控制的区域作出的规划和安排。省域城镇体系规划包括以下内容：城镇空间布局和规模控制，重大基础设施的布局、为保护生态环境、资源等需要严格控制的区域；综合和评价区域与城市的发展和开发建设条件；预测区域人口增长，确定城市化目标；确定本区域的城镇发展战略，划分城市经济区；提出城镇体系的功能结构和城镇分工；确定城镇体系的等级和规模结构；确定城镇体系的空间布局；统筹安排区域基础设施、社会设施；确定保护区生态环境、自然和人文景观以及历史文化遗产的原则和措施；确定各时期重点发展的城镇，提出近期重点发展城镇的规划和建议；提出实施规

S

划的政策和措施。省域城镇体系规划由省、自治区人民政府组织编制，报国务院审批。省域城镇体系规划的规划期限一般为二十年。

【剩余法】也称“假设开发法”“倒算法”。（见【假设开发法】）

【施工许可证】“建筑工程施工许可证”的简称。（见【建筑工程施工许可证】）

【十分钟生活圈居住区】城市规划用语。指以居民步行十分钟可满足其基本物质与生活文化需求为原则划分的居住区范围。生活圈居住区的一种。一般由城市干路、支路或用地边界线所围合，居住人口规模为 15000～25000 人（约 5000～8000 套住宅），配套设施齐全。

链接：十分钟生活圈居住区用地控制指标

十分钟生活圈居住区用地控制指标

建筑气候区划	住宅建筑平均层数类别	人均居住区用地面积（m²/人）	居住区用地容积率	居住区用地构成(%)				
				住宅用地	配套设施用地	公共绿地	城市道路用地	合计
Ⅰ、Ⅶ	低层（1层～3层）	49～51	0.8～0.9	71～73	5～8	4～5	15～20	100
Ⅱ、Ⅵ		45～51	0.8～0.9					
Ⅲ、Ⅳ、Ⅴ		42～51	0.8～0.9					
Ⅰ、Ⅶ	多层Ⅰ类（4层～6层）	35～47	0.8～1.1	68～70	8～9	4～6	15～20	100
Ⅱ、Ⅵ		33～44	0.9～1.1					
Ⅲ、Ⅳ、Ⅴ		32～41	0.9～1.2					
Ⅰ、Ⅶ	多层Ⅱ类（7层～9层）	30～35	1.1～1.2	64～67	9～12	6～8	15～20	100
Ⅱ、Ⅵ		28～33	1.2～1.3					
Ⅲ、Ⅳ、Ⅴ		26～32	1.2～1.4					
Ⅰ、Ⅶ	高层Ⅰ类（10层～18层）	23～31	1.2～1.6	60～64	12～14	7～10	15～20	100
Ⅱ、Ⅵ		22～28	1.3～1.7					
Ⅲ、Ⅳ、Ⅴ		21～27	1.4～1.8					

资料来源：《城市居住区规划设计标准》(GB 50180—2018)

S

【十五分钟生活圈居住区】城市规划用语。指以居民步行十五分钟可满足其物质与生活文化需求为原则划分的居住区范围。生活圈居住区的一种。一般由城市干路或用地边界线所围合，居住人口规模为50000～100000人（约17000～32000套住宅），配套设施完善。

链接：十五分钟生活圈居住区用地控制指标

十五分钟生活圈居住区用地控制指标

<table>
<tr><th rowspan="2">建筑气候区划</th><th rowspan="2">住宅建筑平均层数类别</th><th rowspan="2">人均居住区用地面积（m²/人）</th><th rowspan="2">居住区用地容积率</th><th colspan="5">居住区用地构成（%）</th></tr>
<tr><th>住宅用地</th><th>配套设施用地</th><th>公共绿地</th><th>城市道路用地</th><th>合计</th></tr>
<tr><td>Ⅰ、Ⅶ</td><td rowspan="3">多层Ⅰ类（4层～6层）</td><td>40～54</td><td>0.8～1.0</td><td rowspan="3">58～61</td><td rowspan="3">12～16</td><td rowspan="3">7～11</td><td rowspan="3">15～20</td><td rowspan="3">100</td></tr>
<tr><td>Ⅱ、Ⅵ</td><td>38～51</td><td>0.8～1.0</td></tr>
<tr><td>Ⅲ、Ⅳ、Ⅴ</td><td>37～48</td><td>0.9～1.1</td></tr>
<tr><td>Ⅰ、Ⅶ</td><td rowspan="3">多层Ⅱ类（7层～9层）</td><td>35～42</td><td>1.0～1.1</td><td rowspan="3">52～58</td><td rowspan="3">13～20</td><td rowspan="3">9～13</td><td rowspan="3">15～20</td><td rowspan="3">100</td></tr>
<tr><td>Ⅱ、Ⅵ</td><td>33～41</td><td>1.0～1.2</td></tr>
<tr><td>Ⅲ、Ⅳ、Ⅴ</td><td>31～39</td><td>1.1～1.3</td></tr>
<tr><td>Ⅰ、Ⅶ</td><td rowspan="3">高层Ⅰ类（10层～18层）</td><td>28～38</td><td>1.1～1.4</td><td rowspan="3">48～52</td><td rowspan="3">16～23</td><td rowspan="3">11～16</td><td rowspan="3">15～20</td><td rowspan="3">100</td></tr>
<tr><td>Ⅱ、Ⅵ</td><td>27～36</td><td>1.2～1.4</td></tr>
<tr><td>Ⅲ、Ⅳ、Ⅴ</td><td>26～34</td><td>1.2～1.5</td></tr>
</table>

资料来源：《城市居住区规划设计标准》(GB 50180—2018)

【石库门房屋】上海20世纪20～30年代建造的一种每宅大门均以石条砌筑门框的里弄住宅，故称。石库门房屋的户型一开间、两开间或三开间不等。大门内是一个小天井。天井进去是客厅。天井、客厅两侧为厢房。客厅后有楼梯，通2楼主卧、次卧、卫生间。楼梯中间有一小间，称为“亭子间”。客厅后为厨房，厨房上部的平屋顶用作晒台。石库门房屋层数一般为2～3层，户与户毗连成排，连排成弄。

【实景三维中国】对我国国土空间范围内人类生产、生活和生态空间进行真实、立体、时序化反映和表达的数字虚拟空间。是国家新型基础设施建设的重要组成部分。实景三维中国由空间数据体、物联感知数据和支撑环境三部分构成。按照表达内容分为地形级、城市级和部件级。（一）地形级实景三维建设内容包括构建地形级地理场景、基础地理实体，获取其他实体、物联感知数据，组装生成地形级实景三维产品，用于三维可视化与空间量算，服务宏观规划。（二）城市级实景三维建设内容包括构建城市级地理场景、基础地理实体，获取其他实体、物联感知数据，组装生成城市级实景三维产品，用于精细化表达与空间统计分析，服务精细化管理。（三）部件级实景三维建设内容包括构建部件三维模型，获取其他实体、物联感知数据，组装生成部件级实景三维产品，用于精准表达和按需定制，服务个性化应用。根据《实景三维中国建设技术大纲（2021 版）》，实景三维中国建设按照需求牵引、创新驱动、统一设计、多元投入、协同实施、边建边用的原则进行建设。时空基准为：坐标系统采用 2000 国家大地坐标系。高程基准采用 1985 国家高程基准。时间基准采用公元纪年和北京时间。

【实物安置】也称“一次性安置”。（见【一次性安置】）

【实物地租】也称“产品地租”，指租佃者作为地租交纳的劳动产品（实物）。封建地租的一种。在这种地租形式下，地主对农民的剥削，不是直接无偿占有租佃者的劳动时间（如劳役地租），而是无偿占有这部分劳动时间的产品。实物地租是继劳役地租之后的地租形式。随着生产力和商品经济的发展，实物地租被货币地租所替代。

【实物分房】也称“住房实物分配”“福利分房”。（见【住房实物分配】）

【实物批租】以实物或其他方式的投入获得土地使用权的行为。20 世纪 90 年代我国部分城市采用的土地批租形式之一。实物批租通常有两种做法：（一）实物投入方式，指投资者提供一定量的实物，如空置房源等，政府给予相应价值土地的使用权。（二）开发投入方式，指投资者按约定负责一定规模的基础设施建设，完成后，获得相当于基础设施投资价值量的土地使用权。实物批租是土地使用权出让方式的变化形式，在城市土地出让中，采用实物批租往往带有特定的目的。实物批租必须依法进行。

【实质主义登记】也称“权利登记制”。（见【权利登记制】）

【实转】“空转”的对称。房改用语，指城镇住房制度改革初期，部分试点城市实行的提高住房租金，

S

发给职工“住房券”补贴，发放补贴的单位可以将补贴费用纳入企业成本，并通过加强经营管理或者减少企业利润予以消化的做法。“实转”一般适宜在经济效益好的企业中实施。

【使用面积】“住宅建筑使用面积”的简称。（见【住宅建筑使用面积】）

【市场】广义指商品交换关系的总和，是不同商品生产者之间经济关系的体现。反映社会生产和社会需求之间、商品供给和有支付能力的需求之间、生产者和消费者之间、买者和卖者之间以及国民经济各部门和社会各组织之间的经济联系。狭义指商品交换的场所或领域。市场按市场主体不同可分为买方市场、卖方市场；按市场客体不同可分为土地市场、房产市场、建筑市场、资金市场、资本市场等；按商品流通的区域或地域分布可分为国内市场、国际市场；按交易对象是否具有物质实体可分为有形市场、无形市场等。

S

【市场比较法】也称“买卖实例比较法”“交易案例比较法”等，简称“比较法”，指将估价对象与在估价时点近期有过交易的类似房地产进行比较，对这些类似房地产的已知价格作适当的修正，以此估算估价对象的客观合理价格或价值的方法。房地产估价方法的一种。按照《房地产估价规范》（GB/T 50291—2015），运用市场比较法进行房地产估价应按以下步骤进行：（一）搜集交易实例；（二）选取可比实例；（三）建立比较基础；（四）进行交易情况修正；（五）进行市场状况调整；（六）进行房地产状况调整；（七）计算比较价值。市场比较法适合于同类市场交易实例较多的房地产估价。

【市场份额】市场营销用语。也称“市场占有率”。（见【市场占有率】）

【市场覆盖率】市场营销用语。指某一商品在所有潜在的销售网点的覆盖比率。衡量企业竞争力的一种指标，计算公式为：市场覆盖率＝本企业产品投放地区数/全市场应销售地区数×100%。

市场覆盖率和市场占有率是两个不同的概念。市场覆盖率指企业产品在一定市场范围内占有区域的多少；市场占有率指产品在一定区域内占同类产品总销售量的比重。通常提高市场覆盖率，有助于提高市场占有率，但市场覆盖率的大小并不能真实反映企业的销售情况，因此企业不能单纯以追求市场覆盖率为目的，而应把市场覆盖率与市场占有率有机结合起来。

【市场规则】由行政管理机关制定的，或者在长期的市场交易活动中形成的，对市场主体和客体有约束力的行为准则。通常由法律、法规和制度加以规定。市场规则主要包括：（一）市场进入规则，即市场主体获准进入市场的各种规定和规则；（二）公平竞争规则，即市场主体机会均等地从事各种生产经营活动，取得合法利润和公平承担各种税负的规定；（三）公平交易规则，即一切交易必须在自愿、等价、互惠的基础上进行，并且要求公开的规定。市场规则具有公平性、强制性、系统性和相对稳定性的特点。严格的市场规则是市场秩序的有力保证。

【市场经济】在价值规律作用的基础上由市场配置资源的经济体制。主要特征有：（一）企业是市场主体，在法律上具有独立的地位，可以完全自主地进行一切经济活动，是自主经营、自负盈亏的商品生产和经营者；（二）一切经济活动都以市场为中介，生产要素的配置通过市场实现；（三）平等竞争，所有的市场参与者在市场上一律平等，成本与效率原则是决定优胜劣汰的基本准绳；（四）政府不直接干预企业的生产经营活动，而是通过财政、税收、价格、金融等政策对市场进行调控；（五）经济活动法制化，所有经营活动都按照一套明确的法规体系进行，受法律法规制约，依法办事。1992 年 10 月中国共产党第十四次全国代表大会决定，我国以建立社会主义市场经济体制作为经济体制改革的目标。

【市场体系】各类市场有机结合的整体，如商品市场、金融市场、劳动力市场、土地市场、技术市场、信息市场等。其中，商品市场（包括生产资料市场和消费品市场）是市场体系的基础，其他各类市场是适应商品市场的发展和科学技术的进步而逐步形成的。完善的市场体系具有结构完备、空间开放、运作规范有序、各种市场紧密联系等特点，是发展市场经济的基本条件。

【市场细分】市场营销用语。指依据消费者的需求、购买行为和购买习惯等方面的明显差异，把产品的整体市场划分为若干个消费者群体的市场分类过程。市场营销的基础性工作。市场细分的标准有：（一）地理细分，指按地理特征细分市场，如地形、气候、交通、城乡、行政区等。（二）人口细分，指按人口特征细分市场，如年龄、性别、家庭人口、收入、教育程度、社会阶层、宗教信仰或种族等。（三）心理细分，指按个性或生活方式等对客户细分。（四）行为细分，指通过对消费者行为的评估，然后进行细分。（五）社会文化细分，指按社会文化特征细分市场，如以民族或宗教为主进行细分。（六）使用者行为细分，指按个人特征细分市场，如职业、文化、家庭、个性等。市场细分有利于选择目标市场和制定市场营销策略，发掘市场机会，开拓新市场；有利于集中人力、物力投入目标市场；有利于企业降低成本，提高经济效益。

【市场预测】市场营销用语。指以经济理论为基础，借助一定的科学方法，对市场调查获得的资料、信息进行分析和处理，从而对市场未来的变化趋势、影响因素及其变化规律进行估计和评价。内容包括市场供求预测、市场购买力预测、市场占有力预测、市场价格走势预测等。市场预测按预测的性质分为定性预测和定量预测；按预测的时间跨度分为短期预测、中期预测和长期预测；按经济活动的空间范围分为宏观市场预测和微观市场预测；按地理空间范围分为国内预测和国际市场预测。准确的市场预测可为经营和管理决策提供科学依据，减少市场风险。

S

【市场占有率】市场营销用语。也称“市场份额”，指某企业的某一产品的销售量（或销售额）在市场同类产品中所占比重。衡量企业竞争力的一种指标，反映企业在市场中的地位。市场占有率测算方法主要有：（一）总体市场，指一个企业的销售量（额）在整个行业中所占的比重。（二）目标市场，指一个企业的销售量（额）在其目标市场，即它所服务的市场中所占的比重。（三）三大竞争者，指一个企业的销售量和市场上最大的3个竞争者的销售总量之比。一般地认为，一个企业拥有33%以上的相对市场份额，就表明它在这一市场中有一定实力。（四）最大竞争者，指一个企业的销售量与市场上最大竞争者的销售量之比。若高于100%，表明该企业是这一市场的领袖。市场占有率与企业的获利水平密切相关。通常情况下，企业市场占有率越高，销售额就越大，单位产品成本越低，实现利润越多，投资收益也会随之提高。因此努力提高市场占有率，是企业的战略目标之一。

【市场主体】以营利为目的从事经营活动的自然人、法人及非法人组织。包括公司、非公司企业法人及其分支机构；个人独资企业、合伙企业及其分支机构；农民专业合作社（联合社）及其分支机构；个体工商户；外国公司分支机构；法律、行政法规规定的其他市场主体。市场要素之一。根据国家有关法律，市场主体依法设立，有自己的名称、组织机构、住所、财产或者经费，能够独立行使民事权利，承担民事责任。市场主体从登记时设立，到终止时消灭。根据《中华人民共和国市场主体登记管理条例》，市场主体应当依照本条例办理登记。未经登记，不得以市场主体名义从事经营活动。市场主体登记包括设立登记、变更登记和注销登记。

【市场准入负面清单】 国务院明确列出的在中华人民共和国境内禁止和限制投资经营的行业、领域、业务等的清单。负面清单的一种。根据《国务院关于实行市场准入负面清单制度的意见》，市场准入负面清单包括禁止准入类和限制准入类，适用于各类市场主体基于自愿的初始投资、扩大投资、并购投资等投资经营行为及其他市场进入行为。对禁止准入事项，市场主体不得进入，行政机关不予审批、核准，不得办理有关手续；对限制准入事项，或由市场主体提出申请，行政机关依法依规作出是否予以准入的决定，或由市场主体依照政府规定的准入条件和准入方式合规进入；对市场准入负面清单以外的行业、领域、业务等，各类市场主体皆可依法平等进入。市场准入负面清单由国务院统一制定发布；地方政府需进行调整的，由省级人民政府提出并报国务院批准。

【市场准入负面清单制度】 国务院以清单方式明确列出在中华人民共和国境内禁止和限制投资经营的行业、领域、业务等，各级政府依法采取相应管理措施的一系列制度安排。根据《国务院关于实行市场准入负面清单制度的意见》，市场准入负面清单由国务院统一制定发布；地方政府需进行调整的，由省级人民政府报国务院批准。凡负有市场准入管理职责的部门和单位，都要全面梳理禁止和限制市场主体投资经营的行业、领域、业务等，按照《国民经济行业分类》（GB/T 4754—2017/XG 1—2019）的统一分类标准，提出本部门、本单位市场准入负面清单草案；发展改革委、商务部牵头汇总、审查形成统一的市场准入负面清单，报国务院批准后实施。市场准入负面清单制度按照先行先试、逐步推开的原则，从 2015 年 12 月 1 日至 2017 年 12 月 31 日，在部分地区试行，积累经验、逐步完善，探索形成全国统一的市场准入负面清单及相应的体制机制；从 2018 年起全国统一的市场准入负面清单制度正式实行。

【市场租金】 也称“商品租金”，指以房屋的价值为基础，由市场供求关系决定的房屋租金。由折旧费、维修费、管理费、贷款利息、房产税、保险费、利润和地租八项因素构成，是房屋价值的市场化反映。房屋的市场租金由租赁双方协商议定，随供需变化上下浮动。

【市级国土空间总体规划】 城市规划用语。指对市域国土空间保护、开发、利用和修复在空间和时间上作出的总体部署和统筹安排。是实施城市空间治理、促进城市高质量发展的蓝图。根据《市级国土空间总体规划编制指南（试行）》，市级国土空间总体规划范围包括市级行政辖区内的全部陆域和管辖海域国土空间，分市域和中心城区两个层次。内容包括：（一）目标和战略；（二）总体格局；（三）结构优化；（四）要素支撑；（五）实施保障。规划成果包括规划文本、附表、图件、说明、专题研究报告、基于国土空间基础信息平台的国土空间规划“一张图”等。市级国土空间总体规划由城市人民政府组织编制。

【市域城镇体系规划】城市规划用语。指市域范围内，以区域生产力合理布局和城镇职能分工为依据，确定不同人口规模等级和职能分工的城镇的分布和发展规划。城市总体规划的组成部分。市域城镇体系规划包括下列内容：（一）提出市域城乡统筹的发展战略。其中位于人口、经济、建设高度聚集的城镇密集地区的中心城市，应当根据需要，提出与相邻行政区域在空间发展布局、重大基础设施和公共服务设施建设、生态环境保护、城乡统筹发展等方面进行协调的建议。（二）确定生态环境、土地和水资源、能源、自然和历史文化遗产等方面的保护与利用的综合目标和要求，提出空间管制原则和措施。（三）预测市域总人口及城镇化水平，确定各城镇人口规模、职能分工、空间布局和建设标准。（四）提出重点城镇的发展定位、用地规模和建设用地控制范围。（五）确定市域交通发展策略；原则确定市域交通、通讯、能源、供水、排水、防洪、垃圾处理等重大基础设施，重要社会服务设施，危险品生产储存设施的布局。（六）根据城市建设、发展和资源管理的需要划定城市规划区。城市规划区的范围应当位于城市的行政管辖范围内。（七）提出实施规划的措施和有关建议。市域城镇体系规划由负责编制城市总体规划的城市人民政府负责编制。

【市政公用设施用地】城市规划用语。指城市中为生活及生产服务的各项基础设施的建设用地，包括供应设施、交通设施、邮电设施、环境卫生设施、施工与维修设施、殡葬设施及其他市政公用设施的建设用地。城市用地的一类。

【收回国有建设用地使用权】依法无偿收回闲置国有建设用地使用权的行为。闲置土地处理方式的一种。闲置土地，指国有建设用地使用权人超过国有建设用地使用权有偿使用合同或者划拨决定书约定、规定的动工开发日期满 2 年未动工开发的国有建设用地。根据《土地

S

管理法》，已经办理审批手续的非农业建设占用耕地，连续二年未使用的，经原批准机关批准，由县级以上人民政府无偿收回用地单位的土地使用权。

【收回国有建设用地使用权决定书】 自然资源主管部门依法向闲置国有建设用地使用权人下达无偿收回国有建设用地使用权的书面文件。《收回国有建设用地使用权决定书》包括下列内容：（一）国有建设用地使用权人的姓名或者名称、地址；（二）违反法律、法规或者规章的事实和证据；（三）决定的种类和依据；（四）决定的履行方式和期限；（五）申请行政复议或者提起行政诉讼的途径和期限；（六）作出决定的行政机关名称和作出决定的日期；（七）其他需要说明的事项。国有建设用地使用权人应当自《收回国有建设用地使用权决定书》送达之日起30日内，到市、县自然资源主管部门办理国有建设用地使用权注销登记，交回土地权利证书。

【收益法】 预计估价对象未来的正常收益，选用适当的资本化率将其折现到估价时点后累加，以此估算估价对象的客观合理价格或价值的方法。房地产估价方法的一种。按照《房地产估价规范》（GB/T 50291—2015），运用收益法进行房地产估价应按下列步骤进行：（一）选择具体估价方法；（二）测算收益期或持有期；（三）测算未来收益；（四）确定报酬率或资本化率、收益乘数；（五）计算收益价值。收益法适用于绝大多数可产生收益的房地产的估价。

【首次登记】 不动产权利第一次登记，如房屋的初始登记。不动产权利登记类型的一种。根据国家有关规定，未办理不动产首次登记的，不得办理不动产其他类型登记。首次登记完成，不动产登记机构应当向权利人核发不动产权属证书。

【首套房】“第一套普通住房”的简称。（见【第一套普通住房】）

【售楼书】 介绍预（销）售楼盘（商品房）的书面资料。内容通常包括：楼盘的地理位置；楼盘的情况介绍，包括总平面布置、总建筑面积、楼栋数、楼栋高度、层数、户数、房型、房屋设备等；楼盘建设进度（开竣工日期）、预（出）售计划；价格；楼盘的开发商、按揭银行、贷款担保机构介绍；联系方式等。

【书面合同】 以文字等可以有形地表现所载内容的合同。合同形式的一种。分为一般书面合同和特殊书面合同。一般书面合同指采用普通文字形式进行意思表示的合同；特殊书面指除采用普通文字进行外，还须履行法律所规定的其他形式，才能完成意思表示的合同，如经公证、鉴证、核准等。

【书契】也称“券书”。（见**【券书】**）

【熟地】“生地”的对称。指经开发，具备一定建设用地条件的土地。“一定建设条件”通常指“三通一平”或“七通一平”。“三通一平”指施工现场路通、水通、电通和施工场地平整；“七通一平”指道路通、上水通、雨污水通、电力通、通信通、煤气通、热力通和土地平整。

【熟地价】经过开发，已具备一定建设用地条件的土地使用权的价格。

【熟荒地】“生荒地”的对称。也称“撂荒地”，指曾经开垦种植，但由于各种原因而荒芜达 3 年以上的土地。荒地的一种。

S

【双面临街地】夹在两条道路（或街道）之间，正背面都临街的地块。双面临街地交通便利，建筑物的通风、采光等条件较好，有利于商业经营。评估双面临街的宗地，一般以繁华程度高的临街为正临街，繁华程度低的临街为背临街。

【水域及水利设施用地】陆地水域、滩涂、沟渠、沼泽、水工建筑物等用地。不包括滞洪区和已垦滩涂中的耕地、园地、林地、城镇、村庄、道路等用地。在《土地利用现状分类》（GB/T 21010—2017）中，水域及水利设施用地为一级类，其中包括河流水面、湖泊水面、水库水面、坑塘水面、沿海滩涂、内陆滩涂、沟渠、沼泽地、水工建筑用地、冰川及永久积雪 10 个二级类。

【税收】国家为满足其实现职能的财力需要，凭借政治权力，按照法律规定，强制地、无偿地取得财政收入的行为。一种财政政策工具。税收是财政收入的主要来源，也是国家参与社会产品价值分配的法定形式，体现了国家与纳税人在征税、纳税的利益分配上的一种特殊关系。我国现行的税收按征收对象不同分为流转税、所得税、财产和行为税、资源税、特定目的税五类。在税款征收方面，根据国务院关于实行分税制财政管理体制的决定，按税种划分中央和地方的收入。将维护国家权益、实施宏观调控所需的税种划分为中央税，包括消费税、关税、车辆购置税等；将同国民经济发展直接相关的主要税种划分为中央与地方共享税，包括增值税、企业所得税、个人所得税、证券交易印花税等；将适合地方征管的税种划分为地方税，包括营业税、资源税、土地增值税、印花税、城市建设维护税、土地使用税、房产税、车船税等。

【税收地籍】以课税为目的而建立的土地登记簿册。地籍的一种。主要记载纳税人姓名、地址、宗地位置、面积及为确定税率所需的土地等级等。

【私房】“城镇私有房屋”的简称。(见【城镇私有房屋】)

【私房代管】房管用语。指私有房屋产权人不明，或产权人不在房屋所在地等原因不能管理房屋，而由国家机关或产权人委托代理人代为管理房屋的行为。分国家代管和公民个人代管两种。国家代管指国家机关依法对产权人不明或产权归属不清的私房行使管理权；公民个人代管指公民或法人接受私房业主的委托代为管理房屋。

【私房改造】我国对城市私有出租房屋的社会主义改造。1956 年，根据中共中央有关文件和党对资本主义工商业社会主义改造的方针、政策，把达到改造起点的私人出租房屋，采取由国家经租或“公私合营”等方式，纳入国家直接经营管理的轨道。国家在一定时期内给房主以固定的利息，采用赎买的方法，逐步改变私房的所有制性质。

【私房公民代管】房管用语。指城市私有房屋因产权人不在房屋所在地或其他原因，不能管理房屋，委托代理人代为管理房屋的行为。私房代管方式的一种。代理人可以是公民个人，也可以是法人。根据《城市私有房屋管理条例》，产权人委托他人代管房屋须出具书面委托书（或订立委托代理合同），明确代管人的权限及管理范围、内容等。代管人接受委托后，须按代理权限行使代理权并履行应尽的义务。在房屋代管期间，委托人可以取消委托，代管人也可以辞去委托。如果代管人死亡或者丧失民事行为能力，则委托代管关系终止；如果代管人需要转托他人代管房屋，应事先征得委托人的同意。

【私房国家代管】房管用语。指城市私有房屋因产权人下落不明又无合法代理人或产权归属不明等原因，无法管理房屋，由城市房地产主管部门依法代为管理的行为。私房代管方式的一种。根据国家有关规定，城市房地产管理部门可以依法对以下几种房屋实行代管：（一）产权人下落不明又无合法代理人的房屋；（二）产权归属不清楚，并且一时无法确定其产权的房屋；（三）城市中无人管理的寺庵、祠堂、庙宇、会馆以及华侨房产、外侨房产等。对房产确定为国家代管有争议的，可依法向人民法院提出申请，由人民法院审查判决。

S

【私房买卖】房管用语。指城市私有房产的交易。私房买卖是房产所有权人的合法权益，受法律保护。根据国家有关规定，买卖城市私有房屋，卖方须持房屋所有权证和身份证明，买方须持购买房屋证明信和身份证明，到房屋所在地房管机关办理手续。买卖城市私有房屋，双方应本着按质论价的原则，参照房屋所在地人民政府规定的私房评价标准议定价格，经房屋所在地房管机关同意后才能成交。

【私房租金】房管用语。“公房租金”的对称。指私有房屋出租人按照租赁合同约定，向承租人收取的租用房屋的价格。

【私人所有权】公民私人对其合法拥有的财产享有的占有、使用、收益和处分的权利。私人合法拥有的财产包括收入、房屋、生活用品、生产工具、原材料等不动产和动产。合法收入，指私人在法律许可的范围内，用自己的劳动或其他方法所取得的货币或实物。主要包括从事脑力劳动或体力劳动所取得的工资、奖金、报酬、稿酬、退休金、离休金等；农民承包土地、森林、山岭、草原、荒地、滩涂、水面以及经营自留地、自留山和家庭副业的收入；个体劳动者从事个体经营所得的收入。还包括私人合法取得的其他收入，如通过买卖、赠与、继承所取得的财产等。房屋，指私人依法购买的城镇住宅、商铺、厂房，农村宅基地上建造的住宅等。生活用品，指用于生活方面的物品，如家用电器、私人汽车、家具等。生产工具和原材料，指人们在进行生产活动时所使用的器具和生产产品所需的物资材料，如机器设备、车辆等运输工具和矿石、木材、钢材等。《民法典》规定，私人对其合法的收入、房屋、生活用品、生产工具、原材料等不动产和动产享有所有权。私人的合法财产受法律保护，禁止任何组织或者个人侵占、哄抢、破坏。

【私田】“公田”的对称。指中国古代属私人所有的土地。

【私有财产】公民私人所有的财产。根据我国的法律，公民私人所有的财产指：（一）公民的合法收入、储蓄、房屋和其他生活资料；（二）依法归个人、家庭所有的生产资料；（三）个体户和私营企业的合法财产；（四）依法归个人所有的股份、股票、债券和其他财产。

【四合院】格局为一个院子四面建有房屋的院落式建筑。中国的一种传统内院式住宅建筑。四合院历史悠久，考古发现，早在3000多年前的中国西周时期就出现类似四合院的建筑形式。经历汉唐宋元历代，至明清时期，最终形成了以北京为代表的四合院建筑风格。正式的四合院，一户一宅，平面格局可大可小。房屋主人可以根据土地面积的大小、家中人数的多少来建造，小到可以只有一进，大可以到三进或四进。四合院由许多单体建筑组合而成，包括大门、正房、厢房、耳房、后罩房、裙房等。大门一般开在东南角或西北角，院中的北房是正房，正房建在砖石砌成的台基上，比其他房屋的规模大，是院主人的住室。院子的两边建有东西厢房，是晚辈居住的地方。在正房与厢房之间建有走廊，可以供人行走和休息。四合院的围墙和临街的房屋一般不对外开窗，院内种植花木，构成封闭幽静舒适的居住环境。

【四至】地籍图或宗地图上表注的土地权属界线四周相邻土地的所有者、使用者名称以及与之为界的永久性显著地物的名称和相关距离。

【所有权】也称“自物权”，指所有权人对自己的不动产或者动产，依法享有占有、使用、收益和处分的权利。物权的一种。所有权分为国家所有权和集体所有权、私人所有权。《民法典》规定，法律规定属于国家所有的财产，属于国家所有即全民所有。国家所有的财产受法律保护，禁止任何单位和个人侵占、哄抢、私分、截留、破坏。农民集体所有的不动产和动产，属于本集体成员集体所有。集体所有的财产受法律保护，禁止任何单位和个人侵占、哄抢、私分、破坏。私人对其合法的收入、房屋、生活用品、生产工具、原材料等不动产和动产享有所有权。私人的合法财产受法律保护，禁止任何单位和个人侵占、哄抢、破坏。所有权具有以下法律特征：（一）绝对性。所有权不需要他人的积极行为，只要他人不加干预，所有人自己便能实现其权利。（二）排他性。所有权人有权排除他人对于其行使权力的干涉，并且同一物上只能存在一个所有权，而不能并存两个以上的所有权。（三）永久性。指所有权的存在不能预定其存续期间。（四）平等性。所有权作为一种物权，受法律平等保护。所有权的权能包括占有、使用、收益和处分权。占有，指对所有物的实际管领或控制；使用，指对财产的利用；收益，指通过对财产的占有、利用，取得的经济效益；处分，指对所有物依法予以处置的权利。处分权是所有权内容的核心和拥有所有权的根本标志。所有权的取得分为原始取得和继受取得。原始取得是指非依他人既存的权利，而是基于法律规定直接取得所有权，包括先占、生产、收益利息等；继受取得指基于他人既存的权利而取得所有权。继受取得的方式主要通过法律行为，如不动产所有权的取得等。

Tt

【他物权】“自物权”的对称，指在他人所有的物上设定或享有的权利。分为用益物权和担保物权。根据《民法典》，所有权人有权在自己的不动产或者动产上设立用益物权和担保物权。用益物权，指用益物权人对他人所有的不动产或者动产，依法享有占有、使用和收益的权利，如土地承包经营权、建设用地使用权、宅基地使用权、地役权等。担保物权，指担保物权人在债务人不履行到期债务或者发生当事人约定的实现担保物权的情形，依法享有就担保财产优先受偿的权利，如抵押权、质权、留置权等。他物权具有以下法律特征：（一）他物权是在他人所有之物上设定的物权。（二）他物权是派生于所有权而又与所有权相分离的物权。（三）他物权是受限制的物权。（四）他物权是依法律规定或合同约定而发生的物权。他物权从所有权派生出来，形成独立的财产权，但他物权的行使，不得损害所有权人的权益。

【他项权利】“不动产他项权利”的简称。（见【不动产他项权利】）

【他项权利登记】“不动产他项权利登记”的简称。（见【不动产他项权利登记】）

【塔式住宅】也称“点式住宅”，指以共用楼梯或共用楼梯、电梯为核心布置多套住房，且其主要朝向建筑长度与次要朝向建筑长度之比小于2的住宅。塔式住宅四面均为外墙，方便采光、通风。其特点是建筑布局紧凑、集中；分户灵活，一般每户能获得两种朝向；建筑外形处理比较自由，建筑轮廓挺拔；建筑占地小等。同时，塔式住宅因外墙较多，经济性较差。对一梯多户或面积较大的多室户住宅，较难布置，易出现朝向差的房间。塔式住宅平面形式有方形、T形、Y形、风车形、十字形等。

【台阶式住宅】在不同的层面上依次作退台处理，使之在形体上出现台阶状的住宅建筑。台阶式住宅分为自然台阶和人工台阶两种。自然台阶主要指在山地，依照山势修建的台阶；人工台阶，指在平地上设计建造出各个层面的台阶。台阶式住宅是一种特殊形态的住宅楼，这种住宅楼一层一层地向后收缩，象台阶一样，上面一层比下面一层小，每一层都有一只较为宽阔的阳台，阳台设在下面一层的房间顶上，有利上层的采光，又不会遮挡下面阳台的光线。台阶式住宅的缺点是土地利用效率较低。

【滩涂】沿海大潮高潮位与低潮位之间的潮浸地带。全国土地利用现状分类中的一个类型。滩涂根据其物质成分，可分为岩滩、沙滩、泥滩等；根据潮位、宽度及坡度，又可分为高潮滩、中潮滩和低潮滩等。

【套】住宅建筑中具有独立使用功能的基本单位。成套住宅一般应包括的基本功能空间有卧室、起居室（厅）、厨房、餐厅、卫生间等。

【套间】与一房间相毗连的内小室。套间一般不设门，进出必须穿过外间。套间与外间对工作与生活活动者既可就近直接联系，又可保持不互相干扰的功能。

【套路贷】对以非法占有为目的，假借民间借贷之名，诱使或迫使被害人签订“借贷”或变相“借贷”“抵押”“担保”等相关协议，通过各种手段非法占有被害人财物的相关违法犯罪活动的概括性称谓。套路贷的主要特征：（一）制造民间借贷假象。放款人对外以“小额贷款公司”名义招揽生意，与被害人签订借款合同，制造民间借贷假象，并以“违约金”“保证金”等各种名目骗取被害人签订“虚高借款合同”“阴阳合同”及房产抵押合同等明显不利于被害人的合同。（二）制造银行流水痕迹，刻意造成被害人已经取得合同所借全部款项的假象。（三）单方面肆意认定被害人违约，并要求被害人立即偿还“虚高借款”。（四）恶意垒高借款金额。在被害人无力支付的情况下，被告人介绍其他假冒的“小额贷款公司”或个人，或者“扮演”其他公司与被害人签订新的“虚高借款合同”予以“平账”，进一步垒高借款金额。（五）软硬兼施“索债”，或者提起虚假诉讼，通过胜诉判决实现侵占被害人或其近亲属财产的目的。“套路贷”的“借款”是被告人侵吞被害人财产的借口，实质是一个披着民间借贷外衣行诈骗之实的骗局。

【套内建筑面积】“商品房套内建筑面积”的简称。（见【商品房套内建筑面积】）

【套内使用面积】也称“住宅建筑使用面积”。（见【住宅建筑使用面积】）

【套型】“住宅套型”的简称。（见【住宅套型】）

【套型比】住宅中某一种套型住宅的数量占总套数的百分比。其计算公式为：套型比＝某一种套型住宅数/住宅总套数×100％。

套型比是住宅设计中控制居住区内各种套型住宅所占比例的指标之一。

【套型分类】按不同建筑面积、使用面积、居住空间标准对普通成套住宅划分的类型。根据《全国城市住宅建设标准》，新建住宅的套型按

T

面积标准划分为四类：一类住宅建筑面积 45～55m^2，使用面积 34～41m^2，居住空间不小于 2 个；二类住宅建筑面积 60～70m^2，使用面积 45～53m^2，居住空间不小于 3 个；三类住宅建筑面积 75～85m^2，使用面积 56～64m^2，居住空间不小于 3 个；四类住宅建筑面积 90～110m^2，使用面积 68～83m^2，居住空间不小于 4 个。

【特殊用地】用于军事设施、涉外、宗教、监教、殡葬、风景名胜等的土地。在《土地利用现状分类》中，特殊用地为一级类，其中包括军事设施用地、使领馆用地、监教场所用地、宗教用地、殡葬用地、风景名胜设施用地 6 个二级类。

【提租发券】房改用语。指我国城镇住房制度改革初期，试点单位实行的提高公有住房租金，同时给职工按工资一定比例发“住房券”补贴的办法。分空转和实转两种做法。空转指提租后发给职工的住房券没有资金作后盾，产权单位通过职工交租收回的住房券再返还发券单位继续用于发券。实转指所发的住房券有资金来源，是名副其实的有价证券。职工得到这笔住房券后，可用于交纳房租，也可用于买房、建房和住房维修。

【提租增资】房改用语。指我国城镇住房制度改革初期，试点单位实行的提高租金标准和增加工资的办法。“提租”就是改革低租金，提高租金标准，使公有住房租金水平符合商品经济规律，实现住房的商品价值。“增资”，就是在提高租金的同时逐步增加工资，把住房消费的费用加入到工资中，改住房实物分配为货币分配。“提租增资”体现了住房制度改革中分配和交换关系的调整。

【体育用地】体育场馆和体育训练基地等的用地，不包括学校、企事业、军队等机构内部专用的体育设施用地。《国土空间调查、规划、用途管制用地用海分类指南》中“公共管理与公共服务用地”下一个二级类用地。下设体育场馆用地、体育训练用地 2 个三级类用地。体育场馆用地指室内外体育运动用地，包括体育场馆、游泳场馆、大中型多功能运动场地、全民健身中心等用地；体育训练用地指为体育运动专设的训练基地用地。

【天地图】国家地理信息公共服务平台的品牌标识。国家地理信息公共服务平台是县级以上自然资源主管部门向社会提供各类在线地理信息公共服务、推动地理信息数据开放共享的政府网站。根据《地理信息公共服务平台管理办法》，国家地理信息公共服务平台由国家级节点、省级（兵团）节点、市县级节点组成。国家级节点命名为国家地理信息公共服务平台。省级节点按照“省级行政区域全称＋地理信息公共服务平台”的规则命名，简称按照“天地图·省级行政区域名称”的规则命名。新疆生产建设兵团节点命名为“新疆生产建设兵团地理信息公共服务平台”，简称为“天地图·兵团”。市县级节点按照“市县级行政区域全称＋地理信息公共服务平台”的规则命名，简称按照“天地图·市县级行政区域名称”的规则命名。若市县级节点简称与省级节点简称重名，则按照“天地图·市县级行政区域全称”的规则命名。

【田骨】“田皮”的对称。也称“田底”，指中国古代相对于永佃权的土地所有权。

【田律】中国古代有关土地管理和农田生产的法律。据《云梦秦简》记载，秦代《田律》的内容包括：承认并保护以先占方式取得所有权，凡在法律禁止的时间、地点之外的公共场所砍伐林木，狩猎捕鱼，开垦荒地等，法律承认其所得和所获为合法；国家限令各地及时报告农情，特别是遭受风、虫、旱、涝等自然灾害的情况，以便制定相应政策，保障农业生产；惩罚破坏农田水利设施、堵塞水道的违法行为；保护山林、鸟兽等自然资源，禁止春天采摘发芽植物，砍伐树木，捕捉幼兽；以及天赋征收和禁止乡民卖酒等。汉律中有《田律》和《田令》，除有关土地、田赋、农田水利等方面的法律规范外，还包括畋猎军礼等内容。此后，历代王朝的律典均未设《田律》篇目，有关确认和维护土地所有权、调整土地使用和管理的法律规范，多以法令的形式颁行。如三国时期曹魏的屯田令，西晋的占田令，北魏、北齐、北周、隋、唐的均田令，宋代鼓励土地自由买卖、不抑兼并法令，清初圈地令和更名田令等。

【田皮】“田骨”的对称。也称“田面”“田根”，指中国古代对于耕地永佃权的称呼。

【田宅】中国古代围绕土地和房产所发生的财产关系。古代民事法律调整的主要对象。唐宋时指有关田亩宅基地一类案件，明清时指刑律《户律》篇之“田宅”门。历代王朝的法制均含有关于田宅的占用、使用和处分的法律规范。《大明律》和《大清律例》的《户律》篇专设“田宅”门，列有欺隐田粮、功臣田土、盗卖田宅、任所置买田宅、典卖田宅、盗耕种官民田、荒芜土地等律文。同时，对下列情况具体规定了相应的法律责任，如隐瞒田产，偷漏田赋；功臣之家的田土，除拨赐公田外，没有报官纳粮的；盗卖、冒认、强占他人田宅及官民山场、湖泊、茶园、芦荡等的；官吏在任所购置田宅的；典卖田宅不纳契税，同一田宅重复典卖，典期届满，出典人备价取赎而典权人托故不放赎的；盗耕种他人田地的；在藉纳粮当差田地无故荒芜的；毁坏他人房屋墙垣的等。

【添附】不同所有人的物被附合、混合在一起成为一个新物，或者利用别人之物加工成为新物的事实状态。分为混合、附合、加工三种方式。混合是指不同所有人的不同财产互相渗合，难以分开并形成新财产。附合是指不同所有人的物紧密结合在一起而形成的新的物，虽未达到混合程度但非经拆毁不能恢复原来的状态，如砖和木的附合构建成房屋。加工指一方使用他人物，将其加工改造为具有更高价值的新的物。由于添附形成的物在事实上不可能恢复原状，因此法律明确，因加工、附合、混合而产生的物的归属，有约定的，按照约定；没有约定或者约定不明确的，依照法律规定；法律没有规定的，按照充分发挥物的效用以及保护无过错当事人的原则确定。另一方当事人的过错或者确定物的归属造成另一方当事人损害的应当给予赔偿或补偿。添附制度是《民法典》中一项确认产权的重要规则。

【统管房租】房管用语。指我国住房制度改革前房管部门向居住在统管住房中的居民收取的租金。公房租金的一种。中华人民共和国成立后，随着城市建设的发展，国家在城市中新建了大批由房管部门统一管理的住宅，并对这些房屋规定了新的房租管理方式和租金标准。这种租金标准水平大体高于行政房租，低于民用公房租金。统管房租自 1958 年开始实行，以后逐步扩大范围，直至成为公房租金的主要形式。

【统一征地】也称“土地统征”，或简称“统征地”，指土地征收办法实施前，根据实施城市规划和项目建设需要，经省、市人民政府批准后，由所属区、县人民政府统一组织实施，依法给予农村集体经济组织及农民补偿，将农民集体所有土地征收为国有土地的行为。分为成片征用、项目捆绑征用和单独选址征用三种。成片征用，指政府为了公共利益及实施城市规划需要，大范围集中连片征收土地的行为。项目捆绑征用，指政府根据建设用地报批需要，将多个项目用地捆绑后成批次征收土地的行为。单独选址征用，指政府对符合单独选址条件或单独报批的项目，按项目征收土地的行为。统一征用的土地称为“统征地”。土地统征，一般由市、县自然资源部门负责，具体工作委托市征地办公室实施，采取征地包干的办法，其他任何单位和个人不得与农村集体经济组织协商征地事宜，不得与其签订征地补偿安置协议。

【统一租金】 房管用语。指我国城镇住房制度改革前由国家或地方人民政府统一规定，在城镇一定范围内实行的房屋租金标准。如公房租金标准。计划经济体制下公有住房租赁的主要计租形式。统一租金标准由政府制定，出租人不得自行决定或修改租金标准。

【统征地】 “统一征地”的简称。（见【统一征地】）

【投资方向调节税】“固定资产投资方向调节税”的简称。（见【固定资产投资方向调节税】）

【投资项目资本金】“固定资产投资项目资本金”的简称。（见【固定资产投资项目资本金】）

【投资性权利】 民事主体通过投资享有的权利。分为股权和其他投资性权利。《民法典》规定，民事主体依法享有股权和其他投资性权利。股权，指民事主体因投资于公司，成为股东而依法享有的权利，如股东大会表决权、提案权、质询权、资产收益权、股份转让权、新股优先认购权等；其他投资性权利指除股权外，民事主体通过投资享有的权利，如通过购买债券、基金、保险而依法享有的相关权利。

【土地】 地球表面一定高度和深度的土壤、岩石、水、空气和植被等构成的自然综合体。是人类赖以生存和发展的物质基础。1972 年，联合国粮农组织在荷兰瓦格宁根召开的农村土地评价专家会议对土地下过这样的定义：“土地包含地球特定地域表面及以上和以下的大气、土壤及基础地质、水文和植被。它还包含这一地域范围内人类活动的种种结果，以及动物就它们对人类利用土地所施加的重要影响”；1975 年，联合国《土地评价纲要》对土地的定义是：“一片土地的地理学定义是指地球表面的一个特定地区，其特性包含着此地面以上和以下垂直的生物圈中一切比较稳定或周期循环的要素，如大气、土壤、水文、动植物密度，人类过去和现在活动及相互作用的结果，对人类和将来的土地利用都会产生深远影响。”土地具有以下自然特性：（一）不可替代性。地表上绝对找不出两块完全相同的土地。任何一块土地都是独一无二的。（二）面积的有限性。由于受到地球表面陆地部分的空间限制，土地的面积是有限的。（三）不可移动性。土地位置的固定性是土地区别于其他各种资源或商品的重要标志。（四）质量的差异性。土地的质量特性是土地各构成要素（地质、地貌、气候、水文、土壤、植被等）相互联系、相互作用、相互制约的综合反映。土地的自然特性决定了它的经济特性，表现为：（一）供给的稀缺性。人们从事各种活动的土地面积是有限的。（二）用途的多样性。对一种土地的利用，常常产生两个以上用途的竞争，并可能从一种用途转换到另一种用途。这种竞争使土地利用趋于最佳用途和最大经济效益。（三）增值性。土地通过投资和不断地追加投资会带来土地效益的不断增加。土地按其自然属性可分为植被、湖泊、冰川、裸岩、沙地等；按其经济属性可分为农用地、建设用地、未利用地等。

【土地报酬递减率】也称“土地肥力递减规律”“土地收益递减规律”，指在技术不变的条件下，对一定面积的土地连续追加某一生产要素投入量将使产量增加，但达到某一点后，其单位投入的边际收益将逐渐下降，并最终成为负数的规律。一种关于土地生产力的经济理论。由法国重农学派杜尔哥首先提出。英国经济学家李嘉图把它作为级差地租说的论据之一。马尔萨斯将杜尔哥的观点改造成为规律，以后又被美国 J.B. 克拉克、英国 J.M. 凯恩斯等经济学家运用到一切生产因素上，称为“土地报酬递减率”，成为西方经济学的中心理论之一。土地报酬递减率来源于对土地肥力的理解，是以技术不变和生产力不变作为前提而形成的。

【土地变更调查】在全国土地调查的基础上，根据城乡土地利用现状及权属变化情况，随时进行的城镇和村庄地籍变更和土地利用变更调查，并定期进行汇总统计的工作。土地调查的一种。土地变更调查包括下列内容：（一）行政和权属界线变化状况；（二）土地所有权和使用权变化情况；（三）地类变化情况；（四）永久基本农田位置、数量变化情况；（五）自然资源部规定的其他内容。土地变更调查，由自然资源部会同有关部门组织，县级以上自然资源主管部门会同有关部门实施。

【土地补偿费】对集体经济组织因土地被征收而造成损失的补偿费用，由用地单位支付。征地补偿费的一种。《土地管理法》规定，征收农用地的土地补偿费、安置补助费标准由省、自治区、直辖市通过制定公布区片综合地价确定。

【土地财政】地方政府在正常财政预算外，利用土地所有权和管理权获取的收益进行的财政收支和利益分配活动。有政府“第二财政”之称。土地财政收入来源主要包括土地使用权出让金、部分土地税收、土地融资收益等。土地财政产生的主要原因是地方政府财政收支的不平衡，因此通过预算外收益进行补充。在特定的历史背景下，土地财政增加了地方政府的财政收支能力，促进了城市化进程，有利于地方经济的发展。但是由于过多地依赖土地财政，也带来了许多弊端与危害。如地方政府为了获得更多预算外财政收入，无计划或超计划出让城市土地，造成城市土地资源的浪费和房地产市场失控；同时由于土地财政缺乏有效的监管，容易滋生腐败，造成财政风险等。解决土地财政问题首先必须从保证地方政府有合理、充足的财政收入着手，同时对财政支出作出明确的规定。其次改变土地出让金征收和管理办法。第三，通过法律、行政等手段加强对土地财政的监管，逐步降低土地财政影响直至取消土地财政。

【土地测量】 运用一定的方法和技术，对各类土地的分布、数量，及其附着物的界限、位置、面积、高程和分布进行测量与绘图工作。包括地籍测量、地形测量、土地利用现状测量、土地平整度测量、荒山荒地等后备土地资源测量等。是土地管理中一项重要工作。

【土地产权调查】 也称“土地权属调查”“地权调查”，指地籍调查中对土地权属单位的土地权属来源、权属性质及权利所及的界线、位置、数量和用途等基本情况的实地调查与核实。地籍调查的一种。主要工作内容包括清查每宗土地的权利人、现有权利内容、来源和土地用途，并在现场标定宗地界址、位置，绘制权属调查草图，填写地籍调查表等。

【土地承包经营】 农村集体经济组织与其成员，为发包、承包农民集体所有的土地，通过签订承包合同，约定双方的权利和义务，使承包者在该土地上从事种植业、林业、畜牧业、渔业生产的行为。根据国家法律，国家实行以家庭承包经营为基础、统分结合的农村土地承包经营制度。农民集体所有的土地可以由本集体经济组织的成员承包经营，从事种植业、林业、畜牧业、渔业生产。耕地的承包期为三十年。草地的承包期为三十至五十年。林地的承包期为三十至七十年。承包期限届满，由土地承包经营权人依照农村土地承包法的规定继续承包。承包期内发包人不得调整、不得收回承包地。土地承包经营，发包方和承包方应当订立承包合同，约定双方的权利和义务。承包经营土地的农民有保护和按照承包合同约定的用途合理利用土地的义务。

【土地承包经营权】 土地承包经营权人依法对其承包的农村土地享有占有、使用和收益的权利。农村土地，指农民集体所有和国家所有由农民集体使用的耕地、林地、草地以及其他用于农业的土地。根据国家法律，土地承包经营，发包方和承包方应当订立承包合同，约定双

T

方的权利和义务。土地承包经营权自土地承包经营权合同生效时设立。土地承包经营权人有权在其承包的土地上从事种植业、林业、畜牧业等农业生产；有权依照法律的规定，将土地承包经营权互换、转让，可以自住决定采取出租、入股或者其他方式向他人流转土地经营权。土地承包经营期限一般为 30 年。承包期限届满，由土地承包经营权人依照农村土地承包法的规定继续承包。承包期内发包人不得调整、不得收回承包地。土地承包经营权设立、流转应依法办理登记手续。

【土地承包经营权出租】农村土地承包方将部分或全部土地承包经营权以一定期限租赁给他人从事农业生产经营并收取租金的行为。土地承包经营权流转方式的一种。出租后原土地承包关系不变，原承包方继续履行原土地承包合同规定的权利和义务。承租方按出租时约定的条件对承包方负责。

【土地承包经营权互换】农村土地承包方之间为方便耕作或者各自需要，对属于同一集体经济组织的承包地块进行交换，同时交换相应土地承包经营权的行为。土地承包经营权流转方式的一种。《民法典》规定，土地承包经营权人依照法律规定，有权将土地承包经营权互换。同一集体经济组织的承包方之间自愿将土地承包经营权进行互换，双方对互换土地原享有的承包权利和承担的义务也相应互换，当事人可以要求办理农村土地承包经营权证变更登记手续。通过互换方式取得的土地承包经营权经依法登记获得土地承包经营权证后，可以采取转包、出租、互换、转让或者其他符合法律和国家政策规定的方式流转。

【土地承包经营权流转】土地承包经营权人依法转移土地承包经营权或土地经营权的行为。根据农村土地承包经营三权分置的原则，承包方承包土地后，享有土地承包经营权，可以自己经营，也可以保留土地承包权，流转其承包地的土地经营权，由他人经营。农村土地承包经营权流转应当在坚持农户家庭承包经营制度和稳定农村土地承包关系的基础上，遵循平等协商、依法、自愿、有偿的原则。土地承包经营权流转方式包括转包、出租、互换、转让或者其他符合有关法律和国家政策规定的方式。采取转包、出租、入股方式将农村土地承包经营权部分或者全部流转的，承包方与发包方的承包关系不变，双方享有的权利和承担的义务不变。同一集体经济组织的承包方之间自愿将土地承包经营权进行互换，双方对互换土地原享有的承包权利和承担的义务也相应互换。土地承包经营权流转，承包方与受让方应当在协商一致的基础上签订书面流转合同。当事人可以要求办理农村土地承包经营权证变更登记手续。通过转让、互换方式取得的土地承包经营权经登记获得土地承包经营权证后，可以采取转包、出租、互换、转让或者其他符合法律和国家政策规定的方式流转。

【土地承包经营权流转合同】土地承包经营权流转双方签订的明确各自权利义务关系的书面文件。承包方流转土地承包经营权，应当与受让方在协商一致的基础上签订书面流转合同。土地承包经营权流转合同一般包括以下内容：（一）双方当事人的姓名、住所；（二）流转土地的四至、坐落、面积、质量等级；（三）流转的期限和起止日期；（四）流转方式；（五）流转土地的用途；（六）双方当事人的权利和义务；（七）流转价款及支付方式；（八）流转合同到期后地上附着物及相关设施的处理；（九）违约责任。土地承包经营权流转合同一式四份，流转双方各执一份，发包方和乡（镇）人民政府农村土地承包管理部门各备案一份。承包方将土地交由他人代耕不超过一年的，可以不签订书面合同。土地承包经营权流转合同文本格式由省级人民政府农业行政主管部门确定。

【土地承包经营权入股】实行家庭承包方式的承包方之间为发展农业经济，将土地承包经营权作为股权，自愿联合从事农业合作生产经营；其他承包方式的承包方将土地承包经营权量化为股权，入股组成股份公司或者合作社等，从事农业生产经营的行为。土地承包经营权流转方式的一种。承包方采取入股方式将农村土地承包经营权部分或者全部流转的，承包方与发包方的承包关系不变，双方享有的权利和承担的义务不变。

【土地承包经营权转包】土地承包方将部分或全部土地承包经营权以一定期限转给同一集体经济组织的其他农户从事农业生产经营的行为。土地承包经营权流转方式的一种。转包后原土地承包关系不变，原承包方继续履行原土地承包合同规定的权利和义务。接包方按转包时约定的条件对转包方负责。

【土地承包经营权转让】土地承包方依法将部分或全部土地承包经营权让渡给其他从事农业生产经营的农户，由其履行相应土地承包合同的权利和义务的行为。土地承包经营权流转方式的一种。《民法典》规定，土地承包经营权人依照法律规定，有权将土地承包经营权互换、转让。土地承包经营权互换、转让的，当事人可以向登记机构申请登记。土地承包经营权转让后原土地承包关系自行终止，原承包方

T

承包期内的土地承包经营权部分或全部灭失。通过转让方式取得的土地承包经营权经依法登记获得土地承包经营权证后，可以依法采取转包、出租、互换、转让或者其他符合法律和国家政策规定的方式流转。

【土地承包期】土地承包经营权人依法承包经营集体土地的期限。《土地管理法》规定，农民集体所有和国家所有依法由农民集体使用的耕地、林地、草地，以及其他依法用于农业的土地，采取农村集体经济组织内部的家庭承包方式承包，从事种植业、林业、畜牧业、渔业生产。家庭承包的耕地的承包期为三十年，草地的承包期为三十年至五十年，林地的承包期为三十年至七十年；耕地承包期届满后再延长三十年，草地、林地承包期届满后依法相应延长。

【土地承载力】也称“土地承载量”，指单位面积土地能供养牲畜和人口的数量。从土地供应能力方面反映土地开发、利用程度的一个指标。分为实际承载量和合理承载量。分别用单位土地（或耕地）面积实际承载人口数和合理承载人口数、单位草原面积实际承载牲畜头数和合理承载牲畜头数表示。两者对比，可了解土地是否过载或弱载。

【土地承载系数】土地的实际承载量与合理承载量之比。用以下公式表示：土地承载系数＝土地的实际承载量/土地的合理承载量。

土地承载系数是反映土地负荷状况的指标。通过这一指标，可以直观地了解土地的现实负荷状况，找出土地开发利用中存在的问题，为寻求相应的对策提供依据。通常情况下，如果土地承载系数大于1，则表明土地实际负荷已超过土地的合理负荷，开发过度或利用过度，称为“过载”或“超负荷”；如果土地承载系数小于1，则表明土地尚未得到充分开发和利用，尚有开发利用的潜力，称为“弱载”。

【土地出让】“土地使用权出让”的简称。（见【土地使用权出让】）

【土地出让金】“土地使用权出让金”的简称。（见【土地使用权出让金】）

【土地储备】县级以上自然资源主管部门为调控土地市场、促进土地资源合理利用，依法取得土地，组织前期开发、储存以备供应的行为。国家加强土地市场调控，提高土地资源利用效率的重要措施之一。按照国家有关规定，下列土地可以纳入储备范围：（一）依法收回的国有土地；（二）收购的土地；（三）行使优先购买权取得的土地；（四）已办理农用地转用、征收批

T

准手续并完成征收的土地；（五）其他依法取得的土地。土地储备工作统一归口自然资源主管部门管理，土地储备机构承担土地储备的具体实施工作。财政部门负责土地储备资金及形成资产的监管。

【土地收储方式】土地储备机构获得储备土地的渠道和形式。主要有：（一）征收。指国家因公共利益需要，将符合土地利用总体规划的集体土地依法征收为国有土地。（二）回收。指由土地储备机构代表政府按照法律、法规等规定收回土地使用权。如因使用期限届满未有续期的有偿出让土地；因迁移、解散、撤销、破产或者其他原因而停止使用的无偿划拨土地；因土地使用权人的原因造成满两年未动工的土地等。（三）购买。指土地储备机构在土地二级、三级市场上，根据土地储备和供应计划，在同等条件下优先购买土地使用权。如银行抵押需处置的土地、市场交易价格明显偏低的土地等。（四）土地置换。指由土地储备机构根据政府社会经济发展规划，对城区内不符合城市总体规划或土地利用规划用地布局的企业或单位用地进行调整，用储备土地置换原企业或单位的土地。

【土地储备机构】由县级以上人民政府批准成立，具有独立的法人资格，隶属于所在行政区划的自然资源主管部门，承担本行政辖区内土地储备工作的单位。土地储备机构的主要职能是：（一）参与编制土地储备三年计划和年度计划；（二）依据土地储备年度计划，实施土地收购储备；（三）组织开展对储备土地的前期开发；（四）对纳入储备的土地采取自行管护、委托管护、临时利用等方式进行管护；（五）在储备土地未供应前，将储备土地或连同地上建（构）筑物，通过出租、临时使用等方式加以利用；（六）配合自然资源主管部门组织好土地供应；（七）按照国家有关规定，筹措、管理、使用好土地储备资金。自然资源主管部门对土地储备机构实施名录制管理。市、县级自然资源主管部门将符合规定的机构信息逐级上报至省级自然资源主管部门，经省级自然资源主管部门审核后报自然资源部，列入全国土地储备机构名录，并定期更新。

【土地储备机构名录】具有承担本行政辖区内土地储备资格的土地储备机构名单。《土地储备管理办法》规定，自然资源主管部门对土地储备机构实施名录制管理。市、县级自然资源主管部门应将符合规定的机构信息逐级上报至省级自然资源主管部门，经省级自然资源主管部门审核后报自然资源部，列入全国土地储备机构名录，并定期更新。

列入名录的土地储备机构，同级自然资源主管部门可依据土地储备计划，按照相关规定将依法收回的国有土地、收购的土地、行使优先购买权取得的土地、已办理农用地转用、征收批准手续并完成征地的土地以及政府依法取得的其他土地等交由其储备，可以向银行业金融机构贷款。2012 年 12 月，国土资源部办公厅首次公布了全国《土地储备机构名录（第一批）》。

【土地储备计划】根据国民经济和社会发展规划、国土规划、土地利用总体规划、城乡规划等编制的土地储备实施计划。分三年滚动计划和年度土地储备计划。土地储备三年滚动计划根据国民经济和社会发展规划、国土规划、土地利用总体规划、城乡规划等编制，内容包括未来三年土地储备规模，可收储的土地资源，以及收储土地的总量、结构、布局和时序等。年度计划根据城市建设发展和土地市场调控的需要，结合当地社会发展规划、土地储备三年滚动计划、年度土地供应计划、地方政府债务限额等因素编制。年度土地储备计划内容包括：（一）上年度末储备土地结转情况；（二）年度新增储备土地计划；（三）年度储备土地前期开发计划；（四）年度储备土地供应计划；（五）年度储备土地临时管护计划；（六）年度土地储备资金需求总量。自然资源主管部门会同财政部门于每年第三季度，组织编制下一年度土地储备计划，提交省级自然资源主管部门备案，报同级人民政府批准后实施。年度土地储备计划是土地储备机构实施土地收购储备的工作依据。

【土地储备制度】有关土地储备的一系列制度安排的总称。我国建设用地制度的组成部分。内容包括土地储备机构设立、土地储备范围、储备计划、储备土地入库标准、储备土地前期开发、储备土地管护与供应、土地储备融资、财务管理等。重要的法规文件有《土地储备管理办法》《土地储备资金财务管理办法》等。

【土地储备专项债券】“地方政府土地储备专项债券”的简称。（见【地方政府土地储备专项债券】）

【土地储备资金】土地储备机构按照国家有关规定实施土地储备，并对其进行前期开发所需的资金。根据《十地储备资金财务管理办法》，土地储备资金来源于下列渠道：（一）财政部门从已供应储备土地产生的土地出让收入中安排给土地储备机构的征地和拆迁补偿费用、土地开发费用等储备土地过程中发生的相关费用；（二）财政部门从国有土地收益基金中安排用于土地储备的资金；（三）发行地方政府债券筹集的土地储备资金；（四）经财政部门批准可用于土地储备的其他财政资金。土地储备资金实行专款专用、分账核算，并实行预决算管理。

【土地储备资金用途】土地储备机构按照国家有关规定定向使用土地储备资金的范围。根据《土地储备资金财务管理办法》，土地储备资金使用范围具体包括：（一）征收、收购、优先购买或收回土地需要支付的土地价款或征地和拆迁补偿费用。包括土地补偿费和安置补助费、地上附着物和青苗补偿费、拆迁补偿费，以及依法需要支付的与征收、收购、优先购买或收回土地有关的其他费用。（二）征收、收购、优先购买或收回土地后进行必要的前期土地开发费用。储备土地的前期开发，仅限于与储备宗地相关的道路、供水、供电、供气、排水、通讯、照明、绿化、土地平整等基础设施建设支出。（三）按照财政部关于规范土地储备和资金管理的规定需要偿还的土地储备存量贷款本金和利息支出。（四）经同级财政部门批准的与土地储备有关的其他费用。包括土地储备工作中发生的地籍调查、土地登记、地价评估以及管护中围栏、围墙等建设等支出。土地储备机构所需的日常经费，应当与土地储备资金实行分账核算，不得相互混用。

【土地处分权】土地权利人依法处置土地的权力。包括出让、出租、转让、赠送、遗赠、抵押、入股等。土地所有权权能之一。土地处分权通常由土地所有者行使，在法律允许的前提下，也可以由土地使用者行使，如经有偿出让获得土地使用权的土地使用者可以依法转让土地使用权等。

【土地纯收益】土地总收益扣除总费用后的余额。一般以年为计算时间单位。土地纯收益的计算根据评估对象不同采用不同的方法：

（一）单纯土地租赁时的计算公式为：土地纯收益＝租金－（管理费＋维护费＋税金）；

（二）房地合一租赁时的计算公式为：土地纯收益＝租金－（折旧费＋管理费＋维修费＋保险费＋税金＋利息＋空房损失费）－房屋现值×房屋还原率；

（三）一般企业用地，土地纯收益为销售收入中扣除产品原材料费用、运输费、工资、利润、税金以及其他应扣除费用后的余额；

（四）待开发的土地，通常可先确定假设土地在最有效使用情况下的一般客观收益，然后扣除要支付的各项正常费用后求得土地纯收益。

【土地粗放经营】“土地集约经营”的对称。指在单位面积的土地上投入较少的劳动和物资，或将一定量的劳动和资金投入到较大面积土地

T

上的经营方式。土地经营方式的一种。土地粗放经营主要依靠土壤的自然肥力来生产产品，其单位面积产量不高。农业上通常所说的粗放经营，即是耕作粗放、广种薄收的土地利用方式。随着社会的发展和人口的增长，土地资源日益减少，粗放经营方式不能适应社会进步的需要，应加速向集约经营转变和发展。

【土地单元】土地的一个分级单位。具有相对独立形态，天然界线比较清楚，其划分指标常与初级地貌形态相联系，基岩和沉积物相对一致，土壤、植被及水文状况也基本一致。每一个土地单元可分为若干个土地相。土地单元是县级土地调查的对象和制图单元，制图比例尺通常适用于1∶1万至1∶10万。

【土地登记】将法律法规规定需要登记的各种土地权利记载于土地登记簿的行为。不动产登记的一种。《民法典》规定，不动产物权的设立、变更、转让和消灭，经依法登记，发生效力；未经登记，不发生效力。土地登记分为首次登记、变更登记、转移登记、注销登记、更正登记、异议登记、预告登记和查封登记。按照《不动产登记暂行条例》，土地登记以宗地为单位进行，实行属地登记原则。土地登记必须按法定程序进行。土地登记完成，登记机关向土地权利人颁发土地权利证书。

【土地典当】也称“典地”“典田”，指出典人将自己一定时期的土地使用、收益权抵押给典当行，以获得一定数额的当金，并在约定期限内归还当金，赎回当物的行为。不动产抵押贷款的一种。根据《典当管理办法》，不动产典当中，不动产的当金数额经协商不能达成一致的，双方可以委托有资质的不动产价格评估机构进行评估，估价金额作为确定当金数额的参考。典当期限由双方约定，最长不得超过6个月。典当期限届满后，经双方同意可以续当，续当一次的期限最长为6个月。典当期限或者续当期限届满，逾期不赎当的，称为“绝当”，当物由典当行依法处置。土地典当中，以土地使用权、收益权作抵押取得借款的人称为“当户”或“出典人”；支付典价，占有当户土地使用权的人称为“典当行”或“典权人”。

【土地调查】对土地的地类、位置、面积、分布等自然属性和土地权属等社会属性及其变化情况，以及永久基本农田状况进行的调查、监测、统计、分析的活动。分全国土地调查、土地变更调查和土地专项调查几种。《土地管理法》规定，国家建立土地调查制度。土地调查包括下列内容：（一）土地权属以及变化情况，包括土地的所有权和使用权状况；（二）土地利用现状以及变化情况，包括地类、位置、面积、分布等状况；（三）土地条件，包括土地的自然条件、社会经济条件等状况。土地调查采用全面调查的方法，综合运用实地调查统计、遥感监测等手段。土地调查由县级以上人民政府自然资源主管部门会同同级有关部门组织进行。国家根据国民经济和社会发展需要，每 10 年进行一次全国土地调查；根据土地管理工作的需要，每年进行土地变更调查。

【土地调查成果】土地调查中取得的各种数据、图表、文字资料，包括数据成果、图件成果、文字成果和数据库成果。是编制国民经济和社会发展规划以及从事国土资源规划、管理、保护和利用的重要依据。土地调查数据成果包括各类土地分类面积数据、不同权属性质面积数据、永久基本农田面积数据和耕地坡度分级面积数据等；土地调查图件成果包括土地利用现状图、地籍图、宗地图、永久基本农田分布图、耕地坡度分级专题图等；土地调查文字成果包括土地调查工作报告、技术报告、成果分析报告和其他专题报告等；土地调查数据库成果，包括土地利用数据库和地籍数据库等。土地调查结束，县级以上自然资源主管部门应当按照要求和有关标准完成数据处理、文字报告编写等成果汇总统计工作，并汇交上一级自然资源主管部门汇总。国家建立土地调查成果公布制度。全国土地调查成果，报国务院批准后公布。地方土地调查成果，经本级人民政府审核，报上一级人民政府批准后公布。全国土地调查成果公布后，县级以上地方人民政府方可逐级依次公布本行政区域的土地调查成果。县级以上人民政府自然资源主管部门会同同级有关部门做好土地调查成果的保存、管理、开发、应用和为社会公众提供服务等工作。

【土地调查机构】承担土地调查任务的专业单位。《土地调查条例》规定，承担土地调查任务的单位应当具备以下条件：（一）具有法人资格；（二）有与土地调查相关的工作业绩；（三）有完备的技术和质量管理制度；（四）有经过培训且考核合格的专业技术人员。《土地调查条例实施办法》进一步明确：承担国家级土地调查任务的单位，应当具备以下条件：（一）近三年内有累计合同额 1000 万元以上，经县级以上自然资源主管部门验收合格的土地调查项目；（二）有专门的质量检验机构和专职质量检验人员，有完善有效的土地调查成果质量保证制度；（三）近三年内无土地调查成果质量不良记录，并未被列入失信名单；（四）取得

T

土地调查员工作证的技术人员不少于20名；（五）自然资源部规章、规范性文件规定的其他条件。

【土地定着物】 固定于土地上不能移动，有独立经济价值的物，如房屋、桥梁、水利设施等。定着物虽与土地联结，但不是土地的组成部分，故属独立之物，法律上属不动产范畴。定着物所有权为不动产所有权。

【土地动态监测】 定期对土地的各种属性进行连续调查，以获取其动态变化信息的土地调查。根据监测内容不同分为土地利用现状监测、土地利用经济效果监测、土地质量变化趋势监测等。《土地管理法》规定：国家建立全国土地管理信息系统，对土地利用状况进行动态监测。土地动态监测的基本方法主要有：（一）定期开展土地调查。利用土地统计常规方法对土地动态作出分析判断和预测，其形式可以通过建立土地统计台账，详尽记载各土地要素变化状况。（二）建立土地资源动态监测网。通过监测体系，定期观察及时获取土地状况变化信息。（三）应用高科技手段，如航空、卫星等进行遥感测绘，提高监测效率及水平。此外，还可以运用计算机技术，对土地利用现状的信息进行储存、分析，并进行预测等。

【土地督查】 也称“土地监察”。（见【土地监察】）

【土地督察】 国务院授权的机构代表国务院对各省、自治区、直辖市人民政府以及国务院确定的城市人民政府土地利用和管理情况进行监督检查的行为。根据《土地管理法实施条例》，国家自然资源督察机构根据授权对省、自治区、直辖市人民政府以及国务院确定的城市人民政府下列土地利用和土地管理情况进行督察：（一）耕地保护情况；（二）土地节约集约利用情况；（三）国土空间规划编制和实施情况；（四）国家有关土地管理重大决策落实情况；（五）土地管理法律、行政法规执行情况；（六）其他土地利用和土地管理情况。国家自然资源督察机构进行督察时，有权向有关单位和个人了解督察事项有关情况，有关单位和个人应当支持、协助督察机构工作，如实反映情况，并提供有关材料。被督察的地方人民政府违反土地管理法律、行政法规，或者落实国家有关土地管理重大决策不力的，国家自然资源督察机构可以向被督察的地方人民政府下达督察意见书，地方人民政府应当认真组织整改，并及时报告整改情况；国家自然资源督察机构可以约谈被督察的地方人民政府有关负责人，并可以依法向监察机关、任免机关等有关机关提出追究相关责任人责任的建议。

【土地督察机构】也称“自然资源督察机构”。指代表国务院对各省、自治区、直辖市人民政府以及国务院确定的城市人民政府土地利用和管理情况进行监督检查的单位。根据《关于建立国家土地督察制度有关问题的通知》，设立国家土地总督察及其办公室。向地方派驻9个国家土地督察局，代表国家土地总督察履行监督检查职责。国家土地督察局的主要职责是：监督检查省级以及计划单列市人民政府耕地保护责任目标的落实情况；监督省级以及计划单列市人民政府土地执法情况，核查土地利用和管理中的合法性和真实性，监督检查土地管理审批事项和土地管理法定职责履行情况；监督检查省级以及计划单列市人民政府贯彻中央关于运用土地政策参与宏观调控要求情况；开展土地管理的调查研究，提出加强土地管理的政策建议；承办国土资源部及国家土地总督察交办的其他事项。2018年8月，根据《自然资源部职能配置、内设机构和人员编制规定》，国家土地督察机构更名为“自然资源督察机构”。

链接：国家自然资源督察机构及其督察范围

国家自然资源督察机构及其督察范围

国家自然资源督察北京局，督察范围为：北京市、天津市、河北省、山西省、内蒙古自治区；国家自然资源督察沈阳局，督察范围为：辽宁省、吉林省、黑龙江省及大连市；国家自然资源督察上海局，督察范围为：上海市、浙江省、福建省及宁波市、厦门市；国家自然资源督察南京局，督察范围为：江苏省、安徽省、江西省；国家自然资源督察济南局，督察范围为：山东省、河南省及青岛市；国家自然资源督察广州局，督察范围为：广东省、广西壮族自治区、海南省及深圳市；国家自然资源督察武汉局，督察范围为：湖北省、湖南省、贵州省；国家自然资源督察成都局，督察范围为：重庆市、四川省、云南省、西藏自治区；国家自然资源督察西安局，督察范围为：陕西省、甘肃省、青海省、宁夏回族自治区、新疆维吾尔自治区、新疆生产建设兵团。

资料来源：自然资源部官网

【土地督察意见书】国家自然资源督察机构针对督察中发现的问题，向被督察单位下达的需要进行整改的书面文件。主要内容包括被督察单位违反土地管理法律、行政法规，或者落实国家有关土地管理重大决策不力的事实；整改具体要求；整改完成的时间及完成整改情况报告要求等。

【土地督察制度】国务院授权的机构代表国务院对各省、自治区、直辖市人民政府以及国务院确定的城市人民政府土地利用和管理情况进行监督检查的制度安排。2004 年，《国务院关于深化改革严格土地管理的决定》提出，完善土地执法监察体制，建立国家土地督察制度，设立国家土地总督察，向地方派驻土地督察专员，监督土地执法行为。2006 年，《国务院办公厅关于建立国家土地督察制度有关问题的通知》明确：（一）设立国家土地总督察及其办公室；（二）向地方派驻国家土地督察局；（三）派驻地区的国家土地督察局负责对其督察范围内地方人民政府土地利用和管理情况进行监督检查，不改变、不取代地方人民政府及其土地主管部门的行政许可、行政处罚等管理职权；（四）派驻地区的国家土地督察局履行监督检查职责，不直接查处案件。对发现的土地利用和管理中的违法违规问题，由国家土地总督察按照有关规定通报监察部等部门依法处理；（五）严格国家土地督察局及其工作人员的管理，建立健全各项规章制度，防止失职、渎职和其他违纪行为。国家土地督察局的人员实行异地任职，定期交流。国家土地督察局不认真履行职责、监督检查不力的，应承担相应责任。建立国家土地督察制度有利于加强土地监管，落实最严格的土地管理制度。

【土地二级开发】也称“房地产开发”。（见【房地产开发】）

【土地二级市场】也称“房地产二级市场”。（见【房地产二级市场】）

【土地发展权】在土地上进行开发、建设的权利。欧美国家关于保护耕地的一项法律制度。土地发展权制度最早由英国创立。1947 年，英国政府通过一项城乡规划法规定：一切私有土地将来的发展权（变更土地使用类别的权利）转移给国家所有。任何私有土地只能保持原有使用类别的占有、使用、收益和处分的权利。如需改变土地原使用类别，必须先向政府购买土地发展权。美国也创立了土地发展权制度。与英国不同的是，在美国，土地发展权是从土地所有权中分离出来的。政府为了保护耕地，防止城市对郊区耕地的蚕食，根据城市规划，对需保护的耕地采取向耕地所有者（农民）购买土地发展权的办法。农民出售土地发展权后仍然享有该土地的所有权，可以继续耕种该土地，但不得改变该土地的用途。如果城市规划决定改变该土地的用途，则农民可以从政府手里购回土地发展权，自己开发或出售给其他开发者；政府也可以购得该土地的所有权，使之成为政府的土地。法国也有类似土地发展权的规定。

【土地法规】由中央政府或地方立法机关制定的关于调整土地归属、流转、开发、利用、保护和管理等行为规范的总称。分为中央政府（国务院）制定的行政法规和地方人民代表大会立法机关及其常务委员会制定的地方性法规。土地法规的效力等级低于法律，高于部门规章和地方政府规章。

【土地法规体系】由国家最高立法机关、中央政府或地方立法机关、政府有权部门制定的，调整土地关系的各种法律法规规范组成的完整系统。包括土地基本法、土地单行法、土地行政法规、地方性土地法规、土地行政规章等。

【土地法律】由国家最高立法机关制定的调整土地关系的法律。如《土地管理法》《农村土地承包法》等。

【土地法律关系】土地法律法规所确认和调整的权利义务关系。包括土地的归属、流转、开发、利用、保护和管理关系等。土地法律关系由参与土地法律关系的主体、构成土地法律关系内容的权利和义务、土地法律关系主体间权利和义务所指向的对象，及土地法律关系客体三个基本要素构成。土地法律关系主体，也称“权利主体”，指土地法律关系的直接参与者，即通过某种法律行为取得一定权利并承担一定义务的自然人和法人。土地法律关系的客体，指土地法律关系主体权利和义务指向的对象，如土地；行为，指土地法律关系主体之间所发生的各种行为，如对土地的占有、使用、收益和处分等；智力成果，指土地法律关系主体从事智力活动所取得的成果，如对土地进行规划、利用和保护方面取得的科学技术研究成果等。土地法律关系的内容，指土地法律关系主体享有的权利和承担的义务。

【土地法律事实】土地法律规范确定的，能够引起土地法律关系产生、变更和消灭的现象。土地法律规范本身不能产生土地法律关系，只有通过土地法律事实才能引起土地法律关系的发生、变更和消灭。同时，不是土地法律规范确定，与法律后果没有因果关系的事实也不能称为土地法律事实。土地法律事实必须能够引起下列法律后果：（一）土地法律关系的产生。即由于一定客观现象的存在，使特定的土地法律关系主体之间形成一定的权利和义务关系；（二）土地法律关系的变更。即由于一定客观现象的存在，使特定的土地法律关系主体、客体和内容发生变更；（三）土地法律关系的消灭。即由于一定客观现象的出现，土地法律关系主体之间权利和义务关系的终止。根据终止的不同情况，土地法律关系的消灭可分为绝对消灭和相对消灭。绝对消灭即权利义务关系不再存在，如土地使用期满；相对消灭即将权利义务转移至另一主体，如土地转包等。

【土地分等定级】也称“土地分等评级”，指按照统一标准，通过一定的方法，对土地的自然和经济属性进行调查、测算，根据土地优劣程度评定土地等级的活动。分城镇土地分等定级和农用地分等定级两类。是土地管理的内容之一。《土地管理法》规定，县级以上人民政府自然资源主管部门会同同级有关部门根据土地调查成果、规划土地用途和国家制定的统一标准，评定土地等级。进行土地分等定级应遵循的基本原则有：（一）综合分析原则；（二）主导因素原则；（三）区域差异原则；（四）实用性原则；（五）级差收益原则；（六）定性与定量相结合的原则。土地分等定级采用的主要方法有两种，即直接评定法和间接评定法。直接评定法是通过测定最终反映土地生产力的产量、级差收益等指标，直接评定土地质量优劣，并划分土地等级。间接评定法是根据土地的特性与土地生产力之间的关系，从土地鉴定指标推算出土地质量优劣，并划定土地等级。土地分等定级标准由自然资源主管部门会同有关部门制定。根据国家有关规定，土地等级评定后，根据国民经济和社会负责状况，每隔 6 年调整一次。

【土地分等定级单元】评定和划分土地等级的基本空间单位，是土地特性相对均一的地块。土地分等定级单元既是一个能反映自身特性的最基本地块，也是分等定级工作中取样和获得数据的工作单位。在一定的精度要求下，土地分等定级单元按土地特性、区位条件和利用方式一致的原则划分。单元划分的方法有：叠置法、主导因素判定法、网格法、均质地域法、土地类型法和街坊法等。

【土地分等定级单元指标值】每个土地分等定级单元上的土地鉴定指标数值。是该单元地块土地质量状况的量化表示。确定土地分等定级单元指标值的常用方法有三种：（一）以点代面法。指以单元内的某一点数值作为整个单元的特征值。（二）以线代面法。指以单元内的某一等值代表整个单元的特征值。（三）面积加权法。指在某些特殊情况下，单元是由若干不同值的均值区域组成时，把不同值所占区域面积的比例作为权数，取其加权平均值作为单元的值。

【土地分等定级体系】由反映土地质量、土地生产力差异的土地等级所构成，决定土地等级排列顺序和划分形式，体现土地等级之间相互联系、相互制约关系的整体。土地分等定级体系集中体现了土地划分的特点。我国目前的土地分等定级体系由“土地等”和“土地级”两个层次构成。“土地等”反映城镇之间土地的地域差异。它是将城镇看作一个点，研究整个城镇在各种社会、自然、经济条件影响下，从整体表现出的差异。“土地等”的顺序在各城镇间排列。“土地级”反映城镇内部土地的区位条件和利用效益的差异。通过分析投资于土地上的资本、自然条件、经济活动程度和频率等条件得到土地价格、土地收益的差异，并据此划分出土地的级别高低。“土地级”的顺序在各城镇内部统一排列。农村土地分等定级同样采用“土地等”和“土地级”两个层次。

【土地分等评级】也称“土地分等定级”。(见【土地分等定级】)

【土地分级】对土地类型单位进行级别的划分。由于土地类型单位内部的复杂程度，可以通过不同尺度指标进行级别划分。同级土地内部复杂程度和相对一致性程度相同。从低级类型至高级类型单位，其内部一致性相对较小而差异性相对增大。由于土地的区域差异十分复杂，长期以来对土地级别数量和划级指标尚无一致意见。我国土地类型的划分自上而下划分七级：即（一）土地纲（土地带），指按大气候水热条件组合特征差异划分的最大尺度的土地区域分级单元。（二）土地大区，指一个土地带内，按一级地貌单元划分的土地区域分级单元。（三）土地省，指一个土地大区内，按二级地貌单元划分的土地区域分级单元。（四）土地区，指一个土地省内，由地貌上有发生学联系的或同一地貌单元中不同岩性形成的几个土地类构成的土地区域分级单元。（五）土地类，指一个土地区内，具有相对一致的地表气候、地形上密切联系并重复出现的地形-土壤组合和植被格局的土地类型分级单元。（六）土地型，指一个土地系统内，在相同的地方气候下，受地貌单元制约，由一组有发生学联系的立地集合而成的土地类型分级单元。（七）立地，指一个土地型内，对于实际利用目的来说，其小气候、微地形、土种和植被特性基本一致的土地单元：亦即层次最低的土地类型分级单元。

【土地分类】基于特定目的，按一定标准和指标，对一定等级的土地个体进行的类型划分。划分出的类型依其关联性进行有机排列，构成体系，即为分类系统。依据研究内容不同，广义的土地分类分为土地类型分类、土地覆被分类、土地利用分类、土地利用适宜性或土地潜力分类、土地规划用途分类、土地权属分类、土地评价分类等。狭义的土地分类仅指土地类型分类。土地分类是土地科学的重要内容之一，也是土地资源评价、土地资产评估和土地利用规划编制的基础。

【土地分散】几个权属单位的土地相互分割，各自的土地不能集中连片，分成许多宗地的现象。土地插花地的表现形式之一。土地分散不利于统一规划和集约利用，也不利于管理，土地整理中应予合并或调整。

【土地附着物】一切附着于土地上的物，包括建筑物、构筑物等定着物和树木等。

【土地复垦】对生产建设活动和自然灾害损毁的土地，采取整治措施，使其达到可供利用状态的活动。耕地保护的内容之一。生产建设活动损毁的土地，指在生产建设过程中因挖损、塌陷、压占等造成破坏的土地。按照《土地复垦条例》，生产建设活动损毁的土地，按照“谁损毁，谁复垦”的原则，由生产建设单位或者个人（土地复垦义务人）负责复垦。由于历史原因无法确定土地复垦义务人的生产建设活动损毁的土地，由县级以上人民政府负责组织复垦。自然灾害损毁的土地，由县级以上人民政府负责组织复垦。土地复垦义务人应当按照土地复垦标准和国家的规定编制土地复垦方案，在办理建设用地申请或者采矿权申请手续时，随有关报批材料报送土地复垦方案，并在建设项目完成后进行土地复垦。土地复垦完成后，应当向所在地人民政府国土资源主管部门申请验收。

【土地复丈】经地籍测量后的宗地，由于天然或人为因素，导致测量结果与实际情况不符时，应土地所有人或土地使用人向土地管理机构申请而进行的再次测量工作。

【土地改革运动】简称“土地改革”“土改”，指中国共产党领导广大农民废除封建土地所有制的群众运动。旧中国占农村人口总数不到10%的地主、富农占有农村70%～80%的耕地，而占农村人口总数90%以上的贫农、雇农和中农，却只占有20%～30%的耕地。这是旧中国贫穷落后的主要根源之一。在第一次国内革命战争时期，中国共产党就领导农民开展打倒土豪劣绅和反对重租、重息、重押、重税等斗争。第二次国内革命战争时期在革命根据地开展打土豪、分田地的斗争和查田运动，实行土地革命。抗日战争时期，以减租减息的政策代替没收地主土地的政策。1947 年 10 月 10 日，中共中央颁布了《土地法大纲》，废除封建半封建性剥削的土地制度，实行耕者有其田的土地制度。中华人民共和国成立后，1950 年 6 月 28 日，中央人民政府颁布《中华人民共和国土地改革法》，从 1950 年冬开始，在全国范围内开展土地改革运动，到 1952 年底止，除西藏和一些少数民族地区及台湾省外，土地改革宣告完成。

【土地改良】 为了防止土地退化，改变土地的不良性状和提高土地生产潜力而采取的各种措施的统称。土地改良的主要措施包括：（一）工程措施，指为改良土地而采取的水利工程或水土保持工程措施，如兴修水利，建立农田排灌工程，防止土地盐渍化等；（二）生物措施，指运用各种生物技术，增加土地有机质，提高土地肥力；（三）化学改良措施，指使用化肥和各种改良剂等，提高土地肥力，改善土地结构，消除土地污染等。土地改良应根据土地的自然条件和经济条件，因地制宜，逐步实施。

【土地概查】 “土地利用现状概查”的简称。（见【土地利用现状概查】）

【土地公有制】 也称“土地国有制”，指土地由劳动者共同所有的制度。迄今为止的人类历史上有过两种形态的土地公有制，即氏族公社土地公有制和社会主义土地公有制。氏族公社土地公有制，指在原始社会氏族公社阶段，生产力低下，人们共同劳动、共同生活，土地属公社成员共同所有。社会主义土地公有制，指社会主义阶段废除了土地私有制，实现了土地全体由劳动者所有的公有制。在我国，土地公有制包括国家所有制和劳动群众集体所有制。《土地管理法》规定，中华人民共和国实行土地的社会主义公有制，即全民所有制和劳动群众集体所有制。城市市区的土地属于国家所有，即全民所有；农村和城市郊区的土地，除由法律规定属于国家所有的以外，属于农民集体所有；宅基地和自留地、自留山，属于农民集体所有。

【土地供给】 人类社会可利用的土地资源的数量。分为土地自然供给和土地经济供给。土地自然供给，又称“土地的物理供给”，指地球供给人类可利用土地的数量，包括已利用的土地资源和未利用的土地资源。土地的自然供给量是相对稳定的。土地经济供给，指在土地自然供给的基础上，投入劳动进行开发以后，成为人类可直接用于生产、生活用地的供给。开发新土地、用地结构的调整等活动都影响到土地的经济供给。土地的经济供给是个变量。土地经济供给与自然供给既有联系又有区别：土地自然供给是土地经济供给的基础，土地经济供给只能在自然供给的范围内变动；土地自然供给在相当长时间内是稳定的，无弹性的，而土地经济供给是变化的，有弹性的；人类难以或无法增加土地的自然供给，但可以在自然供给的范围内增加经济供给。

【土地共有】两个以上权利主体共同拥有一宗土地的物权，如对土地所有权、土地使用权的共有等。《民法典》规定，不动产可以由两个以上组织、个人共有。土地共有包括土地按份共有和土地共同共有。土地按份共有指两个以上权利人按照各自确定的份额对一宗土地享有权利和承担义务的共有。土地共同共有指两个以上权利人不分份额地对全部土地享有平等支配权的共有。共有人按照约定管理共有的土地；没有约定，或者约定不明确的，各共有人都有管理的权利和义务。

【土地购置费】房地产统计指标。指报告期内，房地产开发企业通过各种方式取得土地使用权而支付的费用。土地购置费包括：（一）通过划拨方式取得的土地使用权所支付的土地补偿费、附着物和青苗补偿费、安置补偿费及土地征收管理费等；（二）通过“招、拍、挂”等出让方式取得土地使用权所支付的出让金。土地购置费按实际发生额填报，分期付款的应分期计入。项目分期开发的，只计入与本期项目有关的土地购置费。前期支付的土地购置费，项目纳入统计后计入。

【土地估价】“土地价格评估”的简称。（见【土地价格评估】）

【土地估价机构】也称“房地产估价机构”。（见【房地产估价机构】）

【土地估价师】也称“房地产估价师”。（见【房地产估价师】）

【土地估价师职业资格制度】也称“房地产估价师职业资格制度”。（见【房地产估价师职业资格制度】）

【土地估价委托合同】土地估价机构与委托人就土地估价委托事宜签订的书面协议。按照国家有关规定，委托土地估价，土地估价机构应当与委托人签订书面委托合同，明确双方的权利义务。土地估价委托合同应当包括下列内容：（一）委托估价人的名称或姓名和住所；（二）受托土地估价机构的名称和住所；（三）估价项目名称；（四）估价目的；（五）估价期日；（六）委托人的协助义务；（七）估价服务费及其支付方式；（八）估价报告交付的日期和方式；（九）违约责任；（十）争议解决方式。

【土地关系】人们在土地利用和管理中形成的各种社会经济关系的总称。表现为人与人之间对土地的占有、使用、支配的权属关系，如土地所有权关系、土地使用权关系、土地征收关系等。现代社会土地关系，除包括上述土地法律关系之外，还包括人们之间如何合理利用土地、更有效发挥土地的生产力功能的社会经济关系。

【土地管理】也称“土地行政管理”，或“地政”，指政府机关及其土地管理部门依法对土地事务进行的计划、组织、协调、监督活动。政府行政管理内容之一。土地管理按属性可分为土地资源管理和土地资产管理；按管理地域可分为农村土地管理和城市土地管理；按产权性质可分为集体土地管理和国有土地管理等。土地管理的主要内容包括：地权管理、地籍管理、土地利用规划管理、建设用地管理、土地市场管理、土地科技研究和应用管理、土地法制管理等。土地管理的基本任务是：维护我国土地的社会主义公有制，调整土地关系，保护和合理利用土地资源，保护土地所有者和使用者的合法权益，促进社会经济的可持续发展。土地管理的手段包括行政、经济、技术和法律等手段。

【土地管理机构】国家和地方人民政府实施土地管理的行政主管部门。我国土地管理机构设置从中央到地方分为五个层次：即国务院自然资源行政主管部门、省（自治区、直辖市）人民政府自然资源行政主管部门、市级人民政府自然资源行政主管部门、县级自然资源行政主管部门、乡镇级自然资源行政主管部门。

【土地管理体制】有关土地管理行政机构设置、职能划分、隶属关系等制度的总称。土地制度的组成部分。历史上土地管理体制分集权制、分权制、统一领导分级负责制等模式。集权制指行政权力集中于中央政府，地方政府或下级机关依据上级指令、授权实施管理活动；分权制指各地政府独立行使管理责权，互不干涉；统一领导分级负责制指由中央政府负责颁布统一的土地管理法律法规和重大的管理政策，各地在法律规定的权限内分级负责本辖区的管理活动。我国目前土地管理体制实行的是国务院统一领导下的地方分级负责制。《土地管理法》规定，国务院自然资源主管部门统一负责全国土地的管理和监督工作。县级以上地方人民政府自然资源主管部门的设置及其职责，由省、自治区、直辖市人民政府根据国务院有关规定确定。国务院授权的机构对省、自治区、直辖市人民政府以及国务院确定的城市人民政府土地利用和土地管理情况进行督察。

【土地国有制】也称“土地公有制”。(见【土地公有制】)

【土地荒漠化】因气候变异和人类活动在内的多种因素造成土地生产力下降和破坏，导致类似荒漠景观的现象和过程。土地荒漠化包括沙漠化、水蚀荒漠化和盐碱化。沙漠化，又称沙质荒漠化、风蚀荒漠化，指在干旱多风的沙质地表环境里，出现以风沙活动为主要标志的风蚀、风积地貌景观的过程。水蚀荒漠化，指地表由风化壳和土状堆积物组成的丘陵山地在降水径流作用下，出现地表侵蚀、沟谷切割的劣地或石漠景观的过程。盐碱化，指可溶盐类在土壤中，特别是土壤表层累积或土壤胶体吸附大量交换性钠而导致土地生产力下降和破坏的现象和过程。

【土地荒芜】土地具备耕种条件，而土地使用者未按时进行耕种的行为。《土地管理法》规定：禁止任何单位和个人闲置、荒芜耕地。已经办理审批手续的非农业建设占用耕地，一年内不用而又可以耕种并收获的，应当由原耕种该幅耕地的集体或者个人恢复耕种，也可以由用地单位组织耕种；一年以上未动工建设的，应当按照省、自治区、直辖市的规定缴纳闲置费；连续二年未使用的，经原批准机关批准，由县级以上人民政府无偿收回用地单位的土地使用权；该幅土地原为农民集体所有的，应当交由原农村集体经济组织恢复耕种。

【土地基金】为进行土地资源的合理开发利用和保护等活动而设立的专项资金。基金的一种。分为公益性基金和经营性基金。公益性基金，指为促进土地资源的合理开发和利用或促进公共基础设施建设而设立的基金，具有公益性质，如土地储备基金、土地复垦基金等；公益性基金通常由政府设立，资金来源主要由政府的财政拨款或银行的政策性贷款，或从政府的土地收益，如土地出让金等中拿出一定的比例；管理上，由政府或政府委托的专门机构进行管理。经营性基金指以土地为投资工具，通过对土地开发和投资经营，促进土地价值增值，从而获得投资收益的投资基金。资金来源，主要是向投资人发行，并委托专业公司管理运作。在我国，目前土地基金主要是公益性基金。

【土地集体所有权】农村劳动群众集体经济组织在法律规定范围内占有、使用、收益、处分自己所有的土地的权利。我国土地所有权形式的一种。《土地管理法》规定，农村和城市郊区的土地，除由法律规定属于国家所有的以外，属于农民集体所有；宅基地和自留地、自留山，属于农民集体所有。与土地国家所有权不同，土地集体所有权没有一个全国范围内的统一主体，因此，土地集体所有权也分别由相应的集体经济组织行使。根据《土地管理法》，农民集体所有的土地依法属于村农民集体所有的，由村集体经济组织或者村民委员会经营、管理；已经分别属于村内两个以上农村集体经济组织的农民集体所有的，由村内各该农村集体经济组织或者村民小组经营、管理；已经属于乡（镇）农民集体所有的，由乡（镇）农村集体经济组织经营、管理。各级集体所有权主体分别对其权属范围内的土地进行经营、管理，行使所有权。

【土地集约经营】“土地粗放经营”的对称。指在土地上集中投入劳动和资本，以提高单位土地面积产量和效益的经营方式。土地经营方式的一种。土地集约经营分劳动集约、资本集约和技术集约。劳动集约，指主要依靠人力和畜力操作，靠精耕细作提高单位面积产量。资本集约，指在土地上投入较多的资本，如使用农业机械、现代化设备、自动化装置等，用以大量节约劳动的消耗；同时充分使用良种、化肥、农药，以提高单位面积产量。技术集约，指采用生物技术、电子技术、系统工程等科学技术，更多地利用植物吸收太阳能的优势和自然界能量、物质转化的客观规律，以提高产量，增加效益，因此也被称作“知识密集型集约”。衡量土地集约经营程度的指标有：（一）单项指标，包括单位面积耕地或农业用地摊得的农业机械的数量、电费、肥料、种子、农药以及人工等；（二）综合指标，包括单位面积耕地或农业用地摊得的占用资金额、固定资产额、生产成本、生产资料费等。土地集约经营是社会生产力发展的必然趋势。

【土地价格】简称“地价”，指土地买卖的货币量，或地租资本化的货币数额。土地是一种自然物，非人类所创造，用马克思劳动价值论的观点看，土地没有价值，因而也就不存在其价值的货币表现——土地价格。土地价格形成的基础，在于土地的特性。由于土地是一种稀缺的，并具有满足人类生存需要的特殊财产，谁垄断土地，谁就能得到土地的产品和服务。这是一种权利。这种权利一旦发生转移，就出现了土地价格。土地价格实际上是购买土地权利的价格，或者说，是购买一定时期土地收益的价格。其本质内涵是若干年的土地纯收益，即地租贴现值的总和，换言之，土地价格就是资本化了的地租，它包括由土地所有权垄断而产生的绝对地租以及由土地的生产条件好坏而产生的级差地租。用公式表示为：土地价格（V）= 地租(a)/ 利息率

T

(r)。其意义是：土地价格等于这样一笔货币资本，如果将它存入银行，所得的利息和地租数量相当。土地价格的高低，直接取决于地租数量的多少和银行存款利息的高低。在利息率保持不变时，土地价格与地租的货币额成正比；在地租货币额不变时，土地价格与利息率的升降成反比。

【土地价格评估】 简称“土地估价”，指根据估价目的和待估土地的状况，遵循估价原则，运用科学的估价方法，对待估土地在某一时点的使用权价格进行综合评定的行为。房地产估价的一种。按照国家《城镇土地估价规程》(GB/T 18508—2014)，城镇土地估价主要包括城镇、独立工矿区及开发区范围内建设用地的基准地价和宗地地价。基准地价指对城镇各级土地或均质地域及其商业、住宅、工业等土地利用类型评估的土地使用权单位面积平均价格。宗地地价指城镇内某一宗土地使用权的价格。宗地地价按评估目的可分为标定地价、出让底价和交易底价等。土地估价常用的技术方法包括：市场比较法、收益还原法、剩余法、成本逼近法、公式地价系数修正法、级差收益测算确定法等。土地估价旨在加快形成统一开发、竞争有序的现代市场体系，发展要素市场，完善反映市场供求关系、资源稀缺程度的价格形成机制，保证土地权益在经济上的实现，促进正常交易，为全面、科学、合理地使用土地提供依据。

【土地监测】 对各种土地利用类型的数量、质量及其利用状况进行定期、定点的观测、分析和评价。是取得土地利用状况的动态变化信息，掌握土地变化规律，保护土地资源、不断提高土地生产力的有效措施。土地监测内容包括土地数量、质量变化（如土壤退化、土壤污染等），土地利用率及经济效果，土地权属关系的变化等。土地监测的主要方法是建立土地资源的动态观测网点，通过对样点有关指标的定期、定位的测定和分析，按期提供信息。为了不断提高监测工作的技术水平和精确度，可应用遥感技术、利用电子计算机进行信息储存；运用数理统计方法，进行大面积土地利用动态测报等。此外，土地监测还可以通过建立健全的土地统计、登记制度来进行。

【土地监察】 也称“土地督查”，指政府自然资源主管部门依法对单位和个人执行和遵守土地法律、法规的情况进行监督检查，以及对土地违法行为实施行政处分或处罚的行为。土地行政管理职责之一。《土地管理法》规定，县级以上人民政府自然资源主管部门对违反土地管理法律、法规的行为进行监督检查。土地监察的内容包括对单位和个人下列行为合法性进行监督检查：（一）永久基本农田保护行为；（二）土地复垦行为；（三）建设用地征收、审批行为；（四）土地开发利用行为；（五）土地权属变更和登记发证行为；（六）土地使用权出让行为；（七）土地使用权转让、出租、抵押、终止行为；（八）房地产转让行为；（九）法律法规规定的其他行为。土地监察的主要方式有：（一）定期、不定期地对监察对象执行和遵守土地法律、法规情况进行全面检查；（二）对特定的监察对象的特定活动进行专项检查；（三）对监察对象活动的全过程进行事先检查、事中检查和事后检查。法律规定，县级以上人民政府自然资源主管部门履行监督检查职责时，有权采取下列措施：（一）要求被检查的单位或者个人提供有关土地权利的文件和资料，进行查阅或者予以复制；（二）要求被检查的单位或者个人就有关土地权利的问题作出说明；（三）进入被检查单位或者个人非法占用的土地现场进行勘测；（四）责令非法占用土地的单位或者个人停止违反土地管理法律、法规的行为。对土地违法构成犯罪的，还可以将案件移送有关机关，依法追究刑事责任。

【土地监察机构】自然资源管理部门专门负责土地监察工作的职能部门。按照国家有关规定，县级以上地方人民政府自然资源管理部门应当设置土地监察机构，建立土地监察队伍。土地监察机构的职责是：（一）监督检查土地法律、法规的执行和遵守情况；（二）受理对土地违法行为的检举、控告；（三）调查处理土地违法案件；（四）协助有关部门调查处理土地管理工作人员依法执行职务遭受打击报复的案件；（五）对下级人民政府自然资源管理部门履行土地职责的情况进行监督检查；（六）指导或者领导下级人民政府自然资源管理部门的土地监察工作。土地监察机构享有以下权力：（一）对单位和个人执行和遵守土地法律、法规情况依法进行检查；（二）对违反土地法律、法规的行为依法进行调查；（三）对正在进行的土地违法活动依法进行制止；（四）对土地违法行为和土地侵权行为依法实施行政处罚和行政处理；（五）对违反土地法律、法规，依法应当给予行政处分的个人和单位主管人员，依法提出给予行政处分的建议。

【土地交易】以土地作为商品进行买卖、租赁、抵押和交换等的活动。土地价值实现的方式。在我国，法律规定，中华人民共和国实行土地的社会主义公有制，即全民所有制和劳动群众集体所有制。任何单位和个人不得侵占、买卖或者以其他形式非法转让土地。土地使用权可以依法转让。因此土地交易实际交易的是土地使用权。土地使用权交易方式包括土地使用权的出让、转让、租赁、抵押和以土地作价入股，与他人成立合资或合作企业等。土地使用权交易应当遵循公开、公平、公正、诚实信用的原则，应当订立书面合同，缴纳各项税费，办理土地使用权登记手续。

【土地交易价格指数】 反映一定时期内土地交易价格变动趋势和变动程度的相对数。反映土地价格在不同时期的涨跌幅度。分为住宅用地价格指数、工业用地价格指数、商业用地价格指数、旅游用地价格指数等。

【土地结构】 “土地利用结构”的简称。（见【土地利用结构】）

【土地金融】 以土地作为信用保证，通过各种金融工具进行的资金融通活动。分为市地金融和农地金融两类。市地金融指以城市土地作为信用保证进行的资金融通活动；农地金融指以农村土地作为信用保证进行的资金融通活动。土地金融的实质是发挥土地的财产作用。其主要任务是为土地投入融通资金，以达到加快开发、改良土地，提高土地利用效率的目的。同时，将固定在土地上的资金重新流动起来，进入流通领域，以扩充社会资金的来源。土地金融的主要特点有：（一）以土地作为抵押品进行贷款，债权可靠；（二）贷款偿还期较长，利率较低；（三）土地债（证）券化，流通范围较广；（四）土地抵押贷款契约到期前，债权人不能要求债务人偿还债务，债务人可以保留提前偿还债务并收回抵押土地的权利。发展土地金融对于土地开发、耕地保护和提高建设用地的利用效率具有重要的意义。

【土地经济评价】 运用一定的方法和经济指标对土地的质量进行评定，即通过对土地投入产出的分析，通过比较不同土地的投入和效益，评定土地的适宜类型和适宜程度。是编制土地利用规划、制定土地税费的重要依据。土地经济评价的理论基础有：土地生产力理论（土地报酬递减规律）、土地区位理论、地租理论、市场供求理论等。土地经济评价的指标包括：（一）土地分区指标，包括：单位土地面积上摊得的总产值、总收入、纯收入；级差收入；每占用单位土地面积所摊得的利润；人口密度；人均耕地拥有量；每平方公里公路网密度；每平方公里铁路网密度；距主要城镇的交通距离；地形、地貌、地质和气候等。（二）土地分类指标，包括：土地利用现状；区域经济发展方向；土地位置及交通条件；水文、地质地理和气候条件；工矿和农、林、牧、副、渔的产量及商品率等。（三）土地分等指标，主要指土地质量的差异性，包括：地层厚度；有机质含量；土壤质地；坡度；灌溉保证率；地下水埋深；侵蚀和污染程度等。（四）土地分型指标，包括：土地改良所需的投资量；土地利用方向；坡度限制；有效土地厚度限制；土壤质地限制；土壤养分限制；水分限制；污染限制；风蚀和水侵蚀限制等。

【土地经济学】 研究土地利用过程中发生的人与地、人与人之间的经济关系及其运动规律的学科。经济学的一个分支。土地经济学概念由美国威斯康星大学教授 T. Ely 在其 1922 年出版的《土地经济学大纲》中首先提出。此后，随着社会经济运行所带来土地问题的日益复杂化，以及经济科学理论与方法体系的不断创新，促进了现代土地经济学理论和方法体系的形成与发展。土地经济学的研究领域主要包括三个方面：（一）土地利用经济，指土地在国民经济各部门的分配与使用，具体包括土地资源的勘察，技术经济评价，土地规划，土地开发、利用、保护与整治等方面的经济问题。（二）土地制度，指土地所有制、土地使用制，以及土地国家管理制度的建立、演变及其实施等方面的问题。（三）土地价值，指土地在权属转移及其收益分配中的价值形式及其量化表现。如土地作为商品买卖的价格，土地使用权有偿转让时土地使用者向土地所有者支付的地租，以及国家参与土地收益分配的具体形式——土地税收等。土地经济学在土地学科体系中具有重要性、先导性、基础性的作用。是一门跨度很大、综合性很强的学科，涉及社会科学的诸多领域，如政治经济学、资源经济学、生态经济学、生产力经济学、财政学、货币银行学、市场价格学及法学等一系列学科。土地经济学主要的研究方法有：抽象思维方法、系统分析方法、定性分析与定量分析相结合的方法、静态分析与动态分析相结合的方法、微观分析与宏观分析相结合的方法等。

【土地经营权】 土地经营权人依法在合同约定的期限内占有农村土地，自主开展农业生产经营并取得收益的权利。是建立在农村土地承包经营三权分置制度之上的一项权利。《农村土地承包法》规定，承包方承包土地后，享有土地承包经营权，可以自己经营，也可以保留土地承包权，流转其承包地的土地经营权，由他人经营。国家保护承包方依法、自愿、有偿流转土地经营权，保护土地经营权人的合法权益，任何组织和个人不得侵犯。土地经营权流转，当事人双方应当签订书面流转合同。流转期限为五年以上的土地经营权自流转合同生效时设立。当事人可以向登记机构申请土地经营权登记。依法取得的土地经营权可以再流转。受让方通过流转取得的土地经营权，经承包方书面同意并向发包方备案，可以向金融机构融资担保。

【土地经营权流转】土地承包经营权人依法转移土地经营权的行为。《农村土地承包法》规定，承包方承包土地后，享有土地承包经营权，可以自己经营，也可以保留土地承包权，流转其承包地的土地经营权，由他人经营。土地经营权流转方式包括出租（转包）、入股或者其他方式。土地经营权流转应当遵循以下原则：（一）依法、自愿、有偿，任何组织和个人不得强迫或者阻碍土地经营权流转；（二）不得改变土地所有权的性质和土地的农业用途，不得破坏农业综合生产能力和农业生态环境；（三）流转期限不得超过承包期的剩余期限；（四）受让方须有农业经营能力或者资质；（五）在同等条件下，本集体经济组织成员享有优先权。土地经营权流转，当事人双方应当签订书面流转合同。土地经营权流转期限为五年以上的，当事人可以向登记机构申请土地经营权登记。

【土地经营权流转合同】土地经营权流转双方当事人就土地经营权流转事宜订立的书面协议。根据《农村土地承包法》，土地经营权流转，当事人双方应当签订书面流转合同。土地经营权流转合同一般包括以下条款：（一）双方当事人的姓名、住所；（二）流转土地的名称、坐落、面积、质量等级；（三）流转期限和起止日期；（四）流转土地的用途；（五）双方当事人的权利和义务；（六）流转价款及支付方式；（七）土地被依法征收、征用、占用时有关补偿费的归属；（八）违约责任。流转期限为五年以上的土地经营权自流转合同生效时设立。

【土地竞卖】也称“土地使用权拍卖”。（见【土地使用权拍卖】）

【土地均衡价格】也称“均衡地价”，指土地供给和需求达到平衡时的土地价格。土地定价的一种主张，认为土地价格应由土地市场买卖双方在竞争过程中形成的均衡价格决定。

【土地开发】通过人力、资金、技术的投入，将土地由自然资源改造成经济资源的活动。广义的土地开发既包括对未利用土地的开发，又包括对业已利用土地的追加投入和改造。狭义土地开发，仅指对未利用土地的开发。通常将土地开发分为一级开发和二级开发。土地一级开发，指由政府组织实施或者授权其他单位实施，按照土地利用总体规划和城市总体规划要求，对农业用地统一组织征收，并进行市政道路等基础设施建设的行为，包括土地整理、复垦和成片开发。土地二级开发指土地使用者从土地市场获得土地使用权后，对土地进行开发建设的行为。土地开发涉及多方主体利益，必须依法进行。

【土地开发期限】建设用地使用权出让合同约定的动工开发的最后时间。建设用地使用权出让合同基本条款之一。土地使用权人未在合同约定的期限内动工，应受到相应的法律处罚。《城市房地产管理法》规定，以出让方式取得土地使用权进行房地产开发的，必须按照土地使用权出让合同约定的土地用途、动工开发期限开发土地。超过出让合同约定的动工开发日期满一年未动工开发的，可以征收相当于土地使用权出让金百分之二十以下的土地闲置费；满两年未动工开发的，可以无偿收回土地使用权。

【土地开垦】以垦植为目的，通过工程技术、生物或综合措施，开发未利用土地的活动。土地开发方式之一。土地开垦是增加农业用地的重要途径，《土地管理法》规定，国家鼓励单位和个人按照土地利用总体规划，在保护和改善生态环境、防止水土流失和土地荒漠化的前提下，开发未利用的土地。开垦未利用的土地，必须经过科学论证和评估，在土地利用总体规划划定的可开垦的区域内，经依法批准后进行。

【土地垦殖率】一定区域内耕地面积与土地总面积的比率。其计算公式为：土地垦殖率＝耕地面积/土地总面积×100％。

土地垦殖率反映土地开发程度和种植业发展程度，是土地开发利用程度分析和耕地分析的重要指标。

【土地类型法】土地分等定级中，以土地类型划分土地分等定级单元的方法。土地在气候、地质、地貌、水文、植被及人类活动等的综合影响下，形成了不同的类型。根据上述条件，采用一定的方法，把一定区域内的土地划分为大小不同的土地类型。当内部土地特性基本均一，达到土地分等定级单元内部均质的要求时，将其作为土地分等定级的评价单元。

【土地立法】国家立法机关就土地的归属、流转、开发、利用、保护和管理等制定法律法规的过程。是统治阶级将自己的意志上升为法律，变为国家意志的活动。社会主义的土地立法，是社会主义国家权力机关集中体现工人阶级领导下的全体人民的意志，根据法定权限和程序制定、修改或废止土地法律的活动。我国的土地立法分为中央和地方立法两级立法体制。中央土地立法指最高国家权力机关，即全国人大制定、修改宪法、基本法律，及其常设机关，即全国人大常委会制定、修改除全国人大制定的宪法、基本法律以外的其他法律的活动，以及最高国家行政机关，即国务院根据宪法和法律制定行政法规、发布决定和命令，及其所属机关根据法律和行政法规，在本部门的权限内发布命令、指示和规章的活动。地方土地立法主要指省、自治区、直辖市及省、自治区人民政府所在地的市和经国务院批准的市的权力机关及其常设机关制定的土地法规的活动。土地立法必须依照法定的程序和步骤进行。

【土地利用】人类根据土地的自然特点，按一定的经济、社会目的，采取一系列生物、技术手段，对土地进行治理、改造、经营，以满足生活和社会经济发展需要的活动。是人类劳动与土地结合获得物质产品的过程。土地利用包括土地的生产性利用和非生产性利用两种。土地的生产性利用指把土地作为主要生产资料、劳动对象，以生产生物产品或矿物产品为主要目的的利用，如种植农作物、养殖牧畜、开采矿产等。土地的非生产性利用指利用土地的空间和承载力，作为各种建筑物、构筑物的基地、场所，不以生产生物产品为主要目的的利用，如建造住宅、工厂、修建公园等。土地利用受自然条件、社会经济条件及社会制度的影响和制约。土地利用的效果可以通过土地利用经济效益、土地利用社会效益及土地利用环境效益等指标来衡量。

【土地利用变更调查】针对本年度城乡土地利用现状及权属变化情况进行的调查。土地变更调查之一。根据《土地调查条例实施办法》，土地利用变更调查，应当以全国土地调查和上一年度土地变更调查结果为基础，全面查清本年度本行政区域内土地利用状况变化情况，更新土地利用现状图件和土地利用数据库，逐级汇总上报各类土地利用变化数据。土地利用变更调查的统一时点为每年 12 月 31 日。

【土地利用布局】在一个较大的区域范围内（一个国家、一个地区），工业、农业、交通运输等各种不同土地利用类型、规模和利用方式在地域上的布置和安排。它是根据国民经济发展对土地的不同要求，并考虑土地资源的数量、质量和适宜性以及人口、交通运输等条件因素所进行的土地资源的合理配置。土地利用布局还是土地利用过程中进行宏观和微观调控的一种措施和手段。它的基本任务是，根据土地利用现状分布，在不同部门和不同用途之间合理调整分配，确定各类用地的比例、规模、空间位置和界限，充分合理利用全部土地，并最大限度地满足各部门、各项目在数量和空间上对土地的需求。土地利用布局应遵循以下原则：（一）比较利益原则，即以较少的投入取得较高的产出，充分发挥地区优势。（二）专业化、集中化布局原则。（三）相对均衡布局原则。（四）生态质量和环境质量最优原则。土地利用的合理布局有利于生产，有利于建设，有利于人类生态环境的改善。同时，合理的土地利用布局还可以节约用地，充分发挥土地功能，使人类获得最大限度的经济效益、社会效益和生态效益。

【土地利用动态监测】运用遥感、土地调查等手段，对土地利用动态变化信息进行的连续调查。土地监测的一种。《土地管理法》规定：国家建立全国土地管理信息系统，对土地利用状况进行动态监测。土地利用动态监测的主要内容有土地利用状况、土地利用经济效果、土地质量变化情况等。土地利用动态监测的基本方法有：（一）定期开展土地调查。利用土地统计常规方法对土地动态作出分析判断和预测。（二）建立土地资源动态监测网。通过监测体系，定期观察及时获取土地状况变化信息。（三）应用高科技手段，如航空、卫星等进行遥感测绘，提高监测效率及水平。

【土地利用方式】按土地不同用途划分的土地利用形式。分单一利用方式、多种利用方式和复合利用方式。单一利用方式指一块土地只有一种用途的利用方式。多种利用方式指一块土地同时从事一种以上用途，每种用途均有各自的投入和产品或其他效益的利用方式。复合利用方式指一块土地有规则地连续从事两种以上的用途，或在一块土地的不同部分同时从事两种以上用途的利用方式。

【土地利用分区】也称“土地利用区”。（见【土地利用区】）

【土地利用规划】根据国民经济和社会发展需要，对一定地区范围内的土地资源利用、各类用地的结构和布局进行调整或配置做作的总体安排。按土地利用规划的性质和作用，可分为土地利用总体规划和土地利用专业规划；按土地利用规划时间期限，可分为长期规划、中期规划和短期规划；按规划的空间范围，可分为全国、省（直辖市、自治区）、市（地）、县（市）和乡镇土地利用规划等。

【土地利用集约度】单位土地面积上投入资金、技术或劳力数量多少的程度。反映土地利用水平的重要指标。单位土地面积上投放的资金多，劳力多，则土地利用集约度高，称为“集约经营”。集约经营中，以资金投放为主的称为“资本集约化”或“资金集约化”，通常在社会生产力发展到较高水平时出现；以劳力投放为主的，称为“劳动集约化”，劳动集约化是在人多地少条件下的集约经营方式。在土地利用过程中，影响土地利用集约度的主要因素有：土地利用类型、土地产品价格、人口和土地要素在生产中的地位等。

【土地利用计划】根据国民经济和社会发展计划、国家产业政策、土地利用总体规划以及建设用地的实际状况，对土地资源开发利用作出的具体部署和安排。是土地利用总体规划的具体落实。1988年起，我国正式将土地利用计划纳入国民经济和社会发展计划体系，逐年下达。土地利用计划的内容有：（一）农业生产用地计划，包括耕地、园地、林地、草地和水产养殖用地指标；（二）非农业用地计划，包括国家建设、乡（镇）集体建设和农村个人建房用地指标；（三）农业建设用地计划，包括农村道路、农田水利及其他农业生产辅助设施的用地指标；（四）土地开发计划，包括荒地开垦、废弃地复垦、滩涂围垦等指标。土地利用计划按时间序列可分为中期计划和年度计划。中期计划指计划期一般在5年内的土地利用计划；年度计划指以年度为单位的土地利用具体行动计划。按调节控制程序可分为指令性计划和指导性计划。指令性计划指土地利用计划中具有强制性的计划；指导性计划指土地利用计划中的非强制性计划。土地利用计划由各级地方人民政府组织编制，报上级人民政府审查批准。

【土地利用结构】简称“土地结构”，指一个国家、一个地区内各种不同性质和用途的土地所占比例及组合情况。通常用某种类型的土地，如耕地、林地、草地、荒地、城乡用地、交通用地等在土地总面积中所占的百分比来表示。土地利用结构反映一个国家或地区一定时期内的土地利用状况，可用以分析土地在国民经济、区域经济中的作用、经济效益及其潜力，以及开发的可能性。是衡量土地利用和管理水平的重要标志。

【土地利用率】已利用土地面积与土地总面积的比率，其计算公式为：土地利用率＝已利用土地面积/土地总面积×100%＝（土地总面积－未利用土地面积）/土地总面积×100%。

土地利用率反映一个国家、一个地区土地利用状况，是土地利用程度分析的重要指标。

【土地利用年度计划】国家对计划年度内新增建设用地量、土地整治补充耕地量和耕地保有量的具体安排，其中新增建设用地量，包括建设占用农用地和未利用地。是土地

T

利用总体规划的具体落实。土地利用年度计划，根据国民经济和社会发展计划、国家产业政策、土地利用总体规划以及建设用地和土地利用的实际状况编制。包括下列内容：（一）农用地转用计划指标；（二）耕地保有量计划指标；（三）土地开发计划指标。《土地利用年度计划管理办法》明确：土地利用年度计划指标包括：（一）新增建设用地计划指标。包括新增建设用地总量和新增建设占用农用地及耕地指标。（二）土地整治补充耕地计划指标。（三）耕地保有量计划指标。（四）城乡建设用地增减挂钩指标和工矿废弃地复垦利用指标。土地利用年度计划由各级地方人民政府组织编制，报上级人民政府审查批准。土地利用计划一经批准下达，必须严格执行。

【土地利用年度计划指标】土地利用年度计划中明确的当年度各类土地利用控制性量化指标。根据《土地利用年度计划管理办法》，土地利用年度计划指标包括：（一）新增建设用地计划指标。包括新增建设用地总量和新增建设占用农用地及耕地指标。（二）土地整治补充耕地计划指标。（三）耕地保有量计划指标。（四）城乡建设用地增减挂钩指标和工矿废弃地复垦利用指标。土地利用年度计划指标分指令性指标和指导性指标。指令性指标具有强制性，如《土地利用年度计划管理办法》规定，新增建设用地计划指标实行指令性管理，不得突破。

【土地利用区】也称“土地利用分区”或“用地分区”，指在县、乡两级土地利用总体规划中，依据土地资源的特点、经济可持续发展的要求以及上级下达的规划指标和布局，划分出各类主要用途相对一致的用地区域，如农业用地区、建设用地区、独立工矿区、自然与人文景观保护区、土地开垦区和禁止开垦区等。划分土地利用区是编制县、乡土地利用总体规划的主要内容之一。《土地管理法》规定：县级土地利用总体规划应当划分土地利用区，明确土地用途。乡（镇）土地利用总体规划应当划分土地利用区，根据土地使用条件，确定每一块土地的用途，并予以公告。

【土地利用现状调查】对一定行政区域范围内土地利用类型、位置、面积、分布和利用状况等进行的调查、统计、分析的活动。土地调查的内容之一。土地利用现状调查的内容包括：（一）查清各土地权属单位之间的土地权属界线和各级行政辖区范围界线。（二）查清土地利用类型及分布，并量算出各类土地面积。（三）按土地权属单位及行政辖区范围汇总出土地总面积和各类土地面积。（四）编制县、乡两级土地利用现状图和分幅土地权属界线图。（五）编写调查报告，总结分析土地利用的经验和教训，提出合理利用土地的建议。根据《土地调查条例》，包括土地利用现状内容的全国土地调查每10年进行一次。

【土地利用现状分类】依据土地的利用方式、用途、经营特点和覆盖特征等因素，按照主要用途对土地利用类型进行的归纳和划分。是制定土地利用总体规划，实行最严格的土地用途管制制度的基础。20世纪80年代初，国家首次对全国土地利用现状进行分类。根据1984年国家颁布的《土地利用现状调查技术规程》，全国土地利用现状采用两级分类，统一编码排列，其中一级为8类，二级为46类。2001年8月，国土资源部印发《关于试行〈土地分类〉的通知》，对全国城乡土地利用分类进行了调整。调整后的土地利用现状采用三级分类，统一编码。其中一级类3个；二级类15个；三级类71个。2007年，国家颁布《土地利用现状分类标准》（GB/T 21010—2007），规定土地利用现状采取一级、二级两个层次分类体系，共分12个一级类、57个二级类。2017年，国家重新修订并颁布《土地利用现状分类标准》（GB/T 21010—2017），明确土地利用现状采取一级、二级两个层次分类体系，共分12个一级类、73个二级类。

【土地利用现状概查】简称“土地概查”，指分类较粗、精度要求较低的土地利用现状调查。土地利用现状调查的一种。土地概查一般利用小比例尺地形图和卫片辅以航片资料进行，经外业抽样调绘，量算出分类土地概数，或通过典型调查推算。土地概查成果主要用于较大范围的土地利用宏观决策，不能用于地籍管理和土地利用规划设计等精度要求较高的土地管理工作。

【土地利用现状详查】简称“土地详查”，指分类较细、精度要求较高、采用大比例尺基础图件进行的土地利用现状调查。土地利用现状调查的一种。土地利用现状详查的主要任务是：分县查清我国各种土地利用分类面积、分布和利用状况、为制订国民经济计划和有关政策，进行农业区域规划，因地制宜地指导农业生产，建立土地统计、登记制度，全面管理土地等项工作服务。土地详查以县为单位进行。农区以村，农林牧渔场以分场，林区和牧区以乡为单位统计各类土地面积。

【土地利用效益】在土地利用过程中，单位面积土地上的投入和消耗在区域发展的社会、经济、生态与环境等方面所实现的物质产出和社会效果。分土地利用经济效益、生态效益和社会效益。土地利用经济效益指在土地利用过程中，土地所取得的产品或服务的价值。土地利用生态效益指在土地利用过程中，通过建立新的土地生态系统或改善原来的土地生态系统所增强的生态功能和效应。土地利用社会效益指在土地利用过程中，对实现社会发展目标所产生的影响和效果，如增加就业，收入分配公平，改善劳动条件，提高健康、文化水平，提高国防能力等。土地利用效益可通过建立科学的指标体系进行评价。

【土地利用指标】用来反映土地利用程度和利用效果的统计指标。一般用相对数和平均数的形式表示，如土地利用率、土地垦殖指数、复种指数、单位耕地面积产量、森林覆盖率、水面利用率等。土地利用指标是对土地利用水平和利用效果进行分析，对土地利用状况进行监督和管理的主要依据。

【土地利用指导性计划】土地利用计划中的非强制性计划。指导性计划一般只规定一定幅度的指标，计划执行单位以这些指标为依据，结合本地区实际情况安排实施，允许在一定程度内有所调整，并报计划主管部门备案。

【土地利用指令性计划】土地利用计划中具有强制性的计划，如土地利用年度计划。指令性计划要求计划执行单位严格按批准计划执行，不得突破。

【土地利用总体规划】在一定规划区域内，根据国民经济和社会发展对土地需求以及当地自然、经济和社会条件，对该地区范围内的全部土地所作的有关开发、利用、整治、保护等方面的长期的、战略性的总体布局和统筹安排。是国土空间规划体系的重要组成部分，是实施土地用途管制，保护土地资源，统筹各项土地利用活动的重要依据。根据《土地利用总体规划管理办法》，土地利用总体规划分为国家、省、市、县和乡（镇）五级。全国和省级土地利用总体规划属宏观控制规划，主要任务是在确保耕地总量动态平衡的前提下，统筹安排各类用地，严格控制城镇建设用地规模，通过规划土地利用区和规划指标对下级土地利用总体规划进行控制。县、乡土地利用总体规划属于实施性规划，其主要任务是根据上级规划的指标和布局要求，划分土地利用区，明确土地用途和使用条件，为农用地转用审批、永久基本农田保护区划定、土地整理、开发复垦提供依据，并通过规划的落实，实施土地管理。土地利用总体规划内容包括：（一）现行规划实施情况评估；（二）规划背景；（三）土地利用现状与评价；（四）

土地供需形势分析；（五）土地利用战略；（六）规划主要目标，包括耕地保有量、永久基本农田保护面积、建设用地规模和土地整治安排等；（七）土地利用结构、布局、时序安排和节约集约用地的优化方案；（八）土地利用的差别化政策；（九）规划实施的责任与保障措施；（十）规划图件和图则；（十一）规划说明以及与相关规划协调衔接情况。土地利用总体规划由各级人民政府依据国民经济和社会发展规划、国土整治和资源环境保护的要求、土地供给能力以及各项建设对土地的需求组织编制，并实行分级审批制度。2019 年 8 月 26 日第十三届全国人民代表大会常务委员会第十二次会议批准修改的《土地管理法》明确，国家建立国土空间规划体系。经依法批准的国土空间规划是各类开发、保护、建设活动的基本依据。已经编制国土空间规划的，不再编制土地利用总体规划和城乡规划。2019 年 5 月，《中共中央　国务院关于建立国土空间规划体系并监督实施的若干意见》进一步明确，将主体功能区规划、土地利用规划、城乡规划等空间规划融合为统一的国土空间规划，实现“多规合一”。2020 年起，我国不再编制土地利用总体规划。

【土地利用总体规划大纲】在编制土地利用总体规划之前，依据土地利用现状，以主体功能区规划、国土规划、国家发展战略为基础，编制的土地利用总体规划纲要。根据《土地利用总体规划管理办法》，土地利用总体规划编制前，国土资源主管部门应当对现行规划的实施情况进行评估，开展基础调查、土地调查成果资料收集、重大问题研究等前期工作。应当依据土地利用现状，按照国民经济和社会发展规划等要求，以主体功能区规划、国土规划、国家发展战略为基础，组织编制土地利用总体规划大纲。土地利用总体规划大纲内容包括：（一）规划背景；（二）土地利用现状与评价；（三）指导思想和原则；（四）土地利用战略定位和目标；（五）土地利用规模、结构与总体布局；（六）规划实施措施。县级以上地方国土资源主管部门依据经审核通过的土地利用总体规划大纲，编制土地利用总体规划。乡（镇）土地利用总体规划大纲是否编制，由设区的市、自治州国土资源主管部门根据实际情况决定。

【土地利用总体规划图件】在编制土地利用总体规划中形成的，帮助表达总体规划意思的各种附图，包括：（一）土地利用总体规划图；（二）土地利用总体规划附图，包括规划现状图、专题规划图和其他图件等。土地利用总体规划图件是土地利用总体规划的重要组成部分，与土地利用总体规划文本具有同等法律效力。

【土地密集型产业】 也称“资源密集型产业”。（见【资源密集型产业】）

【土地面积计量单位】 计算土地面积的单位。1990年7月27日国务院第65次常务会议批准国家技术监督局、国家土地管理局、农业部共同拟定的关于改革我国土地面积计量单位的方案，决定采用以下土地面积计量单位名称：

平方公里(100万平方米，km^2)

公顷　　(1万平方米，hm^2)

平方米　(1平方米，m^2)

经国务院同意，自1992年1月1日起，在土地统计和对外签约中一律使用规定的土地面积计量单位。

【土地灭失】 由于地震、山崩等不可抗力或其他非人力的原因，造成原土地性质或面貌发生彻底改变。土地灭失不是物理学意义上的消灭，而是法律学或经济学意义上的消灭。由于土地不同于一般的物品，土地灭失必然导致原土地的经济意义或社会意义的丧失，如地震使平原变为湖泊，火山喷发使土地被岩浆淹没等，因此，土地灭失的法律后果必然是土地使用权的终止。土地灭失，国家不对土地使用者作任何补偿。

【土地内涵开发】 “土地外延开发”的对称。指为提高土地集约利用度和土地利用效益而进行的土地开发活动。其特点是在不增加土地面积，即土地要素投入的情况下，同样能使土地所提供的社会产品总量增加。土地内涵开发的途径主要有：（一）增加对土地的资金和劳动投入，提高土地的资金集约度、技术集约度和劳动集约度；（二）调整土地用途，使土地利用与由土地本身所依赖的自然条件和社会经济条件所决定的土地的最适宜和最佳用途相适应。土地内涵开发的结果表现为土地生产率和土地利用效益的提高。加强土地内涵开发，对于充分发挥土地的潜在能力，节约集约利用土地，提高土地利用效益，具有重要的意义。

【土地年租制】 政府以土地所有者的身份将国有土地使用权出租给土地使用者，由土地使用者按年支付租金的制度。与一次性收取几十年的土地出让金的土地批租制相比，土地年租制按年收取土地租金，有利于降低土地使用成本，减轻开发企业融资压力。

【土地抛荒】 对可以耕作的土地放弃耕种的行为。土地资源浪费行为的一种。《土地管理法》规定，承包经营耕地的单位或者个人连续2年弃耕抛荒的，原发包单位应当终止承包合同，收回发包的耕地。

【土地批租】也称“土地使用权出让”。(见【土地使用权出让】)

【土地评价】“城市土地评价”的简称。(见【城市土地评价】)

【土地普查】也称“土地全面调查”。(见【土地全面调查】)

【土地弃耕】由于自然灾害、采矿或耕作不当使土地无耕作价值而放弃耕种的行为。土地弃耕是对土地资源的浪费，应该通过土地整治，恢复土地的利用价值。

【土地区位】土地的空间位置。

【土地权利】也称“地权”，指设立于土地之上的物权、准物权的统称。包括土地所有权、土地他项权利。土地所有权指土地所有者对土地占有、使用、收益和依照国家法律作出处分并排除他人干涉的权利。土地他项权利，指设立于土地所有权上的他项物权，包括用益物权、担保物权等。《民法典》规定，不动产物权的设立、变更、转让和消灭，经依法登记，发生效力；未经登记，不发生效力。

【土地权利证书】也称“土地权属证书”，指土地权利人依法享有土地权利的证明。土地权利证书包括：（一）国有土地使用证；（二）集体土地所有证；（三）集体土地使用证；（四）土地他项权利证明书。土地权利证书由国务院自然资源行政主管部门统一监制。

【土地权属】依据国家法律确定的土地所有权和使用权的归属。《土地管理法》规定，“城市市区的土地属于国家所有。农村和城市郊区的土地，除由法律规定属于国家所有的以外，属于农民集体所有；宅基地和自留地、自留山，属于集体所有”。“国有土地和农民集体所有的土地，可以依法确定给单位或个人使用”。土地所有权和使用权由县级以上人民政府确定。

【土地权属调查】一指对一定行政区域范围内土地权属及变化情况的调查，包括土地的所有权、使用权状况。土地调查的内容之一。一指地籍调查中对土地权属单位的土地权属来源、权属性质及权利所及的界线、位置、数量和用途等基本情况的实地调查与核实。地籍管理内容之一。

【土地权属界线】也称“界址线”、“权属界线”，指宗地间由界址点及其间连接的折线或特殊曲线组成的权属边界线。土地权属界线反映权属区域的大小及相邻权属单位的位置关系。在权属调查时，对有明显界标物（墙壁、水沟、道路等）的界址线，必须标明界址线应落的位置线（是落在界标物的中心，还是内、外侧）；对无明显界标物的界址线，应在其界址点位置埋设界桩。权属界址线必须准确地标绘在调查工作图上，并作必要的文字说明。

【土地权属纠纷】也称“土地权属争议”。（见【土地权属争议】）

【土地权属确认】简称“土地确权”，指依照法律规定程序，确认土地所有权、使用权隶属关系和他项权利的行为。土地权属确认是土地管理的核心，其主要内容是确定土地权属的性质和土地权属来源的合法性。根据国家有关规定，土地权属确认的基本程序包括：（一）申请；（二）初审；（三）地籍调查；（四）复审；（五）公告；（六）审批；（七）发证。土地权属确认由县级以上人民政府负责。

【土地权属争议】也称“土地权属纠纷”“土地争议”，指因土地所有权和使用权归属问题而发生的争议。分为土地所有权争议和土地使用权争议两类。由于我国实行土地的社会主义公有制，即全民所有制和劳动群众集体所有制，这两种形式决定了土地所有权争议只能发生在国家与集体、集体与集体之间。土地使用权争议比较复杂，争议主体除了国家之外，还可以发生在拥有土地使用权的单位之间、个人之间以及单位与个人之间。土地使用权争议的内容可以分为权属不清、面积不准、地界不明三大类。权属不清表现为土地所有者或使用者不明确，争议双方都提出权利主张，却又没有确切的权属来源证明；面积不准指对土地所有权和使用权有合法证明，证明文件上的四至界线与实地一致，但实地面积与批准面积不一致；地界不明主要指争议地块之间土地界线不明确。发生土地权属争议，应依照国家法律法规规定的程序申请权属争议处理。

【土地权属争议处理】有关人民政府按照其职责和管辖范围，对土地权属争议作出裁决的行政行为。《土地管理法》规定，土地所有权和使用权争议，由当事人协商解决；协商不成的，由人民政府处理。单位之间的争议，由县级以上人民政府处理；个人之间、个人与单位之间的争议，由乡级人民政府或者县级以上人民政府处理。

【土地权属争议处理决定】县级以上人民政府依据同级国土资源行政主管部门提出土地权属调查处理意见，依法对土地权属争议案件作出的行政决定。《土地权属争议调查处理办法》规定，国土资源行政主管部门对受理的争议案件，应当在查清事实、分清权属关系的基础上先行调解，促使当事人以协商方式达成协议。调解未达成协议的，国土资源行政主管部门应当及时提出调查处理意见，报同级人民政府作出处理决定。调查处理意见包括以下内容：（一）当事人的姓名或者名称、地址、法定代表人的姓名和职务；（二）争议的事实和理由和要求；（三）认定的事实和适用的法律、法规等依据；（四）拟定的处理结论。国土资源行政主管部门提出调查处理意见后，应当在5个工作日内报同级人民政府，由人民政府下达处理决定。当事人对人民政府作出的处理决定不服的，可以依法申请行政复议或者提起行政诉讼。在规定的时间内，当事人既不申请政复议，也不提起行政诉讼，处理决定即发生法律效力。生效的处理决定是土地登记的依据。

【土地权属争议调查申请书】土地权属争议当事人依法向行政主管部门提出对土地权属争议调查处理申请的书面文件。《土地权属争议调查处理办法》规定，当事人发生土地权属争议，经协商不能解决的，可以依法向县级以上人民政府或者乡级人民政府提出调查处理申请，也可以向有关的国土资源行政主管部门提出调查处理申请。申请调查处理土地权属争议的，应当提交书面申请书和有关证据材料，并按照被申请人数提交副本。申请书应当载明以下事项：（一）申请人和被申请人的姓名或者名称、地址、邮政编码、法定代表人姓名和职务；（二）请求的事项、事实和理由；（三）证人的姓名、工作单位、住址、邮政编码。对申请人提出的土地权属争议的申请，国土资源行政主管部门应当依法进行审查，并在收到申请书之日起7个工作日内提出是否受理的意见。认为应当受理的，在决定受理之日起5个工作日内将申请书副本发送被申请人。被申请人应当在接到申请书副本之日起30日内提交答辩书和有关证据材料。逾期不提交答辩书的，不影响案件的处理。

【土地权属争议调解书】国土资源管理部门依法对受理的土地权属争议案件进行调解，当事人以协商方式达成协议后制作的书面文件。《土地权属争议调查处理办法》规定，国土资源行政主管部门对受理的争议案件，应当在查清事实、分清权属关系的基础上先行调解，促使当事人以协商方式达成协议。调解达成协议的，应当制作调解书。调解书应当载明以下内容：（一）当事人的姓名或者名称、法定代表人姓名和职务；（二）争议的主要事实；（三）协议内容及其他有关事项。调解书经双方当事人签名或者盖章，由承办人署名并加盖国土资源行政主管部门的印章后生效的调解书具有法律效力。国土资源行政主管部门应当在调解书生效之日起15日内，依照民事诉讼法的有关规定，将调解书送达当事人，并同时报上级国土资源行政主管部门。生效的土地权属争议调解书是土地登记的依据。

【土地权属证书】 也称“土地权利证书”。(见【土地权利证书】)

【土地全面调查】 也称“土地普查”，指对大范围土地资源的属性、类型、分布和利用状况等进行的全面调查。土地调查的一种。土地调查内容包括：(一) 土地利用现状及变化情况，包括地类、位置、面积、分布等状况；(二) 土地权属及变化情况，包括土地的所有权和使用权状况；(三) 土地条件，包括土地的自然条件、社会经济条件等状况。根据《土地调查条例》，全国性的土地普查每10年进行一次，采用全面调查的方法，综合运用实地调查统计、遥感监测等手段。土地普查按照全国统一领导、部门分工协作、地方分级负责、各方共同参与的原则组织实施。土地调查成果，报国务院批准后向社会公布。

【土地全生命周期管理】 也称“建设用地全生命周期管理”。(见【建设用地全生命周期管理】)

【土地确权】“土地权属确认”的简称。(见【土地权属确认】)

【土地人口承载力】 也称“土地人口承载潜力”，指一定面积的土地生产的食物所能供养的一定消费水平的人口数量。土地人口承载力探讨的是人口、食物和资源之间的关系，反映的是土地生产力对一定生活水平下人口增长的限制目标，其实质是研究人口消费与食品生产，人类需求与资源供给之间的平衡发展问题。20世纪70年代中期，由联合国粮农组织（FAO）先后在100多个发展中国家开展土地人口承载力研究。研究分为土地资源的生产潜力研究和人口的承载能力研究两大部分。土地资源的生产潜力指土地能提供各种农副产品的潜在能力。研究内容包括：作物的单产潜力研究；作物的适宜性评价；种植业生产潜力评定；畜禽业生产潜力的估算等。人口承载潜力指一定时间尺度内，用于食品生产土地的各项产品所能养活的人口数量。研究的主要内容包括：人口发展趋势预测；人口营养水平探讨；食物总需求量估算；土地的供给量与人口需求量的匹配等。

【土地人口承载潜力】 也称“土地人口承载力”。(见【土地人口承载力】)

【土地日】 为纪念《土地管理法》颁布而设立的全国纪念宣传日。1986年6月25日，第六届全国人民代表大会常务委员会第十六次会议通过并颁布我国第一部专门调整土地关系的大法——《土地管理法》。为纪念这一天，1991年5月24日国务院第83次常务会议决定，从1991年起，把每年的6月

25 日，即《土地管理法》颁布的日期确定为全国土地日。中国是世界上第一个为保护土地而设立专门纪念日的国家。“土地日”的宗旨是，深入宣传贯彻《土地管理法》，坚定不移实行“十分珍惜和合理利用每寸土地，切实保护耕地”的基本国策，增强全社会的土地意识，进一步加强我国的土地管理工作。

【土地社会经济特性】通过人类的社会经济活动赋予土地的特性。如土地所有权、土地利用现状、民族构成及传统的土地利用方式、经济和科学发展水平、交通状况、有关的土地利用政策等。它们虽不直接决定土地的质量特征，却在很大程度上决定土地的利用方式、生产成本和利用价值等，因而也是土地评价时必须考虑的重要因素。

【土地生产力】土地在一定条件下可能达到的生产水平。一般以产量表示。制约土地生产力高低的因素，除构成土地的各种自然因素的综合影响外，还有人类对土地的经营状况。有学者把土地生产力分为自然生产力和经济生产力。自然生产力是不加人工影响的土地的天然生产力；经济生产力是人为影响或控制下的生产力。土地生产力是研究土地人口承载能力的基础，也是鉴别土地质量、制定区域发展战略和人口政策的重要依据。

T

【土地生产率】一定时期内单位土地面积的产量或产值。反映土地生产能力的指标。某一地区某种土地生产率的高低，取决于土地本身的特点（如地形、土壤等）、土地所处的自然环境条件（如气候、温度、热量、降水、植被等）和社会经济条件（如人口素质、交通运输、经济发展状况、科学技术水平等），受光、热、水、土、气等自然因素和土地集约化（包括劳动力、资金、技术）水平，耕作、轮作制度，施肥、灌溉制度，土地利用方式，经营管理水平等社会技术经济因素的制约和影响。在相同的自然条件下，土地的生产率主要取决物质的投入、科学技术和经营管理水平。提高土地生产率的主要途径有：（一）根据土地的适宜性（如宜农、宜林、宜牧等），因地制宜地确定土地合理利用方向，充分发挥不同土地类型的优势，做到地尽其利；（二）不断采用先进科学技术、优良品种、科学管理方法，增加单位土地面积上的人力、财力、物力的投入量，实现土地持续增产和稳产高产。

【土地使用费】国有土地使用人为取得国有土地使用权按合同约定每年向国家支付的费用。土地有偿使用形式的一种。与土地出让金不同的是，土地出让金是政府将一定年期国有土地使用权出让给土地使用者时，土地使用者一次性向国家支付的土地使用费用，而土地使用费则是逐年支付。土地使用费的具体标准没有全国统一的规定，一般根据场地的用途、地理环境条件、征地拆迁安置费用和企业对基础设施的要求等因素，由所在地人民政府确定。

【土地使用权】土地使用权人依法占有、利用、收益和有限处分土地的权利。根据国家的有关法律，土地所有权和使用权可以分离。土地使用权可以由所有人直接行使，也可以由非所有人行使。因此，土地使用权实际上是土地使用者对土地占有、使用、收益和一定范围内处分的权利，是以用益为目的的限制物权。土地使用权必须依据法律或合同约定取得，可以有偿取得，也可以无偿取得。取得土地使用权的主要方式有出让、转让和划拨等。依法取得的土地使用权分有期限和无期限两种。土地使用权出让或转让合同约定的使用期届满，土地使用者需要继续使用土地的，可以提出申请续期。未申请续期，或者虽申请续期但未获批准的，由国家无偿收回土地使用权；行政划拨，无偿取得的土地使用权，人民政府根据城市建设发展需要和城市规划的要求，可以无偿收回。土地使用权因土地使用权出让合同规定的使用年限届满，提前收回或土地灭失等原因而终止。

【土地使用权变更】土地使用权主体的更换，如土地使用权转让、交换、赠与、继承等。根据国家法律，土地使用权变更必须依法办理不动产变更登记手续，更换或更改土地使用权证书。未办理土地使用权变更登记手续的，土地使用权变更无效。

【土地使用权出让】也称“国有土地使用权出让”“土地批租”，指国家将国有土地使用权在一定年限内出让给土地使用者，由土地使用者向国家支付土地使用权出让金的行为。取得土地使用权方式的一种。土地使用权出让的法律特征为：（一）土地使用权是一种物权，是建立在土地所有权、使用权分离基础上，使用权人通过有偿方式对国有建设用地依法享有占有、使用和收益的权利，属用益物权；（二）出让方的主体资格特定，只能是国家；（三）土地使用权出让是有偿、有期限、附条件的土地使用权转移；（四）土地使用权出让是土地使用权作为商品进入市场流通的第一步，反映了作为土地所有者的国家和土地使用者之间的商品经济关系。我国的法律规定，土地使用权出让必须符合土地利用总体规划、城市规划和年度建设用地计划。城市规划区内的集体所有的土地，必须依法征收转为国有土地后，其使用权方可出让。土地使用权出让的主要方式包括招标、拍卖、挂牌和协议出让。土地使用权出让应当签订出让合同。

【土地使用权出让方式】出让国有土地使用权的形式。《城市房地产管理法》规定：土地使用权出让，可以采取拍卖、招标或者双方协议的方式。商业、旅游、娱乐和豪华住宅用地，有条件的，必须采取拍卖、招标方式；没有条件，不能采取拍卖、招标方式的，可以采取双方协议的方式。拍卖出让，指在指定时间、地点和公开场合，由政府土地管理部门主持，采取公开竞价确定土地使用者的出让方式。招标出让，指在规定的期限内，由符合条件的单位或个人以书面投标形式，竞投某块土地的使用权，土地使用权出让人通过评标决标，择优选定土地使用者的出让方式。协议出让，指出让方与受让方通过协商出让土地使用权的方式。

【土地使用权出让合同】载明土地使用权出让双方权利、义务关系的书面协议。《城市房地产管理法》规定，土地使用权出让应当签订书面出让合同。土地使用权出让合同一般包括下列条款：（一）当事人的名称和住所；（二）土地界址、面积等；（三）建筑物、构筑物及其附属设施占用的空间；（四）土地用途、规划条件；（五）土地使用权期限；（六）土地出让金等费用及其支付方式；（七）解决争议的方法。土地使用权出让合同中代表国有土地产权出让土地使用权的市、县人民政府称为“土地使用权出让人”；依法取得土地使用权的公司、企业、其他组织和个人称为“土地使用权受让人”。

【土地使用权出让金】简称“土地出让金”，指土地使用权受让方为取得土地使用权，按照土地出让合同约定支付给国家的土地使用权价款。土地使用权出让金包含土地开发费和土地使用期内的使用费。前者包括土地征收、动迁补偿安置、基础设施建设等费用，是对土地开发投资的一次性补偿。后者为土地资源的使用费用，即由土地所有人一次性收取的“地租”，是土地所有权在经济上的体现。土地使用权出让金是国家实现土地所有权的主要的、基本的方式，是土地收益的重要组成部分。

【土地使用权出让年限】国家将土地使用权出让给土地使用者时，双方约定的土地使用者可以使用土地的年限。分最高年限和实际年限。最高年限指国家法律法规规定使用国有土地不得超过的年限；实际年限指在最高年限内，由出让方与受让方在土地使用权出让合同中约定的出让年限。土地使用权出让年限自土地使用者领取土地使用权证，取得土地使用权之日起计算。

【土地使用权出让人】土地使用权出让合同中代表国有土地所有权让渡其使用权的行为人，具体指法律规定有权出让国有土地使用权的市、县人民政府。

【土地使用权出让转让公证】公证机构依法对土地使用权出让、转让的真实性、合法性予以证明的活动。其公证活动包括两个方面：一是公证机构对土地使用权出让、转让、出租、抵押双方签订的合同依照法律法规给予审查，对合同的真实性、合法性予以证明；另一方面，由公证机构介入土地有偿出让活动，如土地使用权拍卖，公证机构可以对拍卖的全过程予以法律监督，在确定拍卖活动合法的前提下，予以证明，使拍卖活动取得法律上的效力。公证机构在办理土地使用权出让、转让公证时，应严格依法审查合同中的有关事项，审查合同签订的主体、出让或转让的地块、用途、年限及其他事项是否符合相关法律法规的规定，审查土地使用权出让、转让活动是否存在违法现象等。在经审查确定土地使用权出让、转让合同或者有关活动真实、合法的基础上，予以证明，以确保其在法律上的效力。

【土地使用权出让最高年限】法律法规规定土地使用者使用国有土地最高不得超过的年限。我国现行法律法规规定国有土地使用权出让最高年限分别为：（一）居住用地七十年；（二）工业用地五十年；（三）教育、科技、文化、卫生、体育用地五十年；（四）商业、旅游、娱乐用地四十年；（五）综合或者其他用地五十年。《城市房地产管理法》规定，土地使用权出让最高年限由国务院规定。

【土地使用权出售】土地使用权人将土地使用权依法转移给买受人，买受人支付土地使用权转让金的行为。土地使用权转让的一种。土地使用权出售应遵循的主要原则有：（一）等价交换的原则；（二）土地使用权出让合同载明土地使用权人的权利义务同时转移的原则；（三）土地使用权与地上建筑物（附着物）产权一致的原则。土地使用权出售，当事人双方应订立土地使用权出售合同，并向当地不动产登记部门办理土地使用权转移登记手续，领取土地使用权证。

【土地使用权出租】土地使用者作为出租人将土地使用权随同地上建筑物、其他附着物租赁给承租人使用，由承租人向出租人支付租金的行为。土地使用权的出租，实际上是土地使用者对其土地上建筑物的出租。《城镇国有土地使用权出让和转让暂行条例》规定，未按土地使用权出让合同规定的期限和条件投资开发、利用土地的，土地使用权不得出租。土地使用权出租，出

T

租人与承租人应签订租赁合同。土地使用权出租后，出租人必须继续履行土地使用权出让合同。

【土地使用权抵押】土地使用者以其合法的土地使用权，以不转移占用的方式向抵押权人提供债务履行担保的行为。《城镇国有土地使用权出让和转让暂行条例》规定，通过土地出让方式取得的土地使用权可以抵押。土地使用权抵押时，其地上建筑物、其他附着物随之抵押。土地使用权抵押，抵押人与抵押权人应当签订抵押合同，按规定办理抵押登记手续。土地使用权抵押后，抵押人到期未能履行债务或者在抵押合同期间宣告解散、破产的，抵押权人有权依照国家法律法规和抵押合同的规定处分抵押财产。处分抵押财产所得，抵押权人有优先受偿的权利。抵押权因债务清偿或者其他原因而消灭的，应当办理注销抵押登记手续。

【土地使用权法定继承】依照法律规定的继承人范围、继承顺序等原则，由继承人直接继承土地使用权的行为。土地使用权继承的一种。根据有关法律，以下情况适用法定继承：（一）被继承人生前没有立遗嘱的；（二）遗嘱继承人放弃继承，或者受遗赠人放弃受赠的；（三）遗嘱继承人丧失继承权的；（四）遗嘱继承人、受遗赠人先于被继承人死亡的；（五）遗嘱未处分的或遗嘱无效部分所涉及的土地使用权遗产。土地使用权法定继承人的范围包括：1、被继承人的配偶；2、子女；3、父母；4、兄弟姐妹；5、祖父母、外祖父母。土地使用权法定继承开始后，各个法定的继承人依法按如下次序继承被继承人的土地使用权：第一顺序继承人是配偶、子女、父母；第二顺序是兄弟姐妹、祖父母、外祖父母。只有第一顺序继承人不存在或全部放弃继承，第二顺序继承人才能继承。

【土地使用权分割转让】因房产出售而使整块土地中局部土地使用权发生转移的行为。房屋建筑是土地的定着物，房产的转让必然引起该房产所占有土地使用权的分割和转移。《城镇国有土地使用权出让和转让暂行条例》规定：土地使用者转让地上建筑物、其他附着物所有权时，其使用范围内的土地使用权随之转让。土地使用权和地上建筑物、其他附着物所有权分割转让的，应当经市、县人民政府土地管理部门和房产管理部门批准。土地使用权分割转让必须依法进行，必须订立转让合同。土地使用权分割转让后，土地使用权受让人必须继续履行原土地使用权人的义务。

【土地使用权互易】也称“土地使用权置换”。（见【土地使用权置

T

换】)

【土地使用权划拨】 也称“划拨土地使用权”“行政划拨”。(见【划拨土地使用权】)

【土地使用权继承】 民事权利主体依法承受公民死亡后遗留的土地使用权的行为。土地使用权继承具有如下法律特征:(一)土地使用权继承权是一种财产权,继承权的实现是土地使用权的转移。(二)继承行为与特定的人身关系相联系,只有与被继承人有血亲或姻亲关系或通过遗嘱指定的人,才可能成为继承人。(三)继承行为主体仅限于境内外公民个人,国家或法人不能成为行为主体。(四)继承权实现的前提是通过出让或转让方式取得的土地使用权,划拨取得的土地使用权不能继承。土地使用权继承方式主要有法定继承和遗嘱继承两种。法定继承,指按照法律规定的继承人范围、继承顺序、遗产分配等原则,直接进行土地使用权继承的行为。遗嘱继承,指依法由遗嘱指定的继承人继承立遗嘱人土地使用权的行为。土地使用权继承中原土地使用权人(死亡公民)称为“被继承人”,继承土地使用权人称为“继承人”。

【土地使用权交换】 也称“土地使用权置换”。(见【土地使用权置换】)

【土地使用权拍卖】 也称“土地竞卖”,指通过公开叫价竞争的方式出让土地使用权的行为。土地使用权出让方式的一种。土地使用权拍卖时,由拍卖人在指定的时间、地点,就所出让使用权的土地公开叫价,由买方竞争报价,最后按“价高者得”的原则确定土地使用权受让人。土地使用权拍卖的一般程序有:(一)拍卖表示。指土地拍卖人通过各种媒介,传播拍卖信息,以吸引众多用地者。土地拍卖信息应包括拍卖日期、地点;拍卖土地的位置、面积、用途、使用年限等。(二)应买。竞买人获得土地拍卖信息后,在指定的时间、地点参加拍卖,并接受土地拍卖人的资格审查。在拍卖过程中,竞买人通过举牌应对,轮番报价,土地价格从底价逐渐升高。竞买人的每次报价都具有法律约束力,不能擅自撤回或降低报价。(三)买定。在规定的时间内,竞买人无继续增价表示,拍卖人就以拍板或敲锣方式宣告以最高价成交。拍卖成功后,买定者应当即与土地使用权出卖人签订土地使用权转让合同,并在规定的时间内,持有关文件到不动产登记部门申请登记,取得不动产权属证书。

【土地使用权收回】 国家或集体经济组织以土地所有者的身份,依照法律规定收回已确定给单位或个人使用的国有或集体土地使用权的行为。分为国有土地使用权收回和集体土地使用权收回。根据国家有关法律，有下列情形之一的，由有关人民政府土地行政主管部门报经原批准用地的人民政府或者有批准权的人民政府批准，可以收回国有土地使用权：（一）为公共利益需要使用土地的；（二）为实施城市规划进行旧城区改建，需要调整使用土地的；（三）土地出让等有偿使用合同约定的使用期限届满，土地使用者未申请续期或者申请续期未获批准的；（四）因单位撤销、迁移等原因，停止使用原划拨的国有土地的；（五）公路、铁路、机场、矿场等经核准报废的。有下列情形之一的，农村集体经济组织报经原批准用地的人民政府批准，可以收回集体土地使用权：（一）为乡（镇）村公共设施和公益事业建设，需要使用土地的；（二）不按照批准的用途使用土地的；（三）因撤销、迁移等原因而停止使用土地的。为公共利益需要或为实施城市规划进行旧城区改建，或为乡（镇）村公共设施和公益事业建设需要，收回国有或集体土地使用权时，对土地使用权人应当给予适当补偿。土地使用权收回必须依照法定程序进行。

【土地使用权受让人】土地使用权出让合同中受让土地使用权的单位和个人，包括中华人民共和国境内外（除法律另有规定者外）的公司、企业、其他组织和个人。

【土地使用权授权经营】国家将一定年期的国有土地使用权作价后，授权给特定企业进行经营管理，被授权的公司和投资机构负责保值增值的行为。土地有偿使用形式的一种。按照国家的有关规定，只有经国务院批准设立的国家控股公司、作为国家授权投资机构的国有独资公司和集团公司才能作为被授权企业。国有土地使用权授权经营，由国务院土地行政主管部门审批，并发给国有土地使用权经营管理授权书。被授权国家控股公司、作为国家授权投资机构的国有独资公司和集团公司凭授权书，可以向其直属的企业、控股企业、参股企业以作价出资（入股）或租赁等方式配置土地，企业应持土地使用权经营管理的授权书和相关文件，按照规定办理变更土地登记手续。对省属企业需要采取土地使用权作价授权经营管理的，必须经国务院土地行政主管部门批准后，才能由省级人民政府土地行政主管部门决定。

【土地使用权续期】土地使用权出让合同规定的使用期届满后，原土地使用权受让人继续使用该块土地的行为。分自动续期和申请续期两种。《民法典》规定，住宅建设用地使用权期限届满的，自动续期。

非住宅建设用地使用权期限届满后的续期，依照法律规定办理。《城市房地产管理法》规定，土地使用权出让合同约定的使用年限届满，土地使用者需要继续使用土地的，应当至迟于届满前一年申请续期，除根据社会公共利益需要收回该幅土地的，应当予以批准。经批准准予续期的，应当重新签订土地使用权出让合同，依照规定支付土地使用权出让金。土地使用权出让合同约定的使用年限届满，土地使用者未申请续期或者虽申请续期但依照前款规定未获批准的，土地使用权由国家无偿收回。

【土地使用权赠与】 赠与人自愿将自己的土地使用权无偿转移给受赠人，受赠人表示接受而达成合同的行为。土地使用权转让的一种。根据《民法典》，土地使用权赠与，双方当事人应当订立书面合同，向登记机关申请变更登记。土地使用权赠与，土地使用权出让合同和登记文件载明的权利义务同时转移。

【土地使用权置换】 也称“土地使用权交换”“土地使用权互易”，指土地使用权交换当事人双方约定互相转移土地使用权，或一方转移土地使用权，另一方转移除金钱以外标的物权利的行为。土地使用权转让的一种。土地使用权置换形式有：（一）双方互相给付土地使用权；（二）一方给付土地使用权，另一方给付其他除金钱以外标的物的权利。土地使用权交换除应遵循民事活动的一般原则外，还应遵循以下原则：（一）土地使用权出让合同和登记文件载明的权利义务同时转移的原则；（二）土地使用权与地上建筑物产权一致的原则；（三）不得损害土地及地上建筑物经济效益的原则。土地使用权置换，双方当事人应订立土地使用权置换合同，并向不动产登记机关申请办理变更登记手续。

【土地使用权终止】 因土地灭失而使土地使用权消灭的事实。土地灭失有以下情形：（一）原土地形态发生变化，无法再利用，如地震造成土地开裂、土地被淹没为湖泊；（二）土地形态发生变化，虽仍可利用，但用途发生变化，且无法和其他原土地权利人加以区隔，如土地被淹没为湖泊，虽湖泊可以养殖，但水面将土地连为一体，无法与其他原土地权利人区隔；（三）土地形态发生变化，土地使用人无法再按照原来有用途使用。基于上述土地灭失事实，法律规定，土地使用权因土地灭失而终止。

【土地使用权转让】 土地使用者将土地使用权再转移的行为，如出售、置换和赠与。根据国家法律，土地使用者在获得土地使用权后，按照土地出让合同的规定进行投资开发，达到规定的条件，可以转让土地的使用权。土地使用权转让时，土地使用权出让合同和登记文件中所载明的权利、义务随之转移，其地上建筑物、其他附着物的所有权也随之转让。同样，土地使用者转让地上建筑物、其他附着物所有权时，其使用范围内的土地使用权随之转让。土地使用权转让必须签订转让合同，办理变更登记手续。

【土地使用权转让方式】土地使用者依法再转移土地使用权的形式，包括出售、置换和赠与。

【土地使用权作价出资】也称“土地使用权作价入股”。（见【土地使用权作价入股】）

【土地使用权作价入股】也称“土地使用权作价出资”，指土地权利人以土地使用权作价，作为出资投入企业，形成股权，从企业生产或经营利润中取得相应回报的行为。国有土地有偿使用的一种。根据国家有关规定，改组或新设股份制企业时，涉及的国有土地使用权必须作价入股。土地使用权的价格由县级以上人民政府土地管理部门组织评估，并报县级以上人民政府审核批准后，作为核定的土地资产金额。通过出让方式取得国有土地使用权的土地资产与股东单位其他资产一并入股。土地使用权由改组或新设后的股份制企业持有。以划拨方式取得国有土地使用权的股份制企业，在补办土地使用权出让手续、补交出让金、进行土地登记后，土地使用权由股份制企业所持有。使用集体所有土地的股份制企业，必须持负责审批组建股份制企业主管部门批准文件，向县级人民政府土地管理部门提出申请，经县级以上人民政府批准，按国家建设征收土地的规定由国家征收，并依法出让给股份制企业，或由国家作为土地资产入股。土地使用权作价入股，应向当地人民政府不动产登记部门申请不动产登记或不动产变更登记手续。

【土地使用制度】广义指一定社会发展阶段人们在使用土地时所形成的经济关系。狭义指对土地使用形式、条件和程序等的规定。土地制度的重要组成部分。在土地制度中，土地所有制度决定着土地使用制度，每一种社会形态都存在着与土地所有制相适应的土地使用制度及其具体形式。特定的土地使用制度不仅是特定的土地所有制得以实现的表现形式，也是土地所有制得以巩固和发展的基础。土地使用制度也有其相对的独立性。就土地所有权与使用权的关系而言，土地使用制度中可以两权合一，也可以两权分离。两权分离中又可以分为有偿使用和无偿使用等形式。我国在计划经济体制下实行的是土地无偿使用制度，既不利于社会主义土地公有制的实现和巩固，又不利于土地资源的合理利用和科学管理。改革开放后，我国对土地使用制度进行了改革，并且取得了巨大的成功。

【土地使用制度改革】我国在坚持土地社会主义公有制前提下，遵循土地所有权与使用权分离的原则，实现有偿、有期限使用土地的变革。我国社会主义市场经济体制改革的一项重要内容。改革开放前，我国城镇国有土地实行单一行政划拨制度，国家将土地使用权无偿、无期限提供给用地者，土地使用权不能在土地使用者之间流转。1980年代，随着改革开放的深入，我国开始实行土地使用制度的改革。1988年，国务院决定在全国城镇普遍实行收取土地使用费（税）办法。同时，试行土地使用权有偿出让。同年4月，七届人大第一次会议修改了《宪法》中的有关条款，规定“土地使用权可以依照法律的规定转让”。12月通过《土地管理法》的修改议案，规定“国家依法实行国有土地有偿使用制度”。土地使用制度改革的内容包括：（一）将建设用地由无偿使用变为有偿使用；（二）将土地无期限使用变为有期限使用；（三）将土地使用权取得由单一行政划拨变为拍卖、招标、协议等多种方式；（四）建立土地市场，允许土地使用权依法进入市场流通。1992年邓小平同志南巡讲话和党的十四大确立了经济体制改革和土地市场培育的进程。党的十四届三中全会决定把土地使用制度的改革作为整个经济体制改革的重要组成部分，并且明确规定了规范和发展土地市场的内容和要求。随后，国务院陆续颁布了一系列法规和文件，如《城镇国有土地使用权出让和转让暂行条例》《外商投资开发经营成片土地暂行管理办法》等，土地使用制度改革在全国推开。

【土地市场】也称“地产市场”，广义指土地交换关系的总和。要素市场之一。土地市场包括市场主体：城镇国有土地所有人和乡村集体土地所有人；各类土地使用人。市场客体：国有建设用地使用权和乡村集体经营性建设用地使用权。土地市场交易的主要方式分为出让和转让。土地市场按其交易性质分为两个层次：即土地一级市场和土地二级市场。土地一级市场指土地使用权出让市场，即国家将城镇国有土地有偿出让、出租给土地使用者的市场。出让方式包括招标、拍卖、挂牌和协议出让等。土地二级市场，指土地使用权的转让市场。即土地使用者将依法获得的土地经过开发建设，出售和出租新建成的商品房的市场。土地二级市场也是房地合一的市场。2013年，《中共中央关于全面深化改革若干重大问题的决定》明确，建立城乡统一的建设用地市场。在符合规划和用途管制前提下，允许农村集体经营性建设用地出让、租赁、入股，实行与国有土地同等入市、同权同价。狭义指土地交易的场所。

【土地适宜性】“土地限制性”的对称。指土地在一定条件下对不同用途的适宜程度。土地资源评价的内容之一。土地按其适宜的广泛程度，可分为多宜性（即适宜多种用途）、双宜性（只适用于两种用途）、单宜性（只适宜于某一种用途）和不宜性（不适宜用作任何用途）。对某一用途而言，按适宜程度又可细分为高度适宜、中度适宜、勉强适宜或不适宜。对土地适宜性的评价，是进行土地利用分区，编制土地利用规划的重要依据。

【土地收益】因利用土地而产生的超额利润，即土地总收入扣除土地总成本后的余额。在地价评估中，土地收益可分为实际收益和客观收益。实际收益指在现状条件下实际取得的土地收益。由于个人的经营能力等因素对实际收益的影响很大，所以实际收益不能代表一般正常条件下的土地收益。客观收益指排除了土地实际收益中属于特殊的、偶然的要素后所得到的一般正常收益。土地客观收益可直接作为评估地价的依据。按照土地估价理论，确定土地收益应遵循如下原则：（一）正常原则。即土地收益应是正常情况下的土地收益，如正常年份，正常的经营管理水平；（二）最佳利用原则。即土地处于最佳利用方式下的收益；（三）纯收益原则。即土地收益应是扣除了生产成本和一切赋税后的纯收益。

【土地收益递减规律】也称“土地报酬递减率”。（见【土地报酬递减率】）

【土地收益金】土地使用者将其使用的土地使用权转让、出租时，按转让土地交易额或租金收入规定比例向财政部门缴纳的价款。我国土地增值税实施前实行的一种土地税费征收办法。按照当时的有关规定，凡未实行土地使用权有偿出让和转让的，经房地产交易市场由当事人协议出售、出租的城镇国有土地上的各类房屋均应向出售、出租人收取一定的土地收益金。土地收益金按房地产交易建筑面积计收。在房地产买卖中，从超过房产评估价格以外的收益中收取，超过房产评估价格一倍以内的按不超过20%收取；二倍以内的按不超过30%收取；三倍以内的按不超过40%收取；三倍以上的按50%以上收取。对出租的房屋，参照上述比例从超过限额标准租金以外的收益中收取。土地收益金由当地房地产管理部门负责收取，作为财政收入上缴当地财政，按专项资金进行管理，主要用于城市建设和土地开发。

【土地收益权】土地权利人从特定的土地上依法收取利益的权力。包括收获土地上生长的农作物，或收取出租土地的地租等。土地所有权的权能之一。通常情况下土地收益权由土地所有者行使，在法律允许的前提下，土地使用者也可以获取土地收益，如通过有偿出让方式获得土地使用权的土地使用者依法转让、转租的收益。

【土地税收】国家以土地为征税对象，凭借政治权力，运用法律手段，从土地所有者或土地使用者手中固定地、无偿地、强制地取得的部分土地收益。土地税收是税收中最悠久的税种。在古代，最主要的生产事业就是利用土地进行农业耕种，税收首先在农地上产生。随着社会的发展，特别是城市化发展，逐步在城市开征以土地资源利用、土地增值为对象的土地税收。土地税收是一种经济杠杆，通过土地税收政策的变化，可以防止地价上涨过快，抑制土地投机；可以引导土地利用方向，促进土地资源合理利用；可以调节土地收益分配，促进企业之间的公平竞争；可以保障财政收入，筹集公共设施建设资金。土地税收的计税依据一般有：（一）按土地面积征收；（二）按土地每年的总收获量（总收益）征收；（三）按土地每年的纯收益（地租）征收；（四）按土地价格征收。世界各国都十分重视土地税收的征管。目前我国直接将土地（地产）作为征税对象的税种包括：土地增值税、耕地占用税、城镇土地使用税、契税等。

【土地私有制】土地属于私人所有的制度。土地私有制是生产力发展到一定阶段的产物。在人类历史上，有三种形态的土地私有制：即奴隶主土地私有制、封建地主土地私有制和资本主义的土地私有制。在原始社会，土地归氏族公社全体成员共同所有。随着社会生产力的发展，到原始社会末期，出现了土地私有制。土地私有制按其特点分为两种基本类型：一种是农业劳动者与土地占有者相分离，土地占有者以剥削和占有他人劳动为基础的土地私有制；另一种是以自己劳动为基础的土地私有制，其主要形式是个体农民占有土地。社会主义消灭了土地私有制，实行土地的社会主义公有制。

【土地所有权】土地所有者依法占有、使用、处分土地，并从土地上获得合法收益的权利。是土地所有制在法律上的体现。土地所有权属财产权范畴。我国土地所有权分为国家土地所有权和集体土地所有权。《宪法》《民法典》《土地管理法》对土地所有权作了明确规定。中华人民共和国实行土地的社会主义公有制，即全民所有制和劳动群众集体所有制。城市市区的土地属于国家所有。农村和城市郊区的土地，除由法律规定属于国家所有的以外，属于农民集体所有；宅基地和自留地、自留山，属于农民集体所有。我国土地所有权具有以下法律特征：（一）土地所有权是一项专有权。土地所有权的权利主体只能是国家或农民集体，其他任何单位或个人都不享有土地所有权。（二）交易的限制性。《土地管理法》规定：任何单位和个人不得侵占、买卖或者以其他形式非法转让土地。（三）权属的稳定性。由于主体的特定性和交易的限制性，我国的土地所有权处于高度稳定的状态。除国家为了公共利益的需要，可以依法对集体的土地实行征收以外，土地所有权的归属状态不能改变。（四）权能的分离性。在土地所有权高度稳定的情况下，为实现土地资源的有效利用，法律将土地使用权从土地所有权中分离出来，使之成为一种相对独立的物权形态，并且能够交易。（五）土地所有权的排他性。即土地所有权的垄断性，一块土地只能有一个所有者，不能同时有多个所有者。（六）土地所有权具有追及力。土地为他人非法占有时，所有权人都可以向他主张权利。

【土地所有制】在一定的社会制度下，由国家确认的土地所有权归属的制度。其核心内容包括土地这一生产资料归谁所有、占有、使用、收益和处分。土地制度的重要组成部分。人类社会迄今出现的土地所有制有氏族公社土地所有制、奴隶主土地所有制、封建土地所有制、资本主义土地所有制和社会主义土地所有制等五种基本形态。中国是社会主义国家，实行土地的社会主义公有制。《土地管理法》规定，中华人民共和国实行土地的社会主义公有制，即全民所有制和劳动群众集体所有制。在具体划分上，城市市区的土地属于国家所有，即全民所有；农村和城市郊区的土地，除由法律规定属于国家所有的以外，属于农民集体所有；宅基地和自留地、自留山，属于农民集体所有。

【土地统计】在土地调查基础上，对土地的数量、质量、分布、权属、利用状况及其变化进行记载、汇总、分析的活动。社会经济统计的重要组成部分。分为初始土地统计和经常土地统计。根据国家有关规定，土地统计的对象是国家的全部土地资源，包括陆地和水域。土地统计过程分为统计设计、统计调查、统计整理和统计分析四个阶段若干步骤。（一）土地统计设计，指确定土地统计所要达到的目的，并围绕实现此目的对统计工作的各方面和全过程进行通盘考虑和协调安排，包括确定统计目标、设计统计指标和表格、制定统计调查方案等。（二）土地统计调查，指根据拟定的调查方案，采用科学的方法，有计划、有步骤地向被调查单位搜集土地变化资料的过程。土地统计调查分为资料调查和实地调查两种。（三）土地统计整理，指对土地调查中取得的各项原始资料进行整理、审核、汇总，使之系统化、条理化。（四）土地统计分析，指对土地统计调查、整理中获得的数据进行分析研究，说明土地利用状况，揭示土地变化规律，并提出解决问题的方案和建议。《土地管理法》规定：国家建立土地统计制度。县级以上人民政府统计机构和自然资源主管部门依法进行土地统计调查，定期发布土地统计资料。

【土地统计年报】由国家自然资源管理部门和国家统计部门制定的年度土地统计报表。它由多张表式组成：其中，国土年综 1 表反映完成土地详查县的土地利用现状分类。国土年综 2 表反映年度内因各种原因而引起的耕地增减变化。国土年综 3 表反映国家、集体、个人建设用地当年增加情况。国土年综 4 表反映城镇建设用地当年增加情况。国土年综 5 表反映土地概查县土地利用现状分类面积。土地统计年报是土地统计报表制度的主体，它的准确与否，既综合反映土地管理水平，又为土地规划和土地管理政策的制订提供重要的依据。

【土地统计台账】基层土地统计填报单位按照编制土地统计报表，进行土地统计分类与分析的要求，将原始记录和上报统计数科学分类、系统整理、按时间顺序集中汇录的一种登记表册。它是介于原始记录和统计报表之间的过渡记录，目的是把各时期、各用地部门分散的、具体的土地变化原始记录资料系统化、条理化和档案化。做好土地统计台账可以保证土地统计数据来源清楚，质有分类，量有记载，年年有滚动，是进行土地统计整理的必要工作。

【土地统计图】根据土地统计资料绘制的图件。利用图形来表述土地统计资料的方法，称为土地统计图示法。它具有直观、形象、具体的特点，便于识读，易于理解，可以产生鲜明、深刻的效果。土地统计图的作用有：（一）看图省时，能迅速明确地了解图中所表述的统计资料。（二）便于表现土地数量的比例关系，揭露土地总体内部结构，显示地类间的增减变化关系，表明土地现象在时间上的发展变化和地区上的分布状况，以及检查用地计划执行情况。（三）用图示描补法，可求得统计资料缺项的近似值。（四）可用图形对统计资料进行分析，借以反映土地变化过程的规律性。土地统计图的种类很多，如条形图、平面图、曲线图、形象图、统计地图等。各种统计图有不同的特点、作用，不同的绘制方法和绘制要求。

【土地统征】 也称“统一征地”。（见【统一征地】）

【土地投机】 通过土地买卖，非法牟取暴利的行为。土地违法行为的一种。我国的基本土地制度是土地的社会主义公有制，土地所有权的改变，只能通过征收，将集体土地收归国有。土地使用权的转让，必须依照法律规定进行。法律禁止任何单位和个人买卖或者以其他形式非法转让土地，牟取暴利。《土地管理法》规定，买卖或者以其他形式非法转让土地的，由县级以上人民政府自然资源主管部门没收违法所得；构成犯罪的，依法追究刑事责任。

【土地投资】 在土地上投入资金、人力、物力，进行开发建设，促进土地增值，从而获得收益的行为。分农业用地投资和建设用地投资。对农业用地的投资，主要指进行农田的基本建设，在农用地上投入适当的资金，采取工程、技术、生物等措施，兴修水利，改良土壤，以实现农产品的高产稳产。对建设用地的投资，主要指土地上的基础设施建设和房地产开发，而后通过转让房地产获取收益。土地投资是改善土地质量，提高土地效益的重要途径，应坚持科学的态度，注重规划，提高效率，实现可持续发展。

【土地退化】 由自然因素或人为因素导致土地质量下降的过程和结果。自然因素，如干旱、洪水、大风、暴雨、海潮等；人为因素主要指人类对土地利用不当，如干旱或半干旱区灌溉不当引起土壤次生盐渍化、不适当开垦引起土地沙化、草场过度放牧引起草场退化等。土地退化的结果，不仅使土地质量下降，甚至有使其丧失使用价值的可能。为了维持人类的生存空间，必须采取有效措施防止土地退化。

【土地外延开发】 “土地内涵开发”的对称。指为增加可利用土地面积而进行的土地开发活动，包括垦山开荒、围垦海涂、复垦工矿废弃土地等。土地外延开发的结果直接表现为区域乃至全社会土地利用规模的扩大和土地利用率的提高。在城市，未开发土地资源十分有限，外延开发主要通过征收郊区农村集体所有的土地，实现国有建设用地面积的增加。由于土地是一种不可再生的资源，其数量及可供开发利用量有限，人们对土地的外延开发活动不可能无限制进行下去，因此，必须十分重视节约集约利用土地。

【土地违法】违反土地管理法律规定，依法应当追究法律责任的行为。按照《土地管理法》，应当承担法律责任的土地违法行为主要有以下几种：（一）买卖或者以其他形式非法转让土地的；（二）非法占用耕地建窑、建坟或者擅自在耕地上建房、挖砂、采石、采矿、取土等，破坏种植条件的；（三）因开发土地造成土地荒漠化、盐渍化的；（四）拒不履行土地复垦义务的；（五）未经批准或者采取欺骗手段骗取批准，非法占用土地的，或超过批准的数量占用土地的；（六）无权批准征收、使用土地的单位或者个人非法批准占用土地的，或者超越批准权限非法批准占用土地的；（七）不按照土地利用总体规划确定的用途批准用地的，或者违反法律规定的程序批准占用、征收土地的；（八）侵占、挪用被征收土地单位的征地补偿费用和其他有关费用，构成犯罪的；（九）拒不交出依法收回国有土地使用权土地的，或者拒不归还到期临时使用土地的；（十）擅自将农民集体所有的土地通过出让、转让使用权或者出租等方式用于非农业建设，或者违法将集体经营性建设用地通过出让、出租等方式交由单位或者个人使用的；（十一）自然资源主管部门、农业农村主管部门的工作人员玩忽职守、滥用职权、徇私舞弊，构成犯罪的。发生土地违法行为，经查证，应当依法追究法律责任。

【土地违法案件】违反土地法律规定，依法应当追究法律责任的案件。构成土地违法必须具备以下条件：（一）有明确的行为人；（二）有违反土地法律的事实；（三）依照土地法律的规定应当追究法律责任。根据国家有关规定，土地违法案件立案、查处由土地所在地自然资源管理部门管辖。

【土地违法案件挂牌督办】国家自然资源行政主管部门对土地资源、国土空间规划等领域重大、典型违法违规案件的办理提出明确要求，公开督促省级自然资源主管部门限期办理，并向社会公开处理结果，接受社会监督的一种工作措施。根据《挂牌督办和公开通报违法违规案件办法》，符合下列情形之一的违法违规案件，可以挂牌督办：（一）违反国土空间规划和用途管制，违法突破生态保护红线、永久基本农田、城镇开发边界三条控制线，造成严重后果的；（二）违法违规占用耕地，特别是永久基本农田面积较大、造成种植条件严重毁坏的；（三）违法违规批准征占土地、建设、勘查开采矿产资源，造成严重后果的；（四）严重违反国家土地供应政策、土地市场政策，

T

以及严重违规开发利用土地的；（五）违法违规勘查开采矿产资源，情节严重或造成生态环境严重损害的；（六）严重违反测绘地理信息管理法律法规的；（七）隐瞒不报、压案不查、久查不决、屡查屡犯，造成恶劣社会影响的；（八）需要挂牌督办的其他情形。自然资源部通过信访、举报、领导批办、媒体曝光、监督检查、地方上报、部门移送等多种渠道获取案件线索，经部领导同意挂牌督办的，由部相关司局以自然资源部办公厅函的形式，向省级自然资源主管部门下达挂牌督办违法违规案件通知，并通过自然资源部门户网站、《中国自然资源报》或新闻发布会，及时向社会公开。督办案件查处结束后，省级自然资源主管部门将调查处理意见报自然资源部，由自然资源部在门户网站、《中国自然资源报》向社会公开，接受社会监督。

【土地违法行为查处】有管辖权的自然资源管理部门依法对违反土地法律法规的行为进行调查处理，实施法律制裁的行政执法行为。按照国家的有关规定，查处土地违法行为的基本流程包括：（一）违法线索发现；（二）线索核查与违法行为制止；（三）立案；（四）调查取证；（五）案情分析与调查报告起草；（六）案件审理；（七）作出处理决定（行政处罚决定或者行政处理决定）；（八）执行；（九）结案；（十）立卷归档。县级以上人民政府自然资源主管部门组织实施土地违法行为查处，具体工作依法由执法监察工作机构和其他业务职能工作机构按照职责分工承担。

【土地违法行政处罚】对土地违法行为作出处罚的行政决定。根据国家有关规定，土地违法行政处罚主要包括以下种类：（一）警告；（二）罚款；（三）没收违法所得、没收非法财物；（四）限期拆除；（五）吊销许可证；（六）法律法规规定的其他行政处罚。

【土地违法行政处罚决定书】对土地违法行为作出行政处罚决定的书面文件。根据国家有关规定，具有行政处罚权的县级以上自然资源主管部门对查证的土地违法行为作出处罚决定应当依法制作《行政处罚决定书》。《行政处罚决定书》包括以下内容：（一）自然资源主管部门名称、文书标题及文号；（二）当事人的姓名或者名称、地址等基本情况；（三）违反法律、法规或者规章的事实和证据；（四）告知、听证的情况；（五）行政处罚的具体依据和内容；（六）履行方式和期限；（七）不服行政处罚决定，申请行政复议或者提起行政诉讼的途径和期限；（八）拒不执行行政处罚决定的法律后果；（九）作出决定的日期及印章。《行政处罚决

T

定书》作出后，应当及时送达当事人。《行政处罚决定书》一经送达，即发生法律效力。

【土地违法证据】能够证明土地违法案件真实情况的客观事实。能够作为土地违法证据的材料主要有以下几种：（一）物证。指能够证明案件事实的物品和痕迹，如当事人违法占地建房所用的砖瓦，所建的房屋等。（二）书证。指能够证明案件情况的文字材料，如证明土地权属的文件，或者建设用地的申请表、批文等。（三）视听材料。指记载一定案情事实的录音、录像等。（四）证人证言。指证人向调查人就自己所了解知道的与案件有关的事实所作的口头或者书面的陈述。（五）当事人陈述。指当事人向办案人员所作的关于案件事实情况的叙述。（六）调查笔录和勘测笔录。指办案人员为查明事实，对违法现场进行实地测量、绘图、拍照的记录结果，或向当事人了解情况所作的谈话笔录。（七）鉴定结论。指为查明土地违法案情，聘请有关部门对需解决的专业性问题所进行的鉴定、所作的结论等。（八）其他。除上述证据以外的证据。

【土地位置】土地在空间上与其他事物的相互关系。分为绝对位置和相对位置。土地的绝对位置指土地所处的经纬度；相对位置则是指土地相对于其他地物的关系。每块土地都有特定的“三维”空间位置，这是土地区别于其他生产资料的一大特点。土地位置是决定土地等级和形成土地级差收益的重要条件。

【土地闲置】国有建设用地使用权人超过国有建设用地使用权有偿使用合同或者划拨决定书约定、规定的动工开发日期满 1 年未动工开发建设的行为。土地闲置是对土地资源的浪费。《土地管理法》规定：禁止任何单位和个人闲置、荒芜耕地。

【土地闲置费】依法对闲置土地的使用权人征缴的罚金。闲置土地处理方式之一。根据国家有关规定，因国有建设用地土地使用人原因造成土地闲置的，由市、县自然资源主管部门报经本级人民政府批准后，向使用权人下达《征缴土地闲置费决定书》，按照土地出让或者划拨价款的 20%征缴土地闲置费。国有建设用地使用权人应当自《征缴土地闲置费决定书》送达之日起 30 日内，按照规定缴纳土地闲置费。土地闲置费不得列入生产成本。

【土地限制性】“土地适宜性”的对称。指土地对某些用途的不适性或局限性。土地资源评价的内容之一。土地限制性主要通过土地的某些要素的不适宜或受限制程度来反映。如较陡的坡度限制种植业的发展；极干旱的气候限制农作物的种植等。在土地评价中常以土地限制性强度的大小来评定土地质量，限制程度小的土地质量高于限制性大的土地质量。也采用主导限制因素的评定方法，即某一土地类型可能存在多个限制因素，评定土地质量时，只选取其中限制强度最大，最为稳定的限制因素为评价因素。

【土地详查】“土地利用现状详查”的简称。（见【土地利用现状详查】）

【土地楔入】一个权属单位的土地楔入另一权属单位的土地之中，或两个权属单位的土地在边界上相互交错或楔入，形成土地外形不规则的现象。插花地的一种。

【土地信贷】也称“土地信用”。（见【土地信用】）

【土地信用】也称“土地信贷”，指以土地作为信用保证的资金借贷活动。土地金融的一种。主要形式有：（一）土地所有者与使用者达成土地使用权分期付款协议，订立转让契约，实现使用权转移；（二）土地使用者、经营者以土地作抵押，与金融机构达成协议，取得银行贷款；（三）土地经营者以土地收益为保证发行债券等。土地信用根据土地利用的需要分为短期信用、中期信用和中长期信用。短期信用指时间在1年（含）以内的贷款；中期信用指时间在1～5年的贷款；中长期信用指时间在5年以上的贷款。

【土地行政法规】国务院根据宪法、法律制定的土地方面的条例、规定、办法等的统称，如《土地管理法实施条例》《城镇国有土地使用权出让和转让暂行条例》《不动产登记暂行条例》等。土地行政法规的效力次于宪法、法律，适用于全国。

【土地行政复议】公民、法人或者其他组织认为土地行政管理机关的行政行为侵犯其合法权益，向有管辖权的行政机关提出复议申请，行政机关受理申请并作出复议决定的行政行为。根据国家有关法律，有下列情形之一的，公民、法人或者其他组织可以依法申请土地行政复议：（一）对土地行政机关作出的警告、罚款、没收违法所得、没收非法财物、责令停产停业、暂扣或者吊销许可证、暂扣或者吊销执照、行政拘留等行政处罚决定不服的；（二）对土地行政机关作出的限制人身自由或者查封、扣押、冻结财产等行政强制措施决定不服的；（三）对土地行政机关作出的有关许可证、执照、资质证、资格证等证书变更、中止、撤销的决定不服的；（四）对土地行政机关作出的关于确认土地、矿藏、水流、

T

森林、山岭、草原、荒地、滩涂、海域等自然资源的所有权或者使用权的决定不服的；（五）认为土地行政机关侵犯合法的经营自主权的；（六）认为土地行政机关变更或者废止农业承包合同，侵犯其合法权益的；（七）认为土地行政机关违法集资、征收财物、摊派费用或者违法要求履行其他义务的；（八）认为符合法定条件，申请行政机关颁发许可证、执照、资质证、资格证等证书，或者申请行政机关审批、登记有关事项，土地行政机关没有依法办理的；（九）认为土地行政机关的其他具体行政行为侵犯其合法权益的。土地行政复议程序包括申请、受理、审查、决定。土地行政复议机关作出行政复议决定，应当制作行政复议决定书，并加盖印章。行政复议决定书一经送达，即发生法律效力。公民、法人或者其他组织对土地行政复议决定不服的，可以依照《行政诉讼法》的规定向人民法院提起行政诉讼，但是法律规定土地行政复议决定为最终裁决的除外。

【土地行政复议机构】自然资源主管部门的法制工作机构或者专门承办行政复议事项的机构。

【土地行政复议机关】根据法律、行政法规规定履行行政复议职责的自然资源主管部门。

【土地行政复议决定书】自然资源行政复议机关按规定的程序，对审理终结的土地行政复议案件作出处理决定的书面文件。根据国家有关规定，自然资源行政复议机关作出行政复议决定，应当制作行政复议决定书，并加盖行政复议机关的印章或者行政复议专用章。行政复议决定书包括以下主要内容：（一）申请人的身份情况；（二）申请复议的主要请求和理由；（三）复议机关认定的事实和理由；（四）复议结论；（五）告知申请人不服复议决定的权利；（六）复议机关。行政复议决定书一经送达，即发生法律效力。

【土地行政管理】也称“土地管理”，或“地政”。（见【土地管理】）

【土地行政规章】享有制定行政规章权力的机关制定的有关土地方面的规范性文件。分为部门规章和地方政府规章。部门规章指国务院有关部门制定的规章，如自然资源部、住房城乡建设部；地方政府规章指省、自治区、直辖市人民政府和省、自治区人民政府所在地的市的人民政府制定的土地方面的规范性文件。土地行政规章以国家法律、法规及地方性法规为依据，适用于本行政区域。

【土地需求】人类为了生存和发展

而对土地的需要。人类对土地的需求包括两大类：农业用地需求和非农业用地需求。农业用地需求，指用于农业生产的土地需求，主要包括耕地、林地、园地、牧草地等的需求；非农业用地需求，指除农业生产用地以外的土地需求，主要包括城市用地、矿业用地、交通道路用地、旅游用地等的需求。随着经济的发展和城市化进程的加快，人类对土地的需求量越来越大，土地的供求矛盾也日渐突出。怎样合理、有效利用土地，以满足日益增长的土地需求，是摆在人类面前一个十分重要的课题。

【土地盐碱化】也称“土地盐渍化”，指土壤含盐碱成分增加，土地质量退化的过程。一般把地表层含有0.6%～2%以上易溶盐的土壤称为盐碱土。盐碱土根据含盐类别的不同又分为以含硫酸盐为主的酸盐土和以含碳酸盐为主的碱盐土。酸盐土容易被水冲淡，而碱盐土即使用水反复冲洗，也很难冲淡其中的盐碱成分。因此，碱盐土比酸盐土更难改良。盐碱土的形成是各种盐类在土壤中不断积累的过程，其积累方式受自然条件或人为因素的制约。海滨盐碱土是长期受海水浸蚀而成的；碱土与黄河泛滥沉积有密切关系；内陆盐碱土则是由于气候干旱、降雨量稀少、水分蒸发量大引起的。土地盐碱化危害严重，必须采取有效措施，通过兴修水利、植树造林等办法进行防治。

【土地一级开发】由城市人民政府或授权机构组织，对一定区域范围内的城市国有土地或农村集体土地进行统一征收后，进行相应的市政配套设施建设，使之达到建设用地条件的活动。土地开发方式的一种。分为城市土地一级开发和农村土地一级开发。城市土地一级开发主要内容包括城市棚户区改造、城中村改造、土地储备等；农村土地一级开发内容主要是农用地转为建设用地开发。土地一级开发程序主要包括项目用地审批、土地征收、房屋（建筑物）拆迁、土地平整及市政配套设施建设等环节。

【土地一级市场】也称“国有土地使用权出让市场”“房地产一级市场”，指国家通过城市人民政府将城镇国有土地使用权出让给土地使用者的市场。土地一级市场的交易方式主要有招标、拍卖、挂牌和协议出让等。招标出让，指在规定的期限内，由符合条件的单位或个人以书面投标形式，竞投某块土地的使用权，土地使用权出让人通过评标决标，择优选定土地使用者；拍卖出让，指在指定时间、地点和公开场合，由政府土地管理部门主持，采取公开竞价确定土地使用者；挂牌出让，指出让人发布挂牌公告，按公告规定的期限将拟出让宗地的交易条件在指定的土地交易场所挂牌公布，接受竞买人的报价申请并更新挂牌价格，根据挂牌期限截止时的出价结果或者现场竞价结果确定国有建设用地使用权人。协议出让，指出让方与受让方通过协商出让土地使用权。按照《宪法》，“城市的土地属于国家所有”。因此，土地一级市场实质是国家垄断的市场。

【土地永佃权】以支付佃租为代价，在他人土地上进行耕作或放牧的权利。封建社会中，地主利用权力或其他暴力方式霸占荒地、山地、滩地等土地，要求农民为之开垦或进行土壤改良，农民可以永久耕种这些土地，而地主则收取地租。农民获得种植这类土地的权利称之为“永佃权”。土地永佃权名义上可以继承、转租和转让。土地永佃权人发生变化，其产权是不变的。

【土地用途】土地的适用性，或指由土地的自然条件所决定的土地的使用功能。在土地利用调查中，土地用途指土地的实际利用状况。《土地管理法》明确，国家编制土地利用总体规划，规定土地用途，将土地分为农用地、建设用地和未利用地。农用地指直接用于农业生产的土地，包括耕地、林地、草地、农田水利用地、养殖水面等；建设用地指建造建筑物、构筑物的土地，包括城乡住宅和公共设施用地、工矿用地、交通水利设施用地、旅游用地、军事设施用地等；未利用地指农用地和建设用地以外的土地。在土地利用总体规划中明确土地用途，有利于实行最严格的土地用途管制制度。

【土地用途变更】“出让土地使用权土地用途变更”的简称。（见【出让土地使用权土地用途变更】）

【土地用途管制制度】国家通过编制土地利用总体规划，规定土地用途，划定土地利用区，限定土地使用条件，划分土地管理权限，要求土地所有者和使用者严格按照确定的土地用途利用土地的制度。我国土地管理的一项重要制度。《土地管理法》规定，国家实行土地用途管制制度，规定土地用途，将土地分为农用地、建设用地和未利用地。严格限制农用地转为建设用地，控制建设用地总量，对耕地实行特殊保护。土地用途管制制度包括以下内容：（一）对土地按科学合理原则进行分类；（二）进行土地登记，确定土地使用权性质；（三）编制土地利用总体规划，划定土地利用区，确定各区内土地使用条件；（四）对土地改变用途实行严格审批；（五）对违反土地用途管制行为进行查处。

【土地有偿使用费】“国有土地有偿

使用费”的简称。（见【国有土地有偿使用费】）

【土地增值】土地产出（地租）的增加。由于地租的资本化就是土地价格，因此，土地增值表现为土地价格的增加或上涨。土地增值的主要原因有：（一）土地位置相对变化，级差收益增加；（二）土地投入增加；（三）土地稀缺，供不应求。土地增值反映出社会生产力的发展。

【土地增值税】国家依法向转让国有土地使用权、地上建筑物及附着物，并取得增值收入的单位和个人征收的一种税。根据《土地增值税暂行条例》，土地增值税按照纳税人转让房地产所取得的增值额和超率累进税率计算征收。增值额指转让房地产所取得的收入，包括货币收入、实物收入和其他收入减去扣除项目金额后的余额。扣除项目包括：（一）取得土地使用权所支付的金额；（二）开发土地的成本、费用；（三）新建房及配套设施的成本、费用，或者旧房及建筑物的评估价格；（四）与转让房地产有关的税金；（五）财政部规定的其他扣除项目。土地增值税实行四级超率累进税率：增值额未超过扣除项目金额 50% 的部分，税率为 30%。增值额超过扣除项目金额 50%、未超过扣除项目金额 100% 的部分，税率为 40%。增值额超过扣除项目金额 100%、未超过扣除项目金额 200%的部分，税率为 50%。增值额超过扣除项目金额 200%的部分，税率为 60%。纳税人建造普通标准住宅出售，增值额未超过扣除项目金额 20%的；或因国家建设需要依法征收、收回的房地产，可以免征土地增值税。纳税人应当自转让房地产合同签订之日起 7 日内向房地产所在地主管税务机关办理纳税申报，并在税务机关核定的期限内缴纳土地增值税。

【土地占有权】土地权利人依法实际控制土地的权利。土地所有权权能之一。根据《土地管理法》，我国土地所有权的主体分别属于国家和集体。国家和集体作为土地所有权的主体，未必亲自经营和使用土地，这就导致了法律上土地所有权和占有权的分离。通常国家和集体转移土地使用权时，土地占有权随土地使用权同时转移。因此，取得土地使用权实际也就是取得了实际控制土地的权力，即取得了土地占有权。

【土地争议】也称“土地权属争议”，指因土地所有权和使用权归属问题而发生的纠纷。（见【土地权属争议】）

【土地征收】“国家建设用地征收”的简称。（见【国家建设用地征收】）

T

【土地征收成片开发】 简称“成片开发”，指在国土空间规划确定的城镇开发边界内的集中建设区，由县级以上地方人民政府组织的对一定范围的土地进行的综合性开发建设活动。根据《土地征收成片开发标准（试行）》，土地征收成片开发应当坚持新发展理念，以人民为中心，注重保护耕地，注重维护农民合法权益，注重节约集约用地，注重生态环境保护，促进当地经济社会可持续发展。县级以上地方人民政府应当按照《土地管理法》第四十五条规定，依据当地国民经济和社会发展规划、国土空间规划，组织编制土地征收成片开发方案，纳入当地国民经济和社会发展年度计划，并报省级人民政府批准。土地征收成片开发由县级以上地方人民政府组织实施。

【土地征收成片开发方案】 按照国家规定，对实施土地征收成片开发作出的具体打算和安排。《土地征收成片开发标准（试行）》规定，县级以上地方人民政府应当按照《土地管理法》第四十五条规定，依据当地国民经济和社会发展规划、国土空间规划，组织编制土地征收成片开发方案，纳入当地国民经济和社会发展年度计划，并报省级人民政府批准。土地征收成片开发方案应当包括下列内容：（一）成片开发的位置、面积、范围和基础设施条件等基本情况；（二）成片开发的必要性、主要用途和实现的功能；（三）成片开发拟安排的建设项目、开发时序和年度实施计划；（四）依据国土空间规划确定的一个完整的土地征收成片开发范围内基础设施、公共服务设施以及其他公益性用地比例；（五）成片开发的土地利用效益以及经济、社会、生态效益评估。土地征收成片开发方案应当充分征求成片开发范围内农村集体经济组织和农民的意见，并经集体经济组织成员的村民会议三分之二以上成员或者三分之二以上村民代表同意。未经集体经济组织的村民会议三分之二以上成员或者三分之二以上村民代表同意，不得申请土地征收成片开发。省级人民政府应当组织人大代表、政协委员和土地、规划、经济、法律、环保、产业等方面的专家组成专家委员会，对土地征收成片开发方案的科学性、必要性进行论证。论证结论应当作为批准土地征收成片开发方案的重要依据。

【土地征收程序】“国家建设用地征收程序”的简称。（见【国家建设用地征收程序】）

【土地整理】 为改变地块零散、插花状况，改良土地，提高土地利用率、生产率、劳动生产率和改善环境而采取的一整套合理组织土地利用、调整土地权属的综合措施。分城镇用地整理、村镇用地整理、农用地整理。城镇用地整理指城镇范围内的土地整理，包括根据城镇发展的需要，将某些房屋陈旧密集、交通拥挤、基础设施落后、不合经济利用的地段内的土地重新安排用途，调整地界，并改善公共设施和环境，使成为合乎经济利用的地段。村镇用地整理指农村居民点范围内的土地整理，包括重新配置各类村庄用地，调整地界，同时进行住宅更新、公共设施建设和环境建设。农用地整理指农业用地的土地整理，包括归并零散地块、调整农地结构和地界、建设农业基础设施、改良土地等。国家鼓励土地整理。

【土地执法公示制度】县级以上自然资源主管部门在行政执法中向社会公开执法信息，接受社会公众监督的制度安排。根据《自然资源执法监督规定》，县级以上自然资源主管部门实行行政执法公示制度，建立行政执法公示平台，依法及时向社会公开下列信息，接受社会公众监督：（一）本部门执法查处的法律依据、管辖范围、工作流程、救济方式等相关规定；（二）本部门自然资源执法证件持有人姓名、编号等信息；（三）本部门作出的生效行政处罚决定和行政处理决定；（四）本部门公开挂牌督办案件处理结果；（五）本部门认为需要公开的其他执法监督事项。

【土地执法监督】县级以上自然资源主管部门依照法定职权和程序，对公民、法人和其他组织违反土地法律法规的行为进行检查、制止和查处的行政执法活动。根据《自然资源执法监督规定》，县级以上自然资源主管部门依照法律法规规定，履行下列执法监督职责：（一）对执行和遵守土地法律法规的情况进行检查；（二）对发现的违反土地法律法规的行为进行制止，责令限期改正；（三）对涉嫌违反土地法律法规的行为进行调查；（四）对违反土地法律法规的行为依法实施行政处罚和行政处理；（五）对违反土地法律法规依法应当追究国家工作人员责任的，依照有关规定移送监察机关或者有关机关处理；（六）对违反土地法律法规涉嫌犯罪的，将案件移送有关机关；（七）法律法规规定的其他职责。市、县自然资源主管部门应当建立执法巡查、抽查制度，组织开展巡查、抽查活动，及时发现、报告和依法制止土地违法行为。县级以上自然资源主管部门履行执法监督职责，依法可以采取下列措施：（一）要求被检查的单位或者个人提供有关文件和资料，进行查阅或者予以复制；（二）要求被检查的单位或者个人就有关问题作出说明，询问违法案件的当事人、嫌疑人和证人；

T

（三）进入被检查单位或者个人违法现场进行勘测、拍照、录音和摄像等；（四）责令当事人停止正在实施的违法行为，限期改正；（五）对当事人拒不停止违法行为的，应当将违法事实书面报告本级人民政府和上一级自然资源主管部门，也可以提请本级人民政府协调有关部门和单位采取相关措施；（六）对涉嫌违反自然资源法律法规的单位和个人，依法暂停办理其与该行为有关的审批或者登记发证手续；（七）对执法监督中发现有严重违反土地法律法规，土地管理秩序混乱，未积极采取措施消除违法状态的地区，其上级自然资源主管部门可以建议本级人民政府约谈该地区人民政府主要负责人；（八）执法监督中发现有地区存在违反自然资源法律法规的苗头性或者倾向性问题，可以向该地区的人民政府或者自然资源主管部门进行反馈，提出执法监督建议；（九）法律法规规定的其他措施。有下列情形之一的，县级以上自然资源主管部门及其执法人员，应当采取相应处置措施，履行执法监督职责：（一）对于下达《责令停止违法行为通知书》后制止无效的，及时报告本级人民政府和上一级自然资源主管部门；（二）依法没收建筑物或者其他设施，没收后应当及时向有关部门移交；（三）发现违法线索需要追究刑事责任的，应当依法向有关部门移送违法犯罪线索；（四）依法申请人民法院强制执行，人民法院不予受理的，应当作出明确记录。土地执法监督是自然资源行政主管部门切实保护自然资源，维护公民、法人和其他组织的合法权益的重要职责，必须遵循依法、规范、严格、公正、文明的原则进行。

【土地制度】人类社会一定发展阶段中土地所有关系和使用关系的总称。包括土地的所有、占有、支配和使用等方面的关系。土地制度一般分为所有制度和使用制度。土地所有制是人们在一定社会条件下拥有土地的形式、条件和程序。它指明土地这一生产资料的归属和分配问题，即土地属于谁，谁应该享有土地的权利、责任和利益。人类社会迄今出现的土地所有制有氏族公社土地所有制、奴隶主土地所有制、封建土地所有制、资本主义土地所有制和社会主义土地所有制五种基本形态。土地使用制度是人们在一定的土地所有制下使用土地的形式、条件和程序。它指明人们怎样对土地资源加以利用和取得收益，谁享有土地使用权及其权利、义务和利益等。

【土地质量】土地满足一种或多种用途的程度。是土地综合性质的具体反映。由于构成土地的各种自然因素不同，加上人们长期开发利用的多样性，每块土地之间在质量上都表现出较大的差异。土地质量的差异可以用土地特性指标综合表述，也可以用土地的生产力指标表示。在不同的土地利用状态下，土地质量的含义也不相同，如在农业中，土地质量指的是土地生产力的差异，即土地劳动生产率的高低；在工业、交通、城镇等非农业建设利用中，则指以区位条件差异为主造成的劳动生产率或土地使用效益的差异。

【土地置换】“土地使用权置换”的简称。(见【土地使用权置换】)

【土地专项调查】根据国土资源管理需要，在特定范围、特定时间内对特定对象进行的专门调查。土地调查种类之一。土地专项调查内容包括耕地后备资源调查、土地利用动态遥感监测和勘测定界等。土地专项调查由县级以上自然资源主管部门组织实施，专项调查成果报上一级自然资源主管部门备案。全国性的土地专项调查，由自然资源部组织实施。

【土地资本】为改良土地而投入土地并固定于土地上的投资。包括用于在较短时间内发挥效益的土壤改良、施肥等的投资，以及用于在较长时期中发挥效益的水利设施建设、土地平整、建造建筑物、构筑物等的投资。按照马克思地租理论，由土地资本带来的土地收入的增加属于利息和经营利润，是农业工人所创造的剩余价值的一部分，是级差地租Ⅱ的来源。

【土地资产】能够被人类占有、使用、支配和交易的土地。财产的一种。土地资产具有多重特性：(一)自然特性。如土地面积的有限性(稀缺性)、空间位置的固定性等；(二)经济特性。如用途的多样性、价值的永续性和可增值性、可交易性；(三)法律特性。有明确的所有权、使用权、占有权、收益权等。土地资产按所有权性质可分为国有土地和集体土地；按用途可分为商业用地、工业用地、住宅用地和其他用地等；按地理位置可分为市区土地、郊区土地、农村土地等；按土地利用程度可分为已开发土地、待开发土地和未利用地等。

【土地资源】现在和可预见的将来能够为人类所利用的土地。按地形可分为高原、山地、丘陵、平原、盆地等；按是否利用可分为已利用土地和未利用土地；按利用类型可分为耕地、林地、牧地、水域、城镇居民用地、交通用地等。土地资源是自然的产物，具有总量的有限性、位置的固定性、区位的差异性、经济供给的稀缺性和利用的可持续性等特点。

【土地资源保护】通过法律的、行

政的和科学技术等手段，保护土地资源不受破坏，使之可以永续利用的各类措施的总和。我国的基本国策之一。具体而言，就是对已开发利用的土地资源，要坚持因地制宜、科学种田、保护和节约集约利用相结合的原则，防止土地沙漠化、盐渍化；对未开垦的土地，必须进行综合调查研究，统筹规划，以期得到合理开发和利用。

【土地资源调查】为查清某一国家、某一地区的土地数量、质量、空间分布及其利用状况而进行的量测、分析和评价工作。土地调查的一种。按调查目的不同分为土地（组成）要素调查、土地类型调查、土地覆被调查、土地利用现状调查、宜农荒地调查、耕地后备资源调查等。调查方法主要有土地普查、路线调查、样地调查和综合方法调查等。调查成果包括各种数据、图表、文字资料等。土地资源调查是编制国民经济和社会发展规划、计划的基础，由国家自然资源管理部门组织实施。

【土地自然属性】土地本身固有的内在属性。包括自然因素的地质、地貌、气候、水文、植被、土壤和微生物等相互作用而形成的综合特征。土地的自然属性是土地生产潜力的高低，也是土地质量高低的基础。体现在生产上，则是土地对植物的适宜性和适宜程度，以及限制性和限制强度。土地自然属性是衡量土地质量等级的重要依据。

【土地自然性状调查】对土地自然属性的调查，包括气候、水文、地质、地形地貌、土壤、植被等。土地调查的一种。

【土地总登记】在一定时间内对辖区内全部土地或者特定区域内土地进行的全面登记。是地方人民政府为查明本辖区土地利用情况进行的土地登记。根据国家有关规定，土地总登记前地方人民政府应当发布通告。通告的主要内容包括：（一）土地登记区的划分；（二）土地登记的期限；（三）土地登记收件地点；（四）土地登记申请人应当提交的相关文件材料；（五）需要通告的其他事项。对符合总登记要求的宗地，由自然资源行政主管部门予以公告。公告的主要内容包括：（一）土地权利人的姓名或者名称、地址；（二）准予登记的土地坐落、面积、用途、权属性质、使用权类型和使用期限；（三）土地权利人及其他利害关系人提出异议的期限、方式和受理机构；（四）需要公告的其他事项。公告期满，当事人对土地总登记审核结果无异议或者异议不成立的，由自然资源行政主管部门报经人民政府批准后办理登记手续。

【土地租赁】也称“土地使用权出

租”。(见【土地使用权出租】)

【土改】“土地改革运动”的简称。(见【土地改革运动】)

【屯田制】中国古代汉以后政府为解决军队给养，推行的一种利用士兵和无地农民垦种荒地的制度。分为军屯和民屯。汉武帝时首次在边疆地区利用士兵进行大规模屯田，每60人为1营，一边戍守，一边垦荒种地，称为“军屯”；三国时期曹魏在许昌招募农民屯田，当年得谷百万斛。后推广到各州郡，由典农官募民耕种，称为“民屯”。民屯每50人为1屯，收成与国家分成：使用官牛者，官6民4；使用私牛者，官民对分。屯田之民免服兵役和徭役，称“屯田客”。屯田农民不得随便离开屯田。曹魏屯田对安置流民，开垦荒地，恢复农业生产发挥了重要的作用，为曹操统一北方创造了物质条件。建安时期之后，民屯制度多有演变。曹魏末年，屯田制度已名存实亡。魏咸熙元年（公元264年）司马氏当政，下令废除屯田制。

【托老所】为短期接待老年人托管服务的社区养老服务场所。一般设有老年人起居生活、文化娱乐、医疗保健等多项服务设施。托老所按托管服务性质可分为日托和全托两种。

【托伦斯登记制】也称“权利交付主义登记”，指经实质审查后，用登记机关发放的权利证书，确认产权以便利不动产物权转移的登记制度。澳大利亚托伦斯爵士提出的一种不动产登记制度。其主要特点是：（一）初次登记不强制，但一经登记即进入强制登记状态。不强制要求一切土地都必须登记，但任何一块土地只要经第一次登记，其后的每一次土地权利的转移或变动，都必须经过登记，非经登记不发生效力。（二）登记有公信力。土地权利一经登记，便有不可推翻的效力。（三）土地登记机关负有赔偿责任。土地登记后产生的不可推翻的效力是由国家保证的，国家专门从收取的土地登记费中提取一定比例资金作为保证金，以赔偿由于错登而使土地权利人所受的损失。（四）采取实质审查主义。登记机关对土地登记进行实质性审查，并可要求经公告程序后方准予登记。（五）颁发权利凭证。土地登记簿填写两份，登记机关保留正本，权利人取得副本，正副本内容完全一致，副本作为土地权利人持有的土地权利凭证。（六）登记簿上的编成采取人的编成主义。土地登记簿按土地权利人登记的先后次序编成，而不是以土地为标准。（七）地籍图可辅助说明登记簿的内容。（八）土地上如设有抵押权或其他权利，则作为该块土地的负担登记。（九）土地经登记后，如有处分或设定负担，以及其他各种法律行为，须依照法定的契约方式，订立契约。采用托伦斯登记制度的国家或地区主要有澳大利亚、英国、爱尔兰、加拿大、美国少数州、菲律宾、泰国、马来西亚、南非、苏丹等。

Ww

【外廊式住宅】采用靠外墙的公共走廊进入各户的住宅建筑。可分为长外廊和短外廊两种。长外廊式住宅一梯多户，分户明确，每户均有较好的朝向、采光和通风。其缺点是每户均需经过公共走廊进入，因此有视线和声响上的干扰。短外廊式住宅避免了外廊的干扰，一般一梯三至五户。外廊式住宅按其朝向有南廊和北廊两种。南廊有利于在廊内活动，但南向外廊对居室干扰较大，且影响南向房间的采光、日照。北廊可靠廊布置辅助房间或小居室，可以减少对主要居室的干扰，一般采用较多。

【外商投资负面清单】外商在中华人民共和国境内禁止和限制投资经营的行业、领域、业务等的清单。负面清单的一种。《关于实行市场准入负面清单制度的意见》明确，外商投资负面清单适用于境外投资者在华投资经营行为，是针对外商投资准入的特别管理措施。市场准入负面清单由国务院统一制定发布。

【外销房】“外销商品房”的简称。（见【外销商品房】）

【外销商品房】“内销商品房”的对称。简称“外销房”，指我国改革开放初期部分沿海城市开发建造的，向港澳台同胞、华侨、外国人出售的商品房。按照国家有关规定，外销商品房开发经营的政策特点包括：（一）土地使用权有偿取得，主要方式有招标、拍卖两种；（二）可在境内、外出售；（三）购房对象为与我国有外交关系或商务关系的国家的公民、企业等；（四）有一定的使用期限；（五）依法取得的外销商品房可转让、出租等。外销商品房是我国改革开放的产物。随着我国加入WTO，统一的房地产市场的建立，内外销商品房并轨，外销商品房的概念不复存在。

【完整居住社区】在居民适宜步行范围内有完善的基本公共服务设施、健全的便民商业服务设施、完备的市政配套基础设施、充足的公共活动空间、全覆盖的物业管理和健全的社区管理机制，且居民归属感、认同感较强的居住社区。是为群众日常生活提供基本服务和设施的生活单元，也是社区治理的基本单元。根据《完整居住社区建设指南》，完整居住社区以居民步行 5～10 分钟到达幼儿园、老年服务站等社区基本公共服务设施为原则，单个居住社区以0.5～1.2 万人规模为宜，建设要求包括（一）基本公共服务设施完善：包括一个社区综合服务站、一个幼儿园、一个托儿所、一个老年服务站和一个社区卫生服务站。（二）便民商业服务设施健全：包括一个综合超市、多个邮件和快件寄递服务设施以及其他便民商业网点。（三）市政配套基础设施完备：包括水、电、路、气、热、信等设施，停车及充电设施、慢行系统、无障碍设施和环境卫生设施。（四）公共活动空间充足：包括公共活动场地和公共绿地。（五）物业管理全覆盖：包括物业服务和物业管理服务平台。（六）社区管理机制健全：包括管理机制、综合管理服务和社区文化。（参见附录四完整居住社区建设标准）

【危房】“城市危险房屋”的简称。（见【城市危险房屋】）

【危房等级】按照一定的标准，对城市房屋的危险程度划分的级别。根据《危险房屋鉴定标准》（JGJ 125—2016），城市房屋根据危险程度划分为：（一）A 级：无危险构件，房屋结构能满足安全使用要求；（二）B 级：个别结构构件评定为危险构件，但不影响主体结构安全，基本能满足安全使用要求；（三）C 级：部分承重结构不能满足安全使用要求，房屋局部处于危险状态，构成局部危房；（四）D 级：承重结构已不能满足安全使用要求，房屋整体处于危险状态，构成整幢危房。

【危棚简屋】城市中危房、棚户和简陋房的统称。危棚简屋大都建造年代久远，房屋结构简陋，抗灾性差，无厨房、卫生设施，居住拥挤，采光通风不良，居住环境恶劣。是城市旧区改造的重点。

【危险房屋】“城市危险房屋”的简称。（见【城市危险房屋】）

【微利商品房】房改用语。也称“微利房”，指由地方政府组织建设和管理，以保本微利的价格出售给符合条件的住房困难家庭的普通商品住房。住房商品化过程中一种带有市场化性质的住房。

【违规销售商品房】违反国家商品房销售管理规定销售商品房的行为。根据《商品房销售管理办法》，下列行为属违规销售商品房：（一）未按照规定的现售条件现售商品房的；（二）未按照规定在商品房现售前将房地产开发项目手册及符合商品房现售条件的有关证明文件报送房地产开发主管部门备案的；

（三）返本销售或者变相返本销售商品房的；（四）采取售后包租或者变相售后包租方式销售未竣工商品房的；（五）分割拆零销售商品住宅的；（六）不符合商品房销售条件，向买受人收取预订款性质费用的；（七）未按照规定向买受人明示《商品房销售管理办法》《商品房买卖合同示范文本》《城市商品房预售管理办法》的；（八）委托没有资格的机构代理销售商品房的。按照《商品房销售管理办法》，违规销售商品房将被处以警告，责令限期改正，并可处以 1 万元以上 3 万元以下罚款。

【违规协议出让国有土地使用权】 违反国家法律法规规定出让国有土地使用权的行为。有下列行为之一的，属违规协议出让国有土地使用权：（一）不按照规定公布国有土地使用权出让计划或者协议出让结果的；（二）确定出让底价时未经集体决策的；（三）泄露出让底价的；（四）低于协议出让最低价出让国有土地使用权的；（五）减免国有土地使用权出让金的。《协议出让国有土地使用权规定》规定，违反本规定，有上述行为之一的，对直接负责的主管人员和其他直接责任人员依法给予行政处分，情节严重构成犯罪的，依法追究刑事责任。

【违约金】 指一方当事人违约时，按约定给付对方的一定数额的金钱或财物。违约金具有担保债务履行的功效，又具有惩罚违约人和补偿无过错一方当事人所受损失的作用。《民法典》规定，当事人可以约定一方违约时应当根据违约情况向对方支付一定数额的违约金，也可以约定因违约产生的损失赔偿额的计算方法。约定的违约金低于造成的损失的，人民法院或者仲裁机构可以根据当事人的请求予以增加；约定的违约金过分高于造成的损失的，人民法院或者仲裁机构可以根据当事人的请求予以适当减少。当事人就迟延履行约定违约金的，违约方支付违约金后，还应当履行债务。

【违约责任】 当事人一方不履行合同义务或者履行合同义务不符合合同约定，依法应当承担民事责任的行为。合同责任的一种。分为不履行、不完全履行与迟延履行；实际违约与预期违约等。根据《民法典》，当事人一方不履行合同义务或者履行合同义务不符合约定的，应当承担继续履行、采取补救措施或者赔偿损失等违约责任。继续履行，也称强制实际履行，指违约方根据对方当事人的请求继续履行合同规定的义务的违约责任形式。采取补救措施，指矫正合同不适当履行（质量不合格）、使履行缺陷得以消除的具体措施。赔偿损失，也称违约损害赔偿，指违约方以支付金钱的方式弥补受害方因违约行为所减少的财产或者所丧失的利益的责任形式。《民法典》规定，当事人一方不履行合同义务或者履行合同义务不符合约定的，在履行义务或者采取补救措施后，对方还有其他损失的，应当赔偿损失。

【委托代理】 也称“意定代理”或“授权代理”，指代理人按照被代理人的委托行使代理权的行为。代理方式的一种。委托代理，委托代理人必须按照被代理人的委托行使代理权。根据《民法典》，委托代理授权采用书面形式的，授权委托书应当载明代理人的姓名或者名称、代理事项、权限和期限，并由被代理人签名或者盖章。有下列情形之一的，委托代理终止：（一）代理期限届满或者代理事务完成；（二）被代理人取消委托或者代理人辞去委托；（三）代理人丧失民事行为能力；（四）代理人或者被代理人死亡；（五）作为代理人或者被代理人的法人、非法人组织终止。

【委托合同】 也称“委任合同”，指委托人与受托人约定，由受托人处理委托人事务的合同。典型合同的一种。其中，委托他人为自己处理事务的人称委托人，接受他人委托的人称受托人。委托合同的主要条款有：当事人姓名、委托事项、受托人处理委托事务的权限与具体要求、委托期限、委托双方的权利和义务、委托人支付受托人处理委托事务所付费用的时间、方式、报酬及支付方式、违约责任、合同争议的解决方式等。委托合同为诺成合同、双务合同。

【未利用地】 农用地和建设用地以外的土地。土地利用分类之一。在《土地利用现状分类》（GB/T 21010—2017）中，未利用地包括水域及水利设施用地、其他用地 2 个一级类；其他草地、河流水面、湖泊水面、沿海滩涂、内陆滩涂、沼泽地、冰川及永久积雪、盐碱地、沙地、裸土地、裸岩石砾地 11 个二级类。

【文化用地】 也称“文化设施用地”，指图书、展览等公共文化活动设施用地。《国土空间调查、规划、用途管制用地用海分类指南》中“公共管理与公共服务”下一个二级类用地。下设图书与展览用地、文化活动用地 2 个三级地类。图书与展览用地指公共图书馆、博物馆、科技馆、公共美术馆、纪念馆、规划建设展览馆等设施用地；文化活动用地指文化馆（群众艺术馆）、文化站、工人文化宫、青少年宫（青少年活动中心）、妇女儿童活动中心（儿童活动中心）、老年活动中心、综合文化活动中心、公共剧场等设施用地。

【文物建筑】不可移动文物中的古建筑、近代现代重要史迹和代表性建筑。

【五分钟生活圈居住区】城市规划用语。指以居民步行五分钟可满足其基本生活需求为原则划分的居住区范围。生活圈居住区的一种。一般由支路及以上级城市道路或用地边界线所围合，居住人口规模为 5000～12000 人（约 1500～4000 套住宅），配建社区服务设施。

链接：五分钟生活圈居住区用地控制指标

五分钟生活圈居住区用地控制指标

建筑气候区划	住宅建筑平均层数类别	人均居住区用地面积（m^2/人）	居住区用地容积率	居住区用地构成（%）				
				住宅用地	配套设施用地	公共绿地	城市道路用地	合计
Ⅰ、Ⅶ	低层（1层～3层）	46～47	0.7～0.8	76～77	3～4	2～3	15～20	100
Ⅱ、Ⅵ		43～47	0.8～0.9					
Ⅲ、Ⅳ、Ⅴ		39～47	0.8～0.9					
Ⅰ、Ⅶ	多层Ⅰ类（4层～6层）	32～43	0.8～1.1	74～76	4～5	2～3	15～20	100
Ⅱ、Ⅵ		31～40	0.9～1.2					
Ⅲ、Ⅳ、Ⅴ		29～37	1.0～1.2					
Ⅰ、Ⅶ	多层Ⅱ类（7层～9层）	28～31	1.2～1.3	72～74	5～6	3～4	15～20	100
Ⅱ、Ⅵ		25～29	1.2～1.4					
Ⅲ、Ⅳ、Ⅴ		23～28	1.3～1.6					
Ⅰ、Ⅶ	高层Ⅰ类（10层～18层）	20～27	1.4～1.8	69～72	6～8	4～5	15～20	100
Ⅱ、Ⅵ		19～25	1.5～1.9					
Ⅲ、Ⅳ、Ⅴ		18～23	1.6～2.0					

资料来源：《城市居住区规划设计标准》(GB 50180—2018)

W

【五险一金】五种社会保险和住房公积金的合称。“五险”包括养老保险、医疗保险、失业保险、工伤保险和失业保险；“一金”指住房公积金。其中养老保险、医疗保险和失业保险的保费由企业和职工个人共同缴纳；工伤保险和生育保险完全是由企业承担，职工个人不需要缴纳。住房公积金由单位和职工个人按规定比例共同缴存。

【五项因素租金】房改用语。也称

"成本租金"。(见【成本租金】)

【物】能够成为民事法律关系的客体，并能为人所支配和利用的一切物质资料，包括天然存在的自然物和经劳动创造的物。民事权利客体的一种。物既可以是固体，也可以是液体和气体。法律上能作为民事权利标的的物应具备以下条件：(一)必须具备一定的物理或化学的自然属性，并且能够用现代技术测试；(二)能满足人们物质和精神生活需要，并构成人们财产的一部分；(三)能为人们支配和控制。物的种类和范围取决于一定社会的物质生产方式和统治阶级的意志。在我国，从不同的角度，物可以分为：生产资料和消费资料；固定资产和流动资产；流通物和限制流通物；动产和不动产；主物和从物；可分物和不可分物；可消耗物和不可消耗物；原物和孳息等。

【物的征收】简称"征收"，指国家为了公共利益的需要，以行政权取得集体、单位和个人财产所有权的行为。物权变动的一种特殊形式。物的征收，只有在为了公共利益需要的前提下才能实施。征收的主体是国家。通常是政府以行政命令的方式从集体、单位和个人手中取得土地、房屋等财产，如农村集体土地征收、城市国有土地上的房屋征收。根据《民法典》，物的征收必须依照法律规定的权限和程序进行，对于被征收财产所有人应当给予公平、合理的补偿。

【物的征用】简称"征用"，指国家为了抢险、救灾等公共利益需要，在紧急情况下强制性地使用单位、个人的不动产或者动产的行为。与征收不同之处是，征用的目的在于获得对物的使用权，不导致所有权的转移，被征用之物使用后，应当返还被征用人。根据《民法典》，物的征用必须依照法律规定的权限和程序进行，对于被征用财产所有人应当给予公平、合理的补偿。

【物价指数】也称"商品价格指数"，指报告期商品的实际平均价格水平与基期平均价格水平比较的相对值。一种经济指数。各种物价指数的计算方式是以报告期商品数量乘报告期价格之积为被除数，以报告期商品数量乘基期价格之积为除数所得的商。其商大于1者反映物价水平上涨的趋向和程度，其商小于1者反映物价水平下降的趋向和程度。物价指数通常以百分比表示，故须将其指数乘以100，并根据指数大于或小于100去断定物价水平上涨或下降的趋向和程度。典型的物价指数有两种：即物价总指数和特定物价指数。物价总指数用来说明全部商品价格的变动；特定物价指数用来说明某一种商品的价格变动。在统计分析中，物价指数通常指物价总指数。我国物价指数由国家统计局负责统计并公布。

【物联网】 通过信息传感设备实现智能化识别、定位、跟踪、监控和管理的一种网络技术和网络服务。物联网建立在互联网的基础上，包括两层含义：一是物联网的核心和基础仍然是互联网，是在互联网基础上的延伸和扩展的网络；二是物联网的用户端延伸和扩展到了任何物品与物品之间，进行信息交换和通信。物联网的概念最早由美国麻省理工学院自动识别中心的K. 阿什顿教授在1999年提出。2005年11月，国际电信联盟（ITU）在突尼斯举行的信息社会峰会上发布的《ITU互联网报告2005：物联网》正式提出了物联网的概念。在物联网时代，通过在各种各样的日常用品上嵌入一种短距离的移动收发器，人类在信息与通信世界里将获得一个新的沟通维度，实现跨时空的物与物、物与人、人与人的沟通连接。物联网的本质特征有三个方面：（一）具有互联网特征，需要联网的物一定能够实现互联互通功能；（二）具有识别与通信特征，纳入物联网的物一定要具备自动识别与物物通信功能；（三）具有智能化特征，网络系统应具有自动化、自我反馈与智能控制的特点。物联网是新一代信息网络技术的高度集成和综合运用，是新一轮产业革命的重要方向和推动力量，对于培育新的经济增长点、推动产业结构转型升级、提升社会管理和公共服务的效率和水平具有重要意义。

【物流仓储用地】 国家和省级战略性储备库以外，城、镇、村用于物资存储、中转、配送等设施用地，包括附属设施、道路、停车场等用地。《国土空间调查、规划、用途管制用地用海分类指南》中“仓储用地”下一个二级类用地。下设一类物流仓储用地、二类物流仓储用地、三类物流仓储用地3个三级类用地。一类物流仓储用地指对居住和公共环境基本无干扰、污染和安全隐患，布局无特殊控制要求的物流仓储用地；二类物流仓储用地指对居住和公共环境有一定干扰、污染和安全隐患，不可布局于居住区和公共设施集中区内的物流仓储用地；三类物流仓储用地指用于存放易燃、易爆和剧毒等危险品，布局有防护、隔离要求的物流仓储用地。

【物权】 指权利人依法对特定的物享有直接支配和排他的权利，包括所有权、用益物权和担保物权。所有权，指所有权人对自己的不动产或者动产，依法享有占有、使用、收益和处分的权利。用益物权，指用益物权人对他人所有的不动产或者动产，依法享有占有、使用和收益的权利。担保物权，指担保物权人在债务人不履行到期债务或者发生当事人约定的实现担保物权的情形，依法享有就担保财产优先受偿的权利。物权在法律上具有以下特征：（一）物权的标的是物；（二）物权的权利主体是特定的，而义务主体则是不特定的；（三）物权的内容是直接支配一定的物，并排斥他人干涉；（四）物权具有追及效力和优先效力。根据《民法典》，不动产物权的设立、变更、转让和消灭，应当依照法律规定登记。动产物权的设立和转让，应当依照法律规定交付。依法设立的物权，包括国家、集体、私人的物权和其他权利人的物权受法律平等保护，任何组织或者个人不得侵犯。

【物权保护】通过法律规定的途径和方式，保障权利人在法律许可的范围内，对其所有的财产行使占有、使用、收益、处分权利的一系列规则、制度的统称。分为救济途径和保护方式。（一）救济途径。物权受到侵害的，权利人可以通过和解、调解、仲裁、诉讼等途径解决。和解，指当事人之间私下了结。调解，指通过第三人调停解决纠纷。仲裁，指当事人协议选择仲裁机构，由仲裁机构裁决解决争端。诉讼，指向法院提起民事诉讼，由法院依法判决。（二）保护方式。分为物权性质的保护和债权性质的保护。物权性质的保护方式有物权确认请求权、返还原物请求权、排除妨害请求权、防止妨害请求权等；债权性质的保护方式有恢复原状请求权、损害赔偿请求权和承担其他民事责任请求权等。根据《民法典》，物权的保护方式，可以单独适用，也可以根据权利被侵害的情形合并适用。

【物权公示】在物权变动时，依法将物权变动的事实通过一定的方式向社会公开的行为。如不动产登记。物权变动行为包括不动产物权的设立、变更、转让和消灭；动产物权的设立和转让。《民法典》规定，不动产物权的设立、变更、转让和消灭，应当依照法律规定登记。动产物权的设立和转让，应当依照法律规定交付。物权公示是为了让他人清楚地知道谁是权利人，以维护权利人、与交易有关的人的合法权益。

【物业】香港房地产用语。指财产、资产、地产、房地产等。法律中的表述为，物业指已经建成并投入使用的各类房屋及其与之相配套的设备、设施和场地。物业可大可小，一个单元住宅可以是一项物业，一座大厦也可以作为一项物业，同一建筑物还可按权属的不同分割为若干物业。物业按不同用途可分为居住物业、商业物业、工业物业和其他用途物业等。

【物业服务】也称“物业管理”。

(见【物业管理】)

【物业服务费包干制】简称“包干制”，指由业主向物业服务企业支付固定物业服务费用，盈余或者亏损均由物业管理企业享有或者承担的物业服务计费方式。市场化物业服务收费方式的一种。根据国家有关规定，实行物业服务费用包干制的，物业服务费用的构成包括物业服务成本、法定税费和物业管理企业的利润。其中，物业服务成本构成一般包括：（一）管理服务人员的工资、社会保险和按规定提取的福利费等；（二）物业共用部位、共用设施设备的日常运行、维护费用；（三）物业管理区域清洁卫生费用；（四）物业管理区域绿化养护费用；（五）物业管理区域秩序维护费用；（六）办公费用；（七）物业管理企业固定资产折旧；（八）物业共用部位、共用设施设备及公众责任保险费用；（九）经业主同意的其他费用。

【物业服务费酬金制】简称“酬金制”，指在预收的物业服务资金中按约定比例或者约定数额提取酬金支付给物业管理企业，其余全部用于物业服务合同约定的支出，结余或者不足均由业主享有或者承担的物业服务计费方式。市场化物业服务收费方式的一种。根据国家有关规定，实行物业服务费用酬金制的，预收的物业服务资金包括物业服务支出和物业服务企业的酬金。其中物业服务支出构成一般包括：（一）管理服务人员的工资、社会保险和按规定提取的福利费等；（二）物业共用部位、共用设施设备的日常运行、维护费用；（三）物业管理区域清洁卫生费用；（四）物业管理区域绿化养护费用；（五）物业管理区域秩序维护费用；（六）办公费用；（七）物业管理企业固定资产折旧；（八）物业共用部位、共用设施设备及公众责任保险费用；（九）经业主同意的其他费用。

【物业服务合同】物业服务人在物业服务区域内，为业主提供建筑物及其附属设施的维修养护、环境卫生和相关秩序的管理维护等物业服务，业主支付物业费的协议。典型合同的一种。物业服务人包括物业服务企业和其他管理人。根据《民法典》，业主委员会应当与业主大会选聘的物业服务企业订立书面的物业服务合同。物业服务合同的内容一般包括服务事项、服务质量、服务费用的标准和收取办法、维修资金的使用、服务用房的管理和使用、服务期限、服务交接等条款。物业服务人公开作出的有利于业主的服务承诺，为物业服务合同的组成部分。物业服务人应当按照约定和物业的使用性质，妥善维修、养护、清洁、绿化和经营管理物业服务区域内的业主共有部分，维护物业服务区域内的基本秩序，采取合理措施保护业主的人身、财产安全。法律还规定，物业服务期限届满前，业主依法共同决定续聘的，应当与原物业服务人在合同期限届满前续订物业服务合同。物业服务期限届满后，业主没有依法作出续聘或者另聘物业服务人的决定，物业服务人继续提供物业服务的，原物业服务合同继续有效，但是服务期限为不定期。物业服务合同终止的，原物业服务人应当在约定期限或者合理期限内退出物业服务区域，将物业服务用房、相关设施、物业服务所必需的相关资料等交还给业主委员会。

【物业服务企业】从事物业管理活动的机构或单位。根据国家有关规定，从事物业管理活动的企业应当具有独立的法人资格。国家对从事物业管理活动的企业实行资质管理制度。物业管理企业资质等级分为一、二、三级。一级资质物业管理企业可以承接各种物业管理项目。二级资质物业管理企业可以承接30万 m^2 以下的住宅项目和8万 m^2 以下的非住宅项目的物业管理业务。三级资质物业管理企业可以承接20万 m^2 以下住宅项目和5万 m^2 以下的非住宅项目的物业管理业务。从事物业管理的人员应当按照国家有关规定，取得职业资格证书。物业服务企业按照物业服务合同的约定提供相应的服务，可以根据业主的委托提供物业服务合同约定以外的服务项目，服务报酬由双方约定。物业服务企业未能履行物业服务合同的约定，导致业主人身、财产安全受到损害的，应当依法承担相应的法律责任。

【物业服务收费】物业服务企业按照物业服务合同的约定，对房屋及配套的设施设备和相关场地进行维修、养护、管理，维护相关区域内的环境卫生和秩序，向业主所收取的费用。根据《物业服务收费管理办法》，物业服务收费区分不同物业的性质和特点分别实行政府指导价和市场调节价。实行政府指导价的，由有定价权限的人民政府价格主管部门会同房地产行政主管部门根据物业管理服务等级标准等因素，制定相应的基准价及其浮动幅度，并定期公布。具体收费标准由业主与物业服务企业根据规定的基准价和浮动幅度在物业服务合同中约定。实行市场调节价的物业服务收费，由业主与物业服务企业在物业服务合同中约定。收费方式分为包干制或者酬金制。物业服务收费应当遵循合理、公开以及费用与服务水平相适应的原则。物业服务企业应当按照政府价格主管部门的规定实行明码标价，在物业管理区域内的显著位置，将服务内容、服务标准以及收费项目、收费标准等有

W

关情况进行公示。

【物业管理】也称“物业服务”，指业主通过选聘物业服务企业，由物业服务企业按照物业服务合同约定，对房屋（物业）及配套的设施设备和相关场地进行维修、养护、管理，维护物业管理区域内的环境卫生和相关秩序的活动。物业管理服务的主要内容包括：（一）共用部位的清洁卫生、垃圾的收集、清运及雨、污水管道的疏通；公共绿化、水景、建筑物的养护和管理；（二）共用设施设备的运行、维修、养护和管理；（三）物业安保，停车管理；小区公共秩序维护、安全防范；物业区域内的日常安全巡查；（四）物业管理区域内装饰装修管理；（五）其他特约内容服务等。按照国家规定，从事物业管理活动的企业应当具有独立的法人资格。从事物业管理的人员应当取得职业资格证书。业主委员会或业主大会应当通过一定的程序选聘的物业服务企业，并订立书面的物业服务合同。物业服务企业按照物业服务合同的约定，提供相应的管理服务。

【物业临时管理规约】简称“临时管理规约”，指建设单位在销售物业之前，就物业在业主委员会成立之前的使用、维护、管理等事项制定的临时公约。《物业管理条例》规定，建设单位应当在销售物业之前，制定临时管理规约，对有关物业的使用、维护、管理，业主的共同利益，业主应当履行的义务，违反临时管理规约应当承担的责任等事项依法作出约定。建设单位在物业销售前将临时管理规约向物业买受人明示，并予以说明。物业买受人在与建设单位签订物业买卖合同时，应当对遵守临时管理规约予以书面承诺。物业临时管理规约对建设单位、物业管理服务企业、物业买受人均具有约束力。

【物业使用人】也称“非业主使用人”，指不具有对物业的所有权，但对物业享有使用权，并依照法律和合同规定能够行使物业部分权利的人。包括承租人和实际使用物业的其他人。根据《物业管理条例》，物业使用人在物业管理活动中的权利义务由业主和物业使用人约定，但不得违反法律、法规和管理规约的有关规定。物业使用人违反《物业管理条例》和业主公约的规定，有关业主应承担连带责任。

【物业维修基金】在房屋出售时设立的，用于房屋共用部位、共用设备和公共设施维修、更新的专项资金。物业维修基金设立的标准一般由政府的物价或有关管理部门规定。维修基金设立后，以业主委员会的名义存入银行，并设立专门账户。业主委员会应当定期公布物业维修基金的收支情况，接受业主的监督。物业维修基金不足时，由业主委员会按有关章程或规定向业主筹集。物业维修基金属业主所有。业主转让房屋时，其物业维修基金账户中剩余的资金一般不予退还，由受让人向转让人支付结算。

Xx

【析产】“房产分割”的简称。（见【房产分割】）

【狭义货币供应量】简称 M1，指流动中现金（M0）与商业银行体系的支票存款之和。经济学家根据货币资产的流动性对货币层次进行划分，以确定货币供应量的范围。中国现行的货币体系将货币供应量划分为三个层次：即流通中现金（M0）、狭义货币供应量（M1）和广义货币供应量（M2）。M1 在数值上等于 M0 加上企业活期存款、机关团体活期存款及农村存款。M1 是经济周期波动和价格波动的先行指标，对 M1 的严密监测与调控对抑制通货膨胀和实现经济的健康增长具有十分重要的意义。

【先导产业】代表着科学技术发展方向，可以引导和带动其他产业发展的新兴产业。具有以下特点：（一）行业增长速度超过 GDP 的增速，并且保持持续增长；（二）知识、智力、科学技术等无形资产的投入在行业发展中起决定作用；（三）市场潜力大，处于规模快速扩张的成长期；（四）产业关联系数大、技术联带功能强；（五）能够带来高附加值，进而带来高经济效益，对国民经济的未来走向影响较大。

【先买权】也称“优先购买权”。（见【优先购买权】）

【先卖后租】房改用语。指我国在住房制度改革中对新竣工公有住房的分配规定的一项政策。《国务院关于继续积极稳妥地进行城镇住房制度改革的通知》规定，对新竣工的公有住房，实行新房新租、先卖后租。先卖，指先向职工出售，然后才是出租。该通知还规定，凡住房迁出腾空的旧公有住房（不包括互换房），应视同新建公有住房，实行先卖后租政策。

【先租后让】“国有土地使用权先出租后出让”的简称。（见【先出租后出让国有土地使用权】）

【闲散地】已利用土地面积以外的零星地头，包括田头、村边地角、路边河滩等。闲散地是土地资源的浪费，可以通过土地整理重新加以利用。

【闲置土地】国有建设用地使用权人超过国有建设用地使用权有偿使用合同或者划拨决定书约定、规定的动工开发日期满 1 年未动工开发

X

的国有建设用地。已动工开发但开发建设用地面积占应动工开发建设用地总面积不足1/3，或者已投资额占总投资额不足25%，中止开发建设满1年的国有建设用地，也可以认定为闲置土地。闲置土地，是对土地资源的极大浪费。法律禁止任何单位和个人闲置、荒芜土地。

【闲置土地处置方式】对闲置土地的具体处理办法。《闲置土地处置办法》规定，因政府、政府有关部门的行为造成动工开发延迟，导致土地闲置的，市、县国土资源主管部门应当与国有建设用地使用权人协商，选择下列方式处置：（一）延长动工开发期限。签订补充协议，重新约定动工开发、竣工期限和违约责任。从补充协议约定的动工开发日期起，延长动工开发期限最长不得超过1年。（二）调整土地用途、规划条件。按照新用途或者新规划条件重新办理相关用地手续，并按照新用途或者新规划条件核算、收缴或者退还土地价款。改变用途后的土地利用必须符合土地利用总体规划和城乡规划。（三）由政府安排临时使用。待原项目具备开发建设条件，国有建设用地使用权人重新开发建设。从安排临时使用之日起，临时使用期限最长不得超过两年。（四）协议有偿收回国有建设用地使用权。（五）置换土地。对已缴清土地价款、落实项目资金，且因规划依法修改造成闲置的，可以为国有建设用地使用权人置换其他价值相当、用途相同的国有建设用地进行开发建设。涉及出让土地的，应当重新签订土地出让合同，并在合同中注明为置换土地。（六）还可以根据实际情况规定其他处置方式。因土地使用人原因造成土地闲置的，按照下列方式处理：（一）未动工开发满1年的，由市、县国土资源主管部门报经本级人民政府批准后，向国有建设用地使用权人下达《征缴土地闲置费决定书》，按照土地出让或者划拨价款的20%征缴土地闲置费。土地闲置费不得列入生产成本。（二）未动工开发满2年的，由市、县国土资源主管部门按相关规定报经有批准权的人民政府批准后，向国有建设用地使用权人下达《收回国有建设用地使用权决定书》，无偿收回国有建设用地使用权。

【闲置土地调查】依法认定闲置土地的程序之一。依据《闲置土地处置办法》，市、县国土资源主管部门发现有涉嫌构成闲置土地的，应当在30日内开展调查核实，调查的方式主要有：（一）向国有建设用地使用权人发出《闲置土地调查通知书》；（二）询问当事人及其他证人；（三）现场勘测、拍照、摄像；（四）查阅、复制与被调查人有关的土地资料；（五）要求被调查人就有关土地权利及使用问题作出说明。经调查核实，构成闲置土地的，市、县国土资源主管部门应当向国有建设用地使用权人下达《闲置土地认定书》，并按法律规定作出相应的处理。

【闲置土地调查通知书】国土资源管理部门对涉嫌构成闲置土地的建设用地使用权人发出的进行闲置土地调查的书面文件。闲置土地处置的法定文书之一。《闲置土地处置办法》规定，市、县国土资源主管部门发现有涉嫌构成闲置土地的，应当在30日内开展调查核实，向国有建设用地使用权人发出《闲置土地调查通知书》。《闲置土地调查通知书》应当包括下列内容：（一）国有建设用地使用权人的姓名或者名称、地址；（二）涉嫌闲置土地的基本情况：（三）涉嫌闲置土地的事实和依据；（四）调查的主要内容及提交材料的期限；（五）国有建设用地使用权人的权利和义务；（六）其他需要调查的事项。国有建设用地使用权人应当在接到《闲置土地调查通知书》之日起30日内，按照要求提供土地开发利用情况、闲置原因以及相关说明等材料，并配合调查。

【闲置土地认定书】国土资源管理部门向闲置土地的建设用地使用权人发出的认定闲置土地的书面文件。闲置土地处置的法定文书之一。《闲置土地处置办法》规定，经调查核实，构成闲置土地的，市、县国土资源主管部门应当向国有建设用地使用权人下达《闲置土地认定书》。《闲置土地认定书》应当载明下列事项：（一）国有建设用地使用权人的姓名或者名称、地址；（二）闲置土地的基本情况；（三）认定土地闲置的事实、依据；（四）闲置原因及认定结论；（五）其他需要说明的事项。《闲置土地认定书》下达后，市、县国土资源主管部门应当通过门户网站等形式向社会公开闲置土地的位置、国有建设用地使用权人名称、闲置时间等信息；属于政府或者政府有关部门的行为导致土地闲置的，应当同时公开闲置原因，并书面告知有关政府或者政府部门。

【现房】“期房”的对称。指达到国家规定交付使用条件，签订商品房买卖合同后，即可办理入住手续并取得不动产权证的商品房。

【限定额抵押权】也称“最高额抵押权”。（见**【最高额抵押权】**）

【限购】房地产市场调控用语。“楼市限购”的简称。（见**【楼市限购】**）

【限购令】房地产市场调控用语。指国家针对房价过高、上涨过快的城市实行限制购买商品住房的行政命令。2010 年 4 月，北京出台“国十条”实施细则，率先规定“每户家庭只能新购一套商品房”。2011 年 1 月《国务院办公厅关于进一步做好房地产市场调控工作有关问题的通知》规定，各直辖市、计划单列市、省会城市和房价过高、上涨过快的城市，在一定时期内，要从严制定和执行住房限购措施。原则上对已拥有 1 套住房的当地户籍居民家庭、能够提供当地一定年限纳税证明或社会保险缴纳证明的非当地户籍居民家庭，限购 1 套住房（含新建商品住房和二手住房）；对已拥有 2 套及以上住房的当地户籍居民家庭、拥有 1 套及以上住房的非当地户籍居民家庭、无法提供一定年限当地纳税证明或社会保险缴纳证明的非当地户籍居民家庭，要暂停在本行政区域内向其售房。楼市中把该文件称作“限购令”。

【乡村公共设施、公益事业建设用地】农村基层政权组织及其农业集体经济组织为兴建各项生产、生活及社会服务设施和兴办各项公共福利事业的需要而依法使用的土地。乡村建设用地的一种。各项生产、生活及社会服务设施、公共福利事业主要指乡村行政办公、文化科学、医疗卫生、教育设施以及乡村级道路、供水、排水、电力、电讯、公共厕所等。《土地管理法》规定，乡（镇）村公共设施、公益事业建设，需要使用土地的，经乡（镇）人民政府审核，向县级以上地方人民政府自然资源主管部门提出申请，按照省、自治区、直辖市规定的批准权限，由县级以上地方人民政府批准；其中，涉及占用农用地的，应当依法办理审批手续。

【乡村规划】根据城镇总体规划要求，对乡、村规划区范围，住宅、道路、供水、排水、供电、垃圾收集、畜禽养殖场所等农村生产、生活服务设施、公益事业等各项建设的用地布局、建设要求等的综合部署和具体安排。分乡规划和村庄规划。《城乡规划法》规定，乡规划、村庄规划的内容应当包括：规划区范围，住宅、道路、供水、排水、供电、垃圾收集、畜禽养殖场所等农村生产、生活服务设施、公益事业等各项建设的用地布局、建设要求，以及对耕地等自然资源和历史文化遗产保护、防灾减灾等的具体安排。乡规划还应当包括本行政区域内的村庄发展布局。乡规划、村庄规划由乡、镇人民政府组织编制，报上一级人民政府审批。

【乡村建设规划许可证】经城乡规划部门审核，在集体土地上有关建设工程符合城乡规划要求的法律凭证。《城乡规划法》规定，在乡、村庄规划区内进行乡镇企业、乡村公共设施和公益事业建设的，建设单位或者个人应当向乡、镇人民政府提出申请，由乡、镇人民政府报城市、县人民政府城乡规划主管部门核发乡村建设规划许可证。

【乡、村建设用地】乡（镇）村集体或个人在集体所有的土地上进行各项建设而占用的土地。乡（镇）村集体或个人进行各项建设包括兴办乡镇企业、建设乡（镇）村公共设施、公益事业设施和农村村民建造住宅等。《土地管理法》规定，乡镇企业、乡（镇）村公共设施、公益事业、农村村民住宅等乡（镇）村建设，应当按照村庄和集镇规划，合理布局，综合开发，配套建设；建设用地，应当符合乡（镇）土地利用总体规划和土地利用年度计划，并依照有关法律规定办理审批手续。

【乡、村企业建设用地】农村集体经济组织兴办乡（镇）村企业占用的土地，包括农村集体经济组织与其他单位、个人以土地使用权入股、联营等形式共同举办的企业。其中土地使用权入股指农村集体经济组织的个人以自己承包的土地使用权作价与他人共同举办企业，将自己对土地的使用权变作所举办企业的股权的投资形式。乡村建设用地的一种。《土地管理法》规定，农村集体经济组织使用乡（镇）土地利用总体规划确定的建设用地兴办企业或者与其他单位、个人以土地使用权入股、联营等形式共同举办企业的，应当持有关批准文件，向县级以上地方人民政府自然资源主管部门提出申请，按照省、自治区、直辖市规定的批准权限，由县级以上地方人民政府批准；其中，涉及占用农用地的，应当依法办理审批手续。

【相邻采光权】土地、房屋等不动产因使用的必要而享有采取自然太阳光线的权利。相邻权的一种。《民法典》规定，建造建筑物，不得违反国家有关工程建设标准，不得妨碍相邻建筑物的通风、采光和日照。

【相邻关系】相互毗邻的不动产权利人之间在行使所有权或者使用权时，因相互间给予便利或者接受限制所发生的权利义务关系。相邻关系是法定的：不动产权利人对相邻不动产权利人有避免妨碍的注意义务；不动产权利人在非使用邻地就不能对自己的不动产进行正常使用时，有权在对邻地损害最小的范围内使用邻地，邻地权利人不能阻拦。相邻关系包括相邻用水、排水、流水关系；相邻土地利用关系；相邻通风、采光、日照关系；相邻排污关系；相邻安全关系等。《民法典》规定，不动产的相邻权利人应当按照有利生产、方便生活、团结互助、公平合理的原则，正确处理相邻关系。相邻关系中不动产的相邻权利人既包括相邻不动产的所有权人，也包括相邻不动产的用益物权人和占有人。

【相邻管线设置权】土地所有人或使用人因架设电线、埋设管道等，若不通过他人的土地就不能安设，或需巨大的费用才能安设时，土地所有人或使用人有通过他人土地上下而安设管线的权利。相邻权的一种。《民法典》规定，不动产权利人因建造、修缮建筑物以及铺设电线、电缆、水管、暖气和燃气管线等必须利用相邻土地、建筑物的，该土地、建筑物的权利人应当提供必要的便利。行使相邻管线设置权利时，土地所有人或使用人应选择对他人土地损害最少的处所或方法来安设，并且对其造成的损害支付赔偿金。

【相邻权】不动产的所有人或使用人在处理相邻关系时所享有的权利。民事法律中，在相互毗邻的不动产的所有人或者使用人之间，任何一方为了合理行使其所有权或使用权，享有要求其他相邻方提供便利或是接受一定限制的权利。相邻权实质上是对所有权的限制和延伸。《民法典》规定，不动产权利人因用水、排水、通行、铺设管线等利用相邻不动产的，应当尽量避免对相邻的不动产权利人造成损害。

【相邻通风权】土地、建筑物等不动产因通常使用的必要而享有的保持空气流畅的权利。相邻权的一种。《民法典》规定，建造建筑物，不得违反国家有关工程建设标准，不得妨碍相邻建筑物的通风、采光和日照。

【相邻通行权】也称“必要通行权”，指土地（袋地或准袋地）因与公路没有适宜的通路相联系，土地所有人或使用权人为使用土地依法享有的通行周围地的权利。相邻权的一种。法律规定，不动产权利人对相邻权利人因通行等必须利用其土地的，应当提供必要的便利。有通行权人行使通行权时，应于通行的必要范围之内，选择对周围地损害最小的处所及方法，同时，对周围地所有人或使用权人的损害应给予必要的赔偿。

【项目法人制度】经营性建设项目由项目法人对项目的策划、资金筹措、建设实施、生产经营、偿还债务和资产的保值增值实行全过程负责的一种项目管理制度。根据国家有关规定，国有单位经营性基本建设大中型项目在建设阶段必须组建项目法人，由项目法人对项目的策划、资金筹措、建设实施、生产经营、偿还债和资产的保值增值，实行全过程负责。项目法人可按《公司法》的规定设立有限责任公司和股份有限公司。新上项目在项目建议书批准后，应及时组建项目法人筹备组，具体负责项目法人的筹建工作。项目法人筹备组应主要由项目的投资方派代表组成。项目可行性研究报告经批准后，正式成立项目法人，并按有关规定确保资本金按时到位，同时办理公司设立登记。国家建立对建设项目和有关领导人的考核和监督制度。项目董事会负责对总经理进行定期考核；各投资方负责对董事会成员进行定期考核。根据对建设项目的考核结论，由投资方对董事会成员进行奖罚；由董事会对总经理进行奖罚。

【小康居住水平】20 世纪 90 年代中期提出的与城镇居民小康生活水平相适应的居住标准。衡量小康生活水平的标准之一。小康居住水平的具体标准为：（一）面积指标，城市人均居住面积达到 $9m^2$（约折合人均使用面积 $14m^2$）；（二）成套率指标，要求全国住房成套率达到 70%以上。其基本模式是一个三口之家应拥有两居室，即起居室、卧室、厨房、卫生间俱全的一套住房。室内设施配套，水、电、煤气、电话、电视共用天线等各种管线在建房时预置；（三）居住环境，要达到住宅区内有公共绿地、娱乐活动场地、商店、医院、幼儿园等，以满足小康生活水平的需要；（四）基本解决人均居住面积在 $4\sim6m^2$ 以下的城镇家庭的住房困难问题。

【小康型住宅】20 世纪 90 年代国家科技部、建设部为实施国家重大科技产业工程“2000 年小康型城乡住宅科技产业工程”项目而建造的住宅。是面向 21 世纪初的大众住宅。按照《2000 年小康型城乡住宅科技产业工程城市示范小区规划设计导则》，小康型住宅小区规划布局应做到用地配置得当，功能组织合理，布局结构清晰，设施配套齐全，整体协调有序。在住宅设计上应合理安排各功能行为空间，实现公私分离，食寝分离，居寝分离，洁污分离。建筑上应采用新结构、新构造和新材料。做到节地、节能、节材，具有良好的经济性。房屋套型面积，一类住宅建筑面积 $55\sim65m^2$，二类住宅建筑面积 $70\sim80m^2$，三类住宅建筑面积 $85\sim95m^2$。

【协议出让底价】“协议出让国有土地使用权底价”的简称。（见【协议出让国有土地使用权底价】）

【协议出让国有土地使用权】国家以协议方式将国有土地使用权在一定年限内出让给土地使用者，由土地使用者向国家支付土地使用权出让金的行为。土地使用权出让方式的一种。《城市房地产管理法》规定，土地使用权出让，可以采取拍卖、招标或者双方协议的方式。采取协议方式出让土地使用权的出让金不得低于按国家规定所确定的最低价。协议出让国有土地使用权，市、县人民政府国土资源行政主管部门应当根据协议结果，与意向用地者签订《国有土地使用权出让合同》。土地使用者按照《国有土地使用权出让合同》的约定，付清土地使用权出让金、依法办理土地登记手续后，取得国有土地使用权。土地使用权出让合同约定的使用年限届满，土地使用者需要继续使用土地的，应当至迟于届满前一年申请续期。经批准准予续期的，应当重新签订土地使用权出让合同，依照规定支付土地使用权出让金。土地使用权出让合同约定的使用年限届满，土地使用者未申请续期或者虽申请续期但未获批准的，土地使用权由国家无偿收回。

【协议出让国有土地使用权底价】简称“协议出让底价”，指协议出让国有土地使用权不得突破的价格底线。《协议出让国有土地使用权规定》规定，市、县人民政府国土资源行政主管部门应当根据国家产业政策和拟出让地块的情况，按照《城镇土地估价规程》的规定，对拟出让地块的土地价格进行评估，经市、县人民政府国土资源行政主管部门集体决策，合理确定协议出让底价。协议出让底价确定后应当保密，任何单位和个人不得泄露。协议出让底价不得低于协议出让最低价。

【协议出让国有土地使用权合同】协议双方订立的明确土地使用权出让中权利义务关系的书面协议。根据国家有关规定，协议出让国有土地使用权，市、县人民政府国土资源行政主管部门应当根据协议结果，与意向用地者签订《国有土地使用权出让合同》。《国有土地使用权出让合同》主要内容包括：（一）当事人的名称和住所；（二）土地界址、面积等；（三）建筑物、构筑物及其附属设施占用的空间；（四）土地用途、规划条件；（五）出让土地使用权期限；（六）出让金等费用及其支付方式；（七）解决争议的方法。

【协议出让国有土地使用权出让金最低价】简称“协议出让最低价”，指按国家规定所确定的协议出让国有土地使用权出让金的最低价格标准。《协议出让国有土地使用权规定》规定，以协议方式出让国有土地使用权的出让金不得低于按国家规定所确定的最低价。最低价的具体标准为：（一）不得低于新增建设用地的土地有偿使用费、征地（拆迁）补偿费用以及按照国家规定应当缴纳的有关税费之和；（二）有基准地价的地区，协议出让最低价不得低于出让地块所在级别基准地价的70%。协议出让最低价由

X

省、自治区、直辖市人民政府国土资源行政主管部门按上述标准拟定，报同级人民政府批准后公布，由市、县人民政府国土资源行政主管部门实施。低于最低价时国有土地使用权不得出让。低于协议出让最低价出让国有土地使用权的，对直接负责的主管人员和其他直接责任人员依法给予行政处分，情节严重构成犯罪的，依法追究刑事责任。

【协议出让国有土地用途变更】改变协议出让国有土地用途的行为。根据国家有关规定，以协议出让方式取得国有土地使用权的土地使用者，需要将土地使用权出让合同约定的土地用途改变为商业、旅游、娱乐和商品住宅等经营性用途的，应当取得出让方和市、县人民政府城市规划部门的同意，签订土地使用权出让合同变更协议或者重新签订土地使用权出让合同，按变更后的土地用途，以变更时的土地市场价格补交相应的土地使用权出让金，并依法办理土地使用权变更登记手续。

【协议出让土地方案】政府国土资源主管部门针对符合条件的拟协议出让土地制订的出让工作文件。协议出让土地程序之一。《协议出让国有土地使用权规定》规定，对符合协议出让条件的，市、县人民政府国土资源主管部门会同城市规划等有关部门，依据国有土地使用权出让计划、城市规划和意向用地者申请的用地项目类型、规模等，制订协议出让土地方案。内容包括拟出让地块的具体位置、界址、用途、面积、年限、土地使用条件、规划设计条件、供地时间等。

【协议出让最低价】“协议出让国有土地使用权出让金最低价”的简称。（见【协议出让国有土地使用权出让金最低价】）

【协议地价】也称“定向议标地价”，指买卖双方通过平等协商确定的土地使用权出让价格。即由政府自然资源管理部门与土地使用权受让人就土地使用期限、土地开发条件、土地使用权价格等充分协商后确定的地价。有偿出让土地使用权价格的一种。

【新基建】“新型基础设施建设”的简称。（见【新型基础设施建设】）

【新农村建设】在社会主义制度下，为最终实现把农村建设成为经济繁荣、设施完善、环境优美、文明和谐的社会主义新农村目标，对农村进行经济、政治、文化和社会等方面的建设的总称。是国家实施乡村振兴战略的重要任务，也是国家现代化建设的重要内容。中国共产党十六届五中全会首次提出要按照“生产发展、生活富裕、乡风文明、村容整洁、管理民主”的要求，扎实推进社会主义新农村建设。新农村建设内容包括：(一) 经济建设，指在全面发展农村生产的基础上，建立农民增收长效机制，千方百计增加农民收入，实现农民的富裕，努力缩小城乡差距。(二) 政治建设，指在加强农民民主素质教育的基础上，切实加强农村基层民主制度建设和农村法制建设，引导农民依法实行自己的民主权利。(三) 文化建设，指在加强农村公共文化建设的基础上，开展多种形式的、体现农村地方特色的群众文化活动，丰富农民群众的精神文化生活。(四) 社会建设，指在加大公共财政对农村公共事业投入的基础上，进一步发展农村的义务教育和职业教育，加强农村医疗卫生体系建设，建立和完善农村社会保障制度，以期实现农村幼有所教、老有所养、病有所医的愿望。(五) 法制建设，指按照建设社会主义新农村的理念完善我国的法律制度，进一步增强农民的法律意识，提高农民依法维护自己的合法权益，依法行使自己的合法权利的觉悟和能力。

【新区开发】“城市新区开发”的简称。(见【城市新区开发】)

【新市民】户籍不在当地，因工作、上学等原因长期在城市居住、生活的群体的统称，包括农民工、高校毕业学生等。

【新式里弄】“旧式里弄”的对称。指上海 20 世纪 30～40 年代由房地产商成片建造的联排式里弄住宅。里弄住宅的一种。新式里弄建筑一般结构、装修较好，具有卫生设备或兼有小花园、矮围墙、阳台等。是具有上海城市地方特色的住宅建筑之一。

【新闻出版用地】用于广播电台、电视台、电影厂、报社、杂志社、通讯社、出版社等的用地。《土地利用现状分类》(GB/T 21010—2017)“公共管理与公共服务用地”下一个二级地类。

【新型城镇化】区别于传统城镇化发展理念，以集约、智能、绿色、低碳发展为特征的新型城镇化发展的理念和战略。2014 年 3 月，中共中央、国务院印发《国家新型城镇化规划 (2014—2020 年)》，指出，《规划》是今后一个时期指导全国城镇化健康发展的宏观性、战略性、基础性规划。《规划》提出我国新型城镇化发展的基本原则是：以人为本，公平共享；四化同步，统筹城乡；优化布局，集约高效；生态文明，绿色低碳；文化传承，彰显特色；市场主导，政府引导；统筹规划，分类指导。《规划》明确，稳步提升城镇化水平和质量。至规划期末，常住人口城镇化率达到60%左右，户籍人口城镇化率达到45%左右，户籍人口城镇化率与常住人口城镇化率差距缩小2个百分点左右，努力实现1亿左右农业转移人口和其他常住人口在城镇落户。2021年，《中华人民共和国国民经济和社会发展第十四个五年规划和2035年远景目标纲要》进一步提出，完善新型城镇化战略，提升城镇化发展质量。具体要求是：（一）加快农业转移人口市民化。坚持存量优先、带动增量，统筹推进户籍制度改革和城镇基本公共服务常住人口全覆盖，健全农业转移人口市民化配套政策体系，加快推动农业转移人口全面融入城市。（二）完善城镇化空间布局。发展壮大城市群和都市圈，分类引导大中小城市发展方向和建设重点，形成疏密有致、分工协作、功能完善的城镇化空间格局。（三）全面提升城市品质。加快转变城市发展方式，统筹城市规划建设管理，实施城市更新行动，推动城市空间结构优化和品质提升。

【新型基础设施建设】简称“新基建”，指以新发展理念为引领，以技术创新为驱动，以信息网络为基础，面向高质量发展需要，提供数字转型、智能升级、融合创新等服务的基础设施建设。2018年3月，中央政治局常务委员会会议首次提出“要加大公共卫生服务、应急物资保障领域投入，加快5G网络、数据中心等新型基础设施建设。”2018年12月，中央经济工作会议提出“要发挥投资关键作用，加大制造业技术改造和设备更新，加快5G商用步伐，加强人工智能、工业互联网、物联网等新型基础设施建设”。2020年4月，国家发展改革委召开新闻发布会，首次明确了“新型基础设施”定义。

目前，新型基础设施主要包括3个方面内容：一是信息基础设施。主要是指基于新一代信息技术演化生成的基础设施，比如，以5G、物联网、工业互联网、卫星互联网为代表的通信网络基础设施，以人工智能、云计算、区块链等为代表的新技术基础设施，以数据中心、智能计算中心为代表的算力基础设施等。二是融合基础设施。主要是指深度应用互联网、大数据、人工智能等技术，支撑传统基础设施转型升级，进而形成的融合基础设施，比如，智能交通基础设施、智慧能源基础设施等。三是创新基础设施。主要是指支撑科学研究、技术开发、产品研制的具有公益属性的基础设施，比如，重大科技基础设施、科教基础设施、产业技术创新基础设施等。涉及5G基站、特高压、城际高速铁路和城际轨道交通、新能源汽车充电桩、大数据中心、人工智能和工业互联网七大领域。未来，伴随着技术革命和产业变革，新型基础设施概念的内涵、外延将不断充实完善。

【新征建设用地土地有偿使用费】国家在新增建设用地中收取的平均土地纯收益。土地有偿使用的一种。《土地管理法》第五十五条规定，以出让等有偿使用方式取得国有土地使用权的建设单位，按照国务院规定的标准和办法，缴纳土地使用权出让金等土地有偿使用费和其他费用后，方可使用土地。其中新增建设用地的土地有偿使用费，百分之三十上缴中央财政，百分之七十留给有关地方人民政府。

【信贷额度】也称“贷款限额”，指借款企业与银行在协议中规定的借款最高限额。信贷额度的有效期限通常为1年。一般情况下，在信贷额度内，企业可以随时按需要支用借款。但是，银行并不承担必须贷款的义务。如果企业信誉恶化，即使在信贷限额内，企业也可能得不到借款，此时，银行不会承担法律责任。

【信访】公民、法人或者其他组织采用信息网络、书信、电话、传真、走访等形式，向各级机关、单位反映情况、提出建议、意见或者投诉请求，由有关机关、单位依规依法处理的活动。民众表达诉求的一种方式。采用上述形式反映情况，提出建议、意见或者投诉请求的公民、法人或者其他组织，称为“信访人”。根据《信访工作条例》，信访人一般应当采用书面形式提出信访事项，并载明其姓名（名称）、住址和请求、事实、理由。对采用口头形式提出的信访事项，有关机关、单位应当如实记录。信访人采用走访形式提出信访事项的，应当到有权处理的本级或者上一级机关、单位设立或者指定的接待场所提出。多人采用走访形式提出共同的信访事项的，应当推选代表，代表人数不得超过5人。各级党委和政府信访部门收到信访事项，应当予以登记，并区分情况，在15日内分别按照下列方式处理：（一）对依照职责属于本级机关、单位或者其工作部门处理决定的，应当转送有权处理的机关、单位；情况重大、紧急的，应当及时提出建议，报请本级党委和政府决定。（二）涉及下级机关、单位或者其工作人员的，按照“属地管理、分级负责，谁主管、谁负责”的原则，转送有权处理的机关、单位。（三）对转送信访事项中的重要情况需要反馈办理结果的，可以交由有权处理的机关、单位办理，要求其在指定办理期限内反馈结果，提交办结报告。各级机关、单位及其工作人员应当根据各自职责和有关规定，按照诉求合理的解决问题到位、诉求无理的思想教育到位、生活困难的帮扶救助到位、行为违法的依法处理的要求，依法按政策及时就地解决群众合法合理诉求，维护正常信访秩序。

【信访处理方式】对信访人提出的申诉求决类事项的处理形式。根据《信访工作条例》，对信访人提出的申诉求决类事项，有权处理的机关、单位应当区分情况，分别按照下列方式办理：（一）应当通过审判机关诉讼程序或者复议程序、检察机关刑事立案程序或者法律监督程序、公安机关法律程序处理的，涉法涉诉信访事项未依法终结的，按照法律法规规定的程序处理。（二）应当通过仲裁解决的，导入相应程序处理。（三）可以通过党员申诉、申请复审等解决的，导入相应程序处理。（四）可以通过行政复议、行政裁决、行政确认、行政许可、行政处罚等行政程序解决的，导入相应程序处理。（五）属于申请查处违法行为、履行保护人身权或者财产权等合法权益职责的，依法履行或者答复。（六）不属于以上情形的，应当听取信访人陈述事实和理由，并调查核实，出具信访处理意见书。对重大、复杂、疑难的信访事项，可以举行听证。

【信访处理意见书】有权处理信访的机关、单位听取信访人陈述事实和理由，并调查核实后，出具的有关信访处理意见的书面文件。根据《信访工作条例》，对信访人提出的申诉求决类事项，有权处理的机关、单位应当听取信访人陈述事实和理由，并调查核实，出具的信访处理意见书。信访处理意见书应当载明信访人投诉请求、事实和理由、处理意见及其法律法规依据。信访处理意见分为：（一）请求事实清楚，符合法律、法规、规章或者其他有关规定的，予以支持；（二）请求事由合理但缺乏法律依据的，应当作出解释说明；（三）请求缺乏事实根据或者不符合法律、法规、规章或者其他有关规定的，不予支持。信访人对信访处理意见不服的，可以自收到信访处理意见书之日起 30 日内请求原办理机关、单位的上一级机关、单位复查。收到复查请求的机关、单位应当自收到复查请求之日起 30 日内提出复查意见，并予以书面答复。

【信托】委托人基于对受托人的信任，将其财产权委托给受托人，由受托人按照委托人的意愿以自己的名义，为受益人的利益或其他特定目的进行管理或处分财产的行为。金融业务的一种。信托的本质是“受人之托，代人理财”，是一种建立在法律基础之上的多边信用关系。根据国家有关规定，信托机构从事信托业务范围主要有：受托经营资金信托业务；受托经营动产、不动产信托业务；受托经营法律、行政法规允许从事的投资基金业务；经营资产重组、购并及项目融资、公司理财、财务顾问等中介业务；受托经营国务院有关部门批准的国债、政策性银行债权、企业债券等债券承销业务；代理财产的管理、运用和处分；代保管业务；以固定财产为他人提供担保；中国人民银行批准的其他业务。信托业务中，信托财产的原始所有者称为"委托人"；接受委托，从事信托业务的法人金融机构称为"受托人"；享受信托财产本身的利益及由信托财产所增加收益人称为"信托受益人"。

【信托产品】 信托机构基于信托的一般要求而开发的、面向投资者发行的、投向特定项目的理财产品。主要分为：（一）贷款信托类。指通过信托吸收资金用来发放贷款的信托方式。是信托中数量最多的一种。（二）权益信托类。指通过对能带来现金流的权益设置信托的方式来筹集资金。（三）融资租赁信托类。指信托公司以设立信托计划的方式募集信托资金，将其运用于融资租赁业务，通过定期收取租金，实现信托收益的信托产品。（四）不动产信托类。指以土地、房屋等不动产为标的而开发的信托产品。信托产品一般具有风险低、回报相对稳定的特征。

【信托存款】 信托机构按照委托人的要求，为特定目的吸收，并代为管理的资金。是信托机构经营业务的重要资金来源。与一般银行存款相比，信托存款具有存期较长、数额较大、利率较高、用途有一定限制、不能随意提取本金等特点。根据不同的目的，信托存款有委托贷款保证金、委托投资保证金、单位信托存款、公益基金信托存款、劳保基金信托存款、个人特约信托存款等品种。

【信托贷款】 受托人接受委托人的委托，将委托人存入的资金，按其指定的对象、用途、期限、利率与金额等发放贷款，并负责到期收回贷款本息的一项信托业务。信托贷款按委托人是否提出特定要求为标准，可分为甲类信托贷款和乙类信托贷款。甲类信托贷款，指由委托人指定贷款项目，项目风险由委托人负责；乙类贷款指由受托人选定项目，风险相应由受托人承担。按贷款的用途为标准，可分为固定资产信托贷款、流动资金信托贷款和临时周转信托贷款。以贷款使用的具体做法为标准，可分为房地产开发信托贷款、技术改造信托贷款、耐用消费信托贷款、联营投资信托贷款等。

【信托投资】 信托投资机构用自有资金及组织的资金进行的投资。投资的方式可分为：股份投资和合作投资。股份投资，也称"股权式投资”，即信托投资机构通过购买企业一定的股份，成为股份制企业的股东，由信托投资机构委派代表参与对投资企业的领导和经营管理，并按投资比例分配红利或承担风险；合作投资也称“契约式投资”，即信托投资机构仅按投资约定投入资金分取收益，不参与企业的经营管理，不承担经营风险和责任。

【信用工具】也称“金融工具”“融资工具”。（见【金融工具】）

【行纪】行纪人接受委托，以自己的名义为委托人从事贸易活动，并收取报酬的行为。信托的一种。根据《民法典》，行纪人按照约定买入委托物，委托人应当及时受领。经行纪人催告，委托人无正当理由拒绝受领的，行纪人依法可以提存委托物。委托物不能卖出或者委托人撤回出卖，经行纪人催告，委托人不取回或者不处分该物的，行纪人依法可以提存委托物。行纪人低于委托人指定的价格卖出或者高于委托人指定的价格买入的，应当经委托人同意；未经委托人同意，行纪人补偿其差额的，该买卖对委托人发生效力。行纪人高于委托人指定的价格卖出或者低于委托人指定的价格买入的，可以按照约定增加报酬；没有约定或者约定不明确，依据法律的规定仍不能确定的，该利益属于委托人。委托人对价格有特别指示的，行纪人不得违背该指示卖出或者买入。行纪人完成或者部分完成委托事务的，委托人应当向其支付相应的报酬。委托人逾期不支付报酬的，行纪人对委托物享有留置权。

【行纪合同】行纪人以自己的名义为委托人从事贸易活动，委托人支付报酬的合同。典型合同的一种。以自己名义为他人从事贸易活动的一方为“行纪人”，委托行纪人为自己从事贸易活动并支付报酬的一方为“委托人”。行纪合同的主要条款有：当事人姓名、代办事项、代办事项的具体要求、货物保管责任及费用承担、酬金的计算给付方式、给付时间、违约责任、合同争议的解决方式等。行纪合同为诺成合同、双务合同。

【行政措施】行政机关依照行政法律规范对特定的具体事项行使单方面的行政行为。根据不同标准，行政措施可分为不同类型。根据行政机关在执行法律法规的规定方面有无一定的选择余地或一定范围，可分为自由裁量和羁束裁量。根据行政机关可否自行采取行政措施，分为依职权的行政措施和依申请的行政措施。根据行政措施是否以管理相对人的受领为必要条件，分为须受领的行政措施和不须受领的行政措施。根据行政措施是否必须具备一定的条件，分为要式的行政措施与不要式的行政措施。根据行政措施的生效是否需要补充条件，分为独立的行政措施与补充的行政措施等。行政措施的内容包括赋予、剥夺、命令、许可、免除、受理、审批、批准、拒绝、证明、确认、通知等。依法采取的行政措施具有法定效力，未经新的法定程序，管理相对人或执法人都不得变更，不能违反。行政措施具有下列情况之一的，可通过有权机关予以撤销：（一）违反宪法、法律、法令和相应的行政法规规定的措施；（二）违背社会公共利益的措施。

【行政法规】国务院根据宪法和法律，按照法定程序制定的有关行使行政权力，履行行政职责的规范性文件的总称。根据《立法法》，国务院根据宪法和法律，制定行政法规。行政法规可以就下列事项作出规定：（一）为执行法律的规定需要制定行政法规的事项；（二）宪法规定的国务院行政管理职权的事项。行政法规由国务院组织起草。在起草过程中，广泛听取有关机关、组织和公民的意见。行政法规由国务院总理签署，并以国务院令的形式公布，在《国务院公报》《人民日报》全文刊载。行政法规的名称分为条例、规定和办法三种。体例包括标题和正文。正文内容包括制定目的或根据、适用范围、主管部门、具体规范、奖惩办法、施行日期等。行政法规的废止有两种情况：一是用法律或行政法规明令废止；二是用新的行政法规取代，即采取后法优于前法的原则，前法视为当然废止。行政法规的效力始于施行之时，有的规定自公布之日起施行，有的规定自特定之日起施行。行政法规一经施行，对国家和人民均具约束力。

【行政房租】房管用语。也称“行事干房租”，指我国住房制度改革前房管部门对国家机关工作人员及事业单位干部居住公产房屋所收取的租金。公房租金的一种。20 世纪 50 年代中期，国务院对国家机关工作人员实行“工资制”时，颁布了《中央国家机关工作人员住用公家宿舍收租暂行办法》，规定每平方米收租金 0.11 元。由于行政房租是针对当时国家机关工作人员工资标准及福利待遇都比较低的特殊情况而实行的一项住房优惠政策，其标准水平比当时其他房租明显低。行政房租实行后，各地参照这一标准，纷纷降低其他房租标准，从而出现了房租入不敷出的现象，使 20 世纪 50 年代国家规定的“以租养房”的方针难以继续执行。

【行政复议】公民、法人或者其他组织认为具体行政行为侵犯其合法权益，向行政机关提出复议申请，行政机关受理申请并作出复议决定的行政行为。《行政复议法》规定，有下列情形之一的，公民、法人或者其他组织可以依照本法申请行政复议：（一）对行政机关作出的警告、罚款、没收违法所得、没收非法财物、责令停产停业、暂扣或者吊销许可证、暂扣或者吊销执照、行政拘留等行政处罚决定不服的；（二）对行政机关作出的限制人身自由或者查封、扣押、冻结财产等行政强制措施决定不服的；（三）对行政机关作出的有关许可证、执照、资质证、资格证等证书变更、中止、撤销的决定不服的；（四）对行政机关作出的关于确认土地、矿藏、水流、森林、山岭、草原、荒地、滩涂、海域等自然资源的所有权或者使用权的决定不服的；（五）认为行政机关侵犯合法的经营自主权的；（六）认为行政机关变更或者废止农业承包合同，侵犯其合法权益的；（七）认为行政机关违法集资、征收财物、摊派费用或者违法要求履行其他义务的；（八）认为符合法定条件，申请行政机关颁发许可证、执照、资质证、资格证等证书，或者申请行政机关审批、登记有关事项，行政机关没有依法办理的；（九）申请行政机关履行保护人身权利、财产权利、受教育权利的法定职责，行政机关没有依法履行的；（十）申请行政机关依法发放抚恤金、社会保险金或者最低生活保障费，行政机关没有依法发放的；（十一）认为行政机关的其他具体行政行为侵犯其合法权益的。行政复议的基本程序包括：（一）申请。公民、法人或者其他组织认为具体行政行为侵犯其合法权益的，可以自知道该具体行政行为之日起六十日内提出行政复议申请。（二）受理。行政复议机关收到行政复议申请后，应当在五日内进行审查，对不符合法律规定的行政复议申请，决定不予受理，并书面告知申请人；对符合法律规定的行政复议申请自行政复议机关负责法制工作的机构收到之日起即为受理。（三）审查。行政复议原则上采取书面审查的办法，但是申请人提出要求或者行政复议机关负责法制工作的机构认为有必要时，可以向有关组织和人员调查情况，听取申请人、被申请人和第三人的意见。（四）决定。行政复议机关负责法制工作的机构应当对被申请人作出的具体行政行为进行审查，提出意见，经行政复议机关的负责人同意或者集体讨论通过后，作出行政复议决定。行政复议机关作出行政复议决定，应当制作行政复议决定书，并加盖印章。行政复议决定书一经送达，即发生法律效力。

【行政复议决定书】行政机关按《行政复议法》规定的程序，对审理终结的行政复议案件作出处理决定的书面文件。《行政复议法》规定，行政复议机关作出行政复议决定，应当制作行政复议决定书，并加盖印章。行政复议决定书包括以下主要内容：（一）申请人的身份情况；（二）申请复议的主要请求和理由；（三）复议机关认定的事实和理由；（四）复议结论；（五）告知申请人不服复议决定的权利；（六）复议机关。行政复议决定书一经送达，即发生法律效力。公民、法人或者其他组织对行政复议决定不服的，可以依照《行政诉讼法》的规定向人民法院提起行政诉讼，但是法律规定行政复议决定为最终裁决的除外。

【行政划拨】“划拨土地使用权”的简称。（见【划拨土地使用权】）

【行政区划】“行政区域划分”的简称。（见【行政区域划分】）

【行政区划图】表示行政管辖范围、归属和等级的地图。主要内容包括：国界和各级行政区划界线、各级行政中心所在地、主要水系、道路网、居民点等。按照地图绘制规则，行政区划图以底色（四色法则）区分各行政区域。

【行政区域划分】简称“行政区划”，指统治阶级为行使国家权力，按照一定的原则将领土划分为不同的区域并建立相应的国家机关，以实现行政管理目标的制度。一个国家的行政区划通常由宪法规定。它的划分既要符合统治阶级的根本利益，又要兼顾政治、经济、文化、民族、地理、人口、国防、历史传统等因素。我国的行政区划，在中华人民共和国成立初期为大行政区、省、市、县、乡 5 级。1954 年后，行政区划经过多次调整。2018 年第十三届全国人民代表大会第一次会议通过的《宪法（修正案）》规定，中华人民共和国的行政区域划分如下：（一）全国分为省、自治区、直辖市；（二）省、自治区分为自治州、县、自治县、市；（三）县、自治县分为乡、民族乡、镇。直辖市和较大的市分为区、县。自治州分为县、自治县、市。国家在必要时得设立特别行政区。

【行政事业性国有资产】行政单位、事业单位通过各种方式取得或者形成的资产，包括使用财政资金形成的资产；接受调拨或者划转、置换形成的资产；接受捐赠并确认为国有的资产；其他国有资产。《行政事业性国有资产管理条例》规定，行政事业性国有资产属于国家所有，实行政府分级监管、各部门及其所属单位直接支配的管理体制。行政单位国有资产主要用于本单位履行职能的需要。事业单位国有资产主要用于保障事业发展、提供公共服务。行政单位国有资产出租和处置等收入，按照政府非税收入和国库集中收缴制度的有关规定管理。国家建立行政事业性国有资产管理情况报告制度。国务院向全国人民代表大会常务委员会报告全国行政事业性国有资产管理情况。县级以上地方人民政府按照规定向本级人民代表大会常务委员会报告行政事业性国有资产管理情况。行政事业性国有资产管理情况报告内容主要包括资产负债总量，相关管理制度建立和实施，资产配置、使用、处置和效益，推进管理体制机制改革等情况。行政事业性国有资产管理情况按照国家有关规定向社会公开。

【行政诉讼】公民、法人或者其他组织认为行使国家行政权的机关和组织及其工作人员所实施的具体行政行为侵犯了其合法权利，依法向人民法院起诉，人民法院依法对被诉具体行政行为进行审查并作出裁判，从而解决行政争议的制度。根据《行政诉讼法》，人民法院受理公民、法人或者其他组织提起的下列诉讼：（一）对行政拘留、暂扣或者吊销许可证和执照、责令停产停业、没收违法所得、没收非法财物、罚款、警告等行政处罚不服的；（二）对限制人身自由或者对财产的查封、扣押、冻结等行政强制措施和行政强制执行不服的；（三）申请行政许可，行政机关拒绝或者在法定期限内不予答复，或者对行政机关作出的有关行政许可的其他决定不服的；（四）对行政机关作出的关于确认土地、矿藏、水流、森林、山岭、草原、荒地、滩涂、海域等自然资源的所有权或者使用权的决定不服的；（五）对征收、征用决定及其补偿决定不服的；（六）申请行政机关履行保护人身权、财产权等合法权益的法定职责，行政机关拒绝履行或者不予答复的；（七）认为行政机关侵犯其经营自主权或者农村土地承包经营权、农村土地经营权的；（八）认为行政机关滥用行政权力排除或者限制竞争的；（九）认为行政机关违法集资、摊派费用或者违法要求履行其他义务的；（十）认为行政机关没有依法支付抚恤金、最低生活保障待遇或者社会保险待遇的；（十一）认为行政机关不依法履行、未按照约定履行或者违法变更、解除政府特许经营协议、土地房屋征收补偿协议等协议的；（十二）认为行政机关侵犯其他人身权、财产权等合法权益的。行政诉讼程序分为：（一）起诉。（二）受理。（三）审理。（四）判决。（五）执行。当事人必须履行人民法院发生法律效力的判决、裁定、调解书。公民、法人或者其他组织拒绝履行判决、裁定、调解书的，行政机关或者第三人可以向第一审人民法院申请强制执行，或者由行政机关依法强制执行。行政机关拒绝履行判决、裁定、调解书的，第一审人民法院可以采取相应的惩罚措施。

【行政许可】 行政机关根据公民、法人或者其他组织的申请，经依法审查，准予其从事特定活动的行为。根据《行政许可法》，下列事项可以设定行政许可：（一）直接涉及国家安全、公共安全、经济宏观调控、生态环境保护以及直接关系人身健康、生命财产安全等特定活动，需要按照法定条件予以批准的事项；（二）有限自然资源开发利用、公共资源配置以及直接关系公共利益的特定行业的市场准入等，需要赋予特定权利的事项；（三）提供公众服务并且直接关系公共利益的职业、行业，需要确定具备特殊信誉、特殊条件或者特殊技能等资格、资质的事项；（四）直接关系公共安全、人身健康、生命财产安全的重要设备、设施、产品、物品，需要按照技术标准、技术规范，通过检验、检测、检疫等方式进行审定的事项；（五）企业或者其他组织的设立等，需要确定主体资格的事项；（六）法律、行政法规规定可以设定行政许可的其他事项。行政许可分为：普通许可、特许、认可、核准、登记五种。行政许可由具有行政许可权的行政机关在其法定职权范围内实施。公民、法人或者其他组织依法取得的行政许可受法律保护，行政机关不得擅自改变已经生效的行政许可。

【行政许可种类】 行政许可的类型。根据国家有关规定，行政许可分为：普通许可、特许、认可、核准、登记五种。普通许可指行政机关准许符合法定条件的相对人行使某种权利；特许指行政机关代表国家向被许可人授予某种权力或者对有限资源进行有效配置；认可指行政机关对相对人是否具有某种资格、资质的认定；核准指行政机关按照技术标准、经济技术规范，对申请人是否具备特定标准、规范的判断和确定；登记指行政机关对个人、企业是否具有特定民事权利能力和行为能力的主体资格和特定身份的确定。

【形式主义登记】 也称“契约登记制”“要件对抗主义登记”。（见【契约登记制】）

【修建性详细规划】 以城市总体规划、分区规划或控制性详细规划为依据，制订用以指导各项建筑和工程设施的设计和施工的规划。城市详细规划的一种。修建性详细规划的主要内容包括规划地块的建设条件和综合技术论证，建造和绿地的空间布局、景观规划设计，布置总平面图，道路系统规划设计，绿地系统规划设计，工程管线规划设计，竖向规划设计，估算工程量、拆迁量和总造价、分析投资效益。修建性详细规划由城市、县人民政府城乡规划主管部门和镇人民政府组织编制，详细规划的成果由规划说明书和图纸组成。

【需求】在一定时间内和一定价格条件下，消费者对市场上某种商品或服务的需要。需求的构成要素有两个：一是消费者的购买意愿，即有购买的欲望；二是消费者的购买能力，即有支付能力。两者缺一不可。影响有支付能力的需求主要有以下几个因素：（一）消费者的习惯和偏好；（二）消费者的个人收入；（三）所需商品价格的高低；（四）可作替代品的其他商品价格的高低；（五）消费者对未来商品价格和个人收入的预期；（六）消费者人数的多少。

【需求层次理论】也称“需要层次理论”，指美国心理学家亚伯拉罕·马斯洛提出的一种需求层次的理论。行为科学理论之一。1943 年马斯洛在《人类激励理论》中所提出，人类需要像阶梯一样从低到高按层次分为五种，分别是：生理需要、安全需要、社交需要、尊重需要和自我实现需要。最基本的是生理需要，包括对食物、水、空气、睡眠等的需要；其上是安全需要，表现为人们寻求稳定、安全、回避危险等；第三个层次是归属和爱的需要，指人们对社交、追求爱与加入某一团体的需要；第四层次是尊重的需要，包括自尊和希望受到别人尊重的需要；第五层次也是最高层次是自我实现的需要，指人们追求实现自己的能力，发挥自己才干，完善自己的需要。马斯洛认为这五种需要是天生的，都是人类的基本需要，它们构成了高低不同的层次。层次越低，需要的力量越强，高一级需要的产生建立在低一级需要的满足上。某一层次的需要相对满足了，就会向高一层次发展，追求更高一层次的需要就成为驱使行为的动力。满足高级需要的外部条件比低级需要复杂，要求一定的社会、经济和政治条件等。同一时期，一个人可能有几种需要，但每一时期总有一种需要占支配地位，对行为起决定作用。任何一种需要都不会因为更高层次需要的发展而消失。各层次的需要相互依赖和重叠，高层次的需要发展后，低层次的需要仍然存在，只是对行为影响的程度大大减小。

【需求弹性】在一定时期内商品需求量的相对变动对于该商品价格的相对变动的反应程度。通常用需求弹性系数，即需求变动百分数与价格变动百分数的比率表示。需求弹性是英国经济学家 A. 马歇尔在分析价格变动对需求的影响时提出的。他认为，在其他条件不变的情况下，价格上升，则需求减少；价格下降，则需求增加。需求对价格变化的反映有以下几种情况：（一）需求弹性系数大于 1，即需求变动百分比大于价格变动百分比；（二）需求弹性系数小于1，即需求变动百分比小于价格变动百分比；（三）需求弹性系数等于1，即需求变动百分比等于价格变动百分比；（四）无需求弹性，即无论价格如何变动，需求量都不会变动；（五）需求弹性无穷大，即价格稍有下降，需求量便无穷大，而价格稍有上升，则需求量将减少为零。后两种情况比较少见。一般来讲，奢侈品弹性大，而生活必需品弹性小。

【循环经济】 在生产、流通和消费等过程中进行的减量化、再利用、资源化活动的总称。一种符合可持续发展理念的经济增长模式。一般认为，循环经济的思想萌芽可以追溯到环境保护兴起的20世纪60年代。"循环经济"一词，首先由美国经济学家K·波尔丁提出，主要指在人、自然资源和科学技术的大系统内，在资源投入、企业生产、产品消费及其废弃的全过程中，把传统的依赖资源消耗的线形增长经济，转变为依靠生态型资源循环来发展的经济。我国从20世纪90年代起引入了关于循环经济的思想。2008年8月29日，第十一届全国人民代表大会常务委员会第四次会议通过《循环经济促进法》明确，发展循环经济是国家经济社会发展的一项重大战略，应当遵循统筹规划、合理布局，因地制宜、注重实效，政府推动、市场引导，企业实施、公众参与的方针。国务院循环经济发展综合管理部门负责组织协调、监督管理全国循环经济发展工作；国务院环境保护等有关主管部门按照各自的职责负责有关循环经济的监督管理工作。

Yy

【押金】 也称"保证金"。（见【保证金】）

【押租】 也称"租赁保证金"，指为租赁土地、房屋等向出租人缴付的保证金。旧中国时，农民租佃土地时须先向地主缴付押租，以后退租时，再归还押租。在城市房屋租赁中，承租人一般也须向出租人缴付相当于三个月或半年租金额的押租。

【严重损坏房】 部分结构构件严重倾斜、开裂、变形或强度不足，个别构件已处于危险状态，屋面或板缝严重漏雨，装修及设备明显损毁、残缺的房屋。按照房屋完损程度评定的房屋等级的类别之一。根据国家城市危险房屋处理的有关规定，对严重损坏房需及时进行局部整修、更新等的大修，以确保房屋的安全使用。

【窑洞】 在土山的山崖挖成的作为住屋的山洞或土屋。中国北部黄土高原上居民的古老居住形式。窑洞一般有靠崖式窑洞、下沉式窑洞、独立式窑洞等形式，其中靠崖式窑洞较多。它建在山坡、土塬边缘处，常依山向上呈现数级台阶式分布，下层窑顶为上层前庭，视野开阔。下沉式窑洞则是就地挖一个方形地坑，再在内壁挖窑洞，形成一个地下四合院。

【要件对抗主义登记】也称“契约登记制”“形式主义登记”。（见【契约登记制】）

【业主】房屋的所有权人。《民法典》规定，业主对建筑物内的住宅、经营性用房等专有部分享有所有权，对专有部分以外的共有部分享有共有和共同管理的权利。业主可以设立业主大会，选举业主委员会，通过选聘物业服务企业，对房屋及配套的设施设备和相关场地进行维修、养护、管理，开展维护物业管理区域内的环境卫生和相关秩序的活动。业主在物业管理活动中，享有下列权利：（一）按照物业服务合同的约定，接受物业服务企业提供的服务；（二）提议召开业主大会会议，并就物业管理的有关事项提出建议；（三）提出制定和修改管理规约、业主大会议事规则的建议；（四）参加业主大会会议，行使投票权；（五）选举业主委员会成员，并享有被选举权；（六）监督业主委员会的工作；（七）监督物业服务企业履行物业服务合同；（八）对物业共用部位、共用设施设备和相关场地使用情况享有知情权和监督权；（九）监督物业共用部位、共用设施设备专项维修资金的管理和使用；（十）法律、法规规定的其他权利。业主在物业管理活动中，履行下列义务：（一）遵守管理规约、业主大会议事规则；（二）遵守物业管理区域内物业共用部位和共用设施设备的使用、公共秩序和环境卫生的维护等方面的规章制度；（三）执行业主大会的决定和业主大会授权业主委员会作出的决定；（四）按照国家有关规定交纳专项维修资金；（五）按时交纳物业服务费用；（六）法律、法规规定的其他义务。

【业主大会】物业管理区域内全体业主组成的自治组织，代表和维护物业管理区域内全体业主在物业管理活动中的合法权益。根据国家有关规定，同一个物业管理区域内的业主，应当在物业所在地的区、县人民政府房地产行政主管部门或者街道办事处、乡镇人民政府的指导下成立业主大会，并选举产生业主委员会。下列事项由业主共同决定：（一）制定和修改业主大会议事规则；（二）制定和修改管理规约；（三）选举业主委员会或者更换业主委员会成员；（四）选聘和解聘物业服务企业；（五）筹集和使用专项维修资金；（六）改建、重建建筑物及其附属设施；（七）有关共有和共同管理权利的其他重大事项。业主大会通过业主大会会议行使权利。业主大会会议分为定期会议和临时会议。定期会议应当按照业主大会议事规则的规定召开。经20%以上的业主提议，业主委员会应当组织召开业主大会临时会议。业主可以委托代理人参加业主大会会议。业主大会或者业主委员会的决定，对业主具有约束力。

【业主对建筑物的成员权】也称“业主对建筑物的共同管理权”，指业主对建筑物专有部分以外的共有部分享有的共同管理的权利。即每个业主有权对共用部位与公共设备设施的使用、收益、维护等事项通过参加业主大会进行管理。建筑物区分所有权权利之一。《民法典》对由业主共同管理的事项规定如下：（一）选聘和解聘物业服务企业或者其他管理人；（二）使用建筑物及其附属设施的维修资金；（三）筹集建筑物及其附属设施的维修资金；（四）改建、重建建筑物及其附属设施；（五）改变共有部分的用途或者利用共有部分从事经营活动；（六）有关共有和共同管理权利的其他重大事项。业主转让建筑物内的住宅、经营性用房，其对共有部分享有的共有和共同管理的权利一并转让。

【业主对建筑物的共同管理权】也称“业主对建筑物的成员权”。（见【业主对建筑物的成员权】）

【业主对建筑物的共有权】业主对建筑物专有部分以外的共有部分享有的权利。即每个业主在法律对所有权未作特殊规定的情形下，对专有部分以外的走廊、楼梯、过道、电梯、外墙面、水箱、水电气管线等共有部分，对小区内道路、绿地、公用设施、物业管理用房以及其他公共场所等共有部分享有占有、使用、收益、处分的权利。建筑物区分所有权权利之一。《民法典》规定，业主对建筑物专有部分以外的共有部分，享有权利，承担义务；不得以放弃权利为由不履行义务。

【业主对建筑物的专有权】业主对其建筑物专有部分享有占有、使用、收益和处分的权利。即业主对建筑物内属于自己所有的住宅、经营性用房等专有部门可以直接占有、使用，实现居住或者经营的目的；也可以依法出租、出借，获取收益；还可以用来抵押贷款或出售。建筑物区分所有权权利之一。民法上构成建筑物的专有部分必须具备以下要件：（一）具有构造上的独立性，能够独立区分；（二）具有利用上的独立性，可以排他使用；（三）能够登记成特定业主所有权的客体。《民法典》规定，业主对其建筑物专有部分享有占有、使用、收益和处分的权利。业主行使权利不得危及建筑物的安全，不得损害其他业主的合法权益。

【业主公约】业主共同订立的，有关物业使用、维修、管理等方面的行为准则。属公共契约性质，对全体业主具有约束力。业主公约一般包括以下内容：（一）物业名称、地点、面积；（二）共用部位及共用设施状况；（三）业主使用共用部位和共用设施的权利；（四）业主代表大会的召开程序及决定有关物业管理重大事项的方式；（五）业主参与物业管理的权利；（六）业主对业主委员会和物业管理公司监督的权利；（七）业主缴纳各项有关物业管理费用的义务；（八）业主使用物业应遵守的行为准则；（九）违反业主公约的责任；（十）其他有关事项。业主公约自业主大会或业主代表大会审议通过或经三分之二以上业主签署后生效。业主公约的内容不得与国家的法律、法规相抵触。

【业主请求权】业主依法对建设单位、物业服务企业或者其他管理人以及其他业主侵害自己合法权益的行为，请求其承担民事责任的权利。《民法典》规定：业主对建设单位、物业服务企业或者其他管理人以及其他业主侵害自己合法权益的行为，有权请求其承担民事责任。业主行使该请求权，可以直接向建设单位、物业服务企业或者其他管理人提出请求，可以向有关行政主管部门投诉，也可以向人民法院起诉，由人民法院判决。

【业主委员会】业主大会的执行机构。由业主大会选举产生。业主委员会执行业主大会的决定事项，履行下列职责：（一）召集业主大会会议，报告物业管理的实施情况；（二）代表业主与业主大会选聘的物业服务企业签订物业服务合同；（三）及时了解业主、物业使用人的意见和建议，监督和协助物业服务企业履行物业服务合同；（四）监督管理规约的实施；（五）业主大会赋予的其他职责。业主委员会应当自选举产生之日起 30 日内，向物业所在地的区、县人民政府房地产行政主管部门和街道办事处、乡镇人民政府备案。业主委员会应当依法履行职责，不得作出与物业管理无关的决定，不得从事与物业管理无关的活动。业主委员会作出的决定违反法律、法规的，物业所在地的区、县人民政府房地产行政主管部门或者街道办事处、乡镇人民政府，应当责令限期改正或者撤销其决定，并通告全体业主。

【一般区位因素】在房地产价格评估中，对所有城镇的土地都发生作用和影响的因素，如道路交通、城市设施、商服繁华、人口分布状况等。其中商服繁华和道路交通便利度与城市居民生活联系最为密切，且本身对土地区位也最敏感，是土地级别和地价的重要影响因素。

【一般损坏房】局部结构件变形、裂缝、腐朽或老化，强度不足；屋面或板缝局部漏雨；部分装修、设备有一般性损毁的房屋。房屋完损程度的类别之一。根据国家城市危险房屋处理的有关规定，对一般损坏房需对少量主体构件进行加固、更新，或对损坏部位进行修缮，恢复使用功能。

【一次付款】房改用语。指我国住房制度改革时期，职工在购买租住的公有住房时，在没有享受政策性贷款的情况下，将全部买房款一次性付给售房单位的付款方式。国家房改政策规定，为鼓励职工一次付款，售房单位可对一次付款的购房职工给予一次付款折扣。折扣率参考当地购房政策性贷款利率与银行储蓄存款利率的差额，以及分期付款的控制年限确定。

【一次性安置】也称“实物安置”，指城市房屋征收拆迁人在准备好必要的安置用房后，直接将被拆除房屋使用人安置到位的安置方式。安置方式的一种。一次性安置可减少被拆除房屋使用人在外过渡的生活困难，有利于社会安定。

【一次性分配权】我国实行住房实物分配体制时，建房单位对新建住房享有的初次分配权。住房制度改革前，我国曾规定，城镇建房单位对其投资新建的房屋有一次性分配权，房屋分配入住满员后，即移交房管部门统管。以后再进行迁移、调配等由房管部门负责，建房单位不再有分配的权利。

【一次性装修】也称“菜单式装修”。(见【菜单式装修】)

【一房多售】房地产开发企业在未解除商品房买卖合同前，将作为合同标的物的商品房再次销售给他人的行为。违规买卖商品房行为。根据《商品房销售管理办法》，在未解除商品房买卖合同前，将作为合同标的物的商品房再行销售给他人的，处以警告，责令限期改正，并处2万元以上3万元以下罚款；构成犯罪的，依法追究刑事责任。

【一户一宅制度】农村村民一户只能拥有一处宅基地的制度安排。宅基地，指农村村民建造自住住宅的土地。根据《土地管理法》，一户一宅制度主要包括以下内容：(一)农村村民一户只能拥有一处宅基地，其宅基地的面积不得超过省、自治区、直辖市规定的标准；(二)农村村民建住宅，应当符合乡

（镇）土地利用总体规划、村庄规划，不得占用永久基本农田，并尽量使用原有的宅基地和村内空闲地；（三）农村村民出卖、出租、赠与住宅后，再申请宅基地的，不予批准；（四）国家允许进城落户的农村村民依法自愿有偿退出宅基地，鼓励农村集体经济组织及其成员盘活利用闲置宅基地和闲置住宅。

【一类居住用地】城市居住用地中设施齐全，环境良好，以低层住宅为主的用地。《城市用地分类与规划建设用地标准》（GB 50137—2011）中“城市住宅和相应服务设施的用地”的一类。

【一门式服务】也称“一站式服务”，指将多个服务项目或服务内容整合到一处，或一次性完成的服务模式。“一站式服务”既方便客户，又提高服务质量和服务效率，是优化营商环境的一种新服务模式。

【一书两证】城市规划用语。指城市规划管理中规划选址意见书、建设用地规划许可证和建设工程规划许可证的简称。

【一网通办】依托全流程一体化在线政务服务平台和线下办事窗口，整合公共数据资源，加强业务协同办理，优化政务服务流程，推动群众和企业办事时实现线上一个总门户、一次登录、全网通办，线下只进一扇门、最多跑一次的政务服务模式。优化营商环境的措施之一。根据《优化营商环境条例》，政府及其有关部门办理政务服务事项，应当根据实际情况，推行当场办结、一次办结、限时办结等制度，实现集中办理、就近办理、网上办理、异地可办。国家加快建设全国一体化在线政务服务平台，推动政务服务事项在全国范围内实现“一网通办”，依托一体化在线平台，推动政务信息系统整合，优化政务流程，促进政务服务跨地区、跨部门、跨层级数据共享和业务协同；国家建立电子证照共享服务系统，实现电子证照跨地区、跨部门共享和全国范围内互信互认。

【一小时交通圈】城市规划用语。指以核心城市的城区边缘为起点，以高速公路、高速铁路与普通铁路、城际轨道、市郊铁路为主要交通方式的一小时交通可达范围所覆盖的区域。

【一站式服务】也称“一门式服务”。（见【一门式服务】）

【一站式审批】政府把分散在各部门的审批服务事项集中到一起统一管理，依托互联网，实现受理、审核、审批在一个服务窗口完成的行政审批模式。优化营商环境的一种新服务模式。2015年，《国务院关于规范国务院部门行政审批行为改进行政审批有关工作的通知》，要求行政审批实行“一个窗口”受理、“一站式”审批，实行办理时限承诺制。一站式审批有利于提高行政办事效率，改善服务质量，方便人民群众。

【医疗卫生用地】医疗、预防、保健、护理、康复、急救、安宁疗护等用地。《国土空间调查、规划、用途管制用地用海分类指南》中“公共管理与公共服务用地”下的一个二级类用地。下设医院用地、基层医疗卫生设施用地、公共卫生用地3个三级类用地。医院用地指综合医院、中医医院、中西医结合医院、民族医院、各类专科医院、护理院等用地；基层医疗卫生设施用地指社区卫生服务中心、乡镇（街道）卫生院等用地，不包括社区卫生服务站、农村卫生服务站、村卫生室、门诊部、诊所（医务室）等用地；公共卫生用地指疾病预防控制中心、妇幼保健院、急救中心（站）、采供血设施等用地。

【遗产】自然人死亡时遗留的个人合法财产。包括：（一）公民的收入；（二）公民的房屋、储蓄和生活用品；（三）公民的林木、牲畜和家禽；（四）公民的文物、图书资料；（五）法律允许公民所有的生产资料；（六）公民的著作权、专利权中的财产权利；（七）公民的其他合法财产。

【遗赠】自然人以遗嘱方式将个人财产赠与国家、集体或法定继承人以外的人，于其死亡时发生法律效力的民事行为。根据《民法典》，自然人可以立遗嘱将个人财产赠与国家、集体或者法定继承人以外的组织、个人。遗赠附有义务的，受遗赠人应当履行义务。没有正当理由不履行义务的，经利害关系人或者有关组织请求，人民法院可以取消其接受附义务部分遗产的权利。遗赠中，因死亡而将其财产赠予他人的人称为“遗赠人”，依法承受遗赠财产的人称为“受赠人”。

【遗嘱继承】遗嘱中指定的继承人根据遗嘱指定的其应当继承的遗产种类、数额等继承被继承人遗产的继承方式。继承的一种。根据《民法典》，自然人可以依法立遗嘱处分个人财产，并可以指定遗嘱执行人。自然人可以立遗嘱将个人财产指定由法定继承人中的一人或者数人继承。遗嘱分为公证遗嘱、自书遗嘱、代书遗嘱、打印遗嘱、以录音录像形式立的遗嘱和口头遗嘱。遗嘱继承附有义务的，继承人应当履行义务。

【已购公有住房】房改用语。也称“房改房”，指住房制度改革中，城镇职工根据国家和地方人民政府有关城镇住房制度改革政策规定，按照成本价或者标准价购买的自住公有住房。按照当时的房改政策，职工购买房改出售的自住公有住房有一定的优惠政策，其价格标准为公有住房的成本价或者标准价，在此基础上还有工龄、职务或职称方面的折扣优惠。按照成本价购买的，房屋所有权归职工个人所有；按照标准价购买的，职工拥有部分房屋所有权，5 年后产权归职工个人所有。

【已购公有住房上市】房改用语。也称“房改房入市”，指住房制度改革中，城镇职工将根据国家房改政策按照成本价（或者标准价）购买的公有住房上市出售的行为。允许已购公有住房上市是深化住房制度改革，促进房地产市场发展和存量住房流通，进一步改善居民住房条件的一项重要措施。《已购公有住房和经济适用住房上市出售管理暂行办法》规定，已取得合法产权证书的已购公有住房可以上市出售。已购公有住房所有权人要求将已购公有住房上市出售的，应当向房屋所在地的县级以上人民政府房地产行政主管部门提出申请，房地产行政管理部门对其申请进行审核。经审核准予出售的房屋可以上市交易。交易成功后，由买卖当事人向房屋所在地房地产交易管理部门申请办理交易过户手续，如实申报成交价格，缴纳有关税费和土地收益，办理房屋所有权转移登记和土地使用权变更登记手续。

【以产抵租】以房产的评估价格抵付住房的租金。一般情况是房主无力修缮房屋，和承抵者签订以产抵租的协议，承抵者负责房屋修缮，保证抵产者的居住安全。房产价值被租金抵完后，房屋即归承抵者所有，原房主变成住户，以现金支付房租，原承抵者变为房主。

【以房养老】老年人利用自有房屋的价值解决养老资金来源做法的统称。养老模式的一种。分为金融模式和非金融模式。金融模式指委托人（养老人）将房产信托给金融机构，获得房屋等值的资金，分期用于养老，直到委托人去世，房产归金融机构。如逆贷款，也称倒按揭、反贷款。非金融模式，指委托人（养老人）将房产委托给社会机构，如中介机构，用于出租、置换、售后回租等，依靠经营获得定期收益，用于养老。

【以息补租】房改用语。指公有住房出租时，产权人除了向承租人按月收取租金外，还要一次性收取一定数额的保证金，用保证金产生的利息来弥补承租人交纳的租金与房改后应达到的租金标准之间的差额。一种租金改革形式。一次性收取的保证金称为“租赁保证金”。租赁保证金的本金归承租人所有，解除租赁关系时，本金退还承租人，产权人收回出租房屋。

【以息代租】房改用语。指以利息代替房租。一种租金改革形式。做法是：按出租住房面积、住房等级、住房类别收取住房押金，对缴纳押金的租户不再收取房租，而以押金的利息代替房租。以息代租的前提是押金利息的数额足以代替租金，退租时退还押金。押金也称为“租赁保证金”。

【以租养房】房改用语。指以收回的租金实现住房的成本价值。即租金收入除去必要的开支外，既能够保证住房的正常维修和养护，以保持现有住宅的使用价值，还能够在住宅使用年限终了时，利用折旧费用重建全部房屋，使住房得以保持原有的规模。以租养房是我国住房制度改革初期所要实现的目标之一。

【异产毗连房屋】结构相连或具有共有、共用设备和附属建筑，为不同所有人所有的房屋。分专有部分和共有部分。专有部分指由业主所有的住宅、经营性用房等；共有部分指专有部分以外，由所有人、使用人共同使用的设施设备和附属建筑，如屋面、外墙、门厅、过道、电梯、楼梯、水电气管线等。《民法典》规定，业主对建筑物内的住宅、经营性用房等专有部分享有所有权；对专有部分以外的共有部分享有共有和共同管理的权利，承担义务，不得以放弃权利为由不履行义务。

【异议登记】“不动产异议登记”的简称。(见【不动产异议登记】)

【银行不良贷款】也称“非正常贷款”或“有问题贷款”，指借款人未能按原定的贷款协议按时偿还商业银行的贷款本息，或者已有迹象表明借款人不可能按原定的贷款协议按时偿还商业银行的贷款本息而形成的贷款。商业银行贷款按风险基础分为五类：(一) 正常类贷款，指借款人能够履行合同，没有足够理由怀疑贷款本息不能按时足额偿还；(二) 关注类贷款，指尽管借款人目前有能力偿还贷款本息，但存在一些可能对偿还产生不利影响的因素；(三) 次级类贷款，指借款人的还款能力出现明显问题，完全依靠其正常营业收入无法足额偿还贷款本息，即使执行担保，也可能会造成一定损失；(四) 可疑类贷款，指借款人无法足额偿还贷款本息，即使执行担保，也肯定要造成较大损失；(五) 损失类贷款，指在采取所有可能的措施或一切必要的法律程序之后，本息仍然无法收回，或只能收回极少部分。上述分类中的后三类贷款统称为不良贷款。一般而言，若借款人拖延还本付息达3个月之久，贷款即会被视为不良贷款。商业银行在确定不良贷款已无法收回时，应从利润中予以注销；逾期贷款无法收回但尚未确定时，则应在账面上提列坏账损失准备。不良贷款是银行体内的“毒瘤”，侵蚀银行的利润或资本金，严重的还会引发银行破产。

【银行不良贷款率】银行不良贷款占总贷款余额的比重。不良贷款率的计算公式为：不良贷款率=（次级类贷款+可疑类贷款+损失类贷款）/各项贷款×100%。

不良贷款率是评价金融机构信贷资产安全状况的重要指标之一。

【银行资本充足率】银行自身资本和加权风险资产的比率。银行风险控制指标之一。代表银行对负债的最后偿债能力。银行用少量资本运营大量债权资产，以此来获得高回报率，这就是所谓的“杠杆原理”，也是银行产生系统风险的根源之一。为了让金融业在众多风险面前有足够的抵抗能力，最低限度地降低金融业暴发危机引起社会动荡，1988年在瑞士巴塞尔召开的“巴塞尔银行监管委员会”会议上确定了8%的资本充足率要求，同时要求银行核心资本充足率达到4%，以保证银行有足够的偿债能力。

【营利法人】以取得利润并分配给股东等出资人为目的成立的法人，包括有限责任公司、股份有限公司和其他企业法人等。法人的一类。根据国家有关法律，营利法人经依法登记成立。依法设立的营利法人，由登记机关发给营利法人营业执照。营业执照签发日期为营利法人的成立日期。营利法人应当依法制定法人章程，设权力机构、执行机构、监督机构。权力机构行使修改法人章程，选举或者更换执行机构、监督机构成员，以及法人章程规定的其他职权。执行机构为董事会或者执行董事的，董事长、执行董事或者经理按照法人章程的规定担任法定代表人；未设董事会或者执行董事的，法人章程规定的主要负责人为其执行机构和法定代表人。监督机构依法行使检查法人财务，监督执行机构成员、高级管理人员执行法人职务的行为，以及法人章程规定的其他职权。营利法人从事经营活动，应当遵守商业道德，维护交易安全，接受政府和社会的监督，承担社会责任。

【营商环境】企业等市场主体在市场经济活动中所处的生存和发展环境，包括社会环境、经济环境、政治环境和法律环境等。2001年，世界银行为衡量各国小企业运营的客观环境，创建了一套衡量和评估各国私营部门发展环境的指标体系，即企业营商环境指标体系。指标体系创建初期由五组指标构成，以后发展到十组，如注册物权、税制环境、投资者保护、知识产权保护、跨国贸易、治安环境等。根据这一指标体系，世界银行对 155 个国家和地区的企业营商环境进行了逐项评级，得出综合排名，并每年发布《营商环境报告》。营商环境指数排名越高或越靠前，表明在该国从事企业经营活动条件越宽松。相反，指数排名越低或越靠后，则表明在该国从事企业经营活动越困难。

【永久基本农田】 按照一定时期人口和社会经济发展对农产品的需求，依据国土空间规划确定的不得擅自占用或改变用途的耕地。2019 年 8 月 26 日第十三届全国人民代表大会常务委员会第十二次会议新修订的《土地管理法》规定，国家实行永久基本农田保护制度。下列耕地应当根据土地利用总体规划划为永久基本农田，实行严格保护：（一）经国务院农业农村主管部门或者县级以上地方人民政府批准确定的粮、棉、油、糖等重要农产品生产基地内的耕地；（二）有良好的水利与水土保持设施的耕地，正在实施改造计划以及可以改造的中、低产田和已建成的高标准农田；（三）蔬菜生产基地；（四）农业科研、教学试验田；（五）国务院规定应当划为永久基本农田的其他耕地。各省、自治区、直辖市划定的永久基本农田一般应当占本行政区域内耕地的百分之八十以上。永久基本农田划定以乡（镇）为单位进行，由县级人民政府自然资源主管部门会同同级农业农村主管部门组织实施。永久基本农田应当落实到地块，纳入国家永久基本农田数据库严格管理。永久基本农田经依法划定后，任何单位和个人不得擅自占用或者改变其用途。

【永久基本农田保护区】 对永久基本农田实行特殊保护，依据土地利用总体规划和依照法定程序确定的特定保护区域。根据《基本农田保护条例》，下列耕地应当划入永久基本农田保护区，严格管理：（一）经国务院有关主管部门或者县级以上地方人民政府批准确定的粮、棉、油生产基地内的耕地；（二）有良好的水利与水土保持设施的耕地，正在实施改造计划以及可以改造的中、低产田；（三）蔬菜生产基地；（四）农业科研、教学试验田。根据土地利用总体规划，铁路、公路等交通沿线，城市和村庄、集镇建设用地区周边的耕地，应当优先划入基本农田保护区。永久基本农田保护区经依法划定后，任何单位和个人不得改变或者占用。

【永久基本农田保护责任书】 由上

级人民政府和下级责任单位就永久基本农田保护事宜签订的书面文件。根据国家有关规定，在建立永久基本农田保护区的地方，县级以上地方人民政府应当与下一级人民政府签订永久基本农田保护责任书；乡（镇）人民政府应当根据与县级人民政府签订的永久基本农田保护责任书的要求，与农村集体经济组织或者村民委员会签订永久基本农田保护责任书。永久基本农田保护责任书应当包括下列内容：（一）永久基本农田的范围、面积、地块；（二）永久基本农田的地力等级；（三）保护措施；（四）当事人的权利与义务；（五）奖励与处罚。

【永久基本农田红线】为保障国家粮食安全和重要农产品供给，实施永久特殊保护的耕地总量。国土空间规划中不可逾越的控制线之一。

【永久基本农田特殊保护】按照国家要求，对永久基本农田实行的一系列特殊保护政策、措施的统称。根据国家有关规定，实行永久基本农田特殊保护，以守住永久基本农田控制线为目标，以建立健全“划、建、管、补、护”长效机制为重点。“划”，指巩固永久基本农田划定成果，守住永久基本农田控制线。“建”，指开展永久基本农田整备区建设，建成一定比例的永久基本农田整备区。“管”，指从严管控非农建设占用永久基本农田，坚决防止永久基本农田“非农化”。“补”，指明确永久基本农田补划要求，做好永久基本农田补划论证。“护”，指强化永久基本农田保护考核机制，完善永久基本农田保护补偿机制，构建永久基本农田动态监管机制。同时，要加强督促检查，强化土地执法监察，及时发现、制止和严肃查处违法乱占耕地特别是永久基本农田的行为，对违法违规占用永久基本农田建窑、建房、建坟、挖砂、采石、取土、堆放固体废弃物或者从事其他活动破坏永久基本农田，毁坏种植条件的，要及时责令限期改正或治理，恢复原种植条件，并按有关法律法规进行处罚，构成犯罪的，依法追究刑事责任。

【永久基本农田整备区】具有良好农田基础设施，具备调整补充为永久基本农田条件的耕地集中分布区域。加强永久基本农田建设措施之一。根据国家有关规定，各省（区、市）自然资源主管部门要在划定永久基本农田控制线基础上，结合当地实际，组织开展零星分散耕地的整合归并、提质改造等工作，整治后形成的集中连片、质量提升的耕地，经验收评估合格后，划入永久基本农田整备区。建成高标准农田的，优先纳入永久基本农田整备区，用于补充占用或减少的永久基本农田。

【用地分区】也称“土地利用区”。（见【土地利用区】）

【用地用海分类】“国土空间调查、规划、用途管制用地用海分类”的简称。（见【国土空间调查、规划、用途管制用地用海分类】）

【用益物权】用益物权人对他人所有的不动产或者动产，依法享有占有、使用和收益的权利。包括土地承包经营权、建设用地使用权、宅基地使用权、居住权、地役权等。他物权的一种。用益物权在所有权上设立。根据《民法典》，所有权人有权在自己的不动产或者动产上设立用益物权和担保物权。用益物权除了具备物权的一般属性和他物权的基本属性之外，与担保物权相比，具有以下特征：（一）目的的用益性，设立用益物权的目的是对他人所有的财产进行使用、收益，即为了追求物的使用价值而对他人的物在一定范围内进行支配；（二）地位的独立性，用益物权为独立物权，是对所有权的限制，用益物权人在法律规定或合同约定的某种权利的具体支配范围内，可以对抗一切人，包括所有权人，从而形成对所有权的限制；（三）客体的限制性，一是用益物权的客体必须具有使用价值，二是用益物权的客体以不动产为主，三是用益物权的享有和行使必须以对客体的实际占有为前提，否则使用和收益无从谈起。法律还规定，用益物权的行使，不得损害所有权人的权益；用益物权人行使权利，应当遵守法律有关保护和合理开发利用资源、保护生态环境的规定。所有权人不得干涉用益物权人行使权利。

【佣金】房地产经纪机构向委托人提供房地产经纪服务，按照服务合同约定向委托人收取的费用。房地产中介服务收费的一种。房地产经纪服务分居间和代理两类。居间指居间人向委托人报告订立合同的机会或提供订立合同的媒介服务；代理，指代理人代被代理人从事房地产交易的服务。佣金标准根据委托服务项目而定，或根据有关规定或由委托双方协商议定。

【优化营商环境】国家持续深化简政放权、放管结合、优化服务改革，最大限度减少政府对市场资源的直接配置和对市场活动的直接干预，加强和规范事中事后监管，着力提升政务服务能力和水平，切实降低制度性交易成本，更大激发市场活力和社会创造力，增强发展动力的一系列制度安排、政策措施的统称。根据《优化营商环境条例》，优化营商环境主要涉及以下方面内容：（一）市场主体保护，国家坚持权利平等、机会平等、规则平等，保障各种所有制经济平等受到法律保护；（二）市场环境，国家持续放宽市场准入，并实行全国统一的市场准入负面清单制度，市场准入负面清单以外的领域，各类市场主体均可以依法平等进入；（三）政务服务，国家加快建设全国一体化在线政务服务平台，推动政务服务事项在全国范围内实现"一网通办"，国家实行行政许可清单管理制度，适时调整行政许可清单并向社会公布，清单之外不得违法实施行政许可；（四）监管执法，国家健全公开透明的监管规则和标准体系，国务院有关部门应当分领域制定全国统一、简明易行的监管规则和标准，并向社会公开；（五）法治保障，国家根据优化营商环境需要，依照法定权限和程序及时制定或者修改、废止有关法律、法规、规章、行政规范性文件，国家完善调解、仲裁、行政裁决、行政复议、诉讼等有机衔接、相互协调的多元化纠纷解决机制，为市场主体提供高效、便捷的纠纷解决途径。

【优先购买权】也称"先买权"，指特定人依照合同约定或法律规定，在所有人出卖动产或不动产时，有依同等条件优先购买的权利。享有优先购买权的人称为"优先购买权人"。优先购买权通常是法定的，立法上也承认约定优先购买权。《民法典》规定，按份共有人可以转让其享有的共有的不动产或者动产份额。其他共有人在同等条件下享有优先购买的权利。按份共有人转让其享有的共有的不动产或者动产份额的，应当将转让条件及时通知其他共有人。其他共有人应当在合理期限内行使优先购买权。两个以上其他共有人主张行使优先购买权的，协商确定各自的购买比例；协商不成的，按照转让时各自的共有份额比例行使优先购买权。

【有价证券】具有一定票面金额，用于证明持有人或该证券指定的特定主体对特定财产拥有所有权或债权的凭证。虚拟资本的一种。按其所表明的财产权利的不同性质，可分为商品证券、货币证券及资本证券。商品证券，指证明持券人有商品所有权或使用权的凭证，如商品的提货单、运货单、仓库栈单等；货币证券，指能使持券人或第三者取得货币索取权的有价证券，如商业汇票、商业本票、银行汇票、银行本票和支票等；资本证券，指由金融投资或与金融投资有直接联系的活动而产生的证券，持券人对发行人有一定的收入请求权，如股票、债券及其衍生品种如基金证券、可转换证券等。资本证券是有价证券的主要形式。

【有限产权房】房改用语。也称"部分产权房"。（见【部分产权房】）

【有限责任公司】股东以其认缴的出资额为限对公司承担责任，公司以其全部资产对其债务承担责任的企业法人。公司组织形式的一种。根据《公司法》，设立有限责任公司，应当具备下列条件：（一）股东符合法定人数；（二）有符合公司章程规定的全体股东认缴的出资额；（三）股东共同制定公司章程；（四）有公司名称，建立符合有限责任公司要求的组织机构；（五）有公司住所。有限责任公司的注册资本为在公司登记机关登记的全体股东认缴的出资额。股东可以用货币出资，也可以用实物、知识产权、土地使用权等可以用货币估价并可以依法转让的非货币财产作价出资。有限责任公司股东会是公司的权力机构，由全体股东组成，依照《公司法》行使职权。公司可以根据章程规定，合并、分立、增资、减资。公司合并或者分立，增加或者减少注册资本，应当依法向公司登记机关办理变更登记。公司因下列原因，可以经清算后解散：（一）公司章程规定的营业期限届满或者公司章程规定的其他解散事由出现；（二）股东会或者股东大会决议解散；（三）因公司合并或者分立需要解散；（四）依法被吊销营业执照、责令关闭或者被撤销；（五）公司经营管理发生严重困难，继续存续会使股东利益受到重大损失，通过其他途径不能解决的，持有公司全部股东表决权百分之十以上的股东，可以请求人民法院解散公司。公司解散，应向公司登记机关办理注销登记。

【娱乐康体用地】各类娱乐、康体等设施用地。《国土空间调查、规划、用途管制用地用海分类指南》中“商业服务业用地”下的一个二级类用地。下设娱乐用地、康体用地 2 个三级类用地。娱乐用地指剧院、音乐厅、电影院、歌舞厅、网吧以及绿地率小于 65% 的大型游乐等设施用地；康体用地指高尔夫练习场、赛马场、溜冰场、跳伞场、摩托车场、射击场，以及水上运动的陆域部分等用地。

【预告登记】“不动产预告登记”的简称。（见【不动产预告登记】）

【预购商品房贷款抵押】购房人在支付首期规定的房价款后，由贷款银行代其支付其余的购房款，将所购商品房抵押给贷款银行作为偿还贷款履行担保的行为。购房人到期不履行债务时，银行有权依法以抵押的商品房拍卖所得的价款优先受偿。不动产抵押的一种。根据《城市房地产抵押管理办法》，预购商品房贷款抵押的，商品房开发项目必须符合房地产转让条件并取得商品房预售许可证，必须提交生效的预购房屋合同。双方当事人应当签订书面抵押合同，并向商品房所在地的不动产登记管理部门办理抵押登记手续。

【预售合同再转让】“商品房预售合同再转让”的简称。（见【商品房预售合同再转让】）

【园地】种植果树的土地。在《土地利用现状分类》（GB/T 21010—2017）中，园地为一级类，其中包括果园、茶园、橡胶园、其他园地4个二级类。

【跃层住宅】套内空间跨越两楼层及两楼层以上，且设有套内楼梯的住宅。一般在首层安排起居、厨房、餐厅、卫生间，二层安排卧室、书房、卫生间等。跃层住宅可安排在一栋楼的顶层、也可安排在中间或底层。跃层住宅的优点是每户都有较大的采光面；通风较好，户内居住面积和辅助面积较大，布局紧凑，功能明确；相互干扰较小。在高层建筑中，每两层才设电梯平台，可缩小电梯公共平台面积，提高空间使用效率。缺点是跃层户内楼梯要占去一定的使用面积，同时由于二层只有一个出口，发生火灾时，人员不易疏散，消防人员也不易迅速进入。

【云计算】通过网络按需提供可动态伸缩的低成本计算服务。一种基于互联网的计算方式。所谓“云”，是基于网络或互联网应用的比喻，指由相互关联数量众多的、通过网络连接的计算机群组，共同组成一个强大的基于互联网的计算机集群（或称为“电脑云”），以此为平台向广大公众提供IT基础设施服务和定制服务。“云计算”的概念由谷歌首席执行官E.施密特于2006年8月在搜索引擎大会上首次提出。云计算按照服务对象不同，可分为公有云和私有云两大类。公有云指面向广域范围的服务对象的云计算服务；私有云指社会单位为自身需要所建设的自有云计算服务。

Zz

【再贴现政策】中央银行通过制定或调整再贴现利率来干预和影响市场利率及货币市场的供应和需求，从而调节市场货币供应量的金融政策。一种货币政策工具。再贴现是指商业银行或其他金融机构将贴现所获得的未到期票据，向中央银行转让。对中央银行来说，再贴现是买进商业银行持有的票据，流出现实货币，扩大货币供应量。对商业银行来说，再贴现是出让已贴现的票据，解决一时资金短缺。整个再贴现过程，实际上就是商业银行和中央银行之间的票据买卖和资金让渡的过程。再贴现政策分为短期的再贴现政策和长期的再贴现政策。短期再贴现政策即中央银行根据市场的资金供求状况，随时制定高于或低于市场利率的再贴现率，以影响商业银行借入资金的成本和超额准备金，影响市场利率，从而调节市场的资金供求；长期再贴现政策又分“抑制政策”和“扶持政策”。“抑制政策”指中央银行较长期地采取再贴现率高于市场利率的政策，提高再贴现成本，从而抑制资金需求，收缩银根，减少市场的货币供应量；“扶持政策”，指中央银行较长期地采取再贴现率低于市场利率的政策，以放宽贴现条件，降低再贴现成本，从而刺激资金需求，放松银根，增加市场的货币供应量。

【在建工程】也称“在建工程项目”。（见【在建工程项目】）

【在建工程抵押】抵押人为取得在建工程继续建造资金的贷款，以其合法方式取得的土地使用权连同在建工程的投入资产，以不转移占有的方式抵押给贷款银行作为偿还贷款履行担保的行为。抵押人到期不履行债务时，银行有权依法以抵押的在建工程拍卖所得的价款优先受偿。不动产抵押的一种。在建工程抵押，双方当事人应当签订书面抵押合同。《城市房地产抵押管理办法》规定，以在建工程抵押的，抵押合同应当除载明房地产抵押合同应当具备的一般内容外，还载明以下内容：（一）《国有土地使用权证》《建设用地规划许可证》和《建设工程规划许可证》编号；（二）已交纳的土地使用权出让金或需交纳的相当于土地使用权出让金的款额；（三）已投入在建工程的工程款；（四）施工进度及工程竣工日期；（五）已完成的工作量和工程量。在建工程抵押合同签订后，应当向在建工程所在地的不动产登记管理部门办理抵押登记手续。

【在建工程项目】简称“在建工程”，指企业以固定资产投资名义立项，已开工建设，尚未完工的各类建设工程项目的统称。按照国家固定资产投资统计口径，全社会固定资产投资分为：（一）基本建设，指企业、事业、行政单位以扩大生产能力或工程效益为主要目的的新建、扩建工程及相关投资；（二）更新改造，指企业、事业单位对原有设施进行固定资产更新和技术改造，以及相应配套的工程及相关投资；（三）房地产开发，指房地产开发公司、商品房建设公司及其他房地产开发法人单位和附属于其他法人单位实际从事房地产开发或经营的单位统一开发的，包括统代建、拆迁还建的住宅、厂房、仓库、饭店、宾馆、度假村、写字楼、办公楼等房屋建筑和配套的服务设施，土地开发工程（如道路、给水、排水、供电、供热、通信、平整场地等基础设施工程）的投资；（四）其他固定资产投资，指城镇和工矿区私人建房投资和农村个人投资。尚未完工，指工程尚未达到竣工交付的形象进度。

【在建工程转让】“房屋在建工程项目转让”的简称。（见【房屋在建工程项目转让】）

【责令停止违法行为通知书】自然资源主管部门对正在实施的土地违法行为发出的责令停止违法行为的书面文件。制止土地违法行为的措施之一。按照国家有关规定，对正在实施的违法行为，自然资源主管部门应当依法及时下达《责令停止违法行为通知书》。《责令停止违法行为通知书》应当记载下列内容：（一）违法当事人的姓名或者名称；（二）简要违法事实和法律依据；（三）责令停止违法行为的要求；（四）其他应当记载的事项。《责令停止违法行为通知书》作出后，应当及时送达当事人。《责令停止违法行为通知书》一经送达，即发生法律效力。

【增量房屋】“存量房屋”的对称。指新建成并交付使用的房屋，包括商品房和非商品房。相对于城市既有房屋总量而言，该部分房屋即为增量房屋。

【增量土地】“存量土地”的对称。指城市新征国有建设用地。该部分土地原为集体土地，通过征收后转为国有土地。相对于城市原国有土地总量而言，该部分土地即为增量土地。

【赠与】赠与人将自己的财产无偿给予受赠人，受赠人表示接受的行为。财产所有权转移方式的一种。赠与是赠与人依法处置自己财产的法律行为，要求赠与人必须具有民事行为能力。根据我国的法律，赠与行为一般要通过法律程序来完成，即签订赠与合同。赠与中将自己的财产无偿给予他人的人称为“赠与人”，无偿接受他人赠与财产的人称为“受赠人”。赠与合同一经签署，即告成立。根据《民法典》，赠与人在赠与财产的权利转移之前可以撤销赠与，但经过公证的赠与合同或者依法不得撤销的具有救灾、扶贫、助残等公益、道德义务性质的赠与合同不得撤销。赠与可以附义务。赠与附义务的，受赠人应当按照约定履行义务。受赠人有下列情形之一的，赠与人可以撤销赠与：（一）严重侵害赠与人或者赠与人近亲属的合法权益；（二）对赠与人有扶养义务而不履行；（三）不履行赠与合同约定的义务。赠与的财产，如不动产，依法需要办理登记或者其他手续的，应当办理有关手续。

【赠与合同】赠与人将自己的财产无偿给予受赠人，受赠人表示接受赠与的合同。典型合同的一种。赠与合同的内容一般包括赠与双方姓名、住址，标的物的名称、数量，赠与物的交割、转移，受赠人的义务，公证，合同效力等条款。

【宅地化率】居住区的有效宅地面积与居住区土地总面积的比率。计算公式为：宅地化率＝有效宅地面积/居住区土地总面积×100％。

【宅基地】农村村民建造住宅的用地，包括建了房屋、建过房屋或者决定用于建造房屋的土地。乡村建设用地的一种。《土地管理法》规定，农村村民一户只能拥有一处宅基地，其宅基地的面积不得超过省、自治区、直辖市规定的标准。《土地管理法实施条例》规定，农村村民申请宅基地的，应当以户为单位向农村集体经济组织提出申请；没有设立农村集体经济组织的，应当向所在的村民小组或者村民委员会提出申请。宅基地申请依法经农村村民集体讨论通过并在本集体范围内公示后，报乡（镇）人民政府审核批准。依法取得的宅基地和宅基地上的农村村民住宅及其附属设施受法律保护。国家允许进城落户的农村村民依法自愿有偿退出宅基地。禁止违背农村村民意愿强制流转宅基地，禁止违法收回农村村民依法取得的宅基地，禁止以退出宅基地作为农村村民进城落户的条件，禁止强迫农村村民搬迁退出宅基地。

【宅基地三权分置】农村宅基地所有权、资格权、使用权分置并行的制度安排。我国宅基地使用制度改革的一项重要内容。宅基地所有权，指宅基地集体土地所有权；资格权，指农村村民依法一户拥有一处宅基地的权利；使用权，指农村村民在宅基地上建造住宅并使用和收益的权利。2018 年 1 月，全国国土资源工作会议提出，我国将探索宅基地所有权、资格权、使用权“三权分置”。2018 年 2 月，中央一号文件提出，完善农民闲置宅基地和闲置农房政策，探索宅基地所有权、资格权、使用权“三权分置”。宅基地三权分置的核心是落实宅基地集体所有权，保障宅基地农户资格权，适度放活宅基地使用权。宅基地三权分置有利于农村住宅的合理流动，促进农村土地市场的形成和规范运作。

【宅基地使用权】农村村民依法对宅基地享有的占有、使用的权利，包括有权利用该土地建造住宅及其附属设施。宅基地使用权依法设立。农村村民在宅基地上建造住宅除自用外，可以转让。住宅转让，相应的宅基地使用权随之转移。宅基地因自然灾害等原因灭失的，宅基地使用权消灭。宅基地使用权转让或者消灭的，应当办理变更登记或者注销登记。

【宅基地使用权及房屋所有权变更登记】因宅基地使用权及房屋所有权人姓名、身份等情况发生变化而申请进行的不动产登记。不动产登记的一种。根据不动产登记的有关规则，已经登记的宅基地使用权及房屋所有权，有下列情形之一的，当事人可以申请变更登记：（一）权利人姓名、身份证明类型或者身份证明号码发生变化的；（二）不动产坐落、界址、用途、面积等状况发生变化的；（三）法律、行政法规规定的其他情形。宅基地使用权及房屋所有权变更登记主体为不动产登记簿记载的权利人。申请宅基地使用权及房屋所有权变更登记提交的材料包括：不动产登记申请书；申请人身份证明；不动产权属证书；宅基地使用权及房屋所有权变更的材料；法律法规规定的其他材料。经不动产登记机构审查，无不予登记情形的，将登记事项记载于不动产登记簿后向权利人核发不动产权属证书。

【宅基地使用权及房屋所有权首次登记】宅基地使用权人依法利用宅基地建造住房及其附属设施，首次申请进行的不动产登记。不动产登记的一种。申请登记主体为用地批准文件记载的宅基地使用权人。申请宅基地使用权及房屋所有权首次登记提交的材料包括：不动产登记申请书；申请人身份证明；不动产权属证书或者土地权属来源材料；房屋符合规划或建设的相关材料；不动产权籍调查表、宗地图、房屋平面图以及宗地界址点坐标等有关不动产界址、面积等材料；法律法规规定的其他材料。经不动产登记机构审查，无不予登记情形的，将登记事项记载于不动产登记簿后向权利人核发不动产权属证书。

【宅基地使用权及房屋所有权注销登记】因宅基地使用权及房屋所有权权利的消灭而进行的登记。不动产登记的一种。根据不动产登记的有关规则，已经登记的宅基地使用权及房屋所有权，有下列情形之一的，当事人可以申请办理注销登记：（一）不动产灭失的；（二）权利人放弃宅基地使用权及房屋所有权的；（三）依法没收、征收、收回宅基地使用权及房屋所有权的；（四）因人民法院、仲裁委员会的生效法律文书等导致宅基地使用权及房屋所有权消灭的；（五）法律、行政法规规定的其他情形。宅基地使用权及房屋所有权注销登记申请主体为不动产登记簿记载的权利人。申请宅基地使用权及房屋所有权注销登记提交的材料包括：不动产登记申请书；申请人身份证明；不动产权属证书；宅基地使用权及房屋所有权消灭的材料；法律法规规定的其他材料。经不动产登记机构审查，无不予登记情形的，将登记事项以及不动产权属证明或者不动产登记证明收回、作废等内容记载于不动产登记簿。

【宅基地使用权及房屋所有权转移登记】因宅基地使用权及房屋所有权权利发生转移而进行的登记。不动产登记的一种。根据不动产登记的有关规则，已经登记的宅基地使用权及房屋所有权，有下列情形之一的，当事人可以申请转移登记：（一）依法继承；（二）分家析产；（三）集体经济组织内部互换房屋；（四）因人民法院、仲裁委员会的生效法律文书等导致权属发生变化的；（五）法律、行政法规规定的其他情形。宅基地使用权及房屋所有权转移登记应当由双方当事人共同申请。申请宅基地使用权及房屋所有权转移登记提交的材料包括：不动产登记申请书；申请人身份证明；不动产权属证书；宅基地使用权及房屋所有权转移的材料；法律法规规定的其他材料。经不动产登记机构审查，无不予登记情形的，将登记事项记载于不动产登记簿后向权利人核发不动产权属证书。

【宅基地使用权首次登记】宅基地使用权人依法取得宅基地使用权后，首次申请进行的不动产登记。不动产登记的一种。申请登记的主体为用地批准文件记载的宅基地使用权人。申请宅基地使用权首次登记提交的材料包括：不动产登记申请书；申请人身份证明；有批准权的人民政府批准用地的文件等权属来源材料；不动产权籍调查表、宗地图、宗地界址点坐标等有关不动产界址、面积等材料；法律法规规定的其他材料。经不动产登记机构审查，无不予登记情形的，将登记事项记载于不动产登记簿后向权利人核发不动产权属证书。

【宅基地使用权消灭】宅基地使用权因各种原因而终止。造成宅基地使用权消灭的原因主要包括：国家因公共利益需要征收集体土地或自然灾害。根据国家有关法律，已经登记的宅基地使用权消灭，应当办理注销登记。

【宅基地使用权转让】农村村民依法再转移宅基地使用权的行为。如出卖、出租、赠与宅基地上建造的住宅的行为。根据国家法律，农村村民在宅基地上建造住宅除自用外，可以转让。住宅转让，相应的宅基地使用权随之转移。已经登记的宅基地使用权转让，应当办理变更登记。

【宅基地资格权】农村村民依法一户拥有一处宅基地的权利。宅基地“三权”之一。

【债】因合同的约定或法律的其他规定，在特定当事人之间发生的权利和义务关系。债具有以下法律特征：（一）债是一种民事法律关系，是民事主体之间以权利义务为内容的法律关系；（二）债是特定当事人之间的法律关系。债的主体各方均为特定当事人；（三）债是特定当事人之间得请求为或者不为一定行为的法律关系。根据《民法典》，债的发生原因分为合同、侵权行为、无因管理、不当得利和法律的其他规定。合同是平等主体之间设立、变更、终止民事权利义务关系的协议，基于合同所产生的债称为“合同之债”；行为人侵害他人民事权利，被侵害人有权请求侵害人承担侵权责任，因侵权行为产生的债称为“侵权之债”；无因管理指没有法定的或者约定的义务，为避免他人利益受损失进行管理的行为，因无因管理产生的债称为“无因管理之债”；不当得利指没有法律根据，取得不当利益，造成他人损失的情形，基于不当得利而产生的债称为“不当得利之债”。除此之外，债还包括侵害民事主体享有法律规定的其他民事权利和利益之债。债按不同的标准可分为：主债与从债；单一之债与多数人之债；按份之债与连带之债；简单之债与选择之债；特定之债与种类之债；财物之债与劳务之债等。在债的关系中，享有权利的人称为“债权人”，承担义务的人称为“债务人”。债权人的权利和债务人的债务所指向的对象称为“债的标的”。债权人所享受的权利称为“债权”，债务人所承担的义务称为“债务”。债权和债务是债的关系不可分割的两个方面，相对应而存在，不能相互脱离而单独存在。债即债权和债务的总和。

【债的保全】债权人为保全其债权，向人民法院请求以自己的名义行使属于债务人对相对人的权利的行为。根据《民法典》，债权人为保全其债权行使代位权的要件是：（一）债权人对债务人的债权合法；（二）债务人怠于行使其债权或者与该债权有关的从权利；（三）影响债权人的到期债权实现；（四）债务人的权利不是专属于债务人自身的权利。《民法典》规定，代位权的行使范围以债权人的到期债权为限，对超出到期债权范围以外的部分，不能行使代位权。

【债的终止】也称“债的消灭”，指债的当事人之间的债的关系在客观上已经不复存在，债权与债务归于消灭。《民法典》规定，有下列情形之一的，债权债务终止：（一）债务已经履行；（二）债务相互抵销；（三）债务人依法将标的物提存；（四）债权人免除债务；（五）债权债务同归于一人；（六）法律规定或者当事人约定终止的其他情形。合同解除的，该合同的权利义务关系终止。

【债的转移】在不改变债的客体和内容的前提下，对债的主体进行变更的债的转移形态。分为债权的转让、债务的转移以及债权债务概括转移。债权转让，也称债权让与，指债权人通过协议将其享有的债权全部或部分转让给第三人的行为。债务的转移，也称债务让与，指债务人将其负有的债务转移给第三人，由第三人取代债务人，对债权人负责给付的债的转移形态。债权债务概括转移，指债的关系当事人一方将其债权与债务一并转移给第三人，由第三人概括地继受这些债权债务的债的形态。债权债务概括转移与债权转让、债务转移的不同之处在于，债权转让和债务转移仅是债权或债务的单一转让，而债权债务概括转移则是债权与债务的一并转让。债的转移必须符合法律规定。

【债权】因合同、侵权行为、无因管理、不当得利以及法律的其他规定，权利人得以请求特定义务人为或者不为一定行为的权利。民事主体的一项重要的财产权利。根据《民法典》，债根据发生原因可分为：基于合同所产生的合同之债；基于行为人侵害他人民事权利的侵权之债；基于无因管理产生的无因管理之债；基于不当得利而产生的为不当得利之债等。债权的法律特征有：（一）债权是相对权，是在特定主体之间发生的民事法律关系；（二）债权的性质是请求权，债权的实现有赖于债务人为或者不为一定行为，即债权人只能请求债务人为或者不为一定行为；（三）债权具有期限性，原则上不能永久存在；（四）债权具有相容性，对同一标的物可以成立内容相同的数个债权，其相互之间并不排斥；（五）债权具有平等性，数个债权人对同一债务人先后发生数个普通债权时，其效力一律平等。

【债权人撤销权】当债务人放弃对第三人的债权、实施无偿或者低价处分财产的行为损害债权人的利益时，债权人可以依法请求人民法院撤销债务人所实施的行为的权利。合同保全制度的一种。根据《民法典》，债务人以放弃其债权、放弃债权担保、无偿转让财产等方式无偿处分财产权益，或者恶意延长其到期债权的履行期限，影响债权人的债权实现的，债权人可以请求人民法院撤销债务人的行为。撤销权的行使范围以债权人的债权为限。撤销权自债权人知道或者应当知道撤销事由之日起一年内行使。自债务人的行为发生之日起五年内没有行使撤销权的，该撤销权消灭。债务人影响债权人的债权实现的行为被撤销的，自始没有法律约束力。

【债权人代位权】债权人为保全其债权，向人民法院请求以自己的名义行使属于债务人对相对人的权利。合同保全制度的一种。债权人代位权的特征是：（一）债权人代位权是债权的从权利；（二）债权人代位权是债权人以自己的名义代债务人之位行使的权利；（三）债权人代位权的目的是保全债权；（四）债权人代位权的性质是管理权。代位权的行使范围，以债权人的到期债权为限，对超出到期债权范围以外的部分，不能行使代位权。人民法院认定代位权成立的，由债务人的相对人向债权人履行义务，债权人接受履行后，债权人与债务人、债务人与相对人之间相应的权利义务终止。债权人行使代位权的必要费用，由债务人负担。

【债券】政府、企业、银行等债务人为筹集资金，按照法定程序向社会发行，并向债权人承诺于指定日期还本付息的有价证券。债券的本质是债的证明书，具有法律效力。债券发行人即债务人，投资者（债券购买者）即债权人。债券一般包括以下基本要素：（一）债券发行人，指债券的债务主体，即政府、金融机构、企业等；（二）债券投资人，指社会投资者；（三）一定面值的债券，指债的凭证；（四）还本付息期限，还本期限指偿还债券本金的期限，付息日期指利息支付的时间；（五）票面利率，指债券利息与债券面值的比率，是发行人承诺一定时期支付给债券持有人的报酬的计算标准。债券按发行主体分为国债、地方政府债、公司债、企业债；按财产担保分为抵押债券、信用债券；按债券形态分为实物债券、凭证式债券、记账式债券；按是否可转换分为可转换债券、不可转换债券；按付息的方式分为零息债券，定息债券、浮息债券；按能否提前偿还分为可赎回债券、不可赎回债券；按偿还方式不同分为一次到期债券、分期到期债券；按计息方式分为单利债券、复利债券、累进利率债券；按募集方式分为公募债券和私募债券等。

【债券市场】债券发行和交易的场所。金融市场的组成部分。债券发行市场也称“债券一级市场”，指发行新债券的市场；债券交易市场也称“债券次级市场”，指已发行债券的流通市场。债券发行市场的主要功能是通过发行有价证券，将资金从投资人手中转移至发行人手中，发行人再通过生产经营活动，将筹措到的资金投入生产或流通的各个部门，从而促进社会经济发展。债券发行市场为企业融资提供渠道，实现货币转化为资本的投资转换。在我国，债券发行市场发行的债券种类主要有国债、地方政府债券、公司（企业）债券、金融债以及境外机构在我国境内发行的熊猫债。债券交易市场包括证券交易

Z

所和全国银行间债券市场两大场所。证券交易所债券交易市场是以非银行金融机构和个人为主体的场内市场，该市场采用连续竞价方式交易，债券的托管与结算都在中国证券登记结算公司。证券交易所债券交易市场交易的债券包括国债、上市公司发行的公司债（普通公司债和可转债等）、地方政府发行的地方政府债、地方政府融资平台城投公司发行的城投债等。

【占田制】中国晋代的土地制度。西晋统一全国后颁布了占田令。规定凡平民男丁（男、女16岁至60岁为正丁）立户的每人最高可占土地七十亩，女子三十亩。在占田之中，丁男有五十亩、次丁男有二十五亩、丁女有二十亩要课税，称为“课田”。每亩课田谷八升。不管田地是否占足，均按此定额征收。士族地主享有占田、荫客和荫亲属等特权：一品官有权占田五十顷，以下每品递减五顷，至九品占田十顷；贵族官僚还可以荫亲属，多者九族，少者三族；一品官到九品官还可以荫佃客十五户到一户，荫衣食客三人到一人；与屯田制下农民相比，占田制下农民的负担有所减轻。特别是解除了屯田制下军事管制的强迫劳动，有助于提高农民的生产积极性。其次，占田无年龄之分，课田有年龄、性别的区别，占田数又高于课田数，可以鼓励农民去占田垦荒，有利于扩大耕地面积。

【占用耕地补偿制度】也称“耕地占补平衡制度”，指占用耕地进行非农建设的单位，依法负责补偿与其所占用的耕地质量和数量相当的新耕地的制度。国家实行耕地保护的重要法律制度。《土地管理法》规定，国家实行占用耕地补偿制度。非农业建设经批准占用耕地的，按照“占多少，垦多少”的原则，由占用耕地的单位负责开垦与所占用耕地的数量和质量相当的耕地；没有条件开垦或者开垦的耕地不符合要求的，应当按照省、自治区、直辖市的规定缴纳耕地开垦费，专款用于开垦新的耕地。《土地管理法实施条例》规定，在国土空间规划确定的城市和村庄、集镇建设用地范围内经依法批准占用耕地，以及在国土空间规划确定的城市和村庄、集镇建设用地范围外的能源、交通、水利、矿山、军事设施等建设项目经依法批准占用耕地的，分别由县级人民政府、农村集体经济组织和建设单位负责开垦与所占用耕地的数量和质量相当的耕地；没有条件开垦或者开垦的耕地不符合要求的，应当按照省、自治区、直辖市的规定缴纳耕地开垦费，专款用于开垦新的耕地。

【占有】占有人对物具有事实上的管领和控制的状态。所有权的权能

Z

之一。分为有权占有和无权占有。有权占有，指基于合同关系等产生的占有，如根据土地使用权出让合同，土地使用权人对土地在一定年限内的占有、使用、收益。无权占有，指无正当法律关系，或者原法律关系被撤销或者无效时，占有人对物的占有。如无法律依据占有他人的不动产、动产，或租赁的不动产、动产到期后仍不归还等。法律规定，占有人因使用占有的不动产或者动产，致使该不动产或者动产受到损害的，恶意占有人应当承担赔偿责任。

【招标出让国有建设用地使用权】出让人发布招标公告，邀请特定或者不特定的自然人、法人和其他组织参加国有建设用地使用权投标，根据投标结果确定国有建设用地使用权人的行为。土地使用权出让方式的一种。根据《招标拍卖挂牌出让国有建设用地使用权规定》，工业、商业、旅游、娱乐和商品住宅等经营性用地以及同一宗地有两个以上意向用地者的，应当以招标、拍卖或者挂牌方式出让。招标出让国有建设用地使用权，出让人应当根据招标出让地块的情况，编制招标出让文件。出让人应当至少在投标开始日前 20 日，在土地有形市场或者指定的场所、媒介发布招标公告，公布招标出让宗地的基本情况和招标的时间、地点。投标人在投标截止时间前将标书投入标箱。出让人按照招标公告规定的时间、地点，邀请所有投标人参加开标。评标小组进行评标。招标人根据评标结果，确定中标人。招标活动结束后，出让人应在 10 个工作日内将招标出让结果在土地有形市场或者指定的场所、媒介公布。受让人依照国有建设用地使用权出让合同的约定付清全部土地出让价款后，方可申请办理土地登记，领取国有建设用地使用权证书。

【招标出让国有建设用地使用权公告】出让人公开发布招标出让国有建设用地使用权有关事项的告示。招标出让国有建设用地使用权程序之一。招标公告包括下列内容：（一）出让人的名称和地址；（二）出让宗地的面积、界址、空间范围、现状、使用年期、用途、规划指标要求；（三）投标人的资格要求以及申请取得投标资格的办法；（四）索取招标出让文件的时间、地点和方式；（五）招标时间、地点、投标期限、投标方式等；（六）确定中标人的标准和方法；（七）投标保证金；（八）其他需要公告的事项。

【招标出让国有建设用地使用权投标开标程序】法律规定招标出让国有建设用地使用权时确定中标人的工作环节和先后次序。招标出让国有建设用地使用权程序之一。根据国家有关规定，招标出让国有建设用地使用权投标、开标依照下列程序进行：（一）投标人在投标截止时间前将标书投入标箱；（二）出让人按照招标公告规定的时间、地点开标，邀请所有投标人参加，由投标人或者其推选的代表检查标箱的密封情况，当众开启标箱，点算标书，投标人少于三人的，出让人应当终止招标活动，投标人不少于三人的，应当逐一宣布投标人名称、投标价格和投标文件的主要内容；（三）评标小组进行评标，评标小组由出让人代表、有关专家组成，成员人数为五人以上的单数；（四）招标人根据评标结果，确定中标人。

【招标出让土地方案】政府自然资源行政主管部门按照出让年度计划，会同城市规划等有关部门共同拟订的拟招标出让地块的工作文件。招标出让国有建设用地使用权的前期工作内容之一。方案内容包括出让地块的空间范围、用途、年限、出让方式、时间和其他条件等。招标出让土地方案编制完成，并报经市、县人民政府批准后，由市、县人民政府自然资源行政主管部门组织实施。

【招拍挂】“招标出让国有建设用地使用权”“拍卖出让国有建设用地使用权”“挂牌出让国有建设用地使用权”的简称。

【镇建设用地】镇（乡）内各类建设用地的统称。城乡用地的一种。根据《城市用地分类与规划建设用地标准》（GB 50137—2011），镇建设用地包括居住用地、公共管理与公共服务设施用地、商业服务业设施用地、工业用地、物流仓储用地、道路与交通设施用地、公用设施用地、绿地与广场用地。

【镇总体规划】城市规划用语。指以城市总体规划为依据，对一定时期内建制镇的发展目标、发展规模、土地利用、空间布局以及各项建设的综合部署和实施安排。城乡规划的组成部分。根据《城乡规划法》，镇总体规划的内容应当包括：镇的发展布局，功能分区，用地布局，综合交通体系，禁止、限制和适宜建设的地域范围，各类专项规划等。规划区范围、规划区内建设用地规模、基础设施和公共服务设施用地、水源地和水系、基本农田和绿化用地、环境保护、自然与历史文化遗产保护以及防灾减灾等内容，应当作为镇总体规划的强制性内容。镇总体规划的规划期限一般为二十年。县人民政府所在地镇的总体规划由县人民政府组织编制，报上一级人民政府审批。其他镇的总体规划由镇人民政府组织编制，报上一级人民政府审批。

【征地包干】原土地征用中，土地管理部门根据计算确定的征地补偿费、青苗补助费、地上附着物搬迁补助费、安置补助费等各项费用，按照有关规定与用地单位签订协议，一次包定，不留尾巴的征地方式。分为全包、半包和单包三种。“全包”，指由政府土地管理部门采取包工作、包费用、包时间的“三包”方式，负责征地过程的全部工作。征地所发生的全部费用由用地单位一次性交付给土地管理部门，土地管理部门按规定期限将土地交付给用地单位。“半包”，指政府管理部门采取包工作、包时间、不包费用的方式负责征地工作，并在规定的期限内将土地交付用地单位，征地费用按实际发生，由用地单位直接支付给被征地单位。“单包”，指政府土地管理部门采取只包工作，不包费用和期限的方式，代表用地单位负责对拟征用的土地进行勘察、登记，做好征地的组织与协调工作，协助用地单位与被征地单位制定征地安置、补偿方案，办理用地手续等事宜。

【征地补偿安置方案】由负责征收土地的地方人民政府组织拟定的，关于土地征收和对被征收土地范围内的财产、人员进行经济补偿和安置的具体打算和安排。征地补偿安置方案内容包括：征收范围、土地现状、征收目的、补偿方式和标准、安置对象、安置方式、社会保障等。征地补偿安置方案拟定后，应当在拟征收土地所在的乡（镇）和村、村民小组范围内公告。

【征地补偿安置公告】由被征收土地所在地的县级以上人民政府在征收土地范围内向被征收土地所有权人发布的有关征地补偿、安置事项的书面告示。土地征收的法定程序之一。根据《土地管理法实施条例》，征地补偿、安置方案公告包括下列内容：（一）本集体经济组织被征收土地的位置、地类、面积，地上附着物和青苗的种类、数量，需要安置的农业人口的数量；（二）土地补偿费的标准、数额、支付对象和支付方式；（三）安置补助费的标准、数额、支付对象和支付方式；（四）地上附着物和青苗的补偿标准和支付方式；（五）农业人员的具体安置途径；（六）其他有关征地补偿、安置的具体措施。未依法进行征地补偿、安置方案公告的，被征地农村集体经济组织、农村村民或者其他权利人有权依法要求公告，有权拒绝办理征地补偿、安置手续。征地补偿安置公告时间不少于三十日。

【征地补偿登记】国家在征收土地时为给予原土地相关权利人补偿而进行的权属登记。土地征收的法定程序之一。《土地管理法》规定，县级以上地方人民政府拟申请征收土地的，应当开展拟征收土地现状调查和社会稳定风险评估，并将征收范围、土地现状、征收目的、补偿标准、安置方式和社会保障等在拟征收土地所在的乡（镇）和村、村民小组范围内公告至少三十日，听取被征地的农村集体经济组织及其成员、村民委员会和其他利害关系人的意见。拟征收土地的所有权人、使用权人应当在公告规定期限内，持不动产权属证明材料到公告指定的人民政府土地行政主管部门办理补偿登记。不动产权属证明材料包括集体土地所有权证、集体土地使用权证，以有偿使用方式取得土地使用权或承包经营权的，还应当持有土地使用权有偿使用合同或者承包经营合同。征地补偿登记时间和期限，由当地人民政府根据征地补偿登记工作的实际需要确定。

【征地补偿费】农村土地征收中由用地单位支付的，因征收土地而发生的各项补偿费用的总称。包括土地补偿费、安置补助费、农村村民住宅、其他地上附着物和青苗等的补偿费用，以及安排被征地农民的社会保障费用。土地补偿费，指对农用地被征收而造成的经济损失的补偿费用；安置补助费，指对被征收土地上劳动力安置、就业和不能就业人员的生活补贴的费用；农村村民住宅、其他地上附着物补偿费，指对征地范围内宅基地上房屋、附着物所有者损失的赔偿；青苗补偿费，指对征收土地上农作物损失的赔偿费用；被征地农民的社会保障费用，指用于符合条件的被征地农民的养老保险等社会保险缴费补贴。《土地管理法》规定，征收农用地的土地补偿费、安置补助费标准由省、自治区、直辖市通过制定公布区片综合地价确定。征收农用地以外的其他土地、地上附着物和青苗等的补偿标准，由省、自治区、直辖市制定。对其中的农村村民住宅，可采取重新安排宅基地建房、提供安置房或者货币补偿等方式给予公平、合理的补偿，并对因征收造成的搬迁、临时安置等费用予以补偿。被征地农民的社会保障费用的筹集、管理和使用办法，由省、自治区、直辖市制定。

【征地区片价】“征地区片综合地价”的简称。（见【征地区片综合地价】）

【征地区片综合地价】又称“征地区片价”，指在城镇行政区土地利用总体规划确定的建设用地范围内，依据地类、产值、土地区位、农用地等级等因素，划分区片并测算的征地综合补偿标准。是计算征地补偿费用的主要依据。《土地管理法》规定，征收农用地的土地补偿费、安置补助费标准由省、自治区、直辖市通过制定公布区片综合地价确定。制定区片综合地价应当综合考虑土地原用途、土地资源条件、土地产值、土地区位、土地供求关系、人口以及经济社会发展水平等因素，并至少每三年调整或者重新公布一次。

【征地统一年产值标准】在一定区域范围内（以市、县行政区域为主），综合考虑被征收农用地类型、质量、等级、农民对土地的投入以及农产品价格等因素，以前三年主要农产品平均产量、价格为主要依据测算的综合收益值。是计算征地补偿费用的主要依据。统一年产值标准适用于集体农用地征收补偿测算，集体建设用地征收补偿和国有农用地补偿测算可参照执行。

【征缴土地闲置费决定书】对闲置土地的使用权人因土地闲置征缴罚金的书面文件。根据国家有关规定，因国有建设用地土地使用权人原因造成土地闲置的，由市、县自然资源主管部门报经本级人民政府批准后，向使用权人下达《征缴土地闲置费决定书》，按照土地出让或者划拨价款的20%征缴土地闲置费。《征缴土地闲置费决定书》包括下列内容：（一）国有建设用地使用权人的姓名或者名称、地址；（二）违反法律、法规或者规章的事实和证据；（三）决定的种类和依据；（四）决定的履行方式和期限；（五）申请行政复议或者提起行政诉讼的途径和期限；（六）作出决定的行政机关名称和作出决定的日期；（七）其他需要说明的事项。国有建设用地使用权人应当自《征缴土地闲置费决定书》送达之日起30日内，按照规定缴纳土地闲置费。

【征收】“物的征收”的简称。（见【物的征收】）

【征收补偿决定】“房屋征收补偿决定”的简称。（见【房屋征收补偿决定】）

【征收土地公告】被征收土地所在地的市、县人民政府依法在征收土地方案获得批准后规定的时限内向被征收土地所有权人、使用权人公开发布的有关土地征收事项的书面告示。土地征收的法定程序之一。根据国家有关规定，被征收土地所在地的市、县人民政府应当在收到征收土地方案批准文件之日起10个工作日内进行征收土地公告。征收土地公告应当包括下列内容：（一）征地批准机关、批准文号、批准时间和批准用途；（二）被征收土地的所有权人、位置、地类和面积；（三）征地补偿标准和农业人员安置途径；（四）办理征地补偿登记的期限、地点。征收土地时应当在被征收土地所在地的村、组内以书面形式进行公告。其中，征收乡（镇）农民集体所有土地的，在乡（镇）人民政府所在地进行公告。

【征收土地预公告】 被征收土地所在地的县级以上人民政府依法预先在征收土地范围内向被征收土地所有权人、使用权人公开发布的有关土地征收事项的书面告示。土地征收的法定程序之一。《土地管理法实施条例》规定，需要征收土地，县级以上地方人民政府认为符合《土地管理法》第四十五条规定的，应当发布征收土地预公告，并开展拟征收土地现状调查和社会稳定风险评估。征收土地预公告内容包括征收范围、征收目的、开展土地现状调查的安排等。征收土地预公告应当采用有利于社会公众知晓的方式，在拟征收土地所在的乡（镇）和村、村民小组范围内发布，预公告时间不少于十个工作日。

【征用】“物的征用”的简称。（见【物的征用】）

【正常地价】 在发育完善的土地市场条件下形成的，体现土地价值的土地价格。正常地价的形成必须具备以下条件：（一）要有市场性不动产，市场性不动产指可供自由交易的不动产，没有可供自由交易的不动产，则不能形成正常地价；（二）要有完全自由竞争的公开市场，并且没有市场限制，如有市场限制，则所形成的是限定价格；（三）在自由竞争条件下形成的土地价值，应是客观价值，对绝大多数人来说，应是能够接受的合理价格。

【证券市场】 有价证券发行和交易的场所。资本市场的重要组成部分。证券市场是市场经济发展到一定阶段的产物，是为解决资本供求矛盾和流动性而产生的市场。证券市场的构成要素主要包括证券市场参与者、证券市场交易工具和证券交易场所三个方面。证券市场参与者，包括证券发行人、证券投资者、证券市场中介机构、自律性组织以及证券监管机构；证券交易工具，主要包括政府债券（包括中央政府债券和地方政府债券）、金融债券、公司（企业）债券、股票、基金及金融衍生证券等；证券发行和交易场所，包括场内交易市场和场外交易市场两种形式。证券市场根据有价证券的品种不同，分为股票市场、债券市场、基金市场、期货市场、权证市场等。根据上市公司规模，监管要求等的差异，分为主板市场、中小板市场、三板（含新三板）市场、产权交易市场等。

【证券投资基金】 通过发售基金份额，募集资金形成独立的财产，由基金托管人托管，基金管理人管理，以资产组合方式进行证券投资，基金份额持有人按其所持份额享受收益和承担风险的集合投资方式。投资工具的一种。证券投资基金具有以下主要特点：（一）集合理财，专业管理；（二）组合投资，分散风险；（三）利益共享，风险共担；（四）严格管理，信息透明；（五）独立托管，保障安全。证券投资基金参与主体包括基金当事人、市场服务机构、行业监管自律组织。基金当事人指基金份额持有人（即投资者）、基金管理人、基金托管人；市场服务机构指基金销售机构、基金注册登记机构、律师事务所和会计事务所；监管自律组织指基金监管机构、基金自律机构（基金业协会）。《证券投资基金法》规定，基金管理人由依法设立的公司或者合伙企业担任。公开募集基金的基金管理人，由基金管理公司或者经国务院证券监督管理机构按照规定核准的其他机构担任。基金托管人由依法设立的商业银行或者其他金融机构担任。基金管理人、基金托管人和基金份额持有人的权利、义务在基金合同中约定。证券投资基金按募集方式分为公募基金、私募基金；按组织形式分为契约型基金、公司型基金、有限合伙型基金；按运作方式分为封闭式基金、开放式基金、创新封闭式基金、定期开放式基金；按投资对象分为股票基金、混合基金、债券基金、货币市场基金；按投资目标分为成长型基金、收入型基金、平衡性基金等。

【政府督查】县级以上人民政府在法定职权范围内根据工作需要组织开展的监督检查。人民政府依法行政职责之一。政府督查对象包括：（一）本级人民政府所属部门；（二）下级人民政府及其所属部门；（三）法律、法规授权的具有管理公共事务职能的组织；（四）受行政机关委托管理公共事务的组织。政府督查内容包括：（一）党中央、国务院重大决策部署落实情况；（二）上级和本级人民政府重要工作部署落实情况；（三）督查对象法定职责履行情况；（四）本级人民政府所属部门和下级人民政府的行政效能。根据《政府督查工作条例》，政府督查分为综合督查、专项督查、事件调查、日常督办、线索核查等类型。督查方式包括：要求督查对象自查、说明情况；听取督查对象汇报；开展检查、访谈、暗访；组织座谈、听证、统计、评估；调阅、复制与督查事项有关的资料；通过信函、电话、媒体等渠道收集线索；约谈督查对象负责人或者相关责任人；运用现代信息技术手段开展“互联网＋督查”等。政府督查工作结束后应当作出督查结论，与督查对象有关的督查结论应当向督查对象反馈。

【政府购买服务】各级国家机关将属于自身职责范围且适合通过市场化方式提供的服务事项，按照政府采购方式和程序，交由符合条件的服务供应商承担，并根据服务数量和质量等因素向其支付费用的行为。按照《政府购买服务管理办法》，各级国家机关是政府购买服务的购买主体。依法成立的企业、社会组织，公益二类和从事生产经营活动的事业单位，农村集体经济组织，基层群众性自治组织，以及具备条件的个人可以作为政府购买服务的承接主体。政府购买服务的内容包括政府向社会公众提供的公共服务，以及政府履职所需辅助性服务。重点考虑、优先安排与改善民生密切相关，有利于转变政府职能、提高财政资金绩效的项目。购买主体根据购买内容及市场状况、相关供应商服务能力和信用状况等因素，通过公平竞争择优确定承接主体，并与确定的承接主体签订书面合同。政府购买服务遵循预算约束、以事定费、公开择优、诚实信用、讲求绩效原则。

【政府购买服务方式】购买主体依法选定政府购买服务项目承接主体的形式。按照《政府采购法》的有关规定，购买主体确定承接主体的主要方式有：（一）公开招标，指购买主体按照法定程序，通过发布招标公告，邀请所有潜在的不特定的承接主体参加投标，购买主体通过事先确定的标准，从所有投标承接主体中择优评选出中标人，并与之签订政府购买服务合同的采购方式；（二）邀请招标，也称选择性招标，指购买主体根据承接主体的资信和业绩，选择一定数目的法人或其他组织（不能少于 3 家），向其发出投标邀请书，邀请他们参加投标竞争，从中择优选定承接主体的采购方式；（三）竞争性谈判，指购买主体或代理机构通过与多家承接主体（不少 3 家）进行谈判，最后从中确定一家承接主体的采购方式；（四）单一来源采购，也称直接采购，指购买主体向唯一承接主体进行采购的方式。

【政府购买服务合同】政府购买服务双方当事人就购买服务事宜签订的书面协议。根据《政府购买服务管理办法》，购买主体应当与承接主体签订合同。合同的主要条款包括购买服务的内容、期限、数量、质量、价格，资金结算方式、各方的权利义务事项和违约责任等内容。政府购买服务合同履行期限一般不超过 1 年；在预算保障的前提下，对于购买内容相对固定、连续性强、经费来源稳定、价格变化幅度小的政府购买服务项目，可以签订履行期限不超过 3 年的政府购买服务合同。

【政府购买服务指导性目录】由各级财政部门制定的，载有政府购买服务种类、性质和内容，用以指导政府购买服务项目实施的书面文件。

【政府购买服务主体】 按规定可以购买服务的各级政府行政机关和事业单位。《政府购买服务管理办法》规定，各级国家机关是政府购买服务的购买主体。党的机关、政协机关、民主党派机关、承担行政职能的事业单位和使用行政编制的群团组织机关使用财政资金购买服务的、参照本办法执行。

【政府举债】 地方政府为满足经济社会发展的需要，在其自身财力不能满足需要时，借助政府信用，向金融机构或社会法人、其他组织进行融资的行为。政府融资的一种。分发行债券和银行借款两种方式。按照国家的有关规定，政府举债必须遵守“黄金规则”，即除短期债务以外，举债只能用于基础性和公益性资本项目支出，不能用于弥补地方政府经常性预算缺口。

【政府信息公开】 各级行政机关依法及时、准确地向社会公开政府信息的行为。政府信息，指行政机关在履行职责过程中制作或者获取的，以一定形式记录、保存的信息。政府信息公开分为主动公开和依申请公开。主动公开，指行政机关主动通过政府公报、政府网站、新闻发布会以及报刊、广播、电视等便于公众知晓的方式将政府信息向社会公开的行为。依申请公开，指公民、法人或者其他组织依法向行政机关申请获取政府信息的行为。政府信息公开是提高政府工作的透明度，促进依法行政，充分发挥政府信息对人民群众生产、生活和经济社会活动的服务作用的重要举措；是建立行为规范、运转协调、公正透明、廉洁高效的行政管理体制的重要内容。

【政府信息公开目录】 为便于查阅，按照一定次序编排的政府公开信息的目次。一般由提供政府信息公开服务的行政机关编制。内容包括政府信息的索引、名称、内容概述、生成日期等。

【政府信息公开指南】 为方便公民、法人和其他组织获得政府信息公开服务而编制的指导性资料。一般由提供政府信息公开服务的行政机关编制。内容包括政府信息的分类、编排体系、获取方式、政府信息公开工作机构的名称、办公地址、办公时间、联系电话、传真号码、互联网联系方式等。

【政府性债务】 也称“公债”，指国家以其信用为基础，按照债的一般原则，通过向社会筹集资金所形成的债务。社会债务的重要组成部分。由于政府性债务的发行主体是中央和地方政府，所以具有很高的信用度，被公认为是最安全的投资工具。政府性债务按照债务主体分为中央政府债务和地方政府性债务；按照发债的区域分为国内债务和国际债务；按照融资时间长短分为短期债务和长期债务等。

【支柱产业】在一国国民经济中占较大比重，对经济发展起支撑作用的产业。一般具有以下特点：（一）在国民经济中占有较大的比重；（二）具有较强的市场扩张能力和较高的需求弹性；（三）拥有先进的科学技术，生产率能保持持续和迅速增长的良好势头和巨大潜力；（四）产业关联度高，能较大程度地带动相关产业的发展。不同国家在不同时期可以有不同产业在经济发展中起支柱作用。考察某一产业是否成为支柱产业，不是凭主观意愿，而是需要建立一套科学的评价体系和评价指标，经过综合评价最终确定。评价产业影响力的指标主要有：产业增加值与其在国民生产总值（GNP）中的比重、生产率增长值、产品需求增加率与人均国民收入增加率的比率、就业人员占全国就业人员总数的比重、产业集中度和骨干企业的市场占有率、国际市场占有份额、产业总体经济效益状况等。

【直管公房】房管用语。指我国经济体制改革前，由各级地方政府投资建造，并由各级房产管理部门直接经营管理的房屋。公有房产的一类。

【直接信用控制】中央银行以行政命令的方式直接对商业银行放款或接受存款的数量进行控制的行为。货币政策工具之一。直接信用控制的具体手段包括：规定利率限额与信用配额、信用条件限制、规定金融机构流动性比率和直接干预等，其中最普遍的是设置银行贷款量的最高限额和银行利率的最高限额。一般而言，中央银行应尽量避免采用直接信用控制这种直接行政干预，因其会损害金融体系的效率。

【指界】通过相邻宗地双方权利人和地籍调查员对该宗地权属界址状况进行实地调查，并予以认定的过程。按照国家有关规定，单位使用的土地，须由法定代表人出席指界。个人使用的土地，须由户主出席指界。参加指界的宗地权利人称为“指界人”。经双方认定的界址点、界址线，须由双方指界人在地籍调查表上签字盖章。

【质权】为担保债务的履行，债务人或者第三人将其财产出质给债权人占有，债务人不履行到期债务或者发生当事人约定的实现质权的情形，债权人可就该财产优先受偿的权利。担保物权的一种。分动产质权与权利质权。动产质权，指债务人以其所有的动产设立的质权。设立动产质权，当事人应当采用书面形式订立质押合同。动产质权自出质人交付质押财产时设立。权利质权，指债务人以其有处分权的财产权利设立的质权。《民法典》规定，下列权利可以出质：汇票、本票、支票；债券、存款单；仓单、提单；可以转让的基金份额、股权；可以转让的注册商标专用权、专利权、著作权等知识产权中的财产权；现有的以及将有的应收账款；法律、行政法规规定可以出质的其他财产权利。以汇票、本票、支票、债券、存款单、仓单、提单出质的，质权自权利凭证交付质权人时设立；没有权利凭证的，质权自办理出质登记时设立。法律另有规定的，依照其规定。动产质权与权利质权存续期间，质权人有权收取质押财产的孳息。质押的债务人或者第三人称为“出质人”，债权人称为“质权人”，交付的动产或财产权利称为“质押财产”。

【质押】债务人或者第三人将其动产或有处分权的权利出质给债权人占有，债务人不履行到期债务或者发生当事人约定的实现质权的情形，债权人有权就该财产优先受偿的行为。担保方式的一种。分为动产质押和财产质押。动产质押，当事人应当采用书面形式订立质押合同。财产质押，质权人负有妥善保管质押财产的义务；因保管不善致使质押财产毁损、灭失的，应当承担赔偿责任。债务人履行债务或者出质人提前清偿所担保的债权的，质权人应当返还质押财产。债务人不履行到期债务或者发生当事人约定的实现质权的情形，质权人可以与出质人协议以质押财产折价，也可以就拍卖、变卖质押财产所得的价款优先受偿。质押财产折价或者拍卖、变卖后，其价款超过债权数额的部分归出质人所有，不足部分由债务人清偿。

【智慧城市】运用物联网、云计算、大数据、空间地理信息集成等新一代信息技术，促进城市规划、建设、管理和服务智慧化的城市发展新理念和新模式。智慧城市一词出现于21世纪初。2007年10月，欧盟在《欧盟智慧城市报告》中首先提出了智慧城市的创新构想，从智慧经济、智慧流动、智慧环境、智慧公众、智慧居住、智慧管理六大坐标维度对城市建设进行了框架设计，成为全球智慧城市建设较早的理论与实践探索。2008年11月，在纽约召开的美国外交关系理事会会议上，国际商用机器公司(IBM)总裁彭明盛在发表的演讲中正式提出了“智慧城市”的概念。我国的智慧城市建设起步于21世纪初，2012年11月，科技部组织开展了智慧城市试点示范工作，2013年初，住房城乡建设部公布了首批90个智慧城市建设试点城市。2014年8月国家发展改革委、工业和信息化部等八部委联合印发的《关于促进智慧城市健康发展的指导意见》中提出了智慧城市发展的主要目标：到 2020 年，建成一批特色鲜明的智慧城市，聚集和辐射带动作用大幅增强，综合竞争优势明显提高，在保障和改善民生服务、创新社会管理、维护网络安全等方面取得显著成效；实现公共服务便捷化、城市管理精细化、生活环境宜居化、基础设施智能化、网络安全长效化。

【智能城市】 以物联网、云计算、大数据、空间地理信息集成等新一代信息技术为手段，以万物互联化、万物智能化、万物数据化、万众移联化、万众共享化、万众便捷化为特征的城市发展新理念与新模式。智能城市与智慧城市有许多相同之处，但智能城市更侧重于信息技术层面，是城市深度信息化的创新驱动新路径和城市转型升级新形态。智能城市从空间范围的角度可分为智能城市、智能社区、智能楼宇、智能家庭、智能厨房、智能客厅等；从城市经济的制造业向智能化演进过程的角度，可分为智能设计、智能制造、智能机器人、智能物流、智能销售等；从城市服务的角度，可分为智能网络、智能电网、智能销售、智能水务、智能养老、智能监测等。

【智能家居】 也称“智能住宅”，指以住宅为平台，通过物联网技术将家居生活各种设施设备集成，构建高效的住宅设施与家庭日常事务的管理系统，提升家居安全性、便利性、舒适性、艺术性，实现环保节能的居住环境。智能家居系统包含的主要子系统有：家居布线系统、家庭网络系统、智能家居（中央）控制管理系统、家居照明控制系统、家庭安防系统、背景音乐系统（如 TVC 平板音响）、家庭影院与多媒体系统、家庭环境控制系统八大系统。其中，智能家居（中央）控制管理系统、家居照明控制系统、家庭安防系统是必备系统，家居布线系统、家庭网络系统、背景音乐系统、家庭影院与多媒体系统、家庭环境控制系统为可选系统。在智能家居环境的认定上，只有完整地安装了所有的必备系统，并且至少选装了一种可选系统的家居系统才能称为智能家居。

【智能建造与建筑工业化协同发展】 国家多部门联合推动的以大力发展建筑工业化为载体，以数字化、智能化升级为动力，形成涵盖科研、设计、生产加工、施工装配、运营等全产业链融合一体的智能建造产业体系，全面提升工程质量安全、效益和品质，打造“中国建造”升级版的国家计划。该计划由住房城乡建设部、国家发展改革委、科技部、工业和信息化部等十三个部委于 2020 年联合提出。计划明确，到 2035 年，我国智能建造与建筑工业化协同发展取得显著进展，企业创新能力大幅提升，产业整体优势明显增强，“中国建造”核心竞争力世界领先，建筑工业化全面实现，迈入智能建造世界强国行列。

链接：我国智能建造与建筑工业化协同发展的重点任务

我国智能建造与建筑工业化协同发展的重点任务

（一）加快建筑工业化升级。

大力发展装配式建筑，推动建立以标准部品为基础的专业化、规模化、信息化生产体系。加快推动新一代信息技术与建筑工业化技术协同发展，在建造全过程加大建筑信息模型（BIM）、互联网、物联网、大数据、云计算、移动通信、人工智能、区块链等新技术的集成与创新应用。大力推进先进制造设备、智能设备及智慧工地相关装备的研发、制造和推广应用，提升各类施工机具的性能和效率，提高机械化施工程度。加快传感器、高速移动通讯、无线射频、近场通讯及二维码识别等建筑物联网技术应用，提升数据资源利用水平和信息服务能力。加快打造建筑产业互联网平台，推广应用钢结构构件智能制造生产线和预制混凝土构件智能生产线。

（二）加强技术创新。

加强技术攻关，推动智能建造和建筑工业化基础共性技术和关键核心技术研发、转移扩散和商业化应用，加快突破部品部件现代工艺制造、智能控制和优化、新型传感感知、工程质量检测监测、数据采集与分析、故障诊断与维护、专用软件等一批核心技术。探索具备人机协调、自然交互、自主学习功能的建筑机器人批量应用。研发自主知识产权的系统性软件与数据平台、集成建造平台。推进工业互联网平台在建筑领域的融合应用，建设建筑产业互联网平台，开发面向建筑领域的应用程序。加快智能建造科技成果转化应用，培育一批技术创新中心、重点实验室等科技创新基地。围绕数字设计、智能生产、智能施工，构建先进适用的智能建造及建筑工业化标准体系，开展基础共性标准、关键技术标准、行业应用标准研究。

（三）提升信息化水平。

推进数字化设计体系建设，统筹建筑结构、机电设备、部品部件、装配施工、装饰装修，推行一体化集成设计。积极应用自主可控的BIM技术，加快构建数字设计基础平台和集成系统，实现设计、工艺、制造协同。加快部品部件生产数字化、智能化升级，推广应用数字化技术、系统集成技术、智能化装备和建筑机器人，实现少人甚至无人工厂。加快人机智能交互、智能物流管理、增材制造等技术和智能装备的应用。以钢筋制作安装、模具安拆、混凝土浇筑、钢构件下料焊接、隔墙板和集成厨卫加工等工厂生产关键工艺环节为重点，推进工艺流程数字化和建筑机器人应用。以企业资源计划（ERP）平台为基础，进一步推动向生产管理子系统的延伸，实现工厂生产的信息化管理。推动在材料配送、钢筋加工、喷涂、铺贴地砖、安装隔墙板、高空焊接等现场施工环节，加强建筑机器人和智能控制造楼机等一体化施工设备的应用。

（四）培育产业体系。

探索适用于智能建造与建筑工业化协同发展的新型组织方式、流程和管理模式。加快培育具有智能建造系统解决方案能力的工程总承包企业，统筹建造活动全产业链，推动企业以多种形式紧密合作、协同创新，逐步形成以工程总承包企业为核心、相关领先企业深度参与的开放型产业体系。鼓励企业建立工程总承包项目多方协同智能建造工作平台，强化智能建造上下游协同工作，形成涵盖设计、生产、施工、技术服务的产业链。

（五）积极推行绿色建造。

实行工程建设项目全生命周期内的绿色建造，以节约资源、保护环境为核心，通过智能建造与建筑工业化协同发展，提高资源利用效率，减少建筑垃圾的产生，大幅降低能耗、物耗和水耗水平。推动建立建筑业绿色供应链，推行循环生产方式，提高建筑垃圾的综合利用水平。加大先进节能环保技术、工艺和装备的研发力度，提高能效水平，加快淘汰落后装备设备和技术，促进建筑业绿色改造升级。

（六）开放拓展应用场景。

加强智能建造及建筑工业化应用场景建设，推动科技成果转化、重大产品集成创新和示范应用。发挥重点项目以及大型项目示范引领作用，加大应用推广力度，拓宽各类技术的应用范围，初步形成集研发设计、数据训练、中试应用、科技金融于一体的综合应用模式。发挥龙头企业示范引领作用，在装配式建筑工厂打造“机器代人”应用场景，推动建立智能建造基地。梳理已经成熟应用的智能建造相关技术，定期发布成熟技术目录，并在基础条件较好、需求迫切的地区，率先推广应用。

（七）创新行业监管与服务模式。

推动各地加快研发适用于政府服务和决策的信息系统，探索建立大数据辅助科学决策和市场监管的机制，完善数字化成果交付、审查和存档管理体系。通过融合遥感信息、城市多维地理信息、建筑及地上地下设施的BIM、城市感知信息等多源信息，探索建立表达和管理城市三维空间全要素的城市信息模型（CIM）基础平台。建立健全与智能建造相适应的工程质量、安全监管模式与机制。引导大型总承包企业采购平台向行业电子商务平台转型，实现与供应链上下游企业间的互联互通，提高供应链协同水平。

资料来源：《住房和城乡建设部等部门关于推动智能建造与建筑工业化协同发展的指导意见》

【智能住宅】也称“智能家居”。（见【智能家居】）

【中房指数】“中国房地产指数系统”的简称。（见【中国房地产指数系统】）

【中高层住宅】七至九层的居住建筑。介于多层或高层之间的一种住宅类型。中高层住宅土地利用率比多层高，相对占地面积小，能在提高容积率的前提下塑造较为宜人的居住区空间环境；同时中高层住宅与高层住宅相比其造价和技术要求相对较低，属于性价比相对较高的一种居住形式。

【中国房地产指数系统】简称“中房指数”，指以价格指数形式反映一定时期全国主要城市房地产市场发展变化轨迹和当前市场状况的指标体系。由全国综合物业总指数、全国分类物业总指数、城市综合物业指数和城市分类物业指数构成，其中城市分类物业指数为最低层级，包括住宅指数、办公用房指数、商服用房指数和厂房仓库指数。中国房地产指数系统最早于1993年由国务院发展研究中心、中国房地产业协会、中国房地产开发集团联合发起，从1995年1月起对外发布房地产北京指数，其后扩展到其他城市。1995年9月，中国房地产指数系统通过国家部门认证。2005 年，新的中国房地产指数系统通过了由国务院发展研究中心、建设部、国土资源部、中国银监会、中国房地产业协会、清华大学和北京大学等多家单位专家组成的鉴定委员会的学术鉴定。中国房地产指数系统覆盖北京、上海、天津、广州、武汉、深圳、重庆、杭州、成都、南京等 17 个重要城市，按季度发布。

【中介】也称“居间”，指中介人向委托人报告订立合同的机会或提供订立合同的媒介服务，委托人支付报酬的行为。经纪活动的一种。分为报告居间和媒介居间。报告居间指中介人为委托人与第三人订立合同报告机会；媒介居间指中介人为委托人与第三人订立合同充当媒介。中介活动中，中介人一般不介入委托人与第三人订立的合同，只是起牵线搭桥的作用。根据国家有关规定，中介人为委托人提供中介服务应当订立中介合同。

【中介合同】中介人向委托人报告订立合同的机会或者提供订立合同的媒介服务，委托人支付报酬的书面协议。典型合同的一种。中介合同具有以下法律特征：（一）中介人只按照委托人的指示、委托的业务范围和具体要求进行居间业务活动，并不以任何一方的名义或以自己的名义订立合同；（二）中介合同的目的是使委托人与第三人订立合同；（三）中介合同是有偿合同。中介合同主要条款包括：委托人和居间人的名称或姓名、委托事项、期限、报酬、费用的负担等。

【中央财政】国家财政体系的组成部分。中央财政的职责是：（一）监督各级财政执行财政政策、法令、财务规定以及财政、财务纪律，以便保证国家财政计划的实施及完成；（二）保证按财政体制规定把属于中央财政的收入部分收缴入中央金库；（三）利用财政分配手段调节总供给与总需求的平衡；（四）保证国防、军队、中央政府各职能机构、中央立法及检察等机构的经费需要；（五）满足对国民经济发展及布局起决定作用的投资需要；（六）调节下级财政的平衡及对贫困落后地区的补助；（七）建立必要的社会福利保障基金；（八）为必要的国家物资储备提供必要的资金等。

【众筹】利用互联网为企业或个人对公众展示他们的创意，争取社会的关注和支持，从而获得所需资金的一种筹资模式。众筹需要有三方参与：即发起人，指有创造能力但缺乏资金的人；投资人，指对筹资者的故事和回报感兴趣，有能力支持的人；众筹平台，指连接发起人和支持者的互联网终端。众筹活动中，每个项目必须设定筹资目标和筹资天数，在设定天数内，达到或者超过目标金额，项目即成功，发起人可获得资金；如果项目筹资失败，那么已获资金全部退还支持者。

【主导因素判定法】城镇土地分等定级中，以两个以上主要定级因素为检验单元均质性的标准，按因素分值分布规律，结合经验判断，划分定级单元的方法。主导因素判定法的一般步骤是：（一）按定级因素的重要性差别，选择两个以上的主要定级因素，以其分值变化作为划分单元的依据；（二）在土地定级范围内的几个主要方向上，计算若干个特征点主导因素的分值，找出分值变化规律及曲线；（三）以分值基本相等为标准，结合经验判断，以分值变化规律中的突变段或点作为单元边界；（四）把主导因素分值基本一致的区域划分为单元。

【主合同】“从合同”的对称。指不以他种合同的存在为前提，不受其制约而能独立存在的合同。如对于保证合同而言，设立主债务的合同就是主合同。合同分类的一种。

【主权资本】房地产开发经营企业依法筹集并长期拥有、自主支配的资本。包括实收资本、资本公积金、盈余公积金和未分配利润，在会计中称“所有者权益”。主权资本具有以下特点：（一）所有权归属于所有者，所有者可以此参与企业经营管理决策、取得收益，并对企业的经营承担有限责任；（二）属于企业长期占用的“永久性资本”，形成法人财产权，在企业经营期内，投资者除依法转让外，不得以任何方式抽回资本，企业依法拥有财产支配权；（三）不必还本付息，筹资风险低，主权资本主要通过国家财政资金、其他企业资金、居民个人资金、外商资金等渠道，采用吸收直接投资、发行股票、留用利润等方式筹集。

【主体功能区】以自然环境要素、社会经济发展水平、生态系统特征以及人类活动形式的空间分布为依据，划分出具有某种特定主体功能的地域空间单元。一定的国土空间具有多种功能，但必有一种主体功能，这是区分主体功能区的基本理念。划分主体功能区，有利于确定区域功能定位，明确开发方向，控制开发强度，规范开发秩序，完善开发政策。

【主体功能区规划】为统筹谋划未来人口分布、经济布局、国土利用和城镇化格局，将国土空间划分为若干主体功能区，确定主体功能定位，明确开发方向，控制开发强度，规范开发秩序，完善开发政策作出的统筹安排。是国民经济和社会发展总体规划、人口规划、区域规划、城市规划、土地利用规划、环境保护规划、生态建设规划、流域综合规划、水资源综合规划、海洋功能区划、海域使用规划、粮食生产规划、交通规划、防灾减灾规划等在空间开发和布局的基本依据。2007年，《国务院关于编制全国主体功能区规划的意见》明确，全国主体功能区规划由国家主体功能区规划和省级主体功能区规划组成，分国家和省级两个层次编制。国家主体功能区规划由全国主体功能区规划编制工作领导小组会同各省（区、市）人民政府编制，规划期至2020年，并通过中期评估实行滚动调整；省级主体功能区规划由各省（区、市）人民政府组织市、县级人民政府编制，规划期至2020年。编制全国主体功能区规划的主要任务是，在分析评价国土空间的基础上，确定各级各类主体功能区的数量、位置和范围，明确不同主体功能区的定位、开发方向、管制原则、区域政策等。2010年，我国首部《全国主体功能区规划》颁布。2019年5月，《中共中央 国务院关于建立国土空间规划体系并监督实施的若干意见》明确，将主体功能区规划、土地利用规划、城乡规划等空间规划融合为统一的国土空间规划，实现“多规合一”，不再编制主体功能区规划。

【主体功能区划分】按不同的开发定义和开发理念对我国国土空间主体功能区进行的分类。《全国主体功能区规划》将我国国土空间分为以下主体功能区：按开发方式，分为优化开发区域、重点开发区域、限制开发区域和禁止开发区域；按开发内容，分为城市化地区、农产品主产区和重点生态功能区；按层级，分为国家和省级两个层面。优化开发区域、重点开发区域、限制开发区域和禁止开发区域，是基于不同区域的资源环境承载能力、现有开发强度和未来发展潜力，以是否适宜或如何进行大规模高强度工业化城镇化开发为基准划分的。城市化地区、农产品主产区和重点生态功能区，是以提供主体产品的类型为基准划分的。城市化地区，指以提供工业品和服务产品为主体功能的地区，也提供农产品和生态产品；农产品主产区，是以提供农产品为主体功能的地区，也提供生态产品、服务产品和部分工业品；重点生态功能区，指以提供生态产品为主体功能的地区，也提供一定的农产品、服务产品和工业品。

链接：主体功能区分类及其功能

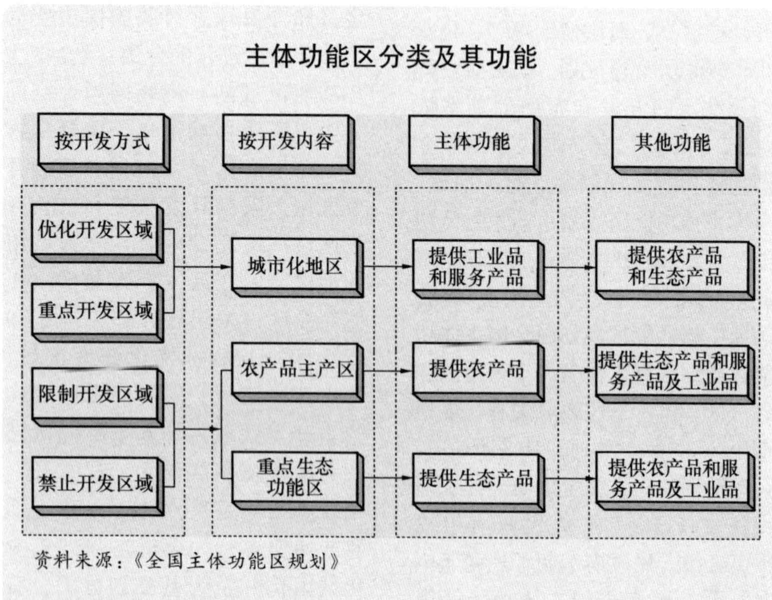

【主物】“从物”的对称。指独立存在，与属于同一人所有的他物合并使用时起主要效用的物。如房屋与门窗，前者是主物，后者为从物。把物分成主物与从物是民法上物的一种分类方法，其法律意义在于法律与合同无相反规定时，主物的归属决定从物的归属；在民事流通中，如交易上无特别习惯时，从物应随主物一起转移。主物在某一法律关系中处于主导地位，它的存在是独立的，不依赖于他物。

【主债】“从债”的对称。指在两个并存的债中，居于主要地位，能够决定债的命运的债。债的一种。债，指按照合同的约定或者依照法律规定，在当事人之间产生的特定的权利和义务关系。能够引起两个债相互并存的情形，或者是基于法律的规定，或者是基于当事人的约定。例如，房屋买卖、金钱借贷合同产生的债为主债，而担保主债履行的保证合同、抵押合同、质押合同产生的债则为从债。主债是从债存在的基础。主债变更、转移或消灭，从债随之变更、转移或消灭。

【住房】 也称“住宅”。（见【住宅】）

【住房保险】 以住房为投保标的物的保险。财产保险的一种。在住房保险中，投保人根据合同约定，向保险人支付保险费，保险人对于因合同约定的可能发生的事故发生所造成的损失承担赔偿保险金责任。根据国家有关法律，住房保险应订立保险合同。

【住房保障】 也称“住房救助”，指政府向有住房困难的低收入家庭提供最基本居住条件的行为。社会保障的一种。分为货币保障和实物保障两种。货币保障指政府向低收入住房困难家庭发放一定数量的现金补贴，解决居民对住房支付能力不足的问题；实物保障指政府直接向低收入住房困难家庭提供廉租住房，并按保障标准收取一定的租金。根据国家的有关规定，住房保障对象、申请条件、补贴标准等由各城市人民政府根据本市的实际情况确定。

【住房保障档案】 在住房保障管理工作中形成的或者依法取得的具有保存价值的文字、图表、声像等不同形式的历史记录。分住房保障对象档案和住房保障房源档案两类。住房保障对象档案，指正在轮候和已获得住房保障的住房困难家庭或者个人的档案材料，收集归档范围为：（一）申请材料，包括申请书，申请人的基本情况、住房状况和收入、财产状况证明，诚信申报记录等相关材料；（二）审核材料，包括审核表，审核部门对申请人的基本情况、住房状况和收入、财产状况等审核记录；（三）实施保障材料，包括轮候记录、实施保障通知书、房屋租赁合同、房屋买卖合同、货币补贴协议等相关材料；（四）动态管理材料，包括对住房保障对象基本情况和住房、收入、财产状况等定期或者不定期的审核材料，不良信用记录及违规行为查处材料，变更或者终止保障等动态变更材料。住房保障房源档案，指已分配使用的保障性住房的档案材料，收集归档范围为：（一）基本情况材料，包括房屋来源和权属证明材料，房屋地址、所属项目或者小区名称、保障性住房类别、房号、户型、面积等情况记录材料；（二）使用管理情况材料，包括房屋承租人、租赁期限、租金标准、租金收缴，房屋购置人、购置价格、产权份额，租售转换、上市交易，房屋入住、退出交接手续等情况记录材料。住房保障对象档案按照“一户一档”的原则，在申请人获得住房保障后三个月内完成归档。住房保障房源档案按照“一套一档”的原则，在房屋分配使用后三个月内完成归档。住房保障档案管理机构应当定期开展档案鉴定销毁工作。由档案管理、业务部门等相关人员共同组成鉴定组，按照国家档案鉴定销毁的规定，对住房保障档案进行鉴定销毁，销毁档案的目录应当永久保存。

【住房保障体系】“城镇住房保障体系”的简称。（见**【城镇住房保障体系】**）

【住房保障制度】“城镇住房保障制度”的简称。（见**【城镇住房保障制度】**）

【住房补贴】房改用语。指我国城镇住房制度改革中，国家机关、企事业单位对无住房职工或住房面积未达到规定标准的职工发放的用于住房消费的现金补贴。根据当时的有关规定，住房补贴的资金来源，一是国家下拨的建房资金；二是单位的售房资金；三是单位多种渠道筹集的资金。住房补贴发放方式分为一次性住房补贴、基本补贴加一次性补贴和按月补贴三种。一次性补贴，主要针对无房的老职工，在职工购房时一次性发放；基本补贴加一次性补贴，按一般职工住房面积标准，逐步发放基本补贴，各级干部与一般职工因住房补贴面积标准之差形成的差额，在购房时一次性发放；按月补贴，主要针对新职工，在住房补贴发放年限内，按月计发。

【住宅的商品属性】住宅作为人类劳动产品所具有的本质属性。房产经济学研究的内容之一。从经济学角度看，住宅的商品属性是由其生产过程中存在的劳动关系和生产关系所决定的，这种属性随住宅的产生而产生，并伴随住宅生产、流通、消费的全过程。住宅的商品属性表现在以下几个方面：（一）住宅像其他商品一样具有价值和使用价值；（二）生产住宅的劳动像其他劳动一样，同时表现为具体劳动和抽象劳动；（三）住宅的价值由生产住宅的社会必要劳动时间所决定；（四）住宅有三种表现形态，即实物形态——住宅的本身，价值形态——蕴含在实物形态中的物化劳动，货币形态——住宅的价格；（五）劳动者生产住宅不是为了自己居住，而是为他人居住，住宅是为交换而生产的。

【住房抵押贷款保险】以住房抵押贷款为投保标的物的保险。财产保险的一种。住房抵押贷款保险中，住房抵押贷款的借款人在遭遇意外伤害导致身故或者残疾、丧失还款能力时，由保险公司偿还剩余的贷款本金。根据国家有关法律，住房抵押贷款保险应订立保险合同。

【住房抵押贷款证券化】也称“按揭贷款证券化”。指把金融机构发放的住房抵押贷款转化为抵押贷款证券，然后通过资本市场把证券出售给投资者，以融通资金，并使住房贷款风险分散为由众多投资者承担的行为。资产证券化的一种。住房抵押贷款证券最早产生于20世纪60年代的美国。它是由美国住房专业银行及储蓄机构利用其贷出的住房抵押贷款发行的一种资产证券化商品。其基本结构是：把贷出的住房抵押贷款中符合一定条件的贷款集中起来，形成一个抵押贷款集合体，利用贷款集合体定期产生的本金和利息的现金流发行证券，并由有政府机构背景的金融机构对该证券进行担保。本质上，发行住房抵押贷款证券是发放住房抵押贷款机构的一种债权转让行为，即贷款发放人把对住房贷款借款的所有权转让给证券投资者的行为。

【住房分配货币化】房改用语。简称“货币化分房”，指我国城镇住房制度改革中，将城镇职工的住房消费资金理入工资，变住房实物分配为货币分配的分配方式。我国深化城镇住房制度改革的目标之一。住房分配货币化有多种途径，其主要形式包括：住房公积金、补充住房公积金和住房补贴。住房公积金和补充住房公积金指城镇国家机关、企事业单位在职职工按一定比例逐月缴存的住房储金。包括职工个人缴存的住房公积金和职工所在单位为职工缴存的住房公积金两个部分。住房补贴指国家机关、企事业单位对无住房职工或住房面积未达到规定标准的职工发放的现金补贴。

【住房公积金】简称“公积金”，指城镇在职职工缴存的长期住房储金。分为职工个人缴存的和职工所在单位为职工缴存的两部分。我国住房制度改革中设立的一项政策性住房资金。住房公积金具有普惠性、强制性、互助性和长期性的特点。《住房公积金管理条例》规定，单位应当向住房公积金管理机构办理住房公积金缴存登记，并为本单位职工办理住房公积金账户设立手续。职工和单位住房公积金的缴存比例均不得低于职工上一年度月平均工资的5%；有条件的城市，可以适当提高缴存比例。职工个人缴存的住房公积金和职工所在单位为职工缴存的住房公积金，属于职工个人所有。住房公积金是职工专项用于住房消费的资金，定向用于职工购买、建造、翻建、大修、租赁自住住房。职工离休、退休或出境定居的，可以一次性提取本人账户内的存储资金。

【住房公积金贷款】广义指用住房公积金发放的各种住房贷款的总称。按用途分为住房公积金个人购房贷款、住房公积金建翻修个人住房贷款、住房公积金个人住房装修贷款、利用住房公积金支持保障性住房建设贷款等；按贷款对象分为个人住房贷款和单位住房建设项目贷款。狭义仅指住房公积金个人购房贷款。根据住房城乡建设部、财政部、中国人民银行《全国住房公积金 2022 年年度报告》，截至 2022 年末，全国累计发放住房公积金个人住房贷款 137144.66 亿元，支持保障性住房建设试点项目贷款合计 872.15 亿元。

【住房公积金贷款风险准备金】按照财政部有关规定，从当年住房公积金增值收益中分配的、专门用于核销公积金呆账的准备资金。住房公积金贷款风险防范资金。住房公积金贷款风险准备金的资金来源主要是住房公积金增值收益。《住房公积金财务管理办法》规定，住房公积金增值收益除国家另有规定外，应按下列顺序进行分配：(一)住房公积金贷款风险准备金；(二)上交财政的公积金中心管理费用；(三)城市廉租住房建设补充资金。建立住房公积金贷款风险准备金的比例，按不低于住房公积金增值收益的 60%核定，或按不低于年度住房公积金贷款余额的 1%核定，从住房公积金增值收益中分配。

【住房公积金个人账户】住房公积金缴存单位为职工个人在公积金管理机构开设的，用于住房公积金储蓄、使用的专门账户。《住房公积金管理条例》规定，单位应当向住房公积金管理中心办理住房公积金缴存登记，并为本单位职工办理住房公积金账户设立手续。每个职工只能有一个住房公积金账户。新设立的单位应当自设立之日起 30 日内向住房公积金管理中心办理住房公积金缴存登记，并自登记之日起 20 日内，为本单位职工办理住房公积金账户设立手续。单位合并、分立、撤销、解散或者破产的，自办妥变更登记或者注销登记之日起 20 日内，为本单位职工办理住房公积金账户转移或者封存手续。公积金个人账户是一种专用账户，只能用于个人住房公积金的储存和使用。

【住房公积金个人住房贷款】住房公积金管理机构运用住房公积金，委托专业银行向符合条件的住房公积金缴存职工发放的用于购买、建造、翻建、大修自住住房的贷款。住房公积金使用方式的一种。《住房公积金管理条例》规定，缴存住房公积金的职工，在购买、建造、翻建、大修自住住房时，可以向住房公积金管理中心申请住房公积金贷款。申请住房公积金个人住房贷款除应符合申请人的有关条件外，还应提供相应的贷款用途证明，如贷款用于购买自住住房的，应提供经房地产行政管理部门备案的购房合同或其他证明文件；贷款用于建造、翻建自住住房的，应提供工程概预算以及规划、建设等部门的批

Z

准文件；贷款用于大修自住住房的，应提供房屋权属证明、房屋安全鉴定证明、工程概预算等。职工申请住房公积金个人贷款，应当提供相应价值的资产作为担保。《住房公积金个人住房贷款业务规范》（GB/T 51267—2017）规定，对购买自住住房的，应使用本次贷款所购住房作为抵押物；建造、翻建、大修自住住房的，可用国有土地使用权或其他房产作为抵押物。公积金个人住房贷款利率按中国人民银行公布的个人贷款利率执行。贷款期限不得超过 30 年，且贷款到期日不超过借款申请人法定退休时间后 5 年。

【住房公积金个人住房贷款市场占有率】当年全国住房公积金个人住房贷款余额占全国商业性和住房公积金个人住房贷款余额总和的比率。公积金业务分析指标。计算公式为：公积金个人住房贷款市场占有率＝当年全国住房公积金个人住房贷款余额/（全国商业性＋住房公积金个人住房贷款余额）×100％。

住房公积金个人住房贷款市场占有率指标反映当年全国住房公积金个人住房贷款占全国住房贷款总量的比重。

【住房公积金个人住房贷款转商业银行个人住房贷款】简称“公转商贴息贷款”，指承办公转商贴息贷款业务的商业银行向同时符合住房公积金个人住房贷款和商业银行个人住房贷款条件的借款人发放的，借款人只按公积金贷款利率支付利息，利息差额由公积金中心支付给承办银行的住房贷款。按照有关操作办法，公转商贴息贷款申请人的借款申请条件、贷款房源、贷款额度和期限、担保方式等应同时符合住房公积金贷款和承办银行商业住房贷款的规定。个人贷款额度、期限按住房公积金贷款政策的规定执行。公转商贴息贷款的利率水平由公积金中心与承办银行协商确定，但最高不得超过同期商业银行住房贷款基准利率。贴息金额支付遵循先付后贴原则，借款人先按合同约定的住房公积金贷款利率支付承办银行利息，贴息款项随后由公积金中心按约定支付给承办银行。公转商贴息贷款通过让渡部分公积金增值收益补贴银行商贷利息差额，获得商业银行流动性支持，有利于拓宽住房公积金贷款资金筹集渠道，支持职工住房消费。

【住房公积金管理机构】城市负责住房公积金管理运作的单位，即设区以上城市的住房公积金管理中心。《住房公积金管理条例》规定，直辖市和省、自治区人民政府所在地的市以及其他设区的市（地、州、盟）应当按照精简、效能的原则，设立一个住房公积金管理机构，负责住房公积金的管理运作。住房公积金管理机构履行下列职责：（一）编制、执行住房公积金的归集、使用计划；（二）负责记载职工住房公积金的缴存、提取、使用等情况；（三）负责住房公积金的核算；（四）审批住房公积金的提取、使用；（五）负责住房公积金的保值和归还；（六）编制住房公积金归集、使用计划执行情况的报告；（七）承办住房公积金管理委员会决定的其他事项。

【住房公积金管理体制】住房公积金行政机构设置、职能划分、隶属关系等制度的总称。住房公积金管理制度的组成部分。根据《住房公积金管理条例》，住房公积金的管理实行住房公积金管理委员会决策、住房公积金管理中心运作、银行专户存储、财政监督的原则。国务院建设行政主管部门会同国务院财政部门、中国人民银行拟定住房公积金政策，并监督执行。省、自治区人民政府建设行政主管部门会同同级财政部门以及中国人民银行分支机构，负责本行政区域内住房公积金管理法规、政策执行情况的监督。直辖市和省、自治区人民政府所在地的市以及其他设区的市（地、州、盟），设立住房公积金管理委员会，作为住房公积金管理的决策机构。直辖市和省、自治区人民政府所在地的市以及其他设区的市（地、州、盟）按照精简、效能的原则，设立一个住房公积金管理中心，负责住房公积金的管理运作。县（市）不设立住房公积金管理中心。住房公积金管理委员会按照中国人民银行的有关规定，指定受委托办理住房公积金金融业务的商业银行；住房公积金管理中心委托受委托银行办理住房公积金贷款、结算等金融业务和住房公积金账户的设立、缴存、归还等手续。

【住房公积金管理委员会】城市住房公积金管理的决策机构。《住房公积金管理条例》规定，直辖市和省、自治区人民政府所在地的市以及其他设区的市（地、州、盟），应当设立住房公积金管理委员会，作为住房公积金管理的决策机构。住房公积金管理委员会的成员中，人民政府负责人和建设、财政、人民银行等有关部门负责人以及有关专家占1/3，工会代表和职工代表占1/3，单位代表占1/3。住房公积金管理委员会在住房公积金管理方面履行下列职责：（一）依据有关法律、法规和政策，制定和调整住房公积金的具体管理措施，并监督实施；（二）根据有关规定，拟订住房公积金的具体缴存比例；（三）确定住房公积金的最高贷款额度；（四）审批住房公积金归集、使用计划；（五）审议住房公积金增值收益分配方案；（六）审批住房公积金归集、使用计划执行情况的报告。住房公积金管理委员会主任由具有社会公信力的人士担任。

【住房公积金缴存】城镇单位和职工每月按规定比例向职工账户存入住房公积金的行为。分为职工个人缴存部分和职工所在单位为职工缴存两部分。《住房公积金管理条例》规定，单位应当按时、足额为职工缴存住房公积金，不得逾期缴存或者少缴。职工个人缴存的住房公积金，由所在单位每月从其工资中代扣代缴。职工住房公积金的月缴存额为职工本人上一年度月平均工资乘以职工住房公积金缴存比例。单位为职工缴存的住房公积金的月缴存额为职工本人上一年度月平均工资乘以单位住房公积金缴存比例。职工个人缴存的住房公积金和职工所在单位为职工缴存的住房公积金，属于职工个人所有。

【住房公积金缴存比例】也称“住房公积金缴存率”，指职工和单位月住房公积金缴存额占上一年度月平均工资的百分比。《住房公积金管理条例》规定：职工和单位住房公积金的缴存比例均不得低于职工上一年度月平均工资的5%；有条件的城市，可以适当提高缴存比例。具体缴存比例由住房公积金管理委员会拟订，经本级人民政府审核后，报省、自治区、直辖市人民政府批准。

【住房公积金缴存率】也称“住房公积金缴存比例”。（见【住房公积金缴存比例】）

【住房公积金年度报告】住房公积金管理机构按照国家有关规定，向社会公开披露住房公积金运行情况的书面文件。年度报告分国家、省（自治区）、市三个层级。主要披露内容包括机构概况、业务运行、财务数据、资产风险、社会经济效益以及其他需要披露的重要信息。根据住房城乡建设部、财政部、中国人民银行《关于健全住房公积金信息披露制度的通知》，设区城市住房公积金年度报告由城市住房公积金管理中心负责并披露；省（自治区）住房公积金年度报告由省（区）住房城乡建设厅、财政厅和中国人民银行相关分支机构负责和披露；全国住房公积金年度报告由住房城乡建设部、财政部和中国人民银行负责和披露。

【住房公积金提取】缴存住房公积金职工按规定取出自己住房公积金账户内的存款余额，实现住房公积金价值的行为。住房公积金存款与一般银行储蓄存款性质不同，住房公积金是用于住房消费的专项储金，它的提取有严格限制条件。国务院《住房公积金管理条例》规定，职工有下列情形之一的，可以提取住房公积金账户内的存储余额：（一）购买、建造、翻建、大修自住住房的；（二）离休、退休的；（三）完全丧失劳动能力，并与单位终止劳动关系的；（四）出境定居的；（五）偿还购房贷款本息的；（六）房租超出家庭工资收入的规定比例的。职工提取住房公积金账户内的存储余额的，所在单位应当予以核实，并出具提取证明。职工持提取证明向住房公积金管理中心申请提取住房公积金。住房公积金管理中心应当自受理申请之日起3日内作出准予提取或者不准提取的决定，并通知申请人；准予提取的，由受委托银行办理支付手续。

【住房公积金提取率】当年住房公积金提取额占当年住房公积金缴存额的比率。公积金业务分析指标。计算公式为：住房公积金提取率＝当年公积金提取额/当年公积金缴存额×100％。

【住房公积金统计】对住房公积金管理和业务运行的基本情况进行统计调查、统计分析，提供统计信息，实行信息交流与共享，进行统计管理和监督活动的总称。住房公积金管理内容之一。住房公积金统计内容包括：（一）住房公积金政策规定执行统计，包括国家、省（自治区）、设区城市有关住房公积金缴存、提取、贷款、核算、受托银行等政策规定和实际执行情况；（二）业务运行统计，包括住房公积金缴存、提取、贷款、服务、增值收益分配、风险资产、结余资金存款结构和存款银行；（三）机构设置和人员状况统计，包括住房公积金管理委员会人员组成、住房公积金管理中心机构及人员编制、住房公积金监管机构及人员编制等情况；（四）住房公积金管理中心资产和费用支出统计等。住房公积金统计工作实行统一管理、分级负责。住房城乡建设部负责全国住房公积金统计工作。省（自治区）住房和城乡建设厅负责本行政区域住房公积金统计工作。设区城市住房公积金管理中心负责组织实施本行政区域住房公积金统计工作。

【住房公积金信息披露制度】住房公积金管理机构定期向社会发布有关住房公积金运行和管理等情况的一系列规定和要求的统称，内容包括信息披露主体责任、披露内容、披露方式、披露时限、披露信息审查机制、披露信息监督等。根据住房城乡建设部、财政部、中国人民银行《关于健全住房公积金信息披露制度的通知》，设区城市住房公积金管理中心负责披露本地区住房公积金信息。省（区）住房城乡建设厅、财政厅和中国人民银行相关分支机构，负责披露本省（区）住房公积金信息。住房城乡建设部、财政部和中国人民银行负责披露全国住房公积金信息。住房公积金信息披露采用年度报告和临时报告两种形式。年度报告内容包括机构概况、业务运行、财务数据、资产风险、社会经济效益以及其他需要披露的重要信息。住房公积金管理中心的年度报告应于每年3月底前披露；省（区）住房公积金汇总信息应于每年4月底前披露；全国住房公积金汇总信息应于每年5月底前披露。临时报告内容包括住房公积金政策规定调整、业务办理和服务措施变化等重大事项。临时报告应在重大事项调整变化之日起5个工作日内披露。住房公积金信息通过政府公报、政府网站、公积金中心网站、新闻发布会以及报刊、广播、电视等便于公众知晓的多种渠道向社会披露。住房城乡建设部、财政部和中国人民银行负责监督各省（区）、直辖市信息披露工作；省（区）住房城乡建设厅、财政厅和中国人民银行相关分支机构负责监督本省（区）公积金中心信息披露工作。

【住房公积金业务档案】住房公积金管理机构、受委托银行在住房公积金业务办理过程中直接形成的具有保存价值的各种文件、图表、声像等不同形式的历史记录。分为电子档案和传统载体档案。电子档案指通过计算机等电子设备形成、办理、传输和储存的，记录和反映住房公积金业务办理事项的，具有凭证、查考和保存价值并以数字格式归档保存的电子文件；传统载体档案指记录和反映住房公积金业务办理事项的，具有凭证、查考和保存价值并以传统载体归档保存的材料。

【住房公积金异地贷款】缴存和购房行为不在同一城市的住房公积金个人住房贷款，包括用本市资金为在本市购房的外地缴存职工发放的贷款，以及用本市资金为在外地购房的本市缴存职工发放的贷款。

【住房公积金与商业银行购房组合贷款】简称“购房组合贷款”，指缴存住房公积职工在购买自住普通住房时，因住房公积金抵押贷款额度不足，向商业银行申请个人住房担保贷款，由商业银行提供不足部分资金的贷款形式。一种个人购房贷款形式。其操作办法是职工在购买自住住房时，购房人分别与公积金中心和承办公积金贷款业务的商业银行签订《住房公积金抵押贷款合同》和《个人住房担保贷款合同》，用所购同一套住房进行抵押，分别获得公积金与商业银行组合贷款。购房职工申请组合贷款必须同时符合公积金贷款和商业银行贷款条件，贷款利率按公积金贷款利率和商业银行贷款利率分别计算。

【住房公积金增值收益】住房公积金在运行、管理中产生的增值额。

计算公式为：公积金增值额＝公积金各项收入－公积金各项支出。根据国家有关规定，住房公积金的增值收益应当存入住房公积金管理中心在受委托银行开立的住房公积金增值收益专户，用于建立住房公积金贷款风险准备金、住房公积金管理中心的管理费用和建设城市廉租住房的补充资金。

【住房公积金支持保障性住房建设贷款】利用住房公积金向经批准的保障性住房项目发放的建设贷款。住房公积金贷款的一种。保障性住房建设项目包括经济适用住房、列入保障性住房规划的城市棚户区改造项目安置用房、政府投资的公共租赁住房等项目。根据《关于利用住房公积金贷款支持保障性住房建设试点工作的实施意见》，利用住房公积金发放的保障性住房建设贷款，定向用于经济适用住房、列入保障性住房规划的城市棚户区改造项目安置用房、政府投资的公共租赁住房建设，严禁用于商品住房开发和城市基础设施建设。利用住房公积金发放经济适用住房和列入保障性住房规划的城市棚户区改造项目安置用房建设贷款，贷款期限最长不超过3年；发放政府投资的公共住房贷款，贷款期限最长不超过5年。贷款利率按照五年期以上个人住房公积金贷款利率上浮10%执行，并随个人住房公积金贷款利率变动相应调整。利用住房公积金发放的保障性住房建设贷款必须专户存储，专款专用，全程接受财政、审计部门监督检查。住房公积金支持保障性住房建设贷款试点工作自2010年开始，截至2022年末，累计向373个试点项目发放贷款872.15亿元。

【住房公积金制度】在国家机关、城镇企事业单位职工中按照“个人存储、单位资助、统一管理、专项使用”原则建立的，用以解决职工住房困难的长期住房储蓄制度。我国住房制度改革的一项重要成果。1991年，上海市人大常委会通过决议，建立住房公积金制度。1994年《国务院关于深化城镇住房制度改革的决定》明确，所有行政和企事业单位及其职工均应按照“个人存储、单位资助、统一管理、专项使用”的原则建立住房公积金制度。1999年，国务院颁布了《住房公积金管理条例》，进一步规范了住房公积金制度。住房公积金制度主要包括以下内容：（一）公积金的缴存。制度规定，国家机关、国有企业、城镇集体企业、外商投资企业、城镇私营企业及其他城镇企业、事业单位，均应按规定到公积金管理机构和受委托银行，为职工办理公积金开户手续，并按时足额为职工缴存住房公积金；（二）公积金的提取和使用。公积金缴存职工因购买、建造、翻建、大修自住住房，偿还购房贷款本息等可以提取和使用公积金；（三）公积金的管理。直辖市和省、自治区政府所在地的市及其他设区的市按规定设立公积金管理机构，负责公积金的日常管理和运作；（四）公积金的监督。地方人民政府财政部门负责加强对本行政区域内住房公积金归集、提取和使用情况的监督。

【住房公积金专户】根据国家有关规定，住房公积金管理机构在受托银行设立的记载和反映住房公积金缴存、提取、使用和结算等资金情况的专门账户。分为：（一）住房公积金存款户，亦称“住房公积金资金总账户”，用于全面反映和记载住房公积金管理中心归集的住房公积金资金情况；（二）委托贷款基金户，用于反映和记载住房公积金管理中心委托银行发放和回收的住房公积金贷款本金情况；（三）结算户，主要用于反映和记载住房公积金管理中心的利息收支和其他各项收支的增减变动情况。

【住房公积金综合服务平台】由国家住房城乡建设主管部门主导建立的全国统一的住房公积金线上综合服务系统。由服务渠道、数据接口、综合管理系统和安全保障体系组成，承载信息查询、业务办理、信息发布、互动交流等功能，是住房公积金信息化建设的重要组成部分。

【住房供应体系】“城镇住房供应体系”的简称。（见【城镇住房供应体系】）

【住房基金】房改用语。指住房制度改革初期，按房改政策建立，并依托金融机构实施监督和管理的一项特殊的基金制度。分为城镇、企事业单位、个人三级。（一）城镇住房基金使用权归各级政府，是政府推进房改制度的资金基础。（二）企事业单位住房基金由各单位的住房资金汇集而成，使用权人是存入资金的单位。（三）职工个人住房基金的所有权属于职工个人。城镇住房基金主要用于城镇住房解困、直管公房维修、补充住房信贷基金、银行住房贷款贴息、政府部门住房建设投资、售房价差补贴、扶持地方住宅建设等。企事业单位住房基金主要用于企事业单位住房周转资金、单位职工住房补贴、自管房的维修、购建住房及售房差价补贴、职工购房贷款贴息等。职工个人住房基金主要用于职工购建自用住房，私房翻修和大修等费用。

【住房价格】简称“房价”，广义指住宅商品价值的货币表现。理论上，住宅商品价值有两种基本的实现方式：一是零星出售方式，即把住宅的使用价值零星出卖给使用者，在一定的年限内以租金的形式逐步收回住宅的投资，租金即零星出售住宅使用价值的价格；二是一次性出售方式，即通过销售的方式，一次性将住宅商品的使用价值及其所有权转移给买房人。买房人为获得住房使用价值和所有权所支付的费用即是住房的价格。狭义仅指住宅的销售价格。通常商品住宅的价格由下列内容构成：（一）成本，包括征地费及拆迁安置补偿费，勘察设计及前期工程费，住宅建筑、安装工程费，住宅小区基础设施建设费和住宅小区级非营业性配套公共建筑的建设费，管理费，贷款利息；（二）利润；（三）税金；（四）地段差价。

【住房价格指数】反映一定时期城镇居民住房价格变动情况的相对数。通过百分数的形式反映住房价格在不同时期的涨跌幅度。国民经济统计部门编制的居民消费价格指数的分指数之一。分为销售价格指数和租赁价格指数。

【住房建设债券】简称“住房债券”，指住房制度改革初期，承租人在办理公有住房租赁关系手续时，按规定标准购买的、有一定利息和期限的有价证券。房改政策的一种。根据当时有关规定，职工新分配公有住房，应根据住房新旧程度、地段、楼层等因素，每平方米建筑面积购买 20～80 元不等的住房建设债券，并且按规定缴纳房屋租金。

【住房金融】与住房的生产、流通、消费有关的各种资金融通活动的统称。包括住房信贷、住房抵押、住房保险、住房信托、住房典当等。房地产金融的一种。住房金融的主要特点有：（一）以住房作为抵押品进行融资，债权可靠。（二）融资数额大。一个住宅开发项目融资少则几千万，多则几亿、十几亿元。（三）资金周转期长。住房开发项目资金运用从投入到产出，快则几年，慢则十几年。个人购房贷款还款期少则几年，多则二三十年。（四）风险大。主要有政策风险、决策风险、自然风险和财务风险等。住房金融按不同的金融工具分为住房信贷、住房抵押贷款、住房保险等。

【住房救助】也称“住房保障”。（见【住房保障】）

【住房困难户】指因住房面积小，造成家庭生活困难或严重不方便的城镇居民家庭。如人均居住面积不足 4m²、老少几代同室、两对夫妇同室、13 周岁以上子女与父母同室等。

【住房商品化】房改用语。指按照市场经济规律，组织和调节住房生产、流通和消费的体制和机制。我国住房制度改革的目标之一。其主要标志是：取消住房实物分配制度，实现住房的货币化分配；建立住房的社会化供应体系，居民按家庭收入状况，直接通过市场途径获得住房（商品房或保障性住房）；出售或出租住房的价格由市场调节。居民从市场获得的住房可以自由出售或出租等。

【住房社会化】房改用语。指按照社会化、专业化原则建立的住宅建设、供应、管理的住房运行体制。我国住房制度改革的目标之一。住房社会化的内容一般包括：（一）住房开发建设的社会化。改变单纯由各单位投资建房的做法，以社会化、专业化商品生产方式开发建设住房；（二）住房分配的社会化。改变由各单位负责本单位职工住房分配的做法，通过住房市场购买或租赁住房；（三）住房维修管理的社会化。改变由各单位维修管理各自住房的做法，发展多种所有制的物业管理企业，实行社会化、专业化的维修管理和服务。

【住房实物分配】房改用语。也称“福利分房”“实物分房”，指住房制度改革之前，我国城镇实行的由国家或单位统一建房，将住房以实物形式分配给职工，并由职工无偿使用的住房分配体制。计划经济时期我国住房制度的主要特征之一。住房实物分配体制存在着很多弊端。《国务院关于进一步深化城镇住房制度改革加快住房建设的通知》明确，深化城镇住房制度改革的目标之一是停止住房实物分配，逐步实行住房分配货币化，并且规定，从1998年下半年开始停止住房实物分配。

【住房消费贷款】也称“住房消费信贷”，指金融机构向个人发放的，用于购买、装修自住住房的各种贷款的统称。分为政策性住房消费贷款、商业性住房消费贷款、政策性和商业性相结合的住房消费贷款。政策性住房消费贷款，指受政府委托，由受托银行以住房公积金等政策性住房资金向个人发放的住房消费贷款；商业性住房消费贷款，指商业银行以自营资金向个人发放的住房消费贷款；政策性和商业性相结合的住房消费贷款，如住房公积金贷款与商业银行贷款相结合的组合住房贷款。住房消费贷款是住房金融的重要组成部分。

【住房债券】“住房建设债券”的简称。（见【住房建设债券】）

【住房制度】“城镇住房制度”的简称。（见【城镇住房制度】）

【住房制度改革】“城镇住房制度改革”的简称。（见【城镇住房制度改革】）

【住房置业担保】由依法设立的担保公司，在借款人无法满足贷款人要求提供担保的情况下，为借款人申请个人住房贷款而与贷款人签订保证合同，提供连带责任保证担保的行为。按照《住房置业担保管理试行办法》，借款人申请住房置业担保应符合以下条件：（一）具有完全民事行为能力；（二）有所在城镇正式户口或者有效居留的身份证件；（三）收入来源稳定，无不良信用记录，且有偿还贷款本息的能力；（四）已订立合法有效的住房购销合同；（五）已足额交纳购房首付款；（六）符合贷款人和担保公司规定的其他条件。住房置业担保设立程序如下：（一）申请，由符合条件的借款人向住房置业担保公司提出住房置业担保申请；（二）资信评估，住房置业担保公司对提出担保申请的借款人进行资信评估，对于资信不良的借款人，担保公司可以拒绝提供担保；（三）签订保证合同，资信评估合格，住房置业担保当事人签订书面保证合同；（四）反担保，为防范风险，住房置业担保公司有权要求借款人以自己或者第三人合法所有的房屋向担保公司进行抵押反担保，并订立房屋抵押合同。借款人依照借款合同还清贷款本息，借款合同终止后，保证合同和房屋抵押合同终止。

【住房自有率】居住在自己拥有产权住房的家庭户数占整个社会住房家庭户数的比例。其计算公式为：住房自有率＝居住于自有产权的住房家庭户数/全部住房家庭户数×100％。

住房自有率反映城镇住房私有化程度。

【住房租赁保证金】也称“钥匙金”“租赁保证金”，指承租人取得公有住房使用权，在办理租赁手续时，按规定的标准向出租单位交纳的一次性押金。公房租赁关系终止时，承租人可以收回租赁保证金本金，也可以在购买承租公有住房时，抵作购房款。在我国低房租制度下，住房租赁保证金实际上是房管部门将保证金的利息作为补偿房屋维修费用不足部分的一种方式，以此维持房屋的简单再生产。各地收取住房租赁保证金的方法不尽相同，有的按建筑面积收，有的按使用面积收，有的按居住面积收，收取的额度也不一样。

【住房租赁企业】“轻资产住房租赁企业”的简称。（见【轻资产住房租赁企业】）

【住房租售比价】同类住房在同一时期单位面积租金与售价的比值。衡量一个区域房产市场状况的指标。合理的租售比价反映房租与房价之间资本与资本收益的关系。通常情况下，住房租售比价受到一定时期市场利率的影响，在房价一定的情况下，房租与市场利率成正方向变化，而租售比价与市场利率成反方向变化。在市场经济条件下，合理的租售比价是在住房市场中通过供求关系的变化逐步形成的。

【住所】民事主体从事民事活动的主要场所。民事主体分自然人和法人。《民法典》规定，自然人以户籍登记或者其他有效身份登记记载的居所为住所；经常居所与住所不一致的，经常居所视为住所。法人以其主要办事机构所在地为住所。

【住宅】也称“住房”，指供家庭居住使用的建筑物。房屋建筑的一类。按建筑标准可分为普通住宅、公寓、别墅；按建筑高度可分为低层住宅、多层住宅、高层住宅、超高层住宅；按属性可分为商品住宅、非商品住宅。住宅是人类最基本的生活资料。

【住宅安全防范设施】附属于住宅建筑主体并具有安全防范功能的设施和设备，包括防盗门、防盗锁、防踹板、防护墙、电子自动监控和报警装置，以及居民住宅或住宅区内附设的治安值班室等。根据国家有关规定，城市居民住宅安全防范设施应当具备防撬、防踹、防攀缘、防跨越、防爬入等功能，必须遵循“适用、安全、经济、美观”的原则，符合消防法规、技术规范、标准的要求和城市容貌的规定，符合当地居民习俗。住宅安全防范设施的建设，应当纳入住宅建设的规划，同时设计、同时施工、同时投入使用。

【住宅安全性能】住宅建筑、结构、设备、设施和材料等不危及人身安全，并有利于用户躲避灾害的特性和功能。住宅性能的一种。根据国家有关规定，住宅安全性能的评定包括结构承载能力、建筑防火、燃气及电气设备安全、日常安全防范措施、室内污染物控制5个评定项目，满分为200分。

【住宅层高】住宅上下相邻两层楼面或楼面与地面之间的垂直距离。住宅设计指标。根据《住宅设计规范》（GB 50096—2011），住宅层高宜为2.8m。卧室、起居室（厅）的室内净高不应低于2.4m，局部净高不应低于2.1m，且这种局部净高的室内面积不应大于室内使用面积的1/3；厨房、卫生间的室内净高不应低于2.2m。

【住宅产业】以生产和经营住宅为最终产品的产业，包括住宅规划和设计，住宅部品部件的开发和生产，住宅的建造以及住宅的经营、维修、管理和服务。是一个跨行业，与人民生活和国民经济发展密切相关的综合性产业。

【住宅产业化】住宅生产的工业化

过程。日本是世界上率先在工厂里生产住宅的国家。“住宅产业化”一词最早由日本提出，其本意是用工业化方式来生产住宅。联合国曾提出“住宅产业化”的6条标准：生产的连续性，生产物的标准化，生产过程的集成化，工程建设管理的规范化，生产的机械化，技术生产科研的一体化。各国对住宅产业化标准的理解和表述不尽相同，大体包含以下几个方面：（一）住宅建筑的标准化；（二）住宅生产的工业化；（三）住宅生产、经营的一体化；（四）住宅协作服务的社会化。住宅产业化是住宅生产方式升级换代的必然要求。

【住宅产业现代化】运用现代科学技术改造传统的住宅产业，以科技进步为核心，加速科技成果转化为生产力，全面提高住宅建设质量，改善住宅的使用功能和居住环境，大幅度提高住宅建设劳动生产率的过程。《住宅产业现代化试点工作大纲》中提出我国实现住宅产业现代化的具体目标包括：（一）形成住宅建设的工业化、标准化体系；（二）缩短住宅施工周期，提高劳动生产率，使住宅建设劳动生产率达到或接近发达国家水平；（三）能源消耗、原材料消耗、土地资源消耗指标达到或接近国际先进水平；（四）普遍应用建筑领域的新技术、新材料、新设备、新工艺；（五）以居住环境质量和住宅使用功能为评价标准，降低住宅建造成本；（六）建立和完善优良住宅部件的认定制度；（七）为住宅产业现代化的技术政策、经济政策提供科学依据。

【住宅产业现代化体系】由住宅产业现代化各子系统组成的相互联系、相互制约的有机整体。分为：（一）住宅技术保障体系，包括与住宅有关的标准和规范体系，模数协调体系等；（二）住宅建筑体系，如承重结构体系，围护体系，厨卫体系等；（三）住宅部品体系，包括门窗、卫生器具、厨房设备、经济型电梯、管线和配件等；（四）住宅质量控制体系，包括质量责任及保修、赔偿制度，规划、设计审批制度，住宅市场的准入制度，住宅部品、材料的认证和淘汰制度，工程质量监督和工程验收制度等；（五）住宅性能认定体系，包括对住宅的适用性能、安全性能、耐久性能、环境性能、经济性能进行测评，对住宅的整体性能作出综合评价。

【住宅辅助面积】住宅分户门内走道、厨房、卫生间、贮藏室等面积的总和。用“平方米”表示。

【住宅工程初装饰】住宅分户门以内的部分项目，在施工阶段只完成初步装饰，房屋竣工验收交付使用后，由住户根据需要进行二次装饰的住宅工程。根据国家有关规定，住宅工程初装饰必须符合以下原则：（一）初装饰只限在分户门以内，全部外立面、公用部位和公用设备应按设计文件要求全部完成；（二）初装饰项目，必须依据工程设计文件和技术规范、技术标准施工，不得影响结构安全、使用功能和节能效果；（三）涉及与家庭装饰相关的内部隔断、地面、门口、门窗等初装饰项目，工程设计和施工时应注意调整标高、尺寸余量；（四）凡涉及家庭装饰易损坏防水层或易改变电气、燃气线路及影响使用安全的项目，在施工阶段要一次施工到位。

【住宅公用部位】根据法律、法规和房屋买卖合同，由单幢住宅内业主或者单幢住宅内业主及与之结构相连的非住宅业主共有的部位，一般包括：住宅的基础、承重墙体、柱、梁、楼板、屋顶以及户外的墙面、门厅、楼梯间、走廊通道等。

【住宅功能空间面积指标】国家规定的不同时期普通住宅各种功能空间最低或最高的使用面积标准。住宅设计指标。各种功能空间指卧室、起居室(厅)、厨房、卫生间等。《住宅设计规范》(GB 50096—2011)规定：(一)双人卧室使用面积不应小于 9m^2；单人卧室不应小于 5m^2；兼起居的卧室不应小于 12m^2；（二）起居室（厅）的使用面积不应小于 10m^2；无直接采光的餐厅、过厅等的使用面积不宜大于 10m^2；（三）由卧室、起居室(厅)、厨房和卫生间等组成的住宅套型的厨房使用面积，不应小于 4.0m^2；（四）由便器、洗浴器、洗面器配置的卫生间的使用面积不应小于 2.5m^2。

【住宅共用设施设备】根据法律、法规和房屋买卖合同，由住宅业主及有关非住宅业主共有的附属设施设备，一般包括电梯、天线、照明、消防设施、绿地、道路、路灯、沟渠、池、井、非经营性停车库、公益性文体设施和共用设施设备使用的房屋等。

【住宅合作社】20 世纪 90 年代初，我国城镇经市（县）人民政府批准，由居民、职工为改善自身住房条件而自愿参加，不以营利为目的，具有法人资格的公益性合作经济组织。合作建房的一种民间组织形式。根据《城镇住宅合作社管理暂行办法》，住宅合作社在政府扶持和单位资助下，实行独立核算、民主管理、自我服务。主要任务是：发展社员，组织本社社员合作建造住宅；负责社内房屋的管理、维修和服务；培育社员互助合作意识；向当地人民政府有关部门反映社员的意见和要求；兴办为社员居住生活服务的其他事业。住宅合作社通过社员大会或社员代表大会制定合作社章程，选举产生住宅合作社管理委员会，主持本社合作住宅的建设、分配、维修、管理等日常工作。住宅合作社组织建设的合作住宅以社员自住为目的。合作住宅产权有合作社所有、社员个人所有、住宅合作社与社员个人共同所有等形式。合作住宅建成后，由管理委员会统一向当地房地产行政主管部门办理产权登记手续，领取房屋所有权和土地使用权证。合作住宅不得向社会出租、出售。社员家庭不需要住宅时，须将所住住宅退给住宅合作社。住宅合作社以重置价结合成新计算房价，按原建房时个人出资份额向社员个人退款。

【住宅环境性能】由人工营造和自然形成的住区室外环境条件的特性和功能。住宅性能的一种。根据国家有关规定，住宅环境性能的评定包括用地与规划、建筑造型、绿地与活动场地、室外噪声与空气污染、水体与排水系统、配套设施和智能化系统7个评定项目，满分为250分。

【住宅建筑净密度】住宅建筑基底总面积与住宅用地的比率。居住区规划设计指标。

【住宅建筑居住面积】简称“居住面积”，指住宅建筑内供起居用的各个房间（卧室、起居室）净面积的总和。用“平方米”表示。住宅居住面积是衡量家庭居住状况的指标之一。

【住宅建筑平面系数】一幢住宅中居室面积总和与该幢住宅建筑面积总和的百分比。住宅设计指标。用字母“K”表示。其计算公式为：住宅平面系数＝住宅中居室面积总和/住宅建筑面积总和×100％。

住宅平面系数（K值）越大，表示居住面积越大，而公共交通面积、辅助面积越小。

【住宅建筑使用面积】也称“套内使用面积”，简称“使用面积”，指住宅分户门内（套内）各功能空间使用面积的总和。用“平方米”表示。各功能空间包括卧室、起居室（厅）、餐厅、厨房、卫生间、过厅、过道、贮藏室、壁柜等。住宅使用面积是衡量家庭居住状况的指标之一。

【住宅进深】住宅平面的深度。在住宅设计中，进深加大，有利于节约用地，提高土地利用率。但住宅进深加大后，给厨房、卫生间的平面布置带来一定困难，容易出现没有直接采光、通风的“暗间”。

【住宅经济性能】住宅在建造和使用过程中，节能、节水、节地和节材的特性和功能。住宅性能的一种。根据国家有关规定，住宅经济性能的评定包括节能、节水、节地和节材 4 个评定项目，满分为 200 分。

【住宅经济学】研究住宅生产、流通、消费中的经济关系和经济活动规律的学科。经济学的一个分支。研究的内容主要有：（一）住宅的社会属性及其在国民经济中的地位、作用；（二）住宅市场供求关系及影响供求关系的因素；（三）住房市场、交易方式及其价格形成；（四）住宅的消费（使用）、维修和管理；（五）住宅区的规划设计和住宅建筑个体设计与施工的技术经济问题；（六）住宅与生产力布局、城市建设及生态环境的关系；（七）政府的住宅政策等。住宅经济学研究的任务，在于正确认识住宅再生产全过程的经济关系和经济运动规律，指导住宅生产、流通、消费各个环节的经济活动，并为政府制定住宅发展规划、方针政策提供理论依据。

【住宅耐久性能】住宅建筑工程和设备设施在一定年限内保证正常安全使用的特性和功能。住宅性能的一种。根据国家有关规定，住宅耐久性能的评定包括结构工程、地下防水工程、有防水要求的房间、屋面防水、装修工程、管线工程、设备工程、门窗、外墙保温 9 个评定项目，满分为 100 分。

【住宅配套设施】也称“居住区配套设施”。（见【居住区配套设施】）

【住宅使用说明书】房地产开发企业向用户交付销售的新建商品住宅时，提供给用户关于住宅结构、性能和各部位（部件）的类型、材料、性能、标准等的说明文件。商品住宅交付使用的必备文件之一。根据《商品住宅实行质量保证书和住宅使用说明书制度的规定》，房地产开发企业在向用户交付销售的新建商品住宅时，必须提供《住宅使用说明书》。《住宅使用说明书》一般应当包含以下内容：（一）开发单位、施工单位、设计单位，委托监理的应注明监理单位；（二）结构类型；（三）装修、装饰注意事项；（四）上水、下水、电、燃气、热力、通信、消防等设施配置的说明；（五）有关设备、设施安装预留位置的说明和安装注意事项；（六）门、窗类型，使用注意事项；（七）配电负荷；（八）承重墙、保温墙、防水层、阳台等部位注意事项的说明；（九）其他需说明的问题。住宅中配置的设备、设施，生产厂家另有使用说明书的，也应附于《住宅使用说明书》中。《住宅使用说明书》以购买者购买的套（幢）发放。住宅使用说明书制度自 1998 年 9 月 1 日起在房地产开发企业的商品房销售中实行。

【住宅室内装饰装修】也称“二次

装修”，指住宅竣工验收合格后，业主或者住宅使用人对住宅室内进行装饰装修的建筑活动。建筑工程的一种。住宅室内装饰装修涉及防水工程、抹灰工程、吊顶工程、轻质隔墙工程、门窗工程、细部工程、墙面铺装工程、涂饰工程、地面铺装工程、卫生器具及管道安装工程、电气安装工程等，与住宅所有人、使用人的生命和财产安全息息相关。根据《住宅室内装饰装修管理办法》，装修人在住宅室内装饰装修工程开工前，应当向物业管理企业或者房屋管理机构申报登记。承接住宅室内装饰装修工程的装饰装修企业，必须经建设行政主管部门资质审查，取得相应的建筑业企业资质证书，并在其资质等级许可的范围内承揽工程。装修人与装饰装修企业应当签订住宅室内装饰装修书面合同，明确双方的权利和义务。住宅室内装饰装修工程竣工后，装修人应当按照工程设计合同约定和相应的质量标准进行验收。验收合格后，装饰装修企业应当出具住宅室内装饰装修质量保修书。住宅室内装饰装修工程竣工后，装饰装修企业负责采购装饰装修材料及设备的，应当向业主提交说明书、保修单和环保说明书。

链接：住宅室内装饰装修活动禁止行为

住宅室内装饰装修活动禁止行为

住宅室内装饰装修活动，禁止下列行为：（一）未经原设计单位或者具有相应资质等级的设计单位提出设计方案，变动建筑主体和承重结构；（二）将没有防水要求的房间或者阳台改为卫生间、厨房间；（三）扩大承重墙上原有的门窗尺寸，拆除连接阳台的砖、混凝土墙体；（四）损坏房屋原有节能设施，降低节能效果；（五）其他影响建筑结构和使用安全的行为。

资料来源：住房城乡建设部《住宅室内装饰装修管理办法》

【住宅室内装饰装修工程质量保修期】装饰装修企业向装修人承诺的在正常使用情况下住宅室内装饰装修工程质量的保修期限。《住宅室内装饰装修管理办法》规定，在正常使用条件下，住宅室内装饰装修工程的最低保修期限为二年，有防水要求的厨房、卫生间和外墙面的防渗漏为五年。保修期自住宅室内装饰装修工程竣工验收合格之日起计算。

【住宅室内装饰装修管理服务协议】住宅室内装饰装修工程开工前，装修人与住宅物业管理单位就住宅室内装饰装修管理服务订立的书面合同。根据《住宅室内装饰装修管理办法》，装修人，或者装修人和装饰装修企业，应当与物业管理单位签订住宅室内装饰装修管理服务协议。住宅室内装饰装修管理服务协议包括下列内容：（一）装饰装修工程的实施内容；（二）装饰装修工程的实施期限；（三）允许施工的时间；（四）废弃物的清运与处置；（五）住宅外立面设施及防盗窗的安装要求；（六）禁止行为和注意事项；（七）管理服务费用；（八）违约责任；（九）其他需要约定的事项。

【住宅室内装饰装修合同】装修人与装饰装修企业就住宅室内装饰装修工程签订的书面协议。建设工程合同的一种。《住宅室内装饰装修管理办法》规定，装修人委托企业承接其装饰装修工程的，应当选择具有相应资质等级的装饰装修企业。装修人与装饰装修企业应当签订住宅室内装饰装修书面合同，明确双方的权利和义务。住宅室内装饰装修合同包括下列主要内容：（一）委托人和被委托人的姓名或者单位名称、住所地址、联系电话；（二）住宅室内装饰装修的房屋间数、建筑面积，装饰装修的项目、方式、规格、质量要求以及质量验收方式；（三）装饰装修工程的开工、竣工时间；（四）装饰装修工程保修的内容、期限；（五）装饰装修工程价格，计价和支付方式、时间；（六）合同变更和解除的条件；（七）违约责任及解决纠纷的途径；（八）合同的生效时间；（九）双方认为需要明确的其他条款。

【住宅适用性能】由住宅建筑本身和内部设备设施配置所提供的适合用户使用的特性和功能。住宅性能的一种。根据国家有关规定，住宅适用性能的评定包括单元平面、套型、装修、隔声性能、设备设施、室内无障碍设施与适老化 6 个评定项目，满分为 250 分。

【住宅属性】住宅作为人类劳动产品的基本性质。房产经济学研究的内容之一。一般认为，住宅的属性分为自然属性和社会经济属性。自然属性指住宅能够满足人类居住和生活需要的特性，是一种长期的、耐用的、高价值的消费品；社会经济属性，指住宅生产、交换、消费中所发生的各种经济关系，通常指住宅的商品属性。

【住宅套型】简称“套型”，一指按不同使用面积、居住空间组成的成套住宅的类型。一指由居住空间和厨房、卫生间等共同组成的基本住宅单位。居住空间包括卧室、起居室（厅）。

【住宅小区】城市规划用语。也称“居住小区”，指被居住区级道路或自然分界线所围合，并与居住人口规模相对应，配建有能满足该区居民物质与文化生活所需的公共服务设施的居住生活聚居地。城市居住区的组成部分。通常一个居住小区由若干个居住组团（居住街坊）组成。

【住宅小区竣工综合验收】建设行政主管部门依照法律法规和有关技术规范，以及有关部门批准的规划、设计和建设方案，对新建住宅小区完成的各项建设指标和各专业验收情况进行整体检验的过程。按照国家有关规定，住宅小区等群体房地产开发项目竣工，应当依照有关规定和下列要求进行综合验收：（一）城市规划设计条件的落实情况；（二）城市规划要求配套的基础设施和公共设施的建设情况；（三）单项工程的工程质量验收情况；（四）拆迁安置方案的落实情况；（五）物业管理的落实情况。住宅小区竣工综合验收按照以下程序进行：（一）住宅小区开发建设单位向城市人民政府建设行政主管部门提出竣工综合验收申请报告，并附规定的文件资料；（二）城市人民政府建设行政主管部门在接到申请报告和有关资料一个月内，组成由城建（包括市政工程、公用事业、园林绿化、环境卫生）、房地产、工程质量监督等有关部门及住宅小区经营管理单位参加的综合验收小组；（三）综合验收小组审阅有关验收资料，听取开发建设单位汇报情况，进行现场检查，对住宅小区建设、管理的情况进行全面鉴定和评价，提出验收意见并向城市人民政府建设行政主管部门提交住宅小区竣工综合验收报告；（四）城市人民政府建设行政主管部门对综合验收报告进行审查，综合验收报告审查合格后，开发建设单位方可将房屋和有关设施交付使用。住宅小区等群体房地产开发项目实行分期开发的，可以分期验收。

【住宅小区智能化技术示范工程】由国家建设行政主管部门组织实施的，旨在通过广泛采用现代信息、网络和信息集成等技术，提高住宅小区建设管理现代科技水平，促进住宅产业现代化的住宅区智能化技术的示范工程项目。住宅小区智能化技术示范工程的技术含量，按技术的全面性、先进性分为以下三类。（一）普及型。要求应用现代信息技术实现以下功能要求：住宅小区设立计算机自动化管理中心；水、电、气、热等自动计量、收费；住宅小区封闭，实行安全防范系统自动化监控管理；住宅的火灾、有害气体泄漏等实行自动报警；住宅设置紧急呼救系统；对住宅小区的关键设备、设施实行集中管理，对其运行状态实施远程监控。（二）先进型。要求应用现代信息技术和网络技术实现以下功能要求：实现普及型的全部功能要求；实行住宅小区与城市区域联网，互通信息、资源共享；住户通过网络终端实现医疗、文娱、商业等公共服务和费用自动结算（或具备实施条件）；住户通过家庭电脑实现阅读电子书籍和出版物等。（三）领先型。要求应用现代信息技术、网络技术和信息集成技术实现以下功能要求：实现先进型的全部功能要求；实现住宅小区开发建设应用现代信息集成建造系统（HI-CIMS）；实施住宅小区开发全生命周期的现代信息集成系统，达到住宅小区建设提高质量、降低成本、缩短工期、有效管理、改善环境的目标。

【住宅行为单元】家庭生活中人们完成每个行为时人体和人体动作所占的空间，以及为完成行为而使用的家具所占的空间，加上必要的余地所构成的空间范围。按其特征可分为居住部分、辅助部分和交通部分等。行为单元的区分是住宅设计的基本前提。住宅组成的规律就是由行为单元组成室，由室组成套。

【住宅性能】住宅满足人们居住、生活和社会活动需要的特性和功能。一般认为，住宅性能主要体现在以下几个方面。（一）安全性。指住宅在规定的时间和条件下，保质保量地完成规定功能的能力，包括建筑结构的安全性和建筑设施、建筑材料、设备使用的耐久性等。（二）适用性。指住宅建筑的功能多大程度上满足使用要求的特性，包括一般功能，如保温、隔热、隔音、防震、抗渗、采光、通风等；特种功能，如耐酸、防辐射、防电磁波等；其他功能，如平面布置合理、住宅小区舒适等。（三）经济性。指实现住宅功能与建造成本的合理比例，以及住宅建筑在整个使用寿命周期内日常运行费用最小的特性。包括工程造价和日常使用、维修费用的经济性两方面。住宅性能是住宅品质的综合反映，需要通过科学的检测手段和评估方法进行综合评估才能正确得出。

【住宅性能等级】按照住宅性能评定技术标准，经对住宅进行综合评价，表明该住宅性能达到的高低程度。根据国家有关规定，住宅性能根据住宅的安全性能、适用性能、耐久性能、环境性能、经济性能划分等级，按照住宅性能评定方法和标准由低至高依次划分为“1A（A)”“2A（AA)”“3A（AAA)”三个等级。3A（AAA）为最高级，由住房城乡建设部指定的机构认定。1A（A）、2A（AA）由各省、自治区、直辖市人民政府指定的机构认定。

【住宅性能评定指标】评定住宅性能的技术标准。根据国家有关规定，住宅性能指标分为适用性能、环境性能、经济性能、安全性能和耐久性能五个方面，31个项目，总分为1000分。其中适用性能指标包括单元平面、套型、装修、隔声性能、设备设施、室内无障碍设施与适老化6个项目，满分为250分。环境性能指标包括用地与规划、建筑造型、绿地与活动场地、室外噪声与空气污染、水体与排水系统、配套设施和智能化系统7个项目，满分为250分。经济性能指标包括节能、节水、节地和节材4个评定项目，满分为200分。安全性能指标包括结构承载能力、建筑防火、燃气及电气设备安全、日常安全防范措施、室内污染物控制5个项目，满分为200分。耐久性能指标包括结构工程、地下防水工程、有防水要求的房间、屋面防水、装修工程、管线工程、设备工程、门窗、外墙保温9个项目，满分为100分。

【住宅性能认定】由专门的组织机构，按照国家建设行政主管部门颁布的技术标准和规范，通过一定的程序，对住宅性能进行评估和确认，并证明该住宅性能等级的行为。根据国家有关规定，住宅性能认定分为申请、评定、认定和公布四个阶段。房地产开发企业在住宅竣工验收后一个月内，向相应的住宅性能认定委员会提出书面申请。住宅性能认定委员会接到书面申请后，对企业的资格和认定的条件进行审查。对符合条件的交与评定委员会评定。评定委员会遵照全国统一规定的住宅性能评定技术标准进行评定，可以委托测试和检验单位进行补充现场测试和检验。评定委员会在一个月内提出评定结果，并推荐该住宅的性能等级，报认定委员会。认定委员会对评定委员会的评定结果和住宅性能等级进行确认，报相应的各级建设行政主管部门予以公布，并颁发相应等级的认定证书和认定标志。

【住宅用地】主要用于人们生活居住的房屋基地及其附属设施的土地。在《土地利用现状分类》(GB/T 21010—2017)中，住宅用地为一级类，其中包括城镇住宅用地、农村宅基地2个二级类。

【住宅质量保修期】房地产开发企业向用户交付商品住宅时，向用户承诺的在正常使用情况下住宅结构、各部位、部件质量的保修期限。根据《商品住宅实行住宅质量保证书和住宅使用说明书制度的规定》，地基基础和主体结构在合理使用寿命年限内承担保修；正常使用情况下各部位、部件保修期限为：屋面防水3年；墙面、厨房和卫生间地面、地下室、管道渗漏1年；墙面、顶棚抹灰层脱落1年；地面空鼓开裂、大面积起砂1年；门窗翘裂、五金件损坏1年；管道堵塞2个月；供热、供冷系统和设备1个采暖期或供冷期；卫生洁具1年；灯具、电器开关6个月。住宅质量保修期从房地产开发企业将竣工验收的住宅交付用户使用之日起计算。

【住宅质量保证书】房地产开发企业承诺对销售的商品住宅承担质量责任的书面文件。商品住宅交付使用必备文件之一。根据《商品住宅实行住宅质量保证书和住宅使用说明书制度的规定》，房地产开发企业在向用户交付销售的新建商品住宅时，必须提供《住宅质量保证书》。《住宅质量保证书》可以作为商品房购销合同的补充约定。《住宅质量保证书》包括以下内容：（一）工程质量监督部门核验的质量等级；（二）地基基础和主体结构在合理使用寿命年限内承担保修；（三）正常使用情况下各部位、部件保修内容与保修期；（四）用户报修的单位、答复和处理的时限。《住宅质量保证书》以购买者购买的套（幢）发放。

【住宅专项维修资金】专项用于住宅共用部位、共用设施设备保修期满后的维修和更新、改造的资金。根据《住宅专项维修资金管理办法》，商品住宅的业主、非住宅的业主按照所拥有物业的建筑面积交存住宅专项维修资金，每平方米建筑面积交存首期住宅专项维修资金的数额为当地住宅建筑安装工程每平方米造价的5%至8%。出售公有住房的，业主按照所拥有物业的建筑面积交存住宅专项维修资金，每平方米建筑面积交存首期住宅专项维修资金的数额为当地房改成本价的2%；售房单位按照多层住宅不低于售房款的20%、高层住宅不低于售房款的30%，从售房款中一次性提取住宅专项维修资金。业主交存的住宅专项维修资金属于业主所有。从公有住房售房款中提取的住宅专项维修资金属于公有住房售房单位所有。住宅专项维修资金应当专项用于住宅共用部位、共用设施设备保修期满后的维修和更新、改造，不得挪作他用。住宅专项维修资金管理实行专户存储、专款专用、所有权人决策、政府监督的原则。

【住宅专项维修资金分摊】由业主或相关权利人分别承担住宅专项维修资金支出的规则和办法。住宅专项维修资金指专项用于住宅共用部位、共用设施设备保修期满后的维修和更新、改造的资金。根据《住宅专项维修资金管理办法》，住宅

Z

共用部位、共用设施设备的维修和更新、改造费用，按照下列规定分摊：（一）商品住宅之间或者商品住宅与非住宅之间共用部位、共用设施设备的维修和更新、改造费用，由相关业主按照各自拥有物业建筑面积的比例分摊；（二）售后公有住房之间共用部位、共用设施设备的维修和更新、改造费用，由相关业主和公有住房售房单位按照所交存住宅专项维修资金的比例分摊；其中，应由业主承担的，再由相关业主按照各自拥有物业建筑面积的比例分摊；（三）售后公有住房与商品住宅或者非住宅之间共用部位、共用设施设备的维修和更新、改造费用，先按照建筑面积比例分摊到各相关物业，其中，售后公有住房应分摊的费用，再由相关业主和公有住房售房单位按照所交存住宅专项维修资金的比例分摊。住宅共用部位、共用设施设备维修和更新、改造，涉及尚未售出的商品住宅、非住宅或者公有住房的，开发建设单位或者公有住房单位应当按照尚未售出商品住宅或者公有住房的建筑面积，分摊维修和更新、改造费用。

链接：不得从住宅专项维修资金中列支的费用

不得从住宅专项维修资金中列支的费用

下列费用不得从住宅专项维修资金中列支：（一）依法应当由建设单位或者施工单位承担的住宅共用部位、共用设施设备维修、更新和改造费用；（二）依法应当由相关单位承担的供水、供电、供气、供热、通讯、有线电视等管线和设施设备的维修、养护费用；（三）应当由当事人承担的因人为损坏住宅共用部位、共用设施设备所需的修复费用；（四）根据物业服务合同约定，应当由物业服务企业承担的住宅共用部位、共用设施设备的维修和养护费用。

资料来源：建设部、财政部《住宅专项维修资金管理办法》

【注册房地产估价师】通过全国房地产估价师执业资格考试或者资格认定、资格互认，取得中华人民共和国房地产估价师执业资格，并经注册，取得中华人民共和国房地产估价师注册证书，从事房地产估价活动的人员。《注册房地产估价师管理办法》规定，注册房地产估价师实行注册执业管理制度。取得执业资格的人员，经过注册方能以注册房地产估价师的名义执业。未经注册的人员，不得以注册房地产估价师的名义从事房地产估价业务、签署具有法律效力的房地产估价报告书。

链接：注册房地产估价师的权利与义务

注册房地产估价师的权利与义务

注册房地产估价师享有下列权利：（一）使用注册房地产估价师名称；（二）在规定范围内执行房地产估价及相关业务；（三）签署房地产估价报告；（四）发起设立房地产估价机构；（五）保管和使用本人的注册证书；（六）对本人执业活动进行解释和辩护；（七）参加继续教育；（八）获得相应的劳动报酬；（九）对侵犯本人权利的行为进行申诉。

注册房地产估价师应当履行下列义务：（一）遵守法律、法规、行业管理规定和职业道德规范；（二）执行房地产估价技术规范和标准；（三）保证估价结果的客观公正，并承担相应责任；（四）保守在执业中知悉的国家秘密和他人的商业、技术秘密；（五）与当事人有利害关系的，应当主动回避；（六）接受继续教育，努力提高执业水准；（七）协助注册管理机构完成相关工作。

资料来源：住房城乡建设部《注册房地产估价师管理办法》

【注册房地产估价师注册执业管理制度】国家依法对房地产价格评估人员的执业资格进行注册执业管理的制度。根据《注册房地产估价师管理办法》，注册房地产估价师注册执业分为初始注册、变更注册、延续注册和注销注册。（一）初始注册，指全国房地产估价师执业资格统一考试合格者，自考试合格证签发之日起三个月内申请进行的注册。经注册机构审核认定，对符合条件的申请人予以办理注册手续，颁发注册房地产估价师注册证书。注册证书是注册房地产估价师的执业凭证。注册有效期为3年。（二）变更注册，指注册房地产估价师因工作单位变更等原因，办理的注册变更手续。（三）延续注册，指注册房地产估价师注册有效期满需继续从事房地产估价业务时办理的注册手续。延续注册的，注册有效期为3年。（四）注销注册。有下列情形之一的，注册房地产估价师应当向主管部门提出注销注册的申请，交回注册证书，主管部门应当办理注销手续，公告其注册证书作

Z

废：聘用单位破产的；聘用单位被吊销营业执照的；聘用单位被吊销或者撤回房地产估价机构资质证书的；已与聘用单位解除劳动合同且未被其他房地产估价机构聘用的；注册有效期满且未延续注册的；年龄超过 65 周岁的；死亡或者不具有完全民事行为能力的；其他导致注册失效的情形。注册房地产估价师自被注销注册、收回注册房地产估价师注册证书之日起，不得继续从事房地产估价业务。注册房地产估价师注册职业管理制度自 1998 年 9 月 1 日起实行。

【注销登记】“不动产注销登记”的简称。(见【不动产注销登记】)

【专项资金】企业生产经营资金以外的，具有特定来源和专门用途的资金。主要包括企业按规定提留的内部各项专项资金、国家专用拨款和企业向银行借入的各项专用借款。专项资金不参与企业生产经营资金的周转，主要用于固定资产的更新改造和大修理、新产品的开发、新技术的引进以及发展生产、职工福利和奖励等。专项资金专款专用，先提后用，不得挪用。

【专业银行】专门从事某一方面信用业务的金融机构。按服务对象划分，有农业银行、建设银行、开发银行、储蓄银行等；按贷款用途或贷款方式划分，有投资银行、外汇银行、不动产抵押银行等。我国现存的专业银行的经营范围实行“一业为主，适当交叉”。如中国工商银行主要办理工商信贷和城镇储蓄业务，也办理固定资产投资和外汇业务；中国银行是国家外汇、外贸专业银行；中国建设银行是办理固定资产投资业务的国家专业银行，也吸收储蓄存款和发放流动资金贷款等。

【专用基金】企业按一定比例从产品成本或利润中提取，并按专门用途使用的基金。主要包括更新改造基金、大修理基金、生产发展基金、后备基金、职工福利基金、职工奖励基金等。专业基金属于企业的专项资金，在管理上按照规定比例提取，先收后支，量入为出，专款专用，并在银行专户存储，接受银行监督。

【转移登记】“不动产转移登记”的简称。(见【不动产转移登记】)

【转移支付制度】中央财政将集中的一部分资金按一定的标准拨付给地方财政的制度安排。转移支付的主要功能是调节中央和地方财政之间财力的纵向不平衡和各区域之间财力的横向不平衡，是国家为了实现区域间各项社会经济事业协调发展而采取的财政政策。转移支付主要有三种模式：(一）纵向转移支付，指由中央财政向地方财政自上而下的拨付补助；（二）横向转移支付，主要表现为区域间互助，指中央财政根据一定的标准，通过法律法规形式规定富裕地区向贫困地区的转移支付；（三）纵向与横向结合的转移支付，是前两种模式的有机结合。转移支付是一种国际性的通用做法。我国的转移支付制度是 1994 年在分税制基础上建立起来的，是一套由体制性转移支付（也称“一般性转移支付”）、财力性转移支付和专项转移支付三部分构成，以中央对地方的转移支付为主，具有中国特色的转移支付制度。

【转质】 质权人为自己或他人债务提供担保，将质物再度设定新的质权给第三人的行为。分承诺转质与责任转质。承诺转质，指经出质人同意，质权人在占有的质物上为第三人设定质权的行为。责任转质，指质权人不经出质人同意，以自己的责任将质物转质于第三人的行为。由于责任转质是未经出质人同意将质物转质的，因此转质人不仅要承担因过失而致质物灭失、毁损的责任，而且要承担转质期间发生的因不可抗力产生的风险责任，其责任要比未转质的情况沉重得多。《民法典》规定，质权人在质权存续期间，未经出质人同意转质，造成质押财产毁损、灭失的，应当承担赔偿责任。

【装配式建筑】 采用在加工厂制作的预制构、配件，在施工现场组合装配而成的建筑。构件指房屋结构部件，如墙、楼板、屋顶、基础的预制构件；配件指房屋中除结构部件以外的预制部件，如门、窗、楼梯、阳台等。装配式建筑按构件结构形式不同分为块材装配式建筑、板材装配式建筑、骨架装配式建筑和盒子装配式建筑；按装配程度的不同分为全装配式建筑和部分装配式建筑。装配式建筑与传统建筑相比可减轻自重、节约劳动力、改善劳动条件、不受或少受气候影响、缩短工期、提高质量、降低造价并可提高工作效率等。

【装饰材料】 铺设或涂装在建筑物表面，并具有装饰效果的材料的总称。装饰材料除必须具备建筑材料应有的基本性质，如强度、耐水性、耐侵蚀性外，还必须考虑色彩、花纹、光泽、造型等以满足装饰要求。常用的装饰材料有：（一）块材，如外墙面砖、釉面砖、缸砖、锦砖（马赛克）等；（二）板材，如大理石板、花岗石板、水磨石板、石膏板、钙塑板、塑料饰面板等；（三）卷材，如塑料墙纸、油地毡等；（四）涂料和油漆。此外，铝合金、铜合金、玻璃和石膏花饰等也是良好的装饰材料。天然石材的色彩和花纹、木材的纹理、人造板材的图案、预制花饰和雕塑等都有良好的装饰效果。

【**装饰工程**】建筑工程中抹灰、饰面、油漆、刷浆等工序的总称，包括内外墙面和顶棚的抹灰、内外墙面和楼地面的饰面、房屋内部或门窗等木制品和金属制品的油漆和刷浆，以及花饰等特种装饰。装饰工程具有内容繁多、工种多样、工序繁杂、工程量大、要求高、工期长等特点。

【**准成本租金**】房改用语。也称“三项因素租金”，指由折旧费、维修费和管理费等三项因素构成的公有住房租金。我国计划经济时期公有住房租赁价格的定价标准。准成本租金尚未达到房屋管理单位的“保本”水平，属福利租金标准。

【**准地租**】租用土地以外的固定性耐久生产设备（如建筑物、大型设备机器等）时，付给所有者的租赁费。建筑物、大型设备机器等的所有者因独占可收取超额利润，其性质与地租无异，故称“准地租”。

【**准共有**】两个或两个以上民事主体共同享有不动产或动产的用益物权、担保物权。准共有中，民事主体享有的权利不是所有权，而是在所有权上设立的用益物权或担保物权，因此称为“准共有”。准共有包括按份共有和共同共有。按份共有，指两个以上民事主体按照既定的份额，对共有物共同享有权利和分担义务。共同共有，指两个以上的民事主体，根据某种共同关系而对某项财产不分份额地共同享有权利并承担义务。《民法典》规定，两个以上组织、个人共同享有用益物权、担保物权的，参照适用共有的有关规定。

【**准合同**】带有先决条件的合同。先决条件指决定合同要件成立的条件。根据《民法典》，准合同分为无因管理和不当得利。无因管理指管理人没有法定的或者约定的义务，为避免他人利益受损失而管理他人事务的情况；不当得利指得利人没有法律根据取得不当利益的情况。准合同与合同在形式上无根本区别，内容格式均一样，有时仅为草本或正式本之别。但在法律上有根本的区别。准合同可以在先决条件丧失时自动失效，而无需承担任何损失责任；而合同则必须执行，否则即是“违约”。

【**准货币**】也称“亚货币”“近似货币”，指不能直接用于流通，但可以随时转换成通货的资产。如居民储蓄存款、企业定期存款、信托类存款和其他存款。从货币层次上看，准货币是广义货币供应量（M2）与狭义货币供应量（M1）的差额。准货币没有纳入传统货币范畴之中，但在现实生活中已经具备价值尺度、流通手段以及支付手段的货币基本职能。准货币是以一定的价值为基础，是一种现实购买力，可以表现为不同的载体，如代金券、储值卡等。准货币的计算公式为：准货币＝广义货币供应量（M2）－狭义货币供应量（M1）。

【资本金】企业设立时在工商行政管理部门登记的注册资金。是投资者为进行企业生产经营、承担民事责任而投入的资金。资本金在不同类型的企业中表现形式有所不同，股份有限公司的资本金称为“股本”，股份有限公司以外的一般企业的资本金称为“实收资本”。资本金按照投资主体可分为国家资本金、法人资本金、个人资本金及外商资本金；按照出资方式可分为货币资产和非货币资产（非货币资产指除货币以外的实物、知识产权、土地使用权等可以依法转让的非货币财产）；按照资本金的缴纳形式可分为实收资本金、授权资本金、折衷资本金等。按照国家有关规定，资本金要在工商管理部门办理注册登记，投资者只能按所投入的资本金而不是所投入的实际资本数额享有权益和承担责任，已注册的资本金如果追加或减少，必须办理变更登记；投资者除了企业清算、减资、转让回购股权等特殊情形外，不得随意从企业收回资本金，企业可以无限期地占用投资者的出资。

【资本金利润率】利润占资本总额的比率。评价企业财务状况及经营成果的财务指标之一。其计算公式为：资本金利润率＝利润总额/资本金总额×100％。

资本金利润率用来衡量投资者投入企业资本金的获利能力。资本金利润率越高，反映单位资本金获得的利润越多，获利能力越强；反之，资本金利润率越低，反映单位资本金获得的利润越少，获利能力越小。

【资本市场】“货币市场”的对称。也称“长期资金市场”，指期限在一年以上的资本性或准资本性融资产品交易的市场。包括中长期信贷市场、股票市场和债券市场，后两者亦合称为“证券市场”。金融市场的一种。与货币市场相比，资本市场有以下特点：（一）融资期限长。资本市场的资金供求至少在1年以上，也可以长达几十年，甚至无到期日。（二）流动性相对较差。在资本市场上筹集到的资金多用于解决中长期融资需求，故流动性和变现性相对较弱。（三）风险大而收益较高。由于融资期限较长，发生重大变故的可能性也大，市场价格容易波动，投资者需承受较大风险。同时，作为对风险的报酬，其收益也较高。在资本市场上，资金供应者主要是储蓄银行、保险公司、信托投资公司及各种基金和个人投资者；资金需求方主要是企业、社会团体、政府机构等。

【资本运作】也称“资本运营”“资本经营”，指利用资本市场法则，通过资本本身的技巧性运作或资本的科学运作，实现价值增值、效益增长的一种经营方式。分为内涵式资本运作和外延式资本运作、扩张型资本运作和收缩型资本运作。内涵式资本运作如实业投资、上市融资、企业内部业务重组等。外延式资本运作，如收购兼并、企业持股联盟以及企业对外的风险投资和金融投资。扩张型资本运作如发行股票、发行债券、配股、增发新股等；收缩型资本运作如资产剥离、公司分立、分拆上市、股份回购等。

【资本主义地租】租地资本家为取得土地的使用权而支付给土地所有者的超过平均利润以上的那部分剩余价值。是土地所有权在经济上的实现形式。地租的一种。有绝对地租、级差地租和垄断地租之分。绝对地租指土地所有者凭借土地私有权的垄断所取得的地租；级差地租指土地所有者按土地的等级差异收取的差额地租；垄断地租，指从自然条件特别优越的土地上所获得的额外的超额利润转化而来的地租。

【资产】指企业或其他经济组织拥有的以货币计价的一切财产物资、债权和其他各种利益。可以是货币的，也可以是非货币的；可以是有形的，也可以是无形的；可以是企业所有的，也可以是非企业所有但归企业使用的。凡具有价值和使用价值，有助于企业的经营，企业有权利用它们而一般不需要再负担额外费用的一切财产物资、债权和其他各种利益，在会计处理上，都把它当作资产。资产一般分为流动资产和非流动资产两大类。流动资产包括现金、银行存款、有价证券、应收和预付款项以及存货等。非流动资产包括长期投资、固定资产、无形资产、递延资产和其他资产等。

【资产重组】为提高公司整体质量和获利能力，对公司资产进行重新组合、调整、配置的过程。资本运作方式之一。上市公司资产重组主要包括收购兼并、股权转让、资产剥离、资产置换的等方式。收购兼并指通过产权有偿转让，把其他企业并入本企业或企业集团中，使被兼并企业失去法人资格或改变法人实体的行为；股权转让指公司股东依法将自己持有的公司股权转让给他人，使他人获得公司股权的行为；资产剥离指在企业股份制改造过程中，将原有企业中不属于拟建股份公司的资产、负债从原有的企业账目中分离出去的行为；资产置换指上市公司控股股东以优质资产或现金置换上市公司的呆滞资产，或以主营业务资产置换非主营业务资产等的行为。根据国家有关规定，企业资产重组应当由董事会依法作出决议，并递交股东大会批准。

【资产负债表】 反映企业一定日期财务状况的会计报表。它是根据资产＝负债＋投资人权益（业主权益、股东权益、所有者权益）这一基本公式，按照一定的分类标准和一定的次序，把企业在一定日期的资产、负债、资本项目予以适当排列编制而成的。资产负债表的格式有账户式和报告式两种。账户式是资产负债表的传统格式，资产项目列示在表的左方，负债和投资人权益项目列示在表的右方。报告式资产负债表则依次将资产、负债、投资人权益各项目按垂直方向排列。为了反映企业的各类财务状况，资产负债表的资产项目分为流动资产、长期投资、固定资产、无形资产、递延资产等几类。流动资产各项目要按照流动性大小顺序排列；在固定资产部分需要列示固定资产原值、累计折旧和净值。资产负债表的负债部分分为流动负债、长期负债。若是公司企业，则要在权益部分将缴入股本与留存收益分别列示。

【资产证券化】 将缺乏流动性的资产转换为金融市场上流动性较强的证券的过程。是以特定资产组合或特定现金流为支持，发行可交易证券的一种融资方式。传统的证券发行是以企业为基础，资产证券化则是以特定的资产池为基础发行证券。在资产证券化过程中，发行的以资产池为基础的证券称为“证券化产品”。一次完整的证券化融资的基本流程是：（一）发起人将证券化资产出售给一家特殊目的机构（简称 SPV），或者由 SPV 主动购买可证券化的资产；（二）SPV 将这些资产汇集成资产池，再以该资产池所产生的现金流为支撑，在金融市场上发行有价证券融资；（三）最后用资产池产生的现金流来清偿所发行的有价证券。自 1970 年美国的政府国民抵押协会首次发行以抵押贷款组合为基础资产的抵押支持证券——房贷转付证券，完成首笔资产证券化交易以来，资产证券化逐渐成为一种被广泛采用的金融创新工具而得到了迅猛发展，在此基础上，又衍生出如风险证券化产品。

【资金融通】 简称“融资”，指资金供求双方运用各种金融工具调节资金余缺的活动。分为直接融资和间接融资。直接融资指资金盈余单位通过直接与资金需求单位进行协议，或在金融市场上购买资金需求单位发行的有价证券，将货币提供给需求单位使用的过程。间接融资指拥有暂时闲置资金的单位通过存款的形式，或者购买银行、信托、保险等金融机构发行的有价证券，将其暂时闲置资金先行提供给金融中介机构，再由中介机构以贷款、贴现等形式，或通过购买需要资金的单位发行的有价证券，把资金提供给这些单位使用，从而实现资金融通的过程。

【资源经济学】也称“资源环境经济学”，指以经济学理论为基础，通过经济分析研究资源的合理配置与最优使用及其与人口、环境的协调和可持续发展等资源经济问题的学科。一门跨自然科学与社会科学的应用经济学科。一般认为，资源经济学成为一门独立的学科始于20世纪20～30年代。1924年美国经济学家伊力（Ely）和莫尔豪斯（Morehouse）合著的《土地经济学原理》出版，1931年霍特林（Hotelling）发表了《可耗尽资源的经济学》，提出了资源保护和稀缺资源的分配问题，被认为是资源经济学产生的标志。在中国，第一本土地经济学研究专著《土地经济学》（章植著）于1930年问世。随后张丕介的《土地经济学导论》、朱剑农的《土地经济学原理》等著作相继出版。资源经济学研究的主要内容涉及：资源、人口与经济增长以及区域经济格局；资源演变与投放的基本特征；资源开发、利用与管理及其理论、方法；资源市场；资源立法与资源政策等。现阶段，资源经济学研究的重点是，在资源开发、利用、管理过程中，具有相互联系的一系列经济问题。诸如自然资源的价值与价格问题、自然资源的承载力问题、资源经济的核算体系问题、资源开发和模式问题、资源管理政策和资源经济信息问题等。资源经济学是一门跨度大、综合性强、应用性强的边缘交叉学科，研究的方法大致分为三个层次：第一层次是资源经济学的哲学基础或哲学意义上的方法论，即基本方法论；第二层次是资源经济学的思维原理和方法，或者说，是经济学家观察经济事实、从事理论研究、构建理论体系的方法；第三层次是资源经济学的技术性方法，即为了使资源经济学理论更趋完善和精确化而对特定研究对象或理论所采用的具有技术性质的具体方法，如数学方法、统计方法、心理分析法、边际分析法、投入产出分析法、成本—收益分析法、均衡分析法、时间路径分析法、逻辑框图分析法等。

【资源密集型产业】也称“土地密集型产业”，指在生产要素的投入中需要使用较多的土地等自然资源才能进行生产的产业。产业类型的一种。土地资源作为一种生产要素，泛指各种自然资源，包括土地、原始森林、江河湖海和各种矿产资源。与土地资源关系最为密切的产业如农业、采矿业、住宅与房地产业等。

【孳息】 由原物所产生的额外收益。分为天然孳息和法定孳息。天然孳息指按照原物的自然规律而滋生和繁衍的新的独立物。如果树结出的果子，土地上自然生长的粮食、草、树木等植物。法定孳息指物依据法律规定或当事人的法律行为而产生的孳息。如存款得到的利息、出租房屋或物品得到的租金等。《民法典》规定，天然孳息，由所有权人取得；既有所有权人又有用益物权人的，由用益物权人取得。当事人另有约定的，按照其约定。法定孳息，当事人有约定的，按照约定取得；没有约定或者约定不明确的，按照交易习惯取得。

【紫线】“城市紫线”的简称。（见【城市紫线】）

【自管公房】 房管用语。广义指各级政府、企业、事业单位投资建造和自行管理的国有房产，包括全民所有制单位投资建造并管理的公有房屋和集体所有制单位自行投资建造并管理的集体所有制公有房屋。全民所有制公有房屋包括两种形式：一是由各级地方政府投资建造，并由各级房产管理部门直接经营管理的房屋，称为“直管公房”或“直管房产”；二是由全民所有制单位自行投资建造并管理的房屋，称为“自管公房”或“自管房产”。狭义指除“直管公房”以外，由全民所有制单位或集体所有制单位自行投资建造，并管理的公有房屋。

【自留地】 我国农村集体经济组织分配给村民长期使用的土地。经营自留地是农民家庭副业的一种，自留地上的产品归农民个人所有。分配给农民的自留地，农民只能用于农业生产，不能擅自用于建房、葬坟、开矿等非农业建设。自留地的土地所有权属于农民集体所有。

【自留山】 我国农村集体经济组织划拨给其成员长期使用的少量柴山和荒坡。农民个人可以根据需要营造用材林、薪炭林、果树和其他经济林木。自留山的土地所有权属于农民集体经济组织。

【自然环境优劣度】 城市土地地貌及其他自然因素对城市土地利用以及社会经济活动的影响程度。对土地开发影响较大的自然条件，如地形坡度、土地承载力、洪水淹没及排水状况、地质构造等因素，是影响城市土地质量及地价的重要因素。

【自然人】“法人”的对称。指依自然生理规律出生，具有民事权利能力，依法享有民事权利，承担民事义务的人。民事主体的一种。按年龄标准分为成年人和未成年人；按是否具备民事行为能力分为完全民事行为能力人、限制民事行为能力人和无民事行为能力人。根据国家法律，自然人的民事权利能力一律平等。

【自然资源】泛指天然存在的并有利用价值的自然物，如土地、矿藏、气候、水利、生物、海洋等资源。

【自然资源督察机构】也称“土地督察机构”。（见【土地督察机构】）

【自物权】“他物权”的对称。也称“所有权”。（见【所有权】）

【自用部位】单元住宅内部，由住宅的业主或使用人自用的空间或部位，如卧室、客厅、厨房、卫生间、阳台、天井、庭院以及室内墙面等。

【自用设备】单元住宅内部，由住宅的业主或使用人自用的设备，如门、窗、卫生洁具以及通向总管的供水、排水、燃气等管道、电线等。

【自有资金】房地产开发企业为进行生产经营活动而经常持有、使用，并无需偿还的资金。如各方投资者对企业投入的资本以及通过生产经营活动而形成的资本增值部分，包括公积金、公益金和未分配利润。

【宗地】为土地权属界址线所封闭的地块。地籍调查、土地登记和土地评估的基本土地单元。宗地划分的依据是：土地权属性质、土地使用者、土地用途以及地籍调查的要求等。宗地划分的方法有：（一）土地所有权属不同或土地使用者不同的土地，均应分别编号；（二）土地所有权属、土地使用者相同，而土地用途不同的土地，原则上应分别编宗；（三）凡是被区、县、街道、乡镇等行政境界或市政道路分割的土地，不论其是否同属于一个土地使用者，一律分别编宗；（四）对含有两个或两个以上土地使用者的地块，土地使用范围不易划清楚的，可以编成一宗地（共用宗）；（五）城镇中的私房用地面积较小的，可以编成一宗地，宗地内各户的使用面积分别丈量；（六）农村中的农民宅基地按使用权属封闭界线编成一宗地。

【宗地地价】城镇内某一宗土地使用权的评估价格。是被评估宗地在当地市场正常供求状况和一般经营管理水平下的使用权价格。在地价体系中，宗地地价具有以下特点：（一）特殊性，因宗地地价是针对特定宗地而评估的价格，所以，宗地所在区域的市场行情、道路状

Z

况、基础设施状况，宗地大小、形状、容积率、微观区位等都直接影响每一宗宗地地价的高低；（二）目的多样性，宗地地价的表现形式多种多样，根据评估目的不同和各城市的价格水平及基础资料的状况，可选择不同的估价方法，得到适合特定目的的宗地地价；（三）时效性，宗地地价是一定时点的价格，只反映一定时点的价格水平，评估报告应明确评估宗地的具体时日。宗地地价评估技术上主要有两种方法：一是利用基准地价评估结果，采用系数修正法评估宗地地价；二是利用市场交易资料，采用比较法、收益还原法、剩余法、成本逼近法等常规方法直接评估宗地地价。在尚未建立基准地价体系的城市，一般采用第二种方法评估宗地地价。

【宗地号】按照政府通告的土地登记范围，在工作用图上根据地籍编号原则对每一宗地进行的编号。编号按行政区、街道、宗地三级进行，较大城市可按行政区、街道、街坊、宗地四级进行编号。宗地号在地籍图上统一自左到右，自上而下，由“1”号开始顺序编号。

【宗地图】表明宗地界址、位置、大小、面积、四至及利用状况的图件。其内容一般包括：宗地号、地类号、宗地面积、界址点及界址点号、界址边长、邻宗地号及其相互关系等。宗地图是土地证书和地籍档案的附图。

【宗教产】房管用语。指城镇中各种教派所拥有的房产，如教堂、寺庙等。在我国实行社会主义改造时期，按照有关政策，宗教团体的房产一律由国家经租。20 世纪 70 年代以后，国家规定将宗教团体房屋的产权全部退还给宗教团体，无法退还的折价付款偿还；其出租部分继续采取 70 年代前由地方房管部门包租的形式或由宗教团体收回自管，也可因地制宜由各地有关部门协商解决。

【宗教用地】专门用于宗教活动的庙宇、寺院、道观、教堂等宗教建筑的土地。《土地利用现状分类》(GB/T 21010—2017) 中“特殊用地”下一个二级土地类型。

【租地造屋】土地私有制度下地产主将其所拥有的土地出租给他人建造房屋，若干年后，将土地及地上房屋一起收回的地产经营方式。中华人民共和国成立前，租地造屋通常有以下几种形式：（一）规定一定期限，在此期限内，地产主收取地租，期限满后，将土地及土地上建造的房屋一起收回；（二）规定一定期限，在约定的期限内不收取地租，期限满后，将土地及土地上的房屋一起收回；（三）不约定具体期限，在房屋建造过程中也不收取地租，但在房屋建成后立即将房屋和土地一起收回，再以较低的租金将房屋租给建屋人使用一个时期；（四）约定租地期限，地产主在规定的期限内收取较高的地租，同时对在该出租地上所建造房屋的式样作出具体规定，但在房屋建成后，地产主必须出钱购买房屋。中华人民共和国成立后，土地实行社会主义公有制，租地造屋方式不复存在。

【租购同权】非本地户籍住房承租人与本市户籍居民同等享受义务教育、医疗等城市基本公共服务权利的政策。鼓励住房租赁消费政策之一。2016年5月，《国务院办公厅关于加快培育和发展住房租赁市场的若干意见》提出，各地要制定支持住房租赁消费的优惠政策措施，引导城镇居民通过租房解决居住问题。非本地户籍承租人可按照《居住证暂行条例》等有关规定申领居住证，享受义务教育、医疗等国家规定的基本公共服务。2020年12月，中央经济工作会议进一步明确，要高度重视保障性租赁住房建设，加快完善长租房政策，逐步使租购住房在享受公共服务上具有同等权利，规范发展长租房市场。

【租金剥离法】把房屋租金构成因素中的地租分离出来，再以地租资本化公式计算地价的一种方法。其计算公式为：地租＝房租－（折旧费＋维修费＋管理费＋利息＋利润＋保险金＋税金）；地价＝地租/利息率。

【租金改革】房改用语。指住房制度改革中，针对原有低租金制度实施的一系列改革措施的统称。住房制度改革的重要内容之一。我国房屋租金改革分为三个阶段实施：（一）以改变低租金、无偿分配为起点，公房计租标准达到实现简单再生产的三项因素（维修费、管理费、折旧费）水平；（二）力争使租金达到成本租金水平，即五项因素（维修费、管理费、折旧费、投资利息、房产税）水平；（三）最终达到市场租金水平，即八项因素（维修费、管理费、折旧费、投资利息、房产税、土地使用费、保险费、利润）水平。通过租金改革，实现住房资金投入产出的良性循环。

【租金收缴率】房管用语。指已出租房屋的租金实收数额与应收数额之比（实收租金数额不包括历年旧欠租金）。反映房产经营状况的主要经济指标之一。其计算公式为：租金收缴率＝实收租金额/应收租金额×100％。

租金收缴率一般按月、季、年计算和考核。

【租赁保证金】“住房租赁保证金”的简称。（见【住房租赁保证金】）

【租赁登记备案】确认房屋租赁行为合法有效的行为。根据《城市房屋租赁管理办法》，房屋租赁实行登记备案制度。房屋租赁当事人应当在租赁合同签订（包括变更、终止）后30日内，向房屋所在地直辖市、市、县人民政府房地产管理部门办理登记备案手续。申请房屋租赁登记备案应当提交下列有关文件：（一）书面租赁合同；（二）房屋所有权证书；（三）当事人的合法证件；（四）城市人民政府规定的其他文件。出租共有房屋，还须提交其他共有人同意出租的证明；出租委托代管房屋，还须提交委托代管人授权出租的证明。房屋租赁申请经审查合格的，颁发房屋租赁证。

【租赁合同】出租人将租赁物交付承租人使用、收益，承租人支付租金的合同。典型合同的一种。租赁合同的内容一般包括租赁物的名称、数量、用途，租赁期限，租金及其支付期限和方式、租赁物维修等条款。租赁合同应当采用书面形式。

【组合贷款】“住房公积金与商业银行购房组合贷款”的简称。（见【住房公积金与商业银行购房组合贷款】）

【最低生活保障】国家对家庭人均收入低于当地政府公告的最低生活标准的人口给予一定现金资助，以保证该家庭成员基本生活所需的社会保障制度。社会救助的一种。申请最低生活保障以家庭为单位。认定最低生活保障主要以申请人家庭经济状况为依据。

链接：最低生活保障审核确认办法

最低生活保障审核确认办法

申请最低生活保障以家庭为单位，由申请家庭确定一名共同生活的家庭成员作为申请人，向户籍所在地乡镇人民政府（街道办事处）提出书面申请。家庭经济状况指共同生活家庭成员拥有的全部家庭收入和家庭财产。家庭收入指共同生活的家庭成员在规定期限内获得的全部现金及实物收入。主要包括：工资性收入、经营净收入、财产净收入、转移净收入和其他应当计入家庭收入的项目。家庭财产指共同生活的家庭成员拥有的全部动产和不动产。动产主要

Z

包括银行存款、证券、基金、商业保险、债权、互联网金融资产以及车辆等。不动产主要包括房屋、林木等定着物。乡镇人民政府（街道办事处）根据家庭经济状况调查核实情况，提出初审意见，并在申请家庭所在村、社区进行公示。公示期满无异议的，乡镇人民政府（街道办事处）将申请材料、家庭经济状况调查核实结果、初审意见等相关材料报送县级人民政府民政部门。县级人民政府民政部门经审核，对符合条件的申请予以确认同意，同时确定救助金额，发放最低生活保障证或确认通知书，并从作出确认同意决定之日下月起发放最低生活保障金。

资料来源：民政部《最低生活保障审核确认办法》

【最低限价】国家为了保护生产者和消费者的利益，用行政手段规定的商品价格下限。政府指导价的一种形式。最低限价的制定一般在商品价值的基础上加上合理的利润，使生产者也有微利可图。

【最高额抵押权】“不动产最高额抵押权”的简称。（见【不动产最高额抵押权】）

【最高限价】国家为了保持市场物价的基本稳定，抑制某些产品的价格上涨，用行政手段规定的商品价格上限。政府指导价的一种形式。最高限价适用于以下情况：（一）限制市场商品零售价格上涨；（二）限制边远地区某些工业品的零售价格；（三）对进口商品实行最高限价；（四）浮动价的上限。

Z

附录一　辞典中引用法律法规文件名全称、简称对照表

辞典中引用法律法规文件名全称、简称对照表

全称	简称
中华人民共和国宪法	宪法
中华人民共和国民法典	民法典
中华人民共和国土地管理法	土地管理法
中华人民共和国房地产管理法	房地产管理法
中华人民共和国城乡规划法	城乡规划法
中华人民共和国农村土地承包法	农村土地承包法
中华人民共和国耕地占用税法	耕地占用税法
中华人民共和国契税法	契税法
中华人民共和国建筑法	建筑法
中华人民共和国企业所得税法	企业所得税法
中华人民共和国行政许可法	行政许可法
中华人民共和国行政诉讼法	行政诉讼法
中华人民共和国行政复议法	行政复议法
中华人民共和国公证法	公证法
中华人民共和国仲裁法	仲裁法
中华人民共和国立法法	立法法
中华人民共和国公司法	公司法
中华人民共和国证券投资基金法	证券投资基金法
中华人民共和国广告法	广告法
中华人民共和国商标法	商标法
中华人民共和国政府采购法	政府采购法
中华人民共和国保险法	保险法
中华人民共和国反不正当竞争法	反不正当竞争法
中华人民共和国中外合资经营企业法	中外合资经营企业法
中华人民共和国行政强制法	行政强制法
中华人民共和国招标投标法	招标投标法
中华人民共和国循环经济促进法	循环经济促进法

中华人民共和国土地管理法实施条例	土地管理法实施条例
中华人民共和国土地增值税暂行条例	土地增值税暂行条例
中华人民共和国城镇国有土地使用权出让和转让暂行条例	城镇国有土地使用权出让和转让暂行条例
中华人民共和国房产税暂行条例	房产税暂行条例
中华人民共和国城镇土地使用税暂行条例	城镇土地使用税暂行条例
中华人民共和国城市维护建设税暂行条例	城市维护建设税暂行条例

附录二　国土空间调查、规划、用途管制用地用海分类代码、名称和含义

国土空间调查、规划、用途管制用地用海分类代码、名称和含义

代码	名称	含义
01	**耕地**	指利用地表耕作层种植粮、棉、油、糖、蔬菜、饲草饲料等农作物为主，每年可以种植一季及以上（含以一年一季以上的耕种方式种植多年生作物）的土地，包括熟地，新开发、复垦、整理地，休闲地（含轮歇地、休耕地）；以及间有零星果树、桑树或其他树木的耕地；包括南方宽度＜1.0米，北方宽度＜2.0米固定的沟、渠、路和地坎（埂）；包括直接利用地表耕作层种植的温室、大棚、地膜等保温、保湿设施用地
0101	水田	指用于种植水稻、莲藕等水生农作物的耕地，包括实行水生、旱生农作物轮种的耕地
0102	水浇地	指有水源保证和灌溉设施，在一般年景能正常灌溉，种植旱生农作物（含蔬菜）的耕地
0103	旱地	指无灌溉设施，主要靠天然降水种植旱生农作物的耕地，包括没有灌溉设施，仅靠引洪淤灌的耕地
02	**园地**	指种植以采集果、叶、根、茎、汁等为主的集约经营的多年生作物，覆盖度大于50%或每亩株数大于合理株数70%的土地，包括用于育苗的土地
0201	果园	指种植果树的园地
0202	茶园	指种植茶树的园地
0203	橡胶园地	指种植橡胶树的园地
0204	油料园地	指种植油茶、油棕、橄榄和文冠果等木本油料作物的园地
0205	其他园地	指种植桑树、可可、咖啡、花椒、胡椒、药材等其他多年生作物的园地，包括用于育苗的土地
03	**林地**	指生长乔木、竹类、灌木的土地。包括自然生长干果等林木的土地。不包括生长林木的湿地，城镇、村庄范围内的绿化林木用地，铁路、公路征地范围内的林木，以及河流、沟渠的护堤林用地

续表

代码	名称	含义
0301	乔木林地	指乔木郁闭度≥0.2的林地，不包括森林沼泽
0302	竹林地	指生长竹类植物，郁闭度≥0.2的林地
0303	灌木林地	指灌木覆盖度≥40%的林地，不包括灌丛沼泽
0304	其他林地	指疏林地（树木郁闭度≥0.1、<0.2的林地）、未成林地，以及迹地、苗圃和符合国家规定标准的用于培育、贮存种子苗木等直接为林业生产经营服务的设施用地等
04	**草地**	指生长草本植物为主的土地，包括乔木郁闭度<0.1的疏林草地、灌木覆盖度<40%的灌丛草地，不包括生长草本植物的湿地
0401	天然牧草地	指以天然草本植物为主，用于放牧或割草的草地，包括实施禁牧措施的草地
0402	人工牧草地	指人工种植牧草的草地，不包括种植饲草饲料的耕地
0403	其他草地	指天然牧草地、人工牧草地以外的草地，不包括可用于开发补充耕地的土地
05	**湿地**	指陆地和水域的交汇处，水位接近或处于地表面，或有浅层积水，且处于自然状态的土地
0501	森林沼泽	指以乔木植物为优势群落、郁闭度≥0.2的淡水沼泽
0502	灌丛沼泽	指以灌木植物为优势群落、覆盖度≥40%的淡水沼泽
0503	沼泽草地	指以天然草本植物为主的沼泽化的低地草甸、高寒草甸
0504	其他沼泽地	指除森林沼泽、灌丛沼泽和沼泽草地外、地表经常过湿或有薄层积水，生长沼生或部分沼生和部分湿生、水生或盐生植物的土地，包括草本沼泽、苔藓沼泽、内陆盐沼等
0505	沿海滩涂	指沿海大潮高潮位与低潮位之间的潮浸地带，包括海岛的滩涂，不包括已利用的滩涂
0506	内陆滩涂	指河流、湖泊常水位至洪水位间的滩地，时令河、湖洪水位以下的滩地，水库正常蓄水位与洪水位间的滩地，包括海岛的内陆滩地，不包括已利用的滩地
0507	红树林地	指沿海生长红树植物的土地，包括红树林苗圃
06	**农业设施建设用地**	指对地表耕作层造成破坏的，为农业生产、农村生活服务的乡村道路用地以及种植设施、畜禽养殖设施、水产养殖设施建设用地

续表

代码	名称	含义
0601	农村道路	指在村庄范围外，南方宽度≥1.0米、≤8.0米，北方宽度≥2.0米、≤8.0米，用于村间、田间交通运输，并在国家公路网络体系（乡道及乡道以上公路）之外，以服务于农村农业生产为主要用途的道路（含机耕道）
060101	村道用地	指用于村间、田间交通运输，服务于农村生活生产的硬化型道路（含机耕道），不包括村庄内部道路用地和田间道
060102	田间道	指用于田间交通运输，为农业生产、农村生活服务的非硬化型道路
0602	设施农用地	指直接用于经营性畜禽养殖生产设施及附属设施用地；直接用于作物栽培或水产养殖等农产品生产的设施及附属设施用地；直接用于设施农业项目辅助生产的设施用地；晾晒场、粮食果品烘干设施、粮食和农资临时存放场所、大型农机具临时存放场所等规模化粮食生产所必需的配套设施用地
060201	种植设施建设用地	指工厂化作物生产和为生产服务的看护房、农资农机具存放场所等，以及与生产直接关联的烘干晾晒、分拣包装、保鲜存储等设施用地，不包括直接利用地表种植的大棚、地膜等保温、保湿设施用地
060202	畜禽养殖设施建设用地	指经营性畜禽养殖生产及直接关联的圈舍、废弃物处理、检验检疫等设施用地，不包括屠宰和肉类加工场所用地等
060203	水产养殖设施建设用地	指工厂化水产养殖生产及直接关联的硬化养殖池、看护房、粪污处置、检验检疫等设施用地
07	**居住用地**	指城乡住宅用地及其居住生活配套的社区服务设施用地
0701	城镇住宅用地	指用于城镇生活居住功能的各类住宅建筑用地及其附属设施用地
070101	一类城镇住宅用地	指配套设施齐全、环境良好，以三层及以下住宅为主的住宅建筑用地及其附属道路、附属绿地、停车场等用地
070102	二类城镇住宅用地	指配套设施较齐全、环境良好，以四层及以上住宅为主的住宅建筑用地及其附属道路、附属绿地、停车场等用地

续表

代码	名称	含义
070103	三类城镇住宅用地	指配套设施较欠缺、环境较差，以需要加以改造的简陋住宅为主的住宅建筑用地及其附属道路、附属绿地、停车场等用地，包括危房、棚户区、临时住宅等用地
0702	城镇社区服务设施用地	指为城镇居住生活配套的社区服务设施用地，包括社区服务站以及托儿所、社区卫生服务站、文化活动站、小型综合体育场地、小型超市等用地，以及老年人日间照料中心（托老所）等社区养老服务设施用地，不包括中小学、幼儿园用地
0703	农村宅基地	指农村村民用于建造住宅及其生活附属设施的土地，包括住房、附属用房等用地。
070301	一类农村宅基地	指农村用于建造独户住房的土地
070302	二类农村宅基地	指农村用于建造集中住房的土地
0704	农村社区服务设施用地	指为农村生产生活配套的社区服务设施用地，包括农村社区服务站以及村委会、供销社、兽医站、农机站、托儿所、文化活动室、小型体育活动场地、综合礼堂、农村商店及小型超市、农村卫生服务站、村邮站、宗祠等用地，不包括中小学、幼儿园用地
08	**公共管理与公共服务用地**	指机关团体、科研、文化、教育、体育、卫生、社会福利等机构和设施的用地，不包括农村社区服务设施用地和城镇社区服务设施用地
0801	机关团体用地	指党政机关、人民团体及其相关直属机构、派出机构和直属事业单位的办公及附属设施用地
0802	科研用地	指科研机构及其科研设施、企业科学研究和研发设施用地
0803	文化用地	指图书、展览等公共文化活动设施用地
080301	图书与展览用地	指公共图书馆、博物馆、科技馆、公共美术馆、纪念馆、规划建设展览馆等设施用地

续表

代码	名称	含义
080302	文化活动用地	指文化馆（群众艺术馆）、文化站、工人文化宫、青少年宫（青少年活动中心）、妇女儿童活动中心（儿童活动中心）、老年活动中心、综合文化活动中心、公共剧场等设施用地
0804	教育用地	指高等教育、中等职业教育、中小学教育、幼儿园、特殊教育设施等用地，包括为学校配建的独立地段的学生生活用地
080401	高等教育用地	指大学、学院、高等职业学校、高等专科学校、成人高校等高等学校用地，包括军事院校用地
080402	中等职业教育用地	指普通中等专业学校、成人中等专业学校、职业高中、技工学校等用地，不包括附属于普通中学内的职业高中用地
080403	中小学用地	指小学、初级中学、高级中学、九年一贯制学校、完全中学、十二年一贯制学校用地，包括职业初中、成人中小学、附属于普通中学内的职业高中用地
080404	幼儿园用地	指幼儿园用地
080405	其他教育用地	指除以上之外的教育用地，包括特殊教育学校、专门学校（工读学校）用地
0805	体育用地	指体育场馆、体育训练基地、溜冰场、跳伞场、摩托车场、射击场，以及水上运动的陆域部分等用地，不包括学校、企事业、军队等机构内部专用的体育设施用地
080501	体育场馆用地	指室内外体育运动用地，包括体育场馆、游泳场馆、大中型多功能运动场地、全民健身中心等用地
080502	体育训练用地	指为体育运动专设的训练基地用地
0806	医疗卫生用地	指医疗、预防、保健、护理、康复、急救、安宁疗护等用地
080601	医院用地	指综合医院、中医医院、中西医结合医院、民族医医院、各类专科医院、护理院等用地

续表

代码	名称	含义
080602	基层医疗卫生设施用地	指社区卫生服务中心、乡镇（街道）卫生院等用地，不包括社区卫生服务站、农村卫生服务站、村卫生室、门诊部、诊所（医务室）等用地
080603	公共卫生用地	指疾病预防控制中心、妇幼保健院、急救中心（站）、采供血设施等用地
0807	社会福利用地	指为老年人、儿童及残疾人等提供社会福利和慈善服务的设施用地
080701	老年人社会福利用地	指为老年人提供居住、康复、保健等服务的养老院、敬老院、养护院等机构养老设施用地
080702	儿童社会福利用地	指为孤儿、农村留守儿童、困境儿童等特殊儿童群体提供居住、抚养、照护等服务的儿童福利院、孤儿院、未成年人救助保护中心等设施用地
080703	残疾人社会福利用地	指为残疾人提供居住、康复、护养等服务的残疾人福利院、残疾人康复中心、残疾人综合服务中心等设施用地
080704	其他社会福利用地	指除以上之外的社会福利设施用地，包括救助管理站等设施用地
09	**商业服务业用地**	指商业、商务金融以及娱乐康体等设施用地，不包括农村社区服务设施用地和城镇社区服务设施用地
0901	商业用地	指零售商业、批发市场及餐饮、旅馆及公用设施营业网点等服务业用地
090101	零售商业用地	指商铺、商场、超市、服装及小商品市场等用地
090102	批发市场用地	指以批发功能为主的市场用地
090103	餐饮用地	指饭店、餐厅、酒吧等用地
090104	旅馆用地	指宾馆、旅馆、招待所、服务型公寓、有住宿功能的度假村等用地
090105	公用设施营业网点用地	指零售加油、加气、充换电站、电信、邮政、供水、燃气、供电、供热等公用设施营业网点用地

续表

代码	名称	含义
0902	商务金融用地	指金融保险、艺术传媒、设计、技术服务、物流管理中心等综合性办公用地
0903	娱乐用地	指剧院、音乐厅、电影院、歌舞厅、网吧以及绿地率小于65%的大型游乐等设施用地
0904	其他商业服务业用地	指除以上之外的商业服务业用地，包括高尔夫练习场、赛马场、以观光娱乐为目的的直升机停机坪等通用航空、汽车维修站以及宠物医院、洗车场、洗染店、照相馆、理发美容店、洗浴场所、废旧物资回收站、机动车、电子产品和日用产品修理网点、物流营业网点等用地
10	**工矿用地**	指用于工矿业生产的土地
1001	工业用地	指工矿企业的生产车间、装备修理、自用库房及其附属设施用地，包括专用铁路、码头和附属道路、停车场等用地，包括工业生产必须的研发、设计、测试、中试用地，不包括采矿用地
100101	一类工业用地	指对居住和公共环境基本无干扰、污染和安全隐患，布局无特殊控制要求的工业用地
100102	二类工业用地	指对居住和公共环境有一定干扰、污染和安全隐患，不可布局于居住区和公共设施集中区内的工业用地
100103	三类工业用地	指对居住和公共环境有严重干扰、污染和安全隐患，布局有防护、隔离要求的工业用地
1002	采矿用地	指采矿、采石、采砂（沙）场，砖瓦窑等地面生产用地及排土（石）、尾矿堆放用地
1003	盐田	指用于以自然蒸发方式进行盐业生产的用地，包括晒盐场所、盐池及附属设施用地
11	**仓储用地**	指物资存放及物流仓储和战略性物资储备库用地
1101	物流仓储用地	指国家和省级战略性储备库以外，城镇、村庄用于物资存储、中转、配送等设施用地，包括附属设施、道路、停车场等用地
110101	一类物流仓储用地	指对居住和公共环境基本无干扰、污染和安全隐患，布局无特殊控制要求的物流仓储用地

续表

代码	名称	含义
110102	二类物流仓储用地	指对居住和公共环境有一定干扰、污染和安全隐患，不可布局于居住区和公共设施集中区内的物流仓储用地
110103	三类物流仓储用地	指用于存放易燃、易爆和剧毒等危险品，布局有防护、隔离要求的物流仓储用地
1102	储备库用地	指国家和省级的粮食、棉花、石油等战略性储备库用地
12	**交通运输用地**	指铁路、公路、机场、港口码头、管道运输、城市轨道交通、各种道路以及交通场站等交通运输设施及其附属设施用地，不包括其他用地内的附属道路、停车场等用地
1201	铁路用地	指铁路编组站、轨道线路（含城际轨道）等用地，不包括铁路客货运站等交通场站用地
1202	公路用地	指国道、省道、县道和乡道用地及附属设施用地，不包括已纳入城镇集中连片建成区，发挥城镇内部道路功能的路段，以及公路长途客货运站等交通场站用地
1203	机场用地	指民用及军民合用的机场用地，包括飞行区、航站区等用地，不包括净空控制范围内的其他用地
1204	港口码头用地	指海港和河港的陆域部分，包括用于堆场、货运码头及其他港口设施的用地，不包括港口客运码头等交通场站用地
1205	管道运输用地	指运输矿石、石油和天然气等地面管道运输用地，地下管道运输规定的地面控制范围内的用地应按其地面实际用途归类
1206	城市轨道交通用地	指独立占地的城市轨道交通地面以上部分的线路、站点用地
1207	城镇村道路用地	指城镇、村庄范围内公用道路及行道树用地，包括快速路、主干路、次干路、支路、专用人行道和非机动车道等用地，包括其交叉口用地
1208	交通场站用地	指交通服务设施用地，不包括交通指挥中心、交通队等行政办公设施用地
120801	对外交通场站用地	指铁路客货运站、公路长途客运站、港口客运码头及其附属设施用地

续表

代码	名称	含义
120802	公共交通场站用地	指城市轨道交通车辆基地及附属设施，公共汽（电）车首末站、停车场（库）、保养场，出租汽车场站设施等用地，以及轮渡、缆车、索道等的地面部分及其附属设施用地
120803	社会停车场用地	指独立占地的公共停车场和停车库用地（含设有充电桩的社会停车场），不包括其他建设用地配建的停车场和停车库用地
1209	其他交通设施用地	指除以上之外的交通设施用地，包括教练场等用地
13	**公用设施用地**	指用于城乡和区域基础设施的供水、排水、供电、供燃气、供热、通信、邮政、广播电视、环卫、消防、水工等设施用地
1301	供水用地	指取水设施、供水厂、再生水厂、加压泵站、高位水池等设施用地
1302	排水用地	指雨水泵站、污水泵站、污水处理、污泥处理厂等设施及其附属的构筑物用地，不包括排水河渠用地
1303	供电用地	指变电站、开关站、环网柜等设施用地，不包括电厂、可再生能源发电等工业用地。高压走廊下规定的控制范围内的用地应按其地面实际用途归类
1304	供燃气用地	指分输站、调压站、门站、供气站、储配站、气化站、灌瓶站和地面输气管廊等设施用地，不包括制气厂等工业用地
1305	供热用地	指集中供热厂、换热站、区域能源站、分布式能源站和地面输热管廊等设施用地
1306	通信用地	指通信铁塔、基站、卫星地球站、海缆登陆站、电信局、微波站、中继站等设施用地
1307	邮政用地	指邮政中心局、邮政支局（所）、邮件处理中心等设施用地
1308	广播电视设施用地	指广播电视的发射、传输和监测设施用地，包括无线电收信区、发信区以及广播电视发射台、转播台、差转台、监测站等设施用地

续表

代码	名称	含义
1309	环卫用地	指生活垃圾、医疗垃圾、危险废物处理和处置，以及垃圾转运、公厕、车辆清洗、环卫车辆停放修理等设施用地
1310	消防用地	指消防站、消防通信及指挥训练中心等设施用地
1311	水工设施用地	指人工修建的闸、坝、堤林路、水电厂房、扬水站等常水位岸线以上的建（构）筑物用地，包括防洪堤、防洪枢纽、排洪沟（渠）等设施用地
1312	其他公用设施用地	指除以上之外的公用设施用地，包括施工、养护、维修等设施用地
14	**绿地与开敞空间用地**	指城镇、村庄用地范围内的公园绿地、防护绿地、广场等公共开敞空间用地，不包括其他建设用地中的附属绿地
1401	公园绿地	指向公众开放，以游憩为主要功能，兼具生态、景观、文教、体育和应急避险等功能，有一定服务设施的公园和绿地，包括综合公园、社区公园、专类公园和游园等
1402	防护绿地	指具有卫生、隔离、安全、生态防护功能，游人不宜进入的绿地
1403	广场用地	指以游憩、健身、纪念、集会和避险等功能为主的公共活动场地
15	**特殊用地**	指军事、外事、宗教、安保、殡葬，以及文物古迹等具有特殊性质的用地
1501	军事设施用地	指直接用于军事目的的设施用地
1502	使领馆用地	指外国驻华使领馆、国际机构办事处及其附属设施等用地
1503	宗教用地	指宗教活动场所用地
1504	文物古迹用地	指具有保护价值的古遗址、古建筑、古墓葬、石窟寺、近现代史迹及纪念建筑等用地，不包括已作其他用途的文物古迹用地
1505	监教场所用地	指监狱、看守所、劳改场、戒毒所等用地范围内的建设用地，不包括公安局等行政办公设施用地
1506	殡葬用地	指殡仪馆、火葬场、骨灰存放处和陵园、墓地等用地

续表

代码	名称	含义
1507	其他特殊用地	指除以上之外的特殊建设用地，包括边境口岸和自然保护地等的管理与服务设施用地
16	**留白用地**	指国土空间规划确定的城镇、村庄范围内暂未明确规划用途、规划期内不开发或特定条件下开发的用地
17	**陆地水域**	指陆域内的河流、湖泊、冰川及常年积雪等天然陆地水域，以及水库、坑塘水面、沟渠等人工陆地水域
1701	河流水面	指天然形成或人工开挖河流常水位岸线之间的水面，不包括被堤坝拦截后形成的水库区段水面
1702	湖泊水面	指天然形成的积水区常水位岸线所围成的水面
1703	水库水面	指人工拦截汇集而成的总设计库容≥10万立方米的水库正常蓄水位岸线所围成的水面
1704	坑塘水面	指人工开挖或天然形成的蓄水量＜10万立方米的坑塘常水位岸线所围成的水面，含养殖坑塘
1705	沟渠	指人工修建，南方宽度≥1.0米、北方宽度≥2.0米用于引、排、灌的渠道，包括渠槽、渠堤、附属护路林及小型泵站
1706	冰川及常年积雪	指表层被冰雪常年覆盖的土地
18	**渔业用海**	指为开发利用渔业资源、开展海洋渔业生产所使用的海域及无居民海岛（含农、林、牧业用岛）
1801	渔业基础设施用海	指用于渔船停靠、进行装卸作业和避风，以及用以繁殖重要苗种的海域，包括渔业码头、引桥、堤坝、养殖厂房、看护房、渔港港池（含开敞式码头前沿船舶靠泊和回旋水域）、渔港航道、取排水口及其他附属设施使用的海域及无居民海岛
1802	增养殖用海	指用于养殖生产或通过构筑人工鱼礁、半潜式平台、养殖工船等进行增养殖生产的海域及无居民海岛
1803	捕捞海域	指开展适度捕捞的海域
1804	农林牧业用岛	指用于农、林、牧业生产活动所使用的无居民海岛

续表

代码	名称	含义
19	**工矿通信用海**	指开展临海工业生产、工业仓储、海底电缆管道建设和矿产能源开发所使用的海域及无居民海岛
1901	工业用海	指开展海水综合利用、船舶制造修理、海产品加工、滨海核电、火电、石化等临海工业所使用的海域及无居民海岛
1902	盐田用海	指用于盐业生产的海域，包括盐业码头、引桥及港池（船舶靠泊和回旋水域）、盐田取排水口、蓄水池，以及取排水管道、蒸发池、结晶池、坨台、生产道路等附属设施等所使用的海域及无居民海岛
1903	固体矿产用海	指开采海砂及其它固体矿产资源的海域及无居民海岛
1904	油气用海	指开采油气资源的海域及无居民海岛
1905	可再生能源用海	指开展海上风能、太阳能、潮流能、波浪能等可再生能源利用的海域及无居民海岛
1906	海底电缆管道用海	指用于埋（架）设海底通讯光（电）缆、电力电缆、输水管道及输送其它物质的管状设施所使用的海域
20	**交通运输用海**	指用于港口、航运、路桥、机场等交通建设的海域及无居民海岛
2001	港口用海	指供船舶停靠、进行装卸作业、避风和调动的海域，包括港口码头、引桥、平台、港池、堤坝及堆场（仓储场）、铁路和公路转运场站及其附属设施等所使用的海域及无居民海岛
2002	航运用海	指供船只航行、候潮、待泊、联检、避风及进行水上过驳作业的海域
2003	路桥隧道用海	指用于建设连陆、连岛等路桥工程及海底隧道海域，包括跨海桥梁、跨海和顺岸道路、海底隧道等及其附属设施所使用的海域及无居民海岛
2004	机场用海	指用于建设海上机场及其附属设施所使用的海域及无居民海岛

续表

代码	名称	含义
2005	其他交通运输用海	指用于港口、航运、路桥、海上机场以外的交通运输用海。不包括油气开采用连陆、连岛道路和栈桥等所使用的海域
21	**游憩用海**	指开发利用滨海和海上旅游资源，开展海上娱乐活动的海域及无居民海岛
2101	风景旅游用海	指开发利用滨海和海上旅游资源的海域及无居民海岛
2102	文体休闲娱乐用海	指旅游景区开发和海上文体娱乐活动场建设的海域，包括海上浴场、游乐场及游乐设施使用的海域及无居民海岛
22	**特殊用海**	指用于军事、科研教学、海洋保护修复及海岸防护工程、排污倾倒、海洋水下文化遗产等用途的海域及无居民海岛
2201	军事用海	指建设军事设施和开展军事活动的海域及无居民海岛
2202	科研教育用海	指专门用于科学研究、试验及教学活动的海域及无居民海岛
2203	海洋保护修复及海岸防护工程用海	指各类涉海自然保护地所使用的海域，各类海洋生态保护修复工程实施需使用的海域，以及为防范海浪、沿岸流的侵蚀及台风、气旋和寒潮大风等自然灾害的侵袭，保障沿海河口海域水利、通航安全，建造海堤（塘）、防潮闸（含通航孔）、船闸、护岸设施、人工防护林等海岸防护工程及其他附属和管理设施等所使用的海域及无居民海
2204	排污倾倒用海	指用来排放污水和倾倒废弃物的海域
2205	水下文物保护用海	指用于发掘、保护各种水下文物和文化遗产所使用的海域
2206	其他特殊用海	指除军事用海、科研教学、海洋保护修复及海岸防护、排污倾倒、海洋水下文化遗产保护等以外的特殊用海用岛
23	**其他土地**	指上述地类以外的其他类型的土地，包括盐碱地、沙地、裸土地、裸岩石砾地等植被稀少的陆域自然荒野等土地以及空闲地、后备耕地、田坎
2301	空闲地	指城镇、村庄范围内尚未使用的建设用地。空闲地仅用于国土调查监测工作

续表

代码	名称	含义
2302	后备耕地	指现状为荒草地，可用于开发补充耕地的土地
2303	田坎	指梯田及梯状坡地耕地中，主要用于拦蓄水和护坡，南方宽度≥1.0米、北方宽度≥2.0米的地坎
2304	盐碱地	指表层盐碱聚集，生长天然耐盐碱植物、植被覆盖度≤5%的土地。不包括沼泽地和沼泽草地
2305	沙地	指表层为沙覆盖、植被覆盖度≤5%的土地。不包括滩涂中的沙地
2306	裸土地	指表层为土质，植被覆盖度≤5%的土地。不包括滩涂中的泥滩
2307	裸岩石砾地	指表层为岩石或石砾，其覆盖面积≥70%的土地。不包括滩涂中的石滩
24	**其他海域**	指需要限制开发，以及从长远发展角度应当予以保留的海域及无居民海岛

资料来源：自然资源部《国土空间调查、规划、用途管制用地用海分类指南》

附录三　土地利用现状分类和编码

土地利用现状分类和编码

一级类		二级类		含义
编码	名称	编码	名称	
01	耕地			指种植农作物的土地，包括熟地，新开发、复垦、整理地、休闲地（含轮歇地、休耕地）；以种植农作物（含蔬菜）为主，间有零星果树、桑树或其他树木的土地；平均每年能保证收获一季的已垦滩地和海涂。耕地中包括南方宽度＜1.0m，北方宽度＜2.0m固定的沟、渠、路和地坎（埂）；临时种植药材、草皮、花卉、苗木等的耕地，临时种植果树、茶树和林木且耕作层未破坏的耕地，以及其他临时改变用途的耕地
		0101	水田	指用于种植水稻、莲藕等水生农作物的耕地。包括实行水生、旱生农作物轮种的耕地
		0102	水浇地	指有水源保证和灌溉设施，在一般年景能正常灌溉，种植旱生农作物（含蔬菜）的耕地。包括种植蔬菜的非工厂化的大棚用地
		0103	旱地	指无灌溉设施，主要靠天然降水种植旱生农作物的耕地，包括没有灌溉设施，仅靠引洪淤灌的耕地
02	园地			指种植以采集果、叶、根、茎、汁等为主的集约经营的多年生木本和草本植物，覆盖度大于50%或每亩株树大于合理株数70%的土地。包括育苗的土地
		0201	果园	指种植果树的园地
		0202	茶园	指种植茶树的园地
		0203	橡胶园	指种植橡胶树的园地
		0204	其他园地	指种植桑树、可可、咖啡、油棕、胡椒、药材等其他多年生作物的园地

续表

一级类		二级类		含义
编码	名称	编码	名称	
03	林地			指生长乔木、竹类、灌木的土地及沿海生长红树林的土地。包括迹地，不包括城镇、村庄范围内的绿化林木用地，铁路、公路征地范围内的林木，以及河流、沟渠的护堤林
		0301	乔木林地	指乔木郁闭度≥0.2的林地，不包括森林沼泽
		0302	竹林地	指生长竹类植物，郁闭度≥0.2的林地
		0303	红树林地	指沿海生长红树植物的林地
		0304	森林沼泽	以乔木森林植物为优势群落的淡水沼泽
		0305	灌木林地	指灌木覆盖度≥40%的林地，不包括灌丛沼泽
		0306	灌丛沼泽	以灌丛植物为优势群落的淡水沼泽
		0307	其他林地	包括疏林地（树木郁闭度≥0.1、<0.2的林地）、未成林地、迹地、苗圃等林地
04	草地			指生长草本植物为主的土地
		0401	天然牧草地	指以天然草本植物为主，用于放牧或割草的草地，包括实施禁牧措施的草地，不包括沼泽草地
		0402	沼泽草地	指以天然草本植物为主的沼泽化的低地草甸、高寒草甸
		0403	人工牧草地	指人工种植牧草的草地
		0404	其他草地	指树木郁闭度<0.1，表层为土质，不用于放牧的草地
05	商服用地			指主要用于商业、服务业的土地
		0501	零售商业用地	以零售功能为主的商铺、商场、超市、市场和加油、加气、充换电站等的用地
		0502	批发市场用地	以批发功能为主的市场用地
		0503	餐饮用地	饭店、餐厅、酒吧等用地
		0504	旅馆用地	宾馆、旅馆、招待所、服务型公寓、度假村等用地

续表

<table>
<tr><th colspan="2">一级类</th><th colspan="2">二级类</th><th rowspan="2">含义</th></tr>
<tr><th>编码</th><th>名称</th><th>编码</th><th>名称</th></tr>
<tr><td rowspan="3">05</td><td rowspan="3">商服用地</td><td>0505</td><td>商务金融用地</td><td>指商务金融用地，以及经营性的办公场所用地。包括写字楼、商业性办公场所、金融活动场所和企业厂区外独立的办公场所；信息网络服务、信息技术服务、电子商务服务、广告传媒等用地</td></tr>
<tr><td>0506</td><td>娱乐用地</td><td>指剧院、音乐厅、电影院、歌舞厅、网吧、影视城、仿古城以及绿地率小于65%的大型游乐等设施用地</td></tr>
<tr><td>0507</td><td>其他商服用地</td><td>指零售商业、批发市场、餐饮、旅馆、商务金融、娱乐用地以外的其他商业、服务业用地。包括洗车场、洗染店、照相馆、理发美容店、洗浴场所、赛马场、高尔夫球场、废旧物资回收站、机动车、电子产品和日用产品修理网点、物流营业网点，及居住小区及小区级以下的配套的服务设施等用地</td></tr>
<tr><td rowspan="5">06</td><td rowspan="5">工矿仓储用地</td><td></td><td></td><td>指主要用于工业生产、物资存放场所的土地</td></tr>
<tr><td>0601</td><td>工业用地</td><td>指工业生产、产品加工制造、机械和设备修理及直接为工业生产等服务的附属设施用地</td></tr>
<tr><td>0602</td><td>采矿用地</td><td>指采矿、采石、采砂（沙）场，砖窑等地面生产用地，排土（石）及尾矿堆放地</td></tr>
<tr><td>0603</td><td>盐田</td><td>指用于生产盐的土地，包括晒盐场所、盐池及附属设施用地</td></tr>
<tr><td>0604</td><td>仓储用地</td><td>指用于物资储备、中转的场所用地，包括物流仓储设施、配送中心、转运中心等</td></tr>
<tr><td rowspan="3">07</td><td rowspan="3">住宅用地</td><td></td><td></td><td>指主要用于人们生活居住的房基地及其附属设施的土地</td></tr>
<tr><td>0701</td><td>城镇住宅用地</td><td>指城镇用于生活居住的各类房屋用地及其附属设施用地，不含配套的商业服务设施等用地</td></tr>
<tr><td>0702</td><td>农村宅基地</td><td>指农村用于生活居住的宅基地</td></tr>
</table>

续表

一级类		二级类		含义
编码	名称	编码	名称	
08	公共管理与公共服务用地			指用于机关团体、新闻出版、科教文卫、公用设施等的土地
		0801	机关团体用地	指用于党政机关、社会团体、群众自治组织等的用地
		0802	新闻出版用地	指用于广播电台、电视台、电影厂、报社、杂志社、通讯社、出版社等的用地
		0803	教育用地	指用于各类教育用地，包括高等院校、中等专业学校、中学、小学、幼儿园及其附属设施用地，聋、哑、盲人学校及工读学校用地，以及为学校配建的独立地段的学生生活用地
		0804	科研用地	指独立的科研、勘察、研发、设计、检验检测、技术推广、环境评估与监测、科普等科研事业单位及其附属设施用地
		0805	医疗卫生用地	指医疗、保健、卫生、防疫、康复和急救设施等用地。包括综合医院、专科医院、社区卫生服务中心等用地；卫生防疫站、专科防治所、检验中心和动物检疫站等用地；对环境有特殊要求的传染病、精神病等专科医院用地；急救中心、血库等用地
		0806	社会福利用地	指为社会提供福利和慈善服务的设施及其附属设施用地。包括福利院、养老院、孤儿院等用地
		0807	文化设施用地	指图书、展览等公共文化活动设施用地。包括公共图书馆、博物馆、档案馆、科技馆、纪念馆、美术馆和展览馆等设施用地；综合文化活动中心、文化馆、青少年宫、儿童活动中心、老年活动中心等设施用地
		0808	体育用地	指体育场馆和体育训练基地等用地，包括室内外体育运动用地，如体育场馆、游泳场馆、各类球场及其附属的业余体校等用地，溜冰场、跳伞场、摩托车场、射击场，以及水上运动的陆域部分等用地，以及为体育运动专设的训练基地用地，不包括学校等机构专用的体育设施用地

续表

一级类		二级类		含义
编码	名称	编码	名称	
08	公共管理与公共服务用地	0809	公用设施用地	指用于城乡基础设施的用地。包括供水、排水、污水处理、供电、供热、供气、邮政、电信、消防、环卫、公用设施维修等用地
		0810	公园与绿地	指城镇、村庄范围内的公园、动物园、植物园、街心花园、广场和用于休憩、美化环境及防护的绿化用地
09	特殊用地			指用于军事设施、涉外、宗教、监教、殡葬、风景名胜等的土地
		0901	军事设施用地	指直接用于军事目的的设施用地
		0902	使领馆用地	指用于外国政府及国际组织驻华使领馆、办事处等的土地
		0903	监教场所用地	指用于监狱、看守所、劳改场、戒毒所等的建筑用地
		0904	宗教用地	指专门用于宗教活动的庙宇、寺院、道馆、教堂等宗教自用地
		0905	殡葬用地	指陵园、墓地、殡葬场所用地
		0906	风景名胜设施用地	指风景名胜景点（包括名胜古迹、旅游景点、革命遗址、自然保护区、森林公园、地质公园、湿地公园等）的管理机构，以及旅游服务设施的建筑用地。景区内的其他用地按现状归入相应地类
10	交通运输用地			指用于运输通行的地面线路、场站等的土地。包括民用机场、汽车客货运场站、港口、码头、地面运输管道和各种道路以及轨道交通用地
		1001	铁路用地	指用于铁道线路及场站的用地。包括征地范围内的路堤、路堑、道沟、桥梁、林木等用地
		1002	轨道交通用地	指用于轻轨、现代有轨电车、单轨等轨道交通用地，以及场站的用地

续表

一级类		二级类		含义
编码	名称	编码	名称	
10	交通运输用地	1003	公路用地	指用于国道、省道、县道和乡道的用地。包括征地范围内的路堤、路堑、道沟、桥梁、汽车停靠站、林木及直接为其服务的附属用地
		1004	城镇村道路用地	指城镇、村庄范围内公用道路及行道树用地，包括快速路、主干路、次干路、支路、专用人行道和非机动车道，及其交叉口等
		1005	交通服务场站用地	指城镇、村庄范围内交通服务设施用地，包括公交枢纽及其附属设施用地、公路长途客运站、公共交通场站、公共停车场（含设有充电桩的停车场）、停车楼、教练场等用地。不包括交通指挥中心、交通队用地
		1006	农村道路	在农村范围内，南方宽度≥1.0m，≤8m，北方宽度≥2.0m、≤8m，用于村间、田间交通运输，并在国家公路网络体系之外，以服务于农村农业生产为主要用途的道路（含机耕道）
		1007	机场用地	指用于民用机场，军民合用机场的用地
		1008	港口码头用地	指用于人工修建的客运、货运、捕捞及工程、工作船舶停靠的场所及其附属建筑物的用地，不包括常水位以下部分
		1009	管道运输用地	指用于运输煤炭、矿石、石油、天然气等管道及其相应附属设施的地上部分用地
11	水域及水利设施用地			指陆地水域，滩涂、沟渠、沼泽、水工建筑物等用地。不包括滞洪区和已垦滩涂中的耕地、园地、林地、城镇、村庄、道路等用地
		1101	河流水面	指天然形成或人工开挖河流常水位岸线之间的水面，不包括被堤坝拦截后形成的水库区段水面
		1102	湖泊水面	指天然形成的积水区常水位岸线所围成的水面
		1103	水库水面	指人工拦截汇聚而成的总设计库容≥10 万 m^3 的水库正常蓄水位岸线所围成的水面

续表

一级类		二级类		含义
编码	名称	编码	名称	
11	水域及水利设施用地	1104	坑塘水面	指人工开挖或天然形成的蓄水量＜10 万 m^3 的坑塘常水位岸线所围成的水面
		1105	沿海滩涂	指沿海大潮位与低潮位之间的潮浸地带。包括海岛的沿海滩涂。不包括已利用的滩涂
		1106	内陆滩涂	指河流、湖泊常水位至洪水位间的滩地；时令湖、河洪水位以下的滩地；水库、坑塘的正常蓄水位与洪水位间的滩地。包括海岛的内陆滩地。不包括已利用的滩地
		1107	沟渠	指人工修建，南方宽度≥1.0m、北方宽度≥2.0m 用于引、排、灌的渠道，包括渠槽、渠堤、护堤林及小型泵站
		1108	沼泽地	指经常积水或渍水，一般生长湿生植物的土地。包括草本沼泽、苔藓沼泽、内陆盐沼等。不包括森林沼泽、灌丛沼泽和沼泽草地
		1109	水工建筑用地	指人工修建的闸、坝、堤路林、水电厂房、扬水站等常水位岸线以上的建（构）筑物用地
		1110	冰川及永久积雪	指表层被冰雪长年覆盖的土地
12	其他土地			指上述地类以外的其他类型的土地
		1201	空闲地	指城镇、村庄、工矿范围内尚未使用的土地。包括尚未确定用途的土地
		1202	设施农用地	指直接用于经营性畜禽生产设施及附属设施用地；直接用于作物栽培或水产养殖等农产品生产的设施及附属设施用地；直接用于设施农业项目辅助生产的设施用地；晾晒场、粮食果品烘干设施、粮食和农资临时存放场所、大型农机具临时存放场所等规模化粮食生产所必需的配套设施用地
		1203	田坎	指梯田及梯状坡耕地中，主要用于拦蓄水和护坡，南方宽度≥1.0m、北方宽度≥2.0m 的地坎

续表

一级类		二级类		含义
编码	名称	编码	名称	
12	其他土地	1204	盐碱地	指表层盐碱聚集，生长天然耐盐植物的土地
		1205	沙地	指表层为沙覆盖、基本无植被的土地。不包括滩涂中的沙地
		1206	裸土地	指表层为土地，基本无植被覆盖的土地
		1207	裸岩石砾地	指表层为岩石或石砾，其覆盖面积≥70%的土地

资料来源：《土地利用现状分类》(GB/T 21010—2017)

附录四　完整居住社区建设标准

完整居住社区建设标准

目标	序号	建设内容	建设要求
一、基本公共服务设施完善	1	一个社区综合服务站	建筑面积以800平方米为宜，设置社区服务大厅、警务室、社区居委会办公室、居民活动用房、阅览室、党群活动中心等
	2	一个幼儿园	不小于6班，建筑面积不小于2200平方米，用地面积不小于3500平方米，为3～6岁幼儿提供普惠性学前教育服务
	3	一个托儿所	建筑面积不小于200平方米，为0～3岁婴幼儿提供安全可靠的托育服务。可以结合社区综合服务站、社区卫生服务站、住宅楼、企事业单位办公楼等建设托儿所等婴幼儿照护服务设施
	4	一个老年服务站	与社区综合服务站统筹建设，为老年人、残疾人提供居家日间生活辅助照料、助餐、保健、文化娱乐等服务。具备条件的居住社区，可以建设1个建筑面积不小于350平方米的老年人日间照料中心，为生活不能完全自理的老年人、残疾人提供膳食供应、保健康复、交通接送等日间服务
	5	一个社区卫生服务站	建筑面积不小于120平方米，提供预防、医疗、计生、康复、防疫等服务
二、便民商业服务设施健全	6	一个综合超市	建筑面积不小于300平方米，提供蔬菜、水果、生鲜、日常生活用品等销售服务。城镇老旧小区等受场地条件约束的既有居住社区，可以建设2～3个50～100平方米的便利店提供相应服务
	7	多个邮件和快件寄递服务设施	建设多组智能信包箱、智能快递箱，提供邮件快件收寄、投递服务，格口数量为社区日均投递量的1～1.3倍。新建居住社区应建设使用面积不小于15平方米的邮政快递末端综合服务站。城镇老旧小区等受场地条件约束的既有居住社区，因地制宜建设邮政快递末端综合服务站
	8	其他便民商业网点	建设理发店、洗衣店、药店、维修点、家政服务网点、餐饮店等便民商业网点

续表

目标	序号	建设内容	建设要求
三、市政配套基础设施完备	9	水、电、路、气、热、信等设施	建设供水、排水、供电、道路、供气、供热(集中供热地区)、通信等设施，达到设施完好、运行安全、供给稳定等要求。实现光纤入户和多网融合，推动5G网络进社区。建设社区智能安防设施及系统
	10	停车及充电设施	新建居住社区按照不低于1车位/户配建机动车停车位，100%停车位建设充电设施或者预留建设安装条件。既有居住社区统筹空间资源和管理措施，协调解决停车问题，防止乱停车和占用消防通道现象。建设非机动车停车棚、停放架等设施。具备条件的居住社区，建设电动车集中停放和充电场所，并做好消防安全管理
	11	慢行系统	建设联贯各类配套设施、公共活动空间与住宅的慢行系统，与城市慢行系统相衔接。社区居民步行10分钟可以到达公交站点
	12	无障碍设施	住宅和公共建筑出入口设置轮椅坡道和扶手，公共活动场地、道路等户外环境建设符合无障碍设计要求。具备条件的居住社区，实施加装电梯等适老化改造。对有条件的服务设施，设置低位服务柜台、信息屏幕显示系统、盲文或有声提示标识和无障碍厕所(厕位)
	13	环境卫生设施	实行生活垃圾分类，设置多处垃圾分类收集点，新建居住社区宜建设一个用地面积不小于120平方米的生活垃圾收集站。建设一个建筑面积不小于30平方米的公共厕所，城镇老旧小区等受场地条件约束的既有居住社区，可以采用集成箱体式公共厕所

续表

目标	序号	建设内容	建设要求
四、公共活动空间充足	14	公共活动场地	至少有一片公共活动场地（含室外综合健身场地），用地面积不小于150平方米，配置健身器材、健身步道、休息座椅等设施以及沙坑等儿童娱乐设施。新建居住社区建设一片不小于800平方米的多功能运动场地，配置5人制足球、篮球、排球、乒乓球、门球等球类场地，在紧急情况下可以转换为应急避难场所。既有居住社区要因地制宜改造宅间绿地、空地等，增加公共活动场地
	15	公共绿地	至少有一片开放的公共绿地。新建居住社区至少建设一个不小于4000平方米的社区游园，设置10%～15%的体育活动场地。既有居住社区应结合边角地、废弃地、闲置地等改造建设“口袋公园”“袖珍公园”等。社区公共绿地应配备休憩设施，景观环境优美，体现文化内涵，在紧急情况下可转换为应急避难场所
五、物业管理全覆盖	16	物业服务	鼓励引入专业化物业服务，暂不具备条件的，通过社区托管、社会组织代管或居民自管等方式，提高物业管理覆盖率。新建居住社区按照不低于物业总建筑面积2‰比例且不低于50平方米配置物业管理用房，既有居住社区因地制宜配置物业管理用房
	17	物业管理服务平台	建立物业管理服务平台，推动物业服务企业发展线上线下社区服务业，实现数字化、智能化、精细化管理和服务
六、社区管理机制健全	18	管理机制	建立“党委领导、政府组织、业主参与、企业服务”的居住社区管理机制。推动城市管理进社区，将城市综合管理服务平台与物业管理服务平台相衔接，提高城市管理覆盖面
	19	综合管理服务	依法依规查处私搭乱建等违法违规行为。组织引导居民参与社区环境整治、生活垃圾分类等活动
	20	社区文化	举办文化活动，制定发布社区居民公约，营造富有特色的社区文化

资料来源：住房城乡建设部《完整居住社区建设指南》

附录五　国民经济行业分类和代码

国民经济行业分类和代码（摘录）

代码				类别名称	说明
门类	大类	中类	小类		
E				**建筑业**	本门类包括47～50大类
	47			**房屋建筑业**	指房屋主体工程的施工活动；不包括主体工程施工前的工程准备活动
		471	4710	住宅房屋建筑	
		472	4720	体育场馆建筑	指体育馆工程服务、体育及休闲健身用房屋建设活动
		479	4790	其他房屋建筑业	
	48			**土木工程建筑业**	指土木工程主体的施工活动；不包括施工前的工程准备活动
		481		铁路、道路、隧道和桥梁工程建筑	
			4811	铁路工程建筑	
			4812	公路工程建筑	
			4813	市政道路工程建筑	
			4814	城市轨道交通工程建筑	
			4819	其他道路、隧道和桥梁工程建筑	
		482		水利和水运工程建筑	
			4821	水源及供水设施工程建筑	
			4822	河湖治理及防洪设施工程建筑	

续表

代码				类别名称	说明
门类	大类	中类	小类		
			4823	港口及航运设施工程建筑	
		483		海洋工程建筑	指海上工程、海底工程、近海工程建筑活动，不含港口工程建筑活动
			4831	海洋油气资源开发利用工程建筑	
			4832	海洋能源开发利用工程建筑	
			4833	海底隧道工程建筑	
			4834	海底设施铺设工程建筑	
			4839	其他海洋工程建筑	
		484	4840	工矿工程建筑	指除厂房、电力工程外的非节能环保型矿山和工厂生产设施、设备的施工和安装
		485		架线和管道工程建筑	指建筑物外的架线、管道和设备的施工活动
			4851	架线及设备工程建筑	指敷设于地面以上的电力、通信、广播电视等线缆、杆塔等工程建筑
			4852	管道工程建筑	指供水、排水、燃气、集中供热、线缆排管、工业和长输等管道工程建筑
			4853	地下综合管廊工程建筑	指建于城市地下用于容纳两类及以上城市工程管线的构筑物及其附属设施，如水管网、燃气网、电信网等

续表

代码				类别名称	说明
门类	大类	中类	小类		
		486		节能环保工程施工	
			4861	节能工程施工	
			4862	环保工程施工	
			4863	生态保护工程施工	
		487		电力工程施工	
			4871	火力发电工程施工	
			4872	水力发电工程施工	
			4873	核电工程施工	
			4874	风能发电工程施工	
			4875	太阳能发电工程施工	
			4879	其他电力工程施工	
		489		其他土木工程建筑	
			4891	园林绿化工程施工	
			4892	体育场地设施工程施工	指田径场、篮球场、足球场、网球场、高尔夫球场、跑马场、赛车场、卡丁车赛场、全民体育健身工程设施等室内外场地设施的工程施工
			4893	游乐设施工程施工	
			4899	其他土木工程建筑施工	
	49			**建筑安装业**	指建筑物主体工程竣工后，建筑物内各种设备的安装活动，以及施工中的线路敷设和管道安装活动；不包括工程收尾的装饰，如对墙面、地板、天花板、门窗等处理活动
		491	4910	电气安装	指建筑物及土木工程构筑物内电气系统（含电力线路）的安装活动

续表

代码				类别名称	说明
门类	大类	中类	小类		
		492	4920	管道和设备安装	指管道、取暖及空调系统等安装活动
		499		其他建筑安装业	
			4991	体育场地设施安装	指运动地面（如足球场、篮球场、网球场等）、滑冰、游泳设施（含可拼装设施、健身步道）的安装等
			4999	其他建筑安装	包括智能化安装、救援逃生设备安装及其他未列明的安装活动
	50			**建筑装饰、装修和其他建筑业**	
		501		建筑装饰和装修业	指对建筑工程后期的装饰、装修、维护和清理活动，以及对居室的装修活动
			5011	公共建筑装饰和装修	
			5012	住宅装饰和装修	
			5013	建筑幕墙装饰和装修	
		502		建筑物拆除和场地准备活动	指房屋、土木工程建筑施工前的准备活动
			5021	建筑物拆除活动	
			5022	场地准备活动	
		503	5030	提供施工设备服务	指为建筑工程提供配有操作人员的施工设备的服务
		509	5090	其他未列明建筑业	指上述未列明的其他工程建筑活动

续表

代码				类别名称	说明
门类	大类	中类	小类		
J				**金融业**	本门类包括 66～69 大类
	66			**货币金融服务**	
		661	6610	中央银行服务	指代表政府管理金融活动，并制定和执行货币政策，维护金融稳定，管理金融市场的特殊金融机构的活动
		662		货币银行服务	指除中央银行以外的各类银行所从事存款、贷款和信用卡等货币媒介活动，还包括在中国开展货币业务的外资银行及分支机构的活动
			6621	商业银行服务	
			6622	政策性银行服务	
			6623	信用合作社服务	
			6624	农村资金互助社服务	指经银行业监督管理机构批准，由自愿入股组成的社区互助性银行业金融业务
			6629	其他货币银行服务	
		663		非货币银行服务	指主要与非货币媒介机构以各种方式发放贷款有关的金融服务
			6631	融资租赁服务	指经银行业监督管理部门或商务部批准，以经营融资租赁业务为主的活动
			6632	财务公司服务	指经银行业监督管理部门批准，为企业融资提供的金融活动
			6633	典当	指以动产、不动产或其他财产权利质押或抵押的融资活动
			6634	汽车金融公司服务	指经中国银监会批准设立的专门为中国境内的汽车购买者及销售者提供金融服务的非银行金融机构的活动

续表

代码				类别名称	说明
门类	大类	中类	小类		
			6635	小额贷款公司服务	包括中国银监会和地方政府批准设立的贷款公司，即由境内商业银行或农村合作银行在农村地区设立的专门为县域农民、农业、农村经济发展提供贷款服务的金融机构
			6636	消费金融公司服务	指经中国银监会批准设立的为中国境内居民个人提供以消费（不包括购买房屋和汽车）为目的贷款的非银行金融机构的活动
			6637	网络借贷服务	指依法成立，专门从事网络借贷信息中介业务活动的金融信息中介公司，以及个体和个体之间通过互联网平台实现的直接借贷，个体包含自然人、法人及其他组织
			6639	其他非货币银行服务	指上述未包括的从事融资、抵押等非货币银行的服务，包括各种消费信贷抵押顾问和经纪人的活动；还包括金融保理活动
		664	6640	银行理财服务	指银行提供的非保本理财产品服务
		665	6650	银行监管服务	指代表政府管理银行业活动，制定并发布对银行业金融机构及其业务活动监督管理的规章、规则
	67			**资本市场服务**	
		671		证券市场服务	
			6711	证券市场管理服务	指非政府机关进行的证券市场经营和监管，包括证券交易所、登记结算机构的活动

续表

代码				类别名称	说明
门类	大类	中类	小类		
			6712	证券经纪交易服务	指在金融市场上代他人进行交易、代理发行证券和其他有关活动，包括证券经纪、证券承销与保荐、融资融券业务、客户资产管理业务等活动
		672	6720	公开募集证券投资基金	指向不特定投资者公开发行受益凭证的证券投资基金，由专业基金管理人管理，在法律的严格监管下进行投资，依照《公开募集证券投资基金运作管理办法》进行运作（包括基金投资类理财服务）
		673		非公开募集证券投资基金	指以投资活动为目的设立，非公开募集，由基金管理人或者普通合伙人管理的基金，依照《私募投资基金监督管理暂行办法》进行运作
			6731	创业投资基金	指向处于创业各阶段的成长性企业进行股权投资，以期所投资的企业成熟或相对成熟后主要通过股权转让获得增值收益的基金
			6732	天使投资	指除被投资企业职员及其家庭成员和直系亲属以外的个人以其自有资金开展的创业投资的活动
			6739	其他非公开募集证券投资基金	包括基金投资类理财服务
		674		期货市场服务	

续表

代码				类别名称	说明
门类	大类	中类	小类		
			6741	期货市场管理服务	指非政府机关进行的期货市场经营和监管，包括商品期货交易所、金融期货交易所、期货保证金监控中心的活动
			6749	其他期货市场服务	指商品合约经纪及其他未列明的期货市场的服务
		675	6750	证券期货监管服务	指由政府或行业自律组织进行的对证券期货市场的监管活动
		676	6760	资本投资服务	指经批准的证券投资机构的自营投资、直接投资活动和其他投资活动
		679	6790	其他资本市场服务	指投资咨询服务、财务咨询服务、资信评级服务，以及其他未列明的资本市场的服务
	68			**保险业**	
		681		人身保险	指以人的寿命和身体为保险标的的保险活动，包括人寿保险、年金保险、健康保险和意外伤害保险
			6811	人寿保险	指以人的寿命为保险标的的人身保险，包括定期寿险、终身寿险和两全保险
			6812	年金保险	指以被保险人生存为给付保险金条件，并按约定的时间间隔分期给付生存保险金的人身保险
			6813	健康保险	指以因健康原因导致损失为给付保险金条件的人身保险，包括疾病保险、医疗保险、失能收入损失保险和护理保险

续表

代码				类别名称	说明
门类	大类	中类	小类		
			6814	意外伤害保险	指以被保险人因意外事故而导致身故、残疾或者发生保险合同约定的其他事故为给付保险金条件的人身保险
		682	6820	财产保险	指以财产及其有关利益为保险标的的保险，包括财产损失保险、责任保险、信用保险、保证保险等
		683	6830	再保险	指承担与其他保险公司承保的现有保单相关的所有或部分风险的活动
		684	6840	商业养老金	指专为个人和单位雇员或成员提供退休金补贴而设立的法定实体的活动（如基金、计划、项目等），包括养老金定额补贴计划以及完全根据成员贡献确定补贴数额的个人养老金计划等
		685		保险中介服务	指保险代理人、保险经纪人开展的保险销售、谈判、促合以及防灾、防损或风险评估、风险管理咨询、协助查勘理赔等活动，以及保险公估人开展的对保险标的或保险事故的评估、鉴定、勘验、估损、理算等活动
			6851	保险经纪服务	指基于投保人的利益，为投保人与保险人订立保险合同提供中介服务并依法收取佣金的活动
			6852	保险代理服务	指根据保险人的委托，向保险人收取佣金，并在保险人授权的范围内代为办理保险业务的活动

续表

代码				类别名称	说明
门类	大类	中类	小类		
			6853	保险公估服务	指接受委托，专门从事保险标的或者保险事故评估、勘验、鉴定、估损理算等业务，并按约定收取报酬的活动
		686	6860	保险资产管理	指保险资产管理公司接受委托，开展的保险资金、商业养老金等资金的投资管理活动
		687	6870	保险监管服务	指根据国务院授权及相关法律、法规规定所履行的对保险市场的监督、管理活动
		689	6890	其他保险活动	指其他未列明的与保险和商业养老金相关或密切相关的活动，包括救助管理、保险精算等
	69			**其他金融业**	
		691		金融信托与管理服务	指根据委托书、遗嘱或代理协议代表受益人管理的信托基金、房地产账户或代理账户等活动，包括单位投资信托管理，还包括信托公司通过互联网销售信托产品及开展其他信托业务的互联网信托活动
			6911	信托公司	指经中国银监会批准设立的，主要经营信托业务的金融机构；信托业务是指信托公司以营业和收取报酬为目的，以受托人身份承诺信托和处理信托事务的经营行为
			6919	其他金融信托与管理服务	

续表

代码				类别名称	说明
门类	大类	中类	小类		
		692	6920	控股公司服务	指通过一定比例股份，控制某个公司或多个公司的集团，控股公司仅控制股权，不直接参与经营管理，以及其他类似的活动
		693	6930	非金融机构支付服务	指非金融机构在收付款人之间作为中介机构提供下列部分或全部货币资金转移服务，包括第三方支付机构从事的互联网支付、预付卡的发行与受理、银行卡收单及中国人民银行确定的其他支付等服务
		694	6940	金融信息服务	指向从事金融分析、金融交易、金融决策或者其他金融活动的用户提供可能影响金融市场的信息（或者金融数据）的服务，包括征信机构服务
		695	6950	金融资产管理公司	指经批准成立的，以从事收购、管理和处置不良资产业务为主，同时通过全资或控股金融类子公司提供银行、信托、证券、租赁、保险等综合化金融服务的金融企业
		699		其他未列明金融业	
			6991	货币经纪公司服务	指经中国银监会批准设立的专门从事促进金融机构间资金融通和外汇交易等经纪服务的非银行金融机构的活动
			6999	其他未包括金融业	指主要与除提供贷款以外的资金分配有关的其他金融媒介活动，包括保理活动、掉期、期权和其他套期保值安排、保单贴现公司的活动、金融交易处理与结算，以及借款担保服务、发行债券担保服务等融资担保活动，还包括信用卡交易的处理与结算、外币兑换等活动

续表

代码				类别名称	说明
门类	大类	中类	小类		
K				**房地产业**	本门类包括70大类
	70			**房地产业**	
		701	7010	房地产开发经营	指房地产开发企业进行的房屋、基础设施建设等开发，以及转让房地产开发项目或者销售房屋等活动
		702	7020	物业管理	指物业服务企业按照合同约定，对房屋及配套的设施设备和相关场地进行维修、养护、管理，维护环境卫生和相关秩序的活动
		703	7030	房地产中介服务	指房地产咨询、房地产价格评估、房地产经纪等活动
		704	7040	房地产租赁经营	指各类单位和居民住户的营利性房地产租赁活动，以及房地产管理部门和企事业单位、机关提供的非营利性租赁服务，包括体育场地租赁服务
		709	7090	其他房地产业	
L				**租赁和商务服务业**	本门类包括71和72大类
	71			**租赁业**	
		711		机械设备经营租赁	指不配备操作人员的机械设备的租赁服务
			7111	汽车租赁	
			7112	农业机械经营租赁	
			7113	建筑工程机械与设备经营租赁	
			7114	计算机及通讯设备经营租赁	
			7115	医疗设备经营租赁	

续表

代码				类别名称	说明
门类	大类	中类	小类		
			7119	其他机械与设备经营租赁	
		712		文体设备和用品出租	
			7121	休闲娱乐用品设备出租	
			7122	体育用品设备出租	
			7123	文化用品设备出租	不包括图书、音像制品出租
			7124	图书出租	
			7125	音像制品出租	
			7129	其他文体设备和用品出租	
		713	7130	日用品出租	
	72			**商务服务业**	
		721		组织管理服务	指市场化组织管理和经营性组织管理
			7211	企业总部管理	指不具体从事对外经营业务，只负责企业的重大决策、资产管理，协调管理下属各机构和内部日常工作的企业总部的活动，其对外经营业务由下属的独立核算单位或单独核算单位承担，还包括派出机构的活动（如办事处等）
			7212	投资与资产管理	指政府主管部门转变职能后，成立的国有资产管理机构和行业管理机构的活动；投资活动，不包括资本活动的投资
			7213	资源与产权交易服务	指除货物、资本市场、黄金、外汇、房地产、土地、知识产权交易以外的所有资源与产权交易活动

续表

代码				类别名称	说明
门类	大类	中类	小类		
			7214	单位后勤管理服务	指为企事业、机关提供综合后勤服务的活动
			7215	农村集体经济组织管理	指以土地等生产资料劳动群众集体所有制为基础，承担管理集体资产、开发集体资源、发展集体经济、服务集体成员的基层经济组织
			7219	其他组织管理服务	指其他各类企业、行业管理机构和未列明的综合跨界管理的活动
		722		综合管理服务	
			7221	园区管理服务	指非政府部门的各类园区管理服务
			7222	商业综合体管理服务	指以购物中心为主导，融合了商业零售、餐饮、休闲健身、娱乐、文化等多项活动的大型建筑综合体
			7223	市场管理服务	指各种交易市场的管理活动
			7224	供应链管理服务	指基于现代信息技术对供应链中的物流、商流、信息流和资金流进行设计、规划、控制和优化，将单一、分散的订单管理、采购执行、报关退税、物流管理、资金融通、数据管理、贸易商务、结算等进行一体化整合的服务
			7229	其他综合管理服务	指其他未列明的综合跨界管理的活动
		723		法律服务	指律师、公证、仲裁、调解等活动

续表

代码				类别名称	说明
门类	大类	中类	小类		
			7231	律师及相关法律服务	指在民事案件、刑事案件和其他案件中，为原被告双方提供法律代理服务，以及为一般民事行为提供的法律咨询服务
			7232	公证服务	
			7239	其他法律服务	
		724		咨询与调查	
			7241	会计、审计及税务服务	
			7242	市场调查	包含广播电视收听、收视调查
			7243	社会经济咨询	
			7244	健康咨询	
			7245	环保咨询	
			7246	体育咨询	含体育策划
			7249	其他专业咨询与调查	指上述咨询以外的其他专业咨询和其他调查活动
		725		广告业	指在报纸、期刊、路牌、灯箱、橱窗、互联网、通讯设备及广播电影电视等媒介上为客户策划、制作的有偿宣传活动
			7251	互联网广告服务	指提供互联网推送及其他互联网广告服务
			7259	其他广告服务	指除互联网广告以外的广告服务
		726		人力资源服务	指为劳动者就业和职业发展，为用人单位管理和开发人力资源提供的相关服务，主要包括人力资源招聘、职业指导、人力资源和社会保障事务代理、人力资源外包、人力资源管理咨询、人力资源信息软件服务等

续表

代码				类别名称	说明
门类	大类	中类	小类		
			7261	公共就业服务	指向劳动者提供公益性的就业服务
			7262	职业中介服务	指为求职者寻找、选择、介绍工作，为用人单位提供劳动力的服务
			7263	劳务派遣服务	指劳务派遣单位招用劳动力后，将其派到用工单位从事劳动的行为
			7264	创业指导服务	指除众创空间、孵化器等创业服务载体外的其他机构为初创企业或创业者提供的创业辅导、创业培训、技术转移、人才引进、金融投资、市场开拓、国际合作等一系列服务
			7269	其他人力资源服务	指其他未列明的人力资源服务
		727		安全保护服务	
			7271	安全服务	指为社会提供的专业化、有偿安全防范服务
			7272	安全系统监控服务	
			7279	其他安全保护服务	
		728		会议、展览及相关服务	指以会议、展览为主，也可附带其他相关的活动形式，包括项目策划组织、场馆租赁、安全保障等相关服务
			7281	科技会展服务	
			7282	旅游会展服务	
			7283	体育会展服务	
			7284	文化会展服务	
			7289	其他会议、会展及相关服务	
		729		其他商务服务业	

续表

代码				类别名称	说明
门类	大类	中类	小类		
			7291	旅行社及相关服务	指为社会各界提供商务、组团和散客旅游的服务，包括向顾客提供咨询、旅游计划和建议、日程安排、导游、食宿和交通等服务
			7292	包装服务	指有偿或按协议为客户提供包装服务
			7293	办公服务	指为商务、公务及个人提供的各种办公服务
			7294	翻译服务	指专业提供口译和笔译的服务
			7295	信用服务	指专门从事信用信息采集、整理和加工，并提供相关信用产品和信用服务的活动，包括信用评级、商账管理等活动
			7296	非融资担保服务	指保证人和债权人约定，当债务人不履行债务时，保证人按照约定履行债务或者承担责任的专业担保机构的活动；不包括贷款担保服务和信誉担保服务，相关内容列入相应的金融行业中
			7297	商务代理代办服务	指为机构单位提供的各种代理、代办服务
			7298	票务代理服务	指除旅客交通票务代理外的各种票务代理服务（旅客交通票务代理是指除交通运输外的票务代理，包含体育文化等）
			7299	其他未列明商务服务业	指上述未列明的商务、代理等活动，包括商业保理活动
N				**水利、环境和公共设施管理业**	本门类包括76～79大类

续表

代码				类别名称	说明
门类	大类	中类	小类		
	76			**水利管理业**	
		761	7610	防洪除涝设施管理	指对江河湖泊开展的河道、堤防、岸线整治等活动及对河流、湖泊、行蓄洪区和沿海的防洪设施的管理活动，包括防洪工程设施的管理及运行维护等
		762	7620	水资源管理	指对水资源的开发、利用、配置、节约、保护、监测、管理等活动
		763	7630	天然水收集与分配	指通过各种方式收集、分配天然水资源的活动，包括通过蓄水（水库、塘堰等）、提水、引水和井等水源工程，收集和分配各类地表和地下淡水资源的活动
		764	7640	水文服务	指通过布设水文站网对水的时空分布规律、泥沙、水质进行监测、收集和分析处理的活动
		769	7690	其他水利管理业	
	77			**生态保护和环境治理业**	
		771		生态保护	
			7711	自然生态系统保护管理	指对自然生态系统的保护和管理活动，包括森林、草原和草甸、荒漠、湿地、内陆水域以及海洋生态系统的保护和管理
			7712	自然遗迹保护管理	包括地质遗迹保护管理、古生物遗迹保护管理等
			7713	野生动物保护	指对野生及濒危动物的饲养、繁殖等保护活动，以及对栖息地的管理活动，包括野生动物保护区管理

续表

代码				类别名称	说明
门类	大类	中类	小类		
			7714	野生植物保护	指对野生及濒危植物的收集、保存、培育及其生存环境的维持等保护活动，包括野生植物保护区管理
			7715	动物园、水族馆管理服务	
			7716	植物园管理服务	
			7719	其他自然保护	指除自然生态系统保护管理、自然遗迹保护管理、野生动植物保护以外的其他自然保护活动
		772		环境治理业	
			7721	水污染治理	指对江、河、湖泊、水库及地下水、地表水的污染综合治理活动，不包括排放污水的搜集和治理活动
			7722	大气污染治理	指对大气污染的综合治理以及对工业废气的治理活动
			7723	固体废物治理	指除城乡居民生活垃圾以外的固体废物治理及其他非危险废物的治理
			7724	危险废物治理	指对制造、维修、医疗等活动产生的危险废物进行收集、贮存、利用、处理和处置等活动
			7725	放射性废物治理	指对生产及其他活动过程产生的放射性废物进行收集、运输、贮存、利用、处理和处置等活动
			7726	土壤污染治理与修复服务	
			7727	噪声与振动控制服务	

续表

代码				类别名称	说明
门类	大类	中类	小类		
			7729	其他污染治理	指除上述治理以外的其他环境治理活动
	78			**公共设施管理业**	
		781	7810	市政设施管理	指污水排放、雨水排放、路灯、道路、桥梁、隧道、广场、涵洞、防空等城乡公共设施的抢险、紧急处理、管理等活动
		782	7820	环境卫生管理	指城乡生活垃圾的清扫、收集、运输、处理和处置、管理等活动，以及对公共厕所、化粪池的清扫、收集、运输、处理和处置、管理等活动
		783	7830	城乡市容管理	指城市户外广告和景观灯光的规划、设置、设计、运行、维护、安全监督等管理活动；城市路街整治的管理和监察活动；乡、村户外标志、村容镇貌、柴草堆放、树木花草养护等管理活动
		784	7840	绿化管理	指城市绿地和生产绿地、防护绿地、附属绿地等管理活动
		785	7850	城市公园管理	指主要为人们提供休闲、观赏、运动、游览以及开展科普活动的城市各类公园管理活动
		786		游览景区管理	指对具有一定规模的自然景观、人文景物的管理和保护活动，以及对环境优美，具有观赏、文化或科学价值的风景名胜区的保护和管理活动；包括风景名胜和其他类似的自然景区管理
			7861	名胜风景区管理	不含自然保护区管理

续表

代码				类别名称	说明
门类	大类	中类	小类		
			7862	森林公园管理	
			7869	其他游览景区管理	
	79			**土地管理业**	
		791	7910	土地整治服务	指对土地开发、整理、复垦等进行勘测、监测监管、评估等活动
		792	7920	土地调查评估服务	指对土地利用现状、城乡地籍、土地变更等进行调查和进行城镇基准地价评估、宗地价格评估、地价监测、土地等级评定、土地节约集约利用评价咨询活动
		793	7930	土地登记服务	指在土地登记过程中进行受理申请、登记事项审核、登记簿册填写和权属证书发放、土地产权产籍档案管理和应用等活动
		794	7940	土地登记代理服务	指接受申请人委托，通过实地调查、资料收集、权属判别等工作，代为办理土地、林木等不动产登记的申请和领证等事项，提供社会服务等活动
		799	7990	其他土地管理服务	指土地交易服务、土地储备管理及其他未列明的土地管理服务

资料来源：《国民经济行业分类》(GB/T 4754—2017/XG 1—2019)